Leyendecker · Stiller · Prantl

Helmut Kohl, die Macht und das Geld

Hans Leyendecker
Michael Stiller
Heribert Prantl

Helmut Kohl, die Macht und das Geld

Steidl

1. Auflage September 2000
© Copyright: Steidl Verlag, Göttingen 2000
Alle Rechte vorbehalten
Frontispiz-Foto: Konrad Rufus Müller
Lektorat: Daniela Hermes
Umschlaggestaltung: Gerhard Steidl
Satz, Druck, Bindung:
Steidl, Düstere Straße 4, D-37073 Göttingen
Printed in Germany
3-88243-738-3

Foto von Konrad Rufus Müller

Inhalt

Michael Stiller: Strauß, Schreiber & Co.
Das weißblaue Amigo-System

Heribert Prantl: **Herrschaft und Barschaft**
Von der Veralltäglichung des Ungesetzlichen
Ein Skandal und seine Folgen

Hans Leyendecker

Helmut Kohl, die CDU und die Spenden
Eine Fortsetzungsgeschichte

9. Januar 1997: Wolfgang Schäuble und Helmut Kohl treffen sich im Büro des Kanzlers, um sich von Konrad. R. Müller fotografieren zu lassen. Der CDU-Fraktionsvorsitzende hat sein Jackett abgestreift, weil ihm das seidige Innenfutter keinen Halt im Rollstuhl gibt, und einen Pullover mit V-Ausschnitt übergezogen. Deshalb legt auch der Kanzler sein Sakko ab und schlüpft in die Strickjacke, die griffbereit über der Rückenlehne seines Schreibtischstuhls hängt. Müller hat die Beleuchtung ausgeknipst, das Tageslicht muß reichen.

Kohl schaut milde drein, Schäuble wirkt eher nachdenklich – Außenstehenden vermittelt sich der Eindruck einer großen Vertrautheit. Doch die Harmonie ist trügerisch, der Anschein herzlicher Übereinstimmung täuscht. Zwischen den beiden Parteifreunden gibt es Reibereien und auch Kräche über den künftigen Weg. »Freunde in dem Sinne, daß es eine persönliche Beziehung außerhalb der Politik gegeben hat, sind wir zu keiner Zeit gewesen«, stellt Schäuble später klar. Kohl habe ihm irgendwann »das Du« angeboten, aber er habe immer auf Abstand gehalten. Ihr Verhältnis war keine jener politischen Kumpaneien, die seit den Tagen von Franz Josef Strauß im Politbetrieb Männerfreundschaften heißen. Auf diese Feststellung legt Schäuble besonderen Wert und erzählt eine kleine Geschichte: Als er fünfzig wurde, wollte Kohl unbedingt kommen. »Ich feiere mit Freunden und Familie«, hat Schäuble abgewehrt, und Kohl schaute nur kurz zum Kaffee vorbei.

Für Zuneigung gibt es wenig Anlaß, dafür ist Kohl zu berechnend. Als Schäuble 1997 auf dem CDU-Parteitag in Leipzig eine fulminante Rede hält und sich als Kanzlerkandidat empfiehlt, torpediert Kohl diesen Effekt ganz cool nach Abschluß der Tagung. Noch am selben Abend benennt er Schäuble im ZDF als seinen Nachfolger, wenn seine Ära zu Ende sei. Schäuble ist »fast vom Stuhl gefallen«, als er Kohls Interview sieht, aber er hat auch diese Demütigung ertragen.

18. Januar 2000: Ein letztes Mal schwenkt Schäuble mit seinem Rollstuhl in das Abgeordnetenbüro Helmut Kohls. Noch einmal will Schäuble versuchen, was er in den letzten Wochen schon so oft ver-

sucht hat: Er fleht den Altkanzler an, die Partei bei der Aufklärung der Spendenaffäre nicht alleine zu lassen. Die Krise der Union bereitet dem Parteivorsitzenden schlaflose Nächte. Seit November werden immer mehr Einzelheiten über Kohls geheimes Konten- und Finanzierungssystem bekannt, und jedes neue Detail zieht ein anderes nach sich. Erst vier Tage zuvor kam heraus, daß auch die hessische CDU Geheimkonten in der Schweiz und eine Stiftung in Liechtenstein hatte, über die Millionenbeträge flossen. »Geldwäsche wie bei der Mafia« hat *Bild* den Sachverhalt treffend zusammengefaßt. Was kommt noch? Fast alles scheint möglich. Ein komplexes Netz aus Schuld und Verdächtigungen ist entstanden, und Kohl versteckt sich hinter einem Ehrenwort.

Der Mann im Rollstuhl, der erst im November 1998 den Parteivorsitz übernommen hat, bedrängt den Alten, doch endlich die Wahrheit zu sagen. Die Geschichte mit dem Ehrenwort und den rätselhaften Spendern sei nicht glaubhaft. Die Spender gebe es gar nicht. Kohl soll ihm erklären, wie es wirklich gewesen ist. Der hört sich das Lamento seines langjährigen Weggefährten eine Weile an und reagiert dann wie ein beleidigter Potentat: Es sei nicht schlimm, was er gemacht habe. Es sei nicht schlimm, was die Hessen gemacht haben. »Schlimm ist, was du gemacht hast.«

Die 100 000 Mark, die Schäuble im Herbst 1994 von dem Waffenhändler Karlheinz Schreiber bekommen hat, und die Umstände der Spende – das soll angeblich verhängnisvoll sein. Schäuble ist ein Disziplinbündel, auch in schwierigsten Situationen zeigt er keine Emotionen. Die Pflicht, die verdammte Pflicht und Schuldigkeit hält als Gerüst sein Leben zusammen, und für Gefühle bleibt wenig Platz. Aber als der starrsinnige Alte so selbstsicher und uneinsichtig vor ihm thront, bricht es aus Schäuble heraus: »Ich habe in meinem Leben viel zuviel Zeit mit dir verbracht, und es wird keine Minute mehr geben.« Er wendet den Rollstuhl und ruft beim Verlassen Kohls Sekretärin Juliane Weber zu, daß er in diesem Büro zum letzten Mal gewesen sei.

Später hat Kohl gesagt, daß er »noch nie« in seinem Leben »einen solchen Haß gespürt« habe: »Das Zerbrechen dieses Verhältnisses gehört zu den bittersten Erfahrungen meines Lebens.« Aber er hat auch gleich eine Erklärung dafür gefunden. Es müsse wohl damit zusammenhängen, daß er so groß sei und der ohnehin kleine, schmächtige Schäuble seit dem Attentat im Rollstuhl sitze. Da habe sich offenkundig viel bei dem aufgestaut. Eben doch ein Krüppel.

Kohl kann die Dinge und Akteure der Welt nur in direktem Zusammenhang mit der eigenen Person begreifen. Alles dreht sich um ihn; in einem langen Vierteljahrhundert hat er sich die Partei gefügig gemacht und am Ende wie ein gewählter Autokrat geherrscht. Er konnte im Alter nicht loslassen, weil sich sein Dasein fast völlig auf die Politik verengt hatte, und vielleicht hat er den unbewußten Drang verspürt, das Lebenswerk mit sich selbst untergehen zu lassen, damit es nicht in fremde Hände gerät. Oder wollte er das Gegenteil – war er besorgt um sein Lebenswerk, das er retten mußte? Niemand, vermutlich nicht einmal Kohl selbst, kann mit Gewißheit sagen, ob die eine oder die andere Theorie stimmt. Aber fest steht, daß er seinen treuesten Gefährten, seinen besten Mann, verfolgt, demontiert und am Ende erledigt hat.

Ein paar Wochen lang ist dem früher so loyalen Gefolgsmann Schäuble der Name Kohl nicht mehr über die Lippen gekommen. Er hat ihn in dieser Zeit manchmal mit einer Chiffre umschrieben: der mit den »sechzehn Jahren«. Sechzehn lange Jahre hat der geschäftsführende Helfer, der die Fäden zog, dafür gekämpft, daß Kohl an der Macht bleiben konnte. Er hat ihm den Rücken freigehalten und Kohls Erfolge erst möglich gemacht.

Auf vielen Posten hat der Badener im System des Pfälzers gedient – er war Parlamentarischer Geschäftsführer, Kanzleramtschef, Bundesinnenminister. Er war der wahre Architekt der deutschen Einheit, der Stratege, der die Abwicklung der DDR plante, und dann die unumstrittene Leitfigur der CDU/CSU-Fraktion. Schäubles Gegner haben ihn als des Kanzlers »Paladin« oder »Marionette« verspottet, und er hat das alles gelassen hingenommen. Dem Kopfmenschen Schäuble ging es immer um meßbare Ergebnisse. Aber sind politische Ergebnisse so einfach meßbar? Sein jüngerer Bruder Thomas, der in Stuttgart CDU-Innenminister ist, stellt in diesen Tagen nüchtern fest, daß Kohl ohne Wolfgang Schäuble »nicht sechzehn Jahre Bundeskanzler geblieben wäre«, und fügt hinzu: »Nachdem das alles deutlich geworden ist, darf man ein Fragezeichen daran knüpfen, ob dies so gut war und ob denn darin so ein großes Verdienst liegt.« Wolfgang Schäuble hat ihm nicht widersprochen; Politik ist manchmal eine der aufwendigsten Illusionen, am Leben teilzuhaben.

Der »geborene Nachfolger«, der »ewige Kronprinz«, hat all die Zeit das System Kohl, einen Modellfall von Macht und Herrschaft, studieren können, aber hat er es wirklich verstanden?

Elias Canetti beschreibt in seinem Essay »Macht und Überleben« den Typus eines Kämpfers vom Schlage Kohl: »Das Ansehen des Helden wie sein Selbstgefühl setzt sich zusammen aus all den Augenblicken, in denen er als Sieger vor seinem erlegten Feinde stand. Für die Überlegenheit, die ihm sein Gefühl von Unverletzlichkeit gibt, wird er bewundert; sie gilt nicht als unbilliger Vorteil über seinen Gegner. Jeden, der sich nicht beugt, fordert er bedenkenlos heraus. Er kämpft, siegt, tötet; er sammelt seine Siege. Sammeln ist hier buchstäblich zu verstehen. Es ist, als gingen die Siege in den Leib des Siegers ein und stünden zu seiner Verfügung.« »Kohl frißt seine Kinder« titelt die *Frankfurter Allgemeine Zeitung* in den Februartagen des Jahres 2000. Sein politisches Leben setzt sich aus Zweikämpfen zusammen. Er erwartet immer und unter allen Umständen Gehorsam, und jeden, der sich ihm im eigenen Lager nicht beugt, hat er isoliert und in aller Regel ausgeschaltet. Weil Schäuble den Spendenfall unbedingt aufklären wollte, war er aus Kohls Sicht ein Versager und folglich sein Gegner. »Wir« gegen »die« – das ist das Grundmuster von Kohls politischem Leben. »Er ist halt sehr machtbewußt«, konstatiert Schäuble.

Auch andere Kanzler der Nachkriegszeit hatten ein enges Verhältnis zur Macht: Der erste, Konrad Adenauer, gebot lange Zeit uneingeschränkt über die CDU als Regierungspartei und in gleichem Maße über die Fraktion. Er brauchte gefügige Bundesminister, die bereit waren, sich als Befehlsempfänger zu verstehen. Der Sozialdemokrat Helmut Schmidt war durchaus machtbewußt und formulierte in Anlehnung an André Malraux: »Mit der Macht flirtet man nicht, die Macht heiratet man.«

Der Kopfmensch Schäuble weiß ebenfalls mit Macht umzugehen

und hat einen stahlharten Willen. Aber was da in der Spendenaffäre passierte, mag der Badener mit den gängigen politischen Begriffen nicht umschreiben. »Da fand ein Spiel statt, von dem ich nicht weiß, wer…«, sagt er und bricht den Satz jäh ab. »Kriminelle Elemente, die ich im einzelnen nicht belegen kann«, seien am Werk gewesen. Die Abläufe erinnern ihn an Rainer Pfeiffer, den Schattenmann aus Barschels Schattenreich, und einer seiner Vertrauten verwendet den Begriff »Mafia«.

»Mafia, eigtl. Überheblichkeit, Anmaßung«, erklärt der Duden; Mafia ist kein Geheimbund, sondern die Definition eines Zustands. Der zur Mafia gehörende Begriff der »Omertà«, der Schweigepflicht, wurde in bezug auf Kohl erstmals von der *Frankfurter Allgemeinen* in einem Leitartikel verwendet. Mafiosi sind in aller Regel unabhängig von bürgerlichen Gesetzen und vertrauen auf eigene Machtmittel. Wenn einer erwischt wird, packt er nicht aus: Der *regolamento dei conti,* der »Kontenausgleich«, wie dies in der italienischen Presse heißt, kommt zum Zuge, denn jeder ist sich bewußt, was der andere über ihn weiß.

»Da wurde ein unglaubliches Spiel gespielt«, sagt Schäuble und schlägt sich mit der Hand vor die Stirn. Er erzählt die Geschichte der 100 000 Mark, die ihn immer noch nicht losläßt. »Noch gutgläubig« sei er in den ersten Tagen der Spendenaffäre zu Kohl gegangen, um mit ihm über »alle Fragen zu sprechen«. Bevor er loslegen konnte, überfiel ihn der Altkanzler: »Du hast doch auch von dem Schreiber Geld bekommen.« »Ja natürlich«, hat Schäuble geantwortet, »ich habe dir das damals doch erzählt.«

Im Herbst 1997 hatte er mit Kohl über die Spende gesprochen, und der registrierte den Vorgang sehr genau – ein typischer Fall für den *regolamento dei conti.* Kohls damalige Schatzmeisterin Brigitte Baumeister erstellte einen Vermerk über ihre Kontakte mit dem Waffenhändler, und Kohl erkundigte sich intensiv nach Schäubles Rolle in der Causa Schreiber. Schäuble hat das damals registriert, aber keinen Verdacht geschöpft. Der Kanzler war dafür bekannt, daß ihn solche Geschichten interessierten, schließlich war er der Mann, der in seiner Partei das Gras wachsen hörte. Daß Kohl ihn im November

1999 gleich auf den Fall Schreiber ansprach, war bei dieser Vorgeschichte nicht ungewöhnlich. »Ich war naiv, ich habe nicht begriffen,
daß er einschüchtern wollte.«

Die neue Parteispendenaffäre wuchert schon eine Weile, da bittet
Kohl im Dezember seinen Freund Schäuble wieder zu sich: »Ich habe
da noch was.« Der Mann im Rollstuhl hält das für ein gutes Zeichen.
Er glaubt, Kohl wolle nicht länger abblocken, sondern reden und vielleicht sogar helfen. Kohl präsentiert seinem Nachfolger im Parteiamt
einen Brief, den Karlheinz Schreiber an sein Büro gefaxt hat. »Ich
weiß gar nicht, wie der an meine Nummer kommt«, tut der Alte
unschuldig. »Was man alles so bekommt.« Als Schäuble die Unterlagen näher betrachtet, sieht er, daß der mit Haftbefehl gesuchte Waffenhändler dem Ex-Regierungschef einen Brief aus dem Jahr 1997 an
den bayerischen Ministerpräsidenten Edmund Stoiber übermittelt
hat. Schäuble ruft dann gleich Stoiber in München an, der ihn beruhigt: Schreiber verschicke das Fax an viele Leute, kein Problem. Er
sei so naiv gewesen, sagt Schäuble Vertrauten, daß er sich immer noch
nichts dabei gedacht habe. Erst später sei ihm klar geworden, daß
Kohl ihn davor habe warnen wollen, mit der Aufklärung weiterzu-
machen. Für einen wie Kohl ist es jedenfalls kein Problem, die richtigen Mitspieler zu finden.

Übertreibt Schäuble ein wenig? Gut, er hat immer nur gegeben,
und Kohl hat immer nur genommen. Als Undankbarkeit kann man
ein solches Verhalten bezeichnen, aber geht der Vergleich mit Mafia-
methoden nicht doch zu weit? Schäuble verweist Freunde auf einen
Zeitungsausschnitt. Als er weiter nach den schwarzen Kassen suchen
läßt, habe einer der Anwälte Kohls in der Zeitung die Andeutung
gemacht, daß der Fall am Ende kein Fall Kohl mehr sei und noch ganz
andere Leute Probleme bekommen könnten. Da sei die Geschichte
mit den 100 000 Mark noch nicht publik gewesen, und er sei stutzig
geworden. Aber würde der mißtrauische Kohl einen Fremden in Strategien einbinden, einen Anwalt zumal?

Mit der Ratio läßt sich dem Fall nicht beikommen. Als Schäuble im
Januar 2000 die Schreiber-Spende öffentlich eingeräumt hat, fühlt er
sich in einen Krimi versetzt, »wo Unschuldige plötzlich immer mehr

in Verdacht und Verstrickung geraten und sich fragen: Bin ich verrückt?« Schäuble wähnt sich zunehmend ausgeliefert und reagiert auf Umstände, die er nicht mehr durchschaut. »Jemand mußte Josef K. verleumdet haben, denn ohne daß er etwas Böses getan hätte, wurde er eines Morgens verhaftet«, lautet der Eröffnungssatz von Kafkas »Prozeß«-Roman.

In Kanada schießt der zwielichtige Waffenhändler Schreiber aus allen Rohren auf den Aufklärer Schäuble und kündigt an, daß »in diesem Verfahren noch viele Details zum Schaden der politischen Klasse an die Öffentlichkeit kommen«. Schreiber nennt Schäuble einen »hinterhältigen Lügner« und behauptet, er sei im September 1994 nicht im Zimmer des Fraktionsvorsitzenden gewesen und habe Schäuble die 100 000 Mark nicht zugesteckt. Vielmehr habe er die Spende erst einen knappen Monat später über die Schatzmeisterin Baumeister an Schäuble geleitet. Der Unterschied wirkt auf den ersten Blick unerheblich; unter anderen Umständen hätte diese Version für Schäuble nützlich sein können. Wenn er nicht selbst das Geld von Schreiber bekommen hat, kann er auch nicht das Parlament in dieser Sache belogen haben. Die Wirkung ist dennoch für ihn verheerend. Die Suche nach Kohls schwarzen Kassen rückt in den Hintergrund. Plötzlich gibt es den Fall Schäuble, der Parteivorsitzende soll nicht mehr glaubwürdig sein. Der Angeklagte Schreiber, dem in Deutschland eine hohe Strafe droht, spielt sich als Racheengel auf und verbreitet in Serie Ungeheuerlichkeiten. Er droht dem Attentatsopfer, daß Aussagen, die »wohl Schäubles Unterstützung dienen« sollten, zum »Todeskuß« würden. Journalisten pilgern zu ihm, als wäre er kein Gauner, sondern das Orakel von Delphi, und erbitten neue Unterlagen gegen den CDU-Vorsitzenden. An einem Abend Mitte Januar telefoniert Schreiber gegen 23 Uhr mit Brigitte Baumeister, und die bestätigt fortan Schreibers Version. Hat sie wirklich, wie sie behauptet, nur einmal mit dem Waffenhändler telefoniert? Es gibt ein Foto aus den Wochen nach Schäubles Rückzug, da sitzt Frau Baumeister lachend neben dem feixenden Kohl im Bundestag. Schäuble jedenfalls hat eine vage Vorstellung von einem Komplott, an dem auch Kohl beteiligt ist.

Schäuble wird zugetragen, was der Chefredakteur einer Kohl nahestehenden Zeitung in einem Berliner Restaurant einem Kollegen zugerufen hat: »Bleib mal hier, wir reden gerade darüber, wie wir die 100 000 Mark wieder in die Schlagzeile bringen können.« Schäuble soll, das ist ihm spätestens seit den Januartagen klar gewesen, zur Strecke gebracht werden. »Nur warum hat die Baumeister da mitgemacht?« Er versteht es nicht. Er hat versucht, die Konspiration auffliegen zu lassen, und keine Verbündeten gefunden. »Der sitzt in seinem Büro«, sagt er zu *Stern*-Herausgeber Werner Funk, »und schlägt sich vor Lachen auf die Schenkel, daß die Magazine, mit denen er nicht redet, mich zur Strecke brachten.«

Fast auswendig kann Schäuble das letzte Gespräch wiedergeben, das er mit der früher von ihm protegierten Frau geführt hat. Brigitte Baumeister rief ihn an und fragte, ob er sicher sei, von Schreiber und nicht von ihr das Geld bekommen zu haben. »Bist du krank im Kopf?« fauchte er. »Warum bringst du das durcheinander?« Schäuble gibt eine strafbewehrte Erklärung ab. Er persönlich habe die Spende von Schreiber übernommen. In der Rolle der Kronzeugin gegen ihn tritt Baumeister auf, die Schreibers Version mit einer eidesstattlichen Versicherung stützt. Sie habe Schäuble im Oktober einen Umschlag von Schreiber gebracht, den sie nicht geöffnet habe. Kurz danach hätte Schäuble ihr 100 000 Mark gegeben, die sie sofort in die Schatzmeisterei gebracht habe. Schäuble: »Unsinn. Ich hätte ihr gesagt: Bin ich der Schatzmeister, oder bist du es? Wieso bringst du Geld für die Partei zu mir?« Da wurde, resümiert Schäuble im Februar bei Phoenix, »ein unglaubliches Spiel gespielt, was eigentlich nur mit diesem unseligen Herrn Pfeiffer aus der Barschel-Engholm-Geschichte zu vergleichen ist«. Aus den Etagen der CDU-Bundestagsfraktion seien Gespräche »mit dem Herrn aus Kanada« geführt worden: eine »Intrige mit kriminellen Elementen«. Daß Kohl selbst mit Schreiber telefoniert hat, ist nach Ansicht von Schäuble auszuschließen. Er ist sich aber sicher, daß Kohl die Gelegenheit genutzt hat, die Schreiber-Sache gegen ihn einzusetzen. Da sei ein »Kampf zur Vernichtung meiner Person geführt« worden. »Ich hatte keine Chance.«

Hat »Kohl Schäuble erpreßt mit seinem Wissen um die 100 000 Mark?« wird Generalsekretärin Angela Merkel von Evelyn Roll, der Reporterin der *Süddeutschen Zeitung*, gefragt, und sie antwortet ohne Umschweife: »Ja, ich denke schon. Kohl hat immer versucht, alles auszureizen, was er an Erpressungspotential gegen andere hat.«

Der geborene Anführer

Im Pfarrhaus des Pastors Johannes Finck in Limburgerhof, einem Vorort Ludwighafens, treffen sich 1946/47 junge Männer aus der Umgebung zu sonntäglichen Bibelstunden. Es gibt Kaffee und Kuchen, und manchmal kommen auch pfälzische Fleisch- und Wurstspezialitäten aus schwarzer Hausschlachtung auf den Tisch. Stundenlang wird über Sozialismus, Liberalismus und Staatsautorität diskutiert. Finck läßt Hefte des »Volksvereins für das katholische Deutschland« verteilen, und seine Gäste lernen die Grundregeln der Demokratie und praktische Fragen des politischen Handwerks. Der Allerjüngste in der Runde, der damals sechzehnjährige Helmut Kohl aus dem Ludwigshafener Stadtteil Friesenheim, erinnert sich später, bei Finck einen Vortrag über »christlichen Sozialismus« gehalten zu haben. Der Pastor ist sein politischer Ziehvater: Er ist »schwarz und liberal« (Kohl) zugleich, die »Hausnummer gemäßigt progressiv«. Auch vom »väterlichen Freund«, der »richtungsgebend« gewesen sei, spricht Kohl nicht ohne Rührung.

Finck hat als Abgeordneter des Zentrums im Bayerischen Landtag gesessen und war einer der Wortführer des katholischen Parlamentarismus. Noch während der Hitler-Diktatur gewann er die Überzeugung, daß mit der Nazizeit die Geschichte der alten Parteien wie Zentrum und Bayerische Volkspartei abgeschlossen sei und eine überkonfessionelle neue Partei gegründet werden müsse. Nach Kriegsende beantragt Finck zunächst mit katholischen Parteifreunden die Neugründung des Zentrums und gehört dann zu den Urvätern der pfälzischen CDU, zu deren Vorsitzenden er im Dezember 1945 gewählt wird. Nur wenig später legt er seine parteipolitischen Ämter nieder und beklagt sich über »Schiebung und Korruption«: »Der Kampf ist mir zu dreckig, da mache ich nicht mit.«

Finck neigt nicht zur Leisetreterei. Als die Partei eine Zeitung mit dem Namen *Der Pfälzer* gründen will, kritisiert er den Vorschlag als »zu käsblattmäßig«. Einen klugen Rat des Klerikers hat Kohl nie vergessen: »Das Wichtigste in der Politik ist, die Kasse muß stimmen.« Was Finck nach Meinung seines Ziehsohns auf eine »pastorale Weise« sagt, nimmt der Politiker Kohl wörtlich. Im politischen Kampf – und der ist manchmal ziemlich dreckig – setzt er später viel Geld ein.

Als drittes und letztes Kind von Cäcilie Elisabeth und Hans Kohl kommt Helmut Joseph Michael Kohl am 3. April 1930 zur Welt. Sein Vater, ein Bauernbub, bringt es bis zum Obersekretär am Finanzamt Ludwigshafen. Hans Kohl ist ein sparsamer Mann und fährt mit dem Fahrrad zur Arbeit. Nur bei Schnee und Eis leistet er sich eine Straßenbahnkarte. Sein Elternhaus ist ein »typischer kleiner Beamtenhaushalt also wie Millionen andere«, erzählt Kohl in einem Buchbeitrag. Über Politik wird nicht viel geredet. Der Vater hat im Ersten Weltkrieg vor Verdun im Schützengraben gelegen. Sein Sohn sagt: »Als Kind war für mich Verdun aufgrund der Erzählung meines Vaters der Inbegriff des entsetzlichen Grauens.« Hans Kohl wird 1939 als Hauptmann eingezogen, ein Jahr später kommt er auf Heimaturlaub aus Polen: »Wenn wir das büßen müssen, was wir dort angerichtet haben«, sagt der Vater, »dann haben wir nie mehr etwas zu lachen.« Diesen Satz hat Helmut Kohl oft zitiert.

Bereits der Zwölfjährige ist Mitglied eines Ludwigshafener Schülerlöschtrupps. »Wir löschten nicht nur Feuer, wir holten nicht nur Möbel aus brennenden Wohnungen, wir erlebten auch die tiefe Verstörtheit der Menschen, die es getroffen hatte; wir halfen, Tote aus den Trümmern zu bergen.« Kohl gehört zu den Jahrgängen, mit denen der Führer den »Gottesmenschen« schaffen will. Mit Hilfe der nationalsozialistischen Organisationen – Jungvolk, Hitlerjugend – soll die »Herrenrasse« gezüchtet werden. Sie soll, so Adolf Hitler, »eine gewalttätige, herrische, unerschrockene, grausame Jugend« sein. »Schmerzen muß sie ertragen. Es darf nichts Schwaches und

Zärtliches an ihr sein. Das freie, herrliche Raubtier muß erst wieder aus ihren Augen blicken.« Kurz vor Kriegsende erlebt Helmut Kohl in einem Wehrertüchtigungslager bei Berchtesgaden »furchtbare Szenen«: zum Beispiel deutsche Deserteure, die von den Nazis aufgehängt wurden. Die Jugendlichen werden gedrillt und sollen als Flakhelfer zum Einsatz kommen. Im April 1945 wird der Pimpf Helmut Kohl durch Reichsjugendführer Arthur Axmann, den Nachfolger Baldur von Schirachs, auf den Führer eingeschworen. Wenig später machen sich Kohl und drei Ludwigshafener Freunde auf den Rückweg in die Heimat. Der Fußmarsch dauert fünf Wochen und ist »ein Stück Inferno« (Kohl). Unterwegs werden die Jungen von »halbbetrunkenen befreiten polnischen Fremdarbeitern« verprügelt, die ihn und seine Kameraden dann amerikanischen Truppen übergeben. Manchmal hat er »bitterlich geweint«.

Kohl gehört zur Generation der »Fünfundvierziger«, die den Schnitt von 1945 in ihrer Jugend erleben. Das System, in dem sie groß wurden, ist zusammengebrochen, und sie müssen sich zwischen den Trümmern eines Landes zurechtfinden, das, wie Erich Kästner formulierte, nicht frei, sondern bloß befreit war. Helmuts älterer Bruder Walter ist im Winter 1944 gefallen. »Der Vater«, schreiben die Kohl-Biographen Werner Filmer und Heribert Schwan, »blieb monatelang geschockt, eine Zeitlang unzugänglich für seine Umwelt.« Er hatte Walter gedrängt, sich als Reserveoffizier zum Kriegsdienst zu melden.

Mit Stichworten wie Vaterland, Pflichtgefühl, Heimatliebe und Fleiß umreißt Kohl später die Werteskala der Familie, die eine seit Kaiser Wilhelms Zeiten ungebrochene deutsche Bürgermentalität offenbart. »Ich komme aus einem stockschwarzen Elternhaus«, sagt Kohl. »Die patriotische Gesinnung des Vaters hat auch uns geprägt«, bestätigt seine Schwester Hildegard Getrey. Helmut Kohl hat von seinen Söhnen Walter und Peter verlangt, daß sie zur Bundeswehr gehen und Offiziere werden.

In seinem Elternhaus gilt stets das »Gesetz des Maßhaltens, des Verzichtens« (Kohl). Die Mutter, Cäcilie Kohl, geht meist nachmittags auf den Wochenmarkt, wenn die Händler schon einpacken wollen und mit den Preisen nachgeben. Große Sprünge sind für die Familie nicht drin, denn drei Kinder auf dem Gymnasium kosten 75 Reichsmark Schulgeld im Monat, aber die Kohls müssen nicht darben. Von ihrem Vater Peter Josef Schnur hat die Mutter ein Haus mit sieben Zimmern und einem großen Speicher in Friesenheim geerbt. Vierzig Obstbäume stehen im Garten; Kartoffeln und Gemüse werden angebaut. Niemand muß hungern. Zweimal die Woche kommt Fleisch auf den Tisch, freitags gibt es Fisch – die Kohls sind katholisch. Im Vertiko, hinter der Zuckerdose, versteckt Cäcilie Kohl für den Notfall ein paar Mark, die sie vom Lohn des Vaters abgezweigt hat. Dieses Geld heißt »Dubbes«.

Schon als Kind habe Helmut Kohl es geschafft, Leute um sich zu scharen, berichtet seine Schwester Hildegard Getrey. Am ersten Schultag wird er von einem Trupp Jungs nach Hause begleitet, von denen er die meisten gar nicht kennt. Knirps Helmut ist der geborene Anführer, und er erwartet Gefolgschaft. Wenn er sich einen Kaffeewärmer als Mitra auf den Kopf stülpt und in Laken hüllt, dann ist er Bischof. Die anderen müssen die Schleppe tragen.

Helmut Kohl bessert, wie viele Kinder, sein Taschengeld auf. Er fischt Krebse aus dem Rhein und verkauft sie für fünf Pfennig das Stück. Daheim kümmert er sich um Hühner, Puten und Kaninchen. »Es kam vor«, berichtet er später, »daß ich zwanzig oder dreißig Kilometer mit dem Rad fuhr, um eine Häsin einem besonders prämierten Rammler zuzuführen.« Auch baut er gemeinsam mit einem Freund eine Seidenraupenzucht auf. Bescheidene Verhältnisse, aber alles ist wohlgeordnet.

»Der Staat ist für ihn eine Superausgabe des elterlichen Hauses in Friesenheim«, hat sein zeitweiliger Pressesprecher Peter Boenisch einmal gesagt. Helmut Kohls kleine Welt ist die »Famillje«, die zugleich Keimzelle und Modell für den Staat ist. Der Vater hat als Herr von Haus und Gesinde für das Wohl aller zu sorgen. »Noch etwas war in meinem Elternhaus zu lernen«, schreibt Helmut Kohl in einem Beitrag für den Sammelband »Mein Elternhaus«: »Die Bereitschaft zuzufassen, seine Pflicht ohne große Worte zu erfüllen. Man war für den anderen da, man stand zu seinen Freunden, man half einander, der Mutter in der Küche, dem Vater im Garten, man hatte seine Aufgaben.« Die Mutter ist die gute Seele der Familie und steuert Lebensregeln bei. »Was im privaten Leben gut ist«, soll Cäcilie Kohl gesagt haben, »ist auch in der Politik gut.« »Wer früh totgesagt wird, hat ein langes Leben«, oder auch: »Die Hand, die segnet, wird als erste gebissen.« Diesen Satz zitiert er im Jahr 2000 immer wieder und macht den Zusatz, daß er das in seinem »politischen Leben öfter erlebt« habe.

Bevor Helmut Kohl bei Pastor Finck fürs Leben büffelt, arbeitet er für einen Wochenlohn von dreißig Mark im landwirtschaftlichen Lehrbetrieb auf dem Düllstädter Gut der Süddeutschen Zucker AG. Er lernt das Pflügen mit dem Zugochsen. Nach den Sommerferien 1946 geht er wieder auf die einstige Oberrealschule an der Leuschnerstraße in Ludwigshafen, die in »Naturwissenschaftliches Gymnasium« umbenannt worden ist. Seine Mitschüler nennen ihn »den Langen«, denn er mißt inzwischen einen Meter und dreiundneunzig Zentimeter. Kohl schlägt der Schulleitung vor, das durch die Kriegsfolgen verwüstete Klassenzimmer in eigener Regie wiederherzustellen. Bedingung sei, daß die Klasse bis zum Abitur in dem Raum bleiben dürfe. Es ist eine gesetzlose Zeit des Übergangs: Die alten Hierarchien sind zerschlagen, Autoritäten gibt es nicht mehr, jeder will überleben – irgendwie. Was richtig und falsch, gut und böse ist, bestimmen viele nach eigenem Ermessen.

Kohl wird Klassensprecher, und zu seinen Aufgaben gehört es, Schüler, die zu spät kommen, zu verwarnen und im Wiederholungsfall mit einem Bußgeld für die Klassenkasse zu belegen. Die Höhe der Strafe setzt er selbst fest. Er ist der Anführer und kann »unkameradschaftliches Verhalten nicht leiden« (Kohl). Eigensinnige Streber haben es bei ihm nicht leicht. Wer es ablehnt, abschreiben zu lassen, muß fürchten, von »Helle«, wie sie ihn nennen, in den Schwitzkasten genommen zu werden. »Dank seiner strotzenden Kraft«, heißt es in der Econ-Biographie von Filmer und Schwan über Kohl, »beherrschte er viele Tricks. Schulkameraden verblüffte er mit der Fertigkeit, mit zusammengebundenen Beinen schwimmen zu können. Auch auf dem Fußballfeld ließ er sich im körperlichen Einsatz kaum überbieten.«

Wer Kohl folgt, wird belohnt. Für die mündliche Prüfung zum Abitur 1950 besorgt er sich und seinen Freunden die besten Plätze. Dabei sind seine Noten mäßig: Die Sechs in Mathematik kann er nur durch ein »Sehr gut« in Deutsch ausgleichen. Das Thema des Abituraufsatzes, »Ist die soziale Frage eine Marktfrage?«, gefällt Helmut Kohl.

In der Geschichte jedes Menschen gibt es gewöhnlich einen Augenblick der Entscheidung, der sich abhebt von allen anderen, von wo aus eine Umkehr nicht mehr möglich ist. Bei Kohl scheint es so, daß er immer in die Politik wollte. Manchmal redet er darüber, er hätte auch Bauer werden können, aber lieber pflügt er doch Konkurrenten unter. Bereits mit sechzehn Jahren gründet er die Junge Union in Ludwigshafen mit und tritt in die pfälzische CDU ein. Mitgliedsnummer: 00246. Als Oberprimaner hält er im Sommer 1949 seine erste Wahlkampfrede.

Die CDU ist Kohls Partei, dennoch gehört ein Kommunist, der Mathematiklehrer Otto Stamfort, zu seinen Lehrmeistern. Er hält außerhalb des Lehrplans Philosophiestunden und schenkt seinem Schüler eine 1947 in Moskau gedruckte deutschsprachige Ausgabe der Werke von Karl Marx. Der Schüler Kohl ist enttäuscht, als Stamfort in die sowjetisch besetzte Zone übersiedelt, um beim Aufbau des Sozialismus mitzuhelfen. Den damaligen SPD-Vorsitzenden Kurt Schumacher bewundert Kohl. »Es war ein unglaubliches Erlebnis«, berichtet er später über einen Auftritt des Sozialdemokraten in Mannheim, »in einem zerstörten, mühsam ausgebesserten Stall diesen Mann mit seiner ganzen Leidenschaft zu hören. Ich bin damals Schumacher-Fan geworden, bin es eigentlich geblieben – bei einer schroffen anderen Meinung in Details der Politik, aber die Persönlichkeit hat mich fasziniert.«

Im selben Jahr, 1947, wird der junge Kohl Mitglied einer »Arbeitsgemeinschaft europäische Wirklichkeit«, zu der auch Jungsozialisten gehören. Wie viele andere ist Kohl davon überzeugt, daß ein vereintes Europa die einzige Möglichkeit ist, einen neuen Krieg zu verhindern. Mit Schulkameraden und Freunden fährt er an die deutsch-französische Grenze und reißt Grenzpfähle und Schlagbäume aus, um die Abschaffung nationaler Grenzen zu fordern. Noch ist ein vereinigtes

Europa eine Tagträumerei: Der junge Kohl braucht Passierscheine, um von der französischen in die amerikanische Besatzungszone zu gelangen. Finck warnt ihn vor jeder Willfährigkeit gegenüber der französischen Besatzungsmacht.

»Ich bezahlte Hitler«

Der Pastor Johannes Finck hat den Untergang der Weimarer Republik und die nationalsozialistische Machtergreifung erlebt und berichtet seinen Zöglingen, eine der Ursachen seien die Geldspenden aus der Industrie gewesen, die in die leeren Kassen der NSDAP flossen. In den zwanziger Jahren bestanden verschiedene Fördergesellschaften, die von Wirtschaftsverbänden und Großunternehmen getragen wurden, darunter die Staatsbürgerliche Vereinigung (SV), die rechtsgerichtete Parteien unterstützte. In der Gründerversammlung der SV hatte der Leiter des I.G.-Farben-Konzerns, Carl Duisberg, die Großunternehmen aufgefordert, »auf die Parteipolitik einzuwirken. Aber einzuwirken mit der Vernunft auf die Parteien, das hat man allgemein aufgegeben. Nur durch planmäßige Beeinflussung lassen sich alle Schwierigkeiten überwinden. Zur Durchsetzung der Gedanken und Pläne der staatspolitischen Aufgaben gehört aber Geld.«

Die NSDAP hatte sich zunächst, im Unterschied zu bürgerlichen Parteien, hauptsächlich durch Mitgliedsbeiträge und Einnahmen aus Wahlversammlungen finanziert, aber seit Anfang der dreißiger Jahre unterstützte die Großindustrie immer stärker die Nationalsozialisten. Allein aus Kreisen der Ruhr-Industrie erhielt die NSDAP in den Jahren 1930 bis 1932 durchschnittlich zwei Millionen Reichsmark. Der Industrielle Fritz Thyssen beschrieb Einzelheiten in seinem Buch »Ich bezahlte Hitler«: »Es ist allgemein bekannt, daß am 27. Januar 1932 – ein Jahr bevor er die Macht ergriff – Adolf Hitler eine zweieinhalbstündige Rede vor dem Industrieclub in Düsseldorf hielt. Diese Rede machte einen tiefen Eindruck auf die versammelten Industriellen, und als Ergebnis floß eine Zahl von bedeutenden Zuwendungen aus den Quellen der Schwerindustrie in die Kassen der NSDAP.«

Am 20. Februar 1933 versammelten sich etwa fünfundzwanzig führende Industrielle im Dienstsitz des Reichstagspräsidenten Hermann Göring. Nach einer Ansprache Hitlers munterte Göring die Unternehmer zu kräftigen Spenden auf: »Das erbetene Opfer wird der Industrie sicherlich um so leichter fallen, wenn sie weiß, daß die Wahlen am 5. März die letzten innerhalb von zehn Jahren, voraussichtlich aber von hundert Jahren sein werden.« Am selben Tag notierte der zukünftige Reichspropagandaminister Joseph Goebbels in seinem Tagebuch: »Wir treiben für die Wahl eine ganz große Summe auf, die uns mit einem Schlage aller Geldsorgen enthebt. Wenn uns keine außergewöhnliche Panne mehr unterläuft, dann haben wir auf der ganzen Linie gewonnen.«

Als es 1948 im Parlamentarischen Rat um die Rechtsgrundlage der Parteien geht, erinnert der Zentrumsabgeordnete Johannes Brockmann leidenschaftlich an diese Vergangenheit und an die »zwölf Jahre Terror«. Er stellt den Antrag, daß die Parteien ihre Finanzen künftig offenlegen und eine anonyme Unterstützung verhindert wird. Das Gremium stimmt mit 34 gegen 25 Stimmen zu, ins Grundgesetz aufgenommen wird die Formulierung, daß Parteien über die »Herkunft ihrer Mittel öffentlich Rechenschaft geben« müssen. Nähere Regelungen sollen durch Bundesgesetze erfolgen. Das geforderte Parteiengesetz läßt jedoch fast zwanzig Jahre auf sich warten, obwohl bereits im Mai 1951 ein Gesetzentwurf im Bundesinnenministerium vorliegt. Wie das Grundgesetz es empfiehlt, sollen Zuwendungen an politische Parteien »unter Namensnennung des Leistenden« öffentlich angegeben werden, wenn die »Gesamtleistungen einer Person« einen Höchstwert überschreiten. Adenauer hält ein solches Gesetz für überflüssig und politisch gefährlich. Er tadelt den Autor der Vorlage (»Dat muß aber ein lebensfremder Mensch gewesen sein«), und der Gesetzentwurf verschwindet in der Ablage. Der amerikanische Politologe Arnold Heidenheimer zitiert damals einen CDU-Funktionär, daß der »deutsche Michel diese Dinge nicht verstehen« würde.

Vor der Wahl zum ersten Bundestag 1949 schließen Wirtschaftsverbände das »Pyrmonter Abkommen«. Vereinbart wird, den bürgerlichen Parteien zwei Millionen Mark zur Verfügung zu stellen. Den Löwenanteil, fünfundsechzig Prozent, bekommt die CDU, die nach der Wahl eine Rechtskoalition mit anderen bürgerlichen Parteien bildet.

Die finanzielle Ausstattung der Parteien ist allerdings sehr unterschiedlich. Die von den Gewerkschaften unterstützte SPD hat nach der Währungsreform Millionen Mark Wiedergutmachung erhalten und verfügt über erhebliches Parteivermögen. Die Partei ist gut organisiert, und die Mitglieder zahlen tüchtig, während ausgerechnet die von den Sozialdemokraten als »Wurmfortsatz des Kapitals« verhöhnten Parteien unter chronischen Finanznöten leiden. Die CDU besitzt als neu gegründete Partei kein Vermögen, es gibt noch keine Staatsfinanzierung, und die Zahlungsmoral vieler Mitglieder der bürgerlichen Parteien ist unerfreulich. Besonders geizig sind die Protestanten: Nach einer Untersuchung des Göttinger Parteienforschers Frank Bösch entrichten noch Mitte der fünfziger Jahre über fünfzig Prozent der Mitglieder in protestantischen Gebieten keine Beiträge. »Trotz aller Bemühungen war es bisher nicht möglich«, schreibt ein niedersächsischer CDU-Kreisgeschäftsführer, »wenigstens eine regelmäßige Beitragszahlung zu erreichen. Der Grund hierfür ist darin zu suchen, daß ein großer Teil der Mitglieder jetzt bei der Nachprüfung behauptet, der Partei nicht anzugehören, trotzdem die Betreffenden, zum Teil auf unserer Liste, in den Gemeinderat usw. gewählt worden sind.« Besser ist die Zahlungsbereitschaft bei den Katholiken, von denen sich viele aus dem Zentrum kennen.

Der Aufstieg des schwarzen Riesen

In Ludwigshafen spielt der junge Kohl den Rebellen: In Sandalen und ausgefransten Hosen schockt er die CDU-Honoratioren seiner Heimat. Die Alten der Partei, die den Ton angeben, nennt er die »Vereinigten Kalkwerke«. Ludwigshafen, Stammsitz der Badischen Anilin- & Soda-Fabrik (BASF), ist eine Art Oberhausen der Pfalz. Es stinkt und kracht, und die SPD regiert unangefochten. Für die Ludwigshafener CDU ist der Machtwechsel in den fünfziger Jahren so erreichbar wie die Regentschaft über die Volksrepublik China.

Kohl will in der Politik mitmischen, und deshalb bleibt zum Studieren wenig Zeit. Im Wintersemester 1950/51 schreibt er sich an der Johann-Wolfgang-Goethe-Universität in Frankfurt für die Fächer Jura und Psychologie ein. Ein Jahr später wechselt er nach Heidelberg. Von dort schafft er mit seiner Lambretta in dreißig Minuten den Weg nach Ludwigshafen. Kohl sattelt um, wählt Geschichte als Hauptfach und als Nebenfächer Politikwissenschaft, Öffentliches Recht und Staatsrecht. Aber was ihn wirklich interessiert, ist die Politik: 1951 nimmt er erstmals als Delegierter an einem Bundesparteitag der CDU teil. In der Vorderpfalz zwischen Speyer, Deidesheim und Frankenthal, der Region, in der Kohl seine Wurzeln hat, schart er einen Kreis von Anhängern um sich. »In gewissem Sinne hat er die Pfalz nie verlassen«, schreibt die britische Journalistin Patricia Clough. »Er nahm seinen Kokon, die Ansichten, die Werte, den Geschmack, den Dialekt seiner Region mit.« Der »Strich Erde, worauf wir geboren und erzogen sind« (Georg Büchner), wird ihm zum Maß aller Dinge. In Kohls Welt gelten einfache Lebensregeln: Alles, was im privaten Leben anständig, gut und vernünftig ist, das ist auch in der Politik anständig, gut und vernünftig. Grobheiten sind grundsätzlich erlaubt, sie müssen nur zum Erfolg führen. Wer ein kleines Land gut regiert, kann auch ein großes Land führen. Man muß fleißig sein und die Tricks kennen.

Kohl belohnt und bestraft, er entwickelt ein gutes Gespür für Gefolgstreue und für Verrat ein Elefantengedächtnis. Er sorgt für den Schub nach vorn und zieht Mitläufer an wie ein Magnet die Eisenspäne. Wer zu den »Kohlianern« gehört, genießt Schutz und hat Vorteile, muß aber treu und loyal sein. Helmut Kohl verlangt stets uneingeschränkte Verläßlichkeit. Sein Programm besteht aus den vier Buchstaben des Wortes Kohl, und früh schon versteht er sich auf Machtspiele.

Auf dem Bezirksparteitag der pfälzischen CDU im November 1953 wird der Vorstand neu gewählt, und Kohl kandidiert für den Posten des Schriftführers. Ein geschickter Schachzug: Sein Gegenkandidat

Krämer ist, wie Klaus Dreher in seiner Biographie über Kohl schreibt, »verknöchert, autoritätsgläubig und staatstreu« und gilt als »die schwächste Figur im Vorstand«. Die CDU hat bei der Landtagswahl 1951 stark verloren, und so gibt es, laut Dreher, die Bereitschaft, das von Kohl »angeprangerte Übel abzustellen: daß sich immer die gleichen Leute in immer die gleichen Ämter wiederwählen ließen«. Kohl gewinnt und wird wenig später stellvertretender Vorsitzender der rheinland-pfälzischen Jungen Union. Die Jungen motzen »jusomäßig« (Kohl) gegen die alten Herren in der Partei, aber stören sich nicht groß an deren sehr konservativem Weltbild. Peter Altmeier, Landeschef der Partei und Ministerpräsident, zählt trotz seines Geburtsjahrs 1899 für die Jungen zur Altherrenriege der CDU. Ein strenger Katholik, ohne jedes Charisma, sehr autoritär. Pastor Finck schätzt den aus Koblenz stammenden Altmeier nicht sonderlich. Zwischen den Koblenzern und den Ludwigshafenern gibt es landsmannschaftliche Rivalitäten. Als Altmeiers Schwager in den Bundestag entsendet wird, droht Finck damit, daß die CDU Pfalz den Landesverband verlassen werde, wenn die aus Koblenz weiterhin mauscheln. »Macht«, sagt Kohl damals, »finde ich attraktiv.« Fincks Schüler Kohl hat die Palastrevolution gegen Altmeier lange geplant. Früh schon läßt er keinen Zweifel, daß er eines Tages den Landeschef der Partei und Ministerpräsidenten attackieren wird, und der unterschätzt ihn viel zu lange.

Unaufhaltsam steigt Kohl in der Partei auf. Nur noch anekdotischen Wert hat eine Episode aus dem Jahre 1955: Beim Landesparteitag kandidiert Kohl für einen Vorstandsposten, und die Schriftführer schreiben seinen Namen falsch. Gustav Hülser, der ihn protegiert, weist darauf hin, daß auf den Stimmzetteln »Pohl statt Kohl« stehe. Der Name des Bewerbers fange »nicht mit P wie Potsdam, sondern mit K wie Konrad« an. Die Delegierten lachen. Auf dem Parteitag hält Kohl der CDU vor, sie habe »Elan« und »Dynamik« verloren. Es sei »so etwas eingetreten wie eine Verbürgerlichung unserer Partei«.

Die Fünfziger werden später die Adenauer-Restauration genannt, passend zu einem Diktum des Publizisten Walter Dirks, der früh schon vom restaurativen Charakter der Epoche spricht. Es triumphieren die Traumbilder von heiler Familie und heiler Welt samt verlogener Idylle. »Deutschland dreigeteilt? Niemals!« heißt es auf den Plakaten. Adenauer hatte zweiundvierzig Jahre lang im Kaiserreich gelebt und repräsentiert seit 1949 durch seine Persönlichkeit das Bild des neuen Staates. Der Philosoph Karl Jaspers nimmt Tendenzen zu einem »Obrigkeitsstaat mit Untertanengesinnung, weitgehend ähnlich der Wilhelminischen Zeit«, wahr. Fünfundsechzig Prozent der Bundesbürger glauben, daß die Regierung Gesetze machen kann, »wie sie will«, und die Untertanen finden das in Ordnung. Der dicke Vater der sozialen Marktwirtschaft, Ludwig Erhard, schmaucht mächtige Zigarren, und die Schornsteine qualmen im Wirtschaftswunderland. Verkehrsminister Hans-Christoph Seebohm eröffnet fast ununterbrochen Autobahnstrecken und zerschneidet mit der Schere weiße Bänder, um dann wieder Sonntagsreden bei Vertriebenenverbänden zu halten. In den Städten und Ländern und auch in Organisationen wie den Gewerkschaften haben starke Charaktere das Sagen, Autorität und Machtentfaltung sind weithin geachtete Tugenden. Durch das »Wunder von Bern« werden die Deutschen Fußballweltmeister, und das ist Balsam für die Seelen. »Wir sind wieder wer«, heißt es in der Unionsrepublik, die Helmut Kohl so geprägt hat. Kohl hat immer gerne »Wir« gesagt: »Wir haben das Steuer übernommen«, »Wir sind nicht den bequemen Weg gegangen«, »Wir« – das ist sein Dünger fürs eigene Feld. »Soz bleibt Soz, auch wenn er mit dem Zylinder ins Bett geht«, lautet eine seiner frühen Lebensweisheiten.

In der Pfalz erringt Kohl den schmucken Beinamen »Der schwarze Riese«. Als Wahlkampfleiter der Ludwigshafener CDU plakatiert er 1957 wild und begegnet nachts einer SPD-Kolonne, die durch die Straßen streift, um die CDU-Plakate unleserlich zu machen. Am Goerdelerplatz treffen dann Kohl und der Anführer der Roten, Heinrich Ries, aufeinander. Sie ringen heftig miteinander und ächzen tüchtig. SPD-Kleber klettern auf einen Mauervorsprung und schütten von oben eine rußhaltige Flüssigkeit auf die Kontrahenten. Erst dann lassen die beiden voneinander ab. Seine Kampfeswut verschafft Kohl viel Respekt bei seinen Anhängern.

1958, nach langen sechzehn Semestern, legt Kohl endlich seine Doktorarbeit vor, obwohl er noch nicht alle notwendigen Scheine erworben hat. Der Bummelstudent promoviert mit dem Thema »Die politische Entwicklung in der Pfalz und das Wiedererstehen der Parteien nach 1945«. Etliche der Unterlagen, die er verwendet, stammen aus dem Archiv seines Mentors Finck, und bei der Materialsammlung hat Kohl jede Menge Leute kennengelernt, die ihm auch späterhin nützlich sein können. Die Arbeit steckt voller Trivialitäten. Auszug: »Die Pfalz beheimatet – soweit sich solch allgemeine Feststellungen treffen lassen – einen fröhlichen und weltoffenen Menschenschlag, der viel Sinn für gesellschaftliches Zusammenleben und die Freuden der Zeit hat und dem dogmatischen Denken abgeneigt ist … Neben einem ausgeprägten Sinn für Toleranz besteht jedoch häufig ein allzu starkes und unangenehmes Selbstgefühl. In diesem lautstarken Auftreten hat auch der Pfälzer Krischer seinen Ursprung. Bei aller Aufgeschlossenheit und praktischen Intelligenz haben die Pfälzer keine ausgesprochen musische Veranlagung.« Der Schlüsselsatz seiner Schlußbetrachtung ist die Erkenntnis: »Typisch pfälzisch ist die Atmosphäre, in der sich die Beziehungen zwischen den Parteien abspielen.«

Der *Spiegel* wertet später diese Doktorarbeit als eine komplette »Arbeitsverweigerung«, gemessen an den wissenschaftlichen Standards von damals. Kohls Doktorvater, der Ranke-Forscher Walther Peter Fuchs, findet, daß der Kandidat immerhin »die ideologischen Leitgedanken der einzelnen Führungsgruppe herausgearbeitet« habe. »Trotz bitterer Erfahrungen« enthielten sie allerdings »überraschend viel altes Gedankengut aus der Weimarer Zeit, dem Vorkriegsdeutschland und dem Bismarckreich«. Was »zunächst für Kohl einnahm«, so Fuchs, »war sein Auftreten. Klar und offen legte er seinen Werdegang, seine Studienleistungen und seine Absicht dar, ohne die fehlenden Testate in seinem Studienbuch zu verschweigen.«

Nach Ende des Studiums bekommt Kohl von dem Inhaber der Eisengießerei Willi Mock einen Vertrag als Direktionsassistent und verdient 800 Mark im Monat. Der mit ihm befreundete Mock hat die Position eigens für den Nachwuchspolitiker geschaffen, wie die Ehefrau des Firmenchefs berichtet: Kohl »mußte vorübergehend geholfen werden«. Der Historiker Kohl soll sich offiziell um die Buchhaltung des Betriebes kümmern und auch Grundstücksverhandlungen führen. Ihm bleibt viel Zeit für die Politik.

Nach einem Jahr bei Freund Mock wechselt Kohl als Referent zum rheinland-pfälzischen Landesverband der Chemischen Industrie mit Sitz in Ludwigshafen. Das Anfangsgehalt liegt bei 1 000 Mark, bis 1969 steigt es auf 3 000 Mark. Um sieben Uhr morgens muß er im Büro sein, was ihm zunächst »furchtbar schwer« fällt, aber sein Chef Udo Giulini hat die Angewohnheit, Rückfragen nur zwischen sieben und acht Uhr zu erledigen. Gegen zehn Uhr ist Kohl mit der wichtigsten Arbeit fertig, verläßt das Haus, geht zum Landtag oder ins Büro der CDU-Fraktion im Ludwigshafener Stadtrat. Nach der Mittagspause kehrt er noch einmal zum Chemieverband zurück, dort warten dann schon Parteifreunde. Über den Verband lernt der Nachwuchspolitiker auch ein paar Wirtschaftsgrößen aus dem Frankfurter Raum kennen. Eigentlich hat er nie ein Leben vor der Politik geführt. Dem Vorsitzenden des Chemieverbandes, Giulini, der ihm die großzügigen Arbeitsbedingungen erlaubt, verschafft Kohl später ein Bundestagsmandat, und das Wohlergehen der chemischen Industrie liegt ihm auch als Kanzler besonders am Herzen.

Wer sich Kohl in den Weg stellt oder seine Regeln nicht befolgt, wird unnachsichtig verfolgt. Da ergeht es heute Schäuble oder anderen Abweichlern nicht anders als einst dem Nobody Egon Augustin. Der pfälzische Bezirksvorsitzende der Jungen Union, Freund und Nachbar von Helmut Kohl, wird von ihm 1958 zum Kreisvorsitzenden der Ludwigshafener CDU gemacht. Kohl selbst will noch nicht auf den Posten, ändert aber nach einigen Monaten seinen Plan und erklärt Augustin, daß dieser nur Platzhalter für ihn gewesen sei, er wolle jetzt selbst Kreisvorsitzender werden. Augustin sträubt sich. »Von dieser Stunde an war es mit der Freundschaft vorbei«, stellt Augustin später fest. Kohl, mit dem er die Schulbank gedrückt hat, habe ihn fortan wie einen Feind behandelt. Als Augustin ins Krankenhaus muß, sieht Kohl seine Stunde gekommen. Er umwirbt die Anhänger Augustins und siegt 1959 bei einer Kampfabstimmung. Als

Augustin für einen Stellvertreterposten kandidieren will, kanzelt ihn Kohl kühl ab, und Augustin zieht frustriert die Bewerbung zurück. Der Name Augustin, findet Biograph Klaus Dreher heraus, sei auf Anweisung Kohls später »aus allen amtlichen Dokumenten der Ludwigshafener CDU entfernt« worden. Der Kreisvorsitzende Augustin ist in keinem offiziellen Schriftstück mehr zu finden, auch nicht in der vom Kreisverband Ludwigshafen-Stadt herausgegebenen Bilanz »40 Jahre CDU«. Der Name wurde ausradiert, als läge die Pfalz in Albanien. In dieser Auseinandersetzung ist alles schon da, was den Kanzler mehr als zwei Jahrzehnte später charakterisiert: Im Kampf um Macht und Territorien verfolgt Kohl potentielle Gegner ohne jede Nachsicht. Freundschaft ist für Kohl, der nur Psalmodisten seiner Linie duldet, zu allen Zeiten Gefolgschaft, Jüngerschaft gewesen. Er stapft vorweg – die anderen hinterher. Wenn er ins Schwimmbad geht, müssen die anderen brav hinter ihm herschwimmen wie die Enten hinter dem Enterich. Wer sich nicht an die Ordnung hält, bekommt Probleme. Kohl »hat alle seine Gegner gekillt«, sagt sein langjähriger Wegbegleiter, der Journalist Wolfgang Wiedemeyer. »Auf der Straße seines Ruhms liegen viele Gegner im Grab.«

Der Ludwigshafener zieht 1959 als jüngster Abgeordneter in den Landtag ein. Ein Jahr später schlägt er sich in Ludwigshafen selbst zum Spitzenkandidaten der CDU für die Kommunalwahl vor. Auch er kann die rote Mehrheit nicht brechen, aber die CDU gewinnt immerhin zwei Sitze hinzu. Ende 1960 ist Kohl Vorsitzender der Kreispartei, Vorsitzender der CDU-Fraktion im Stadtrat von Ludwigshafen und Landtagsmitglied. Er hat seinen Platz im engeren Vorstand der Bezirkspartei und sitzt im Präsidium der rheinland-pfälzischen CDU. Nichts und niemand kann ihn stoppen.

Am 27. Juni 1960 heiratet er Hannelore Renner, mit der er schon zwölf Jahre verbunden ist. Sie war fünfzehn, als sie den achtzehnjährigen Helmut Kohl in einem Ludwigshafener Gasthof bei einem Klassenfest kennenlernte. Der Lange fiel ihr auf, weil er große Sprüche machte. Sie gingen gemeinsam in die Tanzschule Knöller, wo er sich mit seiner Größe und Schlaksigkeit als guter Tangotänzer entpuppte. Helmut Kohl war, ebenso wie seine Alterskameraden, ganz

Kavalier, was auch bedeutete, daß die Frauen ein Stück entmündigt wurden. Im Restaurant bekam nur »der Herr« die Speisekarte: »Er schlägt«, so empfahl Frau von Pappritz das gute Benehmen, »der Dame drei oder vier Gerichte vor, aus denen sie auswählen kann.«

Der Kuppelei-Paragraph verbot damals unverheirateten Paaren das Zusammenleben, jedenfalls wenn die Wohnung gemietet war. Der Heimatfilm und der Heimatschlager verklärten die Welt, »Sissi« mit Romy Schneider und Karl-Heinz Böhm wurde zum Film der fünfziger Jahre. Die Wirklichkeit war oft weniger romantisch. Hannelore Renner studierte Englisch und Französisch auf einer Dolmetscherschule. Als ihr Vater 1952 stirbt, muß sie das Studium abbrechen. An einer Handelsschule legt sie eine Prüfung ab und arbeitet dann bei BASF. Helmut Kohl, sagt sie, sei in diesen Jahren ihre »wichtigste Stütze gewesen«.

Gegen Altmeiers Willen wird Kohl Ende 1961 zum stellvertretenden Fraktionschef gewählt. Klaus Dreher schreibt über den Newcomer: »… außerhalb von Rheinland-Pfalz ist er kaum ein Begriff. Im Land spricht man von ihm teils mit leichtem Gruseln, teils mit Bewunderung; die einen sehen in ihm einen Mann, der die CDU zu neuen Höhen führen werde, die anderen fürchten seine zuweilen rauhen Methoden. Die junge Generation identifiziert sich gern mit ihm und sieht in Kohl so etwas wie einen jugendlichen Helden auf der Bühne, auf der die ältere Generation anderthalb Jahrzehnte nahezu unumschränkt die Handlung bestimmte.«

Zwei Jahre später ist Kohl Fraktionsvorsitzender im Mainzer Landtag und benimmt sich schon wie ein Ministerpräsident im Wartestand. Alles scheint vorausgeplant. Er trägt einen schwarzledernen Taschenkalender mit Dünndruckpapier bei sich, den er Jahr für Jahr von der BASF erhält, bei der er als Werkstudent für »eine Mark und fünf Pfennige die Stunde und im Akkord sogar weit mehr« (Kohl) Steine geschliffen hat. Nach Sitzungen zückt er den Kalender und macht mit einem Bleistiftfummel seine Einträge. »Niemals« in seinem Leben hat er sich »Termine diktieren lassen«. »Die Terminplanung habe ich gemacht.« Er habe es nie verstanden, sagt er nach seiner Abwahl als Kanzler 1998, »daß es Zeitgenossen oder Zeitgenossinnen gibt, die morgens einen Zettel in die Hand gedrückt kriegen, auf dem steht, was sie für den Rest des Tages zu absolvieren haben. Das habe ich immer als schrecklich empfunden.«

Beinahe eine mythische Figur wird für ihn der Lademeister des Rheinhafens der BASF. Wenn der Lademeister mehr Schiffe registriert, die den Rhein hinabfahren, geht es mit der Wirtschaft aufwärts: Da braucht Kohl keinen Konjunkturforscher. Wenn Kohl am Fluß entlangschlendert, fragt er die Angler, ob die Fische beißen und ob sie die selbstgefangenen Fische auch essen, denn dann ist der Fluß sauber. Da braucht er keinen Umweltspezialisten. »In bestimmten Abständen einfach fortgehen, zu Fuß, ein Stück laufen. Mit Leuten, die ich treffe, ein paar Worte reden, und zwar nicht immer so hochgeistige Gespräche, sondern einfach so, wie man sich bewegt im Alltag des Lebens«: Auf diese Weise macht er sich sein Bild von der Welt.

Jeden Morgen telefoniert Kohl mit Orts- oder Kreisvorsitzenden, fragt nach dem Wetter, nach den Kindern, nach der Partei. »Er ist ständig am Telefon«, sagt Peter Boenisch, sein späterer Pressesprecher. Durch seine Kontakte zu gewöhnlichen Bürgern und zu jeder Sektion der CDU bekommt Kohl mit, was die Leute denken und fühlen. Er kann Stimmungen frühzeitig erkennen, kann, wo es ihm nötig erscheint, auch personell eingreifen, und er verpflichtet sich die Leute an der Basis. Es geschieht kaum etwas in der Partei, von dem er nicht sofort erfährt. An Kohl kommt niemand mehr vorbei. Er hat ein Netz von Beziehungen über das Land gewoben – so dicht, daß niemand, der wirklich treu ist, aus der Welt fallen kann. Überall bringt er seine Leute unter, aber er erweist sich auch als Talentsucher.

Im Frühjahr 1964 stößt Hanns Schreiner zu ihm, der gerade seinen Job als Sprecher der hessischen CDU gekündigt hat und zum Hessischen Rundfunk wechseln soll. Der Dreiunddreißigjährige ist von der Aussicht, dort aus Proporzgründen für die Kirchenpolitik zuständig zu sein, nicht begeistert. Auf dem Bundesparteitag in Hannover überredet ihn Kohl, doch bei ihm in Mainz als Sprecher anzufangen. Er werde bald Altmeier ablösen und die CDU in eine moderne Partei verwandeln: Fast das gesamte Führungspersonal müsse ausgewechselt werden. Begeistert stürzt sich Schreiner in seine Aufgabe, Helmut Kohl Aufmerksamkeit in der Presse zu verschaffen, denn mit Ausnahme des *Rheinischen Merkur* haben die überregionalen Blätter Kohl noch nicht entdeckt, und die rheinland-pfälzischen Zeitungen meiden den Jungen, weil sie sich in dem innerparteilichen Kampf zwischen Altmeier und Kohl auf die Seite des Ministerpräsidenten geschlagen haben, der alle Verleger persönlich kennt. Schreiner ändert die Strategie: Er verschafft Kohl ein Forum in den großen Zeitungen, und das Kalkül geht auf – die Heimatblätter müssen nachziehen.

Im Landtag trifft Kohl in jenen Tagen eine junge Frau, Jahrgang 1939: Juliane Marie-Luise Weber, geborene Lampe. Sie stammt aus Dresden, ist im Krieg mit Mutter und Geschwistern ins niedersächsische Northeim gelangt und später nach Mainz gezogen. Mit siebzehn hat sie bei der Oberfinanzdirektion Mainz angefangen und dann im Innenministerium gearbeitet. Dort bekommt sie einen Tip: Der neue CDU-Fraktionschef Kohl sucht eine Sekretärin. Ihr Vater war aktiv in der CDU, mit anderen Parteien hat Juliane Weber nie geliebäugelt. Der CDU-Fraktionsvorsitzende fragt die junge Frau, ob sie bei ihm anfangen wolle. Ab dem 1. Juli 1965 arbeitet sie für Kohl im Sekretariat der CDU-Fraktion und wird vier Jahre später, am 21. Mai 1969, als Regierungsangestellte in den Dienst der Staatskanzlei Rheinland-Pfalz übernommen. Am 15. Dezember 1976 wird sie Chefsekretärin im Vorzimmer des CDU-Fraktionsvorsitzenden Kohl in Bonn und am 25. Oktober 1982 Leiterin des persönlichen Büros des Bundeskanzlers. Mit ihrer Zusage 1965 beginnt eine wunderbare Freundschaft: Kohls und Webers reisen schon bald gemeinsam in Ferien. Chauffeur wird Eckhard Seeber, genannt »Ecki«. Der ehemalige Fallschirmjäger fuhr früher einen Baron und ist für den jungen Fraktionsvorsitzenden Volkes Stimme.

Auf der Suche nach Gefolgsleuten schaut Kohl 1964 bei dem zehn Jahre älteren Richard von Weizsäcker in Ingelheim vorbei. Der Jurist ist seit 1954 in der CDU, hat sich aber bisher nicht aktiv in der Partei betätigt. Er war persönlich haftender Gesellschafter eines Bankhauses und ist danach in die Geschäftsführung des Chemieunternehmens C. H. Boehringer in Ingelheim gewechselt. Seit 1962 gehört er dem Präsidium des Deutschen Evangelischen Kirchentages an. Bei einer Wanderung durch die Pfälzer Weinberge bietet Kohl ihm den Wahlkreis Ludwigshafen an, doch nach einer Bedenkzeit sagt von Weizsäcker ab. Immerhin kann Kohl ihn überreden, zunächst einmal auf lokaler Ebene im Ludwigshafener Kreisvorstand mitzumachen. In den Bundestag zieht von Weizsäcker dann 1969 ein.

Ein alter Bekannter Kohls ist der in Speyer geborene Bernhard Vogel, der einst als Student mit dem Pfälzer bei Dolf Sternberger im Heidelberger Politik-Seminar gesessen hat. Kohl hilft ihm, als Kandidat im Wahlkreis Neustadt-Speyer aufgestellt zu werden, und gibt ihm den Ratschlag, sich um einen Platz im sozialpolitischen Ausschuß des Bundestages zu bemühen.

In den neuen Bundestag rückt 1965 auch der Nordwürttemberger Heiner Geißler ein, der Kohl 1964 auf dem Parteitag in Hannover aufgefallen ist. Geißler wollte ursprünglich Priester werden, studierte bei den Jesuiten Philosophie und wandte sich dann den Rechtswissenschaften zu. 1960 promoviert er mit einer Arbeit über das Recht der Kriegsdienstverweigerung. Sein Vater, Landvermesser und Leiter des Katasteramtes in Rottweil, wurde wegen seines Engagements für die katholische Zentrumspartei in der Nazizeit mehrfach zwangsversetzt. Kohl unterbreitet dem Gleichaltrigen den Vorschlag, Sozialminister bei Altmeier zu werden, den er ohnehin bald ablösen werde. Geißler hat wenig Lust, in Bonn als Hinterbänkler zu versauern, und findet das Angebot »interessant«. Er fragt Kohl allerdings, warum er denn einen Württemberger in die Pfalz hole. Kohl redet über den Pfälzer allgemein und wie sehr er Geißler schätze. Doch auch Geißlers Einflußmöglichkeiten als Vorsitzender der Jungen Union in Baden-Württemberg sind für Kohls Ambitionen nicht schlecht.

Aus dem Ruhrgebiet holt sich Kohl einen bedingungslos treuen Kumpel, den Kreisgeschäftsführer der Oberhausener CDU, Hans Terlinden, Jahrgang 1935 und seit 1955 Mitglied der Partei. Im tiefsten Kohlenpott ist die CDU von einer Machtübernahme ähnlich weit entfernt wie in Ludwigshafen. Dennoch hat Terlinden, den sie den »Briefträger« nennen, immer gekämpft, und seine organisatorischen Fähigkeiten haben sich bis Mainz herumgesprochen. »Terlinden hat sich mit großer Energie hochgearbeitet«, sagt Kohl, der ihn 1966 kennenlernt und ihn noch im selben Jahr zum Landesgeschäftsführer der Partei beruft: »Ein exzellenter Mann«; »absolut loyal, auch was die Partei betrifft, ungeheuer sparsam im Umgang mit Geld, was in einer Partei sehr günstig ist« (Kohl). Terlinden hilft, die Partei neu zu organisieren, er ist der Lauschposten für den Chef, der über alles und jeden in der Partei informiert werden möchte, und er wird in heikle Aktionen eingeschaltet.

In der Pfalz ist Kohl der ungekrönte König. Fast habe es »den Anschein«, mokiert sich die Mainzer Lokalzeitung *Die Freiheit*, »als ob der bisherige Ministerpräsident Altmeier ... im nächsten Landtagswahlkampf nicht nur vor einem Erfolg der Sozialdemokraten, sondern auch vor dem Stoßtrupp Dr. Kohl um seine geliebte Landesvaterschaft zu bangen haben wird«. Gegen den ausdrücklichen Willen Altmeiers sichert sich Kohl Schlüsselpositionen in der Landes-CDU und löst im März 1966 Altmeier als Landesvorsitzender ab. Er ist der kommende Mann der Partei, und sein Durchsetzungsvermögen ist gewaltig.

Vorbild Adenauer

Kohl hat Konrad Adenauer früh bewundert. Auf der Hochzeit seiner Schwester im Jahre 1947 fragt ihn ein Gast, was er denn werden wolle. »Sekretär von Adenauer«, antwortet der Siebzehnjährige. »Der Adenauer ist ja noch heute sein großes Vorbild«, erklärt Hildegard Getrey 1996 in einem Interview mit dem *Stern*. »Ihm hat imponiert, mit welcher Geradlinigkeit Adenauer seinen politischen Weg gegangen ist. Adenauer war genauso unerschrocken wie mein Bruder.« Der Alte von Rhöndorf, Jahrgang 1876, gehörte als Rheinländer und Katholik dem rechten Flügel der katholischen Zentrumspartei an; Sozialisten waren ihm zuwider. Nach dem Untergang des Hohenzollern-Reichs liebäugelte Adenauer 1919 mit der Idee, Westdeutschland von der sozialistisch regierten Republik abzuspalten und neue

Partner in Luxemburg, Frankreich und Belgien zu suchen. Von 1917 bis 1933 war er Kölner Oberbürgermeister, fast ebenso lange Präsident des Preußischen Staatsrates. Die Nazis suspendierten ihn am 12. März 1933 von seinen Amtsgeschäften als Oberbürgermeister, vier Monate später wurde er wegen politischer Unzuverlässigkeit endgültig entlassen. Nach dem 20. Juli 1944 verhaftete ihn die Gestapo und hielt ihn bis November 1944 fest. Bereits am 4. Mai 1945 wurde Adenauer von den Militärbehörden zum Kölner Oberbürgermeister ernannt, im Oktober aber »wegen Unfähigkeit« wieder abgesetzt.

Im August 1945 übernimmt er, zunächst verdeckt, die Koordinierungsaktivitäten der CDU und tritt im Juni 1946 in die Partei ein. Adenauer wird Präsident des Parlamentarischen Rates und im September 1949 mit nur einer Stimme Mehrheit zum Bundeskanzler gewählt. Die Umstände der Wahl sind im dunkeln geblieben. Der Alte von Rhöndorf ist als Machttechniker nicht »pingelig« bei der Wahl der Mittel. Adenauer, dessen von Falten durchzogenes Gesicht einer biographischen Landschaft gleicht, sieht aus wie ein Fuchs. Die Zürcher *Weltwoche* erklärt ihn zum »Großvater der Füchse«; Heinrich Böll hingegen bezichtigt ihn der »bourgeoisen«, ja der »wahnwitzigen Blindheit«.

Nach dem Urteil Golo Manns ist der Rheinländer und Rosenzüchter ein »Adept der Taktik«, der zugleich »gewaltige persönliche Autorität mit auf das Kleinmenschliche der Politik spekulierenden Tricks, Manövern, Duldungen« verbindet. Adenauer ist, so der Bonner SPD-Abgeordnete Ulrich Lohmar, gewiß »kein Antidemokrat«, aber jedenfalls »der Auffassung, daß die staatliche Obrigkeit das Zentrum allen politischen Denkens und Handelns sein müsse«.

Konrad Adenauer hat die junge westdeutsche Republik geformt. Daß die Bundesrepublik, integriert in wirtschaftliche, politische und militärische Organisationen, ein unwiderruflicher Teil der westlichen demokratischen Staatengemeinschaft werden soll, bildet die Basis seiner Politik. Viele Zeitgenossen sind damals überzeugt, daß sich Wiedervereinigung und Westorientierung gegenseitig ausschließen. Doch Adenauer sieht keinen Widerspruch zwischen den beiden Zielen. »Es gibt ... langfristig keinen anderen Weg zur Wiedervereinigung als diesen durch die europäische Integration, es sei denn, man wäre bereit, auf die Freiheit zu verzichten und ganz Deutschland in die Hände der Sowjetunion zu geben«, erklärt er 1953. Bei dramatischen fünftägigen Verhandlungen in Moskau stellt er zwei Jahre später die Weichen zu einer neuen Ostpolitik. Im September 1955 billigt der Deutsche Bundestag einstimmig die Aufnahme diplomatischer Beziehungen zwischen der Bundesrepublik und der Sowjetunion; 9 268 Männer, ausgemergelte Gestalten, kommen aus russischer Kriegsgefangenschaft frei. Adenauer fühlt sich auch der Aussöhnung mit Frankreich verpflichtet. Das entspricht Kohls schon in der Schülerzeit gehegtem Enthusiasmus für eine Freundschaft mit Frankreich und die europäische Integration.

Am 3. April 1959, seinem neunundzwanzigsten Geburtstag, hat Kohl im rheinland-pfälzischen Landtagswahlkampf seinen ersten großen Auftritt mit seinem Vorbild. Einer der Chronisten dieser Tage, Lothar Wittmann, beschreibt den Ablauf:

Im hochroten Ludwigshafen soll der Besuch des Kanzlers zu einer eindrucksvollen Demonstration der Schwarzen werden … Zu diesem Behuf hat CDU-Geschäftsführer Fritze Keller … zwei gewaltige Wurstmarktzelte aus Bad Dürkheim auf dem Marktplatz aufstellen lassen … (Sie) fassen 8 000 Besucher. Kleinmütige Zweifler haben Kohl vor solchen Ausmaßen gewarnt … Zwanzig Minuten vor Beginn der auf zwanzig Uhr angesetzten Versammlung ist die Nervosität groß. Über Polizeifunk wird angekündigt, daß der Kanzlerwagen bereits Darmstadt passiert hat, und die Zelte sind erst zu höchstens zwanzig Prozent gefüllt. Wenn der Besucherstrom so dünn bleibt, wird es eine Blamage geben. Kurz entschlossen dirigiert Kohl den Kanzlerkonvoi ins Hotel St. Hubertus um. Der geplagte Kanzler muß die Möglichkeit haben, sich vor dem Auftritt noch etwas frisch zu machen. Als der Kanzler dann … eintrifft, sind die Zelte brechend voll. Der Zustrom hat in letzter Minute und schlagartig eingesetzt. Drei Redner an diesem Abend: Helmut Kohl hält eine schwungvolle Begrüßungsrede, dann Peter Altmeier, der Ministerpräsident, dann Konrad Adenauer. Helmut Kohl bringt enthusiastische Stimmung ins Zelt. Er spricht angriffslustig, wettert gegen Herbert Wehners Agitationsbesuch in der BASF. Droht die Politisierung der Betriebe? Konrad Adenauer wird aufmerksam, mustert interessiert den langaufgeschossenen Nachwuchsredner, fragt seinen Nachbarn Peter Altmeier, wer denn dieser hoffnungsvolle junge Mann sei.

Adenauer ist zufrieden. Was er nicht weiß: Unternehmer aus dem Umland haben ihre Leute in Bussen herankarren lassen, und einige von ihnen haben fünf Mark pro Kopf für Verzehr spendiert. Kohl hat einflußreiche Gönner gefunden, die ihn beim Aufstieg unterstützen.

Am 26. Mai 1964 zieht der Pfälzer in den Bundesvorstand der Partei ein. Adenauer ist nicht mehr Kanzler. Bei der Bundestagswahl 1961 hat die CDU die absolute Mehrheit eingebüßt, der Patriarch ist parteiintern zunehmend unter Druck geraten und hat vor Ablauf der Legislaturperiode seinen Platz widerstrebend für Ludwig Erhard freigemacht. Aber Bundesvorsitzender ist er geblieben, und Adenauer betrachtet die Partei als seinen eigenen Laden. Schon bei dessen ersten Auftritten im Bundesvorstand fällt ihm Kohl als Provokateur auf. Der bemängelt, daß es keine Zeit für Diskussionen gibt. Es sei »ein uraltes CDU-Rezept, durch eine Fülle von Referaten die Zeit so auszudehnen, daß nachher für die Diskussion kein Raum mehr da ist«, erklärt er auf seiner zweiten Vorstandssitzung im November 1964. »Ich will keine Mohrenwäsche machen, sondern nur klarstellen, was der Bundesvorstand ist: ein führendes Gremium der Partei. Nachdem wir aber nicht einmal unseren satzungsmäßigen Anspruch seit einem halben Jahr erfüllt haben, sondern gelegentlich eine Tagung vor drei Monaten hatten, sollten heute Nägel mit Köpfen gemacht werden. Und deshalb muß hier gesprochen werden.« Der junge Kohl ist ein Reformer, der den offenen Diskurs will.

Adenauer schaltet sich ein und macht seine Witzchen über den jungen Mann: »Herr Kollege Kohl, unter Mohren verstehe ich auch einige Herren, die hier vor uns sitzen. Das sind nicht nur wir.« Kohl: »Herr Bundesvorsitzender, ich bin bereit, Ihnen den Büchmann zur Verfügung zu stellen. Da wird es anders interpretiert, als Sie das getan haben.« Adenauer antwortet: »Entschuldigen Sie das bitte, aber man muß gelegentlich auch einmal so interpretieren, wie es einem paßt.« Nach der Sitzung nimmt Adenauer den Mann aus der Pfalz, der so vehement gegen die informellen Zirkel plädiert hat, beiseite. »Heute nachmittag können wir mal ein Gespräch haben«, sagt er zu Kohl,

»dann will ich Ihnen sagen, was ich zum Beispiel hier gern gesagt hätte, aber ich habe es mir verkniffen, weil mir der Kreis zu groß ist und weil es dann zu leicht ungewollte Indiskretionen gibt.«

Kohl erlebt, wie Diadochenkämpfe die Partei erschüttern. Es schmerzt Adenauer, daß er »den Herrn Erhard« nicht verhindern konnte, der seiner Meinung nach nie das Zeug zum Kanzler hatte. Der Ex-Kanzler sitzt grollend in Rhöndorf und stänkert kräftig gegen seinen Amtsnachfolger. Daraufhin tadelt Kohl im halböffentlichen Kreis sein Vorbild Adenauer: »Wenn überhaupt jemand in dieser CDU/CSU Deutschland eine Schuld hat, dann sind Sie es«, sagt Kohl auf einer Vorstandssitzung an die Adresse Adenauers gerichtet. »Ich selber stehe nicht an, gerade als einer der Leute der jungen Generation, das bei jeder Gelegenheit zu betonen. Aber ich meine auch, Herr Parteivorsitzender, die größten Verdienste um unsere Partei auf der einen Seite rechtfertigen nicht, daß daraus ein irgendwie geartetes, ich will nicht sagen Recht, aber eine Möglichkeit herauskommen könnte, etwa jetzt in dieser zweiten Phase der deutschen Politik oder auch der CDU/CSU, der Partei Abbruch zu tun ... Sie haben vielen Ihrer eigenen Anhänger draußen im Lande manches Ungemach, ja manche Kopfschmerzen und manche schlechte Stimmung – aber das ist nicht das richtige Wort –, aber manche Betrübnis – das ist wohl richtig – in diesen letzten Wochen bereitet. Ich kann Sie nur sehr herzlich und sehr dringend sicherlich im Namen vieler unserer Freunde draußen im Lande bitten, uns diesen Dienst zu erweisen, in aller Loyalität ... von Freundschaft darf ich in diesem Zusammenhang nicht reden, Ihrem Amtsnachfolger entgegenzutreten.«

An die Adresse Erhards richtet er den Appell, endlich »von den verfassungsmäßigen Rechten Ihres Amtes Gebrauch zu machen«. Die CDU sei »bereit, durchaus den Kopf draußen hinzuhalten und zu sagen, der Bundeskanzler Erhard macht auch Fehler ... das gehört dazu. Aber wir wollen das Gefühl haben, daß Sie diese Vollmachten Ihres Amtes ausschöpfen, daß der Eindruck draußen bei unseren Freunden zunächst besteht, daß auch Sie wie der Bundeskanzler Dr. Adenauer – dem wahrscheinlich kein Mensch je nachgesagt hat, daß er diese Führungsposition nicht wahrgenommen habe – in diesem

Amt das gleiche Signum tragen.« Vorstandsmitglied Franz Gurk aus Baden-Württemberg assistiert dem Pfälzer. Was Kohl vorgetragen habe, sei richtig. »Ich bitte Sie sehr dringend«, sagt Gurk, »auch wenn Sie einander nicht lieben – das kann man nicht verlangen –, aber Sie sollten einander auch nicht hassen im tiefsten Grunde Ihres Herzens. Auf keinen Fall darf dieser Streit oder dürfen die Meinungsverschiedenheiten nach außen sichtbar werden … Summa summarum, tragen Sie Ihre Meinungsverschiedenheiten aus in Ihrer stillen Kammer, aber geben Sie nach draußen jenes Bild der Geschlossenheit, das wir verdienen.«

Das klingt im Jahr 2000 ebenso vertraut wie Kohls damaliger Spott über die Furcht der Parteigänger vor dem strengen Adenauer: »Es soll ja manche führenden Parteifreunde geben, bei denen man den Eindruck haben kann, wenn der Ehrenvorsitzende da ist, reden sie nicht mit der gleichen Präzision, wie wenn er nicht da ist.« Später hat der Ehrenvorsitzende Kohl durch bloße Anwesenheit Reformdiskussionen in Präsidium und Vorstand blockiert.

Ludwig Erhard, der zutiefst an das Gute im Menschen glaubt, muß voller Bitterkeit erkennen, daß die falschen Freunde das Spiel bereits ohne ihn machen. Am 27. Oktober 1966 zerbricht seine Regierung durch den Austritt der FDP-Minister. Er ist wie gelähmt. Am 8. November 1966 beruft er den Bundesvorstand in den Kanzlerbungalow, um seinen Rückzug vom Amt des Regierungschefs anzukündigen. Erhard konstatiert laut Protokoll eine »innere Führungskrise unserer eigenen Partei«: Er habe sich »an all den Machenschaften der verschiedensten Art nicht beteiligt« und werde am »Schauprozeß« nicht mitwirken, er mache den Weg frei. Dem jungen Kohl bleibt es vorbehalten, die Namen der möglichen Nachfolger in der Reihenfolge des Alphabets zu nennen: Rainer Barzel, Eugen Gerstenmaier, Kurt Georg Kiesinger und Gerhard Schröder. Erhard beteuert, er werde der Partei die Treue halten, und der junge Kohl bleibt am Ende, wie Manfred Schell in dem Buch »Die Kanzlermacher« beschreibt, mit Erhard allein im Bungalow zurück. Kohl: »Er saß mir gegenüber und befand sich in einem depressiven Zustand. Erhard sagte, Herr Kohl, jetzt sehen Sie meine Gegner. Ich habe ihn gefragt, ob ich bleiben soll oder nicht. Erhard bat mich zu bleiben. Dann haben wir schweigend Wein getrunken.« Nachfolger wird Kohls Kandidat Kiesinger, der, entgegen den Vorstellungen Kohls, eine große Koalition bildet und die SPD erstmals im Bund in die Regierung holt. Kohl schlägt später das Angebot Kiesingers aus, als Innenminister nach Bonn zu gehen. Der Wechsel würde seiner Maxime, »lieber der erste im zweiten Glied als der zweite im ersten Glied zu sein«, widersprechen.

Adenauers Sekretärin Anneliese Poppinga bestätigt, daß der erste bundesdeutsche Kanzler »Freude an diesem energie- und phantasievollen jungen Mann« gehabt habe. Für Kohl sei Adenauer »immer zu sprechen gewesen«. Der junge Mann schickt ihm brav Postkarten aus dem Urlaub und ruft den Alten immer wieder an. Bundesweit findet Beachtung, daß Adenauer 1966 auf dem Koblenzer Parteitag als Gastredner den neuen Landesvorsitzenden Kohl lobt. Dieser gehöre »einer anderen Generation an, aber keiner unsympathischen Generation«. Weil er geahnt habe, »welche Änderungen hier vorgehen«, habe er Kohl »seit geraumer Zeit, na, ich will nicht sagen, beobachtet, aber ich habe doch zugesehen, welchen Weg er geht. Und ich glaube, er wird unsere Partei auf einen guten Weg hier in Rheinland-Pfalz führen.« In einem Gespräch mit dem Fernsehjournalisten Peter Scholl-Latour hat Kohl später behauptet, Adenauer habe zu ihm gesagt: »Sie könnte ich mir eines Tages als Nachfolger, als Fortführer meines Werkes vorstellen.« Ob der Alte das wirklich geglaubt hat oder ob der junge Kohl ihn so verstehen wollte? Adenauer baute keine Nachfolger auf, nach ihm kam nichts mehr. Wie bei Kohl?

Der *Rheinische Merkur* preist Kohl nach dem Auftritt Adenauers als einen Reformer, der bei dem Begriff »konservativ« nicht nervös werde. »Es scheint, daß dieser nachdenkliche, die Strömungen der Zeit vorurteilslos prüfende Mann sich deutlicher zu Wertzielen aus der Tradition der Partei Adenauers bekennen wird – wenn er dazu stärker genötigt wird.« Im »Stil wie in der Sache« sei Kohl ein »Adenauer-Schüler«. Dieses Bild hat Kohl später immer wieder poliert. Er erzählt, was Adenauer ihm bei dem letzten Gespräch, das sie vor seinem Tod im April 1967 führten, anvertraut habe. »Herr Kohl, wenn Se mal Kanzler werden sollten, achten Se immer darauf, dat Se noch einen kleineren Partner haben. Bei einer absoluten Mehrheit regiert et sich schwerer.«

Die Chinesen sind es, die den Pfälzer in den siebziger Jahren bei einem Besuch in Peking zum Enkel Konrad Adenauers erklären. Da in ihrem Land Ahnenverehrung eine große Rolle spielt, wählen sie die Bezeichnung, um dem Mittvierziger mehr Profil zu geben. Zwischen dem Alten von Rhöndorf und Kohl gibt es auffällige Parallelen: Adenauer sprach mit rheinischem Singsang – auch Kohls Reden sind mundartlich gefärbt. Adenauer hing einem bodenständigen Provinzialismus an – Kohl wird von seinen Gegnern als Provinzler bespöttelt. Adenauer hatte ein schlichtes Weltbild, unterteilt in Freunde und Feinde; er war machthungrig und schaltete potentielle Rivalen aus, genau wie Kohl. Wenn es um das Erreichen von politischen Zielen ging, kannten beide kein Pardon und zweifelten auch nicht daran, recht zu haben. Zwei Patriarchen, die sich vom Instinkt leiten ließen und Pressebengels verachteten. Auch kümmerte sich Adenauer ähnlich intensiv wie später Kohl um Spenden. »Vom Bundesvorstand bis zu den Ortsverbänden«, so der Göttinger Historiker Frank Bösch, »kannte die CDU kaum ein wichtigeres Thema als die Beschaffung von Finanzmitteln. Helmut Kohls Generation wuchs in einem Klima auf, in dem das Eintreiben von Geld eine wichtige innerparteiliche Kompetenz ausmachte.« Deshalb ist ein längerer Exkurs über Adenauers Kassensystem vonnöten.

Inkasso im Kanzleramt

Angesichts des Geldmangels der CDU und der Vorschriften des Grundgesetzes läßt Adenauer das Spendeninkasso straff organisieren. Die Fäden laufen im Kanzleramt zusammen. Über die Verteilung des Geldes wacht der Alte von Rhöndorf selbst, assistiert von den Bankiers Hermann Josef Abs und Robert Pferdmenges sowie seinem Staatssekretär Hans Globke, allesamt tüchtige Helfer.

Der Allertüchtigste ist Dr. Hans Maria Globke, Jahrgang 1898. Er war Regierungsrat im Innenministerium, als Hitler an die Macht kam. 1938 wurde er als »der befähigste und tüchtigste Beamte« belobigt: Globke sei »in ganz hervorragendem Maße an dem Zustandekommen ... des Gesetzes zum Schutze des deutschen Blutes und der deutschen Ehre«, der sogenannten »Nürnberger Gesetze«, beteiligt gewesen. Globke wurde zum Ministerialrat befördert und war bis zum Untergang der Naziherrschaft für nahezu alles zuständig, was dem Terror einen Anschein von Legalität gab. Sein direkter Vorgesetzter im Reichsinnenministerium war Staatssekretär und SS-Obergruppenführer Wilhelm Stuckart, mit dem Globke den offiziellen Kommentar zu den Nürnberger Rassegesetzen herausgab.

Nach dem Krieg steht Globke unter der Nummer 101 auf der alliierten Liste der Hauptkriegsverbrecher. Der Katholik, vor 1933 ein eifriger Zentrumsmann, findet Schutz bei der Kirche und tritt bei den Kriegsverbrecherprozessen als Zeuge der Anklage auf. Er belastet die Toten und entlastet seine Vorgesetzten, die überlebt haben. Seit 1949 arbeitet er als Ministerialdirigent im Stab Adenauers. »Der deutsche Behördenapparat ist bis in die allerhöchsten Spitzen hinein mit Leuten durchsetzt«, schreibt die *Thurgauer Arbeiterzeitung*, »die Hitler früher ebenso gedient haben wie heute Adenauer ... pflichteifrig und immer bereit, um des angeblichen Wohles des Staates willen ein Auge zuzudrücken.«

Hermann Josef Abs, Jahrgang 1901, ist eine Legende des Geldgewerbes. Wo Abs (»Mein Name ist Abs; A wie Abs, B wie Abs, S wie Abs«) war, war oben. Immer, unter allen Umständen – im Guten wie im Bösen. Sein Name steht für Allmacht, aber auch für Restauration. 1937 zog er als Leiter der Auslandsabteilung in den Vorstand der Deutschen Bank ein. Zu Abs' Aufgaben zählte bald die Arisierung jüdischen Vermögens, und er gehörte zu den Kontrolleuren der I. G. Farben, die an dem industriell betriebenen Massenmord in den Vernichtungslagern beteiligt war. Abs war allerdings kein Nazi. Der Erzkatholik aus dem Rheinland hat die braunen Mordbuben eher verachtet, aber er richtete sich irgendwie ein und arrangierte sich. Nach Kriegsende berät er den ihm kongenialen Adenauer in Geldangelegenheiten. Der würde ihn auch gern zum Außenminister ernennen, aber Abs will nicht.

Robert Pferdmenges, Jahrgang 1880, war Adenauers wohl einziger politischer Duzfreund. Der Sohn eines protestantischen Kaufmanns hatte den damaligen Kölner Oberbürgermeister Anfang der zwanziger Jahre kennengelernt und war 1931 als persönlich haftender Gesellschafter in das Bankhaus Oppenheim eingetreten. Im gleichen Jahr wurde er finanzpolitischer Berater des Reichskanzlers Heinrich Brüning. Nach Hitlers Machtergreifung mußte Pferdmenges das Amt des Präsidenten der Kölner Industrie- und Handelskammer abgeben. Da das Bankhaus Oppenheim 1789 von einem jüdischen Hofbankier gegründet worden war, schikanierten die Nazis die Banker. Ab 1938 hieß die Bank »Pferdmenges & Co.« Sie war allerdings nicht arisiert worden; Pferdmenges hat durch den Namenswechsel lediglich das Geldhaus schützen wollen. Nach dem Krieg tritt Pferdmenges der frischgegründeten CDU bei und wird 1947 auf Vorschlag Adenauers in den Frankfurter Wirtschaftsrat berufen. Gemeinsam mit Globke und Abs kümmert er sich um die Finanzangelegenheiten der CDU.

In Pferdmenges Kölner Wohnung treffen sich Wirtschaftsführer und Schatzmeister von CDU, FDP und DP, um mit Adenauer den Aufbau von Fördergesellschaften zu diskutieren. Größte Geldsammelstelle wird zunächst die »Gesellschaft zur Förderung der sozialen Marktwirtschaft e.V.«, die der damalige stellvertretende Hauptgeschäftsführer des Bundesverbandes der Deutschen Industrie (BDI), Professor Gustav Stein, und der Wirtschaftsprüfer Hans Buwert lenken – beide sollten im Leben von Helmut Kohl noch eine Rolle spielen.

Stein, ehemaliger Rechtsanwalt beim Oberlandesgericht Köln und Ex-Direktor einer pharmazeutischen Fabrik, war 1933 Mitglied der NSDAP geworden, blieb aber eher ein Mitläufer. Der promovierte Betriebswirt Buwert, Jahrgang 1897, war schon 1914/18 Kriegsfreiwilliger, diente beim 1. Garde-Reserve-Regiment zu Potsdam und kam schwerverletzt aus dem Feld zurück: Ein Granatsplitter kostete ihn 1916 das rechte Augenlicht. Im Zweiten Weltkrieg hielt er, wenn er nicht in Paris war, daheim die Stellung. Als Hauptschriftleiter des NS-Kampfblattes »Nationale Wirtschaft« war er ein richtiger Sozi-Fresser und entwarf im Pariser Hotel *Majestic* Schlachtenpläne, wie die Roten nach dem Krieg gestoppt werden könnten.

Für die richtigen Ziele wird seit Gründung der Bundesrepublik Geld eingesetzt. Schon damals hängt der faulige Geruch der Korruption in der Luft. Bei der Abstimmung im November 1949, ob Bonn oder Frankfurt Bundeshauptstadt wird, soll angeblich kräftig geschmiert worden sein. So sollen über den ersten bundesdeutschen Finanzminister Fritz Schäffer (CSU) etlichen Bundestagsabgeordneten, insbesondere von der Bayernpartei, die ursprünglich für Frankfurt votieren wollten, Gelder für eine Stimmabgabe zugunsten Bonns übergeben worden sein. Adenauer will das nahe seinem Wohnsitz Rhöndorf gelegene Bonn zur Bundeshauptstadt machen. Ausgerechnet Globke ist mit der Leitung einer Hauptstadt-Kommission betraut, angeblich nur zur Prüfung der Kostenfrage. 1950 veröffentlicht der *Spiegel* ein »Gedächtnisprotokoll« über ein Gespräch zwischen dem Vorsitzenden der Bayernpartei, Josef Baumgartner, und dem Abgeordneten Hermann Aumer.

Baumgartner: Ist im Fall Bonn-Frankfurt Geld gegeben worden an Mitglieder unserer Fraktion? Aumer: Es ist an Abgeordnete aller Fraktionen ein Betrag von insgesamt zwei Millionen Mark bezahlt worden. Etwa hundert Abgeordnete sind bestochen worden mit Beträgen zwischen 20 000 und 1 000 Mark. 20 000 Mark für diejenigen, die mitzureden haben, 10 000 Mark für diejenigen, die ein Gewicht haben, und 1 000 Mark für diejenigen, die nur ihre Stimme hergegeben haben. Baumgartner: Haben Abgeordnete der Bayernpartei Geld erhalten? Aumer: Ja.

Der daraufhin eingerichtete Untersuchungsausschuß des Bundestages findet keine Beweise dafür, daß Abgeordnete der Bayernpartei oder anderer Parteien bestochen wurden, um für Bonn und nicht für Frankfurt zu stimmen. Dennoch wird ein zwischen Parteien, Politik und Wirtschaft gespanntes Netzwerk erkennbar. Eine abtrünnige Gruppe in der Bayernpartei, die den Namen des Abgeordneten Anton Donhauser trägt, wurde von einem Industriekonsortium mit Barem ausgestattet. Nachzuweisen sind 5 000 Mark für den Abgeordneten Donhauser und 12 850 Mark für den Abgeordneten Aumer. Eine Fraktionsvereinbarung, daß die Bayernpartei geschlossen für Frankfurt stimmt, wurde ignoriert. Die Gruppe Donhauser trat plötzlich für Bonn als Hauptstadt ein, auch andere Abgeordnete der Bayernpartei stimmten für die Stadt am Rhein. Der Zeuge Pferdmenges beteuert vor dem Ausschuß, daß die Wahlgelder, die er 1949 »für verschiedene Parteien, insbesondere die CDU« gesammelt habe, »nicht zur politischen Beeinflussung von Abgeordneten oder Parteien gespendet worden« seien. Der Ausschuß stellt abschließend fest, »daß die Möglichkeit einer Beeinflussung der Hauptstadtabstimmung durch die sogenannte Gruppe Donhauser nicht ausgeschlossen werden kann, daß aber andererseits die Tatsache einer solchen beabsichtigten oder erfolgten Beeinflussung ebenfalls nicht festgestellt werden konnte«.

In der Debatte zum Ausschußbericht wird erstmals im Bundestag über die Mittelsmänner bei der Parteienfinanzierung diskutiert. »Da steht im Vordergrund der Herr Abgeordnete Pferdmenges«, spottet ein Mitglied der Kommunistischen Partei. »Man hat ihm ja geglaubt, daß er Gelder für alle Parteien sammelte und sie ohne jede Zweckbestimmung, ohne jeden Hintergedanken, ohne jede politische Bindung, so wie der liebe Gott seinen Segen über alle, mehr oder weniger Gute, herabträufelt, an sie verteilt hätte. Der vornehme Herr Pferdmenges, der Großbankier der Regierungskoalition.«

Ein Zentrumsabgeordneter klagt, daß über kleine Summen an Abgeordnete ausführlich diskutiert und über die großen Spenden an Parteien geschwiegen werde. Die SPD will ausschließen, daß die Herkunft der Gelder für Parteien durch Strohmänner verschleiert werde, und schlägt vor, daß ein Abgeordneter kein Geld annehmen dürfe, wenn die Quelle trüb sei. Abgeordnetenbestechung soll mit Zuchthaus bestraft werden. Die CSU hingegen krittelt, daß viel zuviel Nachforschungen zur Parteienfinanzierung betrieben würden. Etwas »Natürliches und Normales« werde diskreditiert.

Bei der Suche nach Geldquellen erweisen sich die Christdemokraten als erfindungsreich. Ernst Bach, seit 1950 Bundesschatzmeister der Partei, gibt die Zeitung *Das Wirtschaftsbild* heraus. Jede Woche werden sechzehn DIN-A4-Seiten geliefert, mit Schreibmaschine auf Stahlmatrize getippt und hektographiert. Der Inhalt ist belanglos – beliebige Kommentare, Meldungen ohne Nachrichtenwert. Nur der Preis ist beachtlich: Zunächst 50 Mark, dann 100 Mark kostet das Blatt monatlich. Der *Wirtschaftsbild*-Verlag dient der Partei als Station für getarnte Spendentransfers – eine Konstruktion, die sich Pferd-menges einfallen ließ. Während die Fördergesellschaften, die in allen Bundesländern entstehen und vor allem bei mittelgroßen Unterneh-men Gelder sammeln, auch die anderen bürgerlichen Parteien bedie-nen, kommt das Geld von *Wirtschaftsbild* allein der CDU zugute. Die Zahlungen für die Abos können von der Steuer abgesetzt werden.

Ein *Wirtschaftsbild*-Verlagsleiter erläutert das Procedere: »Der unver-fängliche Name unseres Informationsdienstes läßt nicht erkennen, welchem Zweck er dient, was für manchen Firmeninhaber von Be-deutung ist.« Allein das Volkswagenwerk überweist 12 000 Mark monatlich an den *Wirtschaftsbild*-Verlag. Spendenbeträge zwischen 1,6 und 2,5 Millionen Mark werden jährlich in die CDU-Kassen gespült, deklariert als Bezugsgebühren für *Wirtschaftsbild*. Fünfzig Prozent der Bezugsgebühren fließen als sogenannte Rückvergütung nach unten in die Kassen der CDU-Landes- und Kreisverbände: vierzig Prozent für die Landesverbände, zehn Prozent für die Kreisverbände. Man-chen Funktionär plagen Gewissensbisse. Bundesschatzmeister Bach klagt 1954 gegenüber der Parteiführung: »Der heutige Zustand ist unerträglich. Wir sind Träger des Staates und überlegen uns Formen, wie wir Steuerhinterziehungen – ich will es hart ausdrücken – bege-hen können.«

Im Dezember desselben Jahres diskutiert der Bundestag über Steuervergünstigungen für Spender. Bei der Abschlußberatung zur Steuernovelle hat ein CDU-Abgeordneter beantragt, »daß die Steu-erbegünstigung auch für die staatspolitischen Zwecke eingeführt wird«. Die SPD versucht, das Gesetz zur Neuordnung der Spenden zu verhindern. »Der normale Weg«, Mittel für politische Parteien zu besorgen, sei die »Zahlung von Beiträgen durch die Mitglieder. Wer sich an der Meinungsbildung im politischen Leben beteiligt«, erklärt der Abgeordnete Fritz Erler, »wer sich mit einer politischen Partei verbunden fühlt, der bringt auch die notwendigen Opfer für diese sei-ne Überzeugung.« Der SPD-Antrag, die Spenden nicht steuerlich zu begünstigen, wird abgelehnt.

Nur einmal zuvor in der deutschen Geschichte wurden Parteien durch Steuererleichterungen alimentiert. Die Weimarer Nationalversammlung beschloß im März 1920 ein Gesetz, das staatspolitischen Vereinigungen steuerliche Sondervergünstigungen einräumte. Aber schon ein Jahr später wurde dieses Gesetz wiederaufgehoben, weil eine solche Regelung die Korrumpierung des öffentlichen Lebens fördere. Beim zweiten Versuch, vierunddreißig Jahre später, gibt es zwar eine relative Höchstgrenze für Steuererleichterungen. Sie ist jedoch mit fünf Prozent des zu versteuernden Einkommens oder zwei Promille aller aufgewendeten Löhne, Gehälter und der erzielten Umsätze eines Kalenderjahres so hoch angesetzt, daß sie auch bei einem sehr großzügigen Geber ohne Bedeutung bleibt.

Unter der Adresse der »Gesellschaft zur Förderung der sozialen Marktwirtschaft« wird daraufhin in Köln, wo auch der BDI seinen Sitz hat, die Staatsbürgerliche Vereinigung 1954 (SV) gegründet. Das Konzept erarbeitet Hans Buwert, wichtige Bankiers und Industrieführer gehören zu den Gründervätern. Als erster Präsident fungiert AEG-Chef Friedrich Spennrath, ein Beisitzer ist Pferdmenges. Der Bundesverband der Deutschen Industrie schickt seinen Präsidenten Fritz Berg, die Arbeitgeberverbände entsenden ihren damaligen Präsidenten Hans Constantin Paulssen.

Der Verein, der später für Helmut Kohl so wichtig wird, soll nach der Satzung das »demokratische Staatswesen« fördern. Die SV ist wegen der »Förderung der Erziehung und Volksbildung« zwar als gemeinnützig anerkannt, hat aber nur ein Ziel: die SPD von der Macht fernzuhalten und den Einfluß der Gewerkschaften zu begrenzen. Die Vereinigung organisiert das Spendeninkasso bei rund hundert Großunternehmen. Vor der Wahl zum dritten Deutschen Bundestag erhalten die CDU 11 Millionen Mark, die FDP 4,6 Millionen, DP/FVP 3,3 Millionen und BHE 0,5 Millionen aus den Schatullen der SV. Im Zeichen des Antikommunismus erreicht der CDU-Kanzler Adenauer mit der Parole »Ein Sieg der SPD bedeutet den Untergang Deutschlands« 1957 die absolute Mehrheit.

Aber es drohen Probleme mit hohen Richtern. Der hessische SPD-Ministerpräsident Georg August Zinn hat 1957 beim Bundesverfassungsgericht in Karlsruhe den Antrag gestellt, die Bestimmungen des Einkommensteuergesetzes und Körperschaftsteuergesetzes, die Zuwendungen an politische Parteien als steuerabzugsfähige Ausgaben anerkennen, für nichtig zu erklären. Das erste Karlsruher Grundsatzurteil ergeht im Juni 1958, die Richter folgen dem Antrag Zinns und erklären die Abzugsfähigkeit von Spenden »zur Förderung staatspolitischer Zwecke« für verfassungswidrig und nichtig. Nach Ansicht des Bundesverfassungsgerichts soll ein Großverdiener, der »einen absolut und relativ höheren Betrag an Steuern« spare als der Bezieher eines kleinen Einkommens, nicht auch noch in seiner politischen Meinung »prämiiert« werden. Eine »unterschiedliche steuerliche Behandlung der Einflußnahme auf die politische Willensbildung je nach Höhe des Einkommens« lehnt das Gericht ab. Die »umstrittenen Bestimmungen« hätten zur Folge, daß diejenigen »Parteien, deren Programm und Tätigkeit kapitalkräftige Kreise ansprechen, stärker begünstigt werden«. Die Verfassungsrichter warnen ihre Pappenheimer vor krummen Touren: Aus dem Urteil ergebe sich unmißverständlich, daß auch »solche Spenden, die für allgemeine staatspolitische Zwecke an eine juristische Person« gegeben würden, »weder unmittelbar noch mittelbar einer politischen Partei zufließen dürfen«.

Die Lenker der SV haben das Unheil geahnt. Schon 1957 wechseln sie – pro forma – den Steuersitz und ziehen ins CDU-regierte Rheinland-Pfalz um, weil in Düsseldorf die Feinde von der SPD mit Fritz Steinhoff als Ministerpräsident an die Macht gekommen sind. Die SV will lästige Prüfungen durch Steuerbeamte verhindern. Koblenzer Geschäftsanschrift wird die Kanzlei des Rechtsanwalts Hans Huch, eines bekannten und bekennenden Christdemokraten, der nach außen die Funktion eines Geschäftsführers innehat. Seine Aufgabe beschränkt sich aber im wesentlichen auf die Weiterleitung der Korrespondenz mit dem örtlichen Finanzamt und dem Vereinsregister. Auch nach der Sitzverlegung werden die Geschäfte weiterhin in Köln von Hans Buwert betrieben. Diese Mimikry haben Abs und Globke mit den Spitzen des BDI besprochen. Zwar findet sich in vergilbten Dokumenten kein Hinweis auf die Rolle Adenauers bei dem Wechsel, doch niemand hätte es gewagt, ihn nicht zu informieren.

Die Geldverwalter der SV, fast ausnahmslos Träger des Großen Bundesverdienstkreuzes, verstehen, auf was es künftig ankommt –

auf den äußeren Schein. Sie ändern vorsorglich die Satzung: »Als Vereinszweck ist ausdrücklich ausgenommen die unmittelbare oder mittelbare Förderung politischer Parteien.« Fortan ist nur noch die Rede von der »Unterstützung geeigneter Schulungsmaßnahmen«, mit denen »junge Menschen für staatspolitische Aufgaben« herangebildet werden. Auf den neuen Spendenquittungen wird festgestellt, daß die SV »ausschließlich und unmittelbar gemeinnützige Zwecke im Sinne der Gemeinnützigkeitsverordnung verfolgt ... und die ihr zugewendeten Beträge im Sinne der Zielsetzung des Paragraphen 2 ihrer Satzung verwendet ... Die Staatsbürgerliche Vereinigung 1954 e.V. bestätigt ausdrücklich, daß sie die ihr zugewendeten Beträge und ihre übrigen Mittel nur für staatspolitische Zwecke, aber nicht für die unmittelbare oder mittelbare Unterstützung politischer Parteien verwendet.«

SV-Vorstandsmitglied Gustav Stein gibt im November 1959 dem *Spiegel* ein Interview über die angebliche Wandlung der SV. *Spiegel*: »Aber politische Parteien bekommen seit dem Karlsruher Verfassungsurteil nichts mehr von der Staatsbürgerlichen Vereinigung? Stein: Nein, Parteien können heute nur noch aus Verbänden oder versteuertem Gewinn unterstützt werden.«

Trotz der geänderten Rechtslage bleibt das Koblenzer Finanzamt untätig. Wenn der Gesetzgeber solche Entscheidungen trifft, ist es üblich, nachzuschauen, ob die tatsächliche Geschäftsführung auch der neuen Rechtslage angepaßt wird. Christdemokrat Huch überreicht dem christdemokratischen Vorsteher des Finanzamts ein paar schriftliche Erläuterungen zur SV. Die Überprüfung fällt aus, die SV-Papiere bekommen nicht einmal einen Eingangsstempel. Das Koblenzer Finanzamt fertigt 1959 einen Vermerk über die SV. Auszug: »Die Zahlungen an politische Parteien sind aufgrund des Urteils des Bundesverfassungsgerichts vom 24. 6. 1958 sofort eingestellt worden.« Deshalb bestünden keine Bedenken, die SV von der Körperschaftsteuer freizustellen. Die Anerkennung als gemeinnütziger Verein erfolge »wegen Förderung der Volksbildung und internationaler Gesinnung und des Völkerverständigungsgedankens«. Die Steuerakte der SV bleibt dann zwischen 1960 und 1973 unberührt.

Die SV geht mit weiten Teilen ihrer Geschäftstätigkeit in die Illegalität. Entgegen aller Beteuerungen und im Widerspruch zur eigenen Vereinssatzung akquiriert die SV weiterhin Spenden, stellt für den Steuerabzug geeignete Spendenquittungen aus und füllt die Kassen der Union, diesmal diskret. Um die Geschäfte zu tarnen, die im offenen Widerspruch zu den vom Bundesverfassungsgericht aufgestellten Grundsätzen stehen, bedient sich die SV fast konspirativer Mittel. Schriftverkehr, aus dem auf die wahre Geschäftstätigkeit der SV geschlossen werden könnte, wird vermieden. Die Unternehmen werden aufgefordert, Einzelheiten über die Spenden nicht zu Papier zu bringen, sondern am Telefon zu erläutern. Wenn Fremde nachfragen, ob sie über die SV an die bürgerlichen Parteien spenden könnten, werden sie von Buwert belehrt: Die Finanzierung politischer Parteien sei der SV nicht erlaubt, das stehe doch in der Satzung. Als wär's die Mafia, wird finassiert und getrickst. In den Büchern der SV tauchen die Parteien nur mit Codes auf: Für die CDU bestimmte Zahlungen werden unter GR I verbucht, Zahlungen für die CSU unter I a und Transaktionen für die FDP unter GR II. Die Landesverbände erhalten eigene Bezeichnungen.

Schon kurze Zeit nach der Entscheidung des höchsten Gerichts suchen die Geldjongleure Zuflucht in Liechtenstein und eröffnen in dem Zwergstaat am Rande der Alpen ein Konto. Auch in der Schweiz errichtet der damalige Bundesschatzmeister Fritz Burgbacher ein Konto. Die Verbindungen hat Abs hergestellt.

Am 14. Dezember 1960 wird in Vaduz, dem verschwiegensten Steuerparadies Europas, das »Etablissement Aspe« gegründet. Die wahren Drahtzieher dieses Etablissements, das angeblich »die Sozialstrukturen sämtlicher Länder Europas beobachtet, um gegen die Kräfte des destruktiven Materialismus« (SV-Angabe) zu kämpfen, tauchen in keinem amtlichen Dokument auf. Als »gesetzlicher Repräsentant« der Aspe wird Dr. Dr. Herbert Batliner benannt, der als promovierter Jurist und Ökonom virtuos die speziellen Möglichkeiten des Finanzplatzes Liechtenstein nutzt. Er ist als Treuhänder für viele Briefkastenfirmen schon damals ein angesehener Mann und gehört später zum Bekanntenkreis von Helmut Kohl. Die vorgeblich gemeinnützige Aspe, die sich um Forschungsvorhaben kümmern soll, ist die erste Tarnadresse der SV im Ausland. Um die gesammelten Millionen weiterhin anstandslos in die Parteikassen pumpen zu können, überweist die SV Geld an die Aspe. Das Geld gelangt über ein Konto bei der Schweizerischen Bankgesellschaft in Zürich nach Luxemburg und wird dann heimlich an Union oder FDP weitergeleitet. Vorteil für die Geber: Sie können die Gaben von der Steuer absetzen und bleiben anonym. Vorteil für die Parteien: Sie bekommen mehr Geld von den Spendern. Um die Geschäftsangelegenheiten der Aspe in Deutschland kümmert sich übrigens der Wirtschaftsprüfer Buwert.

Die SV gründet in Liechtenstein zwei weitere Tarnfirmen, um den Geldfluß an die bürgerlichen Parteien noch besser verbergen und die Gelder noch unauffälliger verteilen zu können: das »Etablissement Wisotest«, eine Anstalt zur »Erforschung struktureller Wandlungen in der Wirtschafts- und Sozialordnung moderner Industriestaaten«, und das »Etablissement Inter-Droit«, dessen Verwaltungsrat ebenfalls Batliner wird. Zweck des Instituts »Inter-Droit« sei es, so die SV in einem Geschäftsbericht, »die völkerrechtlichen Grundlagen der Menschheit zu bewahren, ihre Innehaltung zu überwachen und ... weiterzuentwickeln«. Weiterentwickelt werden lediglich die Finanzstrukturen der bürgerlichen Parteien: Sehr diskret lenkt man zweistellige Millionensummen am Fiskus vorbei in die Parteischatullen. In den Unterlagen der SV-Ableger taucht der Begriff »Staatsbürgerliche Vereinigung« nicht auf.

Präsident der SV ist mittlerweile auf Vorschlag von Pferdmenges der langjährige Präsident des BDI, Fritz Berg, geworden, eine Figur aus Wilhelminischen Zeiten. Er sitzt in einem altdeutschen Herrenzimmer mit gepolsterten Türen und führt seine Schlachten. Auf den Kommandohöhen der Wirtschaft werden Gesetzesbrüche zum Nachteil des Feindes nicht selten als eine Frage der Ehre behandelt. Nach dem Karlsruher Urteil schreibt er dem Vorstandsmitglied der Mannheimer BBC, Kurt Lotz, einen Brief »in Sachen Parteienfinanzierung«, in dem er fordert, das höchstrichterliche Urteil schlicht zu ignorieren: »Wenn wir an diesem System nicht mit der äußersten

Hartnäckigkeit festhalten, so ist die totale Staatsfinanzierung unaufhaltbar. Das aber würde zu einer so entscheidenden Verschiebung der innenpolitischen Kräfte führen, und zwar im wesentlichen zu Ungunsten der Wirtschaft ... Ich glaube, daß die Erfolge von 1953 und 1957 den zweckgerechten Einsatz der Mittel durch uns unter Beweis gestellt haben.«

Das System Adenauer

Im CDU-Präsidium schwärmt Helmut Kohl später manchmal von »Globkes Tresor«, und die meisten verstehen die Anspielung gar nicht. Globke hat nicht nur als graue Eminenz auf Adenauer mehr Einfluß als jeder Bundesminister; er hat auch den Schlüssel zu einem Safe, in dem Bargeld deponiert ist. Wenn Adenauer Geld für politische Einsätze braucht, ruft er nach Globke, und der händigt ihm Bares aus. Wieviel Geld Adenauer an wen weiterreichte, ist unbekannt geblieben. Die Historiker haben sich um Parteigeschäfte bislang kaum gekümmert, verläßliche Bilanzen existieren nicht, fast alle Zeitzeugen sind tot. Ein paar Buchungsbelege sind zu finden, Rechnungen über »Kanzlerbildbände für Arztpraxen«, auf denen sich der Name »Dr. Hans Globke, Bundeskanzleramt« findet, und Unterlagen über Globkes Beziehungen zu Gustav Stein von der SV.

Ähnlich wie der »Eiserne Kanzler«, Fürst Otto von Bismarck, verfügt Adenauer über einen Reptilienfonds. Bismarcks Geheimfonds wurde aus den Zinsen des beschlagnahmten Welfen-Vermögens (16 Millionen Taler) gespeist, und mit der Abwicklung der Finanztransaktion war der Bankier Gerson von Bleichröder betraut – seine Rolle ist vergleichbar mit der von Abs und Pferdmenges bei Adenauer. Die Geldbewegungen auf den Geheimkonten überwachte Robert von Keudell, ein enger Mitarbeiter des Eisernen Kanzlers, und die Parallele zu Adenauers Globke ist nicht weit. Mit dem Geld hat sich Bismarck Verbündete verpflichtet, einige der ihm verhaßten Journalisten gekauft, als »Reptilien« beschimpfte feindliche Agenten bekämpft und auch Ludwig II. für eine stattliche Gegenleistung die

Privatschatulle gefüllt. Aus seinem Fonds bezahlt Adenauer CDU-Werbekolonnen wie etwa die »Arbeitsgemeinschaft demokratischer Kreise«.

Die Schatzmeister der Landesverbände bekommen ihre Anweisungen aus dem Kanzleramt. Weil Adenauer und seine Vertrauten einen starken Einfluß auf die Fördergesellschaften haben, kann der Regierungschef entscheiden, ob der Geldhahn auf- oder zugedreht wird. Der Mainzer Ministerpräsident Altmeier schreibt ihm wegen der »großen finanziellen Schwierigkeiten« seiner Landespartei Bettelbriefe, und Adenauer rügt, »daß die CDU Rheinland-Pfalz sehr ungeschickt bei der Aufstellung der Kandidaten vorgegangen« sei, indem sie aus der »Wirtschaft nur kleine Leute als Kandidaten aufgestellt« habe. Sie habe »sehr viel potentere CDU-Kreise gegen sich« aufgebracht, die nun die FDP ausstaffierten. Deshalb gehe Altmeier jetzt leer aus.

Wer nicht pariert, wird bestraft. Als die CDU 1953 in Hessen das von Adenauer vorgeschlagene Wahlbündnis mit der FDP ablehnt, werden die monatlichen Zahlungen an den Landesverband eingestellt. Der Landesvorsitzende Wilhelm Fay protestiert, es sei »geradezu der Höhepunkt, wenn man uns jetzt erklärt, wenn ihr dieses Wahlbündnis nicht eingeht, könnt ihr zum Arbeitsamt gehen, das heißt, ihr bekommt überhaupt kein Geld«. Der Alte vom Rhein tut unschuldig: »Die Fördergesellschaft gibt ihr Geld – und daraus hat sie nie einen Hehl gemacht – nicht etwa aus Freude an Wahlen, sondern sie gibt das Geld lediglich, damit die Sozialdemokratie geschlagen wird.« Als die FDP 1956 in Düsseldorf von der Fahne geht und mit der SPD koaliert, stoppt die SV vorübergehend die Zahlungen an den Landesverband.

Fragen nach der Herkunft des Geldes beantwortet Adenauer nicht und geht sofort zum Gegenangriff über: Die Sozialdemokraten, schwindelt er, bekämen Gelder aus der »Soffjetzone«. Fast geheimbündlerisch versucht die CDU-Spitze, die Einkünfte zu tarnen. »Je stärker diese Dinge publiziert werden«, warnt der damalige Bundesinnenminister Gerhard Schröder im CDU-Bundesvorstand, »desto geringer wird die Neigung unserer Freunde und Helfer, sich in die unangenehme Lage zu begeben, in Berichten zu erscheinen, und sich damit manchen Unannehmlichkeiten auszusetzen.« Adenauer verweist darauf, »daß direkte Ansprüche und Forderungen seitens irgendwelcher Geldgeber meines Wissens niemals gestellt worden sind. Aber – und jeder sollte mal mit sich selber sprechen – die Leute, die das Geld geben, verstimmt man nicht gern. Das ist doch so natürlich wie nur irgend etwas, so daß eine indirekte Art von Wirkung – so will ich mich mal ausdrücken – doch nicht so ohne weiteres von der Hand zu weisen ist. Vorsichtiger konnte ich mich nicht ausdrücken«, erklärt er den Vorstandsmitgliedern.

1959 werden erstmals fünf Millionen Mark jährlich als »Globalzuschüsse« für die Parteien ohne gesetzliche Regelung in den Bundeshaushalt eingestellt, aber Adenauer drängt darauf, daß der Staat die Parteien noch stärker unterstützen müsse. Seine Haltung ist nicht unumstritten. Die einen haben Angst, daß die mitgliedsstarke SPD mehr Staatszuschüsse als die CDU erhält; andere finden, daß Politik unabhängig vom Staat organisiert werden müsse, während der linke Flügel frühzeitig für die Staatsfinanzierung eintritt, weil er so seine Position in der Partei zu stärken hofft.

Bundesschatzmeister Fritz Burgbacher beschreibt die Schwierigkeiten: »Die Zweckbindung, die wir jetzt bei den öffentlichen Mitteln haben – ich will mich hier vorsichtig äußern … bedeutet eine phantasievolle Geschäftsgebarung.« Im Protokoll der Vorstandssitzung wird ein Zwischenruf Adenauers erwähnt: »Phantasievoll ist gut.« Burgbacher fährt fort: »Ich will ein charmantes Wort dafür wählen, es gibt auch andere, daß diese im Ergebnis zu unwürdigen Verhältnissen führt.« Adenauer: »Was heißt unwürdig?« Burgbacher: »Unwürdig heißt, wenn man Dinge für parteipolitische Zwecke abhebt und denen eine Tarnkappe für andere Zwecke überzieht.« Adenauer: »Das ist aber doch nichts Neues.« Das Protokoll verzeichnet »Heiterkeit«.

Die Jagd nach Geld ist in der Parteispitze ein Dauerthema. »Eine Partei muß eine gute finanzielle und Rechtsbasis haben, sonst kann ein großes Unglück passieren«, erklärt Adenauer auf einer Sitzung des Bundesvorstands am 10. Mai 1962. »Wie die Dinge bisher sind, stehen wir alle mit einem Fuß im oder – sagen wir besser – neben dem Gefängnis.« Der Protokollführer notiert »Bewegung und Unruhe«.

1966 stoppt das höchste Gericht die direkte Parteienfinanzierung aus staatlichen Mitteln. Seit 1959 haben sich CDU, CSU, FDP und SPD ohne viel Aufsehen rund 169 Millionen Mark aus dem Bundeshaushalt bewilligt – und weitere Millionen aus den Länderetats. Mit dem Geldsegen und den großzügigen Alimentationen der Industrie wurden CDU-Geschäftsstellen modernisiert und politische Kongresse inszeniert. Aber in seinem Urteil erklärt das oberste Gericht es 1966 für unzulässig, »daß den politischen Parteien von Staats wegen laufende Zuschüsse zu ihrer gesamten politischen Tätigkeit gewährt« werden. Bonns Verfassung habe den »Parteien das Risiko des Fehlschlagens eigener Bemühungen um ihre Finanzierung« nicht abgenommen, und auch »Bildungsarbeit« rechtfertige nicht alljährliche Staatsdotationen. Deutschlands höchste Richter drehen den Staatshahn zu. Die CDU hat plötzlich Millionenschulden. CDU-Sprecher Arthur Rathke sagt: »Wir werden mit fliegenden Fahnen untergehen – wir haben nur kein Geld für eine Fahne.« Zahlungen an die Junge Union und an Frauenvereinigungen müssen eingestellt werden; die Partei trennt sich von ihrem Informationsdienst *Union in Deutschland* sowie den Blättern *Evangelische Verantwortung, Informationen zur Verteidigungspolitik, Personalräte-Brief* und *Betriebsräte-Brief*; CDU-Mitarbeiter werden entlassen. Die Wirtschaft liefert nicht alle zugesagten Spendengelder ab, die beginnende Rezession dämpft die Großzügigkeit der Geber, und auch die Führungskrise der CDU irritiert die Spender.

Adenauer sorgt sich, daß es bei seinen Nachfolgern mit den Parteifinanzen abwärtsgeht. Er trifft sich mit Rainer Barzel, dem kommenden Mann der Union. Adenauer: »Ich muß Sie sprechen. Ich brauche Geld.« Barzel: »Wer nicht?« Adenauer: »Nein, die Partei braucht Geld. Wir kommen mit der herkömmlichen Finanzierung nicht mehr durch. Ich brauche Geld vom Staat.« Barzel schaut erstaunt drein: »Da müssen wir erst einmal ein Parteiengesetz machen und fragen, was ist eigentlich eine Partei.«

Am 19. April 1967 stirbt Konrad Adenauer. Nach dem Abschied des Patriarchen diskutiert die Parteiführung der CDU erstmals verhältnismäßig offen über Parteifinanzen, denn Adenauer hat es mit seiner Geheimnistuerei und seinem ausgeprägten Diskretionsbedürfnis stets verhindert, daß das Thema in den offiziellen Gremien genauer behandelt wurde. Vielen CDU-Politikern wird jetzt erst klar, wie marode und zweifelhaft die Finanzierung ihrer Partei ist. Die Forschungen des Historikers Bösch zeigen, daß vor allem der Mainzer Fraktionsvorsitzende Kohl wie kein anderer dagegen protestiert, daß die Partei lange Zeit lediglich von Spenden am Rande der Legalität und von Staatsgeldern, aber kaum aus Mitgliedsbeiträgen finanziert wurde. Daß die Mitglieder der Partei durchschnittlich nur zehn Mark im Jahr aufbringen, findet er empörend. »Wenn jemand eine Dissertation schriebe über das innere Gefüge der CDU«, erklärt Kohl 1967 im Bundesvorstand, »und würde den Bundesschatzmeister zitieren mit einem Durchschnittsbeitrag von zehn Mark im Jahr, dann könnte er klar nachweisen, daß die CDU keine demokratische Partei ist; denn eine demokratische Partei hat in ihrer Satzung bestimmte Erfordernisse. Sie muß zu Generalversammlungen usw. einladen. Aufgrund der heutigen Postgebühren – das weiß jeder von Ihnen – können Sie mit diesen Einnahmen von zehn Mark im Jahr – da geht noch etwas ab für den Mann, der den Beitrag einsammelt – nicht einmal die einfachste demokratische Grundordnung finanzieren durch Einladungen usw., weil die Portokosten höher sind als das, was die Partei einnimmt.« Kohl fordert mehr Transparenz: »Es ist doch skandalös – ich verwende diesen Ausdruck bewußt –, daß wir erst über ein Parteiengesetz in diesem Punkt zur innerparteilichen Demokratie kommen.« Kohl nennt die Mitgliederfinanzierung der SPD »vorbildlich«.

Kein Landesverband der CDU setzt den Beschluß, daß die Mitgliedsbeiträge von der Höhe des Einkommens abhängen sollen, so schnell um wie Rheinland-Pfalz. Nicht nur Minister und Abgeordnete zahlen Sonderbeiträge an die Partei, auch Bürgermeister sollen zwanzig Prozent ihrer Aufwandsentschädigungen abgeben. Freilich wäre es naiv, Kohls Kritik an den Mauscheleien der Alten auf ein demokratiebewußtes Parteiverständnis zurückzuführen. Er kritisiert das verdeckte System vor allem deshalb, weil es aufstrebende Politiker wie ihn lange Zeit von entscheidenden Machtressourcen ausschloß. Zu den informellen Kreisen, die seit den fünfziger Jahren die Vergabe der Gelder auskungelten, hatte er keinen Zugang und konnte deshalb auch nicht über die Verwendung der Finanzen mitentscheiden. Mit dem eigenen Aufstieg endet die Forderung nach mehr Transparenz, und Kohl kopiert in wichtigen Bereichen das Finanzierungsmodell Adenauers.

1967 verabschiedet der Bundestag das Parteiengesetz, das seit 1949 das Grundgesetz zwingend vorschrieb und das Adenauer all die Zeit verhindert hat. Das »neue Gesetz über die politischen Parteien« legt ein paar lästige Regeln fest. Nachdem zunächst Aktiengesellschaften und andere juristische Personen pro Kalenderjahr bis zu 200 000 Mark anonym spenden können sollten, müssen in der Endfassung alle Spenden über 20 000 Mark mit Name, Anschrift und Spendenbetrag in den Finanzberichten der Parteien aufgeführt werden. Das Parteiengesetz erzwingt, in der Theorie zumindest, jene finanzpolitische Offenheit, die Kohl immer gefordert hat, denn die Rechenschaftsberichte müssen der Öffentlichkeit zugänglich sein. Doch die Feinheiten werden in einem parteiinternen Rechenwerk erläutert, und die Spezialitäten stehen nur in Papieren für die engsten Zirkel. Wo viele manches erfahren können, lernt Kohl, muß das wirklich wichtige Wissen um so intensiver geschützt werden.

Auch läßt Karlsruhe die Parteien nicht im Elend sitzen. Die Verfassungsrichter weisen ein anderes Türchen zum Staatstresor: Rechtens sei es, argumentieren sie, sich aus öffentlichen Mitteln »die notwendigen Kosten eines angemessenen Wahlkampfes« ersetzen zu lassen. Als Maßstab für die Kosten nehmen die Parteien den Bundestagswahlkampf 1965, für den nahezu 100 Millionen Mark aufgewendet wurden.

Die Machtmaschine kommt auf Touren

Bei den Wahlen in Rheinland-Pfalz, vier Tage nach dem Tod Adenauers, legt die CDU 2,3 Prozent zu, die SPD büßt 3,9 Prozent ein, Altmeier bleibt Regierungschef, aber das Sagen hat Kohl. Er bestimmt, daß der Bundestagsabgeordnete Geißler ins Kabinett Altmeier einrückt und daß für ihn ein neues Ressort, das Arbeits- und Sozialministerium, geschaffen wird. Auch Bernhard Vogel müsse ins Kabinett. Kohl und nicht Altmeier entscheidet, daß Vogel Kultusminister wird. Diesen Posten hat zwar der altgediente Eduard Orth inne, doch das beeindruckt Kohl nicht sonderlich. Er hat dafür gesorgt, daß Orth sein Amt als Bezirksvorsitzender der Pfalz aufgab, und der hat sich auch noch störrisch gezeigt. Kein Mitleid mit den Halsstarrigen. »Wo gehobelt wird, fallen Späne«, strapaziert Kohl gern eine alte deutsche Volksweisheit. Den Parteigänger Otto Theisen, der ihm später noch wichtige Dienste leisten wird, bringt Kohl als Staatssekretär in der Regierung Altmeier unter.

Der Machtpolitiker Kohl setzt durch, daß die Fraktion bei der Ernennung von Ministern und Staatssekretären ihr Jawort geben muß. Außerdem verlangt er von Altmeier, daß dieser 1969 den Platz freimachen müsse. »Zu einem Politiker gehört es«, sagt Kohl, »daß er Ehrgeiz hat. Der Ehrgeiz muß gezügelt sein, aber immerhin, er muß das haben, was man von einem Jagdhund verlangt. Man darf ihn nicht zur Jagd tragen müssen.«

Die Machtmaschine Kohl funktioniert, und die Anhänger beeindruckt er sogar mit Dressurkunststückchen. Sein Schäferhund Igo, ein mehrfacher Pfalzsieger, begleitet ihn gelegentlich in die Geschäftsstelle der CDU. Auf die Frage »Wo ist der Soz?« knurrt Igo böse. Wenn sein Herrchen »Freidemokrat« sagt, legt sich Igo auf den Rücken. Einmal allerdings enttäuscht Igo den Schäferhundfreund, weil er vor einer Dogge Reißaus nimmt. Dabei hat Kohl dem Doggenbesitzer vorher geraten, eine »leere Zigarrenkiste mitzubringen, um die Überreste Ihrer Züchtung einzusammeln«.

Der Journalist Günter Gaus bezeichnet in *Christ und Welt* den CDU-Fraktionschef als einen »Brutus«, der die »explosive Gewalt der Iden des März gegen den anhaltenden Druck langfristiger Verabredungen« gesetzt habe. In einigen Jahren könne Kohl Bundeskanzler werden. Die *Süddeutsche Zeitung* beschreibt Kohl als einen der »profiliertesten Vertreter der neuen CDU-Generation, die sich gerade anschickt, in die Schlüsselpositionen der Partei, des Bundestages, der Landesregierungen und Landtage und der Kommunen einzuziehen«.

Kohl verstärkt den Druck auf Altmeier, der nicht weichen will. Während der Ministerpräsident seinen Amtsgeschäften nachgeht, läßt Kohl bereits in der Staatskanzlei die Kellerräume umbauen. Im Mai 1969 ist es endlich soweit: Altmeier macht den Platz frei. Bei der Abschiedsfeier erwähnt der scheidende Ministerpräsident viele Weggefährten und politische Freunde aus seiner zweiundzwanzig Jahre währenden Amtszeit und läßt selbst seinen alten Fahrer Paul Geisel nicht aus. Nur der Name Kohl kommt ihm nicht über die Lippen. Der steht teilnahmslos an der Fensterfront des Saales, verschwindet als einer der ersten Gäste und verabschiedet sich nicht einmal von dem alten Mann, den er entthront hat. Altmeier ist so verbittert, daß er am nächsten Weihnachtsfest ein Geschenk Kohls nicht annimmt. Beide haben sich nichts mehr zu sagen.

Der neue Amtsinhaber läßt das Kabinett fast unverändert. Wie Klaus Dreher feststellt, ist Kohl bestrebt, »den Wechsel als das Normale erscheinen zu lassen«. Er denkt nicht von den Institutionen, sondern von den Personen her und hat seine Leute ja schon bei Altmeier in Stellung gebracht. Chef der Staatskanzlei wird der Parlamentarische Geschäftsführer Willibald Hilf, und auch Kohls Schulfreund Waldemar Schreckenberger zieht in die Staatskanzlei ein. Kohl hat den kühlen, grüblerischen Protestanten, der auf der Oberrealschule an der Leuschnerstraße eine Klasse weiter war, ein Stück bewundert. Schrecki, wie sie ihn nannten, war ein Neunmalkluger, der den Mitschülern leicht Nachhilfe in Französisch, Latein und Mathematik geben konnte.

In Mainz verändert Kohl den Stil der Regierung. Die neuen Stichworte sind Effektivität und Modernisierung, und seine Kabinettsarbeit ist ganz schön strapaziös – auch für die anderen. Kohl sucht den Konsens, pflegt ohne Vorgaben in die Sitzung zu gehen. Beschlüsse bereitet er in kleinen Zirkeln vor und beschafft sich telefonisch in den Behörden ohne Einhaltung der Dienstwege die für ihn wichtigen Informationen. Er bestimmt, wer was wird. 1970 hat sein Freund, Kultusminister Bernhard Vogel, die Bildungspolitikerin Hanna-Renate Laurien als erste Frau in eine führende Position des Ministeriums berufen. Ein Jahr später wird Frau Laurien Staatssekretärin. Da winkt Helmut Kohl die Politikerin zu sich: »Der Bernd hat Sie nach Rheinland-Pfalz geholt, aber daß Sie Staatssekretärin geworden sind, verdanken Sie mir.«

Er ist das Maß aller Dinge. Ein pfälzischer Sozialdemokrat, der es gewagt hat, nächtens zu erklären, Kohl sei lang, aber nicht groß, wird von allen Einladungslisten gestrichen. Der Renegat Helmut Adamzyk aus der Pfalz, der von der CDU- zur SPD-Fraktion gewechselt ist, darf auf dem ersten Neujahrsempfang Kohls nicht erscheinen. Der Ministerpräsident hat den Verräter verbannt. Kohl liebt derbe Späße – auf Kosten anderer. Den Kultusminister Bernhard Vogel läßt er zu vorgerückter Stunde auf dem Tisch tanzen. Sträuben hilft nichts – barsch fordert Kohl ihn auf: »Mach de Aff.« Die Abgeordneten der sozialdemokratischen Landtagsfraktion bringt er dazu, nach Gelagen über einen Strich am Boden zu laufen. Wer nicht mitmacht, wie der Sozialdemokrat Rudolf Scharping, ist ein Spielverderber. Scharping erfährt damals, »wie Kohl Menschen demütigen kann«.

Anfang der sechziger Jahre haben Helmut und Hannelore Kohl ihr erstes Haus in der Tiroler Straße 11 gebaut, 100 000 Mark reichen damals. Zehn Jahre danach wechseln sie ins »Millionärsviertel« von Oggersheim, einem Stadtteil im Westen Ludwigshafens, der rund 24 000 Einwohner hat und weitgehend von der Badischen Anilin- & Soda-Fabrik lebt. In der Marbacher Straße 11 beziehen sie einen imposanten Bungalow mit mächtigen Möbeln, einer Einliegerwohnung für die Schwiegermutter und einem Hobbyraum.

Der Name Oggersheim wird später Metapher für Hinterwäldlerisches, aber zunächst einmal macht sich Kohl als Reformer einen Namen. Der Katholik Kohl schafft, was Pastor Finck durchaus gefallen hätte, die Konfessionsschulen ab und vereint sie zu Christlichen Gemeinschaftsschulen. Die Lehrerausbildung wird vereinheitlicht –

zuvor haben die Kirchen auch die Lehrerausbildung bestimmt. Seine zweite große Reform ist die Kommunalreform. Er kennt in seinem Land jeden Weiler, jede Hauptstraße, jeden Bürgermeister, und er beweist Mut. Seine Verwaltungsreform ist politisch sinnvoll, aber umstritten. Kohl erscheint in Bürgerversammlungen, in denen die Volksseele überkocht, läßt sich jedoch vom Protestgeschrei seiner Partei-Notabeln nicht beirren. Er muß sich bei den Versammlungen nur erheben, um jedermann zu zeigen, wer hier der Größte ist. Sein sozialdemokratischer Herausforderer Wilhelm Dröscher schwärmt vom »Baum unter Büschen«; das Wort gefällt Kohl, aber er mag Dröscher nicht.

Willy Brandt ist im Herbst 1969 Kanzler geworden, und die Machtpartei CDU tut sich schwer, ihr Schicksal zu akzeptieren. Kohl wird Ende November 1969 ins Parteipräsidium gewählt, er fordert innere Reformen und führt den Begriff der »modernen Volkspartei« ein. In der Öffentlichkeit orakelt Kohl erstmals, ob er eines Tages ins Kanzleramt einziehen werde. Er selbst hat daran keinen Zweifel. Das Amt des Bundeskanzlers, erzählt er dem Publizisten Günter Gaus in der Sendung »Zu Protokoll«, sei »ein Amt voller Schrecken, vielleicht besser ausgedrückt, voller Eiseskälte der Distanz … Das ist ein Punkt, der wirklich schrecklich« ist. »Die große Chance in einem solchen Amt« sei allerdings, »daß man sich die Frage stellt, und das tue ich auch und deswegen meine Antwort, würdest du dir das zutrauen in dem Sinne, daß die Chance des Gestaltens, die in diesem Amte nach unserer Verfassung ganz unvergleichlich liegt, auch wahrgenommen wird.« »Möglicherweise ist er der nächste oder übernächste Bundeskanzler«, sagt Gaus.

1971 riskiert Kohl den Versuch, den Fraktionsvorsitzenden Rainer Barzel bei der Wahl des CDU-Chefs herauszufordern. Doch Barzel besteht auf seinem Vorrecht: »Nur der Oppositionsführer im Bundestag wird erfolgreich bleiben, der nicht nur seiner Fraktion, sondern auch seiner Partei Autorität und Durchschlagskraft gibt. Schafft man zwei Zentren, eins im Bundestag und eins außerhalb, so halbiert das in dieser Lage die Kraft.« Barzel gewinnt das Duell um die Parteiführung mit großem Vorsprung, aber Kohl steckt die Niederlage leicht weg. Kurz danach begleitet ihn der Fernsehjournalist Peter Scholl-Latour auf einer Asienreise. Während des Fluges haben sie ein langes Gespräch, »dann«, schreibt Scholl-Latour, »dösten wir eine Weile vor uns hin …, als Kohl völlig übergangslos wieder anhob. Wenn ich Bundeskanzler sein werde«, beginnt er und entwickelt »ein summarisches Regierungsprogramm«. Der CSU-Vorsitzende Franz Josef Strauß hingegen hält Kohl für wenig fähig. In der *Wirtschaftswoche* qualifiziert er ihn als »Filzpantoffel-Politiker« ab.

An Barzel kommt zunächst niemand vorbei, aber Kohl kann warten. In den folgenden Monaten scheitert Barzel dreimal. Beim konstruktiven Mißtrauensvotum gegen Willy Brandt fehlen ihm im April 1972 zwei Stimmen aus den eigenen Reihen zur Kanzlerschaft. Kopfschüttelnd sitzt Barzel im Bundestag und schlägt fassungslos die Hände vors Gesicht. Der Führer der CDU wirkt erschüttert, neben ihm hockt wie ein Buddha der alte Ludwig Erhard, die Sozialdemokraten feiern Willy Brandt mit Ovationen. Barzel verschwindet für zwei Tage aus Bonn. Es sind Bilder, die sich in die Erinnerung brennen. Bei der vorgezogenen Neuwahl des Bundestages im November wird die CDU/CSU mit 44,9 Prozent erstmals nur zweite Kraft hinter der SPD, das schlechteste Ergebnis seit 1949.

Mit Barzels Scheitern gewinnen die Nationalisten in der Union wieder Zulauf und attackieren erneut die Ostpolitik der sozialliberalen Bundesregierung. Vor allem der CSU-Vorsitzende wütet. Die Kommunisten stünden vor der Tür, Brandt sei ein Helfershelfer Moskaus, Unternehmer müßten bald Judensterne tragen, die CDU sei ein »Verein von Idioten«. Die Wortkaskaden des Franz Josef Strauß sprudeln wild, und manchem im eigenen Lager legt sich die Angriffswut des Bajuwaren schwer auf die Seele. Der CDU-Abgeordnete Walther Leisler Kiep, der seit vielen Jahren Tagebuch führt, notiert am 23. November 1972: »Die CSU scheint im Begriff zu sein, die Fortsetzung der Fraktionsgemeinschaft in Frage zu stellen … Weniger als eine Woche nach der Wahl tritt Strauß den Wahrheitsbeweis für die SPD-Wahlbehauptung an, die CDU sei ständiger Erpressung durch die CSU ausgesetzt! Man mag es kaum schreiben: Was wäre, wenn wir heute, nach gewonnener Wahl, über die zukünftige Politik und

Regierungsbildung mit solchen Partnern verhandeln müßten? Fast erscheint es besser, die Wahl nicht gewonnen zu haben.« Sechs Tage später schreibt Kiep: »Barzel nach wie vor im Bett, läßt sich nicht sprechen.«

Im Januar 1973 sagt Kohl dem Verlierer Barzel, daß er auf dem nächsten Parteitag gegen ihn als Parteivorsitzender kandidieren werde. Unter dem Druck der Partei legt Barzel zunächst den Fraktionsvorsitz nieder, verzichtet wenige Tage später auf eine Neukandidatur zum Parteivorsitz und teilt dem Pfälzer telefonisch mit, daß er den Weg für ihn freimache. Auf dem Parteitag in der Bonner Beethovenhalle wird Kohl am 12. Juni 1973 mit 520 von 600 Stimmen ins Amt gewählt. Das Magazin *Time* nimmt ihn in die Liste der hundert wichtigsten Politiker auf.

Kohls neuer Generalsekretär, Kurt Biedenkopf, bekommt auf dem Parteitag sogar neun Stimmen mehr als Kohl. Auch er wurde 1930 in Ludwigshafen geboren und besuchte mit Helmut Kohl gemeinsam die Volksschule. Dann aber trennten sich die Wege. Biedenkopf ist klein und als Jugendlicher den Gleichaltrigen nur ebenbürtig oder überlegen, wenn er seinen Verstand einsetzt – ein Kopfarbeiter. Er studiert in den USA politische Wissenschaften und in München und Frankfurt Jura und Volkswirtschaft. Biedenkopf promoviert zum Doktor der Rechte und zum Master of Law, habilitiert sich mit einer Arbeit über »Die Grenzen der Tarifautonomie« und wird 1967 jüngster Rektor der Bundesrepublik an der Ruhr-Universität Bochum. Beim Düsseldorfer Henkel-Konzern arbeitet er von 1971 bis 1973 als Mitglied der zentralen Geschäftsführung. Professor Biedenkopf gilt als Vordenker der neuen CDU.

Die neuen Helfer und die Gesetzlosen

In der Schatzmeisterei der Partei hat es bereits zwei Jahre zuvor einen einschneidenden Wechsel gegeben, nachdem bis dahin weder Ernst Bach noch Fritz Burgbacher, Hans-Christoph Seebohm oder Kurt Schmücker dem Amt ein Gesicht geben konnten. Auf dem Parteitag in Saarbrücken 1971 wird Walther Leisler Kiep, Jahrgang 1926, zum neuen Schatzmeister gewählt und wird es bis 1992 bleiben. Der Tagebuchautor Kiep, persönlich haftender Gesellschafter der Assekuranzfirma Gradmann & Holler, ist einer der weltläufigsten deutschen Politiker: ein Nonkonformist, Macher und Wirbler von hohen Graden. Der gebürtige Hamburger, Nachfahr jenes berühmten Jakob Leisler, der anno 1691 im Kampf um die Unabhängigkeit New Yorks erst gehenkt und dann sicherheitshalber noch geköpft wurde, hat sich als Gentleman-Politiker in Ost und West einen Namen gemacht. »Heute ist er in Europa, morgen in Washington, am Tag darauf in Peking«, würdigt ihn ein amerikanischer Botschafter. Kiep fasziniert wegen seiner Umtriebigkeit sogar die Stasi, die ihn seit 1960 ausforscht und ihm den Namen »Hummel« gibt. Allen gilt er als Mann mit Zukunft.

Der Versicherungsmakler ist erst nach dem Mauerbau 1961 in die CDU eingetreten. 1965 rückt er nach einer amerikanischen Wahlkampf-Show in den Bundestag ein, seit 1967 ist er Präsidiumsmitglied und Schatzmeister der hessischen CDU. Eigentlich will er gar nicht Bundesschatzmeister werden, doch seine Position in der Partei ist nicht unumstritten; Kiep steht wegen seiner Deutschland- und Ostpolitik parteiintern unter Beschuß. »Durch die Annahme des Schatzmeisterpostens und den damit verbundenen Sitz im Präsidium«, schreibt er im Jahre 1999, »konnte ich meinen Einfluß stärken. Nicht das Amt als solches reizt mich, sondern der damit verbundene Einfluß und die Absicherung.«

Zu seinem Generalbevollmächtigten ernennt Kiep den promovierten Volkswirtschaftler Uwe Lüthje, Jahrgang 1932, einen gebürtigen Kärntner mit deutschem Paß. In Kiel und Frankfurt hat Lüthje studiert, ist Assistent an der Uni gewesen und hat kurze Zeit beim Raiffeisenverband in Schleswig-Holstein gearbeitet. In Frankfurt war das CDU-Mitglied Geschäftsführer der Industrie- und Handelskammer. Lüthje arbeitet als Prokurist in einer Unternehmensberatungsfirma, als ihn der Unternehmer Fritz Dietz anruft und fragt, ob er nicht für zwei Jahre als Helfer Kieps nach Bonn kommen wolle. Zu seinen Aufgaben als Generalbevollmächtigter würden die Bereiche Finanzverwaltung und Finanzplanung gehören. »Dr. Lüthje da«, notiert Kiep am 3. November 1971 in sein Tagebuch. »Er ist bereit und Gott sei Dank frei!«

Dritter im Bunde wird der Hesse Horst Weyrauch, Jahrgang 1931, der bereits als Angestellter der Firma »Allreviso« lange mit Kiep zusammengearbeitet hat und inzwischen Finanzberater der hessischen CDU ist. Mitten in der Frankfurter Innenstadt befindet sich seine Praxis als Steuerberater und Wirtschaftsprüfer mit zwölf Mitarbeitern. Er kontrolliert die Bücher des Kaufmanns Walther Leisler Kiep, der ihn 1971 als Steuerberater zur CDU holt.

Keiner der drei ahnt, daß dieser Schritt ihr Leben verändern wird: Sie sind in den Krieg gezogen. Die CDU ist bei ihrem Amtsantritt mit etwa 20 Millionen Mark verschuldet, die Beiträge und Abschlagszahlungen auf Wahlkampfkostenerstattungen decken gerade die laufenden Kosten der Partei, und für die Bundestagswahl 1973 sind 60 bis 70 Millionen Mark veranschlagt. Die Wirtschaftsbetriebe der CDU sind stark defizitär, das Konrad-Adenauer-Haus ist zwar fertig geworden, aber die Finanzierungslücke liegt bei 24 Millionen Mark. Mit Geld konnte die Partei des Geldes nie umgehen.

Kiep trifft sich mit dem Bundesgeschäftsführer Rüdiger Göb, der ihn über die letzten beiden Jahre informiert. Das Präsidium, sagt Göb, habe sich um Finanzen nicht gekümmert, die Herren hätten sich nicht in die Niederungen der Politik begeben. Er selbst habe, um den Schuldenstand zu verringern, zwar schon einmal den Verkauf des Adenauer-Hauses erwogen, sei aber abgeschmettert worden.

Im Kölner Domhotel treffen Kiep und Lüthje Anfang Dezember 1971 mit Hans Buwert von der Staatsbürgerlichen Vereinigung zusammen. Nach Erinnerung von Lüthje hat Kiep den SV-Mann damals gefragt, wie denn die Transfers via SV ablaufen würden. »Genauso, wie Sie es als Schatzmeister in Hessen gemacht haben«, soll Buwert gesagt haben. Aber im Bund läuft doch manches anders als in Wiesbaden. Über die Begegnung in der Domstadt fertigt Buwert eine Aktennotiz:

Hauptanlaß der Besprechung war, den Unterzeichner bekanntzumachen mit Herrn Lüthje. Herrn L. ist von Herrn Kiep Generalvollmacht erteilt worden,

ihn in allen Belangen, die seine Eigenschaft als Schatzmeister der CDU betref-
fen, zu vertreten ... Über die finanziellen Leistungen der ST. V. in der Ver-
gangenheit wie auch die Möglichkeiten in der Zukunft herrschten sowohl bei
K. wie bei L. ziemlich verschwommene Vorstellungen. Das ist m. E. darauf
zurückzuführen, daß der frühere Schatzmeister Schmücker den Herren K. und
L. anläßlich der Amtsübergabe sachlich nicht zutreffende bzw. ungenaue
Erklärungen gemacht hat. Schmücker hatte sich den Herren gegenüber ...
geäußert, daß es kein Wunder sei, wenn unter seiner Regie die Leistungen der
St. V. immer mehr abgesunken seien, da 125 Firmen, und zwar die größten
und zahlungskräftigsten der deutschen Industrie, seiner unmittelbaren Ein-
flußnahme versperrt gewesen seien, weil die St. V. sich hier die Ausschließ-
lichkeit vorbehalten habe. Er – Schmücker – sei auf das finanziell wenig ergie-
bige Feld kleinerer Firmen angewiesen gewesen ... Ich wies darauf hin, daß
diese Erklärungen Herrn Schmückers sehr subjektiv seien ... Es bestehe zwar
eine Liste dieser Firmen, die bereits unter der Ägide des Bundesschatzmeisters
Seebohm aufgestellt wurde. Diese Liste habe jedoch lediglich den Zweck, eine
Doppelarbeit zu verhindern.

Die SV-Gewaltigen wären

glücklich, wenn maßgebliche Herren der CDU es selbst übernehmen würden,
sich um die Beschaffung der Gelder zu kümmern. Es werde allerdings von
politischen Persönlichkeiten, die sich um Geldspenden aus der Wirtschaft
bemühten, leider fast immer übersehen, daß die Wirtschaft es stets ablehnen
dürfte, den Parteien direkt größere Geldbeträge als Spende zur Verfügung zu
stellen, da aufgrund des Parteiengesetzes auch für juristische Personen nur ein
Betrag von 600 Mark jährlich als politische Spende absetzbar ist. Aber selbst
wenn diese Tatsache großzügige Unternehmen nicht daran hindern sollte, grö-
ßere Beträge aus dem versteuerten Gewinn zur Verfügung zu stellen, schreck-
ten sie jedoch meistens davor zurück, da jeder, der über 20 000 Mark zahlt,
entsprechend den Bestimmungen des Parteiengesetzes in den jährlichen
Rechenschaftsberichten der Parteien namentlich aufgeführt werden muß. Die
Schwierigkeit der Parteienfinanzierung durch private Spenden liegt eben in die-
sem von den Parteien selbst beschlossenen Gesetz. Das würden die neuen Her-
ren, wenn sie sich jetzt an die Arbeit machen, sehr bald zu spüren bekommen.

Noch einmal ganz langsam: Eine Partei, die sich fast stereotyp auf
Recht und Gesetz beruft und zumeist null Toleranz gegenüber Rechts-

brechern predigt, bricht mit Vorsatz die Gesetze. Die Geschichte hätten sich die Filmregisseure Claude Chabrol (»Die Masken«) oder Luis Buñuel (»Der diskrete Charme der Bourgeoisie«) nicht besser ausdenken können. Hinter der Fassade der christlichen Partei und ihrer hochmögenden Helfer betreibt seit Jahrzehnten ein Trupp von Steuerhinterziehern sein Spiel. Die ehrenwerte Gesellschaft, die gern Sentenzen über das soziale Anspruchsdenken abzusondern pflegt, hat schlichtweg den Staat betuppt. »Durchaus schon frühzeitig hatte ich den Eindruck gewonnen«, umschreibt Kiep vornehm das Problem, »die Art der Finanzierung meiner Partei – so wie sie unter Adenauer begonnen und von allen Parteien praktiziert wurde – sei auf Dauer nicht tragfähig.«

Weyrauch studiert die Konstruktion der SV und fragt sich, wie ein solches System so lange ungestört von den Behörden funktionieren konnte und warum noch kein Staatsanwalt ein Aktenzeichen angelegt hat. Ein Justitiar des BDI schickt ihm ein äußerst dünnes Gutachten über den Verein; der Steuerberater und Wirtschaftsprüfer begreift, »daß es irgendwo ganz oben eine schützende Hand geben muß«. Firmen lassen die Gehaltskosten von Parteimitarbeitern, sogenannten »Staats-Sekretärinnen« zumeist, steuermindernd durch die Bücher laufen, Papierrechnungen für Wahlkämpfe werden von Konzernen übernommen und als Betriebsausgaben abgesetzt. Für juristische Erbsenzähler ist die Parteienfinanzierung ein weites Feld.

Die drei Neuen werden in eine etablierte Gruppe aufgenommen, in der die Verantwortlichen von BDI und Wirtschaft den Ton angeben. Unternehmer und CDU-Prominenz, darunter häufig Helmut Kohl, treffen sich im »Höseler Kreis«, der nach dem Gästehaus des Waschmittelherstellers Konrad Henkel benannt ist. In feiner Runde wird über die Organisation des Adenauer-Hauses gefachsimpelt, wie der Ausbau der Mitbestimmung verhindert werden könnte, ist Thema und wer der geeignete Kanzlerkandidat wäre, nach Wahlen wird Manöverkritik gehalten. Im Kreis der Höselianer fallen, ohne daß das Parteivolk davon etwas mitbekommt, wichtigste Entscheidungen über die Zukunft der CDU. »Wir waren am Gängelband der Wirtschaft«, bekennt einer der Akteure.

Allein über die SV werden 1972 in der »Aktion Berg« rund 30 Millionen Mark in die Kassen der CDU gespült. Im Bundestagswahlkampf starten bis dahin unbekannte »Initiativen« und »Arbeitskreise« teure Anzeigenkampagnen – die Hintermänner bleiben im dunkeln. Etwas verklausuliert sind die Ereignisse jener Tage im jährlichen Geschäftsbericht der SV nachzulesen:

Das Geschäftsjahr 1972 war eines der arbeitsreichsten und wohl auch bedeutsamsten seit Gründung. Seit 1969 drängen starke politische Kräfte in der Bundesrepublik auf eine gesellschaftliche Umformung. Das hat zur Entstehung und zum Aufbau vieler Kräftegruppierungen geführt, die auf diesen Prozeß der gesellschaftlichen Neuordnung Einfluß zu nehmen versuchen. Für die Staatsbürgerliche Vereinigung ergab sich hieraus die staatspolitische Aufgabe, diejenigen Kräfte finanziell zu fördern und zu stützen, die im Rahmen des Grundgesetzes der Bundesrepublik Deutschland sich darum bemühten, die Neugestaltung in geordnete Bahnen zu lenken.

Das garantieren am besten rechtslastige Hilfstruppen der Union, die laut Kassenbucheintragungen vom Geldsegen profitieren. »Forschungsaufträge« und »Zuwendungen« erhalten ein »Gestaltkreis im BDI«, der »Bund Freiheit der Wissenschaft«, die Konrad-Adenauer-Stiftung, das »Notopfer Schlesien«, die »Notgemeinschaft für eine Freie Universität«. Da Zahlungen der SV an Parteien oder Politiker nicht erlaubt sind, stehen sie auch nicht im Geschäftsbericht. Statt dessen werden angeblich »Aufgaben in Angriff genommen, die sich sozusagen dafür konkurrenzlos anboten und deren staatspolitische Bedeutung für die Bundesrepublik Deutschland wohl ohne weiteres einleuchtet«. Die »Verfügungsgewalt des Menschen über die Atomkräfte« beispielsweise müsse durch rechtliche Normen festgelegt werden. Dafür seien an Einrichtungen wie das »Institut de Droit International« Millionen gezahlt worden. Auch rücke »die Bedeutung der Ozeane immer stärker in das Blickfeld des öffentlichen Interesses«. Diese Aktivitäten müßten ebenfalls durch hohe Millionenspenden über Vereine gefördert werden.

Die Institute, heißt es, arbeiten »in engem Einvernehmen mit dem Leiter des Instituts für Staatslehre und Politik e.V.« (ISP) an der Universität Würzburg, Herrn Professor Dr. Friedrich August von der

Heydte, zusammen, der Mitglied eines »Institut de Droit International« sei. Mit Hilfe anderer Gelehrter erarbeite der Professor einen
Entwurf für ein internationales Atomrecht. Der Auftrag sei von
»ungewöhnlicher Bedeutung und Tragweite«. Es gehe um die Grundlagen »der Verfügungsgewalt des Menschen über die Atomkräfte«,
und »für Deutschland ist durch die Wahl von Professor von der
Heydte als Berichterstatter der 5. Kommission die Möglichkeit gegeben, in starkem Maße auf die Gestaltung dieses Teils des Völkerrechts
Einfluß zu nehmen«. Zwar amtiert der General a. D. im Jahre 1969
einmal als Berichterstatter der 5. Kommission, und auf dem Kongreß
in Edinburgh wird auch ein Bericht von der Heydtes »über Probleme der Massenvernichtungsmittel« diskutiert. Aber den Bericht hat
von der Heydte nach Ausweis des Kongreßhandbuchs bereits 1961
verfaßt.

Mit viel wissenschaftlichem Klimbim wird eine üble Gaunerei
kaschiert. Das Etablissement Inter-Droit und das Institut de Droit
International klingen bewußt ähnlich, damit die Doublette bei etwaigen Nachprüfungen die Fahnder in die Irre führt. Der Weg des Geldes ist selbst für Experten nicht leicht nachzuvollziehen: Firmen zahlen an die SV und können die Spende von der Steuer absetzen. Das
Geld fließt entweder direkt oder über von der Heydtes Institut an die
Tarnadressen der SV in Vaduz. Die SV hat Überweisungsformulare des
Würzburger Instituts in der Schublade, die von der Heydte – blanko
unterschrieben – Buwert zur gefälligen Verwendung überlassen hat.
Der Professor begnügt sich mit einem Prozent Provision, was bei
80,5 Millionen Mark, die über das ISP abgewickelt werden, auch
noch ein nettes Sümmchen bringt. Von Vaduz aus werden die getarn-
ten SV-Millionen auf ein Konto des Schweizerischen Bankvereins in
Zürich transferiert. Die nächsten Stationen sind Basel oder Luxemburg. Wenn Millionen derart verschoben werden, sprechen Krimina-
listen von Geldwäsche.

Als die Landeszentralbank in Bayern wegen der auffällig hohen
Auslandstransaktionen des Würzburger Instituts bei von der Heydte
nachfragt, zieht der gleich die Bremse von oben. Er läßt sich mit dem
CSU-Finanzminister Ludwig Huber verbinden und vergewissert sich,

daß es sich bei der Rückfrage der Bank nur um eine Formalie handele. Der General, den Göring einen »Rosenkranz-Parachutisten« genannt hat, will den Parteifreund in die komplizierten Geldmanöver allerdings nicht einweihen und beteuert nur, keinerlei öffentliche Zuwendungen zu bekommen. Huber sichert ihm zu, daß gegen weitere Transaktionen ins Ausland keine Bedenken bestünden.

In konservativen Kreisen ist von der Heydte eine Legende: Der Adelige bringt es auf Dutzende Orden, Berufungen und Titel, hat als Fallschirmjäger im Zweiten Weltkrieg hohe Auszeichnungen bekommen wie das Ritterkreuz samt Eichenlaub und die silberne Nahkampfspange. Der Oberst der Reserve ist Ordinarius für Völkerrecht sowie bayrisches Staatsrecht an der Universität Würzburg, Statthalter der deutschen Statthalterei des Ritterordens vom Heiligen Grabe, Gründungsmitglied der reaktionären Organisation »Rettet die Freiheit« und Vorsitzender der »Abendländischen Akademie«. Der CSU-Freiherr kämpft im »Deutschen Kreis« gegen Pläne zur Koexistenz mit dem Osten und lehnt als »Abendländler« eine »totale Diktatur« ebenso ab wie eine »totale Demokratie«. Unter seinesgleichen fällt er auch mal mit dem Vorschlag auf, die Bundeswehr in katholische und evangelische Divisionen einzuteilen. Nur – mit wem soll Gott sein? Von der Heydte tritt 1958 beim Bundesverfassungsgericht als Rechtsvertreter der Bundesregierung im Streit um die Rolle der SV auf und unterliegt. Ironisch spottet der *Spiegel* über die »Geistesblitze« des Ritters im Gerichtssaal. Aber auch mit einem besseren Rechtsbeistand hätte die Adenauer-Regierung verloren.

Der ewige Soldat, der einst mit Franz Josef Strauß nach Angola reiste, bekämpft den verhaßten *Spiegel*, bei dem »gesinnungslose Publizisten« die Feder führen. 1962 zieht von der Heydte gegen das Hamburger Nachrichtenmagazin in die Schlacht. Er hat in dem Blatt eine Titelgeschichte über das »Fallex«-Manöver gelesen und bei der Bundesanwaltschaft gleich Anzeige wegen Landesverrats erstattet. Der Abendländler leitet damit die *Spiegel*-Affäre ein und wird wenig später, Zufälle gibt es, zum Brigadegeneral der Reserve ernannt.

»In Kundgebungen linker Studentenverbände«, schreibt er in seinen Erinnerungen, »wurde in unbeschreiblicher Weise gegen mich gehetzt. Anderseits ergriffen mehr oder weniger rechts stehende Studentenverbände in Würzburg meine Partei und demonstrierten für mich.« Das Buch schließt er mit einem »alten Familienlied«: »Muß ich sterben, will ich fallen, fallen für mein Vaterland; muß ich sterben, will ich fallen, unsre Fahne in der Hand.« Nach weiteren neun Strophen endet das Lied: »Wenn ein Heydte Pflicht und Ehre nicht mehr achtet und verletzt, soll sein Stamm mit ihm verdorren – nicht beachtet, nicht geschätzt.«

War es die Pflicht, diesen Staat übers Ohr zu hauen, sich an Steuerbetrügereien größten Ausmaßes zu beteiligen? Verstand sich der Ehrenmann als Systemveränderer? Rechtlichkeit, Korrektheit, Ritterlichkeit, Ehrgefühl sind sekundäre Tugenden, die man vor allem den Konservativen zuschreibt. Wie aber sieht es mit der Korrektheit und Ritterlichkeit eines solchen Steuerbetrügers aus?

Der neue Parteivorsitzende Helmut Kohl trifft im Sommer 1974 in der Privatvilla des SV-Vorsitzenden Fritz Berg mit einem Dutzend Topmanagern aus Industrie und Wirtschaft zusammen. Die Herren sprechen über Interna der Bonner Politik und allgemeine wirtschaftliche Zusammenhänge sowie die Rolle der Staatsbürgerlichen Vereinigung in den nächsten Wahlkämpfen. Eingeladen hat Gustav Stein, zweiter Mann der SV. Wenig später trifft sich der Höseler Kreis, um die Linie der Industrie bei den Spenden über die SV abzustimmen. Kiep hält in seinem Tagebuch fest: »Abgesehen von den üblichen Abstimmungsproblemen mit Stein läuft es ganz gut … Abends Essen mit Brauchitsch« im sogenannten Flick-Stübchen des Düsseldorfer Lokals Müller & Fest auf der Königsallee. »Schließlich einigen wir uns mit etwas Handeln über Geld.«

Viel Aufregung gibt es Anfang 1976 wegen eines Berufsverbandes namens »Gemeinschaft zur Erschließung unterentwickelter Märkte e. V.« (GEUM), der zwölf Jahre zuvor gegründet worden ist und über Liechtenstein insgesamt 25 Millionen Mark größtenteils an die FDP und, in weit geringerem Umfang, an die Union geschleust hat. Steuersitz der GEUM ist Mainz, die Geschäftsführung sitzt in Duisburg, und ein Geschäftsführer der SV führt die Korrespondenz mit dem Finanzamt. Der illegal operierende Spendenverein ist im Dezember 1975 dem Finanzamt Fulda aufgefallen, und die Anfrage der Beamten an die Mainzer Kollegen ängstigt den hessischen FDP-Wirtschaftsminister und -Bundesschatzmeister Heinz Herbert Karry ziemlich. Der Freidemokrat, der auch bei Waffenexportgeschäften mauschelt, sorgt sich, daß sein System auffliegen könnte: Er unterhält siebzehn Konten, einige davon in der Schweiz. »Als Schatzmeister«, so lautet sein Credo, »kommt man unweigerlich auf den Weg der schweren Kriminalität, wenn man das tut, was die Partei von einem erwartet, wobei man der Partei nie mit Beschwerden kommen darf.« Der gewiefte Hesse wird von den Herren der Wirtschaft gern unterstützt, weil der Kassenwart der Liberalen als Pfleger diverser Branchen gilt. Karry bittet nun den CDU-Vorsitzenden und Mainzer Ministerpräsidenten, den Fall GEUM im Blick zu behalten.

Fast parallel zu Karrys Anruf bekommt Kohl Post von einem Vorstandsmitglied der GEUM, einem Rechtsanwalt: Der Jurist verlangt ziemlich ultimativ Hilfe vor staatlichen Verfolgern. Kohl informiert die Schatzmeisterei und gibt ihr den Auftrag, die Geschichte irgendwie vom Tisch zu bringen. Er will in der Sache auf dem laufenden gehalten werden.

Ein Jahrzehnt lang hat sich das Mainzer Finanzamt nicht um den Berufsverband gekümmert, und die Steuerakte ist so dürftig, daß der Begriff Akte übertrieben scheint. Lückenlose Bilanzen oder Geschäftsberichte jedenfalls sind von den Finanzleuten nie angefordert worden, obwohl es für eine steuerliche Prüfung viele Ansätze gegeben hätte. Warum hat dieser Verband seine Mitgliedsbeiträge als Zahlungen für angebliche Gutachten an Aspe, Wisotest und Inter-Droit nach Liechtenstein überwiesen? Wieso ist niemand dem Hinweis des Finanzamtes Frankfurt-Börse aus dem Jahr 1970 nachgegangen, daß die Gelder der GEUM an Parteien weitergereicht würden? Weshalb blieben Anfragen Hamburger und westfälischer Finanzbeamter unbeantwortet? Es gab, ganz oben, eine schützende Hand. Aber jetzt scheint der Damm gebrochen, und die GEUM-Klientel plagt die Sorge, daß übereifrige Puristen den Fall aufrollen könnten.

Die Furcht ist unbegründet – Kohl hat die Lage im Griff. Sein Justizminister in Mainz ist jener Otto Theisen, den er schon bei Altmeier als Staatssekretär durchgesetzt hat, und dem Minister ist die GEUM durchaus ein Begriff, denn er ist auch Schatzmeister der rheinlandpfälzischen CDU und hat in der Vergangenheit Unternehmen empfohlen, Spenden an die CDU über die GEUM abzuwickeln. Theisen kümmert sich, die Nervosität legt sich, und der Verband wird still liquidiert. Die Finanzverwaltung verzichtet sogar auf Steuernachforderungen in siebenstelliger Höhe, weil das Finanzamt ansonsten »im Hinblick auf das eigene vorausgegangene Verhalten über ein Jahrzehnt hinweg gegen Treu und Glauben verstoßen« würde.

Steueroase Rheinland-Pfalz

Die Ausdrücke »Treu« und »Glauben« mögen dem Laien leicht verständlich vorkommen; sie bezeichnen aber in Mainz geheimnisvolle Transaktionen, die mit Recht und Gesetz nichts zu tun haben. Rheinland-Pfalz ist in der Ära des Ministerpräsidenten Kohl eine Steueroase für Geldwaschanlagen der bürgerlichen Parteien. Hier gibt es viele Briefkastenadressen mit phantasievollen Namen: der »Verband zur Ordnung privatwirtschaftlicher Eigentumsrechte«, die »Gesellschaft für Europäische Wirtschaftspolitik«, der »Verband für Schutz und rechtliche Absicherung privatwirtschaftlichen Eigentums«, die »Vereinigung zur Förderung der privaten Entwicklungshilfe«, der »Verein zur Förderung der freien Marktwirtschaft in Nordrhein-Westfalen«, die »Gesellschaft zur Förderung der Wirtschaftsförderung« oder der »Verein zur Förderung der rheinischen Wirtschaft«. Sie sind mit ihrem Steuersitz aus Hessen, Nordrhein-Westfalen, Baden-Württemberg nach Koblenz, Mainz, Montabaur oder Linz gewechselt, betreiben aber wie die GEUM zumeist ihre Geschäfte von daheim weiter.

Der Fernsehjournalist Joachim Wagner hat vor Jahren die Praktiken der Geldwäscher und ihrer staatlichen Helfer in dem Buch »Tatort Finanzministerium« beschrieben. Die Geschäfte florieren nach dem Muster der SV: Spenden fließen an Organisationen und Vereine, die angeblich gemeinnützigen Zwecken, vornehmlich aber den Parteien dienen. Die Gönner der bürgerlichen Parteien erhalten Spendenquittungen, die sie beim Finanzamt steuermindernd geltend machen. Die Vereine leiten die Spendengelder konspirativ über Umwege an andere Organisationen im In- und manchmal auch im Ausland weiter, und irgendwann sickert das Geld zurück an die Parteien. Es wird gewaschen – zum Nachteil des deutschen Fiskus und zum Vorteil für die Parteien und die Geber. Eigennutz ist wichtiger als Gemeinnutz.

Den Akteuren ist klar, daß die meiste Gefahr von unberechenbaren Steuerfahndern ausgeht. Genau aus diesem Grund sind die Organisationen nach Rheinland-Pfalz gewechselt, wo sie auf staatlichen Schutz vor übereifrigen Staatsdienern hoffen. Parteitreue Finanzbeamte sichern illegale Transaktionen ab, die Spendenvereine werden nicht überwacht oder können bei Verdacht mit wohlwollender Nachsicht und politischer Absicherung rechnen. Als ein Oberfinanzpräsident später die Rumpfakte der GEUM in die Hände bekommt, erklärt er fassungslos: »Wenn man mir das vorher vorgetragen hätte, hätte ich die für irre erklärt, daß es so etwas in der Finanzverwaltung gibt.«

Das christdemokratisch regierte Rheinland-Pfalz gilt als sicherer Hort für Geldwaschanlagen aller Art. »Wohlwollend war die politische Spitze diesen Vereinigungen überall gesonnen«, sagt Karl Becker, ehemals Ministerialdirigent im Mainzer Finanzministerium. Die Wiederholungstäter sind auf ihre eigene Unbelehrbarkeit stolz.

Als die nordrhein-westfälische FDP 1968 eine neue Briefkastenfirma für anrüchige Spendengeschäfte, die »Gesellschaft für Europäische Wirtschaftspolitik« (GfEW), installieren will, wird das Büro natürlich in der Heimat Helmut Kohls angesiedelt. »Wir wußten«, erklärt Jahre später der ehemalige Düsseldorfer FDP-Schatzmeister Otto Graf Lambsdorff, »daß Vereinigungen, die der Parteienfinanzierung dienten, unbeanstandet im Bereich der Oberfinanzdirektion Koblenz ansässig waren.« Als es dann doch Probleme gibt, schaltet sich Kohls Finanzminister Johann-Wilhelm Gaddum ein. In eineinhalb Jahren befaßt sich der Finanzminister mindestens sechzehnmal mit der GfEW. Auch Kohl wird aktiv. Lambsdorff schreibt ihm einen Brief: »Sehr geehrter Herr Ministerpräsident, ich beziehe mich auf die kurze Unterredung, die wir im Anschluß an die gestrige Sitzung im Palais Schaumburg hatten. In der Anlage überreiche ich Ihnen zwei Schreiben des Vorstehers des Finanzamtes Neuwied … an die GfEW … Aus verschiedensten Gründen dürfte es von Bedeutung sein, daß die örtliche Zuständigkeit des Finanzamtes Neuwied erhalten bleibt.«

Weil sich Finanzämter in verschiedenen Bundesländern auffällig intensiv nach dem Treiben der GfEW erkundigen, rechnen die Liberalen damit, daß dem Verein die Eigenschaft als steuerfreier Berufsverband abgesprochen wird, aber was sie viel mehr fürchten, sind Nachfragen an die Finanzämter der Spender. Nach dem Vorbild anderer Vereine und Verbände wird die GfEW 1975 still liquidiert und die Akte geschlossen. Es gibt keine Nachfragen.

Beispielhaft für die sorgfältige Abschirmung ist der Fall des »Verbandes zur Ordnung privatwirtschaftlicher Eigentumsrechte e.V. Neuwied«: Finanzbehörden in Hamburg, Düsseldorf und Stuttgart fällt in den sechziger Jahren auf, daß mit dem Verband etwas nicht in Ordnung ist. Das baden-württembergische Finanzministerium etwa fragt nach, ob 960 000 Mark, die von einer schwäbischen Fördergesellschaft nach Neuwied überwiesen wurden, »unmittelbar oder mittelbar für Zuwendungen an politische Parteien verwendet« worden seien. Anfragen aus gleich drei Bundesländern, das leuchtet den Verantwortlichen des Verbandes ein, können nicht ignoriert werden. Vorsichtshalber liquidieren sie den Neuwieder Verein.

Auf dem Briefpapier des gerade dahingeschiedenen Verbandes wird ein neuer Verein mit dem Namen »Vereinigung zur Förderung der privaten Entwicklungshilfe, Linz/Rhein« angemeldet, der den größten Teil der Einnahmen an den »Verband für gesunde Wirtschaftsstruktur Nordbaden e. V. Mannheim« weiterleitet. Pech allerdings, daß badische Ermittler 1968 diesen Verband als politischen Verein enttarnen und bei Sichtung der Bücher auf Transfers aus Linz von fast einer dreiviertel Million stoßen. Eindeutig handelt es sich um getarnte Parteispenden. Das baden-württembergische Finanzministerium bittet die Mainzer Kollegen bei der Ausforschung um Unterstützung.

Eigentlich ein Routinevorgang: Normalerweise wäre der Linzer Verein gründlich durchleuchtet worden, die Beamten hätten Kontrollmitteilungen an andere Finanzämter geschickt und so vielleicht ein Netz illegaler Spendenvereine enttarnt. Tatsächlich ordnet die Oberfinanzdirektion eine Betriebsprüfung an; möglicherweise habe sich der Verein ja »noch in anderer Weise steuerschädlich verhalten«.

Ein paar Tage nach Ankündigung der Betriebsprüfung machen die Linzer dicht, wie der Vorgängerverein aus Neuwied. Aber noch immer ist die Gefahr nicht gebannt. Der Hansdampf in allen Kassen, Tausendsassa Buwert von der Staatsbürgerlichen Vereinigung, schaltet sich ein. Beinahe ultimativ fordert er den Finanzstaatssekretär Paul Skoniezny schriftlich auf, die »Sache als erledigt« zu betrachten. Eine abschließende Prüfung des Vereins durch Betriebsprüfer sei nicht mehr notwendig. »Sofern Sie, sehr geehrter Herr Staatssekretär, noch weitere Erläuterungen wünschen«, schreibt Buwert, »bin ich gerne bereit, bekannte Persönlichkeiten aus dem politischen Leben zu benennen, die weitere Aufklärung geben können.« Helmut Kohl ist solch eine Persönlichkeit.

Der damalige CDU-Fraktionschef marschiert zum Finanzminister Hermann Eicher (FDP), um die Betriebsprüfung zu verhindern, und der persönliche Referent des Ministers ruft nach dem Gespräch beim Finanzamt in Neuwied an. Der stellvertretende Amtsleiter fertigt einen Aktenvermerk über das Gespräch: »Herr MdL Dr. Kohl habe heute morgen Herrn Finanzminister Dr. Eicher eine Akte übergeben, aus der sich u. a. ergebe, daß bei der Vereinigung zur Förderung der privaten Entwicklungshilfe e. V. zum 30. 9. 1968 eine Betriebsprüfung angesetzt sei. Da bei ähnlichen Vereinigungen in anderen Bundesländern ... schon die dortigen Finanzämter mit der Frage der Körperschaftsteuerfreiheit dieser Berufsverbände befaßt gewesen seien, sei es ... angebracht, zu überlegen, ob das Finanzamt Neuwied nicht analog verfahren könne.« Man solle nicht soviel Wirbel machen. Das Finanzamt Neuwied gehorcht: Kontrollmitteilungen an die Finanzämter der Spender werden nicht versandt, es gibt keine steuerlichen und strafrechtlichen Sanktionen. Die Nachlaßverwalter des inzwischen liquidierten Vereins dürfen sogar mit Billigung der Finanzbehörden noch rasch 1,3 Millionen Mark an das von Batliner betreute Etablissement Aspe nach Liechtenstein verschieben.

1975 wollen ahnungslose Koblenzer Finanzbeamte die Geschäfte der SV kontrollieren, als wäre der Verein eine Allerweltsorganisation. Buwert schickt auf acht knappen Zeilen eine Gewinn- und Verlustrechnung, derzufolge gut 18 Millionen Mark für Vereinszwecke ausgegeben wurden. »Sollte das Finanzamt«, weist Buwert einen SV-Anwalt an, »irgendwelche Rückfragen stellen oder weitere Unterlagen verlangen, so bitte ich Sie, sich alsdann unverzüglich hierwegen mit mir in Verbindung zu setzen, damit ich dann gleichfalls in dieser Angelegenheit in Mainz vorstellig werden kann.« Diesmal ist Schutz von oben nicht vonnöten. »Herr Amtsvorsteher ist über alle den Verein betreffenden Vorgänge zu informieren. Ebenso hat er sich die abschließende Zeichnung aller Vorgänge vorbehalten«, steht auf der Innenseite des Deckels der SV-Akte. Als sich eine nichtsahnende Sachbearbeiterin des Finanzministeriums nach der SV erkundigt, wird auch sie elegant abgefertigt. Die Akte ist nicht zu finden. Sie liegt sicher beim Vorsteher im Tresor, wobei sich auszahlt, daß die Regierenden in Rheinland-Pfalz die wichtigen Posten mit einsichtigen Fachleuten besetzt haben.

Der Öffentlichkeit kaum bekannt ist der hochkarätig besetzte »Arbeitskreis Privater Versicherer«. Dieser exklusive Club von Topmanagern dient seit Bestehen der Bundesrepublik vor allem einem Zweck: Er sammelt und verteilt Gelder aus der reichen Assekuranzbranche an einflußreiche Politiker. Vertreter des Arbeitskreises treffen 1975 mit Kohl in der Staatskanzlei zusammen, und natürlich geht es auch um Geld. Der Mitbegründer der Vereinigung, Hermann Stech, schreibt danach dem Generaldirektor der Raiffeisen- und Volksbanken-Versicherungsgruppe, Karl Heinz Wessel, einen Brief. Zunächst wird etwas umständlich »der verbindliche Dank des Herrn Kohl für das Empfangene« festgehalten, und dann bittet Stech den Kollegen, dafür zu sorgen, daß ein für Helmut Kohl bestimmter Spendenbetrag von 25 000 Mark an die Staatsbürgerliche Vereinigung überwiesen werde. Er, Stech, habe Rücksprache mit dem Ministerpräsidenten genommen und dabei erfahren, daß Kohl selbst mit der

SV erfolgreich über eine vorteilhafte Provisionsregelung verhandelt habe. Danach sei die SV bereit, auf den sonst üblichen Provisionsabzug von zehn Prozent zu verzichten und sich im Fall Kohl mit einem zweiprozentigen Anteil zu begnügen. »Ich denke«, schreibt Stech, »wir sollten Herrn Kohls Vorschlag befolgen.« Kurz nach dem Treffen betraut Kohl den Finanzexperten der Union, Hansjörg Häfele, mit dem Amt eines Verbindungsmannes zur Versicherungswirtschaft.

Der Wechsel nach Bonn

Helmut Kohl will Kanzlerkandidat werden, und es gibt, so Peter Boenisch, »ein Fegefeuer, durch das jeder CDU-Vorsitzende gehen muß« – und das heißt Franz Josef Strauß. Der CSU-Chef hat den jungen Hoffnungsträger Kohl schon früh gerempelt, will sich aber nicht offen für den Spitzenposten bewerben. »Er spielte stets mit dem Feuer, aber dann steckte er die Streichhölzer immer wieder weg«, schreibt der Christsoziale Friedrich Zimmermann in seinen Memoiren. Bei einer Klausurtagung der CSU-Bundestagsabgeordneten in Sonthofen wütet Strauß im November 1974, SPD und FDP seien »nicht mehr fähig, unseren Staat und unsere Gesellschaft vor Verbrechern zu schützen«. Die Union müsse die »Regierung zum Offenbarungseid« zwingen, um einen Schock im öffentlichen Bewußtsein auszulösen. Leider aber biederten sich Kohl und andere CDU-Leute beim Gegner an. Redeauszüge erscheinen im *Spiegel*, und bei einem Treffen von CDU und CSU im Konrad-Adenauer-Haus sagt Strauß, er sei es leid, die »Raufburschenrolle« zu spielen, während die CDU sich vornehm zurückhalte. Die nächste Wahl 1976 sei »rebus sic stantibus« verloren. Wenn Helmut Schmidt verschwände, könne die Union allerdings »mit einem Besenstiel« die Macht gewinnen. Kohl lacht etwas verlegen. Wochen danach wird ein Kommunique verfaßt: »Die CDU hat Helmut Kohl als Kandidaten für das Amt des Bundeskanzlers vorgeschlagen ... Die CSU hält an ihrer Bewertung fest, daß ihr Vorsitzender der geeignete Kandidat ist. Die CSU wird im Interesse der gemeinsamen Sache aber ebenso wie die CDU nun Helmut Kohl als Kanzlerkandidaten unterstützen.«

Die konservative Pariser Zeitung *Le Figaro* kommentiert: »Der schwarze Riese hat also über den bayerischen Stier gesiegt. Der ruhige und gemäßigte Helmut Kohl hat sich gegen den ultrakonservativen Franz Josef Strauß durchgesetzt.« Der Vergleich führt ein bißchen in die Irre: In Rheinland-Pfalz tritt Kohl als Draufgänger auf, in Bonn hingegen ist er eher zurückhaltend und sitzt Rivalen aus. Kohl verfügt über die Fähigkeit, so lange auszuharren, bis die Gegner die Lust verlieren. Aber auch Taktieren und Lavieren hat seinen Preis. Im Sommer 1976 vertraut Kiep seinen Tagebüchern wieder einmal das Undenkbare an: »Man muß sogar fast hoffen, daß eine Mehrheit der deutschen Bevölkerung nicht bereit ist, eine Regierung zu wählen, die so durch Dregger und Strauß richtungsmäßig belastet ist. Das Deutsch-nationale, personifiziert durch Carstens, die Rücksichtslosigkeit von Strauß (... der Kohl mit Biegsamkeit und ohne Showdown begegnet ist), die primitiv-nationalistische Art Dreggers sind mehr, als man eigentlich in der Bundesrepublik in einer Volkspartei als zumutbare Repräsentanten dieser Richtung hinnehmen muß.«

Bei der Bundestagswahl im Oktober 1976 erzielt die CDU/CSU 48,6 Prozent der Stimmen. Das ist das zweitbeste Ergebnis nach der Adenauer-Wahl im Jahre 1957, aber die absolute Mehrheit im Bundestag hat der Pfälzer dennoch knapp verfehlt. Am Wahlabend erscheint Kohl mit Frau Hannelore vor den Fernsehkameras und fordert, als Kandidat der stärksten Partei vom Bundespräsidenten zur Wahl als Kanzler vorgeschlagen zu werden. Er wiederholt die Forderung im Verlauf der nächsten Stunden mehrfach, doch die sozialliberale Koalition steht. Die FDP ist noch nicht soweit.

Kohl hat ein überragendes Ergebnis erzielt, aber er ist nicht Kanzler geworden, und Strauß greift an. Am 19. November 1976 beschließt die CSU in Wildbad Kreuth, die seit 1949 bestehende Fraktionsgemeinschaft mit der CDU im Bundestag nicht mehr zu erneuern. Einer alten Idee folgend, soll die CSU als vierte Partei im gesamten Bundesgebiet antreten, um sich vom Taktieren der FDP unabhängig zu machen. Auch will sich die CSU aus der Umklammerung der Schwesterpartei befreien. Widerspruch bügelt Strauß ab. Protestiert einer gegen die Trennung, spottet er: »So? Moanen's? Dann gehn's doch hi zu dene.«

Kohl kuscht nicht vor dem Männerfreund und demonstriert Härte. Der Historiker Kohl erinnert an frühere Bruderkämpfe, die allesamt der gemeinsamen Sache geschadet hätten – Wilhelm Marx gegen Hindenburg, Bayerische Volkspartei gegen das Zentrum in der Pfalz. Außerdem läßt er sofort in der CSU verbreiten, daß die CDU im Gegenzug nach Bayern kommen werde. Das würde den Besitzstand der Christsozialen schmälern; Kreisvorsitzende und Landtagsfraktion werden unruhig. Am 22. November droht der CDU-Bundesvorstand offen mit dem Sezessionskrieg: Die Partei könne sich gezwungen sehen, auch in Bayern anzutreten.

Kohls treuer Helfer Terlinden reist nach Bayern und schaut sich nach Büroräumen um – ein großer Bluff. Finanziell kann sich die CDU eine Ausweitung gar nicht leisten. Doch der Notfall tritt nicht ein – die CSU gibt klein bei. Am 27. November ziehen Landesvorstand und Kreisverbände den Schlußstrich. Sie verkünden, die CSU sei »eine laut ihrer Satzung in ihrer Organisation auf Bayern festgelegte Partei« und habe nicht »die Absicht, diesen Zustand ohne Einvernehmen mit der CDU zu beenden«. Im *Spiegel* wird die Tonbandabschrift einer Rede veröffentlicht, die Strauß vor dem Landesausschuß der Jungen Union Bayerns in der Münchner »Wienerwald«-Zentrale gehalten hat: »Ich sage auch jetzt hier eines verbindlich: a) ich will nicht und werde nie Kanzler werden, b) Helmut Kohl…, den ich trotz meines Wissens um seine Unzulänglichkeit um des lieben Friedens willen als Kanzlerkandidaten unterstützt habe, wird nie Kanzler werden. Er ist total unfähig, ihm fehlen die charakterlichen und geistigen Voraussetzungen. Ihm fehlt alles dafür.« Strauß beschuldigt die eigene Partei, sie begreife nicht, daß sie »keine Sünde an der Gemeinschaft« begehe, wenn sie »aus dieser Pygmäenideologie, aus dieser Zwergenmentalität« der »Kerle in der CDU« ausbreche. Nun sei er gezwungen, »wie ein Herkules beinahe den Weltball auf den Schultern« zu tragen.

Die offenkundigen Gegensätze der beiden Unionspolitiker sind ungezählte Male beschrieben worden: hier der intellektuelle Volksredner, der wie kaum ein anderer komplizierte Zusammenhänge in griffige Bilder bringen kann, immer Primus war, immer Bestnoten hatte. Dort der Provinzler, dessen Sprache manchmal unfreiwilliges Kabarett ist, wenn er die »Stunde der Wahrheit in Raten auf den Tisch« legt oder fragt, »was passiert, wenn die FDP auf Gedeih und Verderb mit der SPD ins Bett steigt, und zwar in einem so langen Prozeß, daß es für uns anfängt, uninteressant zu werden, auf diesem Klavier überhaupt spielen zu wollen«. Ein ehemals durchschnittlicher Schüler mit einer unterdurchschnittlichen Doktorarbeit, der nicht einmal richtig Latein kann. Aber es gibt auch Parallelen. Beide können das, was auf der Welt passiert, nur in direktem Zusammenhang mit der eigenen Person begreifen. Und seltsamerweise ist der überlegene Bajuware gegenüber dem Pfälzer im Nachteil. Strauß hat nie das innere Gleichgewicht gefunden, das sein Konkurrent immer hatte.

Helmut Kohl beschließt, als Fraktionsvorsitzender der CDU nach Bonn zu wechseln. Leicht ist ihm die Entscheidung nicht gefallen. Auch sein Vater ist mit dem Wechsel in die Bundespolitik nicht einverstanden. Als sich 1974 der Weggang abzeichnet, hat er seiner Tochter gesagt: »Hildegard, stell dir vor, der Helmut will nach Bonn. Der spinnt doch.« »Papa, das kannst du nicht verstehen. Ich werde von meiner Partei gedrängt«, soll der Sohn geantwortet haben. Hans Kohl hat den Wechsel nicht mehr erlebt. Er ist 1975 gestorben.

Im Herbst 1975 sitzen Helmut Kohl, Johann-Wilhelm Gaddum und Heiner Geißler bei »Mama Gina«, einem italienischen Restaurant, in Mainz zusammen. Gaddum und Geißler raten ihm ab, nach Bonn zu gehen, und meinen, wenn er mal Kanzler werden wolle, müsse er in Mainz bleiben. Kohl nimmt sein Notizbuch aus der Tasche: »Ich gebe es euch schriftlich, ich werde Bundeskanzler.« Den Zettel hat Geißler behalten.

Zum Abschied in Mainz sind fast tausend Weggefährten, Freunde und Mitarbeiter erschienen. Als über dem Rhein schon der Morgen dämmert, geht Kohl über den Hof des Landtags und fragt sich: »Ist es die richtige Entscheidung?«

Der Mächtige hat noch versucht, seine Nachfolge in Mainz zu ordnen. Ministerpräsident soll Finanzminister Johann-Wilhelm Gaddum werden, und Sozialminister Heiner Geißler soll die Partei führen. Gaddum verzichtet, und Kultusminister Bernhard Vogel will für beide Ämter kandidieren. Als die *Mainzer Allgemeine Zeitung* ein Interview mit Vogel führt, schreibt das Blatt, daß dieser Christdemokrat jedenfalls »nicht über Leichen« geht. Kohl ist erzürnt und verlangt vom Freund, seine Kandidatur zurückzuziehen, woraufhin Vogel mit Hanna-Renate Laurien und einem Vertrauten die Lage berät und entscheidet, auch gegen den Willen des Mächtigen zu kandidieren. Die Schulpolitikerin schenkt Vogel anderntags ein Buch des Pastors Jörg Zink: »Die Mitte der Nacht ist der Anfang des Tages.« Vogel tritt an und gewinnt.

Ins fremde Bonn, wo Kohl Fraktionsvorsitzender wird, folgen ihm einige Getreue, vor allem Juliane Weber und der Fahrer Ecki. Als Referent und Redenschreiber kommt der junge Horst Teltschik mit, ein studierter Politologe und Intellektueller, der seinen ersten Job als Redenschreiber in der Bonner CDU-Bundesgeschäftsstelle hatte und als Experte für Außenpolitik gilt. Der Talentsucher Kohl hat Teltschik 1972 nach Rheinland-Pfalz geholt. »Was soll ich denn als Außenpolitiker in Mainz?« fragte er Kohl bei seinem ersten Besuch in der Staatskanzlei. »Ich will Parteivorsitzender und Kanzler werden«, war dessen Antwort.

Auch Wolfgang Bergsdorf unterstützt den Parteivorsitzenden in Bonn. Bergsdorf hat bereits 1970 als stellvertretender Pressesprecher der CDU auf Kohl gesetzt und sich auch öffentlich zu ihm bekannt. Nachdem Barzel das erste Duell um den Parteivorsitz gegen Kohl gewonnen hatte, trat Bergsdorf zurück und wurde von Kohl als Pressereferent der rheinland-pfälzischen Landesvertretung eingestellt. Bergsdorf hat gute Kontakte in Bonn. Weil Schreiner als Regierungssprecher in Mainz bleibt, wird Eduard Ackermann neuer Pressesprecher Kohls. Ackermann arbeitet schon seit 1957 für die Union, er hat Heinrich Krone, Heinrich von Brentano, Rainer Barzel und Karl Carstens gedient, und das ist wörtlich zu verstehen. Ackermann weiß alles, kennt alle und ist äußerst loyal.

Kohl hat mit der Presse einige Probleme. Mit dem »Nachrichten-magazin aus Hamburg« will er, ähnlich wie sein Vorbild Adenauer, nichts mehr zu tun haben. Anfang 1973 hat der *Spiegel*-Reporter Hermann Schreiber, einer der besten deutschen Porträtisten, Kohl in Mainz besucht. Er sieht einen »Gulliver«, der in einem Arbeitszimmer in der Mainzer Residenz sitzt, »an dem ein Ballsaal verlorengegangen ist«. Kohl zeigt ihm vom Hubschrauber aus das Land der Reben und Rüben und versucht, den berühmten Reporter, der ebenfalls aus Ludwigshafen stammt, für sich zu gewinnen. »Wo hat Ihre Mutter gewohnt?« fragt er und weiß dann: »Das ist die falsche Adresse.« Auf der Fassenachts-Fete des Mainzer Landtags spielt der Regierungschef den Narren und erscheint Schreiber als seltsame »Frohnatur in einem bunten Hemd aus Bangkok«. Merkwürdig findet der Reporter, daß der Regierungschef »alsbald die Sektbar übernimmt und die Preise je nach Neigung bestimmt: Dem einen Zecher nimmt er fünf Mark ab, dem anderen gar nichts.« So hat es Kohl auch als Klassensprecher gehalten. Schreiber schildert einen »pfälzischen Polykrates«, den »Landsmann im Aspik der Progressivität« aus der »Regionalliga Südwest«. Kohl ist sauer, trifft sich noch einmal widerwillig mit dem Reporter, will aber dann mit ihm gar nichts mehr zu tun haben. Der Mann aus Hamburg ist ihm zu unabhängig.

Als der *Spiegel* 1976 vor der Bundestagswahl die Kohl-Äußerung wiedergibt, er sei »ein Generalist und kein Spezialist«, bricht der CDU-Vorsitzende die offiziellen Kontakte zu dem Blatt endgültig ab. Der *Spiegel*, sagt er, spiegele »eher die Hamburger Kloake als die Wirklichkeit wider«. Das könnte auch von Adenauer sein. Kohls Boykott schadet dem Nachrichtenmagazin nicht, das später über Kohls »freiwillig auferlegte Isolationsfolter« spöttelt.

Mit der *Zeit* ist Kohl auch fertig. Das Hamburger Wochenblatt hat ihm den Schriftsteller Walter Kempowski für ein »Interview im nicht üblichen Sinne« ins Haus geschickt. Kohl erzählt dem Literaten, daß er neulich »drei Joseph Conrads« aus der Stadtbücherei entliehen habe und ein Buch von Carl Zuckmayer auch. »Ich bin keiner, der einen direkten Zugang zu Gedichten hat«, aber »in Hölderlin war ich gut«. Kohl vermittelt den Eindruck eines Spießbürgers. Die Intellektuellen verhöhnen ihn als »Zwei-Zentner-Null« oder »tönendes Nichts«. Der Provinzler Kohl verschanzt sich und wird immer mißtrauischer. »Er konnte Journalisten eigentlich von Anfang an nicht leiden«, sagt Hanns Schreiner. Wenn sie nicht gut über ihn schreiben, »betrachtet er das als Verrat«. Auch Journalisten sieht er als Werkzeuge.

Die »Kampfgruppe Kohl«, wie sie in der CDU genannt wird, richtet sich in der Bundeshauptstadt ein. Der Chef der Truppe bezieht einen Bungalow in Wachtberg-Pech bei Bonn, und die Partei zahlt die Miete. Juliane Weber, Eckhard Seeber und zwei Sicherheitsbeamte ziehen mit ein. Die politisch enge Beziehung zwischen Kohl und seiner Vorzimmerdame Weber mißfällt manchem. Sein Förderer, Arbeitgeberpräsident Hanns Martin Schleyer, fürchtet, aus Kohl werde in Bonn nichts. »Erst muß das Zigeunerlager weg, einschließlich der Marketenderin«, sagt Schleyer. Doch Juliane Weber weiß um ihre Stellung und schert sich nicht um Etikette oder Hierarchie.

Hannelore Kohl darf die Tapeten aussuchen. Leicht ist ihr Leben nie gewesen, sie ist eine sehr beherrschte Frau, die nur selten ihr Los beklagt. Man müsse, hat sie in den siebziger Jahren einer Journalistin anvertraut, »vor allem warten können«. Nach »vier, fünf Stunden echten Wartens« könne man nur noch von einem Hund erwarten, daß er sich immer freut. »Ich habe von unserem Hund (Igo) gelernt.« Sie habe ihren Kummer »in sein Fell geweint, manchmal auch meine Wut«. Die Welt des Helmut Kohl ist eine Männerwelt, in der Damen schon als emanzipiert gelten, wenn sie Stöckelschuhe tragen. »Gleichberechtigung und Anerkennung der Frau«, sagt er, »ist keine Einbahnstraße.« Kohl weiß, wo's bei der Frau langgeht. Auch zu Hause. Die *Bunte* berichtet vom Alltag in Oggersheim, wo der große Bestimmer »das Sagen« hat. »So kann es sein, daß er ein Frühstücksei, das seiner Frau zu weich geraten sei, kommentarlos zurückgibt: Er hört keine Widerrede.« Im Umgang mit den Söhnen, klagt Hannelore Kohl, habe ihr Mann »die psychologische Schwierigkeit eines Vaters gehabt, der allmählich den Zugang zu den Problemen seiner Familie verlernt«. Über Kindererziehung tauscht sie sich mit Bekannten wie Helga von Brauchitsch, der Frau des Flick-Managers, aus.

Seine Kinder hätten den »Preis für das Amt des Vaters« bezahlen müssen, gibt Kohl zu.

In der steril aufgeregten Wichtigkeit der Bonner Bürden- und Würdenträger kommt Kohl anfangs nicht zurecht. Er verhaspelt sich vor dem Bundestag, redet immer noch geschraubt (»In der Wirklichkeit des Lebens in diesem Lande«), und Herbert Wehner spottet: »Morgenstund hat Kohl im Mund.« Verglichen mit dem kopflastigen SPD-Kanzler Helmut Schmidt wirkt Kohl ziemlich bieder.

Kohl hat in Absprache mit seinem Generalsekretär Kurt Biedenkopf die Parteizentrale umorganisiert: Die fünf Hauptabteilungen wurden auf drei verringert, neue Landesgeschäftsführer können nur noch im Einvernehmen mit dem Generalsekretär berufen werden, die Mitgliederzahl steigt damals von 450 000 auf fast 650 000. Aber Biedenkopf spürt schon früh, daß da »eine Distanz eingetreten« sei. Der Professor erkennt, daß dem großen Vorsitzenden strategisches Denken suspekt ist, denn Kohl lehnt Strategien ab, weil sie ihn festlegen könnten. »Kohl denkt nur in Machtstrukturen, die er durch Personal absichert« (Biedenkopf), während der Kopfarbeiter Biedenkopf ordnungspolitische Zusammenhänge sucht und sich nach Widerspruch sehnt, wenn er die »Macht des Arguments« vorführt. Er ist eine intellektuelle Potenz, aber kein Kumpel. Nach vier Jahren verläßt Biedenkopf 1977 desillusioniert seinen Posten und gründet das »Institut für Wirtschaft und Gesellschaft«. Nachfolger Biedenkopfs als Generalsekretär wird Heiner Geißler. Der will eigentlich nicht nach Bonn, und Emissäre Kohls müssen ihn überreden, das Angebot anzunehmen.

Es sind bittere Tage für Helmut Kohl. Die blindwütigen Killer der Rote-Armee-Fraktion entführen einen seiner engsten Freunde, den Arbeitgeberpräsidenten Hanns Martin Schleyer; vier Sicherheitsbeamte werden erschossen. Eine gute Woche vor der Terroraktion haben Kohl und Schleyer bei einem Abendessen im Bonner Lokal »Roma« beieinandergesessen und darüber gesprochen, wie sie sich jeweils in einem Entführungsfall des anderen verhalten würden. Beide kamen zu dem Schluß, man dürfe Erpressern nicht nachgeben. Nun sitzt Kohl im Krisenstab der Bundesregierung, und die Terroristen versuchen, die Regierung in die Knie zu zwingen. Schleyer richtet aus der Geiselhaft einen Appell an ihn: »Lieber Helmut Kohl«, es ist »nunmehr Aufgabe der Opposition, die Verantwortlichkeiten klarzustellen und offenzulegen. Ich bin nicht bereit, lautlos aus diesem Leben abzutreten, um die Fehler der Regierung, der sie tragenden Parteien und die Unzulänglichkeit des von ihnen hochgejubelten BKA-Chefs zu decken.« Fast flehentlich bittet auch die Familie um ein Nachgeben, doch die Regierung bleibt hart, und Schleyer wird ermordet. Kohl schreibt der Witwe, er habe »den schrecklichen Konflikt zwischen Freundschaft und bitterer Pflicht durchlebt. Jetzt kann ich nur beten und Dich und Deine Kinder um Vergebung bitten.« Der »Deutsche Herbst« erschüttert das Land. Das Leben der Politiker ändert sich wegen der neuen Sicherheitslage dramatisch.

Anfang 1979 wird ein vertrauliches Memorandum Biedenkopfs bekannt. »Die Zustimmung zu Helmut Kohl«, schreibt Biedenkopf, hat »seit 1977 im Trend kontinuierlich abgenommen. Selbst CDU-Stammwähler in Baden-Württemberg halten derzeit Helmut Schmidt für den besser geeigneten Kanzler.« Biedenkopf stellt seine Lieblingsidee vor, die er schon 1973 einmal in der *Zeit* ausgebreitet hat: Die Ämter an der Spitze der Partei und der Fraktion müßten getrennt werden, Kohl solle das Amt des Fraktionschefs niederlegen. Die »Institution eines De-facto-Kanzlerkandidaten während der ganzen Legislaturperiode« habe sich nicht bewährt, weshalb über den Kanzlerkandidaten erst 1980, im Wahljahr, entschieden werden soll. In der Wahlstrategie seines ehemaligen Generalsekretärs ist der Vorschlag, Kohl solle den Fraktionsvorsitz räumen, nur ein eher beiläufiger Unterpunkt, doch für Kohl ist diese Empfehlung eine Kriegserklärung. Seit dem Memorandum ist Biedenkopf für Kohl ein Todfeind. In Kohls Welt gibt es eine Front, die zwischen »Uns« und »Denen« trennt. Gut und Böse, Innen und Außen müssen für Kohl übersichtlich bleiben.

In eigener Sache findet Kohl seinen Weg aus der Krise, indem er alle vier Rivalen, die auf seinen Posten drängen, mit einem Schachzug kaltstellt. Er zieht seine Kandidatur zum Kanzler zurück und schlägt gleichzeitig Ernst Albrecht, den neuen CDU-Ministerpräsidenten von Niedersachsen, als Spitzenkandidaten vor. Die CSU und Strauß sind außer sich vor Zorn: Wieder einmal seien die Christsozialen von der großen Schwesterpartei reingelegt worden. Die Oberen versammeln sich in dem Godesberger Lokal »Klopfstube« zum Kriegsrat. »Dort stellte ich Strauß dann vor die Frage: wann, wenn nicht jetzt?« schreibt der CSU-Politiker Friedrich Zimmermann in seinem Buch »Kabinettstücke«. »Wir alle redeten auf ihn ein, wir alle sagten ihm, daß nunmehr die Zeit des Mundspitzens vorbei und der Pfiff fällig sei, aber Strauß verweigerte sich erst einmal – wie ein Pferd vor der Hürde, schoß es mir durch den Kopf. Die Stimmung stieg, der Wein floß, am Ende hatten wir alle schwere Köpfe, aber endlich war es soweit, daß Strauß zusagte.« Genau damit hat Kohl gerechnet: Strauß tritt an und wird sich selbst besiegen.

Kassensturz

Im SPD-regierten Nordrhein-Westfalen, von den CDU-Spendenakquisiteuren etwas verächtlich »Volksrepublik« genannt, braut sich seit einer Weile Unheil zusammen. Eher zufällig haben Mitte der siebziger Jahre Beamte der Steuerfahndung in St. Augustin bei Peter Müllenbach, der für das CDU-eigene Handelsunternehmen »Union Betriebs GmbH« arbeitet, Unterlagen über eine »Europäische Unternehmensberatungsgesellschaft« (EU) mit Firmensitz in Vaduz gefunden. Als Verwaltungsräte des Unternehmens fungieren Prinz Emanuel von und zu Liechtenstein und ein Konsul, Müllenbach taucht in den Unterlagen als »Solidarbürge« auf. Die EU hat Dutzenden von deutschen Firmen für wertlose Gutachten und angebliche Beratungen üppige Rechnungen geschrieben, worauf Millionen Mark heimlich in die CDU-Kassen flossen.

Der Leiter der Steuerfahndung, Klaus Förster, treibt den Fall voran, und die Unruhe unter den Spendern und auch in der Parteispitze wächst. Kohl ist alarmiert und konferiert immer wieder mit Kiep.

Fahnder durchsuchen 1977 neben anderen Unternehmen die Büros des Fliesenfabrikanten Nikolaus Fasolt, der gut ein Jahr später, im

Frühjahr 1978, zum BDI-Präsidenten gewählt wird. Als Fasolt einen Strafbefehl über 48 000 Mark erhält, berät Flick-Manager Eberhard von Brauchitsch am Telefon mit Daimler-Chef Joachim Zahn die Lage und macht dann eine Aktennotiz: »Zahn ist mit mir der Meinung, daß man die Strafbefehl-Geschichte dem Fasolt nicht anlasten kann. Wenn sich Wirtschaftsunternehmen auf Wunsch und Empfehlung von Parlamentariern für bestimmte Spendenkanalisationen entschieden haben, dann entfällt damit der subjektive Tatbestand der Steuerhinterziehung … Zahn ist der Auffassung, man solle versuchen, Fasolt zu halten. Fasolt hat fraglos beim Bundeskanzler ein gutes Standing …« Die Affäre bringt dennoch den feinsinnigen Romanisten Fasolt wenig später um sein Amt.

Bald schon stellt sich heraus, daß nicht nur mit der Liechtensteiner Tarnfirma EU, sondern auch mit anderen Gesellschaften dubiose Geschäfte abgewickelt wurden, in die einflußreiche Wirtschaftskreise verwickelt sind. FDP-Schatzmeister Heinz Herbert Karry verlangt, die bürgerlichen Parteien müßten »endlich« von dem Transfer über den BDI, der hinter der SV steckt, weg. Bei einem weiteren Treffen der Kassenwarte warnt der Hesse: »Wenn der erste Spender einmal zu einer Haftstrafe von neun Monaten auf Bewährung verurteilt ist …, dann bekommen die Parteien keinen Pfennig mehr.« Die Allparteienkoalition der Spendensammler hält zusammen. Das Kassenquartett von SPD, FDP, CDU und CSU hat ein Warnsystem ausgetüftelt: Wenn irgendwo ein fleißiger Steuerbeamter den Parteien auf die Schliche kommt, wird sofort der Finanzminister des jeweiligen Bundeslandes benachrichtigt. Die Parteien helfen sich sogar beim Transport von schwarzen Geldern aus der Schweiz gegenseitig. So übernimmt Karry immer wieder für die anderen den Botengang über die Grenze, die gewaschenen Tausender im Koffer verstaut.

Kohl schätzt den langjährigen SPD-Kassenwart Alfred Nau (»Ein großartiger Mann«). Der Altgenosse, der die Kriegskasse der SPD vor den Nazis gerettet hat, dirigiert ein wirtschaftliches Imperium, das allenfalls er selbst noch überschaut. Wie er Geld beschafft, was er damit macht, bei wem er es holt und wohin er es bringt: Dies alles bleibt sein Geheimnis. Kohl imponiert das. Als er noch Regierungschef in Rheinland-Pfalz war, hat ihn Nau einmal gebeten, den Verkauf des Karl-Marx-Archivs nach Ostberlin oder gar Moskau zu verhindern. Kohl holte das Archiv nach Trier, verlangte aber, daß sein Feind, der Genosse Wilhelm Dröscher, bei den Feierlichkeiten nicht dabeisein dürfe. Nau hat das selbstverständlich akzeptiert.

»Wir sind einigermaßen beunruhigt«, schreibt Kiep am 27. Januar 1977 in sein Tagebuch. Er bespricht mit dem sozialdemokratischen Staatssekretär im Kanzleramt, Manfred Schüler, die Lage. Weyrauch, Lüthje und der Kölner Steueranwalt Günter Felix versuchen, die Fahnder zu zähmen, aber die Ermittler sind nicht mehr zu stoppen. Kohl ist tief besorgt. Die CDU-Finanzjongleure versuchen eine neue Strategie. Wenn ihre Leute betroffen sind, sollen auch die anderen Parteien in den Sumpf gezogen werden. »Wir überlegen Wege zur Eindämmung« (Kiep). Die Stasi belauscht ein Gespräch Lüthjes mit Günter Felix. Er habe einem Gesprächspartner, so Lüthje, »drei Alternativen aufgezeigt: Erstens. Wird nichts getan, kommt ein Skandal mit 99prozentiger Sicherheit. Zweitens. Finden einer politischen Lösung mit der CDU. Drittens: Lösung durch einen von seiten der CDU provozierten Skandal, der sich gegen einen ›Mann mit einem öffentlichen Amt‹ richtet.« Die FDP soll unter Beschuß genommen werden. Kiep wiederum informiert Lüthje, daß Kohl die geplante Diskussion über ein neues Parteiengesetz »abgeblasen« habe. Genscher geht »voll auf Koalitionskurs. FDP müßte unter Druck gesetzt werden«, notiert ein Abhörer von drüben. Ein Flächenbrand soll die Landschaft verwüsten.

Gertrud Rech, die langjährige Sekretärin des nordrhein-westfälischen FDP-Schatzmeisters Hans Gattermann, packt 1980, von Felix betreut, über die heiklen Geschäfte der Liberalen aus. Die Dame hat Darlehen für NATO-Wohnungen besorgt und Ausfuhrlizenen für Waffenexporte. Als Gegenleistung gab es Bares für die FDP. Damit stecken die Liberalen im Parteispendensumpf. Felix, in dessen Bürohaus eine Vielzahl von Adenauer-Karikaturen an den Wänden hängt, lenkt »die amtliche Aufmerksamkeit«, wie er in einem Brief an den Kölner Generalstaatsanwalt schreibt, auch auf die Sozialdemokraten, denn sie haben wertlose Postillen für teures Geld an Spender verkauft. Wenn alle Parteien und ihre wichtigsten Repräsentanten drin-hängen, so das Kalkül, wird sich die Affäre am Ende im Nichts auf-lösen.

Niedersachsen reicht 1978 beim Bundesverfassungsgericht einen Normenkontrollantrag ein. Ziel ist es, zu prüfen, ob die bisherige Par-teienfinanzierung mit dem Grundgesetz vereinbar ist. Lüthje und Weyrauch haben das Gutachten für Karlsruhe ausgearbeitet, und sie schwärzen, in Absprache mit Kohl, in dem Opus die Konkurrenz-organisationen an. Die liberale Friedrich-Naumann-Stiftung sei mit einer auffälligen Anzeigenkampagne 1975 und 1976 für die FDP-Werbung eingespannt worden. Die Friedrich-Ebert-Stiftung der SPD habe mit ihrem »Planungsbüro OR 85« den Sozialdemokraten fünf Jahre lang die Arbeit am Orientierungsrahmen abgenommen. »Die Tatsachen der indirekten Parteienfinanzierung haben eine lange Ver-gangenheit. Sie sind keine Erfindung jüngsten Datums.« Das Opus, schwärmt Kiep, ist eine »wahre Doktorarbeit, eine phantastische Leistung von Lüthje und auch von Weyrauch!«

Andere Experten sind weniger begeistert. Am 15. Dezember 1978 ruft der Bonner Wirtschaftsminister Lambsdorff im niedersächsi-schen Wirtschaftsministerium an und verlangt Herrn Lüthje. Er wird verbunden. Das Gutachten Weyrauch, legt der Freidemokrat gleich los, sei »für die Staatsanwaltschaft ein gefundenes Fressen«. Der Lüth-je aus dem Ministerium unterbricht ihn und erklärt, es müsse sich um eine Verwechslung handeln. Er sei der Ministerialrat Lüthje und ken-ne keinen Weyrauch. »In hellster Verzweiflung« (Kiep) meldet sich Lambsdorff bei dem CDU-Schatzmeister und schildert sein Mißge-schick: »Um Gottes willen, was für ein Mann ist das, etwa ein Juso?« Kiep beruhigt ihn. Dieser Lüthje sei einer der ganz wenigen Christ-demokraten im Ministerium. Er werde aber gleich die Parteifreundin »Birgit Breuel anrufen, um sie zu bitten, Lüthje aufzuklären«.

Im Juli 1979 weist das Bundesverfassungsgericht den Normenkon-trollantrag zurück und bestätigt die alte Rechtsprechung, nach der die SV-Transaktionen rechtswidrig sind. Kiep berät sich kurz mit Kohl und informiert dann die Spender, daß die CDU künftig nicht mehr mit der SV zusammenarbeiten werde. Die Partei werde nur noch versteuerte Spenden annehmen. Der Beschluß wird vom Bundesvorstand abgesegnet, aber auffälligerweise findet sich die Entschließung nicht im Protokoll. Es sei doch selbstverständlich, wird von Teilnehmern argumentiert, daß eine solche Konsequenz für alle regionalen Gliederungen verbindlich sei. Nichts ist selbstverständlich. Viele Landes- und Kreisverbände paktieren weiterhin mit der SV, besonders die Hessen sind ganz gierig, und auch die FDP macht weiter. Lambsdorff ruft Buwert an und beklagt sich über die Spendeneintreiber der CDU: »Die Blödheit des Verhaltens dieser Leute überschreitet ja auch jedes menschliche Verständnis.« Buwert hält die Worte des Freidemokraten schriftlich fest.

Kanzlerkandidat Strauß spottet bei Treffen mit Wirtschaftsführern über die CDU: Die Kohl-Partei habe wieder einmal versagt. In Bayern gebe es mit Staatsanwälten keine Probleme, die seien an der kurzen Leine, Kiep und dessen Chef seien »Versager«.

Gustav Stein von der SV ruft in den Monaten vor seinem plötzlichen Tod am 21. Oktober 1979 mehrmals Kiep und Lüthje an. Auf dem Konto seien etwa sechs Millionen Mark für die Bundes-CDU. »Wollen Sie das Geld wirklich nicht haben?« Buwert empört sich über Lüthje und Kiep und wittert eine Verleumdungskampagne. Eine zehnseitige Dokumentation über die angebliche Kampagne schickt er an Terlinden und setzt darauf, daß Kohl die »Renegaten« zur Einsicht bringen wird. »Leider«, notiert er, »ist Herr Dr. Kohl noch im Urlaub, aber es ist vorgesehen, daß ich nach seiner Rückkehr mit ihm über all diese Vorgänge einmal sprechen darf.« Die Spirituosenhersteller Emil und Hubertus Underberg attackieren Lüthje im Adenauer-Haus als »Dummkopf«. Nun werde das Geld über die SV ausschließlich an die CSU fließen. Kanzlerkandidat Strauß erklärt bei Treffen mit Wirtschaftsführern, in Bayern hätten sie nichts zu fürchten, im »Franz-Josef-Land« seien sie sicher.

Der Politiker, der sich scherzhaft mal »Franz Josef der Zweite« oder »Franz Josef der andere« nennt, ist immer von der Industrie hofiert worden. Selbst als der Bayer 1962 wegen seiner Rolle in der Spiegel-Affäre als Bonner Minister zurücktreten mußte, überreichte ihm ein Industrieller auf der Abschiedsfeier eine sechsstellige Spende. Für den

Bundestagswahlkampf 1980 kassiert die CSU 7,1 Millionen Mark von der illegal operierenden SV, die in Koffern quer durch Deutschland transportiert werden.

Im Frühjahr 1980 teilt Kohl in seinem Büro einigen Vertrauten mit, daß er von einer Niederlage der Union unter Führung von Strauß überzeugt sei. Der unberechenbare CSU-Vorsitzende werde die Wählerschaft polarisieren und nicht integrieren. Dennoch kämpft Kohl für den anderen, als gehe es um alles oder nichts. Im April verliert die CDU im Saarland fünf Prozent und liegt hinter der SPD. In Nordrhein-Westfalen muß Kohls Intimfeind Biedenkopf für den verstorbenen Spitzenkandidaten Heinrich Köppler einspringen, und die SPD erreicht erstmals die absolute Mehrheit. Strauß entwirft in seinen Wahlreden düstere Schlachtengemälde. Gegenüber der unheilvollen Verschwörung, die der Kandidat gegen sich wirken sieht, sei Widerstand Pflicht: »Die halbe Unterwelt« kämpfe gegen ihn. Strauß tut so, als glaube er seiner eigenen Beschreibung.

Die Bundestagswahl endet für die Unionsparteien wie von Kohl früh prognostiziert. Die CDU/CSU verliert 4,1 Prozent, die SPD stagniert (statt 42,6 nun 42,9 Prozent), nur die FDP gewinnt fast drei Punkte dazu und liegt bei 10,6 Prozent. Kohl hat als Verlierer dieser Wahl gewonnen: Seit dem Desaster des Konkurrenten ist seine Position in Bonn unumstritten, die CSU ist die Querelen leid, und die FDP bereitet sich auf die Wende vor.

Auch Lüthje führt Tagebuch und hat seine Beschreibung der Ereignisse zwanzig Jahre später überarbeitet zu Papier gebracht: »Als die Union mit ihrem Spitzenkandidaten FJS die Wahl nicht nur verlor, sondern haushoch verlor, war auch dem letzten Inhaber einer Spendenbescheinigung klar, daß es keinerlei politische Absicherung mehr geben würde, wenn die SV-Finanzierung je auffliegen sollte.« Der Hauptgeschäftsführer des BDI, Siegfried Mann, ruft Lüthje im November 1980 an und verlangt, die »Kampagne zur Verunsicherung der deutschen Wirtschaft einzustellen«. Lüthje informiert Kohl über das Gespräch, und der CDU-Chef lädt am 15. Dezember 1980 die Spitzen der Wirtschaft ins Konrad-Adenauer-Haus, um über die SV zu reden.

Nach Lüthjes Erinnerung »hat es Dr. Kohl an jenem Abend an Deutlichkeit nicht fehlen lassen, wobei für niemanden zu überhören war, welche Freude und Genuß es ihm bereitete, jenen Spitzenleuten der deutschen Wirtschaft, die doch so liebend gern FJS als Kanzler gesehen hätten – und ihm noch wenige Wochen und Monate zuvor ihre Huldigungen als Kanzlerkandidat dargebracht hatten –, zu erzählen, auf welchen strafrechtlich bewehrten Leim sie Franz Josef Strauß gekrochen waren, als sie ihm ihre Spenden für seinen Wahlkampf … zur Abwicklung über die SV gezahlt hatten … Keine Frage, Helmut Kohl hat sich an jenem Abend an der Angst der Großen der Wirtschaft regelrecht gütlich getan … Je ängstlicher sie fragten, desto zynischer wurde Helmut Kohl. Unvergessen ist bei mir der kurze Disput zwischen Christians (Friedrich Wilhelm Christians, Vorstandssprecher der Deutschen Bank, d. A.) und Kohl. ›Aber, Herr Dr. Kohl. Ich habe doch nun Spendenbescheinigungen der SV. Was wird denn nun mit denen? Kohl: So ganz genau weiß ich das ja nun auch nicht, aber ich nehme doch mal an, daß sich dafür sehr bald wohl Steuerfahndung und Staatsanwaltschaft interessieren werden.‹ Und das Ganze eiskalt!« notiert Lüthje. Die Genugtuung des Generalbevollmächtigten ist einerseits verständlich, andererseits ist Kohls Haltung wirklich zynisch. Er hat in Rheinland-Pfalz mitgeholfen, daß die SV ungestört von Prüfungen der Fahnder operieren konnte. Er hat von den Segnungen der Geldwaschanlage persönlich profitiert und (wie andere Christdemokraten auch) den Spendern den Eindruck vermittelt, ihnen könne bei den Steuermauscheleien nichts passieren.

Bereits 1964, da war der »Schwarze Riese« erst vierunddreißig Jahre alt, hat er von der SV zum erstenmal Geld erhalten. Der damalige Vorsitzende des Konzerns BBC, Kurt Lotz, schrieb an die SV: »In den nächsten Tagen werden wir nochmals DM 50 000 überweisen, und ich habe die Bitte, diese Herrn Kohl zur Verfügung zu stellen, wenn er an Sie herantritt.« Sechzehn Jahre später, als der Boykott schon verkündet ist, überweist die Landesvereinigung Rheinland-Pfälzischer Unternehmerverbände noch einmal 100 000 Mark über die SV an Kohl, und es gibt keinen Hinweis, daß das Geld nicht angenommen wurde. Als Buwert davon erfährt, notiert er, orthographisch fehlerhaft: »Chuzbe.« Lüthje stellt den Kohl-Helfer Terlinden, der offenbar in die Operation eingeweiht war, zur Rede: »Der war so klein mit Hut«, hat er danach einem Vertrauten erzählt.

Das erste Ermittlungsverfahren wegen der SV-Schiebereien läuft gegen den rheinischen Unternehmer Viktor Langen. Er hatte steuersparend über von der Heydtes ISP 70 000 Mark an die SV weitergeleitet. Das Verfahren wird im April 1981 vorläufig eingestellt, weil die ISP zu diesem Zeitpunkt unverdächtig ist. Kurz darauf wird das Verfahren wieder aufgenommen. Die Fahnder blicken allmählich nicht nur bei von der Heydte durch. Im Juli 1981 durchsucht die Bonner Staatsanwaltschaft die Räume der Staatsbürgerlichen Vereinigung in Köln. Die Ordner sind leer, denn sie sind vor der Filzaktion gesäubert worden. Aber es gelingt den Ermittlern, Bankkonten der SV zu sichern, und aus Koblenz kommen auch die Steuerakten. Bei Durchsicht der Unterlagen wird den Strafverfolgern klar, daß sie es mit der größten illegalen Geldbeschaffungsstelle der Parteien zu tun haben. Allein von 1969 bis 1980 sind heimlich über die SV 214 Millionen Mark an die bürgerlichen Parteien geflossen. Dem Fiskus sind mehr als 100 Millionen Mark entgangen.

Im Mai 1981 wird der FDP-Bundesschatzmeister Heinz Herbert Karry ermordet. Ermittlungen ergeben, daß der Spendensammler auch Gelder der SV bei einer Privatbank in Basel versteckt hat. Er war verschwiegen, aber manchmal schwenkte er seine Aktentasche mit den Worten: »Kinder, da ist viel drin.« Der Kaufmann Karry, der nach dem Krieg als Vermögensverwalter, Textilhändler und Importeur Millionär wurde, bevor er in die Politik wechselte, war Türöffner bei Großprojekten wie dem Bau der Frankfurter Flughafenstartbahn West oder dem Kernkraftwerk Biblis. Seine Mörder sind bis heute nicht gefaßt. Viele Indizien deuten darauf hin, daß Karry von Mitgliedern der terroristischen Revolutionären Zellen ermordet wurde, aber Fahnder des hessischen Landeskriminalamts verfolgen zusätzlich eine andere Theorie. Einer Zeugin teilen sie mit, was auch die Bonner Staatsanwälte »gerüchteweise« erfahren hätten: »Daß Minister Karry aufgrund seiner geschäftlichen Verbindungen nach Bekanntwerden der Spendenaffäre eine Gefahr für die Partei gewesen sei«

und man auch »in den Reihen der FDP nach einem möglichen Motiv suchen sollte«.

Der Generaldirektor der Deutschen Gruppe der Liberalen Internationale, Christian Külbs, wird wenige Tage nach einer Durchsuchungsaktion in seinem Büro tot in einem Kölner Hotel aufgefunden. Auf dem Tisch liegt eine Spritze, an beiden Armen entdecken Polizeibeamte Einstiche. Mit dem Namen Külbs können die Fahnder wenig anfangen und lassen deshalb die Leiche nicht obduzieren. Ob es Zusammenhänge gibt, bleibt so eine bloße Spekulation.

Die Bonner Staatsanwaltschaft und die Steuerfahnder bilden 1981 eine Sonderkommission. Der Steuerfahnder Klaus Förster, der als erster den politischen Schweinestall ausmisten wollte, ist nicht mehr dabei. Er wurde zunächst zum Finanzamt Köln-Ost versetzt und hat dann resigniert den Job gekündigt. Aber aus dem verwirrenden Puzzle wird allmählich ein klares Bild. Inzwischen kümmern sich vier Strafverfolger um die dubiosen Steuertransaktionen des Flick-Konzerns, fünf Staatsanwälte um die Geldwaschanlagen der Parteien. Die Beamten leiten Verfahren gegen rund 1800 Politiker, Wirtschaftsführer und ihre Helfer ein. Eine gewaltige Ermittlungslawine wird ausgelöst; kein anderer Fall in der deutschen Strafrechtspflege hat eine so große Anzahl von Verfahren zur Folge. Aktenzeichen haben beispielsweise der FDP-Wirtschaftsminister Lambsdorff, der Dresdner-Bank-Chef Hans Friderichs und auch Kiep und Lüthje bekommen. Vor allem Kiep steht unter Druck. Er telefoniert aufgeregt mit Kohl und notiert am 29. August 1981 über ein Gespräch mit dem CDU-Chef: »Wahnsinn! Für meine Probleme findet er kein Wort!«

Aber untätig ist Kohl nicht. Er gehört einem diskreten Zirkel an, der im Herbst 1981 heimlich an einer Generalamnestie für die Parteispendensünder arbeitet. Durch Änderung des Grundgesetzes soll die rechtswidrige Spendenpraxis legalisiert werden. »Wegen Straftaten nach Paragraph 370 der Reichsabgabenordnung«, steht in dem Entwurf für die Amnestie, »wird nach Maßgabe der folgenden Bestimmung Straffreiheit gewährt, soweit die Taten vor dem Inkrafttreten begangen worden sind und im Zusammenhang mit der steuerlichen Abzugsfähigkeit von Beiträgen oder Spenden an politische Parteien oder mit der Gemeinnützigkeit von Vereinigungen oder mit Berufsverbänden, die Zuwendungen an politische Parteien gemacht haben, stehen.« Während die FDP-Spitze, dem Parteifreund Lambsdorff zuliebe, das Verfahren mit Eifer betreibt, distanziert sich die SPD-Spitze von dem Plan. Kanzler Schmidt macht seinen Leuten klar, daß er ein solches Gesetz, falls es zustande komme, nicht gegenzeichnen werde. FDP-Generalsekretär Günter Verheugen warnt, »es rast die See und will ein Opfer haben«. Kohl signalisiert den Liberalen, mit ihm hätten sie solche Probleme nicht. Er pflegt engste Verbindungen zu Genscher.

Im Dezember macht ein Hinterbänkler der SPD einen neuen Vorschlag zur Lösung der Parteispendenaffäre. Wer sich selbst bezichtige und bei der Aufklärung mithelfe, solle von der Strafe befreit werden. Vizekanzler Hans-Dietrich Genscher empfiehlt, der seit 1979 amtierende Bundespräsident Karl Carstens (CDU) solle eine unabhängige Kommission berufen, die Vorschläge für neue Regeln bei der Parteienfinanzierung ausarbeitet. Die Kommission wird gebildet, aber die Amnestie scheitert. Unter den Spendensammlern breitet sich Panik aus. Bei Steuerhinterziehung ist die Schweiz nicht behilflich, und die dort gebunkerten Unterlagen bleiben im sicheren Versteck. Für Mord gilt das nicht. Nach der Ermordung Karrys bekommen die Staatsanwälte dank Schweizer Rechtshilfe Zugang zu einem von Karry in Basel geführten Konto, auf dem die SV-Gelder gesammelt wurden. Lüthje und Weyrauch gründen bei Batliner in Liechtenstein eine »Norfolk Foundation«, die fortan die Geheimnisse des Schweizer-Franken-Kontos 512.041.01 Y der Schweizerischen Bankgesellschaft hütet. Außerdem gibt es ein D-Mark-Konto mit der Bezeichnung 512.041.060 E und ein Wertpapierdepotkonto. Angeblich erfährt Kohl von Norfolk erst im Jahr 2000.

Bei den Sozialdemokraten in Düsseldorf macht ein FDP-Emissär seine Aufwartung und bittet um eine Verschnaufpause bei den Ermittlungen. Steuerexperten wollten in aller Ruhe und ungestört von der Staatsanwaltschaft erst einmal mit den Finanzbehörden über Möglichkeiten für die Lösung der Spendenprobleme verhandeln. Die

Ermittler sollen in dieser Zeit ihre Arbeit ruhen lassen. Justizministerin Inge Donnepp bleibt gelassen: Ihr Ministerium habe seit über zwanzig Jahren keine Weisungen an Staatsanwaltschaften gegeben, dabei bleibe es, läßt sie erklären. Die Strafverfolger würden nicht an die kurze Leine gelegt. Finanzminister Diether Posser betont auf einer Kabinettssitzung, daß jeder Versuch der Einflußnahme auf Justiz- und Finanzbehörden scheitern werde. »Ganz sicher«, schreibt 1984 Günter Verheugen in dem Buch »Der Ausverkauf«, »blieb bei denjenigen in der FDP, die auch persönlich betroffen waren, ein tiefes Gefühl der Verbitterung zurück. Inwieweit die Handlungen und Entscheidungen einzelner Exponenten der FDP in der Folgezeit auch von dem Bewußtsein bestimmt waren, daß mit der SPD zusammen die Staatsanwaltschaften nicht ausgeschaltet werden konnten, kann nur vermutet werden. Daß Zusammenhänge bestehen, darf ... aber nur noch von reinen Toren bezweifelt werden.«

Endlich am Ziel

Kohls Beharrungsvermögen zahlt sich aus. Die Koalitionsverhandlungen von SPD und FDP nach der Strauß-Wahl waren »lustlos«, wie Genscher in seinen Memoiren schreibt. Weite Teile der SPD lehnen den NATO-Doppelbeschluß zur Stationierung von Pershings und Marschflugkörpern als Antwort auf Moskaus neue SS-20 ab. Die FDP verlangt Einsparungen bei den Sozialausgaben sowie Steuersenkungen, während die SPD für höhere Staatsausgaben plädiert. Der Bruch der sozialliberalen Koalition zeichnet sich ab. Bundeskanzler Helmut Schmidt teilt im August 1982 der FDP-Spitze mit, sie solle offen sagen, ob sie eine »Beendigung der gemeinsamen Arbeit anstrebt«. Im September 1982 legt der von den Bonner Ermittlern verfolgte Lambsdorff ein vierunddreißig Seiten umfassendes »Konzept für eine Politik zur Überwindung der Wachstumsschwäche und zur Bekämpfung der Arbeitslosigkeit« vor. Das Memorandum ist der »Scheidungsbrief« der SPD/FDP-Koalition, Schmidt betrachtet es als ein »Manifest der Sezession«. Acht Tage später kündigt Schmidt vor dem

Bundestag die sozialliberale Koalition auf und gibt den Rücktritt der vier FDP-Minister bekannt.

Am 1. Oktober 1982 ist der zweiundfünfzigjährige Kohl am Ziel. Das von der Union eingebrachte und von der Mehrheit der FDP-Fraktion unterstützte konstruktive Mißtrauensvotum gegen Helmut Schmidt hat Erfolg, Kohl wird zum Kanzler einer Koalitionsregierung von FDP und CDU/CSU gewählt. Vergeblich hat die Freidemokratin Hildegard Hamm-Brücher von den Akteuren ein Innehalten gefordert: »Ich finde, daß Sie beide das nicht verdient haben: Sie, Helmut Schmidt, ohne Wählervotum gestürzt zu werden, und Sie, Helmut Kohl, ohne Wählervotum zur Kanzlerschaft zu gelangen.« Mit schweren Schritten geht Schmidt auf seinen Nachfolger zu und gratuliert ihm knapp und stumm per Handschlag.

Nach einiger Bedenkzeit löst Carstens am 7. Januar 1983 das Parlament auf und erklärt in einer Fernsehansprache, daß alle im Bundestag vertretenen Parteien – »wenn auch aus unterschiedlichen Gründen – Neuwahlen für nötig halten«. Im Wahlkampf tritt der Sozialdemokrat Hans-Jochen Vogel gegen Kohl an und bietet sich den Wählern als Integrationsfigur dar: Daß er kompetent ist, bezweifeln nicht einmal seine Gegner, doch Vogel hat keine Chance. Am 6. März 1983 wird die SPD mit 38,2 Prozent und einem Verlust von 4,7 Prozent auf den Stand von 1965 zurückgeworfen, während Kohl mit 48,8 Prozent das zweitbeste Ergebnis in der Geschichte der Union erreicht. Sein ewiger Gegner Strauß verzichtet auf ein Ministeramt in der neuen Regierung.

Kohl setzt die Nachrüstung durch, und die amerikanischen Pershing-II-Raketen werden in Deutschland stationiert. Bis zum heutigen Tag behauptet Kohl, daß er mit dieser Entscheidung den Untergang der sowjetischen Herrschaft eingeleitet habe. Um den Schaden zu begrenzen, den der Vollzug des NATO-Doppelbeschlusses für das innerdeutsche Verhältnis bedeutet, übernimmt die Regierung Kohl die Bürgschaft für den ersten Milliardenkredit zugunsten der DDR. Der Staatsminister im Kanzleramt, Philipp Jenninger, führt die Verhandlungen, und Kohl rät ihm, die Sache nur in engstem Einvernehmen mit Franz Josef Strauß zu realisieren. Strauß sieht sich als

Einfädler des Geschäftes mit der damaligen DDR, und durch die Einbindung hat Kohl seinen Widersacher diszipliniert.

Die personenbezogene Arbeitsweise ist von jeher Teil seiner Machttaktik gewesen. Kohl hat in der Partei ein feines Netz von Verbindlichkeiten gewoben und verknüpft geschickt die Ambitionen der anderen mit seinen Plänen. Weiterhin erweist er sich als erfolgreicher Talentsucher. Als Rainer Barzel wegen der Flick-Affäre 1984 als Bundestagspräsident zurücktritt, schiebt Kohl seinen Freund Jenninger auf den Posten und macht Wolfgang Schäuble zum Chef des Bundeskanzleramtes.

Jurist Schäuble, geboren 1942, ist seit 1972 Bundestagsabgeordneter. Er kämpfte schon für Kohl, als der Anfang der siebziger Jahre noch an Barzel scheiterte, und gehörte zu den »Sechsundsiebzigern«, einer Riege junger CDU-Politiker, die bedingungslos zu dem Pfälzer stand, als der in seinen ersten Oppositionsjahren in Bonn Probleme bekam. Kohls parteiinterne Gegner seien »dumm wie Bohnenstroh«, sagte Schäuble. Seit 1982 fungiert er als Erster Parlamentarischer Geschäftsführer der Bundestagsfraktion und ist prädestiniert für die Schaltstelle der Macht – ein strategisch denkender Politiker, der auf Konkurrenz getrimmt und sportlich gestählt ist, fleißig, blitzgescheit und robust.

Schäuble ist zunächst »irgendwie erschrocken« über die »wahnsinnige Verantwortung«, aber er funktioniert. Er macht aus dem Kanzleramt die Regierungszentrale, bindet die Abteilungen und Mitarbeiter ein und steckt, um Rangeleien mit dem machtbewußten Abteilungsleiter Teltschik zu verhindern, die Zuständigkeitsbereiche klar ab: Teltschik soll sich im internationalen Umfeld der Ost-West-Politik bewähren, Schäuble ist für die Deutschlandpolitik und die innerdeutschen Verhandlungen zuständig. Kohl hat sich die Europapolitik und die deutsch-französischen Beziehungen vorbehalten.

Seine erste Reise als Regierungschef führt Kohl noch am Tag der Amtsübernahme 1982 zum französischen Staatspräsidenten François Mitterrand nach Paris. 1984 stellen sich der Deutsche und der Franzose in Verdun den Kameras: Stumm stehen sie vor einem Katafalk, den die Trikolore und die schwarzrotgoldene Fahne schmücken. Trompeten schallen, ins Bild rücken viele Reihen weißer Kreuze, und plötzlich halten sich Kohl und Mitterrand bei den Händen. Das Schlachtfeld ist der richtige Ort für einen historischen Appell: Nie wieder Krieg. Solche Handlungen, findet Kohl, »sagen ja mehr, als man mit Wörtern sagen kann«. Der Unteroffizier Mitterand wurde 1940 in Verdun verwundet und geriet in deutsche Gefangenschaft. Im Ersten Weltkrieg lag dort der Soldat Hans Kohl im Schützengraben. Schon als Student hat Helmut Kohl die Gräber von Verdun besichtigt.

»Für Helmut Kohl ist Geschichte zu symbolischen Bildern geronnenes Geschehen«, analysiert Jürgen Leinemann vom *Spiegel*. Er denke »nicht in den Kategorien abstrakter Logik, sondern analog in Bildern. Und die schwimmen auf einem Meer von Gefühlen, das klare Konturen überspült und vermischt. So entsteht die immer subjektive, aus Empfindungen gespeiste Welt des Kanzlers Kohl.« Geschichte wird zum Konstrukt aus Mythen und Legenden; Kohl vermag es, Historie in Sentimentalität zu ertränken.

Eine Affäre wird geschultert

Bald schon wird die neue Regierung Kohl von der ersten Affäre erschüttert. Im September 1983 unterrichtet Verteidigungsminister Manfred Wörner den Bundeskanzler, daß der Militärische Abschirmdienst (MAD) über Informationen verfüge, nach denen der Bundeswehrgeneral und Stellvertreter des Obersten Alliierten Befehlshabers der NATO, Günter Kießling, homosexuell sei. Kohl sagt dem Parteifreund lapidar, er solle seine Pflicht tun, und einen Tag vor Heiligabend bekommt Kießling die Entlassungsurkunde, die er nicht in Uniform entgegennehmen darf. Ein »jahrzehntelanger Anhänger« der CDU, der Brigadegeneral a. D. Eberhard Boehm, schreibt daraufhin Kohl am 27. Dezember 1983 einen Brief, in dem er ein »schwerwiegendes Unrecht« beklagt: Der Fall Kießling sei vergleichbar mit dem Fall des Generaloberst von Fritsch, Oberbefehlshaber des Heeres unter Hitler, der 1938 als Homosexueller verleumdet und dann von einem militärischen Ehrengericht rehabilitiert wurde. Boehm schreibt dem Kanzler noch zweimal, doch er bekommt zunächst keine Antwort. Kießling schaltet währenddessen einen Anwalt ein. Der Fall schwärt.

Wörner sucht Beweise für die Schuld des unschuldigen Kießling und setzt höchst dubiose Ermittlungen in Gang, um den von ihm vorverurteilten Kießling zu überführen. Der Christdemokrat lädt Schwule ins Ministerium und befragt sie, ob sie den General kennen. Seine Leute stöbern in der Szene Alexander Ziegler auf, den Schweizer Herausgeber eines Homosexuellen-Blattes, der angebliche Beweise für die sexuellen Vorlieben des deutschen Generals nur dem Minister und dem Bundeskanzler persönlich darlegen will. Statt Kohl trifft sich Waldemar Schreckenberger, Schulfreund Kohls und damals noch Staatssekretär im Kanzleramt, mit Ziegler. Der Schweizer wird wie ein Ehrenmann behandelt und bekommt auch beträchtliche Reisespesen und militärischen Begleitschutz. Am Ende stellt sich heraus, daß die Vorwürfe gegen Kießling erfunden sind.

Eigentlich hätte Wörner entlassen werden müssen, aber für Kohl kommt das gar nicht in Frage. »Das schultere ich«, sagt er im Präsidium. Den Begriff »schultern« verwendet er bei allen seinen späteren Affären, und der Ausdruck ist wörtlich zu verstehen. Der Kämpfer Kohl versteht eine Menge vom Ringen. »Ringen«, so steht es im »Sportbrockhaus«, ist eine »hauptsächlich von Männern ausgeübte Zweikampfsportart, bei der ohne Hilfsmittel, Mann gegen Mann«, gekämpft wird. Bei den Kraftprotzen vom VfK Schifferstadt (nahe Oggersheim) hat der Pfälzer häufiger im Parkett gesessen; er hat zwar nicht wie ein normales Schlappmaul losgebrüllt, wenn die Brücken der Gegner einkrachten, aber bei den Griffen, den erlaubten wie den verbotenen, macht ihm keiner was vor. Er tritt dem Gegner auf die Füße, er setzt ihn unter Druck – bei ihm gibt es keine Mattenflucht. Das Leben ist nichts für Weichlinge.

Kohl sei, so ein Gewährsmann, denn auch »völlig fassungslos gewesen«, wie die neue Parteispitze die Parteispendenaffäre des Jahres 1999 angegangen sei. »Die sind in ihrem Aufklärungswahn nicht zu bremsen«, habe er gesagt. Er dagegen hätte die Angriffe »leicht geschultert«. Auch Adenauer hat bei Skandalen am liebsten den Angreifer sofort unter Druck gesetzt und war ein Meister der Methode »Haltet den Dieb«.

Im Fall Kießling setzt sich Kohl gegen alle Widerstände und Zweifler durch. »Wie kommen wir eigentlich dazu, einen General falsch anzuschuldigen und keine Konsequenzen zu ziehen?« fragt der konservative Alfred Dregger, selbst Wörner bietet zweimal seine Entlassung an, aber Kohl bleibt stur und hält an seinem Minister fest, der fortan noch mehr von ihm abhängig ist. Der rehabilitierte Kießling wird in Neustadt mit dem Großen Zapfenstreich verabschiedet, was eine Farce ist. Minister Wörner bleibt und kann es sich wenig später ungestraft erlauben, zum dreißigjährigen Bestehen der Bundeswehr zweitausend Ehrengäste einzuladen, aber Kießling draußen zu lassen. Am Ende der Affäre bemerkt der britische *Guardian:* »Die Trennungslinie zwischen meisterhafter Untätigkeit und einem Beharrungsvermögen, das dem Ausweichen von Verantwortung gleichkommt, ist in diesem Fall so dünn, daß sie nahezu unsichtbar wird.« In seinen Memoiren urteilt Franz Josef Strauß: »Daß Wörner trotz der Kießling-Affäre im Amt blieb, verrät ein geradezu unvorstellbares Maß an Skandalfähigkeit.« Kohls Freundfeind Geißler hat im Jahr 2000 für die Haltung Kohls im Fall Kießling eine andere Erklärung: »Der wollte die Partei an unrechtes Handeln gewöhnen.«

Putsch von oben

Anders als Wörner ist einer der Architekten der Wende, Wirtschaftsminister Otto Graf Lambsdorff, selbst von Kohl nicht mehr zu halten. Die Bonner Staatsanwälte haben den in die Flick-Affäre verstrickten Grafen wegen Beihilfe zur Steuerhinterziehung und Bestechlichkeit angeklagt. Der Freidemokrat setzt immer neue Termine für seinen Rückzug, und Kohl redet routiniert über den »empörenden Vorgang einer Vorverurteilung«, aber dann drängt er selbst Lambsdorff aus dem Amt: Er sei davon überzeugt, daß das Kabinettsmitglied die Konsequenzen ziehen werde, sobald das Gericht die Hauptverhandlung eröffne. Wenig später tritt Lambsdorff zurück.

Heimlich bastelt Kohl an einer Amnestie für Spender und Helfer. Er verabredet mit dem FDP-Vorsitzenden Hans-Dietrich Genscher, ein neues Amnestiegesetz zu formulieren, und Schäuble bekommt den Auftrag, einen Gesetzentwurf vorzubereiten. Zur Tarnung wird der Entwurf als »Änderungsgesetz zum Einkommen- und Körperschaftsteuergesetz« vorgestellt. Kohl erklärt im CDU-Präsidium, daß er die Amnestie unbedingt wolle und auch Gefolgschaft verlange.

Mancher der Beschuldigten, wie etwa der ehemalige Flick-Manager von Brauchitsch, hat Zweifel, daß die Amnestie klappen kann. Schäuble bittet ihn um ein Gespräch, das möglichst an einem vertraulichen Ort stattfinden solle. Bei dem Treffen im Büro des Flick-Mitarbeiters Adolf Kanter hat Schäuble nach Darstellung von Brauchitschs ihn »inständig gebeten, jetzt keinen Fehler zu machen und Michael Kohlhaas zu spielen«. Wenn er vor einem Untersuchungsausschuß auftreten müsse, brauche er sich »doch gar nicht so genau zu erinnern. Wir stünden unmittelbar vor einer Amnestie, dann sei ohnehin Schluß mit dem ganzen Zirkus. Ich habe meine Verteidigung daraufhin in einigen Punkten zurückgenommen.« Schäuble kann sich sechzehn Jahre später an dieses Gespräch »nicht mehr erinnern«. Kohl dringt weiter auf die Amnestie, Widerspruch betrachtet er als Illoyalität.

»Fast überfallartig« (Geißler) wird der Gesetzentwurf der CDU/CSU-Bundestagsfraktion vorgelegt. Aber nur einer der 288 Abgeordneten steht auf und stimmt gegen die Vorlage zur Amnestie. Der Bochumer Norbert Lammert hält sie »für in hohem Maße unglücklich«. Generalsekretär Geißler taktiert. Eigentlich möchte er einer Amnestie nur zustimmen, wenn sie lediglich die Spender ungeschoren davonkommen ließe. Aber Kohl will, daß auch die Helfer in den Parteien straffrei gestellt werden. Es ist ein Putsch von oben: Die Gesetze sollen nicht für die gelten, die die Gesetze machen. Generalsekretär Geißler muß die Selbstamnestie auf einer Pressekonferenz erläutern und sagt, daß die »kleinen Handwerksmeister« von der Strafe verschont bleiben sollen, die mit ihrem Geld die Parteien unterstützt hätten. Als die Sozialdemokraten erklären, daß sie bei der Amnestie nicht mitmachen würden, wird der Entwurf im zuständigen Ausschuß nicht beraten. Trotz aller Turbulenzen besteht Kohl darauf, das Änderungsgesetz dem in Stuttgart tagenden Bundespartei-tag zur Abstimmung vorzulegen, der das Gesetz mit großer Mehrheit billigt. Aber die FDP mag bei der Amnestie nicht mehr mitmachen, woraufhin die Koalition ihren Gesetzentwurf zurückzieht. »Das Bundesverfassungsgericht«, meint von Brauchitsch, »hätte das Gesetz wohl kaum passieren lassen.«

An Überweisungen gebunden

Die bundesweiten Ermittlungen gegen die Creme der deutschen Wirtschaft kommen immer mehr auf Touren. Den Staatsanwälten fallen Papiere in die Hände, die ihnen ganz neue Einblicke in den Bonner Betrieb vermitteln und den Verdacht wecken, daß etliche Parlamentarier nicht von Weisungen, sondern von Überweisungen abhängig waren. Einen Einblick in das Spendengebaren einflußreicher Pressure-groups gestatten Unterlagen des Arbeitskreises Privater Versicherer, das sind jene Manager, die Kohl schon in seiner Mainzer Zeit mit Gaben über die SV behilflich waren.

Die Versicherer setzen nicht auf die relativ anonymen Parteiapparate, sondern zahlen bevorzugt an Einzelpersonen. Zwischen siebzig und einhundertzehn Abgeordnete, deren Wohlwollen sich die Unternehmen sichern wollen, werden jedes Jahr von den Assekuranzmanagern gefördert. Es finden sich Protokolle mit Hinweisen, daß Geldzahlungen an »Hinterbänkler« sinnlos seien, weil die »letztlich doch keinerlei Einfluß besäßen, um unsere Anliegen mit zu vertreten«. Die Empfänger von Dotationen müßten einigermaßen einflußreich und zumindest bereit sein, »Stellungnahmen der Versicherungswirtschaft zu einzelnen Gesetzesvorhaben als Beiträge zur Meinungsbildung aufzunehmen«.

Bindende Auflagen, die Interessen der Versicherungswirtschaft politisch zu vertreten, werden mit der Übergabe von Spenden nicht verknüpft, so plump tritt die Lobby nicht auf. Den Schatzmeistern ist es ein Dorn im Auge, daß die Versicherer so viel Geld an Kandidaten und so wenig in die Parteikassen lenken. In einem beschlagnahmten Sitzungsprotokoll des Arbeitskreises Privater Versicherer steht, die Schatzmeister hätten zugesagt, daß die »maßgeblichen Vertreter der Fraktion, zum Beispiel die Vorsitzenden der Arbeitskreise, zu Gesprächen über unsere Anliegen zur Verfügung stehen« würden. Durch solche Kontakte dürfte sich »mehr erreichen lassen als durch Initiativen einzelner geförderter Abgeordneter, die keine ausreichende Resonanz« in der Fraktion fänden.

Im Frühjahr 1983 plaziert der Arbeitskreis eine Viertelmillion-Spende über den Staatsminister beim Bundeskanzler, den Christdemokraten Friedrich Vogel, der die Spende auf dem Konto der westfälisch-lippischen Union beläßt. Die Spender beharren aber darauf, daß das Geld fünfzehn Christdemokraten zugeordnet wird. Unter dem Bonner Briefkopf »Friedrich Vogel, MdB, Staatsminister beim Bundeskanzler« informiert der Christdemokrat einige Parteifreunde, sie seien von der Versicherungswirtschaft mit Beträgen zwischen 10 000 und 20 000 Mark prämiiert worden, das Geld verbleibe aber in der CDU-Landeskasse.

Nur einer macht nicht mit. Der Sozialausschüßler Norbert Blüm belehrt Vogel, es gehöre zu seinen »eisernen Prinzipien, daß ich keine Wahlkampfspende als Person annehme und auch hierfür meinen Namen nicht hergebe. Entweder wird eine solche Spende der Partei direkt gegeben, oder sie entfällt ... Ich bitte Sie deshalb, meinen Namen auf der Liste zu streichen und dies auch dem Arbeitskreis Privater Versicherer mitzuteilen.« Die Spende taucht, wie viele andere, im Rechenschaftsbericht der CDU für 1983 nicht auf. Weitere 250 000 Mark der Versicherungswirtschaft fließen an Mitglieder des ersten Kabinetts Kohl. Für den Kanzler werden 50 000 Mark registriert, das Geld bekommt die Partei. Abgewickelt wird der Transfer über das Konto der Frankfurter Spendensammelstelle »Vereinigung Politik und Wirtschaft in der Bundesrepublik Deutschland e. V.« Auf diese Weise ist die publizitätspflichtige Versicherungsspende im Rechenschaftsbericht gut versteckt – in einem Sammelbetrag von insgesamt 2,79 Millionen Mark, die in Frankfurt 1983 für die CDU ausgewiesen werden.

Flicks schwarze Kassen

In den aufgeregten Tagen des Jahres 2000 ist viel von der alten Flick-Affäre die Rede, doch sie wird in der Berichterstattung zumeist mit dem Parteispendenskandal verwechselt. »Um was es bei Flick genau ging«, gesteht die Ostdeutsche Angela Merkel in kleiner Runde, »ist mir nicht ganz klar. Es ging um Geld und Steuern. Aber war Flick ein Waffenhändler?« Der Konzerngründer Friedrich Flick wurde von Börsianern der »Geier« genannt, weil er sein Reich an der Börse zusammengekauft hat. Während der Hitler-Diktatur hat Flick mehr Kanonen und mehr Stahl produziert als der Krupp-Konzern. »Niemand«, so feierte ihn Goebbels' Wochenzeitung *Das Reich*, »hat die Ernennung zum Wehrwirtschaftsführer mehr verdient als Flick.« Am Ende der Nazidiktatur war Flick der reichste Deutsche und wurde in den Nürnberger Kriegsverbrecher-Prozessen als Hitlers wichtigster Rüstungslieferant zu sieben Jahren Gefängnis verurteilt. Im August 1950 kam er, siebenundsechzigjährig, vorzeitig aus der Haft frei, während der Pferdmenges für ihn die Aktionärsrechte wahrgenommen hat.

Ein Nazi aus Überzeugung war Flick nicht. In den zwölf Jahren des tausendjährigen Reiches hat der Konzern zwar 7,65 Millionen Reichsmark an die NSDAP-Größen, insbesondere an Heinrich Himmler und Hermann Göring, gezahlt, und Flick senior hat jährlich 100 000 Mark auf das Sonderkonto des Freundeskreises Reichsführer SS überwiesen, aber nur, weil »mir auch eine politische Abstützung nicht schaden« konnte. Nach seiner Berufsauffassung war Politik wichtig und richtig, wenn sie ihn machen ließ. Egal ob in der Weimarer Republik, bei den Nazis oder nach dem Krieg – für Politiker und Parteien mußte in dem Konzern, der Anfang der achtziger Jahre 10 Milliarden Mark Umsatz macht und mehr als 45 000 Beschäftigte hat, immer Geld zur Verfügung stehen.

1975 verkauft der Flick-Konzern, der inzwischen von Friedrich Karl Flick geführt wird, Daimler-Benz-Aktien für 1,9 Milliarden Mark an die Deutsche Bank, wofür die Düsseldorfer Holding eigentlich gut 900 Millionen Mark Steuern zahlen müßte. Nach Paragraph

6 b des Einkommensteuergesetzes und Paragraph 4 des Auslandsinvestitionsgesetzes ist allerdings eine steuerbegünstigte Reinvestition möglich: Ein Gewinn muß nicht versteuert werden, wenn man ihn »volkswirtschaftlich besonders förderungswürdig« neu anlegt. Die Persilscheine für eine Steuerbefreiung stellen der Wirtschafts- und der Finanzminister aus, und deshalb inventarisiert der Konzern die Republik – Parteien, Stiftungen und Politiker werden mit Barem bedacht.

Im Herbst 1981 durchsuchen Ermittler das langgestreckte Bürohaus der Unternehmensgruppe in Düsseldorf-Oberkassel. Ein Fahnder kramt aus einer alten Aktentasche zwei Briefumschläge mit drei Schlüsselpaaren hervor. Aufgeregt telefoniert der Buchhalter des Unternehmens, Rudolf Diehl, mit dem geschäftsführenden Gesellschafter von Brauchitsch. »Leider«, sagt er, habe sich das Auffinden der Tasche nicht verhindern lassen. Diehl wirkt zerknirscht, denn die Schlüssel passen zu Schließfächern einer Dresdner-Bank-Filiale in Düsseldorf, wo die Ermittler das schwarze Kassenbuch des Flick-Konzerns mit langen Spendenlisten finden. Diehl hat Zuwendungen an Spitzenpolitiker wie Kohl oder Lambsdorff auf den ausklappbaren Seiten des Kassenjournals säuberlich eingetragen.

Sieben Tage später, am 11. November, an dem im Rheinland die Karnevalszeit beginnt, kommen die Fahnder wieder. Die Ermittler stellen von morgens zehn Uhr bis abends einundzwanzig Uhr die Zentrale des Flick-Konzerns auf den Kopf und nehmen etwa hundert Aktenordner mit. Der Adelsmann von Brauchitsch hat später bedauert, nach dem ersten Besuch der Fahnder nicht daran gedacht zu haben, »drei Siebentonner von der Düsseldorfer Spedition Johnen« zu bestellen, »zwanzig Studenten anzuheuern und sämtliche Akten verschwinden zu lassen«. Mit einer solchen Aktion hätte er »keinen Moment gezögert«, wenn er geahnt hätte, was später passieren würde.

Die Fahnder finden heraus, daß bei dem Düsseldorfer Konzern drei Kassen existieren: die offizielle Kasse mit normaler Buchführung, die inoffizielle Kasse außerhalb der normalen Buchführung und eine schwarze Kasse, die mit etwa 11 Millionen Mark Spenden- oder Provisionsrückflüssen gespeist wurde.

Der Hauptbuchhalter von Flick, Rudolf Diehl, hielt die Zahlungen in gestochener Schrift, meist mit Bleistift, fest. Bei Bargeldentnahmen aus der »Dispositionskasse« ließ er sich Empfangsquittungen unterschreiben und vermerkte auf der Rückseite der Quittungen die Namen der Politiker, die ihm von den Flick-Managern, zumeist von Brauchitsch (vB) oder Konrad Kaletsch (Ka), genannt wurden. Kaletsch war ein Vetter des alten Flick und die graue Eminenz des Konzerns. Das Kürzel »wg.«, das Diehl bei den ihm genannten Empfängern als Kurzform für die Präposition »wegen« verwendet, geht in den Wortschatz der Deutschen ein. Über »inoffizielle« Zahlungen aus der Dispositionskasse führte er zudem fortlaufende Kassenbücher mit den Namen der Überbringer sowie den ihm jeweils genannten Politikern. Außerdem fertigte er für die Konzernleitung Spendenlisten für CDU, CSU, SPD und FDP an. Die Zahlungen an die CSU begannen bereits 1949 – damals saß Flick senior noch im Kriegsverbrechergefängnis in Landsberg ein.

Insgesamt zahlte der Flick-Konzern in den Jahren 1969 bis 1980 an Parteien und Politiker mindestens 26 Millionen Mark. In den langen Listen taucht häufig der Name Kohl auf, der 565 000 Mark bekommen haben soll. Da die Quittungsbelege für die schwarze Kasse vernichtet wurden, können bei der Rechnung etwaige Sonderzahlungen nicht berücksichtigt werden. Diehls Eintragungen:

26. 09. 1974	*Ka wg. Kohl*	*DM 50 000*
04. 02. 1975	*Ka wg. Kohl ü. vB*	*DM 50 000*
03. 09. 1975	*Ka wg. Kohl*	*DM 100 000*
20. 11. 1975	*Ka wg. Kohl ü. vB*	*DM 50 000*
08. 06. 1976	*Ka/vB wg. Kohl*	*DM 50 000*
13. 07. 1976	*vB wg. Kohl*	*DM 50 000*
17. 10. 1976	*vB wg. Kohl*	*DM 30 000*
10. 05. 1977	*vB wg. Kohl*	*DM 50 000*
06. 12. 1977	*vB wg. Kohl*	*DM 30 000*
11. 08. 1978	*vB wg. Kohl*	*DM 25 000*
19. 01. 1979	*vB wg. Kohl*	*DM 30 000*
30. 01. 1980	*vB wg. Kohl*	*DM 50 000*

Freiherr Eberhard von Brauchitsch, Preuße vom Jahrgang 1926, und Helmut Kohl sind enge politische Freunde. Der fast zwei Meter große Edelmann ist geschäftsführender Gesellschafter bei Flick und hat auch dem Verleger Axel Springer als Generalbevollmächtigter zur Seite gestanden. Er interessiert sich früh für Kohl, weil der als Erneuerer der CDU gilt, und besucht den Ministerpräsidenten häufig zu einem Fläschchen Wein und einer zünftigen Brotzeit in der Weinstube der Mainzer Staatskanzlei. Kohl schaut auch bei von Brauchitschs vorbei. Als er zum erstenmal durch deren Haus stiefelt, hängt er die Bilder um, weil er es anders besser findet. Die Kinder des Flick-Managers finden das nicht spaßig, aber ihr Vater hat Verständnis für den Gast, der nun mal sehr »besitzergreifend« sei.

Als Kohl Ende der siebziger Jahre in Bonn unter Druck gerät, steht von Brauchitsch zu ihm. Beispielhaft ist die Geschichte mit Kurt Ziesel, einem bekennenden Ultrarechten: Ziesel will im März 1979 für sein *Deutschland-Magazin* eine Spende des Flick-Konzerns haben, und von Brauchitsch staucht ihn, wie aus einem Vermerk hervorgeht, zusammen: »Herr von Brauchitsch kritisierte, daß das *Deutschland-Magazin* leichtfertig an der Demontage von Dr. Kohl mitwirke. Herr Ziesel beteuerte, loyal zu Dr. Kohl zu stehen und auch seinen Freund Löwenthal (gemeint ist der Fernsehjournalist Gerhard Löwenthal, d. A.) in diesem Zusammenhang mehrfach zur Ordnung gerufen zu haben.« Ziesel bekommt dann für sein Magazin 20 000 Mark.

Der erste Förderer von Kohl aus dem Unternehmerlager ist in den fünfziger Jahren der Frankenthaler Industrielle Fritz Ries, damals Chef und Großaktionär der Pegulan-Werke, die Bodenbeläge herstellen. Ries weist den jungen Politiker in die Geheimnisse des Verhältnisses von Markt, Macht und Staat ein, bringt ihn mit Wirtschaftskreisen zusammen und fördert den aufstrebenden Jungpolitiker nach Kräften. Kohl ist häufig Gast in der Villa von Ries, der ihn mit auf Reisen nach Marokko oder ins schweizerische Zermatt nimmt, wo er ein Chalet besitzt. »Auch wenn ich ihn nachts um drei anrufe, muß er springen«, soll Ries einst über Kohl gesagt haben. Duzfreund von Ries ist Hanns Martin Schleyer, Industrieller und Vertrauter des Daimler-Großaktionärs Friedrich Flick.

Im schwäbischen Oberland bei Reutlingen hat es später eine »Jagd-hüttenrunde« gegeben, die von einem schwäbischen Konsul gegründet wurde. Ihr gehören Hanns Martin Schleyer, Eberhard von Brauchitsch, der Veba-Chef Rudolf von Bennigsen-Foerder und Lothar Späth an. Die Runde hat es sich zur Aufgabe gemacht, Kohl an die Spitze zu bringen.

Aber Kohls Kontakte ins Unternehmerlager sind nicht so eng, wie man denken könnte. Er hat zwar ständig Gesprächspartner wie Jens Odewald vom Kaufhof oder Alfred Herrhausen von der Deutschen Bank und schätzt die Herren aus der chemischen Industrie, aber die Welt der Unternehmer ist ihm doch immer ein Stück fremd geblieben. Er ist jedenfalls keine Marionette des Kapitals. Eberhard von Brauchitsch erzählt manchmal Kohls Reaktion, als er ihn zu einer stärkeren Unterstützung des Unternehmerlagers aufforderte: »Wie viele Stimmen haben die?« habe Kohl gefragt.

Dennoch nimmt er nicht selten auf Sonderwünsche Rücksicht, ganz besonders bei von Brauchitsch. Im Juli 1979 wirbt Generalsekretär Heiner Geißler den Vizechef der *Stuttgarter Zeitung*, Hans Dieter Kloss, als Mitarbeiter an. Von Brauchitsch ist von dieser Nachricht empört. Mehr als ein Dutzend Mal hat Kloss zwischen 1975 und 1978 kritische Berichte über die Steuertransaktionen des Flick-Konzerns verfaßt, und so einer kann nicht bei der CDU bleiben. Kloss wird von Anrufern vor »möglichen Racheakten« gewarnt und muß dann auf Druck des Vorsitzenden gehen.

Gelegentlich besucht Helmut Kohl seinen Duzfreund von Brauchitsch in Mettmann-Metzkausen, ein anderes Mal ruft der CDU-Vorsitzende bei Flick an und sagt nur knapp: »Juliane kommt.« Von Brauchitsch weiß dann Bescheid. Kohls Chefsekretärin Juliane Weber, im inneren Zirkel kurz »Jule« genannt, läßt sich nach Düsseldorf kutschieren und geht in von Brauchitschs Büro. Der Edelmann fordert bei Buchhalter Diehl Geld an, und der macht den Eintrag »wg. Kohl«, das heißt »wegen Kohl«. Manchmal ruft sie auch selbst an: »Frau Weber/Sekr. Dr. Kohl fragt an, ob es Ihnen recht ist, wenn sie morgen, Dienstag, 6. 12., gegen 16 Uhr bei Ihnen kurz vorbeikommt«, steht in Brauchitschs Terminplaner. Etliche Male holt

Juliane Weber bei dem Flick-Mann, den sie wie alle anderen duzt, DIN-B5 große braune Briefumschläge mit Barem ab. Was Kohl dann mit dem Geld gemacht hat, wer von ihm Flick-Geld bekam, ist bis heute nicht bekannt.

Kohl hat später lediglich den Erhalt von 155 000 Mark bestätigt. Das Geld sei ihm in seinem Büro vom Duzfreund Eberhard in Kuverts übergeben worden. Über die restlichen 410 000 Mark könne er keine Angaben machen. Möglicherweise habe die Partei Geld bekommen; leider seien die Unterlagen vernichtet worden.

Die Zahlungen des Konzerns werden eng mit der »politischen Stabsstelle der Geschäftsführung« in Bonn abgestimmt, Flicks Lobbyistenbüro in der Hauptstadt. Leiter des Büros ist Walter Schmitz, ein ehemaliger Beamter, der zweite Mann heißt Adolf Kanter. Zu Kanters Aufgaben gehört es, Kohl-Freunde mit Barem zu unterstützen, und er gibt von Brauchitsch den Rat: »Spenden in die große Kasse, das heißt in die Kasse des Landesschatzmeisters, kommen weniger zur Geltung, als wenn man eine ›gezielte‹ Spende gewähren würde über einen Mann, mit dem man gut im Gespräch ist.« Flick, das ist das Synonym für die »gekaufte Republik« und die »Pflege der Bonner Landschaft« geworden, aber die Pflege ist nicht ausschließlich eine Sache des Geldes; die Flick-Leute sind Lobbyisten, denen es um den systematischen Aufbau guter Beziehungen zu den entscheidenden Ebenen der Parteien, des Parlaments, der Regierung und der Verwaltung geht.

Mit allen Mitteln versuchen sie, so hat es später ein Gericht festgestellt, »mit dem Ziel einer Korrektur in die politische und parlamentarische Willensbildung einzugreifen, sofern dies erforderlich« erscheint. In einem Bericht »über die Arbeit im Jahre 1979« für die Geschäftsleitung beschreibt Kanter, daß der Rat des Büros »in zunehmendem Maße in Anspruch genommen wurde. Auf diese Weise konnten im Vorfeld politischer Vorgänge bereits Korrekturen vorgenommen werden (u. a. CDU-Konzept Forschung und Umwelt durch Lieferung von Beiträgen aus Unternehmen der Gruppe; Verhinderung einer wirtschaftsfeindlichen Umweltstiftung).«

Die Arbeitsteilung ist perfekt: Von Brauchitsch und andere Flick-Topleute kümmern sich um die Großen der Politik, Kanter versorgt die zweite oder dritte Reihe. Weil sich Kohls langjähriger Staatssekretär Willibald Hilf um Medienpolitik kümmert, kommt er auf die Liste mit den Douceurs. »Es wäre eindrucksvoll, wenn man ca. DM 15 000,– als Spende gewähren könnte«, schreibt Kanter an von Brauchitsch. »Wenn möglich, sollten dies DM 10 000,– offiziell über Willibald Hilf an einen Spendenverein sein und vielleicht DM 5 000 aus der ›Sonderkasse‹ sein.«

Brauchitsch informiert den Springer-Verlag, der ehrgeizige Pläne für ein Privatfernsehen hat, über die Verbindung zu »Hilf/Kohl«. Es bedürfe »eines längeren Lernprozesses bei Hilf, bis er versteht, was eigentlich los ist«. Beim Thema »Kabelfernsehen« sei er noch nicht auf Springer-Kurs, deshalb müsse »in gebotener Form bei Hilf nachgestoßen werden … Kohl selber ist in allen diesen Dingen nicht unvernünftig. Er ist aber nicht kompetent aus eigenem Wissen und infolgedessen angewiesen auf das, was ihm seine Umgebung einbläst … Ich selber werde bei meinen gelegentlichen Zusammenkünften mit Kohl das Meine tun.«

Von Brauchitsch berichtet auch dem Verleger Axel Springer über den Kontakt. »Wir haben aus anderen Gründen einen gut funktionierenden Schlüssel zu Hilf. Es macht überhaupt keine Schwierigkeiten, den oder die von Ihnen bestimmten Experten Ihres Hauses mit Hilf zusammenzuschalten, um den Versuch zu machen, Hilf auf den Pfad der Tugend zurückzuführen.«

Kanter teilt von Brauchitsch mit, daß versucht werden müsse, »einige heiße Quellen bei den CDU-Rechten für Dich zu erhalten«. Im November 1974 schreibt Brauchitsch an den CDU-Generalsekretär Biedenkopf: »In dem Ihnen bekannten Flick-Konzern-Kreis München hat dieser Tage Herr Kanther, CDU-Geschäftsführer Hessen, über den hessischen Wahlkampf und die Analyse gesprochen. Ich habe von diesem Mann einen ganz ausgezeichneten Eindruck und dachte, daß Sie das für Ihre Dispositionen 1976 interessiert.«

Diehl notiert: »Staatsbürgerliche Vereinigung wg. M. Kanther / CDU-Hessen. DM 3 000.« Ein weiteres Mal fließt Geld an Manfred Kanther: »Staatsbürgerliche Vereinigung, Köln, wg. Kanther 5 000 Mark.« Über den kurzen Draht wirkt der Konzern in die Parteien und in die Ministerien, die einfühlsamsten Politiker werden in feiner Runde prämiiert, regelmäßig zeichnet der Konzern Nachwuchspolitiker mit speziellen Dotationen aus. Die Aktivitäten der Flick-Manager gehen über das hinaus, was linke Stamokap-Ideologen über die »Instrumentalisierung der Politik durch das Kapital« zusammengeschrieben haben.

Der Agent

Helmut Kohl kennt »Flick-Kanter«, wie der Lobbyist in Bonn genannt wird, schon viele Jahre. Die Wege der beiden haben sich seit 1959 in der rheinland-pfälzischen Jungen Union, in der CDU und später in Bonn immer wieder gekreuzt. Was er allerdings nicht ahnt: Der 1925 geborene Adolf Kanter ist ein Agent der Stasi, und von niemandem erfährt der legendäre Ostberliner Agentenchef Markus Wolf mehr über die Spendenmauscheleien der Union als von seinem Spitzenagenten aus der Pfalz.

Nach dem Krieg hat Kanter zunächst in der kommunistischen Jugendorganisation Freie Demokratische Jugend (FDJ) Karriere gemacht und wurde in den Vorstand des rheinland-pfälzischen Landesverbandes gewählt. Seit 1953 gehört er der CDU an, unter anderem als Vorsitzender der Jungen Union im Oberwesterwaldkreis und als deren Bezirksschulungsreferent in der Region um Montabaur. 1958 besucht ihn ein älterer Herr aus dem Osten und erklärt, er solle ihn von »alten Freunden« grüßen, und Kanter werde ihn »wohl nicht gleich verhaften lassen«. Kanter ist klar, daß der Besucher vom Ministerium für Staatssicherheit in Ostberlin kommt, und findet die Begegnung spannend. Er wird als Agent für die Stasi geworben, erhält den Decknamen »Fichtel«, und man stuft ihn als sogenannte A-Quelle ein, als Agent, der Informationen durch Abschöpfung von Kontaktpersonen beschafft. Fortan trifft er sich in Köln oder Umgebung mit einer Kurierin der DDR, der er schriftliches Material über die CDU und Europa zusteckt, das dann abfotografiert und nach Ostberlin geschmuggelt wird. Die Stasi findet auch deshalb Gefallen an Fichtel, weil sie einen Agenten in der Umgebung des Nachwuchspolitikers Helmut Kohl plazieren konnte. Kanter sollte einer ihrer wichtigsten Kundschafter im Westen werden.

In den sechziger Jahren hat Kanter, inzwischen Direktor eines Europa-Hauses in Marienberg, einige Probleme: Nach Ansicht des Bundesrechnungshofs hat er eine sechsstellige Summe zweckentfremdet, und Bonner Ministerien fordern rund 20 000 Mark an Zuschüssen für sogenannte Geisterseminare in Marienberg zurück, die sich Kanter mit falschen Verwendungsnachweisen erschlichen habe. Die Koblenzer Staatsanwaltschaft leitet Ermittlungen wegen Verdachts der Untreue ein. Um den Fall kümmert sich der Erste Staatsanwalt Josef Abbott, der für gründliche Arbeit bekannt ist. Detailliert listet er in einer mehr als hundert Seiten starken Abschlußverfügung auf, wie Kanter mit Konten jongliert hat. Eine Reihe von Vorwürfen, die nicht zu beweisen sind, schlägt er nieder, und am Ende bleiben neun Punkte, die er zu einem Strafbefehl gegen Kanter bündelt. Auch der Vorstand des Europa-Hauses beanstandet, daß Kanter »durch irreführende Angaben« mindestens 48 000 Mark Spenden an eine »Europäische Vereinigung für gegenseitigen Meinungsaustausch e.V.« umgeleitet habe, und kündigt ihm.

Bei einem Treffen mit Kohl auf der Staatsjagd in Hattgenstein fordert von Brauchitsch, die Angelegenheit müsse vom Tisch. Er kennt Kanter seit den frühen fünfziger Jahren und hat sich auch für Marienberg eingesetzt. Daraufhin wird der Erste Koblenzer Staatsanwalt Josef Abbott zurückgepfiffen: Der von Kohl protegierte Otto Theisen, der zugleich CDU-Schatzmeister und Justizminister ist, läßt die Koblenzer Behörde anweisen, Abbott wegen »mangelnder Unbefangenheit« abzulösen.

Die Koblenzer Staatsanwälte sind empört. Der Leiter der Behörde, Hans Joachim Ulrich (CDU), erinnert sich später: »Es gingen Gerüchte und Mutmaßungen um, die sich etwa dahin zusammenfassen lassen: Der Zeitpunkt, die Begründung, die sonstigen Merkwürdigkeiten, die Eile und andere Umstände kann man nur so erklären, daß eine Persönlichkeit von bedeutendem Einfluß ihre Beziehungen in das Land ausgenutzt haben müßte, um einen unbequemen Staatsanwalt abzulösen.« Ulrich geht zum Generalstaatsanwalt nach Koblenz. Der sei »sehr verlegen« gewesen, erinnert sich Ulrich. »Er verwies darauf, er habe eine Weisung ausführen müssen.« Ulrich solle keinen Ärger machen, das Ministerium dränge. Der Generalstaatsanwalt »legte mir nahe, doch die Sache auf sich beruhen zu lassen«. Ulrich muß sich fügen. Er ist schon viele Jahre Strafverfolger, doch noch nie hat das Ministerium einem Staatsanwalt einen Ermittlungsfall entwunden. Das sei »ungewöhnlich und einmalig in der deutschen Rechtsgeschichte« gewesen, ärgert sich Ulrich noch Jahre später.

Nicht nur das Justiz-, sondern auch das Sozialministerium bekommt Anweisungen von oben, wie in der Angelegenheit Kanter zu verfahren sei. Weil im Sozialministerium die Referenten renitent sind, ruft der Ministerpräsident selbst den Minister an. Kohl fordert Geißler auf, die Sache nicht hochzuhängen, der Fall erledige sich schon. Den Fall übernimmt der sehr verständnisvolle Staatsanwalt Heribert Braun. Eine Farce spielt sich ab: Kanter wird angeklagt, und Gerichtsort ist Betzdorf, wo ein alter Bekannter Kanters die Verhandlung führt. Alles geht ganz fix. Braun beantragt Freispruch, und der Richter folgt dem Antrag. Von Brauchitsch jedoch ist immer noch nicht zufrieden. Er schreibt Kohl einen langen Brief über den »mißlichen Vorgang Kanter« und schlägt vor, »durch Maßnahmen der Landesregierung ... die große Schuldenlast bei Kanter« zu dezimieren. Von Brauchitsch entwickelt die Idee, es könne für die Landesregierung in Mainz »eine Erleichterung« sein, wenn sie das »sehr hübsche und zweckmäßige Haus von Kanter in Hanglage ... zu einem vernünftigen Kaufpreis« übernehme. Er drängt Kohl, mitzuhelfen, die »Kuh ... langsam vom Eise« zu bekommen.

Für seine Umgebung spielt Kanter den strammen Christdemokraten, er sitzt im Wirtschaftsrat der Partei und kann sich auf seine Bekanntschaft mit Helmut Kohl berufen. »Mit unserer Hilfe«, so der ehemalige Agentenchef Markus Wolf, etabliert Kanter 1970 in Bonn »ein Büro für Finanz- und Wirtschaftsberatung. Außerdem ermöglichten wir ihm die Herausgabe eines Hintergrunddienstes für Verantwortliche aus Wirtschaft und Politik. Viele der Beiträge in diesem Dienst wurden von unserem Verbindungsmann zu Fichtel geschrie-

ben.« Bald aber ist die Stasi elektrisiert – ihr Mann ist am Ziel ange-
langt. Kanter arbeitet für Flick, und sein Instrukteur kommt fast jeden
Monat aus Ostberlin angereist. »Was Fichtel uns an Informationen
über die Verbindung von Politik und Kapital und Politik lieferte«,
betont Wolf, »illustrierte die marxistische Theorie vom staatsmono-
polistischen Kapitalismus recht deutlich.«

Daß der Name Flick in keinem Rechenschaftsbericht auftaucht, daß
in großem Umfang konspiratives Geld über Spendenwaschanlagen
wie die SV in die Parteikassen geleitet wird, daß Politiker Bakschisch
bekommen, daß die Akteure mit der westdeutschen Verfassung Fußball spielen, das alles registrieren Fichtels Verbindungsführer im
Osten ebenso wie die vielen Merkwürdigkeiten im Fall Kanter.

Im September 1983 bekommt der Agent in Andernach Besuch von
einem Reisekader der Stasi. Der Trip des Mannes aus Ostberlin bleibt
nicht unentdeckt; seit seiner Einreise in den Westen steht der Mann
unter Beobachtung diverser westdeutscher Nachrichtendienstler. Er
trifft Kanter und taucht gerade noch rechtzeitig ab, bevor ihm Handschellen angelegt werden. Ein Ermittlungsverfahren gegen Unbekannt wird eingeleitet. Bei seiner Vernehmung als Zeuge erzählt
Kanter eine rührende Geschichte: Der Fremde sei ein Besucher aus
der Schweiz gewesen, dem er mal einen Wohnungsschlüssel gegeben
habe. Er habe den Mann in der Nacht zum Koblenzer Bahnhof gebracht.

In der Wohnung Kanters finden die Ermittler Fragen, die der Unbekannte hinterlassen hat: Ihn interessieren »Auswirkungen der Kor-
ruptionsaffäre Lambsdorff auf die Stabilität und Ausstrahlung des rechten Flügels der FDP«, »Verbindungen zwischen FDP und Union sowie
führende Industrie- und Wirtschaftskreise«. Trotz der verdächtigen
Indizien wird gegen Kanter kein Verfahren wegen geheimdienstlicher
Tätigkeit eingeleitet. Der für die Spionageabwehr zuständige Gruppenleiter im Bundesamt für Verfassungsschutz, Hansjoachim Tiedge,
erklärt einem Kollegen, warum gegen Kanter kein Verfahren eingeleitet worden sei. Bei Kanter handele es sich, so steht es in den Aufzeichnungen eines ehemaligen hohen Verfassungsschützers, »um
einen alten CDU-Funktionär, der dem engeren Kreis um Bundes-

kanzler Kohl während seiner Zeit als Ministerpräsident des Landes Rheinland-Pfalz zuzurechnen sei. Offensichtlich gebe es mal wieder politische Rücksichtnahmen.« Tiedge, der 1985 die Fronten wechselt und später ins Moskauer Exil entwischt, ist sich sicher, namhafte CDU-Politiker hätten die Sache einschlafen lassen, weil Kanter zuviel gewußt habe. Sein Kollege Klaus Kuron, auch ein Frontenwechsler, will auf den Fluren der Behörde damals mitgelauscht haben, die Ermittlungen seien aufgrund von Interventionen aus dem Kanzleramt gestoppt worden. Beweise für diese These gibt es nicht.

Die Agentenjäger des Kölner Bundesamtes für Verfassungsschutz (BfV) bleiben mißtrauisch. Noch 1986 sind sie überzeugt, die Wohnung Kanters müsse »als Stützpunkt des Ministeriums für Staatssicherheit« angesehen werden (BfV-Bericht). Doch erst im April 1994 wird Kanter als Agent entlarvt und ein Jahr später vom Oberlandesgericht Koblenz zu zwei Jahren auf Bewährung verurteilt. »Während des Verfahrens«, so Wolf in seinen »Erinnerungen«, »wurde Kanter nie in Verlegenheit gebracht, sein umfangreiches Wissen über Interna der Regierungsparteien und ihre Verbindungen zur Industrie, über ihre Tarnfirmen und Geldwaschanlagen preisgeben zu wollen.«

Der Kanzler als Zeuge

In Bonn tagt der Flick-Untersuchungsausschuß, und am 7. November 1984 hat der Zeuge Helmut Kohl in Saal 1903 seinen Auftritt. Sieben Stunden wird der Kanzler befragt, seine Formulierungen sind oft nebulös. Neunundsiebzigmal hat der Regierungschef Gedächtnislücken und antwortet absichernd, wenn ihm eher scharfe als abgerundete Fragen gestellt werden. »Meine Antwort«, sagt er dann, »kann doch korrekterweise nur lauten: Weiß ich nicht mehr.« Lange hat sich Kohl für diesen Auftritt vor dem Bonner Untersuchungsausschuß vorbereitet. Er hat die Akten intensiv studiert, mit Weyrauch und Lüthje telefonisch konferiert und deshalb nicht einmal Zeit gefunden, als Staatsgast am Begräbnis der indischen Premierministerin Indira Gandhi teilzunehmen.

Bei seiner Vernehmung vor der Bonner Staatsanwaltschaft am 5. Juli 1982 hat er zugegeben, von Flick Bargeld genommen zu haben. Daß Buchhalter Diehl zwischen 1974 und 1980 insgesamt 565 000 Mark eintrug, ist Kohl allerdings »völlig unbekannt«. Weil Unterlagen aus früheren Jahren fehlen, vermag Kohl »über Einzelheiten aus der Erinnerung keine genaueren Angaben zu machen«.

In einer Sache ist sich der Zeuge vor dem Ausschuß sicher: 30 000 und 25 000 Mark, die er 1977 und 1978 bekommen haben soll, hat er ganz bestimmt nicht erhalten. Otto Schily, Bundestagsabgeordneter der Grünen, fragt, wie es sich für einen Strafverteidiger gehört; im Unterschied zum Auftritt vor Gericht verzehrt er dabei allerdings genüßlich ein dickes Stück Torte, was Kohl, den Tortenesser, vermutlich noch mehr gegen den Grünen aufbringt.

Kohls Duzfreund von Brauchitsch hat zwei mögliche Übergabetermine für die 30 000 Mark genannt: Entweder habe er das Geld auf der Staatsjagd in Hattgenstein selbst Kohl gegeben, oder – zweite Möglichkeit – die Tausender habe die Kohl-Intima Juliane Weber von ihm bekommen. Sie »hat schon mal für Herrn Kohl Geld empfangen«. Im Ausschuß sagt Kohl kein Wort über die Botentätigkeit seiner Vorzimmerdame, und er findet auch, daß es »nicht der Lebenserfahrung entspricht«, das Geld bei einer Jagd zu übergeben. Kohl wörtlich: »Wenn Herr von Brauchitsch zu mir kam und aus irgendeinem Besprechungsgrund, und ich hatte ihn immer wieder, wie auch andere gebeten, uns zu unterstützen, und dann kam er, und dann hat er einen Betrag in einem Kuvert mitgebracht, und den habe ich entgegengenommen und mich bedankt und habe ihn weggeschlossen und bei nächster Gelegenheit dann an die Schatzmeisterei weitergeleitet.«

Der Kanzler wehrt sich gegen die »aberwitzigen«, »abwegigen« und »absurden« Behauptungen und gegen »erbärmliche Vorverurteilung«, »Indiskretion«, »Verfälschung von Tatsachen«. Ob er denn »bewußt« einschlägige Gesetze ignoriert, sich über die dort festgeschriebene Transparenz in der Spendenpraxis »bewußt« hinweggesetzt habe, will Schily wissen. Da wirft sich Kohl in die Brust und kontert: »Auf dieses ›bewußt‹ wollen Sie doch hinaus.« Mehrfach sagt Kohl: »Wahr ist, daß alle Parteien gegen gesetzliche Bestimmungen verstoßen haben«. Dabei zuckt er mit den Schultern, als wolle er »Na und!« sagen. Das Feld habe der Schatzmeisterei zur Verfügung gestanden. Am Ende der Vernehmung ist sein Nacken schweißnaß.

Im Juli 1985 muß Kohl vor dem Mainzer Parteispenden-Untersuchungsausschuß antreten. Jovial ermuntert der Kanzler die Abgeordneten zu schwierigen Fragen. Er sei schließlich »nicht ganz neu auf dem Gebiet von Untersuchungsausschüssen im Zusammenhang mit Parteispenden«. Und »vieles, was hier auch mitschwingt«, sei ihm »bestens bekannt«. Kohl: »Deswegen hat mich das auch sehr ermuntert, heute hierherzukommen.« Helmut Kohl, so scheint es, ist jederzeit Herr der Lage. Im Saal 7, wo der Untersuchungsausschuß tagt, hat er jahrelang Sitzungen geleitet. Die Kanzleramtsberater haben den Regierungschef bestens präpariert, damit er nicht noch einmal wie im Bonner Flick-Untersuchungsausschuß in Kalamitäten kommt. Bei kniffligen Fragen soll der Kanzler zur Stützung seines Gedächtnisses auf das zurückgreifen, was in einem Aktendeckel vor ihm liegt: die schriftlich eingereichten Fragen des Ausschusses vom 13. Mai 1985 und die dazu passenden Antworten Kohls, die von seinen juristischen Mitarbeitern ausgearbeitet und am 29. Mai nach Mainz geschickt wurden.

Der Ausschußvorsitzende Adolf Schnarr (CDU), der sich dauernd entschuldigt, weil er dem Kanzler so unangenehme Fragen stellen muß (Kohl verständnisvoll: »Das ist doch in Ordnung!«), liest in breitem Pfälzisch vor, um was es geht. »Ich möchte Sie zunächst bitten«, beginnt Schnarr, »ob Sie etwas dazu sagen können, ob Sie als Ministerpräsident, damaliges Mitglied der Landesregierung, etwas davon wußten, daß die Staatsbürgerliche Vereinigung, die ihren Sitz in Koblenz und teilweise auch in Köln hatte, die Gesellschaft für die Erschließung unterentwickelter Märkte, die ihren Steuersitz in Mainz hatte, zur Spendenbeschaffung dienten. Ist Ihnen das bekannt?« Helmut Kohl verweist zunächst noch einmal auf seine »schriftliche Beantwortung«, die sehr umfangreich, aber in diesem Punkt wenig präzise ist. Der Text verrät nicht, ob Kohl als Ministerpräsident davon wußte, daß die SV »zur Geld- und Spendenbeschaffung« diente.

Anders als in Bonn fühlt sich der CDU-Vorsitzende auf heimatlichem Terrain sicher. Er lobt tote Sozialdemokraten wie den ehemaligen SPD-Schatzmeister Alfred Nau und preist die beiden früheren rheinland-pfälzischen Finanzminister Hermann Eicher (FDP) und Johann-Wilhelm Gaddum (CDU), die jahrelang Spendenwaschanlagen gekannt und geduldet haben, als »ungewöhnlich befähigte, über jeden Zweifel integre Persönlichkeiten«. Kohl: »Das waren alles großartige Leute.« Er hat wie in Bonn viele Erinnerungslücken, ist aber viel selbstsicherer und wird leichtsinnig. Nach einem etwa halbstündigen Geplänkel stellt der Ausschußvorsitzende Schnarr noch einmal die Frage, »ob Sie, Herr Bundeskanzler, als damaliger Ministerpräsident etwas davon wußten, daß diese Staatsbürgerliche Vereinigung, die in Koblenz ihren Sitz hatte, als Geld- und Spendenbeschaffungsanlage diente?« Auf diese klare und einfache Frage antwortet Kohl knapp und unmißverständlich: »Nein.« Dem »Nein« folgen Ausführungen, die belegen, daß Kohl genau weiß, um was es an dieser Stelle seiner Vernehmung geht: »Ich kannte natürlich die Staatsbürgerliche Vereinigung. Denn ich selbst habe wie andere Parteivorsitzende immer wieder auf Veranstaltungen gesprochen. Die Staatsbürgerliche Vereinigung hat immer, das heißt, das macht sie auch heute noch, Seminare veranstaltet, meistens im Hotel Dreesen in Godesberg, bei denen also praktisch alle wesentlichen Politiker der Bundesrepublik, auch aus allen demokratischen Parteien, aufgetreten sind. Insofern kenne ich natürlich die Staatsbürgerliche Vereinigung; aber die Spendenpraxis und inwieweit das steuerlich relevant war oder nicht – das ist ja der Kern Ihrer Frage, wenn ich richtig verstehe (Vorsitzender Schnarr: Ja!) –, dazu kann ich nichts sagen.« Der pfälzische Christdemokrat, der 1964 die erste Spende von der SV bekam und seitdem immer wieder mit den Drahtziehern der Geldwaschanlage zu tun hatte, versteigt sich sogar zu der Aussage, er habe erst »aus der Diskussion, die wir im parlamentarischen Untersuchungsausschuß am Rande dieses Geschehens hatten«, von der »steuerlichen Behandlung der Staatsbürgerlichen Vereinigung« erfahren.

Als Kohls Berater hinterher das ausgeschriebene Protokoll studieren, begreifen sie offenkundig sofort, daß der Bundeskanzler mit sei-

nem Nein einen Fehler gemacht hat. »Bei der Durchsicht des Proto-
kolls über meine Zeugenaussage«, schreibt er zwei Monate später
dem Ausschußvorsitzenden Schnarr, sei ihm »aufgefallen«, daß seine
Antwort »zu Mißdeutungen Anlaß geben könnte, sofern man die
Antwort isoliert betrachtet«. Doch Kohl stellt nichts richtig, erklärt
nicht, wo es »Mißdeutungen« geben könnte. Er schwafelt wie im Ausschuß und sagt auch in seiner schriftlichen Einlassung nichts über die
wahre Funktion der SV als »Geld- und Spendenbeschaffungsanlage«
(Ausschußprotokoll) aus.

Wir befinden uns in jenen Jahren, in denen einige Staatsanwälte
ernsthaft den Versuch machen, die Hintermänner der gewaltigen
Geldverschiebungen zu enttarnen. Im Februar 1986 wird in einem
der vielen Ermittlungsverfahren auch Kohl von den Bonner Strafverfolgern Friedrich Apostel und Helmut Dropmann vernommen. Der
Zeuge, der als Beruf »Bundeskanzler der Bundesrepublik Deutschland« angibt, wird nach der SV gefragt. »Ich hatte keine konkrete
Kenntnis davon gehabt, daß über die SV Spenden an politische Parteien gegeben wurden, wobei ich davon ausgehe, daß sich die SV im
Rahmen des rechtlich Zulässigen bewegte.« Mit Kiep habe er nie über
die Wege der SV gesprochen, an Treffen mit den SV-Gewaltigen
könne er sich zwar erinnern, aber nicht daran, »daß wir im Rahmen
der ... Zusammenkünfte Finanzierungsgespräche geführt haben«.
Frage: »Die SV hat für eigene Zwecke prozentuale Anteile, eine sogenannte Verwaltung- oder Transfergebühr, einbehalten. Ist Ihnen das
bekannt?« Antwort: »Davon weiß ich nichts.« Er habe auch »keine Erinnerung an Gespräche mit Lüthje« zu diesem Thema. »Keine Erinnerung an den Vorgang«, »keine Kenntnis« über die Abläufe, das sind
seine Standardantworten.

Apostel reist nach Mainz, um mit Koblenzer Kollegen die CDU-
Landesgeschäftsstelle zu durchsuchen. Als sie eintreffen, werden sie
von Landesgeschäftsführer Hans Terlinden schon auf der Treppe
erwartet. »Wir sind verpfiffen worden«, sagt einer der Ermittler. Die
Bonner haben den Verdacht, daß die Kollegen aus Rheinland-Pfalz
die CDU über die bevorstehende Heimsuchung informiert haben.
Die Akten sind offenbar gesäubert worden, von dem Ordner »Spen-

den« existiert nur noch das Deckblatt, Quittungen, Rechnungen und Briefe des Landesschatzmeisters Otto Theisen sind verschwunden. Terlinden bedauert, er könne leider den Tresor in seinem Büro nicht öffnen, weil die Schlüssel verschwunden seien. Die Ermittler winken ab und versiegeln nicht einmal den Safe, weil sie wissen, daß auch da nichts mehr zu finden ist. Terlinden läßt sich noch das Protokoll der Durchsuchung aushändigen. Allzuoft gleichen in dieser Affäre die Ermittler jenen Windhunden, die dem elektrischen Hasen hinterherhetzen – atemlos und in gleichbleibendem Abstand.

»Muß ich zurücktreten?«

Für Kohl haben seine etwas bräsigen und leichtfertigen Zeugenauftritte vor den Untersuchungsausschüssen doch noch Konsequenzen. Im Frühjahr 1986 zeigt der grüne Bundestagsabgeordnete Otto Schily den Kanzler wegen Verdachts der uneidlichen Falschaussage bei zwei Staatsanwaltschaften an. Zum ersten Mal wird gegen einen amtierenden Bundeskanzler ermittelt. In Rheinland-Pfalz geht man der Frage nach, ob Kohls Behauptung, er habe die wahre Funktion der SV als Geld- und Spendenbeschaffungsstelle nicht gekannt, der Wahrheit entspreche. Dokumente lassen einen anderen Verdacht aufkommen. Die Bonner Ermittler prüfen, ob Kohl mehr über den Verbleib der insgesamt 55 000 Mark vom Flick-Konzern weiß, als er vor dem Untersuchungsausschuß behauptet hat. »Es ist recht ungewöhnlich«, kommentiert Rudolf Augstein im *Spiegel*, »daß ein Bundestagsabgeordneter einen anderen wegen eines Eidesdelikts anzeigt … Warum also diese beiden Anzeigen, zu denen ja kein Staatsbürger verpflichtet ist? Der Bundeskanzler selbst hat sie provoziert. Der Mann der geistig-moralischen Wende fordert durch seine Dickfelligkeit, ja durch seine Aufsässigkeit gegen jede argumentative Kritik dazu heraus, seine gemeingefährlichen Heucheleien zu entlarven … Man freut sich nicht, einen Bundeskanzler in einem derartigen Verfahren zu sehen. Aber dieser hier hat es verdient.«

In der CDU herrscht Katastrophenstimmung. Klar ist: Wenn Kohl angeklagt wird und ein Gericht die Anklage auch zuläßt, muß der Bundeskanzler sein Amt quittieren. Wie der Generalbevollmächtigte Lüthje später Vertrauten erzählt, hat Kohl ihn in diesen heißen Wochen zweimal gefragt: »Muß ich zurücktreten?« Dies habe er nicht gesagt, behauptet Kohl im Juli 2000. »Mit Sicherheit nicht.« Warum aber soll Lüthje, der gelegentlich bei Kohl in Oggersheim war, die Unwahrheit sagen?

Für den Regierungschef wird es 1986 ganz eng. In München spottet der ewige Freundfeind Franz Josef Strauß, daß sich Kohl seine miese Lage selbst zuzuschreiben habe. Der Pfälzer habe sich allzu schlampig auf die Zeugenaussagen vorbereitet. Im Kanzleramt wird Krisenmanagement betrieben, die Nervosität wächst. CDU-Generalsekretär Heiner Geißler führt mit dem Anzeiger Otto Schily im ZDF ein Streitgespräch und verkündet der Nation übers Fernsehen, daß Kohl bei der Vernehmung im Mainzer Untersuchungsausschuß »möglicherweise einen Blackout gehabt« habe. Die alternative *taz* jubelt: »Blackout is beautiful.« Geißler schaut am nächsten Tag im Fremdwörterbuch nach, was das Wort eigentlich bedeutet: »Verdunklung in Kriegszeiten« steht da und auch »plötzlicher, vorübergehender Ausfall von Funktionen, z. B. des Erinnerungsvermögens«. Das paßt eigentlich ganz gut, aber Kohl ist über den Parteimanager so erbost, daß er Geißler öffentlich rügen läßt. Kanzleramtsminister Schäuble disqualifiziert Geißlers Äußerungen als »totalen Quatsch«.

Bei einer Sitzung des CDU-Parteipräsidiums nimmt Schatzmeister Kiep den Parteivorsitzenden beiseite. Was er denn machen solle, fragt er Helmut Kohl. Der Staatsanwalt will ihn im Ermittlungsverfahren wegen uneidlicher Falschaussage als Zeugen vernehmen. »Am besten«, rät ihm Kohl, »gehst du da gar nicht hin.« Kiep, gegen den ja auch ermittelt werde, könne die Aussage verweigern. Kiep will aber nicht so dastehen wie einer, der etwas zu verbergen hat. Er wird vom Koblenzer Oberstaatsanwalt Hans Seeliger zu einer Vernehmung geladen, die im Büro von Gradmann & Holler stattfindet. An Kieps Seite ist sein Rechtsbeistand Günter Kohlmann, Jahrgang 1933. Obwohl das Verhältnis zwischen den beiden Unionspolitikern schwer angeknackst ist, schont Kiep den Kanzler. »Ich kann mich nicht erinnern, jemals mit Dr. Helmut Kohl über die SV insbesondere im Hinblick auf ihre Funktion als angebliche Spendenwaschanlage oder als Parteienfinanzierungsinstrument« gesprochen zu haben. Später beantwortet er die Frage noch einmal: »Nach bester Erinnerung – nein.« Wenn es ganz heikel für ihn wird, beruft er sich auf sein Aussageverweigerungsrecht. Kiep glaubt, mit seiner Aussage Kohl aus der Gefahrenzone herausgehalten zu haben, doch dann zieht der Oberstaatsanwalt einen Brief hervor, dessen Inhalt den Zeugen Kiep, wie er später sagt, »vom Stuhl gerissen« hat. Es ist jener Brief, den der Assekuranzmanager Stech 1975 in Sachen Kohl geschrieben hat und aus dem hervorgeht, daß Kohl selbst in die Details der Spendenabwicklung eingeschaltet war.

Förmlich erklärt Kiep, daß er »zum Inhalt dieses Schreibens aus eigener Kenntnis nichts sagen kann«. Dem Altkanzler Kurt Georg Kiesinger vertraut er an: Er könne sich nicht vorstellen, daß die Ermittlungen eingestellt würden. CDU-Landesgeschäftsführer Terlinden ist auch Zeuge und bittet zu berücksichtigen, daß »nach Zeitpunkten gefragt wird, die über zehn Jahre zurückliegen, und ich in meiner Eigenschaft als Landesgeschäftsführer sehr viele Gespräche mit Dr. Kohl geführt habe«. Aber »steuerrechtliche Bedenken hinsichtlich der SV« habe er mit dem Chef nicht erörtert. »Das weiß ich ganz genau.« Theisen und Gaddum wissen nicht viel zu sagen, andere Zeugen wie Stech haben ebenfalls Erinnerungsprobleme. Brauchitsch, der vor Gericht erklärt hat, er habe sich bei den Zahlungen über die SV auf Empfehlungen von Politikern wie Kohl verlassen, verweigert die Aussage komplett. Buwert legt ein Gutachten vor, daß er weder vernehmungs- noch verhandlungsfähig sei. Lüthje beteuert, daß er mit Kohl »keine steuerrechtlichen Detailfragen diskutiert« habe.

Kohls Anwalt Hans Dahs, ein Bonner Rechtsprofessor, bemüht sich auf zwölf Seiten um den Nachweis, daß Kohls »Nein« auf die Frage, ob er die wahre Funktion der SV gekannt habe, eigentlich als »Ja« gemeint war. Und das lag, wie Dahs mit feiner Rabulistik erläutert, an den Fragen der Ausschußmitglieder, die »nicht so formuliert waren, wie sie mein Mandant verstanden hat«.

Das Koblenzer Verfahren gegen Kohl wird nach heftigen Diskussionen der Ermittler am Ende eingestellt. Die Einstellungsverfügung unterschreibt der Koblenzer Leitende Oberstaatsanwalt Braun, jener Braun, der im Fall Kanter für die Einstellung des Verfahrens plädiert hat. Der Strafverfolger argumentiert, Kohl habe zwar falsch geantwortet, aber »ein Teil der Fragen und auch Antworten ließ die gewünschte Klarheit und Genauigkeit vermissen«. Deshalb sei es »nicht ausgeschlossen, daß Bundeskanzler Dr. Kohl« die entscheidende Frage nach der SV mißverstanden habe. Ein Blackout gewissermaßen. Die Staatsanwaltschaft habe auch geprüft, ob Kohl »bereits in seinem Amt als Ministerpräsident des Landes Rheinland-Pfalz gewußt hatte, daß die Weiterleitung der Spenden von Dritten durch die SV an politische Parteien steuerlich unzulässig war. Träfe dies zu, hätte er insoweit falsch ausgesagt.« Kohls Behauptung könne nicht widerlegt werden, er habe das Urteil des Bundesverfassungsgerichts aus dem Sommer 1958, demzufolge Parteispenden nicht von der Steuer abgesetzt werden dürfen, nicht gekannt und sich daher auch »mit diesem in seiner Amtszeit als Ministerpräsident nicht auseinandergesetzt«. Dahs hatte argumentiert, daß der Historiker Kohl das Urteil des obersten Gerichts nicht gekannt habe, weil er 1958 »mit dem Abschluß seiner Dissertation beschäftigt war«. In Koblenz entgeht Kohl einer Anklage nur äußerst knapp. Wäre es zu einer Hauptverhandlung gekommen, hätte er zurücktreten müssen.

Auch in dem Bonner Verfahren wird es zeitweise eng für Kohl. Die Staatsanwaltschaft ermittelt gegen ihn wegen seiner Aussage über die insgesamt 55 000 Mark, die Juliane Weber bei Flick abgeholt haben soll und die angeblich bei der CDU nicht eingegangen sind. Am 21. März 1986 wird Lüthje als Zeuge gehört. Nach seinen Angaben hat er zuvor den Kanzler über den Termin informiert und ihm mitgeteilt, daß er nicht die Wahrheit sagen werde. Er werde falsch aussagen, damit Kohl weiterregieren könne. Er habe Kohl allerdings auch gesagt, daß er vor einem Gericht oder einem Untersuchungsausschuß unter Eid eine andere Aussage machen müsse. Darüber soll Kohl sehr verärgert gewesen sein, woraufhin das Verhältnis zwischen Lüthje und dem Parteivorsitzenden einen Knacks bekommen habe.

Auch Weyrauch hat laut Lüthje in dem Verfahren für Kohl gelogen. Der Steuerberater, der mittlerweile »Politik für ein Schweinegeschäft« hält, kann sich an seine damalige Aussage »nicht mehr erinnern«.

Als die *Süddeutsche Zeitung* im Februar 2000 erstmals über das Eingeständnis Lüthjes berichtet, bestreitet Kohl zunächst, was nicht behauptet worden ist: Er habe »keine der Personen zu einer Falschaussage aufgefordert«. Die Behauptung, »die Herren« hätten »1986 zugunsten meiner Person Falschaussagen gemacht, war mir bis heute völlig unbekannt. Ich habe mit keiner dieser Personen jemals über das Thema gesprochen.« Im Untersuchungsausschuß, den der Bundestag im Dezember 1999 zur Untersuchung der CDU-Spendenaffäre und der Frage, ob Politik unter Helmut Kohl käuflich war, eingesetzt hat, sagt der Ex-Kanzler im Juli 2000: »Bezüglich der Aussage vor dem Staatsanwalt« habe es keine »derartige Absprache gegeben«.

Für Lüthjes Version spricht eine Rede, die er am 10. September 1997 in vertraulicher Runde (»Liebe Freunde und Weggenossen«) zu Ehren Weyrauchs gehalten hat. In all den Jahren, resümiert Lüthje in seiner Ansprache, habe es auch »kritische Situationen« gegeben. »Unvergessen« sei für ihn ein Treffen mit Helmut Kohl im März 1986 geblieben. »In endlich erwachtem Bewußtsein für die eigene höchst kritische Situation« habe ihn damals der Kanzler gefragt, »ob er nicht sicherheitshalber zurücktreten solle, ehe denn das Ergebnis staatsanwaltlicher Ermittlungen ihn dazu zwingen würde. Meine Antwort – mit Herzklopfen – war dann so, man weiß es, daß er nicht zurücktrat.« Daß Kohl die für ihn »existentielle« Krise »überstanden hat, hat er ausschließlich uns zu verdanken«, sagt Lüthje in seiner Rede. »Das weiß er, und viele von denen, die die kritische Entwicklung von damals mit angehaltenem Atem verfolgt haben, wissen das natürlich auch ... Aber nur wir beide und natürlich Helmut Kohl wissen, was dazu notwendig war.« »Ohne Inkaufnahme eigener, wirklich existentieller Gefährdungen« von ihm und Weyrauch sei das »nicht möglich gewesen«. Was Lüthje da, etwas verklausuliert, erzählt, ist die Geschichte einer vermuteten Falschaussage, die zwei Falschaussagen nach sich zog.

Schön war das Happy-End: Lüthje schildert in seiner Rede, wie Weyrauch und er mit Ehefrauen im Mai 1986 durchs Fichtelgebirge gewandert seien, »weil wir die Spannung vor der endgültigen Entscheidung«, ob gegen Kohl Anklage erhoben werde, »in Bonn nicht mehr aushielten«. Sie hätten auf »erlösende Nachrichten« gehofft. »Die kamen dann abends, als wir im Dorfgasthaus von Bischofsgrün – ein bißchen deprimiert – zu rustikalem Abendessen uns wieder zusammengefunden hatten.« Um zwanzig Uhr sei die Meldung im Radio gekommen, die Staatsanwaltschaft Bonn stelle das Ermittlungsverfahren gegen Kohl ein. »Alle Spannung entlud sich. Eine Flasche Champagner – die erste begleitend noch zum Schweinebraten – reichte nicht. Es wurden zwei ... War es der glücklichste Augenblick in aller gemeinsamen Arbeit? Ich meine schon«, resümiert Lüthje.

Terlinden sagt bei seiner Vernehmung 1986, er habe von Kohl auch Flick-Gelder bekommen, könne aber »weder Daten noch Beträge nennen«. Juliane Weber behauptet, sie habe nicht gewußt, was sie bei von Brauchitsch abgeholt habe. Zwar habe sie vermutet, daß Bargeld in den Umschlägen sei, aber weder der Flick-Manager noch ihr Chef Kohl hätten sie darüber informiert. Kohl habe ihr »nicht gesagt, was ich dort abholen sollte«. Der Edelmann lehnt 1986 eine Aussage vor der Staatsanwaltschaft wegen seines Prozesses ab. Dreizehn Jahre später stellt von Brauchitsch in seinem Buch »Der Preis des Schweigens« den Sachverhalt anders dar als Juliane Weber. Sie habe über finanzielle Unterstützungen für Personen oder Verbände mit ihm gesprochen und gewartet, während er bei dem Buchhalter das Geld angefordert habe.

Bei seiner Aussage vor dem Untersuchungsausschuß im Juni 2000 erläutert von Brauchitsch den Sachverhalt genauer. Juliane Weber habe seiner Meinung nach »selbstverständlich gewußt, was Kohl in solchen Fällen disponiert hat. Ich habe das eigentlich auch immer als normal empfunden.« Er schätzt, daß die Kohl-Vertraute »zwischen dreimal und fünfmal im Jahr« bei ihm Kuverts mit Geld abgeholt habe. Für ihn sei »erkennbar« gewesen, daß Kohl Geld für »parteiinteressante Aufgaben« brauchte. Gelegentlich habe sein politischer Freund auch erzählt, »wofür das ist: Weil es Einzelaufgaben innerhalb der Partei gab.« Genaueres wisse er nicht, aber der Ablauf sei immer derselbe gewesen: Juliane Weber sei gekommen, »dann haben wir uns über ein paar Sachen unterhalten, neudeutsch: einen Small talk gehalten« – und sie habe das Kuvert mitgenommen. Das Geld habe sie nicht nachgezählt.

Die Zeugen mauern oder lügen – das Verfahren mit dem Aktenzeichen 50 Js 145/86 kommt nicht so recht voran. Zweimal weigert sich der Bonner Amtsrichter Michael Hertz-Eichenrode, Anträge der Staatsanwaltschaft auf Durchsuchungen bei vier verschiedenen CDU-Geschäftsstellen zu genehmigen. Kohl werde zu »Unrecht beschuldigt«, schreibt der Richter. Der Parteivorsitzende habe »bereitwillig über empfangene, im demokratischen Staat keineswegs auch anstößige, sondern erwünschte Parteispenden berichtet«. Die Erlanger Kohl-Anhängerin Katharina Gräfin von Matuschka stellt bei der Kölner Generalstaatsanwaltschaft den Antrag, das Verfahren gegen den »Bundeskanzler Dr. Helmut Kohl« einzustellen, »um höheres Gut, das Ansehen des deutschen Volkes in der Weltöffentlichkeit zu schützen«. Auch das zweite Ermittlungsverfahren gegen den Kanzler wird eingestellt. Der kundige von Brauchitsch notiert: »Kohl hatte die schwerste Krise seiner Kanzlerschaft überstanden.«

Ermittlungsverfahren

Rund 1 800 Verfahren mit Hinweisen und Nachweisen, denen zufolge deutsche Industriebarone durch planmäßig betriebenen Steuerbetrug mit Millionensummen Parteikassen gefüllt und Politiker ausgestattet haben, sind seit 1981 von der Bonner Staatsanwaltschaft eingeleitet worden. Weltfremd klingt im Jahr 2000 die anfängliche Befürchtung vieler Juristen und Politiker, ein großer Teil der Elite dieser Republik müsse wegen Steuermauscheleien hinter Gitter. In 510 Fällen stellen die Bonner ihre Verfahren »mangels hinreichenden Tatverdachts« ein, 519mal wegen geringen Verschuldens. 119 Prozesse werden gegen Geldauflagen eingestellt, es gibt 84 Strafbefehle, und nur in 8 Fällen wird Anklage erhoben. Keiner der Beschuldigten muß ins Gefängnis.

Viele Zeugen haben keine Erinnerung mehr an die Geldmanöver – die Amnesie ersetzt die von Kohl geplante Amnestie.

531 Fälle werden von der Bonner Staatsanwaltschaft an andere Strafverfolger in der Republik verschickt, wobei der Ort des Verfahrens häufig entscheidet, wie streng der Staat mit den Delinquenten umgeht. Die Ermittler in Hessen lassen das größte Einzelverfahren verjähren, das sich gegen die Deutsche Bank richtet, die in den Jahren 1957 bis 1980 auf steuerbegünstigten Umwegen insgesamt 25 055 311,20 Mark an die Parteien gespendet hat – ein Ausweg, der wohl von der damaligen Wiesbadener SPD-Regierung ganz oben ausgetüftelt wurde. Das Wort eines Frankfurter Oberstaatsanwaltes, es gelte, die besondere »Qualität der Beschuldigten« zu berücksichtigen, gehört in die Seminare, wenn von Artikel 3 des Grundgesetzes die Rede ist: »Alle Menschen sind vor dem Gesetz gleich.«

Das CSU-regierte Bayern erweist sich als wahres Dorado für die Sünder – in Rekordzeit werden dort die Verfahren erledigt. Immer findet sich ein leitender Ministerialrat, der rechtsphilosophische Rabulistik betreiben darf: Politikern, die zur Umwegfinanzierung auffordern, fehle der »Täterwille« (animus auctoris), weil sie ja von der Steuerverkürzung nicht profitierten. So haben die Bonner Strafverfolger Ermittlungen gegen den CSU-Schatzmeister Karl-Heinz Spilker wegen eines Steuerschadens von mindestens 2,8 Millionen Mark eingeleitet. Da die meisten Tatorte außerhalb Nordrhein-Westfalens liegen, wird der Fall von den Ermittlern nach erregter Diskussion an die Bayern abgegeben. Damit sei das Verfahren »mausetot«, prophezeit ein Bonner Staatsanwalt, und tatsächlich wird der Fall Spilker 1988 in Nürnberg still beerdigt.

Soviel Verständnis bleibt nicht unbemerkt. Bei der Commerzbank in Frankfurt finden Ermittler einen schriftlichen Beleg für landesspezifische Vorzüge. »Die Nachbarbanken«, heißt es da, »zahlen über Filiale München, weil sie der Meinung sind, daß im Falle der Steuerprüfung die Spenden nur einem der CDU/CSU freundlich gesinnten Steuerbeamten bekanntwerden.« Das erinnert an die Praktiken der Geldwäsche während der Amtszeit Kohls in Rheinland-Pfalz.

Auch die Wissenschaft macht sich bei den Spendenpolitikern beliebt. Professoren, Richter und sonstige Berufene verfassen 235 Abhandlungen zum Parteispendenskandal. Eigentlich, argumentieren sie, seien solche Steuertricksereien überhaupt kein Strafdelikt. Parteispenden seien in Wahrheit steuerbegünstigte Betriebsausgaben, der Staatsbürgerlichen Vereinigung müsse ein Sonderstatus zugebilligt werden, sämtliche Verfahren seien bis zur Prüfung durch die Finanzgerichte auszusetzen. Der Bundesgerichtshof fegt die Einwände hinweg, aber Kaiser und Könige der Wirtschaft pflegen daran zu würgen, daß überhaupt jemand die Stirn hat, gegen sie zu ermitteln. Einer von den Kommandohöhen der Wirtschaft tritt in einem der Verfahren als Zeuge auf – Rudolf August Oetker, Kaufmann aus Bielefeld. Gelassen schreitet er noch einmal die Affäre ab wie auf einem Laufsteg, führt vor, wer die Großen sind und daß sie nicht zufällig die Großen sind. Der Vorsitzende spricht von Spenden, die »eine beträchtliche Höhe hatten«. Mit langgezogenem »Jaaa« bestätigt der Zeuge den Sachverhalt: Wie sollte es anders sein, man ist Oetker, und Spenden fallen in die Zuständigkeit von Mitarbeitern. Für Kassenwarte empfindet der Industrielle, der Millionen an die CDU herausgerückt hat, vor allem Mitleid: »So Schatzmeister zu sein, das ist schon was Widerliches … rumlaufen und betteln. Man geht natürlich zu denen, die etwas haben.« Jeder hat die Botschaft begriffen: Oetker hat Charakter, die Politiker, die ihn bedrängten, die ihn anbettelten, hält er für charakterlos, obwohl er es nie so aussprechen würde.

Dankenswert deutlich erläutert auch der Kieler Politikprofessor Werner Kaltefleiter als Sachverständiger das Gesetzesverständnis vieler Politiker. »Wenn die Rechtsordnung an der Realität einer Gesellschaft vorbeigeht«, sei zwangsläufig, daß »an der Rechtsordnung vorbei« gehandelt werde.

Freundfeind Geißler

Der Kanzler tobt. Dunkle Mächte sind gegen ihn am Werk, Giftköche, Dreckschleuderer, Nichtskönner. Die eigenen Leute verraten ihn. Schon frühmorgens, bevor er mit seinen Beratern in seinem

Büro mit dem grünlich illuminierten Zierfischaquarium und seiner weißschimmernden Mineraliensammlung zusammenkommt, ist er schlechtgelaunt. Jetzt ist er richtig sauer. Der Abteilungsleiter im Konrad-Adenauer-Haus, Wulf Schönbohm, hat in einem kleinen Blatt (aber immerhin) einen Beitrag über die Oder-Neiße-Linie geschrieben, der Kohl Ärger mit den Vertriebenenverbänden und der CSU machen kann. Mit viel Mühe hat das Bundespresse- und Informationsamt, das auch nach den unscheinbarsten Meinungsäußerungen der Parteiangestellten forschen muß, das Werk Schönbohms gefunden. Helmut Kohl, das findet pflichtschuldigst die ergebene Runde, hat allen Grund, sich mächtig zu ärgern. Weil einer der jungen Leute von Geißler einen ökologisch intonierten Aufsatz über das angebliche Waldsterben schrieb, hat sich Franz Josef Strauß gemeldet und eine Sonderkonferenz der Parteispitzen über den »Schmarrn« verlangt. Geißler hat abends (das hat der Regierungschef über einen verläßlichen Zuträger erfahren) laut gelacht, als jemand in einer weinseligen Runde Kohl-Witze machte, und natürlich war das kein Zufall. Der Hauptabteilungsleiter I im Adenauer-Haus, ein Dr. Rüdiger May, hat bei Rechnungen über die vielen Hubschrauberflüge Kohls vom Kanzlerbungalow nach Köln-Wahn wieder einmal Sperenzchen gemacht, weil die Strecke auch in zwanzig Minuten mit dem Auto zu schaffen sei. Was geht das den an? Und überhaupt: Die in der Parteizentrale machen offenbar, was sie wollen. Dem Parteivorsitzenden Kohl reicht es.

Kurz nach acht Uhr hat er Heiner Geißler am Apparat. Der Regierungschef blafft seinen Generalsekretär an. Nach Geißlers Erinnerung hat sich der Dialog so abgespielt: »Was muß ich da lesen, hast du den Laden nicht im Griff?« brüllt Kohl. »Warum schreist du?« fragt Geißler, was den Wüterich auch nicht milder stimmen kann. »Ich halte jetzt den Hörer aus dem Fenster, schrei ruhig weiter. Dich können ja deine Leute hören, die du um dich versammelt hast«, sagt der Generalsekretär ziemlich ruhig. »Ich schrei doch nicht«, schreit Kohl.

Die Anlässe wechseln, der Ablauf wiederholt sich immer wieder. Zwischen der Parteizentrale der CDU und der Regierungszentrale herrscht über Jahre eine Art Bürgerkrieg en miniature. Schreiereien,

Drohungen sind an der Tagesordnung; die Dialoge könnten auch von Drehbuchautoren für schlechte B-Filme stammen. Am Ende, im Herbst 1989, ist das Zerwürfnis total, und Geißler berichtet dem Parteifreund Ulf Fink über eine der vielen Bemühungen Kohls, ihn kaltzustellen: Wenn der Parteivorsitzende und das Kanzleramt »über Jahre hindurch erklären, das Adenauer-Haus ist eine kommunistische Zentrale, dann glaubt es irgendwann auch mal einer«, sagt Geißler, der die Dinge so gern auf einen Begriff bringt, zu Fink. Das Adenauer-Haus eine Zitadelle der Kommunisten? Sind denn alle verrückt geworden? Kohl streitet mit dem Generalsekretär ganz selten über inhaltliche Dinge, ihm geht es ums Prinzip, um die Frage, wer das Sagen hat. Für Kohl reduziert sich die Auseinandersetzung am Ende auf eine einfache Alternative: Er oder ich. »Heiner, einer von uns beiden bleibt auf der Strecke«, sagt Kohl im Herbst 1989. »Mag sein«, hat Geißler gebrummelt.

Der Anfang war eher beschaulich. Vier Jahre lang ist Kohl Bundesvorsitzender der CDU, da macht er Heiner Geißler 1977 zu seinem Generalsekretär. Der Jesuitenschüler und gelernte Jurist tut sich mit dem Wechsel vom Mainzer Sozialministerium nach Bonn nicht leicht. Er hat schon abgelehnt, da überreden ihn Parteifreunde wie Bernhard Vogel und Walter Wallmann, doch in die Hauptstadt zu kommen. »Ich war naiv«, sagt Geißler, »ich wußte nicht, was mich da erwartete.«

Immer wieder kommt es zu schweren Konflikten mit Kohl. Nach den Statuten der Partei schlägt der Generalsekretär im Einvernehmen mit dem Präsidium den Bundesgeschäftsführer vor. Der Bundesvorsitzende hat darüber nicht zu entscheiden, er hat nur eine Stimme im Präsidium. Die Stelle wird 1981 vakant, weil der bisherige Bundesgeschäftsführer Ulf Fink als Senator nach Westberlin wechselt. Der Parteivorsitzende Kohl nimmt seinen Duzfreund Geißler beiseite. Sein Vertrauter Hans Terlinden, Landesgeschäftsführer der CDU in Mainz, sagt Kohl, solle auf den Posten. Geißler lehnt ab, und sein Argument scheint einleuchtend. Noch drei Jahre zuvor hat Kohl selbst den Wechsel Terlindens auf einen Hauptabteilungsleiterposten im Adenauer-Haus abgelehnt, weil das »eine Schuhnummer für den zu groß« sei. »Und der soll jetzt Bundesgeschäftsführer werden?« fragt Geißler. »Mit mir nicht.« Kohls Antwort ist wiederum von Geißler überliefert: »Dann kriegst du gar keinen.« Er will den sperrigen Geißler disziplinieren, und außerdem braucht er einen Horchposten in der Parteizentrale.

Geißler beharrt darauf, daß der Parteivorsitzende nach den Regeln der CDU über Einstellungen von Mitarbeitern in der Parteizentrale nicht zu bestimmen habe. Das Gezerre dauert etwa drei Monate. Kohl schaltet den Generalbevollmächtigten der CDU-Schatzmeisterei, Uwe Lüthje, ein, der den Mitgliedern des Präsidiums erklärt, daß die CDU finanziell arg in der Klemme sei. Für teure Mitarbeiter ist also kein Geld da. Der Posten des Bundesgeschäftsführers sei überflüssig, suggeriert Kohl den Granden der Partei; Geißler solle ihn aus Kostengründen mit übernehmen. Ein kleines Hintertürchen läßt er offen: Wenn Terlinden doch nominiert würde, lasse er ja mit sich reden. Die Angelegenheit wächst sich zu einem Zweikampf aus, den Geißler eigentlich nicht will. Wenn Kohl seinen Berater Horst Teltschik, einen intellektuellen Brausekopf, als Bundesgeschäftsführer abstelle, sei er einverstanden, erklärt Geißler. »Den kriegst du nicht«, kontert Kohl. Der Parteivorsitzende kann dem Generalsekretär seinen Willen nicht aufzwingen, aber er kann sich querlegen. Die Tagesordnung für die Sitzung des Parteipräsidiums, das über solch wichtige Personalien befindet, muß gemeinsam vom Parteivorsitzenden und vom Generalsekretär formuliert werden. Kohl erklärt seinem General, daß die Wahl eines Bundesgeschäftsführers nicht auf die Tagesordnung komme, solange Geißler nicht pariere. Der listige Generalsekretär läßt sich einen Trick einfallen. Versteckt unter dem Punkt »Organisationsfragen«, schlägt Geißler dann doch seinen Kandidaten, Peter Radunski, auf einer Präsidiumssitzung vor. Kohl fühlt sich reingelegt und tobt. Zwar hat er eigentlich nichts gegen Radunski, der aus dem Haus kommt und die Hauptabteilung Öffentlichkeitsarbeit geleitet hat, aber der scheint jetzt Geißlers Mann zu sein. Die Ernennung Radunskis wird bei einer Gegenstimme, der von Kohl, bestätigt. Als Geißler auch noch gegen Kohls Willen den Posten des Hauptabteilungsleiter Politik mit Meinhard Ade, einem Mann seines

Vertrauens, besetzt, ist für Kohl der Fall klar: »Heiner, das ist der Bruch zwischen uns beiden.« Geißler fragt: »Bist du wahnsinnig geworden? Ich muß den Posten doch besetzen. Du bringst kein einziges Argument vor und redest dann so. Du kannst dich nicht wie ein Despot verhalten.« »Heiner, das ist der Bruch«, soll Kohl wiederholt haben. Der große Mann mit der Richtlinienkompetenz verlangt von seinem Generalsekretär totale Unterwerfung, auch wenn die beiden Gleichaltrigen eigentlich Freunde sind.

Als sich der durch Klettersport und viel Training gehärtete Heiner Geißler in seinem Berliner Büro diese Gespräche im Frühsommer des Jahres 2000 noch einmal in Erinnerung ruft, legt er sein asketisches Gesicht, das an eine zerfurchte Berglandschaft erinnert, in unzählige Falten und schüttelt den Kopf: »Der hat das mit dem Bruch wirklich so gemeint.« Kohl sei »nicht intellektueller als andere gewesen, er konnte nicht besser reden, er war nicht fleißiger. Aber er war allen anderen in seinem Willen zur Macht turmhoch überlegen.«

Der Generalsekretär kämpft für die Partei ganz vorne im Getümmel. Weil die SPD gegen die Aufstellung der Mittelstreckenraketen votiert, greift er die Sozis als »fünfte Kolonne Moskaus« an. Willy Brandt nennt ihn den »seit Goebbels schlimmsten Hetzer in diesem Land«. Aber Geißler denkt auch über neue Wählerschichten nach und wie die alte Partei Wählerinnen gewinnen könne, und sucht frische Themen. Er plädiert für ein toleranteres Zusammenleben mit den Fremden und Schwachen, was ihm manchen Ärger in der eigenen Partei einbringt.

Geißler ist der Schlagmann der Partei, und auch das irritiert Kohl. Weil Geißler der bessere Redner ist, hat ihn Kohl mehrfach gebeten, auf Parteitagen seinen Bericht nicht mehr vorzutragen, sondern ihn schriftlich vorzulegen. Da der Generalsekretär das Angebot stereotyp ablehnt, schlägt Kohl ihm vor, doch nach der Mittagspause zu reden. Aber Geißler weiß, daß zu dieser Zeit kaum jemand zuhört. Kohl versucht mehrfach, den Generalsekretär zur Aufgabe des Parteiamts zu überreden, doch der legt sein Amt als Gesundheits- und Familienminister nieder und bleibt Generalsekretär.

Auf dem Parteitag im Frühjahr 1985 bekommt Geißler bei den Wahlen mehr Stimmen als Kohl, und die Zeitungen beschreiben lustvoll das Spannungsverhältnis. »Ich leide wie ein Hund unter den Auseinandersetzungen, hör doch auf«, sagt Kohl. »Du brauchst nicht zu leiden, ich tu dir nichts«, will Geißler ihm geantwortet haben.

Ob der Amtsinhaber »mehr General oder mehr Sekretär« sein soll, ist in der CDU umstritten. Auf dem Braunschweiger Parteitag 1967 wurde das Amt des Generalsekretärs im Statut der CDU verankert, und nach Geißlers Verständnis muß der Generalsekretär die Programmatik und das Profil der Partei schärfen, gerade wenn sie in einer Koalition ist. »Es ist Aufgabe des Generalsekretärs, für die Unterschiede einzustehen«, schreibt er. »Jede Partei muß ein gewisses Maß an Selbständigkeit bewahren, wenn sie an der Regierung beteiligt ist.«

In seinem Buch »Zeit, das Visier zu öffnen« beschreibt Geißler ein »klassisches Beispiel« für einen Interessenkonflikt. Im März 1988 wird in Baden-Württemberg gewählt, die Partei will ihre absolute Mehrheit verteidigen. Die entscheidende Frage sei gewesen, ob sich Lothar Späth in eine begrenzte Opposition zur Bonner Koalition wegen der Steuerpolitik der Bundesregierung begeben könne. Diese wurde stark von der FDP beeinflußt und hat die Daimler-Arbeiter um ihre Steuererleichterungen bei den Jahreswagen gebracht. Oder muß Späth aus Parteiräson die Bonner Steuerbeschlüsse akzeptieren und seine eigene absolute Mehrheit gefährden? Er habe Lothar Späth geraten, im Interesse der baden-württembergischen CDU gegen die Steuerbeschlüsse der Regierung Kohl zu opponieren, und die Partei behielt die absolute Mehrheit. Geißler legt sich mit der FDP an, die CSU und konservative Christdemokraten attackieren ihn zunehmend.

Geißler agiert wie ein heimlicher Parteivorsitzender. »In einer Partei, in der der Regierungschef auch der Vorsitzende ist«, argumentiert er, »übernimmt der Generalsekretär die Führung der Parteigeschäfte.« Der Streit eskaliert. Ende November 1988 schreibt Kohl dem »lieben Heiner«, daß, »wenn sich unsere Beziehungen und die Arbeitsgrundlagen nicht von Grund auf in den nächsten Monaten verändern, ich nicht die Absicht habe, Dich wiederum für das Amt des Generalsekretärs der Christlich Demokratischen Partei vorzuschlagen«. Geißler unterwirft sich nicht, und in der CDU grummelt es. Immer mehr Kritiker werfen Kohl vor, führungsschwach zu sein, keinen Weitblick zu haben und unfähig zu sein, der Bevölkerung die Ziele der Regierung klarzumachen. Zwar ist Kohls ewiger Kontrahent Strauß im Oktober 1988 verstorben, aber inzwischen sind andere Unruhestifter aufgetaucht – allen voran Geißler, Späth und Albrecht.

Im Januar 1989 wird die CDU in Berlin abgewählt, die CDU verliert bei den hessischen Kommunalwahlen kräftig und landet bei den Europawahlen im Juni nur noch 0,4 Prozentpunkte vor der SPD.

Kohl will Geißler in die Kabinettsdisziplin einbinden. Er bietet ihm, zum Schein zumindest, das Amt des Bundesinnenministers an und sagt, Geißler könne sich auch ein anderes Ministerium aussuchen, aber der lehnt ab; Bundesinnenminister wird Wolfgang Schäuble. Die Mitarbeiter von Kanzleramt und Parteizentrale mißtrauen und belauern sich wie Feinde. Im Juli 1989 lädt Kohl den stellvertretenden Fraktionsvorsitzenden Volker Rühe ins Kanzleramt und bietet ihm an, ihn an Stelle von Geißler für den Posten des Generalsekretärs zu nominieren. Rühe ist überrascht und braucht Bedenkzeit. Einen guten Monat später, am 21. August, bittet Kohl seinen Generalsekretär zum Gespräch und unterrichtet ihn, daß er ihn nicht mehr aufstellen werde. Geißler sitzt da wie versteinert. »Das kannst du nicht machen«, sagt er. »Das werden wir ja sehen«, antwortet Kohl und entmachtet seinen General mit eisiger Konsequenz.

Eine Revolte ist im Gange, und die Meuterer sammeln sich um die vermeintlichen Frondeure Geißler, Ernst Albrecht, Lothar Späth und Rita Süssmuth. Kohl telefoniert stundenlang mit Parteileuten, um sich die Gefolgschaft seiner Anhänger zu sichern; Bundestagsabgeordnete müssen ihm haarklein die Situation an der Basis schildern. Über die Manöver im Vorfeld des Bremer Parteitages ist viel spekuliert worden. Zuwendungen über eine kleine Computerfirma, in der Kohl-Intimus Karl Schumacher den Geschäftsführer spielt, lösen im nachhinein Irritationen aus: Die Bonner Parteizentrale ist Sitz einer Dico-Soft GmbH, die Kreisverbände und Vereinigungen mit Computern ausstatten und Dienstleistungen anbieten soll, um die Kommunikation mit der Parteizentrale zu verbessern. Auch erhofft sich die 1987 gegründete Dico-Soft Aufträge von Behörden und Mittelständlern. Bald darauf steht die Firma vor der Pleite, und Weyrauch muß die Dico-Soft abwickeln. In vertraulichen Berichten kommt Weyrauchs Wirtschaftsprüfungsgesellschaft zu dem Ergebnis, daß die Firma »nicht die Erfordernisse einer ordnungsgemäßen Geschäftsführung« erfüllt: »Lediglich die gesellschaftlichen Besonderheiten bei der Dico-Soft und die schützende Hand der BG (Bundesgeschäftsstelle) als Mehrheitsgesellschafter bewahren Herrn Schumacher bei der gegebenen Sachlage vor einer Inanspruchnahme Dritter.«

Den Kontrolleuren fällt auf, daß Schumacher 1989 etliche Computer an CDU-Geschäftsstellen verkaufte, ordentliche Rechnungen stellte, aber seltsamerweise Briefe hinterherschickte, in denen stand, daß die Rechnungen nicht bezahlt werden müßten. Auf rund zwei Millionen Mark hat er verzichtet, die Forderungen sind auch später bei den CDU-Geschäftsstellen nicht mehr reinzuholen. Schumacher verteilt die Präsente ausgerechnet in den Monaten, als der Parteivorsitzende Helmut Kohl auf der Kippe steht und mancher Kritiker mit seinem Sturz auf dem Bremer Parteitag rechnet.

Die Auswertung der Schumacherschen Unterlagen über die Gaben zeigt, daß jene Bezirks- und Kreisverbände besondere Unterstützung fanden, in denen in Niedersachsen, dem Saarland und Baden-Württemberg die Rebellen vermutet wurden. Die These, daß die Kohl-Mehrheit gekauft werden sollte, klingt zunächst reichlich weltfremd, aber die Präsente wurden vor dem Parteitag gemacht, und da schien es noch auf jede Stimme anzukommen.

Doch Kohls Widersacher, vom Kanzler später als »Bremer Stadtmusikanten« verspottet, haben keine einheitliche Strategie und verfügen auch nicht über eine wirkliche personelle Alternative. In offener Schlacht könnte vermutlich nur Geißler den Parteichef stürzen, doch der will nicht antreten. Albrecht hat in Niedersachsen reichlich Probleme und gilt vielen in der Partei als matter Typ; Rita Süssmuth ist in Teilen der CDU wenig beliebt; Späth wird als flatterhaft und flirrend empfunden und hat nicht das Zeug zum Putschisten. Andere

Granden der Partei murren zwar auch über Kohl, aber halten sich – sicher ist sicher – erst einmal bedeckt.

Als im September 1989 auf dem CDU-Parteitag in Bremen die Stunde der Wahrheit schlägt, setzt sich wieder einmal Kohl durch. Eine Prostataoperation hat er trotz der Schmerzen verschoben, er will sich keine Schwäche anmerken lassen, die halbherzig betriebene Rebellion fällt aus. »Späth wäre Parteivorsitzender geworden, wenn er kandidiert hätte«, ist sich Geißler heute noch sicher. Die Meuterer werden abgestraft. Späth wird nicht zum stellvertretenden Vorsitzenden gewählt und kandidiert nicht einmal mehr für den Vorstand. Neuer Generalsekretär ist der Hamburger Christdemokrat Volker Rühe, und gleich nach dem Parteitag werden die Geißler-Leute entlassen.

Kohl macht Geschichte

»Nunmehr hatte Helmut Kohl die Hände frei. Er war der unbestrittene Kanzler und Parteivorsitzende«, erinnert sich Kohls Helfer Ackermann in seinen Memoiren. Schon auf dem Bremer Parteitag hat der Parteivorsitzende Punkte gemacht, weil er mitteilen kann, daß Ungarn seine Westgrenzen für DDR-Flüchtlinge öffnet. Die Weltgeschichte kommt Kohl zur Hilfe, der Osten implodiert, aber der Kanzler braucht eine Weile, um das zu glauben. Als in Berlin am 9. November 1989 die Mauer fällt, nimmt der deutsche Bundeskanzler an einem Bankett des polnischen Ministerpräsidenten Tadeusz Mazowiecki teil. Auf die Nachricht, daß drei Unionsabgeordnete im Bundestag das Deutschlandlied gesungen haben und Abgeordnete aller Parteien einstimmten, reagiert er mit Ergriffenheit. Aber er sitzt »zur falschen Zeit am falschen Ort«. Kohl fliegt nach Berlin, und als er am nächsten Tag mit dem Regierenden SPD-Bürgermeister Walter Momper, mit Willy Brandt und Hans-Dietrich Genscher vom Balkon des Schöneberger Rathauses herab die Nationalhymne anstimmt, pfeift und buht die Menge. Erbost spricht Kohl vom »linken Pöbel«, dessen Verhalten »bestürzend und beschämend« sei. Etwas unsicher noch stellt er sich auf die neue Lage ein.

So resolut Kohl in Personalangelegenheiten auftritt, in der Politik ist er normalerweise kein Draufgänger, sondern geht eher behutsam vor. Ein kleines Für und Wider schafft Fronten, die ihm Pein bereiten können, und deshalb meidet er jeden Anschein von Eindeutigkeit. Kohl sucht in aller Regel den Konsens und glättet und dämpft. Noch vorsichtig sondiert er Ende 1989 die Lage und erfährt, daß die Nachbarn in Europa der Idee eines vereinten Deutschland mit 80 Millionen Einwohnern sehr skeptisch gegenüberstehen. »Es war nicht so, daß man dafür war«, erzählt Kohl später. »Die meisten waren schon für die deutsche Einheit, aber zu einem späteren Zeitpunkt.«

Mitterrand sinniert über eine britisch-französisch-russische Allianz, Margaret Thatcher findet es ungerecht, daß die Deutschen nach zwei verlorenen Kriegen am Ende des Jahrhunderts »als der große Gewinner« (Kohl) dastünden. »Wenn Sie mich fragen, dann war damals George Bush dafür, der kanadische Premier Mulroney war dafür und in Europa ohne Wenn und Aber nur einer: Felipe Gonzalez. Das war ein Grund für unsere Freundschaft: Er hat mich nie in dieser schwierigen Zeit sitzenlassen.« Die Montagsdemonstranten in Leipzig skandieren: »Wir sind ein Volk.« Im Bundestag trägt Kohl ein Zehn-Punkte-Programm zur deutschen Einheit vor, was den russischen Präsidenten Michail Gorbatschow erbost: Der Plan sei ein »Ultimatum, ein politisches Diktat«. Kohls Vorgehen, schreibt Gorbatschow später, habe bei ihm den Eindruck hinterlassen, »daß Interessen von historischer Bedeutung – und nicht nur für das deutsche Volk – den Interessen des Wahlkampfes untergeordnet wurden ... die Gemüter in Deutschland« würden erhitzt und die Lage in Europa destabilisiert. Nach einigem Lavieren und Taktieren bekommt Kohl aber die Witterung für den richtigen Lauf der Dinge.

Sein »Schlüsselerlebnis auf dem Weg zur staatlichen Einheit«, sagt Kohl, sei sein Besuch am 19. Dezember 1989 in Dresden gewesen, wo er mit dem DDR-Ministerpräsidenten Hans Modrow verhandelt, der einen »Lastenausgleich« in Höhe von 15 Milliarden Mark für die nächsten beiden Jahre wünscht. Als das Flugzeug des Bonner Regierungschefs am frühen Morgen landet, drängen sich selbst auf Dächern Menschen, die dem Kanzler begeistert zuwinken, auch mit grünweißen Sachsenflaggen. Auf der Bordtreppe dreht er sich zu dem neuen Kanzleramtschef Rudolf Seiters um und sagt: »Rudi, die Sache ist gelaufen.« In seinen Erinnerungen beschreibt er ein »Meer von schwarzrotgoldenen Fahnen«, die in der »kalten Dezemberluft« geweht hätten. Als er den entgeisterten Modrow und die erwartungsvolle Menge sieht, habe ihn »schlagartig« die Erkenntnis getroffen, daß »dieses Regime am Ende« sei. Helmut Kohl, urteilt Jürgen Leinemann später, »handelte mit einer kühlen und leidenschaftlichen Zielstrebigkeit, wie sie den vielen hundert mitgereisten Journalisten bisher nie an ihm aufgefallen war ... In dieser brisanten Situation am Rande der politischen Hysterie, die mit jedem falschen Wort hätte explodieren können, agierte der Kanzler so klar und sicher wie nie vorher und nachher in seiner Laufbahn. Er hielt die Balance zwischen Mahnung und Versprechen, erinnerte an die Ängste Europas vor einem wiedervereinigten Deutschland und wollte doch, daß eine Botschaft rüberkommen sollte an die Welt«, die zuschaut. Und diese Botschaft sei auch verstanden worden: »Nicht nur Freiheit, sondern Freiheit und Vaterland.«

Kohl hält vor der Ruine der Frauenkirche eine wirklich gute Rede ans Volk – eine Rede, die Hoffnung macht, eine Botschaft der Gemeinsamkeit vermittelt und die Ängste der deutschen Nachbarn berücksichtigt. »Mein Ziel bleibt«, erklärt er, »wenn die geschichtliche Stunde es zuläßt, die Einheit unserer Nation.« Kohl erinnert an die Kriege des zwanzigsten Jahrhunderts, er ruft: »Nie wieder Krieg! Nie wieder Gewalt!« und schließt mit den Wünschen für ein friedvolles Weihnachtsfest und den Worten: »Gott segne unser deutsches Vaterland.« Eine ältere Frau steigt zu ihm aufs Podium, weint und sagt mit leiser Stimme: »Wir alle danken Ihnen.« Die Menschen rufen »SED – das tut weh« und »Helmut Kohl – das tut wohl«.

Manches läuft in diesen Tagen wie von selbst. Das alte Motto aus dem Westen – »Freiheit statt Sozialismus« – scheint plötzlich zu passen. Was Kritiker ihm einst als Schwäche ankreideten, ist jetzt Stärke; er ist stur, er ist unbeirrbar; während sich die Welt in atemberaubendem Tempo verändert, der Ausgang ungewiß ist und alle vor allem warnen, steht er fest und sicher. »Ich habe mich ja nicht verändert«, sagt er, »ich bin im Prinzip natürlich der gleiche geblieben.« Gefühlsgeladene, symbolträchtige Situationen sind immer der innere Wegweiser für seine Politik gewesen, nur selten nähert er sich Sachverhalten analytisch. Der rationale und kontroverse Diskurs, den sein Heidelberger Lehrer Dolf Sternberger empfahl, war nie seine Sache. Aber Sternberger hat auch geschrieben, daß das »Vaterland« die »Republik ist, die wir uns schaffen. Das Vaterland ist die Verfassung, die wir lebendig machen. Das Vaterland ist die Freiheit, derer wir uns nur wahrhaft erfreuen, wenn wir sie selber fördern, nutzen und bewachen.« Das gefällt Kohl. Seine Welt setzt sich nicht aus Theoriemodellen zusammen, sondern er reagiert auf Stichworte, Daten, Menschen und Ereignisse.

Nach Artikel 146 des Grundgesetzes, der von dem SPD-Kanzlerkandidaten Oskar Lafontaine favorisiert wird, könnte – dem Vorbild des Parlamentarischen Rats von 1948/49 folgend – von beiden Teilen Deutschlands eine verfassunggebende Versammlung gebildet werden, um über die Einheit und eine gemeinsame Verfassung zu beraten. Nach Artikel 23, den Kohl und seine Mitstreiter favorisieren, reicht die Erklärung der DDR, sie wolle Teil der Bundesrepublik werden. Helmut Kohl, der seit Beginn seiner Bonner Tage Dutzende Biographien über Staatsmänner gelesen hat, wird zu einer Figur für das Geschichtsbuch. Die Strickjacke, die er bei den historischen Verhandlungen mit Michail Gorbatschow im Kaukasus trägt, kommt ebenso wie seine abgegriffene Aktentasche in sein Bonner Nachkriegsmuseum, das »Haus der Geschichte«.

Das Attentat

Vor den ersten freien Wahlen im Osten seit 1933 ist Kohl übel gelaunt, Teltschik erlebt ihn »fast depressiv«. In der Morgenlage sagt der Kanzler, am liebsten würde er »nach Hause gehen«. Nur die »Menschen in der DDR« würden ihn noch motivieren, auch wenn viele »auf gepackten Koffern« säßen. Die Westdeutschen seien ängstlich, »daß man etwas verlieren könne und seinen Lebensstandard einschränken müsse«. Die *New York Times* nennt Kohl abschätzig einen »kunstvollen Trickser«, weil er sich hartnäckig weigert, sich in der Frage der Anerkennung der Oder-Neiße-Grenze festzulegen. Nach den Wahlen am 18. März 1990 ist die Depression vergessen. Die Kohl-Truppe kommt im Osten auf 47,7 Prozent und verpaßt die absolute Mehrheit nur knapp. Die SPD schafft gerade 21,7 Prozent, und die PDS liegt bei 16,3 Prozent. Kohl ist wieder obenauf. Die *Financial Times* bezeichnet ihn als »Europas einflußreichste Figur«, und der *Economist* bejubelt den »Wunderkohl«.

Einen Großteil der Arbeit erledigt Schäuble, der den Chef mit »Herr Bundeskanzler« anspricht, während Kohl ihn duzt. Der Badener ist flink, er ist fit und gilt als der Mann, ohne den nichts läuft. Nach der nächsten Bundestagswahl soll der Innenminister anstelle von Alfred Dregger Fraktionsvorsitzender werden. Der Schachspieler Schäuble beherrscht die politischen Winkelzüge und die Personalpolitik mindestens so gut wie Kohl, er ist der weit effektivere Arbeiter, was er den Regierungschef nicht merken läßt. Er wirke »beständig an der Meinungsbildung« Kohls mit, erklärt Schäuble schmunzelnd.

In der Bonner Beethovenhalle feiert Kohl am 3. April 1990 seinen sechzigsten Geburtstag; die CDU hat dreitausend Gäste eingeladen, darunter Politprominenz aus der ganzen Welt. Kohl ist so populär wie nie zuvor in seiner Karriere. Im Juni verleiht ihm die Harvard-Universität ihren Ehrendoktor und feiert Kohl als einen der wenigen Politiker auf der Welt, »die Geschichte gestalten«. Ab 1. Juli gibt es in Deutschland eine gemeinsame Währung, und Helmut Kohl spricht wieder einmal von einem »großen Tag in der Geschichte«. Drei Monate später eröffnet die CDU in Hamburg ihren Wiedervereinigungsparteitag, auf dem die CDU-Ost und die CDU-West sich zusammenschließen. Kohl wird mit 98,5 Prozent der Stimmen wiedergewählt. Einen Tag später, in der Nacht zum 3. Oktober 1990, feiern mehrere hunderttausend Menschen vor dem Reichstag die Wiedervereinigung, und am 4. Oktober kann Helmut Kohl auf der ersten Sitzung des gesamtdeutschen Parlaments seine politischen Vorstellungen darlegen.

Acht Tage später, am 12. Oktober 1990, wird Wolfgang Schäuble bei einem Attentat im badischen Oppenau, das zu seinem Wahlkreis gehört, schwer verletzt. An diesem Freitag abend hat der Bundesinnenminister im Gasthaus »Brauerei Bruder« eine Wahlkampfrede gehalten. Gut zweihundert Leute sind im Saal und feiern ihren Abgeordneten, der beim letzten Mal in Oppenau fast siebzig Prozent der Erststimmen holte. In der Nähe des Ausgangs wartet ein sechsunddreißigjähriger Mann. Als Schäuble ihn fast passiert hat, feuert der Attentäter aus nächster Nähe drei Schüsse auf den Christdemokraten ab. Eine Kugel trifft Schäuble in den Kiefer, eine Kugel dringt ins Rückenmark ein, und in den dritten Schuß wirft sich mutig der Sicherheitsbeamte Klaus-Dieter Michalsky und rettet damit möglicherweise das Leben Schäubles. Bevor der CDU-Politiker das Bewußtsein verliert, flüstert er noch: »Ich habe kein Gefühl mehr in den Beinen.«

Schäuble wird nach Freiburg gebracht und auf der Intensivstation der Klinik in einen künstlichen Tiefschlaf versetzt. Kohl sitzt am Bett des Bewußtlosen, und als er das Krankenhaus verläßt, sagt er: »Hier lernt man das Beten.« Er hat Tränen in den Augen. Schäubles jüngerer Bruder Thomas, CDU-Minister in Stuttgart, sagt später, die Tränen für den Verletzten seien nur Heuchelei gewesen; Kohl könne auf »Abruf« weinen. Nach fünf Tagen wacht Schäuble auf, und ihm ist gleich klar, daß er gelähmt bleiben wird.

Er will weitermachen, und Kohl spornt ihn dabei an. Er schenkt ihm die Biographie des früheren amerikanischen Präsidenten Franklin D. Roosevelt, der nach einer Kinderlähmung an den Rollstuhl gefesselt war und später ins Weiße Haus einzog. Kohl streicht Passagen an, die ihm wichtig erscheinen. Ihm gefällt der Satz, das Leben im Rollstuhl habe Roosevelt »zu gelassenem Denken in längerfristigen Perspektiven« gezwungen. Schäuble, der von der Brust abwärts gelähmt ist, wird in die Rehabilitationsklinik Langensteinbach verlegt. Knapp drei Wochen nach dem Attentat meldet sich sein Büro bei den Spiegel-Journalisten Dirk Koch und Klaus Wirtgen und fragt an, ob es bei der vor dem Attentat getroffenen Verabredung bleibe, mit ihm ein Buch über die Vertragsverhandlungen zur deutschen Einheit auszuarbeiten. Bald darauf läßt er sich die entsprechenden Akten ans Krankenbett bringen und diktiert, im Rollstuhl sitzend, die Geschichte.

Die erste gesamtdeutsche Bundestagswahl am 2. Dezember 1990 wird für Kohl kein rauschender Triumph: Die Union erreicht 43,8 Prozent. Auch wenn die erste Wahl im vereinten Deutschland kaum Vergleiche mit den Wahlen im alten Bundesgebiet zuläßt, findet es Schäuble später »eine schwache Vorstellung Kohls, daß er bei der Einheitswahl nicht die absolute Mehrheit geschafft hat«.

Geldsegen aus dem Osten

Im Dezember 1989 hat die CDU-Bundespartei Schulden von 75,9 Millionen Mark, allein die Bankverbindlichkeiten betragen 72,6 Millionen Mark. Diesen Schulden stehen Vermögenswerte und Forderungen von 33,4 Millionen Mark gegenüber. Die Christdemokraten sind so klamm, daß in der Parteizentrale der Kaffee rationiert ist.

Die Bundestagswahl 1990 bringt einen Geldsegen für die Partei, da wegen der Wahlberechtigten im Osten die Wahlkampfkostenerstattung deutlich erhöht wurde. Mit dem Überschuß von 34,8 Millionen Mark können die Schulden drastisch reduziert werden. Doch es gibt Geldstreitigkeiten mit den Ostdeutschen.

Hundertsechsundsiebzig Tage lang spielt der Rechtsanwalt Lothar de Maizière die historische Rolle des letzten und ersten frei gewählten Ministerpräsidenten der alten DDR. Nach der Vereinigung von CDU-Ost und -West im Oktober 1990 wird er Stellvertreter Kohls, Vorsitzender der CDU-Programmkommission und Landesvorsitzender der CDU in Brandenburg, legt aber im Herbst 1991 alle Parteiämter nieder. »Die Freundschaft mit Kohl«, sagt der Anwalt später, habe auch wegen der Geldgeschichten »einen Knacks bekommen«. »Ich wollte verhindern, daß sich die CDU-West mit dem Geld der CDU-Ost saniert.«

Die Christdemokraten im Osten versuchen den Salto mortale von der sozialistischen Blockpartei zur marktwirtschaftlichen Volkspartei. In den Parteihäusern sitzen Mitarbeiter, die in drei Wahlkämpfen Kohls CDU gute Dienste geleistet haben, denen aber die Entlassung droht, auch weil es zu viele Parteifunktionäre gibt: Neunzehnhundert hauptamtliche Mitarbeiter von Ost-CDU und Bauernpartei sollen abgewickelt werden. Außerdem fehlt den CDU-Landesverbänden an allen Ecken und Enden Geld für eine Neustrukturierung der Partei.

De Maizière schlägt in Bonn Krach und erklärt in einer Vorstandssitzung am 31. August 1991, die CDU-West wolle sich zu Lasten der CDU-Ost bereichern. Es geht um 26 Millionen Mark, so hoch ist das Barvermögen der ehemaligen DDR-Blockpartei. Tumultöse Szenen spielen sich ab. Kohl droht de Maizière, er werde ihn öffentlich zum Widerruf zwingen, wenn er diese Behauptung aufrechterhalte. De Maizière gibt klein bei, und der Streit wird elegant gelöst. Die 26 Millionen Mark der Ost-CDU werden aufgeteilt; 14,7 Millionen Mark fließen tatsächlich in die Kassen der Bundespartei. De Maizière hat aber zur Bedingung gemacht, daß mit dem Geld die Abfindungen für die Mitarbeiter-Ost zu zahlen seien. Es bleibt ein Rest von 11,3 Millionen Mark. Weil er die Begehrlichkeiten der Westler kennt, greift de Maizière zu einem Trick. Im September 1991 schickt er Überweisungen an die fünf neuen CDU-Landesverbände im Osten, und es gibt wieder Zoff. Kohl-Emissäre versuchen, die Überweisungen rückgängig zu machen, aber sie haben keinen Erfolg.

De Maizière, der mit der Streiterei über Geld den Nerv Kohls getroffen hat, wird von dessen Helfern in der CDU-Spitze demontiert. Schwierig ist das allerdings nicht. Der Ost-Politiker ist nicht nur ein Mann des Übergangs: Bonner CDU-Leute streuen Verdächtigungen über angebliche Stasiverbindungen und verbreiten die Behauptung, de Maizière sei der Repräsentant der alten Blockflötenpartei. Kohl führt den Ost-Kollegen im Herbst 1991 öffentlich vor. Auf einer Konferenz mit den CDU-Ministerpräsidenten und den Parteichefs aus den neuen Ländern zitiert er den Nörgler zu sich. »De Maizière, komm mal her«, ruft er dem Christdemokraten zu. Der Kanzler der Einheit greift in die Tasche und drückt dem kleinen

Mann aus dem Osten einen Scheck in die Hand. Alle Umstehenden werden Zeuge der Szene. Leutselig verkündet Kohl, auf dem Scheck stehe eine sechsstellige Zahl: genau 300 000 Mark für die Parteikasse der CDU in Brandenburg. »Hoffentlich können Sie das tragen«, witzelt Kohl, der gern Späße auf Kosten anderer macht.

Ende einer Amtszeit

Bei den ersten freien Wahlen im Osten hat Lüthje für die Ost-CDU eine Spendenaktion organisiert, und auch Helmut Kohl steckt ihm immer wieder größere Beträge zu, die er von Spendern erhalten hat. Nach Erinnerung Lüthjes sind es zwei bis drei Millionen Mark gewesen. Das Geld reicht Lüthje an Weyrauch weiter, der die Millionen in das Kontolabyrinth der CDU einspeist. Ansonsten hält sich Lüthje eher bedeckt. Im Frühjahr 1989 ist ihm ebenso wie Kiep von der Bonner Staatsanwaltschaft die Anklage zugestellt worden, und seitdem hat er sich »striktissime geweigert, noch Spenden zu sammeln« (Lüthje). Lüthje fühlt sich um seine Biographie betrogen: Mitte der siebziger Jahre sollte er zweiter Mann der Europäischen Investitionsbank werden, doch da konnte die CDU nicht auf ihn verzichten. 1980 war er schon als Hauptgeschäftsführer der Industrie- und Handelskammer Dortmund gewählt, doch die anlaufende Parteispendenaffäre verhinderte den Wechsel.

Das Verfahren gegen Kiep und Lüthje, das 1990 vor dem Düsseldorfer Landgericht beginnt, ist der letzte große Parteispendenprozeß. Schatzmeister Kiep wird am 8. Mai 1991 »wegen fortgesetzter Beihilfe zur Steuerhinterziehung zu einer Geldstrafe von 270 Tagessätzen zu je 2 500 Mark« verurteilt, das heißt zu einer Gesamtstrafe von 675 000 Mark. Das Verfahren gegen Lüthje wird wegen Verjährung eingestellt. Kiep geht in die Revision und trifft am 13. Mai Kohl im CDU-Präsidium. Als der Kanzler den Raum betritt und Kiep sieht, legt er ihm die Hand auf die Schulter und sagt: »Ich habe gehört, daß du gegen dein Urteil Revision eingelegt hast. Das ist keine gute Idee.« Als Kiep ihn nach einer Begründung fragt, antwortet Kohl: »Es wäre viel besser, du würdest die 600 000 Mark bezahlen, die Partei kann das Thema nicht mehr gebrauchen.« Kohl mag es nicht, wenn andere von ihren Problemen so viel Aufhebens machen. Kiep antwortet nach seiner Erinnerung ziemlich forsch: »Lieber Helmut, ich widerspreche dir ungern. Aber ich muß sagen, diesen Prozeß habe ich durchgestanden. Weder die Partei hat Schaden genommen noch du selbst. Ich habe alles außen vor gelassen, was diese Geschichte hätte politisieren können, bewußt – entgegen dem Rat meines Verteidigers.«

Im September 1992 hebt der Bundesgerichtshof das Urteil gegen Kiep auf, weil alle Taten, bis auf eine, verjährt seien. Eine verbliebene Flick-Spende wird zur Verhandlung ans Landgericht Bochum verwiesen, und dort wird das Verfahren gegen Zahlung einer Geldbuße in Höhe von 100 000 Mark eingestellt. Als der Gerichtsbeschluß im Vorstand der CDU bekanntgegeben wird, meldet sich Kohl zu Wort: Die CDU, sagt er, sei Kiep zu großem Dank verpflichtet. Er sei allerdings froh, daß die Partei ihren Kassenwart all die Zeit mitgetragen und ihm auch die Stärke gegeben habe, diese Revision zu beantragen. Kiep notiert in seinem Tagebuch: »Das Ergebnis der Revision war plötzlich ein Kohl-Erfolg: Er hatte den schlappen Jagdhund Kiep zur Jagd getragen. Das ist Helmut Kohl.« Spöttisch bedankt sich Kiep im Präsidium bei Kohl »für die überwältigenden Beweise der Solidarität, die mir zuteil geworden sind«. Aber längst steht fest, daß er nach einundzwanzig Jahren aus dem Schatzmeisteramt ausscheiden wird.

Drücker für den Kanzler

Auf dem Düsseldorfer Parteitag 1992 wird Brigitte Baumeister zur Schatzmeisterin gewählt und erhält 98,6 Prozent der Delegiertenstimmen, was ein normales Ergebnis ist. Der Kassenwart ist ein relativ unpolitischer Posten, der nicht gegen Konkurrenz errungen werden muß, aber dennoch die Teilnahme am innersten Zirkel der Macht erlaubt.

Die Menschheit, jedenfalls die mit Reifeprüfung, läßt sich in zwei Gruppen einteilen: in Büchermenschen, für die jede Bilanz ein Zahlensalat ist, und in Zahlentypen, die immer wissen, wo die wichtigen Nullen stehen. Wer die Karriere von Brigitte Baumeister kennt, hat zunächst wenig Zweifel, zu welcher Gruppe sie gehört. Die Christdemokratin ist studierte Diplommathematikerin, war Assistentin an einem Informatik-Institut, dann wissenschaftliche Mitarbeiterin beim Computerriesen IBM, arbeitete als freiberufliche Systemanalytikerin und hat sich auf Simulationsmodelle spezialisiert.

In der Politik hat sie eine Blitzkarriere hingelegt: Im Bundestagswahlkampf 1990 ist sie als erste Frau im tiefschwarzen Böblingen angetreten, und »BB aus BB«, so ihr Wahlslogan, kommt auch in Bonn gut voran. Nach nur einem Jahr kürt Schäuble sie zur Parlamentarischen Geschäftsführerin, und Kohl macht sie gleich zur Schatzmeisterin. Was die Frau, die sich manchmal ein bißchen naiv gibt, vorfindet, ist ein Old boys network. Kiep hat abgedankt, aber Lüthje, der mal Kohls Mann war, sitzt noch im Adenauer-Haus. Er arbeitet bis Juni 1993 als Geschäftsführer der Union Betriebs GmbH und geht dann, verbittert, in Pension, während sein Freund Weyrauch weiterhin bleibt. Überall läuft Brigitte Baumeister gegen Mauern, und Lüthje nennt sie etwas abschätzig »das Mädchen«.

Im Dezember 1991 hat Lüthje einen Vertrag mit dem Pressebetrieb des Hans, genannt Hannes, Müller geschlossen. Der Chef einer Drückerkolonne soll gegen Provision »Spenden zur Erzielung und Sicherung eines sich jährlich steigernden optimalen Spendenaufkommens für die CDU-Bundespartei« sammeln. Hannes Müller ist in der Drückerbranche eine Berühmtheit. Der 1947 geborene Kärntner hat zunächst in der Fleischfabrik eines Verwandten gearbeitet und dann seit 1975 in Bayern gegen Provision Spenden für die CSU gesammelt und Patenschaften für Abonnements des *Bayernkurier* besorgt. Seit 1985 akquiriert er für die CDU und auch für die Mittelstandsvereinigung der Partei, später ist er für den erzkatholischen Opus Dei am Drücker.

Müller hat ein Büro im Adenauer-Haus, seine Leute werden »als persönliche Beauftragte des Bundesschatzmeisters« geführt und haben Dienstausweise der CDU. Partei- und Privatinteressen verwischen sich, gewerbliche und gemeinnützige Aktivitäten werden verquickt, dubiose Geschäfte laufen ab. Die Drücker holen für die CDU jährlich etwa 2,2 bis 2,6 Millionen Mark Spenden herein, die auf einem speziell eingerichteten Konto bei der Hauck-Bank in Frankfurt gesammelt werden. Auch einige CDU-Abgeordnete helfen für zwanzig Prozent Provision beim Sammeln.

Das CDU-Mitglied Werner Jäger informiert Anfang März 1992 Generalsekretär Rühe und Parteichef Kohl über unsauberen Umgang mit Spenden. Eine Drückerkolonne mit rund vierzig Mitgliedern sei im Auftrag der CDU unterwegs und kassiere bis zu vierzig Prozent Provision für Spenden an die Union, was den meisten Spendern unbekannt sei. Wenn diese Praxis publik werde, könne das »immensen Schaden für die CDU Deutschlands bringen«. Auch würden mit Hilfe der CDU Leute hinters Licht geführt. »Es ging zu wie im Krimi«, sagt Jäger später. Führende CDU-Politiker und Drücker hätten sich die Spender abgejagt. In Baden-Württemberg »war ein prominenter Politiker immer vor mir bei potenten Spendern. Die wunderten sich, daß der Bargeld wollte«, berichtet Jäger, der auch Spenden sammelt. Nach seinen Angaben hat ihm der Münchner Unternehmer Josef Schörghuber in den neunziger Jahren mal 100 000 Mark für die CDU versprochen, was eine schöne Provision abgegeben hätte. Dann habe sich Schörghuber gemeldet und erklärt, daß die Bonner das Geld schon kassiert hätten; vom Kanzleramt sei die Rede gewesen. Jäger beharrt dennoch auf der Provision. Da sei er davor gewarnt worden, Krach zu schlagen, sonst bekomme er Ärger mit Bonn. Auf seine Briefe bekommt Jäger weder von Kohl noch von Rühe eine Antwort.

Eine andere Sammlertruppe putzt im Osten die Klinken. Die Mitarbeiter sollen laut Schulungsunterlagen »stolz darauf sein«, für Helmut Kohl Spenden zu akquirieren. Den Unternehmern sei mittels kräftiger Gaben die »Einflußnahme durch Direktkontakte« möglich. »Einzelinteressen« könnten durch »Direktkontakt« gefördert werden. »Unser Produkt ist die Union«, heißt es in den Unterlagen für die Ostler: »Wir verkaufen die Union an die deutsche Unternehmerschaft.«

Als sich die Beschwerden in der Parteizentrale häufen, glaubt Brigitte Baumeister zunächst an ein großes Mißverständnis, aber dann gibt es immer mehr Mißverständnisse. Im September 1994 wird mit Hannes Müller ein erster Abfindungsvertrag unterzeichnet. Er bekommt von der CDU 1,2 Millionen Mark, was wohl Schweigegeld einschließt. Ein Wirtschaftsbetrieb der CDU und ein CDU-naher Verlag statten ihn mit einer weiteren Million aus. Dann melden sich bei der Bundesschatzmeisterei der mächtigsten Partei des Landes Wähler, die sich nach ihrem bei Müller bestellten und schon bezahlten Wagen erkundigen. Müller hat ab Dezember 1994 mittelständischen Unternehmen angeboten, er könne über »die Parteischiene« günstig Autos vom Typ Mercedes, BMW, Audi besorgen. Gegen Vorkasse stellt er Rabatte von zwanzig bis dreißig Prozent in Aussicht. Doch die mehr als zwanzig schon bestellten Autos liefert er nicht aus, sondern reicht die Schecks zur Gutschrift bei der Genossenschaftsbank in München ein. Als zudem bereits akquirierte Spenden überfällig werden, geht die Schatzmeisterin zum Staatsanwalt und zeigt Müller an. Der Kaufmann soll der Partei 158 000 Mark Spendengelder vorenthalten haben und bei den Autogeschäften Kunden und Lieferanten um rund eine Million betrogen haben. Er wird vom Münchner Landgericht wegen Untreue in zweiundzwanzig Fällen, des Betrugs in neun Fällen, der Unterschlagung und des Vorenthaltens von Arbeitsentgelt in fünf Fällen zu drei Jahren und sechs Monaten Haft verurteilt. Der Vorsitzende Richter Hans-Günter Melchior erklärt, er habe in diesem Verfahren »immer mehr Anlaß zur Verwunderung« gehabt. »Dieses ganze Spendenwesen ist doch ein Schwamm.«

Vor dem Düsseldorfer Landgericht wird um die alte *Wirtschaftsbild* gestritten. Der Starnberger Verleger Axel Walter, mit Lüthje und Kiep gut bekannt, hat 1989 das Blatt für eine symbolische Mark gekauft und dann sechs Jahre später für vier Millionen Mark an die CDU zurückverkauft. Die Schatzmeisterin ist 1997 gegen Walter vor Gericht gezogen, weil sie sich von ihm getäuscht fühlt. Bei Durchsicht von Unterlagen nach dem Kauf habe sich herausgestellt, daß Walter eine große Zahl bezahlter Anzeigen in *Wirtschaftsbild* nicht veröffentlicht habe, und die Inserenten könnten nun – zum Schaden der CDU – auf dem Abdruck der Anzeigen bestehen.

Walter findet diese Argumentation »absurd«. Das Blatt sei in den achtziger Jahren »ein Instrument zur verdeckten Finanzierung der CDU« gewesen, den Kunden sei es nur darum gegangen, der Partei eine Spende zuzuführen, die als Betriebsausgabe steuerlich absetzbar sei. Die Partei habe von der verbotenen Umwegfinanzierung gewußt, und die habe eine lange Tradition. Die CDU erklärt, mit Wissen der Partei habe es keine »Blindanzeigen« gegeben. Lüthje tritt in dem Verfahren als Zeuge auf, und im März 2000 leitet die Düsseldorfer Staatsanwaltschaft gegen ihn ein Verfahren wegen Verdachts der eidlichen Falschaussage ein, das aber rasch wieder eingestellt wird.

Drücker für Kohl, Betrügereien mit Autos, eindeutige Offerten an kapitalkräftige Kreise, »Blindanzeigen« – das alles ist dem Ansehen der CDU nicht sehr förderlich, und auch die Schatzmeisterin selbst kommt in ihrer Heimat ins Gerede. Im September 1995 tritt sie in den Aufsichtsrat der Schwäbischen Finanz- und Unternehmensberatungs-AG (SUF) ein, bereits ein knappes Jahr später melden die Broker Konkurs an, und der Staatsanwalt interessiert sich für die Firma. Rund tausend Geldanleger sind betroffen. Brigitte Baumeister erklärt, zwei örtliche Parteifreunde hätten sie in das Unternehmen gelotst. Sie habe vor ihrer Zusage Untersuchungen über die Bonität der Firma anstellen lassen, und »da war alles in Ordnung«. Hat sie als Aufseherin wirklich keinen Einblick in die dubiosen Geschäfte der SUF gehabt?

Keine Wohnung an Japaner

Nicht einmal im Finanzreich der CDU, so scheint es, hat Brigitte Baumeister den Durchblick. Das Labyrinth von Anderkonten, Vorkonten, Zwischenkonten und Poolkonten, in denen das Geld landet, ist ihr unbekannt geblieben. Die Kassenfrau kennt lediglich zwei offizielle Spendenkonten bei der Frankfurter Hauck-Bank und ein Konto für Kleinstspenden bei der Bonner Commerzbank. Gelegentlich bekommt die Böblingerin Briefe aus dem Kanzleramt: Der Parteivorsitzende teilt ihr mit, daß er wieder mal einen Scheck erhalten habe, und legt das Dankschreiben an den Spender gleich bei. In der Schatzmeisterei liegt eine Liste von betuchten Spendern, die sich der Parteivorsitzende Kohl vorbehalten hat. »Nicht ansprechen – PV« lautet der Eintrag. Die chemische Industrie beispielsweise ist das Terrain des Vorsitzenden – da darf ihm niemand in die Quere kommen, denn immerhin hat er bis zu seinem Amtsantritt als Ministerpräsident zehn Jahre beim Chemieverband gearbeitet, und Ludwigshafen ist die Heimat der BASF.

Mit Kohls Vertrautem Terlinden, sagt Jürgen Schornack, der seit Januar 1993 Büroleiter in der Schatzmeisterei ist, habe es eine »gewisse Wettbewerbssituation« gegeben – was eine Untertreibung ist. Kurz vor der Bundestagswahl im September 1998 holt Terlinden bei dem Ehepaar Karl und Ingrid Ehlerding in Hamburg eine Spende über 2,43 Millionen Mark und einen weiteren Scheck über 2,5 Millionen Mark ab. Von den Millionen erfährt die Schatzmeisterei nichts; Terlinden liefert sie bei Weyrauch ab, der das Geld auf ein Konto der Bundesgeschäftsstelle überweist. Die knapp 5 Millionen Mark werden noch im Wahlkampfendspurt für Kanzler Kohl verbraucht.

Der Name Ehlerding ist in der Finanzwelt ein Begriff, denn dem Kaufmann und seiner Familie gehören knapp zwei Drittel des Immobilienkonzerns WCM, der an der Börse etwa 13 Milliarden Mark wert ist. »Ich habe gespendet, damit die Demokratie auch funktioniert«, argumentiert Ehlerding, der auch dem mecklenburgischen Landesverband, dessen Vorsitzende Angela Merkel ist, 900 000 Mark spendiert.

Bedankt sich der »Berufsspekulant«, wie der *Spiegel* Ehlerding nennt, mit den Millionen für einen erfolgreichen Milliarden-Deal? Im Juni 1998 hat die Bundesregierung 112 000 bundeseigene Eisenbahnerwohnungen an ein Konsortium mit Ehlerdings WCM verkauft. Der Bundesrechnungshof kritisiert den Handel, weil ein deutsches Tochterunternehmen des japanischen Finanzkonzerns Nomura mit 8,1 Milliarden Mark das Angebot der deutschen Gruppe um mehr als eine Milliarde Mark übertraf. »Hinsichtlich der Zusicherungen für die Wohnungsfürsorge« der Mieter, schreibt der Bundesrechnungshof, »wiesen die Angebote keinen Unterschied auf.« Die Bündnisgrünen wittern ein anrüchiges Geschäft, und auch der Chef der Eisenbahnergewerkschaft, Norbert Hansen, vermutet einen Zusammenhang zwischen der Entscheidung und der Spende. Ehlerding ist ein eher zurückhaltender Mann, aber er dementiert den Vorwurf heftig und spricht von einem »Konstrukt«: Auch SPD-geführte Landesregierungen in Düsseldorf und Hannover wollten an WCM verkaufen.

Kohl nimmt im Dezember 1999 erstmals zu den Vermutungen Stellung: »Ich bin mit der Sache nur ein einziges Mal befaßt gewesen und habe sofort gesagt: Ich bin strikt dagegen, daß eine japanische Gruppe die Wohnungen deutscher Eisenbahner kauft.« Er sei prinzipiell »dagegen, daß das ans Ausland geht«. Da sei auch unerheblich gewesen, daß die Japaner eine Milliarde mehr geboten hatten. Er habe, ergänzt er im Juni 2000, »die Kollegen im Kabinett sofort darauf hingewiesen, daß dies ein besonders sensibles Thema wird.« Im übrigen handele es sich bei Ehlerdings Millionen um eine normale Spende, die »eingegangen ist wie alle anderen Spenden auch«, und er habe erst ein gutes Jahr danach, »in diesen Tagen«, von der 5-Millionen-Spende erfahren. Bei einem seiner Auftritte im Untersuchungs-ausschuß erklärt Kohl dann im Juni 2000, die Ehlerdings seien ihm bei einem sogenannten Sponsorenessen im Herbst 1998 vorgestellt worden. Mag ja alles sein, aber es klingt zumindest unwahrscheinlich, daß ihm Terlinden kein Wort über die Spende gesagt haben soll. Im August 1998 ist Terlinden nach eigener Darstellung Ehlerding zum ersten Mal begegnet und hat »mit ihm über die Möglichkeit einer Spende für die CDU gesprochen«. Hat Terlinden bei einem Milliar-där ohne Rücksprache mit dem Chef einfach mal akquiriert? Hans Terlinden hat eigentlich immer auf Weisungen gewartet.

Helmut Kohl und das Geld

In den meisten einschlägigen Werken wird Helmut Kohl als ein Politiker geschildert, der außerordentlich genügsam ist und sich um Äußerlichkeiten und Prestige wenig kümmert. Ein Mann aus der Provinz, geprägt von einer ähnlich kleinbürgerlichen Sparsamkeit wie der Alte von Rhöndorf: Adenauer soll zur Arbeit Butterbrote mitgenommen haben, und auch Kohls Mitarbeiter haben das politische Tugendbild des Chefs mit makellosen Spießigkeiten angefüllt. Er ißt am liebsten Deftiges wie Saumagen, pflegt sein Aquarium selbst, macht Urlaub in Bad Hofgastein oder am Wolfgangsee, und Geld interessiert ihn nicht. Dieses Bild ist in vielerlei Hinsicht unvollständig, denn Kohl redet ständig über Geld.

Wie so mancher andere Politiker hat Kohl das Gefühl, erheblich mehr als andere zu leisten und deutlich weniger zu bekommen. Tag und Nacht müsse er schaffen, jammert er, und der Filialleiter der Deutschen Bank in Bonn verdiene mehr als der deutsche Bundeskanzler. Der Mitarbeiter des Geldinstituts dient ihm immer wieder als Metapher für die Ungerechtigkeiten des Lebens. Die meisten Zahnärzte bekämen ein besseres Salär als ein Regierungschef, erzählt er seiner Schwester Hildegard Getrey. »Walther, was machst du da eigentlich, wieviel verdienst du?« penetriert er den Parteifreund Kiep, der Gesellschafter einer großen Versicherungsfirma ist. Die Antwort des Millionärs befriedigt ihn offenbar nicht. »Warum macht der das? Der hat das doch gar nicht nötig«, fragt Kohl den Parteimann Lüthje in bezug auf Kiep.

Vorstandsvorsitzende großer Konzerne überfällt er in seinem vergleichsweise bescheidenen Büro mit dem Lamento über die Besoldungsunterschiede. Und hat er nicht eigentlich recht? Was die Gehälter des politischen Spitzenpersonals angeht, halten sie in der Tat zu keiner Zeit einen Vergleich mit denen etwa von Illustriertenmanagern aus, deren Blätter sich regelmäßig über die zu hohen Diäten der Politiker beklagen. Als zwei gutbezahlte *Spiegel*-Redakteure nach einer Präsidiumssitzung hintereinander im teuren Porsche an ihm vorbeibrausen, sagt Kohl den schönen Satz: »Und das alles wegen mir.« Das soll ein bißchen scherzhaft klingen, aber eigentlich ist es ziemlich ernst gemeint.

Natürlich wollte Helmut Kohl immer Politiker werden. Er hat, anders als andere, die verbissenen Grabenkämpfe gern geführt, es hat ihm gefallen, sich nach oben zu boxen, die Schufterei hat Spaß gemacht, obwohl er von vornherein wußte, daß das Gehalt eines Berufspolitikers nie üppig sein würde – aber offenkundig hat ihn das doch gewurmt. Ein gutes Jahr vor seiner Abwahl im Herbst 1998 läßt er sich seine Versorgungsrente ausrechnen und befindet, daß sie deutlich zu niedrig ausfalle. Er will seine Presseleute dazu bringen, die Summe bekanntzugeben, doch die bremsen ihn und raten dringend von einer öffentlichen Vertiefung des Problems ab. Die Altersversorgung eines Politikers ist, gemessen an den üblichen Renten, alleweil auskömmlich. Andererseits: Auf den Kommandohöhen der Wirtschaft ist eine siebenstellige Pension keine Rarität.

Kohl ist kein Zahlenmensch, aber er hat zu Geld ein engeres Verhältnis als alle Kanzler vor ihm, vielleicht mit Ausnahme von Adenauer. Als ganz junger Mensch hat Kohl aus freien Stücken 25 Mark Mitgliedsbeitrag gezahlt, das war damals eine ganze Menge. Früh hat er von den Geldwaschanlagen üppige fünfstellige Summen für seine Arbeit erhalten. Früh hat er erkannt, wie wichtig es ist, Geld im politischen Wettbewerb zu plazieren. »Wer die Hand auf dem Beutel hat, hat die Macht«, wußte schon der Eiserne Kanzler, Otto von Bismarck.

Oft hat Kohl die Geschichte erzählt, wie er sich als frischgewählter Fraktionsvorsitzender in Mainz mal »gewaltig in die Nesseln gesetzt« habe. Damals, in den frühen sechziger Jahren, holten die Abgeordneten ihre Diäten an der Landeskasse ab, und der Reformer Kohl fand das Verfahren etwas umständlich. Er setzte durch, daß das Geld nicht am Schalter bar ausgezahlt, sondern aufs Konto überwiesen wurde. Bald darauf schon habe es »gewaltigen Ärger« gegeben. Etliche Abgeordnete aus den ländlichen Regionen hatten ihren Ehefrauen jahrelang erzählt, die Tätigkeit im Landtag sei ein Ehrenamt, und nun gab es daheim reichlich Erklärungsbedarf. Daß bei Geld nicht jeder alles wissen darf und der Einsatz von Barmitteln durchaus sinnvoll sein kann, gehört zu den Lebensregeln deutscher Kaufleute und zu Kohls sehr frühen politischen Erkenntnissen. Bargeld hat er immer bevorzugt.

Als er 1973 Parteivorsitzender wird, sorgt er gleich dafür, daß die Gehälter der etwa zehn wichtigsten Parteimitarbeiter von der Frankfurter Steuerberatungsfirma Weyrauch & Kapp überwiesen werden, denn nicht jeder in der Bundesgeschäftsstelle soll wissen, was die Spitzenleute verdienen. Auslöser für diese Entscheidung ist der Dienstantritt seines ersten Generalsekretärs Kurt Biedenkopf, der bei Henkel ein vergleichsweise fürstliches Salär bezogen hat und nicht für Gotteslohn bei der Partei arbeiten will.

Nur der Vorsitzende weiß auf Mark und Pfennig genau, was die rund hundertsechzig Bediensteten in der Parteizentrale bekommen. Regelmäßig läßt er sich die Gehaltslisten geben und notiert mit schwarzem Stift seine Gehaltsvorstellungen für die Mitarbeiter. Weyrauch muß wie ein Buchhalter die Entlohnung der Mitarbeiter mit der Besoldung von Beschäftigten in der Industrie und im öffentlichen Dienst vergleichen. Der Bundesverband der Deutschen Industrie liefert umfangreiche Gehaltslisten. Das Ergebnis ist nie sehr aufregend: Die Jungen im Adenauer-Haus verdienen im Vergleich zu wenig, die Alten ein bißchen zuviel. Dann herrscht erst mal für ein paar Wochen Ruhe, aber bald schon meckert Kohl wieder über die, die zuviel bekommen. Was muß er schuften und was bekommen die anderen. Darüber kann er sich stundenlang ereifern.

Sein Generalsekretär Geißler hat sich für dröge Kontoauszüge und lange Geschäftsberichte nie interessiert, das ist Sache seines Mitarbeiters Rüdiger May, und über wohl keinen anderen Angestellten im Adenauer-Haus hat sich Kohl in Finanzangelegenheiten mehr geärgert als über May: Der ist widerspenstig.

Der promovierte Politikwissenschaftler gehört zu der kreativen Führungstruppe, die Geißler um sich gesammelt hat, um die »CDU programmatisch offensiv und fähig zu machen, erfolgreiche Kampagnen gegen den politischen Gegner zu organisieren«. May, Jahrgang 1949, kommt aus dem Ruhrgebiet und ist 1968 in die CDU eingetreten. Er war Mitarbeiter des CDU-Bundestagsabgeordneten Ferdi Breidbach und hat sich in den Sozialausschüssen stark engagiert. Für die Konrad-Adenauer-Stiftung hat er ab Mitte der siebziger Jahre Partnerparteien in Asien und Lateinamerika beraten. Ein weltläufiger Typ, der auch zupacken kann und ohne viel Aufhebens eine Maschine der Bundesluftwaffe voll mit Medikamenten für Erdbebenopfer in El Salvador organisiert. Geißler hat ihn in Ecuador für die Parteizentrale angeworben.

Mitte August 1979 fängt May als Hauptabteilungsleiter I – Organisation, Verwaltung, Personal – an. Seine Vorgesetzten sind der Bundesgeschäftsführer und der Generalsekretär, aber schon bald nach Dienstantritt hat er den Parteivorsitzenden am Apparat. May weiß heute nicht mehr, um was es in dem Gespräch ging, aber Kohl hat ihn sofort angeblafft, und der Hauptabteilungsleiter blaffte zurück: »So lasse ich nicht mit mir reden.« May ist ein Trumm von Mann mit ziemlichem Gewicht, und die aus dem Revier können ganz schön bollern. Fortan sind die Verhältnisse geklärt. Für Kohl, der Mitarbeiter anbrüllt und unvermittelt duzt, wen er auszuzeichnen wünscht, ist May einer von den Geißler-Leuten, also fast ein Gegner, und das Schlimmste ist: Zu den Aufgabengebieten von May gehören die Finanzbuchhaltung und das parteiinterne Rechnungswesen.

Zwei oder drei Monate nach Mays Arbeitsbeginn schickt der Vorsitzende einen Vermerk ins Adenauer-Haus und beklagt sich beim Generalsekretär, daß offenbar eine große und teure Umzugsaktion im Haus wegen eines neuen Hauptabteilungsleiters stattgefunden habe. Damit ist May gemeint, dessen Umzug 2 930 Mark gekostet hat: Möbelpacker mußten ein paar Schränke umbauen. Kohl bekommt von Geißler einen Rückvermerk. Er solle sich nicht um ein paar Tausender kümmern, wenn gleichzeitig sein riesiges Parteivorsitzendenbüro, in dem sich Kohl kaum jemals blicken läßt, gerade für 95 000 Mark umgebaut wurde. Vermerk und Rückvermerk muten ein bißchen kleinkariert an, aber die Bundes-CDU steht meist kurz vor der Pleite, und im Adenauer-Haus war schon lange Gesprächsstoff, daß die Partei für den Vorsitzenden auch ein großes, teures Privathaus bei Bonn anmieten mußte. Außerdem hat der Parteivorsitzende ein offizielles Verfügungskonto, das pro Jahr mit 80 000 bis 100 000 Mark gespeist wird.

Kohls Gewohnheiten verschlingen Geld: In Wahlkampfzeiten fuhr Adenauer einst im Salonwagen 10 205, der eine Warmwasseraufbereitung für das Wannenbad hatte, durch Deutschland. Kohl fliegt leidenschaftlich gern mit dem Hubschrauber, und diese Passion war nie billig. Schon für einen kurzen Hupfer vom Kanzleramt nach Hange-lar oder Köln/Wahn (die Autofahrt würde allenfalls eine halbe Stun-de dauern) steigt Kohl in den Helikopter, und die CDU muß jedes-mal mindestens 2 000 Mark zahlen, wenn der Trip in Zusammenhang mit Parteiangelegenheiten steht. May fertigt darüber umfangreiche Vermerke. 1986 landet eine dicke Rechnung auf seinem Schreibtisch. Am 29. August sind für Kohl und Anhang sechs Hubschrauber vom Typ »Puma« geordert worden. Mit Fahrer Ecki, Pressesprecher Ackermann, Büroleiter Roik und anderen Getreuen, auch journali-stischen Gefolgsleuten, erkundet der Troß Bayern. Der Ausflug kostet 163 000 Mark, und May spitzt wieder den Bleistift.

Partei- und Staatsausgaben hat Kohl stets streng getrennt. Ihm wäre es, im Gegensatz zu manchen Sozialdemokraten, nicht eingefallen, auf Staatskosten zu Wahlveranstaltungen zu reisen, aber bei der Par-tei kennt er kein Pardon. Er betrachtet die CDU als seinen Laden, vielleicht sogar als sein Eigentum. Wahlkampfkostenetats, die die Bundesgeschäftsstelle aufstellt, sind für ihn nur Makulatur. »Das Wichtigste ist: Wir haben die Wahl gewonnen und wollen die näch-ste wieder gewinnen. Das ist das wichtigste überhaupt«, erklärt der Vorsitzende. Immer schon hat sich die Ideenkraft des Pfälzers weit-gehend darauf beschränkt, bei den nächsten Wahlen erfolgreich zu sein.

Prüfungen für die manchmal exorbitant hohen Kosten für Kohl-Sonderaktionen stoßen ganz oben in der Hierarchie auf Widerstand. Bei einem der vielen Wahlkämpfe in Baden-Württemberg besteht Kohl gegen den Rat der Parteizentrale darauf, daß er nicht vier, son-dern neun Auftritte hat. Viele Besucher müssen auf CDU-Kosten in Bussen herangekarrt werden, um die Hallen zu füllen. »Manche haben an drei Veranstaltungen hintereinander teilgenommen«, sagt Geißler. Für Extratouren des Vorsitzenden muß immer Geld da sein.

May erkennt nach einer Weile, daß das Finanzsystem der Partei verzweigter ist, als er bislang vermutet hat. Fünf, sechs Ausgaben-konten der Partei sind ihm vertraut, zwei Spendenkonten bei der Frankfurter Hauck-Bank auch, und selbst von einem Konto bei einem Geldinstitut der DDR hat er gehört, aber es gibt Abflüsse, die sich keinem dieser Konten zuordnen lassen. Merkwürdige Dinge passieren, die sich May nicht erklären kann. Manchmal sprechen Parteifreunde kleinerer Landesverbände bei ihm vor und bitten dringlich um Gelder, weil sie »besonderen Bedarf« haben. May lehnt ab, weil die klamme Bundespartei finanziell wirklich nicht zu helfen vermag, aber dann löst irgend jemand anders das Problem. »Die Sache ist erledigt«, teilen die Bittsteller dem Hauptabteilungsleiter mit. May kann sich keinen Reim darauf machen. Er addiert 1,7 Millionen Mark Zuschüsse, die in kurzer Zeit auf geheimnisvollen Wegen an Gliederungen geflossen sind. Kohl hat seine geheimen Schatullen geöffnet.

Aufregung löst im Herbst 1987 in der Partei eine Briefaktion des Vorsitzenden aus. Weil im Sommerloch ein Streit um eine Chilereise Norbert Blüms und die wieder einmal verschobene Steuerreform entbrannt ist, besteht Kohl darauf, einen Brief an die Mitglieder zu verschicken, um sie zu beruhigen. Die CDU »ist die große Volkspartei der Mitte, und sie wird es bleiben«, schreibt er, und zur Chilereise Blüms sei »manches Unnötige und Mißverständliche gesagt worden, was unserer Sache nicht genutzt hat«. Lauter Plattheiten. Die enorme Summe der Portogebühren sorgt für Irritationen in der Partei. Die Aktion hat fast 800 000 Mark gekostet, und Kohl wird deshalb auf einer Tagung der CDU-Sozialausschüsse heftig kritisiert. »Das Geld«, verteidigt er sich, »ist nicht aus dem normalen Etat gekommen. Das konnte ich glücklicherweise in einer anderen Weise zusammenbringen. Das war notwendig, diesen Brief zu schreiben. Ich würde es morgen wieder tun.«

Aber woher kam das Geld? Weyrauch bezahlte die Rechnung, und im Rechenschaftsbericht für das Jahr 1987 wird der Betrag unter »Sonstige Einnahmen« verbucht. Im Juni 1988 bespricht May mit Weyrauch, Lüthje und Schatzmeister Walther Leisler Kiep den Fall. Er warnt, die CDU könne mit dem Parteiengesetz in Konflikt kommen. May versteht von der Materie eine ganze Menge, denn er hat von Berufs wegen mit den Schatzmeistern zu tun, und in seiner Doktorarbeit beschäftigte er sich mit Problemen der Parteienfinanzierung. Weyrauch widerspricht ihm heftig; die Sache sei in Ordnung. May bleibt stur. Dann mahnen ihn Weyrauch und Lüthje, daß er sich diesmal raushalten solle, denn er müsse nicht alles wissen. May ist von der schroffen Reaktion der beiden etwas überrascht, da er sich ansonsten mit Lüthje und Weyrauch gut versteht. Er weigert sich, den Rechenschaftsbericht zu unterschreiben, was im Adenauer-Haus für einiges Aufsehen sorgt.

Auseinandersetzungen mit Kohl entzünden sich weiterhin an den ungewöhnlich hohen Ausgaben für Veranstaltungen des Parteivorsitzenden. Im Juni 1988 verfertigt Weyrauch »im Zusammenhang mit nicht unwesentlichen Etatüberziehungen« einen Sonderbericht über die enormen Kosten einer Großveranstaltung mit dem Parteivorsitzenden in der Dortmunder Westfalenhalle, die von dem Wiesbadener Dekorateur und Messebauer Dieter Haupt, einem langjährigen Kohl-Vertrauten, organisiert wurde. Haupt erzielt beim Geschäft mit der CDU Millionenumsätze, und Weyrauch fällt auf, daß der Kohl-Vertraute Karl Schumacher auch in diesem Fall die Rechnung einfach angenommen und ohne Beanstandung gleich zur Zahlung an die Hauptabteilung Verwaltung weitergegeben hat. »Eine Einzelprüfung durch einen Außenstehenden«, notiert Weyrauch , »ist nicht möglich, weil keine Material-, Lohn- und Stundenzettel oder sonstige Unterlagen vorliegen. Laut Auskunft lagen sie bei Rechnungserstellung und Prüfung vor.« »Größere Aufträge«, empfiehlt er, sollen künftig »nur aufgrund von Ausschreibungen und zu Festpreisen vergeben werden«. Immerhin reduziert der Kohl-Freund Haupt seine Forderungen um 200 000 Mark und organisiert eine Kanzlerfete – diesmal als One-Dollar-Man.

Der Vertrag mit May wird nach der Verbannung Geißlers »einvernehmlich auf Wunsch der CDU« zum 30. Juni 1990 aufgelöst, aber bereits mit Wirkung vom 1. November 1989 ist der störrische Hauptabteilungsleiter von der Arbeit freigestellt. Weyrauch regelt die Abfindungskonditionen, Rühe unterzeichnet den Auflösungsvertrag, und Mays Nachfolger wird Terlinden, der Kohl garantiert keinen Ärger macht.

Nach dem Abgang Mays, den Kohl »einen der Hauptagenten für Geißler« nennt, hat der Vorsitzende noch eine Rechnung offen: May sucht einen neuen Job und bekommt von drei renommierten Headhuntern Angebote für interessante Projekte (darunter auch welche im Ausland); doch merkwürdigerweise brechen die erfolgreich anlaufenden Gespräche jeweils abrupt ab. Jemand, der ganz oben sitzt, zog die Bremse. Um mit Renegaten fertig zu werden, genügt manchmal ein Anruf, und Kohl hat ein dickes Notizbuch mit vielen wichtigen Nummern. May wird klar, daß er »eine Stelle finden muß, die für die Krake nicht erreichbar ist«. Der Christdemokrat hält sich eine Weile bedeckt und wird dann Geschäftsführer einer Beratungsfirma, die nicht im Blickfeld der Bonner liegt.

Dubbes

Als Helmut Kohl 1973 Parteivorsitzender in Bonn wurde, bat er den Schatzmeister Walther Leisler Kiep zu einem vertraulichen Gespräch. Er fragte den Kassenwart, über wieviel Geldreserven die Partei verfüge. Kiep hat ihm geantwortet, die CDU sei blank, denn auf der Bank waren nur die Schulden ansehnlich. Die Antwort hat den Parteivorsitzenden verschreckt und auch nachdenklich gestimmt.

Als sein Rivale Strauß 1976 nach dem Treffen in Kreuth mit der Sezession drohte, spielte Kohl den starken Mann. Dann werde die CDU, drohte er, auch in Bayern einmarschieren. Seine Leute schwärmten aus, um nach geeigneten Büros für den CDU-Landesverband Bayern Ausschau zu halten. Aber ein Neuaufbau in einem so weitflächigen Bundesland verschlingt Unsummen: Parteimitarbeiter müssen eingestellt, Häuser gemietet, eine Infrastruktur muß geschaffen werden. Dafür wäre der Einsatz von Abermillionen Mark notwendig gewesen.

Kohl erkundigte sich wieder nach der Kasse, und die Auskunft fiel ähnlich aus wie drei Jahre zuvor. Die Partei habe keinerlei Reserven, sie könne es sich gar nicht leisten, im Freistaat einzumarschieren. Das war, so ein Gewährsmann, »für den Vorsitzenden ein traumatisches Erlebnis«. In dem Augenblick sei ihm klar geworden, daß er im Ernstfall gar nicht hätte losziehen können, seine Ankündigung hätte sich als Bluff herausgestellt. Von nun an habe für ihn festgestanden, daß er künftig Geld für alle Fährnisse des Parteilebens bunkern müsse – ähnlich wie die Mutter es gemacht hat, als sie im Vertiko die Dose mit dem »Dubbes« versteckte.

Die Sorgen Kohls aus jenen Tagen, die Furcht, mit leeren Taschen dazustehen, haben die heimlichen Zuhörer von der Stasi, die Kiep und Lüthje permanent abhörten, auf Tonbändern protokolliert, aber die Auswerter konnten die Botschaft sicherlich nicht verstehen: Der Vorsitzende habe gefragt, berichtete Kiep laut einem Stasiprotokoll aus dem Jahre 1976 seinem Generalbevollmächtigten, ob »wir noch irgendwo irgendwas beiseite« geschafft haben. Er habe davon gehört, brummelte Lüthje. Als dieser Dialog im Jahr 2000 veröffentlicht wird, mutmaßen einige Journalisten fälschlicherweise, es sei um heikle Angelegenheiten in der Schweiz gegangen.

Von Transparenz und Offenheit bei den Finanzen hat Kohl wenig gehalten, wenngleich er sich öffentlich anders äußerte. »Nach unseren Spendenrichtlinien«, dozierte er, »sind alle Parteimitglieder verpflichtet, empfangene Spenden an eine Parteigliederung abzuliefern.« Alle »Spenden für die Bundespartei stehen zur Verfügung der Schatzmeisterei der CDU« – coram publico existieren keine schwarzen Kassen, aber welcher Herrscher hat nicht irgendwo eine kleine Schatulle? Macht war für Kohl stets ein unwiderstehliches Aphrodisiakum, aber kann ein Politiker überhaupt mächtig sein, wenn er nicht auch freihändig über Gelder verfügen kann? Oder ist so einer nicht eher ein mit tausend Fäden gefesselter Gulliver?

Kohl lernt rasch, wie geschickt auch in Bonn heimlich Geld verschoben wird. Im Kanzleramt von Helmut Schmidt gibt es eine schwarze Kasse für Auslandseinsätze der Parteien. Nach dem Zusammenbruch der faschistischen Diktaturen in Spanien und Portugal sorgen sich die Amerikaner, daß die Kommunisten die Südwestflanke der NATO überrollen könnten. US-Außenminister Henry Kissinger reist 1974 an den Rhein und verlangt von den Deutschen Abwehrmaßnahmen. Schmidt übergibt die Angelegenheit seinem Kanzleramtschef Manfred Schüler, der den Bundesnachrichtendienst (BND) ins Spiel bringt. Aus dem Etat der Pullacher werden – abgestimmt mit Kohl, Genscher und Strauß – im Laufe der nächsten Jahre bei der Operation »Polyp« 50 Millionen Mark für geheime Aktionen der Parteien abgezweigt. Eingeweiht sind auch drei weitere besonders vertrauenswürdige Mitglieder des Bundestages und der Präsident des Bundesrechnungshofs.

Kuriere des BND bringen die Geldbündel in deutscher und amerikanischer Währung, zumeist gebrauchte Zwanzigdollarnoten, ins Kanzleramt, wo das Geld den Emissären der Parteien übergeben wird. Für die CDU spielt Kiep den Geldboten. Er meldet sich bei Schüler, sackt das Bargeld ein und schafft es zu Lüthje. Auf konspirativen Wegen wird es dann nach Luxemburg gebracht und auf einem Konto bei der Hauck-Bank eingezahlt. Die Wege des Geldes lassen sich nur schwer nachvollziehen; etliche Millionen gelangen auch nach Süd- und Mittelamerika. Kiep bringt einen Teil des Geldes selbst nach Lissabon und deponiert es im Tresor des deutschen Botschafters. Als er in sein Hotelzimmer zurückkehrt, stellt er fest, daß das Zimmer durchwühlt wurde. Wer wußte noch von dem Geld?

Zwischen der CDU und der CSU gibt es heftigen Streit über die Vergabe der Gelder. Strauß protestiert bei Kiep, daß die christdemokratische Partei in Chile Gelder bekommen habe. Der »infame Lügner Frei« (Vorsitzender der DC) dürfe »keinen Pfennig erhalten«. Auch die christdemokratische Partei in Portugal, die mit den Sozialisten gemeinsame Sache mache, müsse klein gehalten werden. Kohl hält sich aus diesem außenpolitischen Zwist heraus, aber erkundigt sich immer wieder, ob die Unterlagen über die Transfers sicher verwahrt würden.

Lüthje und Weyrauch haben einen Panzerschrank bei der Schweizerischen Bankgesellschaft in Zürich angemietet. In dem mannshohen Safe werden auch Angaben über anonyme Transfers und die Aufzeichnungen über die Finanzströme der Staatsbürgerlichen Vereinigung aufbewahrt. Bis heute ist ungeklärt, ob die vielen Millionen aus dem Haushalt des BND tatsächlich vollständig im Ausland gelandet sind.

In den siebziger Jahren hat Kohl offenkundig damit begonnen, selbst Gelder für eigene Aktionen zu sammeln. Darauf deutet hin, daß seine Vertraute Juliane Weber in seinem Auftrag Gelder bei

Flick abholte, die für Landesverbände oder auch Gefolgsleute Kohls bestimmt sind. Der frühere Flick-Manager Eberhard von Brauchitsch erklärt im Juni 2000 vor dem Berliner Untersuchungsausschuß, daß Kohl in den siebziger Jahren außerhalb des offiziellen Rechenwerks der Partei über Gelder verfügte. Kohl habe ihm gelegentlich erzählt, daß damit »parteiinterne Aufgaben« erledigt worden seien – eine Umschreibung für die Unterstützung der Treuen und den Ausbau der eigenen Position in der Partei. Nach Gutdünken hat auch sein Vorbild Adenauer die Gelder zur Bekämpfung der Gegner und Förderung der Freunde eingesetzt. Der Umfang der Transaktionen für Kohl liegt im Nebel, aber es scheint wenig wahrscheinlich, daß der Parteivorsitzende nur von Flick ausstaffiert wurde. Die regelmäßige persönliche Alimentierung war in Bonn gängige Praxis, nicht nur der Düsseldorfer Flick-Konzern hat die Bonner Landschaft besonders gepflegt. Die »unmittelbare Unterstützung« von Politikern, erklärt offenherzig Georg Büchner, damals Präsident des Gesamtverbandes der Deutschen Versicherungswirtschaft, sei »der Weg unzähliger Branchen«. In jenen Jahren drängelten sich die Verbände und Konzerne, mit dem Anwärter aufs Kanzleramt ins Gespräch zu kommen.

Der »Enkel Adenauers« zog sich am 1. Oktober 1982 den Bratenrock an, um vom Bundespräsidenten die Ernennungsurkunde entgegenzunehmen; er versprach im Parlament eine »geistig-moralische Wende« und mahnte »Stil und Würde« an. Wenige Tage nach den Feierlichkeiten soll er Lüthje gebeten haben, sich mit einem Parlamentarischen Geschäftsführer der Unionsfraktion zu treffen. Bei dieser Gelegenheit, so ein Gewährsmann, seien Lüthje »sechs Millionen Mark auf den Tisch geblättert« worden. Die Millionen hätten aus einer Fraktionskasse gestammt und sollten fortan Kohl zur Verfügung stehen. Um die Spuren zu verwischen, habe Weyrauch damit begonnen, ein System von Treuhandanderkonten – Konten, auf denen Geld treuhänderisch für jemand anderen verwahrt wird – mit vielen verwirrenden Kontobeziehungen zu installieren. Außerhalb der normalen Kassenbuchführung habe es zuvor nur das Konto in der Schweiz und das Sonderkonto für die Gehälter der wichtigsten Parteiangestellten gegeben. Weyrauch und Lüthje geben dazu keine

Erklärung ab, aber die Vertrauensperson ist kenntnisreich und glaubwürdig.

Für Puristen handelt es sich bei der Umwandlung der Sechsmillionenspende um die zweckwidrige Verwendung einer von Abgeordneten angefüllten Fraktionskasse. Die Parlamentarier hatten Staatsgelder bekommen, die nur für Fraktionszwecke wie etwa Sozialfonds verwendet werden durften. Die Weitergabe an die Partei oder gar eine einzige Person ist strenggenommen ein Rechtsbruch. Aber was bedeuten schon Recht und Gesetz im Morast der Parteienfinanzierung?

Im selben Jahr wurde von Weyrauch und Lüthje in Vaduz bei Batliner eine Stiftung namens »Norfolk Foundation« gegründet, die alle Transaktionen in der Schweiz kaschieren soll. Die Stiftung haben die beiden nach einem Kriegshafen im amerikanischen Bundesstaat Virginia benannt. »Dr. Kohl«, so Lüthje, sei »über die Stiftung als solche und deren Einzelheiten« nicht informiert gewesen. Norfolk trat als Mieter des Safes in der Schweiz und auch als Eigentümer des Kontos bei der Schweizerischen Bankgesellschaft auf. Selbst die Schweiz schien ihnen ohne liechtensteinische Abschirmung nicht mehr sicher genug – die Parteispendenaffäre eskalierte, und die Akteure wurden noch vorsichtiger.

Nach Lüthjes Darstellung hat er am 2. April 1984 ein damaliges Siemens-Vorstandsmitglied in der Halle des Hotels Bayerischer Hof in München getroffen. Der Manager habe ihm bereits zuvor am Telefon erklärt, daß der Konzern seine Spendenzahlungen an politische Parteien neu regeln wolle. Das Unternehmen wolle – anders als andere Großunternehmen – die Spenden nicht offen deklarieren. Damals liefen die Parteispendenermittlungen auf Hochtouren, und in den Konzernen machten die Aktionäre Ärger wegen der Zahlungen an Parteien. Lüthje hat über dieses Treffen in München später vermerkt: »Statt dessen könnten wir einplanen, daß wir zukünftig von Siemens jährlich eine Spende von einer Million erhalten würden, die aber in bar in Zürich ausgezahlt beziehungsweise übergeben würde – unter der entscheidenden Voraussetzung, daß dieser Vorgang absolut anonym bliebe. Ich sicherte das zu.« Was nicht in dem Vermerk steht:

Der Manager soll erklärt haben, daß es sich um Geld für Schmiergeldzahlungen im Ausland handele, was wegen der Abzugsfähigkeit ein steuerlicher Vorteil für Siemens sei.

Wie Lüthje behauptet, hat der Schatzmeister Kiep in den späten achtziger Jahren, als die Ermittlungen immer noch liefen, in der Schweiz Gelder von Siemens in Empfang genommen. Nach Schätzung von Lüthje lag die Summe bei »wahrscheinlich acht, wenn nicht gar neun Millionen Mark«. Eine Million habe er, Lüthje, selbst kassiert. In einem feinen Hotel habe er bei einem Geschäftsessen einen Emissär von Siemens getroffen. Der habe ihm eine Million in bar in einer Tasche überreicht. Am 13. Juni 1984 wurden auf dem Konto 512.041.01 Y der Schweizerischen Bankgesellschaft 916 850 Franken bar eingezahlt. Das könnte Lüthjes Million sein. An eine Begegnung mit Kiep könne er sich besonders gut erinnern. Im Hotel Dolder habe er den Schatzmeister getroffen; der habe die Bettdecke gelüftet, unter der sich Bündel von Geld befanden – angeblich wieder gespendet von Siemens. Später, im Jahr 2000, wird Kiep bestreiten, jemals von Siemens in der Schweiz oder anderswo Gelder bekommen zu haben. Auch Siemens weiß angeblich nichts von den Millionengaben. Warum und wofür der Konzern in der Schweiz möglicherweise Millionen aus schwarzen Kassen an die CDU gezahlt haben soll, ist Spekulation. Helmut Kohl soll einen Teil der in der Schweiz gesammelten Millionen zur eigenen Verwendung erhalten haben. Ebenso wie Kiep dementiert er allerdings, jemals von den angeblichen Siemens-Zahlungen erfahren zu haben.

Nicht einmal in Umrissen wird erkennbar, mit wieviel Geld Kohl all die Jahre hantieren konnte, ohne die zuständigen Gremien einzuweihen, und wem er es gegeben hat. Die Wirtschaftsprüfungsgesellschaft Ernst & Young hat im März 2000 eine Untersuchung über Weyrauchs Treuhandanderkonten in den Jahren 1989 bis 1992 vorgelegt. Die Geldbewegungen hätten »nur teilweise nachvollzogen werden können«. Kontoauszüge seien verschwunden, Transaktionen bar ausgeführt worden, ohne daß dafür Belege vorlägen. »Häufig wurden Konten ausschließlich zu dem Zweck eröffnet, Beträge bar einzuzahlen und sodann durch eine Überweisung weiterzuleiten. Im

Anschluß daran wurde das Konto wieder gelöscht.« Auch nach der »Zuordnung von Bareinzahlungen zu Auszahlungen von anderen Konten« blieben Zahlungseingänge übrig, die sich »nicht aus dem Kontenkreislauf erklären lassen«. Profis haben die Spuren verwischt. Den Wirtschaftsprüfern ist für die vier Jahre die Herkunft von rund 13,7 Millionen Mark unklar geblieben. Bei der Spurensuche ist ihnen allerdings auch der verbliebene Restbetrag aus der alten Fraktionskasse in Höhe von rund anderthalb Millionen Mark entgangen. Sie wußten nichts von dem geheimen Topf. Mit den normalen Methoden von Wirtschaftsprüfern, so scheint es, ist dieser Fall nicht zu lösen. Die Herkunft und Verwendung von mindestens 20 Millionen Mark in der Amtszeit des Parteivorsitzenden Kohl sind ungeklärt.

Die von den Beteiligten geübte Konspiration macht die Aufklärung nicht einfacher. Von Geheimdiensten hat Kohl nie viel gehalten, aber er pflegte ein abgeschottetes System wie ein Nachrichtendienstler: »Only-what-you-need-to-know« heißt das im Jargon. Wenn Lüthje bei ihm im Zimmer war, um die Details von Transaktionen zu besprechen, vergewisserte sich Kohl, daß beide Türen geschlossen waren. Selbst gegenüber der Büroleiterin war er sehr vorsichtig und wechselte das Thema, wenn Juliane Weber reinschaute. »Eine sich über Jahrzehnte erstreckende Zusammenarbeit bringt es natürlich mit sich, daß man zwar einiges, aber nicht alles voneinander weiß«, sagt Juliane Weber am 8. Juni 2000 vor dem Berliner Untersuchungsausschuß. Sie könne »nicht beurteilen, ob durch Spenden oder sonstige Zuwendungen politische Sachentscheidungen beeinflußt wurden«. Es gehöre zu den Klischees, »Juliane Weber wisse alles von und über Helmut Kohl«.

Kohl hatte auch vor Lüthje und dessen Kompagnon Weyrauch Geheimnisse. Offenbar sammelte Kohl auf verschiedenen Wegen Geld, und niemand außer ihm sollte alles wissen. Selbst bei Kleinigkeiten war er auf der Hut. Im Juli 1992 bekam Lüthje einen Anruf auf dem Handy. Juliane Weber war am Apparat: »Ich stelle durch, keine Namen nennen.« Kohl war in der Leitung. »Wo sind Sie?« »Im Auto.« »Ist nichts fürs Auto.« Als Lüthje den Parteivorsitzenden aus Frankfurt anrief, ging es um eine ziemlich undramatische Angelegenheit. Was da als geheime Kommandosache behandelt wurde, war eigentlich profan. Weil er zehn Jahre im Amt war, wollte der Kanzler unbedingt eine Kanzlerillustrierte unters Volk bringen. Lüthje schätzte die Gesamtkosten einschließlich Versand auf 1,2 Millionen Mark. »Wir haben doch noch was«, soll Kohl gesagt haben. Wenn die Summe publik werde, so Lüthje, gebe es in der Partei Ärger. Aber die Feier seiner selbst war Kohl eine Menge wert. Er benutzte Geld, um sich selbst wuchtig in Szene zu setzen.

Mitterrand

Keinem anderen Staatsmann fühlte sich Kohl so verbunden wie dem französischen Präsidenten François Mitterrand. Beide unterhielten sich stundenlang über Geschichte, beide waren sehr belesen, und Kohl fand bewundernswert, wie der viel elegantere Sozialist, der 1981 zum Präsidenten gewählt worden war, seine eigene Biographie als Staatenlenker inszenierte. Häufig redet er in Präsidiumssitzungen über seinen Freund Mitterrand, mit dem er »Europa als unser gemeinsames Vaterland« entworfen hätte. »Mitterrand, Mitterrand«, stöhnt ein langjähriger treuer Kohl-Gefährte: »Immer ging es um Mitterrand.« Helmut und François – das Bild an den Gräbern von Verdun hat sich eingeprägt wie einer früheren Generation das der alten Herren Adenauer und de Gaulle an der Kathedrale von Reims. Sie haben die deutsch-französische Partnerschaft vorangetrieben und sich gegenseitig geholfen.

Als Kohl in seinen frühen Kanzlerjahren wegen des NATO-Doppelbeschlusses in Bedrängnis geriet, wurde er von Freund Mitterrand mit einer großen Rede, einem wahren Kohl-Plädoyer, im deutschen Bundestag verteidigt. Die beiden, von denen man dachte, daß sie unterschiedlicher nicht sein könnten, standen sich wirklich sehr nahe. Als der todkranke Mitterrand in Baden-Baden einen Medienpreis empfing, war Kohl zur Stelle. Beide sprachen lange miteinander, Kohl erzählte seine Geschichten, und Mitterrand schien noch einmal aufzuleben. Kurz darauf, Anfang 1996, starb er, und Kohl hat bei der Trauerfeier echte Tränen vergossen.

Imponiert hat ihm auch der zweite Mitterrand: der, der alles durfte, was Kohl nicht erlaubt war. Staunend erzählte der Kanzler seinen Leuten etwa, daß der französische Präsident am Jahresende seinen engen Mitarbeitern Umschläge mit Geld aus staatlichen Schatullen zustecke und niemandem darüber Rechenschaft ablegen müsse. In Deutschland interessiert sich der Bundesrechnungshof für jede Ausgabe, und solche Kontrollwut, so Kohl, sei im Nachbarland unvorstellbar. »Selbstverständlich«, erzählte er bei anderer Gelegenheit, dürfe die Frau des Staatspräsidenten bei Exkursionen ein Regierungsflugzeug ordern, und verwies sogleich auf die Beschränkungen, denen er unterlag. Als einer seiner Söhne in Italien schwer verletzt im Krankenhaus lag, ist die Familie Kohl mit einer Maschine zu dem Jungen ans Krankenbett geeilt, und der Kanzler mußte die Flugkosten selbst tragen. Die Machtfülle des Franzosen gefiel ihm in vielerlei Beziehung. »Er hätte am liebsten«, sagt eine Präsidin der CDU, »ein kleines Schlößchen gehabt, gar nichts Großes, damit er einfach so dreißig Mann einladen konnte.«

Bevor der Bundestag am 20. Juni 1991 über die künftige Hauptstadt abstimmte, hat Kohl Mitterrand gefragt, ob der für Bonn oder Berlin sei. »Berlin natürlich«, hat der Franzose geantwortet, auch zum Zweck der nationalen Repräsentation müsse Berlin die Hauptstadt sein. Geschichte zum Anfassen – Kohl spricht mit Architekten, besichtigt Modelle, studiert Pläne und beklagt sich über die engen Regeln für die Planer und die vielen Ausschreibungen. Als über den deutschen Pavillon auf der Expo im Präsidium geredet wird, verlangt er, daß auf jeden Fall ein deutscher Architekt den Zuschlag bekommen müsse. Auf das Stichwort »Architektenwettbewerb« reagiert er mit einem Verweis auf Mitterrand. Ob irgend jemand glaube, sein Freund würde bei einer solchen Sache von nationaler Bedeutung einen Architektenwettbewerb ausrufen. Das sei doch eine Frage des Selbstbewußtseins eines Landes.

Der französische Präsident hätte die deutsche Regelungswut tatsächlich nicht verstanden. Vor allem während seiner zweiten Amtsperiode (1988–1995) hat er sich als jemand stilisiert, der über allem Profanen schwebt. Der greise Feldherr hatte seine »kleinen Soldaten«, wie er sie nannte, an die richtigen Plätze bugsiert. Er pflegte seine Gehilfen, die in rauhen Zeiten zu ihm gehalten hatten, auch materiell zu belohnen, bedachte sie mit mancherlei Pfründen und versorgte die Freunde im Lande gezielt mit Barem.

In Frankreich besteht ein fast undurchdringliches Geflecht aus Politik, Finanzen und Industrie. Genossen, die etwa an der Spitze der studentischen Versorgungskasse Mnef stehen, bedienen ihrerseits verdiente Parteimitglieder. Firmen haben Mitarbeiter aller Parteien auf ihrer Pay-roll, sie bezahlen Autos für treue Parteileute; Mieten in unbezahlbaren Lagen kosten Parteigranden nur symbolische Summen, und 1996, im Todesjahr des großen Staatspräsidenten, wird im Departement Essone eine Anleitung mit den Namen der »zuverlässigen« Firmen gefunden: Zuverlässig ist, wer vom Auftragsvolumen anderthalb Prozent an den Bürgermeister und ein Prozent an das Departement zahlt. Keine französische Partei von Bedeutung verzichtet auf illegale Finanzierung: Bei öffentlichen Aufträgen werden Studienbüros zwischengeschaltet, die ihre Vergütung für fiktive Arbeiten an die Parteien weiterleiten.

Mitterrand beherrschte diesen Apparat meisterhaft, aber auch die sozialistische Partei des anderen großen Kohl-Freundes, des Spaniers Felipe Gonzalez, hat ein Netz von Tarnfirmen gegründet und über Genfer Banken ihren Apparat finanziert. »Immer wenn ich mit Felipe Gonzalez sprach«, schreibt der spanische Schriftsteller Manuel Montalban, »bemerkte ich geradezu königliche Bewunderung für Kohl; daher rührt meine Folgerung, daß Staatsmänner Mitglieder eines privaten Clubs sind, mit einer internen Logik, die von eigenen Standesregeln geleitet wird. Sie beanspruchen den Zugang zu höheren Ebenen der Wahrheit, und sie haben Entscheidungen für das Wohl von Millionen Menschen getroffen: Welche Legitimation also besitzen ›die anderen‹, um sie zur Rechenschaft zu ziehen?«

Wie bei anderen politischen Freunden auch, nutzt Kohl Mitterands Besuche in Deutschland, um ihm die rheinland-pfälzische Eßkultur vorzuführen. Normalerweise werden hohe Gäste in den »Deidesheimer Hof« geladen, dessen Küche Helmut Kohl besonders empfehlen kann. Er schätzt Knödel, Würste, Schweinebraten und natürlich auch Saumagen – eine Mischung aus Kartoffeln und Schweinemett, die in einen Schweinemagen gefüllt wird. Wenn er in Ferien mit seinem Trupp unterwegs ist, lädt er die Begleiter gern zu einem deftigen Essen ein, und wenn die anderen ihre Mahlzeit nicht aufessen, kann es passieren, daß er hinüberruft: »Maître, schaffen Sie es nicht? Dann her damit.« Beim Essen ist er ein Schlinger und Würger, der den Appetit gern als Beleg für seine Lebenskraft vorführt. Im Gegensatz zu den meisten anderen Politikern hat Kohl stets Bargeld dabei und lädt selbst ein, geizig ist er nicht. Selbst bei Wahlkampfeinsätzen legt er schon mal eine Vesper ein, säbelt die Wurst vom Stück herunter und verteilt sie persönlich an seine Freunde.

Abends im Kanzlerbungalow versammelt er Runden, um »dann mal unter Männern Tacheles zu reden«, einen sauren Wein zu schlotzen und gut zu essen. Als Kohl 1982 die Richtlinienkompetenz bekommt, ist es eine seiner ersten Amtshandlungen, einen ordentlichen Weinvorrat anzulegen und Kühlschränke einbauen zu lassen. Der Philosoph Elias Canetti hat für diesen Politikertypus den Begriff des »Meistessers« eingeführt: »Es gibt Gruppen, die in einem solchen Meistesser ihren Häuptling sehen. Sein nimmer gestillter Appetit erscheint ihnen als eine Gewähr dafür, daß sie selber nie lange Hunger leiden werden. Sie verlassen sich auf seinen gefüllten Bauch, als hätte er ihn für sie alle mitgefüllt.« Kohl wuchert zu jeder Tageszeit mit seinen Pfunden und langt kräftig zu. In vorgerückter Stunde kann es passieren, daß er einen Gegner fürs Armdrücken sucht.

Helmut Kohl, Schuhnummer 46, hat den Paßgang eines Elefanten: Macht er einen langen Schritt, müssen die anderen zwei machen. Auf den Pfaden zwischen Eußerthal und Sankt Martin im Pfälzer Wald stapft er oft bei Wanderungen mit Freunden vorweg, und die Nachhut müht sich Schritt zu halten. Nur selten schlendert er, meist stürmt er voran – die Walz aus der Pfalz. Kohl ist größer als die meisten anderen und sich dessen stolz bewußt. Seine Massigkeit setzt er ein, um die Widersacher einzuschüchtern und den Freunden Stärke und Zuversicht zu vermitteln. Manchmal wird er ganz rabiat. In großer Runde kann es passieren, daß er Mitarbeiter unvermittelt anbrüllt, er duzt manchmal auch Fremde und ruft sie beim Nachnamen: »Komm mal her.« Als Ranschmeißer ist er unerreicht, vor seinem Schulterschlag ist niemand sicher.

Einmal im Jahr, meist um Ostern herum, macht er sich zu einer zweiwöchigen Fastenkur nach Bad Hofgastein ins Kurhotel St. Georg auf. Meist gemeinsam mit dem Fahrer Eckard Seeber macht er eine Fastenkur nach der Lehre des Dr. Franz Xaver Mayr. Ziel einer Mayrschen Kur ist es, den Körper von Schlacken und Giftstoffen über Darm, Nieren und Haut zu entgiften. In den ersten Tagen der Diät gibt es auch für den Meistesser nichts zu vertilgen: Beim Teefasten wird Honig in Tee aufgelöst und dann löffelweise »gegessen«. Morgens wird Bittersalz auf nüchternen Magen getrunken, das reinigt den Darm. Tagsüber gibt es literweise Mineralwasser. Nach einiger Zeit werden auch zwei bis drei Tage alte Semmeln gereicht. Sie sind zumeist aus fein gemahlenem und gesiebtem Dinkelmehl zubereitet und in zwölf Scheiben geschnitten. Jeden Tag eine Semmel: Die eine Hälfte morgens zum Frühstück, die andere ist das Mittagessen. Jede Scheibe soll etwa fünfzigmal gekaut und eingespeichelt werden, damit auch Schlinger und Würger wieder Eßkultur lernen. Kohl hält sich bei der Kur immer strikt an die Regeln, wandert tüchtig und läßt sich nicht verführen. Als ihn Schäuble einmal bei einer Kur besucht, bittet Kohl ihn, er solle doch ein Stück Pflaumenkuchen bestellen. Der Kanzler will nur mal daran riechen und stellt die Torte dann brav zurück. Und das Schönste ist: Wenn die Kur vorbei ist, darf wieder gesündigt werden.

Schmiergeldmaschine der Französischen Republik ist der staatliche Ölmulti Elf Aquitaine, bei dem Bestechung zur Unternehmenskultur gehört. In der kurzen Amtszeit des Präsidenten Loik Le Floch-Prigent (1989–1993) sollen 1,2 Milliarden Mark an sogenannten Kommissionen in dunklen Kanälen versickert sein. Die Summen wurden am Jahresende dem Finanzminister und Mitterrand mitgeteilt, allerdings sollte selbst der Präsident nicht die Namen der Empfänger erfahren. Doch welche Regel war für Mitterrand schon verbindlich? Der bärtige Bretone Le Floch gilt als Meister der verdeckten Konten und der einfühlsamen Einflußnahme. Sein Konzern finanziert einem französischen Minister sogar eine Mätresse, die ihn zum Wohle des Konzerns umsorgt. Ein Unternehmen für alle Fälle.

Elf hat Ambitionen im Osten, und da trifft es sich, daß Helmut Kohl am 12. Mai 1991 den Arbeitern im Chemiedreieck zwischen Leuna, Halle und Bitterfeld verspricht, den historischen Standort, an dem auch die Ludwigshafener BASF einmal produziert hat, auf jeden Fall zu erhalten. Er gebe den Arbeitern sein Wort. Der französische Staatspräsident nimmt das Staatsunternehmen Elf in die Pflicht, sich zu bewerben; Le Floch muß Mitterrand regelmäßig rapportieren. Der Staatspräsident will seinem Freund helfen, denn wenn Leuna nicht gerettet wird, gehen im Osten Tausende von Arbeitplätzen verloren. Der Kanzler der Einigung hat aber »blühende Landschaften« versprochen, und 1994 stehen Bundestagswahlen an – Kohls Wiederwahl ist nicht sicher. Mitterrand wiederum braucht den verläßlichen Partner, um den europäischen Einigungsprozeß voranzubringen, und Frankreich möchte auch seinen Anteil bei der Integration Ostdeutschlands demonstrieren.

Geschäftlich scheint Leuna, auf den ersten Blick zumindest, keine gute Investition zu sein. Weil die Anlagen museumsreif sind und die ökologischen Altlasten auf mindestens 400 Millionen Mark beziffert werden, sollen Investoren auch das begehrte Netz der rund tausend Tankstellen des Monopolisten Minol bekommen. Als Beigabe werden Subventionen in Milliardenhöhe und Staatsbürgschaften gewährt. Zunächst melden sich acht Bewerber, dann gibt es nur noch vier ernsthafte Interessenten und am Ende zwei: ein von BP geführtes Konsortium und Elf/Thyssen. BP will die alte Raffinerie modernisieren und erweitern und die Minol-Tankstellenkette aufteilen. Elf will die Raffinerie neu aufbauen und die Tankstellenkette behalten. In Branchenblättern wird der Verkauf an Elf »volkswirtschaftlich als die schlechteste aller Alternativen« beschrieben, weil hohe Subventionen anfallen würden.

Den geplanten Kauf bereitet Elf nach dem üblichen Muster vor: Eine Scheinfirma wird gegründet, und ein Trupp von Beratern schwärmt aus. Eine der Schlüsselfiguren ist der ehemalige Geheimdienstler Le Blanc Belleveaux, der den Korsen André Guelfi, einen Geheimdienstkollegen aus früheren Tagen, anheuert. Auf deutscher Seite sichert sich Chefunterhändler Belleveaux die Dienste von Dieter Holzer, Jahrgang 1942. Der zumeist in Monaco lebende Geschäftsmann wurde im Saarland geboren und hat den Tierfettbetrieb des Vaters ausgebaut. Holzer ist ein weltläufiger Mann, der die besten Steuerplätze und einige der interessantesten Leute auf dem Globus kennt. Bei Nelson Mandela in Südafrika war er geladen, und seine Tischdame war Lady Di; Holzer hat gute Verbindungen zur Kohl-Regierung und gehörte zu den engen Freunden von Franz Josef Strauß. Der Lobbyist, der auch auf SPD-Parteitagen auftaucht, geht in Bonn und dann in Berlin ein und aus und verfügt zeitweise sogar über einen Bundestagsausweis.

Sicherheitskreisen sind früh seine exzellenten Verbindungen in den Nahen Osten aufgefallen. Er ist mit einer Verwandten des früheren libanesischen Staatspräsidenten Amin Gemayel verheiratet und trägt den Titel eines Honorarkonsuls für den Libanon. Unter dem Decknamen »Baumholder« ist Holzer für den deutschen Bundesnachrichtendienst (BND) aktiv und öffnet dem Dienst im Nahen Osten manche Tür. Er vermittelt Pullach, das ihn als »Quelle« führt, Kontakte zu einflußreichen Persönlichkeiten, an die der Dienst vermutlich ohne ihn nie herangekommen wäre. Offizieller Mitarbeiter des Dienstes war er, entgegen manchen Gerüchten, zu keiner Zeit.

Im Verbund mit der Thyssen-Handelsunion bekommt Elf von der Treuhand, welche die industrielle Konkursmasse der DDR privatisiert oder liquidiert, den Zuschlag zum Bau. Am 24. Dezember 1992 überweist Elf 256 Millionen Franc auf ein Konto von Guelfis Liechtensteiner Firma Nobleplac. Guelfi behauptet später, Le Floch habe ihm versichert, daß »das Geld dazu da ist, um Provisionen an politische Parteien in Deutschland zu verteilen«. Es sollte »absolut nicht bekanntwerden, daß das Geld von Elf kommt«. Er habe nur mitgemacht, weil es »das Okay von Kohl und Mitterrand« gegeben habe, das Geld zu verteilen. Angeblich sollen rund 13 Millionen Mark bei der CDU gelandet sein, was die Partei heftig dementiert. Einer der früheren Elf-Direktoren, André Tarallo, spricht gegenüber französischen Ermittlern sogar von rund 80 Millionen Mark, die bei der CDU gelandet seien. Die Zahlungsanweisung sei von ganz oben, von Mitterand, gekommen. Belege dafür hat Tarallo nicht. Kohl erklärt, er wisse nichts von solchen Spenden und habe mit Mitterrand auch nie ein Wort über derartige Zahlungen gewechselt. Le Floch behauptet, die Empfänger der Schmiergeldzahlungen nicht zu kennen. Leuna ist eines der großen Rätsel der Parteispendenaffäre.

In groben Umrissen kann zumindest der Strom des Geldes nachgezeichnet werden, das in vielen Währungen fließt. Der Haupthahn ist in Guelfis Nobleplac installiert. Rund 220 Millionen Francs gehen bei der Stand-By-Establishment in Vaduz ein, die sieben Monate zuvor gegründet wurde. Deren Treuhänder Werner und Wolfgang Strub betreuen die Delta International Establishment, die Holzer zugeordnet wird. 161,45 Millionen Francs von Stand-By schwappen in zwei Tranchen auf ein Delta-Konto bei der DSL-Bank in Luxemburg und auf ein weiteres Delta-Konto beim Schweizerischen Bankverein in St. Gallen. Nach einer Weile werden rund 40 Millionen Mark in den Nahen Osten transferiert. 11,25 Millionen Dollar erhält ein Ibrahim Sahyoun, der mit Holzers Frau verwandt ist und dem angeblich Delta gehört. 20 Millionen Mark werden auf ein weiteres Konto im Libanon transferiert, dessen Hintermänner nicht bekannt sind.

60 Millionen Mark werden bei der Stiftung Internationale Finanz-

anstalt verbucht, und auf dieses Konto werden auch 36 Millionen Francs von einer Firma namens Showfast gelenkt. Hinter der Stiftung steht vermutlich der Franzose Pierre Lethier, früher Kabinettsdirektor für zwei französische Geheimdienstchefs, der mit Holzer gut bekannt ist und sich als Vermittler von Waffengeschäften in der Szene einen Namen gemacht hat. Der Beratervertrag mit Holzer wird von dem Elf-Vorstandsmitglied Alfred Sirven unterzeichnet, der manchmal sackweise Bares im Kofferraum seines Autos transportiert. Er gilt als der Haudegen Le Flochs und hat in seiner Jugend mal mit Freunden eine Bank überfallen; angeblich brauchte er das Geld, um einer Krankenschwester zu imponieren.

Die vielen Namen, die Zahlen und die Konten – das alles wirkt schon verwirrend genug. Noch komplizierter macht den Fall, daß es die meisten Akteure als Geheimdienstprofis verstehen, Spuren zu verwischen. Der Deutsche vor allem ist jemand, den man leicht unterschätzen kann. Ein mittelgroßer Mann, der eine fast schon auffällige Unauffälligkeit pflegt. Holzer trägt eine altmodische, viel zu große Hornbrille und sitzt bei Verhandlungen meist schweigend am Tisch. Aber er kennt die richtigen Wege und die wichtigen Leute. Wegen Elf hält er engen Kontakt zum Kanzleramt und schreibt, als die Angelegenheit hakt, auch einmal einen Brandbrief mit der Anrede »Sehr geehrter Herrn Bundeskanzler, lieber Helmut Kohl«. Eine »Intervention auf höchster Ebene« sei geboten, »andernfalls ist die Katastrophe perfekt«. Später ist ihm der vertrauliche Ton etwas peinlich. Der erkläre sich, beteuert er im Januar des Jahres 2000, aus der »überflutenden Freude« über die von Kohl »zustandegebrachte Vereinigung des deutschen Volkes«, aber er habe mit Kohl selbst nie ein Sterbenswörtchen gewechselt. Das Kanzleramt hält den Kontakt mit Holzer für bedeutsam: »Quellenschutz für Herrn Holzer! Nicht zu den Akten« hat ein Beamter quer über einen Brief des Vermittlers geschrieben.

Zusätzliche Investitionshilfen werden verlangt, und es gilt noch immer, beträchtliche Widerstände zu überwinden. Der ehemalige DDR-Unterhändler des Einigungsvertrages, CDU-Bundesverkehrsminister Günther Krause, spricht sich in einem Brief an die Treuhand-Chefin Birgit Breuel sehr deutlich gegen einen Verkauf der Minol-Tankstellen an Elf aus. Holzer lädt den störrischen Krause wenige Wochen später zum Formel-1-Rennen nach Monte Carlo ein, Freund Le Blanc Belleveaux ist auch da. Die Atmosphäre ist freundlich, aber nicht aufdringlich. Krause ändert seine Meinung in Sachen Minol zugunsten von Elf, aber das hat, wie er beteuert, nichts mit Holzer zu tun. Anfang Juni 1992 faßt das Kabinett Kohl den Beschluß zum Verkauf von Leuna inklusive der Tankstellen.

Bis zuletzt hat das Bundeskartellamt den Verkauf der Minol-Zapf-stellen an Elf aus unterschiedlichen Gründen abgelehnt. Ein enger Kohl-Berater, der Kanzleramtsabteilungsleiter Johannes Ludewig, erläutert dem Chef der Behörde, Dieter Wolf, mit Erfolg die Not-wendigkeiten des Lebens. Die Wettbewerbshüter geben den offenen Widerstand auf und halten in einem internen Schreiben lediglich fest, daß die Entscheidung für Elf »ohne Einschaltung des Bundes-kartellamtes« und ohne »vorherige Absprachen mit dem Amt« ge-troffen worden sei. Man habe sich fügen müssen. Im Juli 1992 wird der Hauptvertrag über Leuna paraphiert. Der Kaufpreis liegt bei 720 Millionen Mark, die Treuhand übernimmt Verluste in Höhe von 2,9 Milliarden Mark.

Ein anderer guter Bekannter Holzers, der persönlich haftende Gesellschafter der Assekuranzfirma Gradmann & Holler, Walther Leisler Kiep, ist auch für Elf aktiv. Die Leuna-Werke sind Kunde sei-nes Versicherungsunternehmens, und Kiep will diese Geschäftsver-bindung bei einem Eigentümerwechsel nicht verlieren. Er ist Elf in vielerlei Hinsicht behilflich. So unterrichtet er die Bundesregierung beispielsweise, wie aus einem Vermerk Ludewigs hervorgeht, daß Mitterrand beabsichtige, »das Thema öffentliche Mittel für Raffine-rie-Investitionen aufzugreifen und zu einem positiven Ende zu füh-ren«. In den Unterlagen der eingeschalteten Ministerien finden sich viele Briefe und Vermerke, die Kieps Einsatz belegen. Er habe dafür aber keine Mark bekommen, sagt er.

Nicht ganz so selbstlos agiert die CDU-Politikerin Agnes Hürland-Büning. Die kleine, etwas korpulente Frau, Mutter von vier Kindern und Großmutter von sieben Enkelkindern, hat ein wechselvolles

Berufsleben hinter sich. Die Wohlfahrtsschule hat sie besucht, war Sekretärin und wechselte zu einem Kalksandsteinunternehmen, bei dem sie für Personal und Immobilien zuständig war. Bei der Bundesanstalt für Arbeit ist sie zur Arbeitsvermittlerin umgeschult worden und hat dann mit anderen eine Rehabilitationsabteilung aufgebaut. Ungeachtet eines kurzen Abstechers zur SPD, wird die Westfälin für die CDU aktiv und kommt 1972 als Sechsundvierzigjährige in den Bundestag. Nach einer Zeit als Parlamentarische Geschäftsführerin zieht sie 1987 als erste Parlamentarische Staatssekretärin in der Geschichte der Bundeswehr ins Verteidigungsministerium ein und wird von Geißler als »Mutter Courage der Nation« hochstilisiert. Am 14. Januar 1991 wird sie auf der Hardthöhe mit allen militärischen Ehren verabschiedet und deutet den Lokalblättern in Dorsten, Datteln und Umgebung an, sie könne sich vorstellen, als »One-Dollar-Frau« im Osten beim Aufbau anzupacken.

Dabei hat sie durchaus ein einnehmendes Wesen. Drei Monate nach ihrem Abschied aus der Politik trifft sie Holzer in Düsseldorf und schließt mit dem Manager einen ordentlichen Vertrag ab. Die Delta International, so steht in dem zweiseitigen Papier, habe »weitreichende Verbindungen zu internationalen Unternehmen, insbesondere der französischen und deutschen Großindustrie, die sich mit Investitionsvorhaben in der Bundesrepublik Deutschland mit dem Schwerpunkt Neue Bundesländer befassen«. Hürland-Büning sei als »Industrieberaterin an Beratungsleistungen für internationale Großunternehmen auf der Grundlage projektbezogen abzuschließender Beratungsverträge interessiert«. Im Fall der »Erteilung von Beratungsaufträgen« aufgrund eines »Projekt- beziehungsweise Kundennachweises durch Delta International« werde die Christdemokratin der Delta »einen angemessenen Anteil eines etwaigen Honorars … als Finder's Fee überlassen«. Angemessen sind fünfzig Prozent, und es geht um Millionensummen.

Der Thyssen-Konzern hat ein Problem: Verschiedene Ölkonzerne planen eine Pipeline von Ingolstadt nach Wilhelmshaven, die auch die Chemieindustrie in Sachsen und Sachsen-Anhalt mit Raffinerieprodukten beliefern soll. Das wäre Konkurrenz für Leuna, und Agnes

Hürland soll es verhindern. Sie vereinbart mit Thyssen ein Honorar, das nur bei Erfolg bezahlt wird, und hängt sich an die Strippe. Die Ex-Staatssekretärin ruft den Parteifreund Werner Münch an, der in Magdeburg Ministerpräsident ist. Sie treffen sich mehrfach in der Staatskanzlei, in Dorsten und Bayern, und sie ermuntert ihn, darauf zu drängen, daß das Raumordnungsverfahren für die Pipeline in Sachsen-Anhalt abgewickelt und abgelehnt wird. Er müsse aber aufpassen, daß sich nicht der Bundesrat einmische, angeblich ist der niedersächsische Regierungschef Gerhard Schröder am Bau der Pipeline interessiert. Sie bittet Münch, »darauf zu bestehen, daß das Raumordnungsverfahren in Sachsen-Anhalt greift«.

Sachsen-Anhalts CDU-Bauminister Karl-Heinz Daehre lehnt ein Raumordnungsverfahren ab, und die Staatssekretärin kassiert 1992 für ihre Vermittlungsarbeit ein Honorar von einer Million Mark, das jeweils zur Hälfte von Thyssen und Elf bezahlt wird. Das ist eine Menge Geld, denn mit großer Wahrscheinlichkeit hätte die Magdeburger Regierung auch ohne das Wirken der Lobbyistin alle Anträge zum Bau der Pipeline abgeschmettert.

Von Thyssen selbst erhält die Christdemokratin zwischen 1991 und 1993 exakt 878 717 Mark, weitere 7,5 Millionen werden durch Projektgesellschaften gezahlt, an denen Thyssen beteiligt ist, also insgesamt 8,4 Millionen Mark. Agnes Hürland-Büning verdient so gut, daß ihr bei ihrem Auftritt vor dem Untersuchungsausschuß am 27. April 2000 partout monatliche Zahlungen einer Thyssen-Tochter in Höhe von 15 000 Mark plus Mehrwertsteuer nicht einfallen. »Definitiv« habe sie das Geld nicht bekommen. »Definitiv nicht«, wiederholt sie. Mitte Juni korrigiert sie ihre Aussage schriftlich und räumt ein, doch das Geld erhalten zu haben. Sie will einem Verfahren wegen uneidlicher Falschaussage entgehen. Auch läßt sie zweiundzwanzig Stellen im Protokoll streichen, die sich auf ihre Geschäftsbeziehungen zu Holzer beziehen.

3,5 Millionen Mark hat sie an Holzers Delta abgeführt. Der behält 400 000 Mark als Bearbeitungsgebühr und leitet 3,1 Millionen Mark an den Treuhänder eines Thyssen-Managers weiter, mit dem Hürland-Büning gut bekannt ist – er hat sie bei dem Düsseldorfer Konzern ins Geschäft gebracht. Dieses Verfahren heißt in der Wirtschaft »Kick-back«.

Warum, so fragen sich auch ihre ehemaligen Freunde von der CDU, hat die unscheinbare Dame soviel Geld bekommen? Was ist mit den Leuna-Millionen – sind sie möglicherweise doch in der CDU-Kasse gelandet?

Als Schäuble Anfang des Jahres 2000 nach der Herkunft und dem Verbleib der CDU-Millionen forscht, verfolgt er aufmerksam die Berichte über die geschäftstüchtige Parteifreundin. Das »Kick-back« interessiert ihn nicht wegen Leuna (er glaubt nicht daran, daß einige der Millionen bei der CDU gelandet sind), sondern wegen des Systems. »Ach, so geht das, habe ich mir gedacht«, sagt Schäuble Monate später bei einem Gespräch.

Mitte der neunziger Jahre landet die Akte Elf auf dem Tisch des EU-Wettbewerbskommissars Karel van Miert. Elf hat fast anderthalb Milliarden Mark an Subventionen von Bund und Land erhalten, und nach Ansicht van Mierts »war da was faul«. Einem Gutachten zufolge sind die Baukosten für die Raffinerie um 700 Millionen Mark aufgebläht worden, was die Zuschüsse in die Höhe steigen ließ. Die EU-Kommission fragt in Bonn nach, doch es gibt Merkwürdigkeiten in Serie. Akten sind verschwunden, die Deutschen drucksen bei Anfragen herum und zeigen sich ungewöhnlich nervös. Beamte der EU teilen van Miert den Verdacht mit, daß »da Geld geflossen ist«. Das hat er später auch dem Sozialdemokraten Oskar Lafontaine mitgeteilt: »Oskar, die Sache stinkt.« Nur beweisen kann es van Miert nicht.

Vor dem zweiten Abschied

Im Herbst 1999 erlebt die Republik die triumphale Rückkehr des Ex-Kanzlers. Wenn Kohl auftaucht, klatschen die Leute und rufen »Helmut, Helmut«. Auf Parteitagen schiebt sich der Pfälzer durch ein Spalier von Jublern und Fans, und wie früher fassen die Parteifreunde mit beiden Händen nach seinen Armen. Beifall braust auf, wenn nur sein Name genannt wird – sein Bad in der Menge, das er so schätzt, scheint auch für die Menge erfrischend. Seine Vertrauten schüren die Legende, daß ihm bei der Bundestagswahl im September 1998 eine »schreiende Ungerechtigkeit widerfahren« sei, die Geschichte ihm aber »natürlich« recht geben werde. In Prag ehrt man ihn mit dem Löwenorden, in Berlin trifft er George Bush und Michail Gorbatschow, in Frankfurt werden ihm die Ehrenbürgerrechte verliehen, Felipe Gonzalez hält die Laudatio. Kohl gibt sich wie der Master of Ceremonies; bei den Feiern zum zehnten Jahrestag des Mauerfalls wird er als Bismarck des zwanzigsten Jahrhunderts bejubelt. »Er ist wieder da«, titelt der *Tagesspiegel*.

Der gewichtige Ehrenvorsitzende nimmt der neuen Parteiführung die Luft. Auf dem Parteitag in Erfurt inszeniert er seinen Einzug in die Halle wie einen Triumphmarsch; Kohl läßt sich als Kanzler der Reserve feiern. An der desaströsen Wahlniederlage mit 35 Prozent im September 98 treffe ihn keine Schuld, streut seine Umgebung. Es habe sich nicht um eine Abstimmung über ihn gehandelt, vielmehr habe die CDU in der sozialen Frage kein Sensorium für die Probleme der kleinen Leute gehabt, und wer habe die falsche Strategie entwickelt? Schäuble. Nur widerstrebend habe Kohl mitgemacht. Wer habe vor der Wahl in Interviews wie im *Playboy* Kohl kleingeredet? Schäuble. Der »ewige zweite Mann, der Großknecht, der jetzt mal Herr spielen« wollte, unkt ein Kohl-Vertrauter.

Auf die Generalsekretärin Angela Merkel ist der Chef nicht mehr gut zu sprechen – die Ostdeutsche, die ihm doch alles zu verdanken hat, will nicht seine Wahlkampfauftritte arrangieren und hat, kaum in der CDU-Zentrale angekommen, den Bundesgeschäftsführer Christian Dürig, einen eingeschworenen Kohl-Mann, hinauskomplimentiert. Als er für die Wahlkämpfe seine alte, große Mikrofonanlage verlangt, weil doch alle ihn hören wollen, hat die Merkel ihm die Lautsprecher verweigert. Die stünden nur dem Vorsitzenden zu – was traut die sich eigentlich?

Seit der Europawahl registriert die Parteigeneralin sehr genau, wie intensiv sich der Ehrenvorsitzende in die Tagesgeschäfte einmischen will. Wie die Tagesordnung für Parteitage auszusehen hat, wann wer spricht und wie die Hallen dekoriert werden müssen – bis hin zum

Essen für die Delegierten weiß er alles und vor allem alles besser. Im Präsidium läßt er dem Parteivorsitzenden Wolfgang Schäuble mit dem Bericht zur Lage zwar höflicherweise meist den Vortritt, aber dann redet er wieder wie früher – lange, monologisierend, ohne Pause, und wenn er gesprochen hat, ist eigentlich alles gesagt. Sie versucht Schäuble zu überzeugen, mit Kohl ein ernstes Wort zu reden: »Gucken Sie doch mal, der spielt mit Ihnen.« Wenn Kohl weiterhin den Ton angeben wolle, müsse man ihm klarmachen, wie seine Ära zu Ende gegangen sei – mit dem schlechtesten Wahlergebnis in der Geschichte der CDU.

Führende Christdemokraten waren erstaunt, wie gelassen Kohl das Kanzleramt verlassen hat. Als Schröder mit dem damaligen Kanzleramtsminister Bodo Hombach in den Bungalow einzog, hat Kohl gemeinsam mit seinem Vertrauten Anton Pfeifer die beiden besucht. Er erzählte, zur Demokratie gehöre der Wechsel, und sah fast erleichtert aus. Dann redete er ganz lange über die vielen Gegner in seiner Partei, die er zu allen Zeiten niedergerungen hat. Er machte damals, im Herbst 1998, den Eindruck eines Mannes, der gar nicht so traurig ist, keinen christdemokratischen Nachfolger zu haben.

Schäuble wurde im November 1998 zum neuen Vorsitzenden gewählt. Manchmal ist auch er wütend auf Kohl, doch er beschwichtigt die Generalsekretärin. Er weiß, wie gerne Kohl im Mittelpunkt steht, und der Mann im Rollstuhl braucht den Beifall der Massen nicht. Sein Leben, insbesondere in den letzten Jahren, ist Pflicht gewesen, und schließlich war es ja auch ein eingeübtes Verhältnis: Kohl der Kaiser, Schäuble der erste Diener. Daß Kohl in den letzten Jahren mehrmals Diskussionen um Schäuble als Kanzlerkandidat geschürt hat, das habe mit Rivalität nichts zu tun gehabt, behauptet Schäuble stur. Der sächsische CDU-Ministerpräsident Kurt Biedenkopf weist vorsorglich in kleiner Runde darauf hin, daß Kohl bereits vom »amtierenden Vorsitzenden« spricht, wenn er Schäuble meint.

Aber trotz der Aufgeregtheiten und Eifersüchteleien im Apparat läuft es für die CDU bestens, weit besser als für die Konservativen in Frankreich oder Großbritannien, von Italien ganz zu schweigen. Der

Neue im Kanzleramt, Sozialdemokrat Gerhard Schröder, hat den Start grandios verstolpert, und seine Regierung wirkt bereits wie eine Episode der Geschichte. In den politischen Talkshows und sonntäglichen Presserunden wird darüber gefachsimpelt, wie lange der Niedersachse noch Bundeskanzler bleiben kann und ob ihn nach den bevorstehenden Niederlagen der SPD in Schleswig-Holstein und Nordrhein-Westfalen der stocksteife Rudolf Scharping als Regierungschef ablösen wird. Auch nicht gerade ein Gewinnertyp.

November 1999

Kurz vor der Jahrtausendwende, die dem Historiker Kohl immer so wichtig war, wendet sich das Schicksal, zunächst ganz unmerklich. In ein lange dümpelndes Ermittlungsverfahren gegen den früheren Schatzmeister Kiep kommt im letzten November dieses Jahrhunderts Bewegung. Kieps Rechtsbeistand Günter Kohlmann bekommt Anfang des Monats Wind davon, daß sich irgend etwas gegen seinen Mandanten zusammenbraut. Der frühere Direktor des Kriminalwissenschaftlichen Instituts der Universität Köln bittet vorsorglich Weyrauch, ein paar Unterlagen zusammenzustellen.

Aber mit dem Orkan, der bald losbricht, hat auch Kohlmann nicht gerechnet. Am 4. November, einem Donnerstag, reisen zwei Augsburger Steuerfahnder und die Staatsanwältin Barbara Pöschl ins hessische Kronberg, um einen Haftbefehl zu vollziehen. Gegen acht Uhr fünfzehn melden sie sich bei der Kripo in Bad Homburg und teilen dem Leiter der Polizeistelle mit, daß sie Walther Leisler Kiep festnehmen möchten. Der Beamte ist völlig baff und meint nur, daß bei diesem Mann wirklich keine Fluchtgefahr bestünde. Ein anderer Kriminaler klärt die Augsburger auf, daß kein Gericht der Umgebung einen Haftbefehl ausgestellt hätte, wenn er bei einem Mann wie Kiep mit Fluchtgefahr begründet werde. Der setze doch seinen Ruf nicht aufs Spiel und haue einfach ab. Dennoch werden vier Kriminalbeamte für die Festnahme des Dreiundsiebzigjährigen abgestellt, die Steuerfahnder bleiben in Bad Homburg.

Die Gruppe, vier Männer und eine Frau, fährt zur Wohnung Kieps am Philosophenweg 9b. Die Ehefrau des Unternehmers öffnet und sagt, sie wisse nicht, wo ihr Mann sei. Er habe den ganzen Tag Termine im Raum Stuttgart, aber sie könne keinen konkreten Ort nennen. Die Handy-Nummer ihres Mannes gibt sie nicht heraus. Die Beamten ziehen ab, die Augsburger Staatsanwältin überreicht der Kripo zwei Ausfertigungen des Haftbefehls, und das Bayerische Landeskriminalamt veranlaßt eine bundesweite Fahndung nach dem Politiker.

Gegen Kiep und andere ermittelt die Augsburger Staatsanwaltschaft seit 1995 in einer Schmiergeldaffäre wegen Verdachts der Steuerhinterziehung. Die Ermittler hegen den Verdacht, der Kauferinger Unternehmer Karlheinz Schreiber, ein Intimus des verstorbenen bayerischen Ministerpräsidenten Franz Josef Strauß, habe im Zusammenhang mit dem Verkauf von sechsunddreißig Panzern an Saudi-Arabien verdeckte Provisionen an deutsche Manager und Politiker gezahlt – unter ihnen auch Kiep, der eine Million Mark von Schreiber erhalten und nicht versteuert haben soll. Nach Feststellungen der Ermittler, so steht es im Haftbefehl, soll Schreiber im August 1991 beim Schweizerischen Bankverein in Zürich ein Konto mit der Rubrik »Waldherr« eröffnet haben. »Waldherr«, so die Ermittler, sei der Deckname für Kiep gewesen. Wenige Tage später, am 26. August, habe Schreiber dem Politiker im Einkaufszentrum Rheinpark der eidgenössischen Gemeinde St. Margarethen die Million übergeben.

Während die Ermittler sogar Staatsschutzabteilungen einschalten, um nach Kiep zu suchen, und die Flugplätze besonders im Blick behalten, beweist der Christdemokrat gute Nerven. Er telefoniert mit Frau und Büro, berät die Lage und beschließt zu bleiben. In München ist er mit dem Siemens-Vorsitzenden Heinrich von Pierer verabredet. Gegen vierzehn Uhr trifft er in der Nähe des Wittelsbacher Platzes seinen Rechtsbeistand Kohlmann, der in anderer Sache einen Termin im Finanzministerium hat. Kohlmann hat inzwischen schon mit der Staatsanwältin telefoniert. »Wird Herr Kiep sich stellen?« hat ihn die Beamtin ziemlich aufgeregt gefragt. Der Professor: »Selbstverständlich.« Er fragt Kiep, ob dieser mit ihm gleich zur Staatsanwaltschaft nach Augsburg fahren wolle. Das komme ihm ungelegen, meint der Unternehmer, er müsse in Stuttgart eine öffentliche Lesung halten und habe fest zugesagt. Als sei nichts passiert, trägt er am Abend Auszüge aus seinen politischen Tagebüchern vor, die Ende September unter dem Titel »Was bleibt, ist große Zuversicht« erschienen sind. Das Werk wurde von Bundeskanzler Schröder in Berlin präsentiert, und der Laudator, der mit Kiep gemeinsam im VW-Aufsichtsrat saß, hat den »lieben Walther« als »deutschen Patrioten im besten Sinne« und als Typ bezeichnet, »mit dem man Pferde stehlen kann«.

Am Donnerstag abend ist die Meldung über die geplante Festnahme Kieps die Spitzennachricht bei Radio- und Fernsehsendern. Als die Generalsekretärin der CDU davon erfährt, ist sie besorgt. Wenn ein langjähriger ehemaliger Schatzmeister eine Million am Fiskus vorbeigelenkt haben soll, ist das in jedem Fall für die Partei unangenehm. Der ostdeutschen Pfarrerstochter scheint das Sujet allenfalls aus alten Krimis des West-Fernsehens vertraut: Spendenmillionen, Bargeldkoffer, Steueroase Schweiz.

Kohlmann hat mit der Strafverfolgerin Pöschl verabredet, daß sich Kiep am nächsten Morgen beim Amtsgericht Königstein einfinden wird. Als dieser gegen sieben Uhr zehn eintrifft, hat er seinen alten Steuerberater Weyrauch zur Seite, während der leicht erkrankte Kohlmann in Köln geblieben ist und telefonisch Kontakt hält. Die Amtsrichterin Christine Rademacher verkündet den vierzehnseitigen Haftbefehl, Kiep weist darauf hin, daß er an diesem Freitag eigentlich »im Auftrag des Bundeskanzlers« nach Stockholm reisen wollte. Der Haftbefehl sei absurd, schon die Ablieferung des Reisepasses käme bei jemandem wie ihm einem »Berufsverbot gleich«. Das Treffen mit Schreiber, räumt Kiep ein, habe zwar tatsächlich stattgefunden, und der Waffenhändler habe auch eine Million Mark übergeben, aber sie sei nicht für ihn, sondern für die CDU bestimmt gewesen. Weyrauch erklärt der Richterin Rademacher, er habe das Geld 1991 bei der Frankfurter Privatbank Georg Hauck & Söhne (heute Hauck & Aufhäuser Privatbankiers) in drei Tranchen – zu 370 000 Mark, 420 000 Mark und 210 000 Mark – auf ein Treuhandkonto der CDU mit der Bezeichnung CBN 8/91 eingezahlt. Das Kürzel steht für CDU Bonn, die Ziffern geben Monat und Jahr an.

Wenn Kiep nicht in U-Haft müsse und seinen Paß behalten dürfe, so die Staatsanwältin, könne er nur gegen eine Kaution von einer Million Mark freigelassen werden, eine Summe, die die Haftrichterin »absurd« und »weit überspannt« findet. Der Haftbefehl gegen Kiep wird schließlich gegen Zahlung einer Kaution in Höhe von 500 000 Mark ausgesetzt, und der prominente Politiker darf auch seinen Paß behalten. Gegen zwölf Uhr verläßt Kiep das Amtsgericht und kündigt an, daß er am Sonntag mit einer deutschen Delegation in die USA fliegen werde. Kohlmann bittet Weyrauch, die Unterlagen über den Transfer zusammenzustellen, und fragt, wie lange dieser dafür braucht. »Bis Mittwoch«, meint Weyrauch. Er benötige ein paar Tage, um die Dokumente lückenlos beieinander zu haben. Er hat sie schon vor langer Zeit in ein sicheres Versteck ausgelagert, weit weg von Frankfurt.

Das Amtsgericht im idyllischen Königstein wird währenddessen von Journalisten belagert, und Details der Vernehmungen sickern durch. Merkel trifft die Nachricht »wie ein Schlag«. Sie versucht im Haus herauszufinden, was es mit dieser Million auf sich hat. Hauptabteilungsleiter Hans Terlinden druckst merkwürdig herum: Von einer Million wisse er nichts. Merkel verlangt von ihm eine schriftliche Erklärung, doch der Kohl-Vertraute, den sie nicht sonderlich schätzt, sträubt sich. Solche Ansinnen seien Ausdruck äußersten Mißtrauens, schwadroniert er, in einer christlichen Partei sei solches Verhalten ungewöhnlich. Sie telefoniert mit Schäuble, und beide sind sich einig, daß Terlinden gefeuert wird, wenn er nicht klein beigibt – murrend unterschreibt der Hauptabteilungsleiter. Merkel hängt sich wieder an den Apparat, telefoniert mit der früheren Schatzmeisterin Baumeister, und auch dieses Gespräch verläuft seltsam. »Du, Angela, von dieser Million weiß ich wirklich nichts«, sagt die Parteifreundin, und Merkel ahnt, daß die Baumeister vielleicht von ganz anderen Dingen etwas weiß. Aber für Spekulationen und Vermutungen ist jetzt keine Zeit. »Ich bin in Eile«, sagt die Generalsekretärin, deshalb habe sie heute nur die einzige Frage nach dem Verbleib der Schreiberschen Million. Die Schatzmeisterin muß passen. Schäuble telefoniert mit Kohl, und der ist wirklich nichtsahnend.

Bundesgeschäftsführer Willi Hausmann, der früher bei Merkel Staatssekretär im Jugend-Ministerium war und seit Januar 1999 im Konrad-Adenauer-Haus arbeitet, wird eingeschaltet. Auch er hat am Donnerstag abend von dem Haftbefehl gegen Kiep gehört und hatte ein »unangenehmes Gefühl«: »O Gott, o Gott, was kommt denn da auf uns zu?« Von Spendengeschichten hat der Jurist eigentlich gar keine Ahnung. Den Fall Flick kennt er in groben Umrissen, auch vom Lambsdorff-Prozeß hat er schon mal gehört, doch Details sind ihm nicht vertraut. Ihm fällt nur ein, daß der Ehrenvorsitzende Kohl bei Hausmanns Antrittsbesuch Anfang 1999 sehr unvermittelt und sehr ausführlich über die Staatsbürgerliche Vereinigung und Spenden geredet hat und darüber, daß er, Kohl, auch in diesem Bereich alles richtig gemacht habe. Aber weil Hausmann die Sachverhalte nicht geläufig waren und er nicht durch Ahnungslosigkeit auffallen wollte, hakte er nicht nach. Außerdem hat ihn die alte Parteispendenaffäre wirklich nicht interessiert, und er wollte die eigenen Anliegen loswerden. Am Freitag versucht Hausmann, Weyrauch zu erreichen, aber erst tags darauf hat er den Steuerberater am Telefon. Weyrauch erklärt ihm den Weg der Spende und schickt Hausmann das Protokoll der Befragung in Königstein.

Kiep fliegt in die USA, Weyrauch macht sich auf den Weg, die Unterlagen zu holen, und Kohlmann telefoniert mit dem Augsburger Staatsanwalt Winfried Maier. Der Universitätsprofessor teilt dem Strafverfolger mit, daß die Papiere spätestens am Donnerstag, dem 11. November, in Augsburg seien. »Reicht das?« Maier schaut offenbar in den Terminkalender und sagt, daß er an diesem Tag eine Verhandlung habe, aber er drängt nicht zur Eile. Auch der CDU-Bundesgeschäftsführer Hausmann hat sich bei dem Kiep-Anwalt gemeldet, er möchte dringend die Unterlagen bekommen.

In den nächsten Tagen ebbt die Aufregung ab, die CDU-Granden sind erleichtert, weil ihnen der Fall Kiep zwar unangenehm ist, aber nicht mehr bedrohlich scheint. Die Feierlichkeiten für Kohl laufen weiter, die Presse läßt ihn als Kanzler der Einheit hochleben. Am

Dienstag ruft Weyrauch bei Staatsanwalt Maier an und teilt Vollzug mit, die Unterlagen seien komplett; in ein paar Tagen, so scheint es, kann die Akte Kiep geschlossen werden. Anderntags, es ist der 10. November, fährt Weyrauch ins Rheinland und hat die Unterlagen über den Millionentransfer in seiner Tasche. An einer Autobahnraststätte in der Nähe von St. Augustin trifft er Lüthje, dem er ein Doppel der Belege gibt, und meldet sich dann bei Kohlmann in der Eifel. Der Professor ist nach Durchsicht der Papiere ziemlich geladen. In dem Düsseldorfer Prozeß gegen Kiep hat er 1991 den Beschuldigten als den »vielleicht einzigen Schatzmeister einer politischen Partei« gelobt, der »seine Praxis aus eigener Kraft und aus eigenem Entschluß zusammen mit seinen engsten Mitarbeitern korrigiert hat. Diese Korrektur verdient menschlichen Respekt«, hat er gesagt und betont, das Verfahren habe einen »Beitrag zur Rechtskultur der Bundesrepublik« geleistet. Drei Monate später ist der angeblich reuige Kiep in ein Nest im Dreiländereck Deutschland-Schweiz-Österreich gefahren, hat eine Million eingesackt, und von diesem etwas schmuddeligen Geld ist auch noch, was Kohlmann besonders empört, ohne sein Wissen ein Teil seines Anwaltshonorars bezahlt worden. Der Dialog mit Weyrauch ist nicht überliefert, aber Kohlmann kann sehr direkt sein.

Überraschend tauchen tags darauf Augsburger Fahnder bei Weyrauch in Frankfurt auf und weisen einen Durchsuchungsbeschluß vor, den sie Tage vorher beantragt hatten. Das ist gegen die Verabredung, die Maier und Kohlmann getroffen haben, und paßt auch nicht zu dem Gespräch, das Weyrauch mit dem Strafverfolger geführt hat. Aber die Ermittler stehen unter Erfolgsdruck. Was sie in diesem Augenblick nicht ahnen – sie lösen mit dieser Durchsuchung eine der größten Affären der Nachkriegszeit aus.

Dabei beginnt die Heimsuchung Weyrauchs ganz harmlos. Der Steuerberater händigt den Ermittlern die Dokumente über das Treuhandkonto CBN 8/91 aus. Er wisse, die Zahlung sei nicht im Rechenschaftsbericht aufgeführt, und das könnte für die CDU wegen des Parteiengesetzes sehr schmerzhaft sein. Die Beamten hören ihm höflich zu. Die CDU sei keine reiche Partei – sie verfüge über keinerlei finanzielle Rücklagen, und selbst die Finanzierung des nächsten Bundestagswahlkampfes 2002, dessen Kosten Weyrauch freihändig mit »etwa 50 Millionen Mark« beziffert, sei keineswegs gesichert. Die Fahnder sind von seinen Erzählungen über die Geldprobleme der CDU leicht gelangweilt, heucheln aber Interesse. Aus Weyrauchs Büro und aus seinem Haus nehmen sie noch ein paar verstreut herumliegende Unterlagen mit, die möglicherweise aufschlußreich sein könnten. Mehrfach und ein bißchen unvermittelt beteuert Weyrauch, er habe für die CDU immer »den Kopf hingehalten«. Er sei sauer, daß Kiep nach Amerika geflogen sei und die anderen mit den Problemen alleingelassen hätte.

Monate später werden ehrenwerte und rechtsstaatlich gesinnte CDU-Politiker in kleiner Runde darüber grübeln, warum die Beteiligten nach der Kiep-Vernehmung jene Unterlagen, die nicht mehr aufbewahrungspflichtig waren, nicht geschreddert haben. Die große CDU-Parteispendenaffäre hätte es nie gegeben. Aber große Kriminalfälle beginnen immer mit kleinen Nachlässigkeiten, und niemand konnte schließlich ahnen, welch dramatischen Verlauf dieser eher unscheinbare Kriminalfall nehmen würde.

Die Ermittler bringen noch zu Papier, daß Weyrauch vor Schreiber »große Angst« habe. Die »Hintergründe hierfür wurden von Weyrauch nicht näher dargelegt«, steht in einem Durchsuchungsvermerk der Augsburger Beamten. Weyrauch hat gerüchteweise gehört, der Waffenhändler Schreiber habe angeblich zwei Pistolen im Nachtschrank, und das ist dem Steuerberater unheimlich. Auch der im Rheinland lebende Lüthje wird von den Ermittlern aufgesucht, und auch bei ihm nehmen sie Unterlagen mit.

Eigentlich ist die Entwicklung im Fall Kiep für die bayerischen Strafverfolger ein Fiasko. Wenn der ehemalige Schatzmeister das Geld nicht privat bekommen hat und wenn es auf ein CDU-Treuhandkonto geflossen ist, kann bei ihm keine Steuerhinterziehung vorliegen. Also war der Haftbefehl ziemlich übertrieben. Die Aktion der Ermittler war kein »Rufmord«, wie Kiep behauptet, aber unverhältnismäßig war sie doch. Angemessen wäre es gewesen, Kiep zur Vernehmung vorzuladen und zu den Vorwürfen zu befragen. Erst wenn er nichts gesagt oder die Anschuldigungen nicht hätte widerlegen können, wären härtere Maßnahmen möglich gewesen. Keine Sternstunde der »objektivsten Behörde der Welt«, wie sich die Staatsanwaltschaft gerne nennt.

Die Durchsuchungsaktion bei Weyrauch hat die Spitze der CDU höchst irritiert. An der Sache muß doch etwas dran sein, und die Million ist auf den offiziellen Konten der Partei nicht zu finden. In der geschwätzigen Berliner Szene wird geraunt, auf die CDU komme noch mehr zu. Schäuble ärgert sich mächtig über den CSU-Generalsekretär Thomas Goppel, der bereits einen Tag vor der Durchsuchung bei Weyrauch erklärt hat, man müsse der CDU ein bis zwei Tage Zeit lassen, um den Scheck zu finden. Er rate jedem, sagt Schäuble vor Unionsabgeordneten, sich mit Häme und Ratschlägen zurückzuhalten. »Jeder weiß, daß in der CDU in Finanzdingen das Wissen der einzelnen Beteiligten sehr abgestuft war«, fügt er hinzu.

Mitte November trifft er in seinem Bonner Büro im Konrad-Adenauer-Haus den an Lungenkrebs erkrankten Lüthje zu einem Vieraugengespräch, das es, wie Schäuble beim Abschied sagt, »nie gegeben hat«. Als die Unterredung dennoch publik wird, betont der Parteichef, er habe mit dem früheren Generalbevollmächtigten nur über Lüthjes persönliche Situation, nicht aber über den Fall geredet. Schließlich habe er »nicht parallel zur Staatsanwaltschaft Gespräche mit Zeugen führen wollen«. Lüthje will sich zu dem Gespräch nicht äußern, aber dennoch sind Einzelheiten nach außen gedrungen. Gleich zu Beginn sagt Lüthje etwas kryptisch den lateinischen Spruch »Tua res agitur«, was übersetzt etwa heißt: »Deine Sache wird abgehandelt.« Welche Sache das sein könnte, ist nicht bekannt. Der Geldfuchs warnt jedenfalls vor zuviel »Aufklärungswut«, die »nur in der Katastrophe enden« könne. Einig sind sich beide in der Einschätzung der Person des Ex-Kanzlers. Kohl nehme weder auf Schäuble noch auf die Partei Rücksicht, sondern denke nur an sich.

Zwei Tage später kehrt Kiep übereilt von seiner Amerikareise zu einer Vernehmung bei der Augsburger Staatsanwaltschaft zurück. Die Sitzung dauert zehn Stunden, bringt aber in der Sache wenig Neues.

Viel interessanter als alle Fragen nach der Million sind Unterlagen, die auf dem Tisch der Ermittler liegen. Sie stammen aus der Durchsuchung am 11. November in Weyrauchs Büro und vermitteln Einblicke in ein bislang unbekanntes Finanzreich der CDU. Offenkundig hat es bei der CDU diverse Geheimkonten gegeben; allerdings ist nicht zu erkennen, wie sie miteinander verbunden waren. Ähnlich wie beim Flick-Konzern gab es viele Geldtöpfe: Da waren die offiziellen Konten mit normaler Buchführung. Dann die inoffiziellen Konten, mit denen Gehälter an hohe Funktionäre, aber auch Abfindungen bezahlt wurden. Schließlich die Sonderkonten für die schwarzen Kassen, auf denen Spenden eingingen, die anonymisiert und gestückelt wurden. Es gab Poolkonten, die aus Treuhandanderkonten gespeist wurden; von dort floß das Geld entweder in den Bereich der Bundesschatzmeisterei oder wurde wieder auf ein anderes Treuhandanderkonto verschoben. Das klingt verwirrend, und die Unübersichtlichkeit war gewollt, denn in diesem Labyrinth von schwarzen Konten würde sich kein Außenstehender zurechtfinden. Die Beträge wurden bar ein- und bar ausgezahlt – eine Rückverfolgung an die eigentliche Quelle sollte ausgeschlossen werden. Die Ermittler präsentieren Kiep ein paar der Unterlagen, aber der kann damit wenig anfangen. Bemerkenswert scheint ihm, daß nach Feststellung der Staatsanwälte bei Weyrauch auch handschriftliche Geldtransferanordnungen Lüthjes mit dem Kürzel »PV« gefunden wurden. »PV« bedeutet bei der CDU »Parteivorsitzender«. Kiep beteuert noch einmal, das System wirklich nicht zu kennen. Er muß den Staatsanwälten zusichern, mit niemandem über den Fund zu sprechen, und er hält sich auch daran.

Sechs Tage später wird Weyrauch von den Augsburger Ermittlern vernommen. Er bestätigt, er habe für die CDU sogenannte Vorkonten eingerichtet, und die CDU-Bundesgeschäftsstelle habe »vom Bestehen dieser Konten keine unmittelbare Kenntnis« gehabt. Selbst Kiep sei »möglicherweise der genaue Verfahrensablauf unbekannt«. Auf die Frage, ob durch die jetzt aufgeflogene Praxis das Rechenwerk der CDU und die Rechenschaftsberichte der Partei unvollständig seien, antwortet er: »Das kann ich wahrheitsgemäß nur mit ›ja‹ beantworten.«

Am 26. November, einem Freitag, berichtet die *Süddeutsche Zeitung* ganzseitig über den Spendenfall, und einer der Beiträge ist überschrieben mit: »Im Auftrag des PV«. Es gebe Hinweise, daß Helmut Kohl mit Geld aus schwarzen Kassen »Landesverbände, aber auch Personen unterstützt hat«. Bei Weyrauch seien Reisekostenabrechnungen in die Schweiz für die »CDU Bonn« gefunden worden, rätselhafterweise gebe es auch Abrechnungen Weyrauchs über Exkursionen nach Zürich, die von der hessischen CDU bezahlt worden seien. »Sind dies Hinweise auf heimliche Konten in der Schweiz?« fragt das Blatt.

Am Mittag erklärt Geißler im WDR-Mittagsmagazin, die Darstellung der *SZ* sei »im wesentlichen richtig«. Später erläutert der Christdemokrat, er habe die Salamitaktik der Enthüller beenden und die CDU in die Offensive bringen wollen – von Schweizer Konten oder anderen Spezialitäten hat er keine Ahnung. Aber aus der Parteispendenaffäre der achtziger Jahre hat er die »leidvolle Lehre ziehen müssen, wohin es führt, wenn man gezwungen wird, sozusagen scheibchenweise mit der Wahrheit herauszurücken. Dann kommt man ins Elend.« Sichtlich verstört verwahren sich an diesem Tag Unionsabgeordnete im Bundestag gegen »Gerüchte« und fordern gebetsmühlenartig »rasche Aufklärung«. Kohl konferiert derweil bei der Crédit Suisse in Zürich, deren Berater er seit einiger Zeit ist. Schäuble ruft ihn am Nachmittag an und drängt, daß sich Kohl der Verantwortung stellen müsse. Am Abend hat Schäuble den Bundesgeschäftsführer Hausmann am Apparat. Der wirkt ziemlich niedergeschlagen, denn er hat gerade Kopien der beschlagnahmten Unterlagen aus der Kanzlei Weyrauch & Kapp erhalten. Da gebe es Treuhandanderkonten, Poolkonten, andere Konten, und der CDU-Vorsitzende braucht nicht lange, um zu erkennen, daß »da was Dickes auf uns zukommt«. Der frühere Bundesinnenminister denkt sofort an »Geldwäsche« und beruft für den 30. November das Parteipräsidium ein. Am 29. November berichtet der *Spiegel* über die Verbindungen Weyrauchs zur Hessen-CDU und darüber, daß der Landesverband Einnahmen in Millionenhöhe als »Vermächtnisse« deklariert habe.

In seinem Berliner Büro Unter den Linden bespricht Kohl mit Schäuble einen Tag vor der Sitzung eine Vier-Punkte-Erklärung zur Spendenaffäre, die er abgeben will. Eine Weile hat er sich gegen eine öffentliche Stellungnahme gesperrt. »Was mute ich mir zu«, hat er gemault. »Ich wollte meiner Partei dienen und Gutes tun«, und was soll heute daran schlecht sein? Am Morgen des 30. November ruft Kohl seinen Nachfolger im Parteiamt an und teilt ihm mit, Terlinden wolle noch etwas loswerden. Der Hauptabteilungsleiter, den Schäuble aus den frühen Tagen bei der Jungen Union kennt, berichtet, daß er 1998 im Auftrag Kohls 100 000 Mark, die nicht auf offiziellen Konten lagerten, persönlich zum Kreisverband der Ludwigshafener CDU gebracht habe. Wenn der Transfer ins Jahr 1999 verlegt werde, sei die Zahlung »unschädlich für den Rechenschaftsbericht 1998«, aber Schäuble habe dann ein Problem. Schäuble etwas ungehalten: »Welches Problem soll ich haben?« Weil das in »Ihrer Amtszeit als Parteivorsitzender war«. »Dann haben Sie ein Problem«, antwortet Schäuble knapp und fragt, ob das jetzt alles sei oder ob es noch andere Geheimnisse gebe? Das sei alles.

Kohl ist offiziell zu der Sondersitzung des Präsidiums gebeten worden und grantelt, er habe ohnehin kommen wollen. Die meisten in der Runde gewinnen den Eindruck, der Ehrenvorsitzende wolle der Partei helfen, aus der Krise herauszukommen. Er hält ausnahmsweise keinen langen Monolog, hört geduldig zu, und die Präsiden diskutieren, ob der Ehrenvorsitzende wegen der draußen wartenden Pressemeute besser durch einen Nebenausgang verschwindet. Kohl plaziert sich nach der Sitzung im Innenhof der CDU-Parteizentrale in der Mauerstraße neben Schäuble und Merkel und trägt den Journalisten das Prinzip einer Ära in knappen Worten vor: Er habe die »vertrauliche Behandlung bestimmter Sachverhalte wie Sonderzuwendungen an Parteigliederungen und Vereinigungen, zum Beispiel unabweisbare Hilfe bei der Finanzierung ihrer politischen Arbeit, für notwendig erachtet«. Für ihn sei in seinem »gesamten politischen Leben persönliches Vertrauen wichtiger als rein formale Überprüfungen« gewesen. Dazu stehe er auch. Er »bedaure, wenn die Folge dieses Vorgehens mangelnde Transparenz und Kontrolle sowie möglicherweise Verstöße gegen Bestimmungen des Parteiengesetzes sein sollten. Dies habe ich nicht gewollt, ich wollte meiner Partei dienen.« Er räumt indirekt ein, Gesetze gebrochen zu haben, auf die er eingeschworen war, und wirkt dabei ein bißchen patzig. Noch mehr Reue, signalisiert er, kann man wirklich nicht von ihm erwarten.

Nach etwa fünfzehn Minuten steht er auf, verabschiedet sich von Merkel und Schäuble und verschwindet mit Volker Rühe, dem Spitzenkandidaten der schleswig-holsteinischen CDU, zum Wahlkampf nach Lübeck. Er tut so, als wäre er der Vorsitzende. Andererseits: Wenn er noch allein das Sagen hätte, wäre es zu einer solchen »Mea-culpa-Veranstaltung«, so ein Vertrauter, »gar nicht erst gekommen. Jedenfalls wäre danach definitiv Schluß gewesen; er hätte tüchtig die Linkspresse verprügelt; die Sozialdemokraten hätten noch ein bißchen rumgemacht, aber dann wäre Schluß gewesen.« Kohl hat viele Affären ausgesessen, und seine Rechnung ging auf, weil er sich keinen Millimeter von der Stelle bewegte. Auch hat er immer mit der Treue seiner Anhänger und dem Zynismus des Publikums kalkuliert, das nach einer Weile das Interesse am Skandal verliert. »Kohl hat die neue Parteispendenaffäre am Anfang völlig unterschätzt«, sagt ein anderer Vertrauter. Er habe vor allem »nicht erkannt, daß er, anders als früher, keine neuen Themen setzen konnte, die ablenken konnten«, und er habe »die Energie von Schäuble und Merkel unterschätzt«.

Als der Altkanzler schon auf dem Weg nach Lübeck ist, spricht Schäuble davon, Kohl habe einen »patriarchalischen Führungsstil« gepflegt, die »Einschätzung« dieses Führungsstils habe sich wesentlich verändert. Mit den Maßstäben von 1999 jedenfalls ließen sich die Verhaltensweisen der sechziger und siebziger Jahre nicht erklären. Auch weil sich die Meldungen »so zuspitzten« (Schäuble: »Wir waren insbesondere interessierte Leser einer in München erscheinenden Zeitung«), hat die Bundesgeschäftsstelle die Wirtschaftsprüfungsgesellschaft »Ernst & Young Deutsche Allgemeine Treuhand AG« mit der Prüfung der Treuhandanderkonten beauftragt. Die Zahl der Konten, sagt Schäuble auf der Pressekonferenz, habe möglicherweise »bei etwa zehn gelegen, aber nageln Sie mich nicht fest«.

Kohl tritt am selben Abend in der Lübecker Kongreßhalle auf; eine Band spielt »O when the Saints«, mehr als fünfzehnhundert Besucher klatschen im Takt und rufen »Helmut, Helmut«. Kohl bricht in Tränen der Rührung aus und bekennt sich, diesmal etwas trotzig, zu seinem Fehler: »Dazu stehe ich.« »Glauben Sie nicht, daß es mir leichtgefallen ist, die Verantwortung zu übernehmen«, tönt er bald darauf in einer Talkshow auf einem Elbdampfer. »Man konnte ja den Eindruck haben, ich renne den ganzen Tag mit Koffern voller Geld durch die Gegend.« Einer, der so viele Jahre seinem Land treu gedient habe, habe Anspruch, daß seine Ehre gewahrt bleibe. Das klingt vertraut. »Mein Leben lang habe ich meinen Dienst am Land geleistet«, hat er nach der verlorenen Bundestagswahl in der Bonner Runde von ARD und ZDF gesagt.

Dezember 1999

Die hessische CDU wird nervös. Es gibt Anfragen wegen des Berichts der *SZ* vom 26. November, wonach der Steuerberater Weyrauch auch im Auftrag der hessischen CDU Reisen nach Zürich unternommen habe. Am 1. Dezember erklärt die Wiesbadener CDU, sie habe »keine Kenntnis von Reisen nach Zürich«. Weder enthielten die in der »Landesgeschäftsstelle gesichteten Unterlagen irgendwelche Hinweise in diese Richtung«, noch hätten der frühere Generalsekretär Franz Josef Jung oder der ehemalige Landesgeschäftsführer Siegbert Seitz je von solchen Reisen gehört. »Die CDU Hessen wird alle erforderlichen Prüfungen vornehmen, um diese Frage zweifelsfrei zu klären.« Am selben Tag unterrichtet Weyrauch seinen alten Bekannten Seitz, der als Berater der Hessen-CDU fungiert, daß es ein schwarzes Konto, ein »Anderkonto«, im Rechenwerk der Partei gegeben habe. Dieses Konto sei von einem »Honigtopf im Süden« gespeist worden. Wenige Tage später treffen der stellvertretende Landesgeschäftsführer Helmut Hehn und Generalsekretär Herbert Müller mit Weyrauch und Seitz zusammen, um über die Abfassung einer Pressemitteilung zu beraten. Im Skript steht: »Die Landesvorsitzenden der Hessen-CDU haben stets strikte Anweisung gegeben, bei der CDU Hessen auf ordnungsgemäße Geschäftsführung zu achten.« Es gebe »keinerlei Hinweise für Zahlungsvorgänge außerhalb der Buchführung«. Auch die »vom Generalsekretär veranlaßten Prüfungen« hätten »bis zum heutigen Tag die Einhaltung der korrekten Verfahrensweisen bestätigt«. Kein Wort von einem Anderkonto, keine Einschränkung wegen des leckeren »Honigtopfs«, in dem offenkundig eine Menge gebunkertes Geld steckt. Weyrauch bittet Seitz um ein Gespräch unter vier Augen: Diese Presseerklärung könne so nicht abgegeben werden; sie sei objektiv falsch, und Weyrauch fragt, ob die Camouflage noch Sinn mache. Dann kehren die beiden zum Tisch zurück.

Die hessischen Oppositionsparteien bringen einen Antrag mit knapp dreißig Fragen zur Finanzaffäre im Landtag ein. Generalsekretär Müller läßt eine vierseitige Pressemitteilung verbreiten. »Alle Zahlungsströme« seien »ordnungsgemäß und einwandfrei« gelaufen, es gebe keine belastenden »Hinweise in den Akten«. Hat der CDU-Berater Seitz gegenüber seinen Leuten geschwiegen? Und was wußte CDU-Ministerpräsident Roland Koch?

In politischen Kreisen wird jetzt darüber schwadroniert, ob die CDU möglicherweise den Weg der Democrazia Cristiana gehe. 1993 verschwanden die italienischen Christdemokraten in Folge von Korruption und Vetternwirtschaft von der politischen Bühne. Der meist zu fixe CSU-Generalsekretär Goppel findet, es sei noch »zu früh, um über das Ende der CDU zu spekulieren«. Aber die »politische Parteienlandschaft kann sich immer ändern«.

Am Morgen des 2. Dezember sitzt Schäuble im Bundestag, da kommt Angela Merkel zu ihm und wirkt aufgeregt. Sie berichtet ihm von einem Gespräch mit Hausmann. Der habe mit Weyrauch telefoniert, und der Steuerexperte habe erklärt, seine Augsburger Zeugenaussage liege doch längst der CDU vor. Der Frankfurter hatte schon im November eine Kopie seiner Augsburger Vernehmung bei Terlinden in Mainz vorbeigebracht. Hausmann hat sofort Terlinden angerufen, und der stammelt, er habe das Protokoll nicht mehr, das sei jetzt bei Kohl. Schäuble: »Der Terlinden wird sofort gefeuert. Der muß den Schreibtischschlüssel abgeben und was dazugehört.« Ein paar Minuten später flackert das Telefonlämpchen an Schäubles Platz, Kohl ist am Apparat. »Du, Wolfgang, gestern abend bei dem Weih-

nachtsfest wollte ich dir was geben, aber da waren so viele Leute.«
Schäuble kühl: »Das ist der Sinn einer Weihnachtsfeier.« »Ich habe
da«, stottert Kohl, »der Hans hat da was bekommen von dem da, du
weißt ja, und ich habe gesagt, das muß der Wolfgang haben. Gib mir
das, damit ich das dem Wolfgang geben kann.« Schäuble: »Ich sitze
hier im Plenum. Erzähl mir keine Märchen. Der Terlinden ist gerade gefeuert worden und hat dich angerufen.« In dieser Minute ist eine
Beziehung zerbrochen, die lange gehalten hat. Ein zentrales Dokument taucht bei Kohl statt bei der Parteiführung auf, und der Vorsitzende erfährt davon nur durch Zufall. »Helmut Kohl weiß, daß ich
ihn niemals bescheiße«, hat Schäuble einmal gesagt, und jetzt ist er
von dem Vorsitzenden und dessen Intimus Terlinden übel reingelegt
worden. Offiziell ist Terlinden dann am 29. Februar 2000 ausge-
schieden, aber »das Verhältnis mit Kohl«, sagt Schäuble, »war danach
natürlich belastet.«

Der Altbundeskanzler schildert den Fall vor Vertrauten ganz anders. Aufregen kann er sich, wie die mit dem armen, herzkranken
Terlinden umgesprungen sind. Der Terlinden habe Schwierigkeiten
gehabt, das Protokoll weiterzugeben, und er habe ihm gesagt: »Schik-
ke mir das her, ich gebe es selbst dem Wolfgang.« Das Papier sei dann
leider ein paar Tage liegengeblieben, weil er ja auch eine Menge mit
sich »selbst zu tun gehabt« habe. Seine Situation sei ja auch nicht einfach gewesen. Kohl ist ein Meister der Autosuggestion. Er hat stets in
jeder Lage die Fähigkeit besessen, sich seine eigene Wirklichkeit zu
basteln, und er hat vermutlich fest an seine jeweilige Wahrheit geglaubt.

In diesen Tagen, in denen nichts mehr sicher scheint, erinnert sich
die Generalsekretärin an eine Begegnung mit Kohl in den frühen
neunziger Jahren. Das Kabinett tagte immer mittwochs, und Kohl
ließ nach einem Minister forschen, der nicht zur Sitzung erschienen
war. Die Auskunft, der Minister sei in einem Ausschuß, konnte der
Kanzler nicht akzeptieren. Mittwochs tage überhaupt kein Ausschuß,
nie, behauptete er. Die versammelte Runde widersprach ihm einstimmig. Da pumpte sich Kohl auf und erklärte, er sei der Dienstäl-
teste und wisse ganz genau, wann was im Parlament stattfinde. Dar-

aufhin ist Frau Merkel wortlos weggegangen. Sie war sich in diesem Augenblick sicher, daß der Regierungschef am nächsten Tag das Gegenteil mit derselben Standfestigkeit vertreten hätte.

Dieser 2. Dezember ist für Parteichef Schäuble nicht nur wegen des Abfalls von Terlinden und Kohl ein bitterer Tag. Im Parlament wird über die Parteispendenaffäre diskutiert – auf Antrag von SPD und Bündnis 90/Die Grünen wird der parlamentarische Untersuchungsausschuß eingerichtet –, und der Fraktionschef berichtet, daß er »irgendwann im Spätsommer oder Frühherbst 1994« bei einem Sponsorenessen der Partei Schreiber kennengelernt habe. »Mit oder ohne Koffer?« fragt der Abgeordnete Hans-Christian Ströbele von den Bündnisgrünen. »Ohne Koffer, das heißt: Ich habe vielleicht einen Aktenkoffer dabeigehabt. Ich weiß es nicht mehr genau«, flunkert Schäuble. Er hat von Schreiber nach der Veranstaltung 100 000 Mark für die CDU bekommen und will es Ströbele nicht sagen.

Sechs Tage später kommen im Bonner Konrad-Adenauer-Haus, der alten Zentrale der CDU, schon wieder die zuständigen Gremien der Partei zu einer Sondersitzung zusammen. Die Männer vor allem wirken abgekämpft: Graue Gesichter, die Mundwinkel nach unten gerichtet, kämpfen sie sich durch das Geschiebe und Gewoge der Fernsehteams. Eine Garde alter Generäle nach einer schrecklichen Schlacht, und der abgetretene Feldherr raunzt nur rum. Auch Angela Merkel sieht unendlich müde aus.

Als Denkmal seiner selbst hockt Kohl in Präsidium und Vorstand, nur einmal wird er sehr lebendig. Der Freundfeind Heiner Geißler hat in einer der Sitzungen über Kohl sprechen wollen, und der zischt quer über die Tische: »Nimm meinen Namen nicht in den Mund« – ein Satz wie aus einem Mafiafilm. Geißler wird aus den eigenen Reihen gemobbt, als hätte er gegen das Schweigegebot der Cosa Nostra verstoßen. Eine Bundestagsabgeordnete beschimpft ihn als »herzlosen Großinquisitor«.

Schäuble räumt vor der Pressemeute ein, mancher habe manches geahnt. In früheren Zeiten habe man den Vorsitzenden Kohl immer mal wieder in Geldsachen sagen hören: »Das regele ich schon.« Niemand habe sich allerdings ernsthaft Gedanken gemacht, was er damit meinte, und neugierige Fragen hat Kohl nie gemocht. Der Wirtschaftsprüfer Hendrik Hollweg von Ernst & Young trägt vor, daß Weyrauch bis zu siebzehn schwarze Konten für die CDU angelegt habe, über die eine wahrscheinlich zweistellige Millionensumme geflossen sei. Brav verteidigt Schäuble seinen Vorgänger. »Lassen Sie uns die Freude, daß wir mit Helmut Kohl zusammen sind«, sagt der CDU-Chef und preist den Ex-Regierungschef immer noch als einen »Mann, der ein sehr ausgeprägtes Empfinden für Würde, für demokratische Institutionen hat«.

In der ZDF-Sendung »Was nun, Herr Schäuble?« beteuert er, Kohl sei doch bereit, die Aufklärer voll zu unterstützen. Die CDU-Spitze gibt die Devise aus, Hinweisen nachzugehen, wenn Indizien in der Öffentlichkeit auftauchen, aber nicht die Staatsanwaltschaft im eigenen Haus zu spielen. »Wir schauen uns nicht die Adenauer-Akten an«, sagt Frau Merkel.

Die Wirtschaftsprüfer von Ernst & Young verschicken am 6. Dezember einen Fragebogen an Politiker und Mitarbeiter der Schatzmeisterei, in denen um sachdienliche Hinweise »über die Herkunft von Einzahlungen« auf Konten gebeten wird, deren Nummern aufgelistet sind. Frage eins: »Sind Ihnen neben den in der Anlage angeführten Treuhandanderkonten andere bekannt?« Zweite Frage: »Sind Ihnen andere Konten oder Barvermögen bekannt, die, wenn auch nicht explizit als Treuhandanderkonten, so doch von ihrem Bestimmungszweck her der CDU zuzurechnen sind?« Dritte Frage: »Können Sie Angaben zur Herkunft der Einzahlungen machen?« Vierte Frage: »Können Sie Hinweise zur Herkunft der Saldovorträge auf den Konten 538822-05 und 538822-04 machen?« Wer soll das wissen? Kohl weigert sich, den Fragebogen auszufüllen, und Lüthje teilt Schäuble seine Empörung schriftlich mit: »Was haben sich Ihre Wirtschaftsprüfer bei diesem Fragebogen eigentlich gedacht?« Nur zur zweiten Frage macht er eine interessante Andeutung: »Ich will und kann nicht ausschließen, daß es noch ein weiteres Konto gegeben hat ... Mit Rücksicht auf die internationalen Verbindungen der CDU-Bundespartei, aber auch mit Rücksicht auf außenpolitische Interessen der Bundesrepublik Deutschland sehe ich mich außerstande, Einzelheiten zu diesem Konto zu erläutern.« Zum »System der Anderkonten« schreibt er dem »sehr verehrten, lieben Herrn Doktor Schäuble«, daß »niemand jemals verlangt hat, daß irgend etwas anders hätte gehandhabt oder gar organisiert sein müssen – wie denn auch – das System war ja höchst effizient und erfolgreich«.

Die meisten der Präsiden, die sich um eine Abklärung der Vorgänge bemühen, verfolgen am Abend des 16. Dezember ziemlich fassungslos den Fernsehauftritt ihres Ehrenvorsitzenden in der ZDF-Sendung »Was nun, Herr Kohl?« Er hat sich nicht das Präsidium, nicht den frisch gebildeten parlamentarischen Untersuchungsausschuß zur Spendenaffäre, sondern das Fernsehstudio als Ort der Offenbarung ausgesucht. Kohl tritt vors Fernsehvolk und spielt eine seiner besten Rollen: die der verfolgten Unschuld. Er muß nicht schauspielern, um empört zu sein. Ein »Feldzug« werde gegen ihn geführt. Das »Bild eines Mannes soll ruiniert werden«. Was sei denn groß passiert? Er habe »zwischen 1993 und 1998 Spenden entgegengenommen in einem Umfang, der zwischen anderthalb und zwei Millionen liegt«. Die Spender, die »mir helfen wollten«, hätten darum gebeten, in keiner Spendenliste aufzutauchen. »Und ich habe nicht die Absicht, deren Namen zu nennen, weil ich mein Wort gegeben habe.« Mit den »Kontenbeziehungen und den Kontengestaltungen … etwa bei unserer Schatzmeisterei« habe er »nie etwas zu tun gehabt. Das war nun wirklich nicht mein Geschäft.« Einen Teil des Geldes habe er bei den CDU-Sozialausschüssen in Ostdeutschland abgeliefert, damit dort Betriebsgruppen der Partei aufgebaut werden konnten. Die Kommunisten waren in der Übermacht. »Wir standen mit dem Rücken zur Wand.« Das klingt, als hätte die CDU im Osten in einer Art antikommunistischem Widerstand gekämpft. Solche Ablenkungsmanöver beherrschte vor Kohl nur der listige Adenauer, der in jeder Lage die rote Gefahr beschwören konnte. »Ich habe diesen Fehler gemacht, ich stehe zu diesem Fehler«, sagt Kohl, doch wer ihm zuhört, fragt sich, ob Kohl da wirklich einen Fehler erkennen kann.

Kohl ist kein großer Stratege, aber er hat sich eine Taktik zurechtgelegt: Er rechnet bei seinem Fernsehauftritt genau sechs Jahre zurück, weil er weiß, daß nach Paragraph 28 des Parteiengesetzes

Rechnungsunterlagen nur sechs Jahre aufzubewahren sind, und der Trick zieht. Die Nachrichtenagenturen des Landes verbreiten rasch, Kohl habe eingeräumt, »in seiner Amtszeit«, die eigentlich von 1973 bis 1998 dauerte, unter Umgehung des Parteiengesetzes »anderthalb bis zwei Millionen Mark Spenden« angenommen zu haben. Geschickt ist auch, daß er die Diskussion auf jene oder jenen Spender verengt, die oder der ihn in den letzten Jahren ausgestattet hat. Mit den Spendern, deren Namen er nicht preisgeben will, lenkt er die Aufmerksamkeit auf die anonymen Ausstatter, und niemand diskutiert zunächst, wie lange und in welchem Umfang er das ungesetzliche System gepflegt hat. Selbst eingefleischte Kohl-Anhänger können allerdings nicht erklären, warum die angeblich so ehrenwerten Spender unter allen Umständen anonym bleiben wollen, wenn ihrer Partei jetzt so großes Unheil droht.

Fortan entbrennt eine hitzige Debatte, ob jemand sein persönliches Ehrenwort über Verfassung und Recht stellen darf. Seit der unglückliche schleswig-holsteinische CDU-Ministerpräsident Uwe Barschel am 18. September 1987 sein Ehrenwort gab, daß die gegen ihn »erhobenen Vorwürfe falsch sind«, riskierte es vor Kohl kein ertappter Politiker mehr, seine bürgerliche Existenz mit einem Ehrenwort zu gefährden. »Ehrenwort ist kein wahr Wort«, hat der Literaturwissenschaftler Karl Simrock 1844 geschrieben. Im Wörterbuch des Rotwelsch, der Ganovensprache, steht der Begriff sinnigerweise für »Bestreiten einer Lüge, Täuschung des Publikums«.

Kohls Auftritt im Fernsehen sei, so ein ihm nahestehender Gewährsmann, der Versuch gewesen, selbst in die Offensive zu gehen und das Heft wieder in die Hand zu nehmen. Daß er diese Geschichte nicht im Präsidium, sondern vor den Kameras erzählt habe, sei doch »eine Selbstverständlichkeit. Sollte er sich denn von denen verhören lassen, die nur durch ihn was geworden sind?« Er habe zunehmend den Eindruck gehabt, Unterlagen aus dem Adenauer-Haus würden gegen ihn verwendet.

Nach der Sendung ruft Lüthje bei Schäuble an. Die Wirtschaftsprüfer brächten es nicht. Die sollten jetzt »irgendeinen Bericht schreiben«, und dann solle sich die CDU aus der Sache zurückziehen. Sonst drohe, warnt er erneut, »die Katastrophe«. Schäuble hat einen Brief Lüthjes auf dem Tisch. »Meine unverändert empfundene und von mir noch stets praktizierte Loyalität mit meiner Partei und meinem damaligen Ersten Prinzipal«, er meint Kohl, »reicht nicht so weit, daß ich zu irgendwelchen uneidlichen Falschaussagen bereit wäre.« Wenn ihm (Lüthje) »Unehrenhaftigkeiten« vorgeworfen würden, müßte er sich »zur Wehr setzen«. Lüthje hat auch mit Kohl telefoniert. Die Aufklärer seien offenbar »nicht zu bremsen«, soll ihm der Altkanzler gesagt haben.

Merkel und Schäuble nehmen Kohls Fernsehauftritt unterschiedlich wahr. Sie ist empört, ihn konnte die Sendung nicht sonderlich aufregen. Angela Merkel will ein Signal an die Partei senden und wartet nur noch ab, wie die Kommunalwahl in Lübeck ausgeht, bei der Hans-Joachim Roll, der frühere Leiter der Zentralabteilung Innen und Recht im Kanzleramt, als CDU-Spitzenkandidat antritt. Vorher gibt sie dem *Tagesspiegel* ein Interview. »Na selbstverständlich grüße ich Helmut Kohl noch«, sagt sie und dennoch: Es gebe »keine Rechtfertigung dafür, daß man Dinge außerhalb des Rechts macht«. Die Ostdeutsche will das Parteivolk auf den Abschied vom Übervater vorbereiten, doch sie gestaltet den Übergang im Interview noch sanft.

In Lübeck geht die CDU unter. Alles laufe ganz gut, hat Kohl vorher gemeint, aber die CDU verliert erdrutschartig, und Frau Merkel will nicht mehr warten, sondern handeln: In zehn Wochen wird in Schleswig-Holstein der Landtag neu gewählt. Monate vor der Wahl schien CDU-Spitzenkandidat Volker Rühe der sichere Sieger zu sein. Er führte bei Umfragen ganz klar, und jetzt spöttelt die Landesmutter Heide Simonis von der SPD über den »kleinen Jungen« im System Kohl. Jeden Tag muß Rühe, der bei Kohl drei Jahre lang Generalsekretär war, irgendein neues Gerücht dementieren.

Angela Merkel hat genug vom Übervater – für immer. Sie will zum einen ihr Unbehagen darüber artikulieren, daß der Ehrenvorsitzende nicht loslassen kann und seine Herrschaft über die Partei nicht aufgeben will; zum anderen ist sie wütend über Kohls mangelnde Bereitschaft zur Kooperation, und sie will endlich Bewegung in den Spendenfall bringen. Sie möchte das »Ende der Ära Kohl« verkünden.

Soll sie einen Brief an die Parteimitglieder schreiben? Nein, das geht nicht. Erstens ist sie nur die Parteigeneralin, und zweitens würde Schäuble da nie mitmachen. Ein Interview wäre schon eher drin, aber es müßte gewährleistet sein, daß auch alle wesentlichen Punkte übernommen werden. Da bietet sich auch ein eigener Beitrag an. Als sie beginnt, die Gedanken und die Emotionen auf Papier zu bringen, weiß sie noch nicht genau, was sie mit dem Text machen wird.

Sie diktiert, Helmut Kohl habe der »Partei Schaden zugefügt«. Er müsse sich »dafür rechtfertigen, wie ein solches Vorgehen nach der Flick-Affäre möglich sein konnte. Ein Wort zu halten und dies über Recht und Gesetz zu stellen mag vielleicht bei einem rechtmäßigen Vorgang noch verstanden werden, nicht aber bei einem rechtswidrigen Vorgang. Es geht um die Glaubwürdigkeit Kohls, es geht um die Glaubwürdigkeit der CDU, es geht um die Glaubwürdigkeit politischer Parteien insgesamt.« Die Partei müsse sich zutrauen, »in Zukunft auch ohne ihr altes Schlachtroß, wie Helmut Kohl sich oft selbst gerne genannt hat, den Kampf mit dem politischen Gegner aufzunehmen. Sie muß sich wie jemand in der Pubertät von zu Hause lösen, eigene Wege gehen und wird trotzdem immer zu dem stehen, der sie ganz nachhaltig geprägt hat – vielleicht später sogar wieder mehr als heute.« Es sei vielleicht von Kohl »zuviel verlangt, von heute auf morgen alle Ämter niederzulegen« – er ist noch Ehrenvorsitzender und Bundestagsabgeordneter –, doch indirekt fordert sie damit den totalen Rückzug von Kohl. Als sie das Diktat beendet hat, ist ein Text von etwa hundertachtzig Zeilen fertig, den sie gemeinsam mit einer Mitarbeiterin noch mehrfach überarbeitet.

Am Abend nimmt sie, wie eine Gewährsperson berichtet, das Manuskript mit nach Hause und zeigt es ihrem Mann. Der habe es als wenig aufregend und auch als ein »bißchen wirr« empfunden, aber im Grundsatz sei das Stück dennoch ganz in Ordnung. Die Generalsekretärin habe dann zwei, drei Gläschen Rotwein getrunken, den Text immer wieder gelesen, und wie es in solcher Stimmung gelegentlich ist: Mit jedem Schluck liest sich das Geschriebene besser und logischer. Es sei dann für sie nur noch eine Frage des Mutes und des Zeitpunkts gewesen, die Abrechnung mit Kohl zu publizieren.

Am nächsten Morgen hat sie sich entschieden: Die Bilanz möchte sie in der *Frankfurter Allgemeinen* plazieren, die *FAZ* ist wichtig und gehört zur morgendlichen Lektüre des Altkanzlers. Sie bietet das Manuskript einem der Berliner Korrespondenten des Blattes, Karl Feldmeyer, an. Feldmeyer ist ein kundiger und unabhängiger konservativer Journalist, der nicht gerade zu den Kohl-Claqueuren gehört. Er findet, die Merkel habe »homöopathische Dosierungen« verwendet, aber die Zentralredaktion werde das Werk drucken. »Homöopathische Dosierungen hat er gesagt«, echot Frau Merkel.

»Die Zeit Kohls ist unwiederbringlich vorüber«, lautet die Schlagzeile in der *Frankfurter Allgemeinen Zeitung* am 22. Dezember 1999. Es ist vermutlich ein historisches Dokument, das einen entscheidenden Punkt der Ära Kohl markiert. Als am Abend die Agenturtexte rattern, weiß die im November 1998 für vier Jahre gewählte Generalsekretärin, daß es eng werden kann. Sie hat die ewige Verfolgung durch Kohl riskiert – der alte Elefant hat noch Kraft, und er wird es nicht so einfach hinnehmen, von seiner Herde verstoßen zu werden.

An Schäuble mußte sie das Werk vorbeimogeln, denn der hätte als Parteichef sein Veto eingelegt, und gegen seinen Willen wollte sie es auch nicht tun. Die Reaktion der Parteifreunde fällt erwartungsgemäß geteilt aus: Begeistert gratulieren ihr der alte Kohl-Gegner Kurt Biedenkopf und der Fraktionsvize Friedrich Merz. »Wir müssen raus aus seinem Schatten. Wir müssen den Ton verschärfen, die Distanz vergrößern«, fordert Merz. Der thüringische Ministerpräsident Bernhard Vogel protestiert: Eine Los-von-Kohl-Bewegung sei »in ihrer Konsequenz nicht glaubwürdig«. Einer der Jüngeren, der hessische Ministerpräsident Roland Koch, warnt davor, daß man »Glaubwürdigkeit auf beiden Seiten verlieren kann – bei der Aufklärung und bei der Distanzierung von der eigenen Geschichte«. Der schleswigholsteinische Spitzenkandidat Volker Rühe findet den Vorstoß nicht schlecht, aber der Text sei »zu emotional«, und auch anderen Präsiden mißfällt der Begriff »Pubertät« sehr. »Der Text stört euch doch nur, weil ihr Männer seid«, sagt die Präsidin Christa Thoben, »und weil da das Wort ›Pubertät‹ steht.« »Frauen haben offenbar eine schönere Pubertät«, sagt Angela Merkel kühl.

Die gelernte Physikerin und Seiteneinsteigerin in die Politik versteht inzwischen eine ganze Menge von Machtpolitik und wird von Freunden und Gegnern häufig unterschätzt. In ihrer kurzen politischen Karriere hat sie sich mit Beziehungen nie lange aufgehalten und immer rechtzeitig gewußt, wann die Zeit für Trennungen gekommen war. Da ist die Frau mit dem feinen Lächeln nicht sehr sentimental. Im Fall Kohl ist ihr früh aufgefallen, daß »seine Gegner auf ihn genauso fixiert sind wie seine Freunde«. Die Parteigeneralin bleibt cool, sie will sich an Fakten orientieren, und für große Gefühle wie Liebesentzug des Patriarchen ist in ihrem System kein Platz. Sie hat schon einige Enttäuschungen hinter sich.

In der Wendezeit war die Pastorentochter aus der Uckermark Pressesprecherin bei der neu gegründeten Partei Demokratischer Aufbruch, deren Chef Wolfgang Schnur hieß und als möglicher Ministerpräsident der DDR galt. Im März 1990 stellte sich heraus, daß Rechtsanwalt Schnur seine Mandanten jahrelang für die Stasi bespitzelt hatte. Das war sein politisches Ende, der Demokratische Aufbruch wurde von der CDU geschluckt. Die Pressesprecherin kandidierte für den ersten gesamtdeutschen Bundestag und traf im Herbst 1990 zum ersten Mal mit Helmut Kohl zusammen. Er hatte sie ins Kanzleramt eingeladen und stellte eine recht einfache Frage: »Verstehen Sie sich mit Frauen?« Sie hat von ihrer Mutter erzählt, von ihrer Großmutter und den Freundinnen und auch vom Leben im Osten. Anschließend hat er sich nach dem Wahlkampf in ihrem Wahlkreis Rügen erkundigt, und sie haben über Kopfsteinpflaster im Osten geredet, was Kohl interessierte. Eigentlich war geplant, ihr einen Posten im Bundespresseamt anzubieten, doch nach der Wahl ist sie, etwas überraschend, als Jüngste im neuen Kabinett Kohl Ministerin für Frauen und Jugend geworden.

Sie hat Kohl zunächst verehrt und später gelernt, mit dem Kanzler zu leben. Die Naturwissenschaftlerin hat eine Weile gebraucht, um angstfrei in seiner Gegenwart zu reden. Sie mußte – wie die meisten anderen – die Phasen erkennen, wenn er aufnahmebereit war und nicht selbst dozieren wollte. »Bei einem einstündigen Termin«, hat sie vor Freunden mal ausgerechnet, »hat man fünf oder sieben Minuten, in denen du dein Zeug abarbeiten kannst. Die mußt du nutzen.« Zahlen und Statistiken zu verwenden war ganz gefährlich. Wenn die Physikerin gleich zu Beginn eines Rapports im Kabinett beispielsweise vortrug, sechzig Prozent der jungen Leute hätten ein gestörtes Verhältnis zum Staat, war der Auftritt schon geschmissen. Kohl redete über gegenteilige Erkenntnisse, die er einem äußerst verläßlichen katholischen Jugendpfarrer verdanke, und über den Unsinn von Datenerhebungen im allgemeinen, wenn sie nicht vom Institut für Demoskopie in Allensbach stammen. Da könne man sehen, wie leicht man zu falschen Ergebnissen komme. Sie solle den Punkt mit den jungen Leuten noch einmal kritisch prüfen.

Wenn ein Kabinettsmitglied von einem nicht sehr wichtigen Ressort eine Analyse vortrug, rutschte er unruhig auf dem Sessel hin und her und wartete auf die erstbeste Gelegenheit, sich einzuhaken. Wenn er dazwischenging, mußten Merkel und die anderen aus der zweiten Reihe sehr energisch sein, um doch noch Gehör zu finden. Bei einer Sitzung, in der es um Rechtsprobleme ging, meldete sie sich zu Wort. »Angela Merkel möchte uns auch noch etwas sagen«, witzelte Kohl, »obwohl sie weder eine Ahnung von Latein noch von Jura hat.« Dafür verstehe sie was von Physik und Russisch, hat sie tapfer gekontert.

Im Oktober 1994 wechselte sie ins Umweltfach und setzte sich mit den Ängsten der Atomgegner auseinander; Angela Merkel lernte Kohls Unbelehrbarkeit kennen und hat aus Wut am Kabinettstisch einmal geheult. Witze auf Kosten seiner Minister hat er gerne gemacht. Ost-Minister wie Frau Merkel begrüßte er mit der Frage, ob sie »wieder aus den morastigen Wiesen emporgekrochen sind?« Fragen hat er gar nicht gemocht, denn Wissen ist Macht, und er entschied, wem er was sagte und wem nicht. Das hat wiederum der Naturwissenschaftlerin mißfallen.

Andererseits hat das einstige Lieblingsziehkind von Kohl, er nannte sie »das Mädchen«, in langen acht Jahren gelernt, mit dem Patriarchen zu leben, und er hat ihr auch viele Freiheiten gelassen. Alles in allem hatte sie keine schlechte Zeit. Aber ihr Vater, der Pastor Horst Kasner, hat früh geahnt, wo das enden würde. 1992 verfaßte er in einer kleinen evangelischen Postille einen Beitrag über die deutsch-deutsche Einheit, der folgende Passage enthält: »Wir bemerken nun, wie sich die etablierten Parteien den Staat zur Beute gemacht haben und daß der Staat zum Selbstbedienungsladen für Politiker geworden ist.« Sie hat den Beitrag nie gelesen, aber der Rigorismus paßt zu dem Vater, und auch die Tochter kann sehr energisch sein.

Kohl empfindet die Attacke der Generalsekretärin in der *FAZ* als Angriff auf seine Person, seine Geschichte, seine Verdienste. Das hat er ihr einige Wochen später sehr deutlich gesagt. »Überläßt Schäuble die Meinungsführerschaft der Generalsekretärin?« fragt am 23. Dezember einer von Kohls journalistischen Gefolgsleuten. Schäuble versucht eine Gratwanderung: Er will das Erbe der Partei bewahren. Weiter mit Kohl und gleichzeitig eine neue Partei entstehen zu lassen, das ist ein schwieriger Spagat. Er will schnell aufklären und Kohls Unwillen, daran mitzuwirken, nicht geißeln. Wer Kohl kaputtmacht, so argumentiert Schäuble vor Weihnachten, macht möglicherweise die Partei kaputt. Wer aber das Denkmal auf dem Sockel läßt, riskiert vielleicht alles.

Es sind erbarmungslose Zeiten. An diesem 22. Dezember kommt wieder einmal das Präsidium zu einer Sondersitzung zusammen. Einstimmig wird Kohl aufgefordert, die »Namen der Spender offenzulegen. Das Präsidium erwartet, daß Helmut Kohl dieser Bitte nachkommt ... Dies ist erforderlich, um weiteren Schaden von der Partei abzuwenden.« Das erste Mal wendet sich ein Präsidium der CDU gegen Helmut Kohl – das ist für den Altkanzler wohl der endgültige Bruch mit Schäuble gewesen. Kohl hat sich auf sein angebliches Ehrenwort berufen, und Schäuble war für ihn der Garant, daß er niemals von einem CDU-Gremium demontiert würde. Von nun an ist sein Weggefährte – trotz allen Gesäusels über Männerfreundschaft – ein Renegat.

Die Präsidiumsmitglieder haben lange überlegt, wer von den Außenstehenden mit Kohl reden und ihn doch noch überzeugen könnte, bei der Aufklärung mitzumachen. »Es muß doch einer an ihn rankommen«, sagt ein Präside. »Wenn Alfred Herrhausen noch da wäre«, klagt ein anderer, doch der Chef der Deutschen Bank ist Ende der achtziger Jahre von blindwütigen Killern der RAF ermordet worden. In den vielen Diskussionsrunden fällt der Name von Bischof Karl Lehmann, und auch Roman Herzog wird genannt, doch ein Mitarbeiter des Altbundespräsidenten winkt ab: »Der wird einen Deubel tun.«

Kohl versteht die Welt nicht mehr, aber immerhin haben die *Bild*-Leser Verständnis für den Altkanzler. »Muß er sein Wort brechen, um Schaden von der CDU abzuwenden? Oder soll er zu seinem Wort stehen?« fragt das Boulevardblatt seine Leser am 23. Dezember in einer Ted-Umfrage. 58,4 Prozent der Anrufer sind der Meinung, Kohl brauche die Namen der anonymen Spender nicht zu nennen. Chefredakteur Udo Röbel informiert Kohl vorab über das Ergebnis, und der fühlt sich in seiner »Überzeugung« bestärkt, daß er ein »gegebenes Wort nicht brechen werde«. Schäuble wird über Weihnachten klar, daß – alles in allem – Kohl auf seine Kosten gelebt hat. Für diese Erkenntnis hat der sonst so gedankenschnelle Parteivorsitzende ganz schön lange gebraucht. Ihm dämmert auch, daß er die Partei aus dem Debakel nicht herausführen kann.

Etwas besorgt registrieren die Großen der Partei die Entwicklung in Hessen. Den Profis fallen die gewundenen Stellungnahmen und vagen Erläuterungen der Parteifreunde auf. Mühsam versuchen die Hessen zu erklären, warum mehrere rätselhafte Unbekannte im Laufe der Jahre der Partei eine insgesamt zweistellige Millionensumme vererbt haben sollen. Casimir Prinz zu Sayn-Wittgenstein, von 1976 bis 1998 Schatzmeister der hessischen CDU, verbreitet die Version, vermutlich hätten jüdische Emigranten, also Überlebende des Holocaust, über den Umweg Liechtenstein der hessischen CDU Millionen vermacht. »Meine jüdischen Freunde kennen mich seit vielen, vielen Jahren.« Ob die das »weitergegeben oder den Stein ins Rollen gebracht haben, kann ich nicht sagen« – aus »Mittelamerika könnte das Geld stammen«. Man solle doch der Sache nicht so hartnäckig nachgehen, soll das heißen, vielleicht stamme das Geld aus trüben Quellen. Das sagt Sayn-Wittgenstein, der in einer jüdischen Familie groß wurde, zwar nicht ausdrücklich, aber die Assoziation von den Juden, die möglicherweise über nicht ganz so astreines Geld verfügen, wird auf infame Art und Weise befördert.

Auch Roland Koch, der Anführer der Erbengemeinschaft namens CDU, behauptet am 16. Dezember, mit den Vermächtnissen sei alles in Ordnung. Angeblich erst kurz vor Weihnachten erfährt er erstmals von einer schwarzen Kasse im Bereich der Hessen-CDU, aus der auch in seiner Amtszeit als Landesvorsitzender Rechnungen bezahlt wurden. Vorgeblich erst jetzt hat Siegbert Seitz Generalsekretär Müller über seine Gespräche mit Weyrauch informiert. Um die Herkunft eines Teilbetrags zu tarnen, stellt Sayn-Wittgenstein der CDU ein privates Darlehen über 1,5 Millionen Mark aus, das auf den 6. Februar 1998 rückdatiert wird. Koch wird eingeweiht und weiß, daß er sich an einem großen Schwindel beteiligt. Er habe das erfundene Darlehen »schweren Herzens« gebilligt, erklärt er später. Weitere 50 000 Mark, die aus einer anderen schwarzen Kasse stammen, werden in diesen Dezembertagen unter diversen Spendentiteln verbucht.

Am 26. Dezember erscheint ein Interview mit Koch, und der Regierungschef bestätigt ausdrücklich, daß die Vermächtnisse Vermächtnisse seien: »Ich kann doch nicht etwas in Zweifel ziehen, was von einem Notar für rechtmäßig erklärt worden ist.« Obwohl der Ministerpräsident weiß, daß der Rechenschaftsbericht manipuliert worden ist, unterschreibt er eine Vollständigkeitserklärung für die Prüfer und fährt in Skiurlaub.

Einen Tag später teilt die Staatsanwaltschaft Bonn dem Bundestagspräsidenten Wolfgang Thierse ihre Absicht mit, gegen den Altkanzler ein Verfahren wegen des Verdachts einer »Untreue zum Nachteil der Bundespartei« einzuleiten. Chef der Behörde ist Dieter Irsfeld, der schon 1986 gegen Kohl wegen Falschaussage ermittelt und ihn auch als Zeuge im Flick-Verfahren vernommen hat. Die Strafverfolger gehen davon aus, daß Kohl durch das Sammeln illegaler Spenden die Union geschädigt hat. Wenn die heimlichen Gaben offiziell deklariert worden wären, hätte die CDU dafür nach dem Parteiengesetz hohe staatliche Zuschüsse erhalten können, denn für eine Mark Spenden gibt es seit 1994 in der Regel 50 Pfennig vom Staat obendrauf. Statt dessen drohen der CDU in dieser Sache Rückzahlungen und Strafgelder.

Kohl trifft das Verfahren nicht ganz unerwartet. Schon Wochen zuvor hat er den CDU-Bundestagsabgeordneten Ronald Pofalla um Rat gebeten, wer ihm in einem drohenden Verfahren zur Seite stehen könnte, und Pofalla hat ihm seinen Kollegen Stephan Holthoff-Pförtner empfohlen, in dessen Essener Kanzlei er arbeitet. An einem Samstag im Dezember trifft Kohl mit Holthoff-Pförtner und drei weiteren Anwälten zusammen, und sie unterhalten sich geschlagene sechs Stunden lang. Holthoff-Pförtner findet, Kohl sei »humorvoll, offen und sensibel«. Fast eine Woche überlegt sich der eher im Tennissport bekannte Anwalt, der eine Zeitlang Manager von Nicolas Kiefer war, ob er das Mandat wirklich annehmen soll, dann sagt er zu.

Schäuble beobachtet die Entwicklung aufmerksam. Als ihn Pofalla anruft und meint, man müsse mal miteinander reden, sagt Schäuble nur knapp: »In welcher Funktion rufen Sie an – als Abgeordneter oder als Anwalt? Sind Sie Kohls Anwalt?« Jedenfalls nicht im Außenverhältnis, hat Pofalla nach Erinnerung Schäubles gesagt. Er habe geantwortet: »Da könnt ihr nicht mal die anwaltliche Vertretung anständig machen.«

An den Weihnachtsfeiertagen bastelt die CDU-Schatzmeisterei an einem neuen Rechenschaftsbericht für das Jahr 1998. Knapp drei Monate zuvor, am 28. September 1999, hat der neue Bundesschatzmeister Matthias Wissmann den Rechenschaftsbericht der Partei für das Jahr 1998 unterschrieben: »Alle Einnahmen, Ausgaben und Vermögenswerte« seien »vollständig« aufgenommen worden; 221,5 Millionen Mark habe die Partei eingenommen, die Ausgaben der Gesamtpartei lägen bei 302 Millionen Mark. Die Wirtschaftsprüfer von Ernst & Young haben die Vollständigkeit des Berichts bestätigt. Gerade noch rechtzeitig, um den Anspruch auf staatliche Geldzuwendungen für das Jahr 1998 nicht zu verlieren, gibt die CDU am 30. Dezember 1999 eine korrigierte Fassung ihres Rechenschaftsberichts ab. Auch die Landesverbände haben noch einmal ihre Unterlagen überprüft. Der modifizierte neue Bericht ist zwar in der Argumentation dürftig und fragwürdig, aber es scheint, als hätte die CDU in letzter Minute ihren Anspruch gesichert. Wie bei der Abgabe von Steuererklärungen kommt es darauf an, daß Zahlungseingänge und

Vermögenswerte vollständig erfaßt sind. Die CDU bildet knapp 7,3 Millionen Mark Rückstellungen für den Fall, daß die Partei wegen möglicher Verstöße gegen das Parteiengesetz staatliche Mittel zurückzahlen muß. Auf zahlreiche Ungereimtheiten gehen die Kassenprüfer nicht ein.

Erklärungsbedürftig bleibt die 1,146-Millionen-Spende der Bundestagsfraktion, die 1997 ins Schwarzkontensystem der CDU eingeschleust wurde. Terlinden hat das Bargeld in der Fraktion abgeholt, dann ganz lange gebunkert und Monate später 680 000 Mark in Tranchen Weyrauch übergeben, der es auf ein Treuhandkonto einzahlte. Weitere Teile der Geldsumme übergab Terlinden im Auftrag Kohls dem Kreisverband Ludwigshafen und angeblich auch dem damaligen schleswig-holsteinischen Landesvorsitzenden Ottfried Hennig. Mit dem Rest wurde eine Rechnung beglichen, ein Gehaltstreuhandkonto bedient, Wahlkampfkosten wurden bezahlt.

Januar 2000

Am 10. Januar legt Wolfgang Schäuble ein Spendengeständnis ab. In der ARD-Sendung »Farbe bekennen« hat er zunächst schweren Herzens und pflichtschuldigst Kohl noch einmal verteidigt. Er sei überhaupt nicht dafür, daß »man sagt, da war einer, und alle anderen haben nichts gewußt«. Kurz darauf räumt der Parteivorsitzende ein, daß auch er von Schreiber eine Spende bekommen habe. »Ich hab' es ja öffentlich schon ein paarmal gesagt«, sagt er fast beiläufig, »ich habe den Herrn Schreiber irgendwann 1994 im Zusammenhang mit einer Veranstaltung, wo wir Sponsoren geworben haben ..., kennengelernt. Er hat am Tag danach eine Spende in bar abgegeben. Ich habe die an die Schatzmeisterei weitergegeben, und ich habe dann jetzt im Zuge der Aufklärung, die wir anstellen, festgestellt, die ist auch nicht veröffentlicht worden, sondern offenbar ... als sonstige Einnahme verbucht worden. Das waren 100 000 Mark.« Nach der Sendung meint einer der Befrager, viel Neues habe Schäuble ja nicht gesagt. Der zur Ironie fähige Parteichef wirft ein, das mit dem Geld sei doch vielleicht ganz interessant gewesen. »Ach ja«, hört er, »da war doch nur die Summe nicht bekannt.« So kann man sich täuschen. Die Kommentare über seinen Auftritt überraschen Schäuble jedenfalls nicht. »Die Ära Kohl ist vorbei, und eine Ära Schäuble wird es nicht geben.«

In einer eilig einberufenen Pressekonferenz erklärt Schäuble, daß die Schatzmeisterin die Spende hätte verbuchen und ordnungsgemäß ausweisen müssen. »Den Fehler hat Brigitte Baumeister gemacht«, und die bestätigt den »Fehler, für den ich die Verantwortung trage«, in einer schriftlichen Erklärung. Das Geld sei dann an den früheren Schatzmeister Kiep weitergereicht worden, behauptet sie, und der dementiert sofort. »Weder damals noch zu einem späteren Zeitpunkt habe ich von Brigitte Baumeister diese oder eine andere Spende erhalten.« Frau Baumeister korrigiert daraufhin ihre Version. Die Sache, das steht schon jetzt fest, wird noch viel Ärger machen.

Anfang Januar hat der hessische Generalsekretär Müller erklärt, die Partei wolle den zinslosen Privatkredit Sayn-Wittgensteins nachträglich mit etwa vier Prozent Zinsen vergüten. Vermutungen der SPD, es könnte sich bei dem Darlehen um Geld aus einer schwarzen Kasse handeln, werden am 6. Januar von der CDU als »blanke Hetze« bezeichnet. Vier Tage später beteuert Koch wider besseren Wissens, der Kredit des Prinzen sei »keine finanzielle Transaktion außerhalb der offiziellen Buchführung«. Später räumt er ein, er sei zu diesem Zeitpunkt bereits »hundertprozentig überzeugt« gewesen, daß »die Vermächtnisse völlig konstruiert waren«. Seine »Darstellung des Darlehens« sei eine »Dummheit« gewesen, »politisch falsch und unkorrekt«. An ein Totschweigen des Falles ist nicht mehr zu denken, auch der *Spiegel* wirbelt tüchtig.

Am 14. Januar 2000 befindet sich Schäuble auf dem Weg vom heimischen Gengenbach zum Südwest-Rundfunk nach Baden-Baden, um die Einsetzung einer aus Roman Herzog, dem ehemaligen Verfassungsrichter Paul Kirchhof und Ex-Bundesbankpräsident Hans Tietmeyer bestehenden Kommission bekanntzugeben, die Konsequenzen für das Parteistatut und die Finanzierung der CDU aufzeigen soll. Gegen siebzehn Uhr ruft ihn im Auto der hessische Ministerpräsident Koch an. Er teilt dem Parteivorsitzenden mit, daß er in etwa einer Stunde in einer Pressekonferenz über millionenschwere schwarze Kassen der hessischen CDU im Ausland berichten werde. Neben den schwarzen Kassen von Helmut Kohl hat es also einen weiteren Geheimfonds gegeben. Schäuble ist schockiert, »was da alles auf uns zukommt«. Mit einem vermutlich nur Alemannen verständlichen Understatement sagt er noch zu Koch: »Mit Ihrer Pressekonferenz werden Sie meine Pressekonferenz toppen.«

Da hat er nicht übertrieben. Im hessischen Hofheim räumt Koch am Abend ein, daß die hessische CDU 1983 einen zweistelligen Millionenbetrag ins Ausland verschoben habe. Neben dem Ministerpräsidenten sitzt der frühere hessische CDU-Generalsekretär und Bundesinnenminister Manfred Kanther. Er erklärt, er habe damals als Generalsekretär der hessischen CDU gemeinsam mit Landesschatzmeister Sayn-Wittgenstein den Transfer der Gelder »geschultert«. Schultern war auch der Begriff, den Kohl verwendete, wenn er eine Affäre aussaß. »Für mich«, sagt Kanther, »war das auch eine besondere Form des Staatsdienstes, weil ich die CDU programmatisch für unentbehrlich halte und ihr alle wesentlichen positiven Entscheidungen der letzten fünfzig Jahre zuschreibe.« Einen »Anfangsfehler« habe er gemacht, um »in umkämpfter Zeit die Partei schlagkräftig zu erhalten«. Niemand habe unberechtigte Vorteile gehabt. Er vermittelt den Eindruck, daß in seiner Lage der Gesetzesbruch für ihn Gesetz gewesen sei.

Der saarländische CDU-Bundestagsabgeordnete Peter Altmaier sagt später, er habe »gelacht und gelacht«, als er den beinharten Pflichtethiker (»Wehret den Anfängen!«) die »Plausibilität« erklären sah, mit der er die Auslandstransfers der Millionen begründete – ausgerechnet Null-Toleranz-Kanther, der als Bundesinnenminister über die »Gefährdung hochentwickelter Industrieländer durch mafiose Strukturen« dozierte. »Von solchen Leuten«, sagt der Bündnisgrüne und ehemalige hessische Justizminister Rupert von Plottnitz, »habe ich mich vier Jahre lang als RAF-Anwalt und Freund der Verbrecher beschimpfen lassen müssen.«

Siebzehn Jahre lang war der in Schlesien geborene Manfred Kanther, der 1957 aus der »Sowjetisch besetzten Zone« nach West-deutschland geflüchtet ist, Landesgeschäftsführer und Generalsekre-tär der Wiesbadener CDU. Der Rechtsausleger der Partei, Alfred Dregger, hatte den jungen evangelischen Stadtoberrechtsrat aus dem sauerländischen Plettenberg nach Hessen geholt. Halbherzigkeiten geißelte der markige Kanther früh. »Recht und Ordnung« müßten wieder eine Chance erhalten, sagte der Vater von sechs Kindern bei jeder Gelegenheit. Im Januar 2000 präsentiert sich Kanther in Hof-heim als braver Parteisoldat. Was ist denn groß passiert? Geld mußte in Sicherheit gebracht werden, das war der selbstgestellte Kampfauf-trag. Am 31. Dezember 1984 war der Stichtag des ersten Rechen-schaftsberichts, in dem die Vermögensbestände der Parteien restlos offengelegt werden mußten, und die anderen sollten von dem Schatz der Hessen-CDU nichts erfahren. Im Kampf gegen die Systemver-änderer von links waren auch ungewöhnliche Maßnahmen erlaubt. Kanther verwahrt sich später gegen »diese Moraldiskussion«, die gegen ihn geführt werde. Es sei ein »Fehler« gemacht worden, und der habe »nachfolgende Fehler gezeugt«. Ähnlich hat ja auch Kohl sein schwarzes Kassensystem erklärt.

Die Enthüllungen aus Hessen erschüttern die Parteiführung, die mittlerweile fast alles für möglich hält. »Wo wird die nächste Bombe hochgehen?« fragt Angela Merkel. Kanthers Enthüllungen unter-scheiden sich vor allem wegen der vielen Nullen von den gewöhn-lichen Schiebereien. Ende 1983 wurden auf einen Schlag mehr als 22 Millionen Mark von einem Konto bei der Metallbank geräumt. Das Geld wurde in bar abgehoben und innerhalb weniger Tage in siebzehn Tranchen zwischen 985 000 Mark und 1 850 000 Mark bei der Georg Hauck & Sohn Bankiers auf ein Diverskonto eingezahlt und von dort über die Luxemburger Filiale dieses Geldinstituts in die Schweiz zur Schweizerischen Bankgesellschaft transferiert. Lediglich ein Betrag von 1,5 Millionen Mark wurde auf ein bei der Metallbank neu eröffnetes Konto eingezahlt. Die in die Schweiz transferierten 20,8 Millionen Mark wurden in festverzinslichen Wertpapieren an-gelegt. Heimlich wurden zwischen 1985 und 1999 mehr als 24 Mil-lionen Mark zumeist in bar abgehoben und für Wahlkämpfe, zur

Unterstützung von Bundestagskandidaten und für den Bau und die Ausstattung einer neuen Landesgeschäftsstelle verwendet. Weil die vielen Einzeltransfers zu aufwendig waren, wurden drei größere Transaktionen als Vermächtnisse deklariert, und um alle Spuren zu verwischen, wurde im Mai 1993 in Vaduz eine Stiftung mit dem schönen Namen »Zaunkönig« gegründet. »Einziger Begünstigter der Stiftung ist der Landesverband der CDU Hessen«, steht im Statut. »Sollte sich die CDU Hessen auflösen«, würden »Nachfolgeorganisationen mit gleichen oder ähnlichen politischen Zielen« begünstigt.

Da die geheimen Hessen-Gelder in den Rechenschaftsberichten der CDU fehlen, sind alle Berichte seit 1983 falsch. Bei rigoroser Anwendung der möglichen Sanktionen durch den Bundestagspräsidenten Wolfgang Thierse müßte die CDU rund eine halbe Milliarde Mark Strafe zahlen.

In den Wochen nach Hofheim hat Koch stets beteuert, bei den in die Schweiz verschobenen Millionen habe es sich um legales Geld der CDU gehandelt. Für den geringeren Teil der Summe mag das stimmen – 1983 hat die Hessen-CDU 8,2 Millionen Mark Wahlkampfkostenerstattung erhalten. Aber 20 Millionen Mark hat kein Landesverband auf der hohen Kante. In den siebziger Jahren mußte die hessische CDU Mitarbeiter entlassen, weil sie klamm war. Für Parteispendenexperten wie Lüthje ist klar, daß zumindest ein Teil des Millionenschatzes aus der verschwundenen Kriegskasse der SV stammen muß. Aufgewühlt verfolgt er die Nachrichten aus Wiesbaden und legt einen Vermerk an. »Schamlos«, schreibt er, seien schon damals die Hessen gewesen. Während die Bundes-CDU alle Kontakte zur illegal operierenden Staatsbürgerlichen Vereinigung abgebrochen habe, hätten die Hessen mit Kanther weitergemacht. Der sei »nervös geworden«. Bei einem Treffen habe er ihn, Lüthje, gefragt, ob er bei Fortsetzung der SV-Finanzierung für den Landesverband, wenn es denn je rauskommen sollte, in der Bundespartei scheel angesehen werde? »Sie werden nicht nur scheel angesehen, sondern werden aus der Partei rausgeschmissen«, will ihm Lüthje geantwortet haben. Er habe damals etwas »überzogen und gepokert«, gesteht er in seinem Vermerk ein. Bei seinem Auftritt im Untersuchungsausschuß am 12. Mai 2000 weist Kanther alle Hinweise auf die SV zurück. Er wisse darüber nichts, und er gehe auch fest davon aus, daß das Geld der Hessen nicht aus der verschwundenen SV-Kasse stammte.

Weyrauch behauptet, »wirklich nicht« zu wissen, ob es SV-Geld war, aber er kann sich an sein letztes Gespräch mit Kanther erinnern. Bevor der damalige Landesvorsitzende der hessischen CDU 1993 ins Bonner Bundesinnenministerium wechselte, habe er ihm den Rat gegeben, »den Deckel draufzuhalten«.

Diese neue Parteispendenaffäre hat viele Irrungen und Wirrungen, aber so ungeniert wie die Wiesbadener hat kaum jemand getrickst. Koch stilisiert sich zum »brutalstmöglichen Aufklärer«, aber als er in Hofheim nach dem Darlehen gefragt wird, lügt er schon wieder. Sein Parteifreund, Altbundespräsident Richard von Weizsäcker, weist darauf hin, daß Koch »vorsätzlich die Unwahrheit gesagt« hat. Die hessische CDU befindet sich nach den Worten Kochs in der »schwersten Krise ihrer knapp fünfundfünfzigjährigen Geschichte. Wir gehen durch ein tiefes Tal der Tränen.« Kanther legt sein Bundestagsmandat nieder, um »die Treibjagd zu beenden«. Er erinnert an einen General nach einer verlorenen Schlacht, der die Verantwortung übernimmt und sich mit viel Pathos dem »Urteil der Geschichte« stellt. Aber es ist kein Volk da, das Geschichte spielen kann. Die Finte mit den jüdischen Vermächtnissen findet von Brauchitsch »erbärmlich«, der früher so getreue Norbert Blüm ist »entsetzt«.

Fast täglich lautet die Frage: »Was kommt als Nächstes?« Kohl droht: »Ihr werdet schon sehen, wer übrigbleibt.« Der Parteiführung nimmt er übel, daß sie keine Entlastungsoffensive gestartet hat. Zwei Vorlagen haben die Sozialdemokraten geliefert, und die hätten nur verwandelt werden müssen. In einem Interview hat Schröder den Altkanzler böse gerempelt und Kohl als »sehr selbstgerecht« attackiert. Kohl habe das Gespür dafür verloren, »was geht und was nicht«. Das ist nicht falsch, aber politisch nicht korrekt – gewöhnlich beschimpft ein Kanzler den Vorgänger nicht. Und die von den Sozialdemokraten initiierte Diskussion, ob Kohl in Beugehaft müsse, wenn er die Namen der Spender nicht nenne, wäre auch ein Pfund für den Konter gewesen. Statt dessen gibt es aus der CDU nur laue Solidaritätsbekundungen. Aus Kohls Sicht stellt sich der Fall inzwischen eindeutig als »Vernichtungsfeldzug gegen meine Person« dar.

Ein bißchen Bammel hat Schäuble vor der Eröffnungsveranstaltung im schleswig-holsteinischen Wahlkampf am 15. Januar. Vom Rednerpult aus sieht er vorne nur Presseleute. Es gibt ein paar Zwischenrufe, aber alles in allem läuft die »schwierige Veranstaltung weit besser, als ich dachte«. »Sie waren gut heute abend«, loben ihn Journalisten. »Als ich dann die Fernsehberichte sah«, erzählt er später, »habe ich gedacht, das kann doch nicht wahr sein.« Gezeigt werden die Zwischenrufer. Er telefoniert mit der Generalsekretärin, und die gibt ihm recht. »Warten wir die Zeitungen ab«, sagt er, aber auch da schneidet er schlecht ab.

In diesem Moment ist für Schäuble klar, daß er zurücktreten wird. Am nächsten Morgen teilt er Angela Merkel seinen Beschluß mit, doch die stoppt ihn. So einfach könne er die Brocken nicht hinwerfen. Er müsse diesen Schritt mit den Gremien diskutieren. Tags darauf geht er noch einmal zu Kohl, aber der rücksichtslose Alte lenkt nicht ein. Auch die Ereignisse in Hessen können den Ex-Kanzler nicht beeindrucken: Er habe damit nichts zu tun. Schäuble teilt dem Präsidium seinen Entschluß zum Rücktritt mit, was dazu führt, daß sich die Gruppe plötzlich als »Gemeinschaft begreift«: Wenn er geht, wollen alle gehen – eine Reaktion, mit der er nicht gerechnet hat. Die Sitzung wird zum Triumph Schäubles und der Partei über Helmut Kohl. Das Präsidium fordert an diesem 18. Januar den Altkanzler auf, das Amt des Ehrenvorsitzenden ruhen zu lassen; die Gremien stehen voll hinter ihrem Parteivorsitzenden, der ein »neues Miteinander in der Führung« entdeckt. Kohl ist »überrascht«, wer sich gegen ihn alles einläßt. Schon seit einer Weile trägt er sich mit dem Gedanken, den Ehrenvorsitz zurückzugeben, und vollzieht diesen Schritt nach dem Präsidiumsbeschluß.

Wo das alles enden wird, weiß niemand. Die Wirtschaftsprüfer können für die Zeit zwischen 1989 und 1992 eine zweistellige Millionensumme nicht zuordnen. Wer hat das Geld bekommen? Bernhard Vogel und Norbert Blüm versuchen in getrennten Besuchen, Kohl zu überzeugen, daß er nicht nur die Partei, sondern sich selbst beschädigt. »Damit muß ich leben«, sagt er trotzig. Außerdem werde ihm nichts Strafbares vorgeworfen, und er müsse sich nicht selbst belasten. Am 20. Januar hat die Affäre ihren ersten Toten: Ein für die Finanzen der Fraktion zuständiger Mitarbeiter wird in seiner Berliner Wohnung erhängt aufgefunden. Er hat zwei Abschiedsbriefe hinterlassen und eingeräumt, sich aus der schwarzen Fraktionskasse bedient zu haben. Offenkundig haben ihn die Nachprüfungen von Ernst & Young in Panik versetzt.

»Meine Truppen stehen«, bedeutet Kohl, und wie ein Kanzler schreitet er zum Neujahrsempfang der Bremer CDU – aus den Lautsprechern erklingt »Der Jäger aus Kurpfalz«. Die Leute klatschen und klatschen; da ist nichts von hanseatischer Zurückhaltung. Sie applaudieren sich den Zorn aus dem Leib über die elenden Verfolger und bejubeln Kohl, als hätte er gerade die deutsche Einheit geschafft. Er ist nicht zerknirscht, kein bißchen. »Ich halte es für ganz wichtig, daß man auf seine Ehre achtet.« Applaus. Er hat seine Pflicht getan, als er »respektablen Bürgern unseres Landes« sein Wort gab. Applaus. Für ihn gibt es keine Handlungsalternative. Applaus. Ein Mann wie er läßt sich von der »destruktiven Linken« nicht jagen, und er läßt auch nicht zu, daß die im Adenauer-Haus seine Lebensleistung gegen den Skandal, der aus seiner Sicht doch gar keiner ist, abwägen. In Hamburg betritt er das Restaurant des Hotels »Vier Jahreszeiten«, und die Gäste bereiten ihm Ovationen; en masse werden ihm Visitenkarten gereicht. Eine junge Israelin kommt an seinen Tisch und möchte »dem größten Staatsmann die Hand schütteln«. Für respektable, anständige Bürger, so seine Wahrnehmung, ist er der Größte geblieben. Die fühlen sich an der Ehre gepackt und halten zu ihm. Soll er da wie die anderen im Büßerhemd rumlaufen und zerknirscht tun? Aber er registriert weiterhin genau, wer ihn jetzt verrät.

An einem Wochenende im Januar klingelt kurz vor Mittag bei Lüthjes in St. Augustin bei Bonn das Telefon. Auf dem Herd steht ein Topf mit Gulasch, das Lieblingsessen des siebenundsechzigjährigen Uwe Lüthje. Seine Frau hört nur ein paar Satzfetzen, dann schiebt sie den Topf von der Platte. Dieses Gespräch, das weiß sie, kann dauern. Am andern Ende der Leitung ist Helmut Kohl und redet mit dem früheren Generalbevollmächtigten der Schatzmeisterei über die ewigen Themen: Staatsbürgerliche Vereinigung, Parteispenden und die Heuchler und Abzocker in den eigenen Reihen. Viele Details sind Kohl entfallen, und Lüthje sprudelt wie früher. Kohl findet Lüthjes Erzählungen hochinteressant. »Es war schön, mit Ihnen geredet zu haben«, soll er gesagt haben und auch, daß Lüthje gleich alles zu Papier bringen und ihm unbedingt faxen müsse. Lüthjes haben jedoch kein Fax. »Gehen Sie zur Post«, soll Kohl geraten haben. Aber die ist geschlossen. Dann komme eben jemand vorbei, insistiert Kohl. Lüthje setzt sich gleich an den Computer und fertigt für den Altkanzler »Anmerkungen zu einigen Themen der Parteienfinanzierungsdiskussion dieser Tage«. Er ist gerade mit dem Text fertig, da steht schon Kohls zweifelsohne treuester Kuli, der einundsiebzigjährige frühere Pressesprecher Eduard Ackermann, in der Tür, um das Skript abzuholen. Seine Frau Johanna hat ihn gefahren, denn Ackermann ist fast blind. Die Herrschaften tauschen ein paar Freundlichkeiten aus, und Lüthje läßt dem Chef schöne Grüße ausrichten. Andererseits ist er schon verärgert, daß sich Kohl auf ein Ehrenwort beruft und es für normal hält, daß seine Helfer unter Feuer geraten. Ist das nicht auch eine Form von Verrat? Er habe keine Lust, sich zwischen Schäuble und ihm zerreiben zu lassen, beschwert sich Lüthje bei seinem früheren Prinzipal, doch der mag solche Differenzierungen gar nicht hören.

Am 26. Januar treffen Kiep und Kohlmann mit Lüthje in St. Augustin zusammen. Der Ex-Generalbevollmächtigte hat bei dem früheren Schatzmeister angerufen und gemeint, es wäre doch ganz nett, wenn man sich mal wieder sehen würde. Lüthje hat sich zuvor mit Weyrauch beraten – er möchte das »Problembewußtsein« Kieps schärfen. Nach Erinnerung von Lüthje hat er mit Kiep an diesem Tag über die geheimen Zahlungen des Siemens-Konzerns in der Schweiz gesprochen, die zumeist vom Kassenwart abgeholt worden seien. »Ja, so war das«, soll der gesagt haben. Kiep erinnert ihre Unterhaltung ganz anders: Lüthje habe lediglich erzählt, daß er als Generalbevollmächtigter mal eine Million Mark von Siemens in der Schweiz erhalten habe. Er, Kiep, habe mit Siemens nichts zu tun gehabt. Aussage steht gegen Aussage. Kohlmann bestätigt Kieps Angaben, macht aber eine Einschränkung. Ein paar Minuten lang hat er das Zimmer verlassen und weiß natürlich nicht, was die beiden in dieser Zeit diskutierten. Der Professor und der frühere Schatzmeister sprechen bei der Rückfahrt nach Köln über Lüthjes Erzählungen, und Kiep sagt: »Na ja, ob das so mal alles stimmt?«

Februar 2000

Anfang Februar tritt die alte Garde der Spendenspezialisten im Adenauer-Haus auf. Zunächst erscheinen Weyrauch und Lüthje mit ihren Anwälten bei Bundesgeschäftsführer Hausmann, der an seiner Seite Anwälte und Wirtschaftsprüfer hat. Die beiden wollen auspacken, aber Lüthje macht eine Vorbemerkung. »Sie haben hier keine Defraudanten vor sich, sondern die verdientesten Leute der CDU.« Für die Partei habe er seine Biographie ruiniert und sei ein Jahrzehnt lang einem Ermittlungsverfahren ausgesetzt worden. Gegen Weyrauch war zwar nicht ermittelt worden, doch auch er stand all die Jahre unter Druck. Für die »Drecksarbeit«, sagt der Hesse, seien er und Lüthje zuständig gewesen. Die beiden Veteranen sind, wie Hausmann zutreffend bemerkt, »verbittert«. Lüthje bezeichnet das Krisenmanagement der Partei als »dilettantisch«.

Lüthje berichtet von den angeblichen Siemens-Zahlungen in der Schweiz, das Geld sei auf ein Treuhandanderkonto eingezahlt worden, dessen Eigentümerin die liechtensteinische Norfolk-Foundation gewesen sei. Hausmann ist elektrisiert. Durch die Norfolk-Geschichte könnte sich womöglich die bislang unbekannte Herkunft der vielen Millionen klären lassen, die Anfang der neunziger Jahre in die Kassen der CDU flossen. Der Bundesgeschäftsführer eilt in sein Zimmer und teilt der Generalsekretärin das Zwischenergebnis mit. Mit Blick auf den hessischen »Zaunkönig« hatte sie gelegentlich gespottet, daß die Bundes-CDU möglicherweise eine Stiftung »Bundspecht« gehabt hätte. Aus »Bundspecht« ist nun »Norfolk« geworden, und Merkel wirkt erleichtert. »Das Schlimmste haben wir hinter uns«, sagt sie.

Lüthje berichtet weiter von zwei bis drei Millionen Mark, die er in diesen Jahren direkt von Kohl erhalten hätte, und Weyrauch erzählt, daß er in den neunziger Jahren auch von Terlinden Geld erhalten habe, das nach dessen Auskunft wohl vom Medienunternehmer Leo Kirch stamme. Der Bundesgeschäftsführer nimmt die Angabe zu Protokoll. Hausmann will noch wissen, bei welcher Bank in der Schweiz das Norfolk-Konto geführt wurde. Beide drucksen herum und lehnen eine Aussage ab. Das sei für ihn nicht verständlich, meint Hausmann: Sie wollten doch angeblich alles auf den Tisch legen, aber auf diese Weise sei eine Nachprüfung nicht möglich. Die Sitzung wird unterbrochen. Dann sagt einer der beiden: »Wir müssen mit Kiep reden.« Erneut wird die Sitzung unterbrochen. Hausmann vermutet zunächst, die beiden hätten geflunkert, aber dann nennen sie doch den Namen einer Bank in Zürich. Sie übertragen der CDU das Recht, alle noch vorhandenen Unterlagen bei dem Geldinstitut anzufordern.

Das Konto, erklären sie, sei am 7. April 1992 aufgelöst worden, und das Restguthaben von 1,553 Millionen Franken sei nach Absprache mit Kiep als Sondervergütung für die Auslandstätigkeiten und andere Beschwernisse zwischen Kiep, Weyrauch und Lüthje verteilt worden. Einer der Wirtschaftsanwälte der CDU ruft noch in der Sitzung Kohls Rechtsbeistand Stephan Holthoff-Pförtner an und fragt, ob der Altkanzler morgen kommen könne. Durch die Aussagen Lüthjes und Weyrauchs habe sich die Lage geändert, man wolle ihm Gelegenheit zur Stellungnahme geben. Fünfzehn Minuten später läßt Kohl mitteilen, er werde nachmittags erscheinen. Auch Kiep will kommen.

Kohl wird ins Besprechungszimmer im zehnten Stock gebeten. In dem Raum mit der Ahnengalerie der CDU-Vorsitzenden hat er schon denkwürdige Sitzungen erlebt. Auf der Fahrt ins Parteihaus hat er noch rasch bei Lüthje angerufen und sich nach dessen gestrigem Auftritt erkundigt. Kohl kennt, wie Hausmann bald feststellt, die Antworten des ehemaligen Generalbevollmächtigten. Hausmann insistiert, ob der Altkanzler denn jetzt die Namen der Spender nennen wolle? Allein die Frage hält Kohl für eine Zumutung und reagiert sehr ungehalten. Von dem Safe in der Schweiz habe er gewußt, aber er habe den Tresor nie in Verbindung mit Geldakquisitionen der Partei gebracht. Er habe geglaubt, daß dort nur die Unterlagen über die vom Bundesnachrichtendienst empfangenen Millionen aufbewahrt worden seien. Von den angeblichen Siemens-Millionen habe er keine Ahnung, die von Lüthje genannte Summe von zwei bis drei Millionen Mark, die dieser von ihm bekommen haben will, erscheine ihm viel zu hoch. Er lobt die vielen kleinen Spender, die ihm nach Veranstaltungen Umschläge überreicht hätten. Von schwarzen Kassen will er ebensowenig gehört haben wie von einer Verteilung der 1,5 Millionen Franken. »Dem hätte ich nie im Leben zugestimmt.« Dann erzählt er Anekdoten und Geschichten aus dem Parteileben. Er wirkt ein bißchen nervös.

Draußen wartet Kiep, der aus Venedig angereist ist, gemeinsam mit Kohlmann in einer winzigen Kammer, ohne zu wissen, daß Kohl nebenan aus seinem Leben erzählt. Bei seiner Befragung dementiert Kiep fast alles. Er kenne keinen Safe in der Schweiz, in dem Abrechnungsunterlagen über die Staatsbürgerliche lagen, von »Norfolk« habe er keine Ahnung, von den Siemens-Spenden höre er »zum erstenmal«, und er bestreitet, eine Zusage zur Aufteilung des Restguthabens von Norfolk gegeben zu haben. Als Schatzmeister habe er nie Barspenden entgegengenommen und habe auch keine Ahnung von dem »System der Treuhandanderkonten und der weiteren Abwicklung« oder von Konten in der Schweiz gehabt.

Terlinden wird ebenfalls vernommen und will nicht ausschließen, daß er Weyrauch mal den Namen Kirch als Spender genannt habe, aber er könne sich an einen solchen Vorgang nicht erinnern und habe ganz sicher die Herkunft des Geldes nicht gekannt.

Terlinden ist wie immer auf dem Posten, ein Buchhalter, der nie eigenständig gehandelt hat. Aber Kohl fällt auf, daß die sonst immer verläßlichen Maschinisten Lüthje und Weyrauch ein Stück von ihm abrücken, und das ist nicht ungefährlich. Einen Tag nach seiner Aussage tritt er im ZDF und in den »Tagesthemen« auf. Er fühle sich, was die Transaktionen in der Schweiz angehe, von den Finanzjongleuren der Partei hintergangen. »Wie soll denn eigentlich mein Gefühl anders sein?« Lüthje schickt ihm auf Umwegen eine Warnung. Wenn er seine treuesten Leute nicht schütze, müßten die auspacken. Am

Dienstag der nächsten Woche sagt Lüthje in dem Kohl-Verfahren vor der Bonner Staatsanwaltschaft aus. Kohl sei über den Safe »und seine Zielsetzung« informiert worden und habe ihn später gebeten, den Safe »absolut sicher« zu machen. Kohl sei an der Vernichtung der Unterlagen des Safes besonders interessiert gewesen. »Er hielt mich wegen der Verwahrung der Alt- und Uraltunterlagen für ein bißchen zu penibel.« Der Tresor sei Kohl »stets ein Dorn im Auge« gewesen. Wenn Kohl jetzt erkläre, er habe nicht gewußt, daß in dem Tresor vertraulichste Schatzmeisterunterlagen aufbewahrt worden seien, »ist das nicht richtig«. Kohl sei von ihm darüber unterrichtet worden, daß neben den BND-Unterlagen alle vertraulichen Schatzmeisterunterlagen in Zürich verwahrt wurden. Daran könne kein Zweifel bestehen.

Angeblich war auch noch ein anderer Christdemokrat eingeweiht: Der damalige CDU-Generalsekretär Heiner Geißler sei wegen der Ermittlungen im Zusammenhang mit der Parteispendenaffäre beunruhigt gewesen und habe gedrängt, die Unterlagen verschwinden zu lassen. Lüthje erzählt später einem Vertrauten, er habe Geißler auf zwei größere Überweisungen der illegal operierenden SV in dessen Zeit als Vorsitzender des Kreisverbandes Mainz aufmerksam gemacht. Geißler sei fast panisch geworden und habe sofort mit Kohl konferiert. Die Unterlagen müßten weg, aber sie seien im Schweizer Safe deponiert gewesen.

Geißler hat an diesen Vorgang »bei bestem Willen keinerlei positive Erinnerung«. Er mag aber auch nicht ausschließen, daß er Kohl wegen der Auflösung des Safes aufgesucht habe. »Das traue ich mir zu.« Andererseits: »Null Erinnerung, wirklich.«

Schäuble telefoniert mehrfach mit Siemens-Chef Heinrich von Pierer über die angeblichen Spenden in der Schweiz und bittet, bei der Aufklärung zu helfen. Zwei Abgesandte des Konzerns reisen nach St. Augustin, und Lüthje bestätigt seine Aussage nicht nur, er legt sogar noch nach. »Acht, wenn nicht gar neun Millionen Mark« seien nach seiner Erinnerung von einem Schwarzgeldkonto des Konzerns in Zürich an die CDU geflossen. Er gibt den Emissären einen Vermerk mit, den er ein paar Tage zuvor geschrieben hat: »Spenden der Firma Siemens«.

Siemens erklärt, es hätten sich bei Überprüfung keine Beweise dafür finden lassen, »ob überhaupt und – falls ja – wann, von wem und in welcher Höhe derartige Zahlungen geleistet wurden«. Das Treffen mit dem Emissär und Lüthje im Jahr 1984 wird bestätigt, dabei sei es allerdings nicht um Parteispenden gegangen. Um was sonst? Lüthje hat seine Siemens-Gesprächspartner auf Fotos identifiziert, doch die Konzernleitung kann das augenscheinlich nicht überzeugen. Mit Lüthje oder anderen »Funktionsträgern der CDU« hätten »keine Gespräche in bezug auf Spenden oder unentgeltliche Leistungen stattgefunden«. Der Konzern habe nach der Parteispendenaffäre der achtziger Jahre bis 1997 keine Parteispenden mehr gegeben. Eine rätselhafte Geschichte. Schäuble »kann die Widersprüche nicht auflösen«, aber er hat auch »keine Erklärung, warum Lüthje diese Angaben machen sollte, wenn sie nicht stimmen«.

Fest steht: Schwarze Siemens-Konten in der Schweiz hat es in den achtziger Jahren tatsächlich gegeben. Über ein Treuhandkonto der Zürcher Firma Covalind war bei einer Bank in Zürich ein Konto eingerichtet worden, über das angeblich nur Zahlungen von Provisionen und Schmiergeldern für Auslandsaufträge in Algerien und Korea abgewickelt werden sollten. Schmiergelder konnten damals als sogenannte »nützliche Ausgaben« von der Steuer abgesetzt werden. Allerdings stellte sich später heraus, daß ein Teil der Gelder als Bestechung bei Klärwerkprojekten in Deutschland verwendet worden war. Bei der Aufdeckung eines Korruptionsskandals in Spanien stießen Genfer Ermittler auf ein weiteres schwarzes Siemens-Konto in Zürich. Von diesem mit mehr als 500 Millionen Franken gefüllten Konto sollen zweistellige Millionenbeträge für ein Eisenbahnprojekt an spanische Regierungsbeamte gezahlt worden sein.

In einem relativ unerheblichen Detail kommt es zu einer Schlacht, als ginge es um Sein oder Nichtsein. Gestritten wird darüber, wie die 100 000 Mark von Schreiber an Schäuble gelangt sind. Nach der Darstellung Schäubles ist der Kaufmann gleich am Tag nach dem Sponsorenessen im Büro erschienen. Schäuble hatte zuvor seine übliche Krankengymnastik, das *Handelsblatt* hat ihn interviewt, und dann soll sich Schreiber gemeldet haben. Der habe ein bißchen aus seinem

Leben erzählt: Wie eng er mit Franz Josef Strauß zusammengearbeitet habe und wie sehr er diesen geschätzt habe. Von dem bayerischen Ministerpräsidenten Edmund Stoiber hingegen halte er wenig. Kohl finde er gut und auch Schäuble sei ihm ganz sympathisch vorgekommen – das übliche Schreiber-Gerede. Deshalb habe er Schäuble in einem Umschlag 100 000 Mark mitgebracht. Auch das ist für den Waffenhändler nicht ungewöhnlich. »Sie können mit dem Geld machen, was Sie wollen«, habe Schreiber gesagt, eine Quittung benötige er nicht. Nach Schäubles »sicherer Erinnerung« hat er sofort das Büro Baumeister über die Spende informiert. Der Umschlag sei in seinem Büro abgeholt worden. »Ich bin mir sicher«, sagt er, daß »ich ihr kurz darauf gesagt habe: Schickt ihm eine Quittung, damit der nicht auf dumme Gedanken kommt.«

Die von Schäuble geförderte Baumeister hatte zunächst diese Version, etwas gewunden, bestätigt. »Im Nachgang« an das Essen habe Schäuble ihr das Geld gegeben – Nachgang, ein dehnbarer Begriff. Um diese Spende ranken sich viele Merkwürdigkeiten.

Im Herbst 1997 – in der *Süddeutschen Zeitung* war eine ganzseitige Geschichte über Schreiber erschienen – informierte der Fraktionschef den Kanzler über die Spende des Waffenhändlers. Das Verhalten der Schatzmeisterin finde er »merkwürdig«. Nach Schäubles Darstellung hat er Frau Baumeister gefragt, ob sie denn dem Schreiber eine Quittung ausgestellt habe, und sie habe erwidert: »Der wollte doch keine.« Darüber habe er sich »saumäßig« geärgert. »Die kann er ja selbst zerreißen, aber wir brauchen doch eine«, will er ihr gesagt haben. Merkwürdig sei gewesen, so Schäuble, daß sie sich kaum an Schreiber erinnern konnte und so getan habe, als kenne sie »diesen Herrn gar nicht«. Er habe dann auf einer eigenen Bescheinigung bestanden. »Wozu brauchst du diese Quittung?« soll sie gefragt haben. »Wenn du eines Tages vor den Baum fährst, und da kommt eines Tages dieser Mensch«, will er gesagt haben. Er bekam ein Papier ohne ordentlichen Briefkopf. Die schludrige Abwicklung der Schreiber-Spende, die nicht im Rechenschaftsbericht auftauchte, sei einer der Gründe gewesen, warum Brigitte Baumeister 1998 nicht mehr als Schatzmeisterin vorgeschlagen worden sei, sagt Schäuble.

Für Schäubles Version spricht, daß der Parteivorsitzende im September 1999, also vor den Parteispendenenthüllungen, dem Bundesgeschäftsführer Hausmann en detail vom Besuch Schreibers nach der Sponsorenveranstaltung und den 100 000 Mark erzählt hat. Hausmann: »Das war so nach dem Motto, was einem mit Spenden alles passieren kann.« Auch einem Freund hat Schäuble früh die Modalitäten der Übergabe geschildert; wenn es darauf ankommen sollte, will der Freund das beeiden.

Der CDU bleibt nichts erspart. Bundestagspräsident Wolfgang Thierse verkündet am 15. Februar, daß die Partei als erste Sanktion für den falschen Rechenschaftsbericht des Jahres 1998 exakt 41 347 887,42 Mark berappen muß. Die Konsequenzen der Parteispendenaffäre im Bund und in Hessen sind für die CDU verheerend, weitere Strafen in zweistelliger Millionenhöhe drohen.

Für die Partei sind die Tage der Entscheidung gekommen. Der Fraktionsvorstand tagt und empfiehlt die Abwahl von Frau Baumeister als Parlamentarischer Geschäftsführerin; gleichzeitig trifft sich in der Präsenzbibliothek des Reichstags die nordrhein-westfälische Landesgruppe. Heftig wird die Krise der Partei diskutiert; der vom Parteivorsitzenden geschätzte Norbert Lammert überbringt Schäuble die Botschaft, er solle seine Ämter abgeben. Auf der anschließenden Pressekonferenz wirkt Schäuble fast erleichtert und betont, daß er einem Neuanfang nicht im Wege stehe. »In mir ist die Überzeugung gereift, daß ohne einen sichtbaren, also auch personellen Neuanfang die CDU sich nicht aus der Umklammerung dieser Krise befreien kann.« Er lege das Amt des Fraktionsvorsitzenden nieder und kandidiere auf dem anstehenden Essener Parteitag nicht mehr für den Parteivorsitz. Am Abend bleibt der harte Kern zusammen, und die stellvertretende Bundesvorsitzende Annette Schavan ordert Weißwein. Es wird ein bißchen gelacht und ein bißchen geweint.

Wenn Schäuble, wie er ursprünglich wollte, schon Mitte Januar gegangen wäre, hätte er sich manche schmerzliche Enttäuschung ersparen können. Das sagen auch einige seiner Freunde. Seine Sicht der Dinge ist komplizierter, und sie macht auch klar, wie tief der Bruch mit Kohl geht. Die elend langen Wochen hätten sich am Ende schon allein wegen der Degradierung Kohls gelohnt. Angela Merkel hat Schäuble danach mehrfach beteuert, wie froh sie sei, daß Kohl nicht mehr als Ehrenvorsitzender agieren könne und aus dem Präsidium verschwunden sei. Schäubles jüngerer Bruder Thomas, CDU-Innenminister in Baden-Württemberg, meldet sich zu Wort und sagt, daß seine ganze Familie Kohl verabscheue. In Berlin erklärt Helmut Kohl vor dem Untersuchungsausschuß, er habe »diese Äußerung von Herrn Thomas Schäuble überhaupt nicht verstanden«. Er wiederholt: »Überhaupt nicht verstanden.«

März/April 2000

Die Krise der Partei ist noch nicht vorüber, und der Altkanzler Kohl meldet sich nach dem Rücktritt seines Widersachers zurück. Er mietet den Saal der Adenauer-Stiftung und teilt mit, daß er Spenden gesammelt habe, um den Schaden wiedergutzumachen. Die Idee ist früh entstanden, er hat sie mit Holthoff-Pförtner und den anderen Anwälten der Essener Kanzlei schon Ende 1999 erörtert. Er will ein Signal an die Partei geben, die doch seine Heimat ist. Zweitgrößter Spender hinter dem Filmunternehmer Leo Kirch ist mit 800 000 Mark der Essener Verleger Erich Schumann. Er ist seit 1953 Mitglied der SPD, war einst Anwalt von Willy Brandt und ist eine schillernde Figur. Mit fünfundfünfzig Jahren hat er sich von dem Sozialdemokraten und WAZ-Verleger Erich Brost adoptieren lassen, und das war nicht zu seinem Nachteil. Welchen Vorteil hatte er von Kohl? Schumann wird Mitte Juni 2000 auf Antrag zweier Ortsverbände aus der SPD ausgeschlossen, und Kohl empört sich darüber mächtig im Fernsehen.

Am 3. April feiert Helmut Kohl seinen siebzigsten Geburtstag mit seiner Familie und ein paar Freunden. Zehn Jahre zuvor standen dreitausend Gäste in der Bonner Beethovenhalle Spalier. Bei der CDU tritt eine neue Mannschaft an. Neuer Fraktionschef wird der Sauerländer Friedrich Merz, auf dem Parteitag in Essen wird Angela Merkel zur neuen Vorsitzenden gewählt. Der Jurist Ruprecht Polenz wird neuer Generalsekretär, und Bankier Ulrich Cartellieri, einst Vorstandsmitglied und jetzt im Aufsichtsrat der Deutschen Bank, soll als Schatzmeister die Finanzen der CDU sanieren. Der Quereinsteiger wird mit 99,3 Prozent der Stimmen auf dem Bundesparteitag gewählt, niemand im neuen Präsidium der CDU bekommt mehr Zustimmung. So ist das mit Schatzmeistern. Schäuble weist auf dem Parteitag darauf hin, daß die Verwendung von rund zehn Millionen Mark seit 1989 immer noch unklar sei.

Mai/Juni 2000

Im Mai hat Kohl rund acht Millionen Mark Spenden beisammen, die Bundespartei sammelt weitere sieben Millionen Mark. Die Helfer, die Kohl unterstützt haben, stehen für ihre Gaben mit ihrem Namen ein. Warum die angeblichen Alt-Spender diesen Mut nicht aufbringen, bleibt ein Mysterium. Kohls Sammelaktion war allerdings nicht uneigennützig – sie hat auf die Bonner Staatanwaltschaft Eindruck gemacht. Die Kollekte ändert zwar an dem Untreue-Vorwurf nichts, denn der Straftatbestand kann nicht rückgängig gemacht werden. Allerdings wird die Sammlungsaktion bei der Abwägung, welches Strafmaß in Frage kommt, berücksichtigt.

Im selben Monat fertigt die Bonner Staatsanwaltschaft einen Zwischenvermerk im Verfahren 50 Js 1/00. Die Ermittler sehen bei Dr. Helmut Kohl einen »hinreichenden Tatverdacht« erfüllt; die Anwälte bekommen Akteneinsicht und können zu dem Vermerk Stellung beziehen. Die Bezeichnung »hinreichender Tatverdacht« läßt drei Möglichkeiten zu: Einstellung des Verfahrens gegen Auflagen – zumeist Zahlung einer Geldbuße nach Paragraph 153a –, Strafbefehl und Anklage. Der Paragraph 153a wurde 1975 als Ergänzung des Paragraphen 153 in die Strafprozeßordnung eingebracht, um Strafen im Bereich der kleineren Kriminalität zurückzudrängen. Ersttätern, Ladendieben und Schwarzfahrern beispielsweise sollte der Makel des Vorbestraftseins erspart werden.

Auch wenn die Akte Kohl dick geworden ist, hat sich durch die Ermittlungen an der Ausgangslage des Verfahrens wenig geändert.

Zwar sind Terlindens Wohnung und die Landesgeschäftsstelle der rheinland-pfälzischen CDU durchsucht worden, aber neue Erkenntnisse haben die Heimsuchungen nicht gebracht. Einer der Fahnder hatte bei Terlinden schon fünfzehn Jahre zuvor durchsucht, Terlinden zeigt ihm das alte Durchsuchungsprotokoll.

Der ermittelnde Bonner Staatsanwalts Roland Wangen und seine Kollegen beschäftigen sich im wesentlichen mit der Exegese des Untreue-Paragraphen. Juristen aller Couleur sind sich uneins, ob bei dem Ex-Kanzler überhaupt Untreue in Frage kommen kann. Die Anwälte Kohls haben den renommierten Bayreuther Strafrechtsprofessor Harro Otto mobilisiert, der in Berlin ein Gutachten vorlegt, wonach das Verfahren einzustellen sei. Dies aber lehnen die Ermittler ab. Dann hätten sie erst gar nicht anfangen müssen.

Nach ihrer Ansicht ist der Betrieb einer schwarzen Kasse eine Untreuehandlung, weil das Geld außerhalb der Verfügungs- und Kontrollgewalt der Partei war. Gegen die Finanzordnung sei verstoßen worden, und wegen des Verschweigens der Spendernamen drohen der CDU Strafgelder in beträchtlicher Millionenhöhe. Dennoch möchten die Strafverfolger das Verfahren gegen Kohl nach Paragraph 153a einstellen und auf jeden Fall eine öffentliche Hauptverhandlung vermeiden. Die Einstellung wird intern damit begründet, daß Kohl durch seine Sammelaktion versucht habe, den Schaden wiedergutzumachen. Dabei fällt auch ins Gewicht, daß der Altkanzler sich mit 700 000 Mark aus eigener Tasche beteiligte. Er hat den Staatsanwälten einen Überweisungsbeleg in Höhe von 200 000 Mark und einen Hypothekenvertrag über eine halbe Million Mark präsentiert, mit dem das Ehepaar Kohl das Haus in Oggersheim beliehen hat.

Der Zwischenvermerk, den der Bonner Staatsanwalt Roland Wangen gefertigt hat, wird monatelang von der Kölner Generalstaatsanwaltschaft als Aufsichtsbehörde geprüft. Es gibt Bitten um Nachbesserungen bei Formulierungen; Passagen werden neu geschrieben, denn der Untreue-Paragraph läßt Raum für viele Interpretationsmöglichkeiten.

Zeitweise gibt es vorsichtige Überlegungen, Kohl mit einem Strafbefehl zu überziehen, aber das würde auch für die Staatsanwälte ein

Risiko bedeuten. Der Altkanzler hat schon früh deutlich gesagt, daß er einem Strafbefehl, der ihn zum Vorbestraften macht, niemals zustimmen werde und eher eine öffentliche Hauptverhandlung in Kauf nehme. Was aber, so die Sorge der Ermittler, wenn das Gericht den Strafbefehl abschmettern würde? Die Staatsanwälte wären die Blamierten. So bleibt es wohl bei der Einstellung gegen Auflagen, die Kohl akzeptieren will. Eine dann fällige Geldbuße in sechsstelliger Höhe ist auch für ihn keine Petitesse, aber mit einem Teil der Millionen-Tantiemen für seine geplanten Memoiren kann Kohl die 700 000 Mark für die CDU und die fällige Geldbuße begleichen. In Frankreich, da kann sich Kohl sicher sein, hätte niemand gegen seinen Freund Mitterrand ein solches Verfahren eingeleitet.

Am 28. Juni tritt der Sonderermittler Burkhard Hirsch vor dem Untersuchungsausschuß auf. Seit Februar hat er im Auftrag des Kanzleramtschefs Frank-Walter Steinmeier ermittelt, warum Aktenbestände der alten Regierung entweder unvollständig sind oder bis zur Unkenntlichkeit verändert wurden. Der einundsechzig Seiten umfassende Bericht, den der Freidemokrat den Ausschußmitgliedern vorlegt, läßt den Politikwissenschaftler Wilhelm Hennis einen Fall von »Staatskriminalität« ahnen, der »beispiellos in der Geschichte westlicher Verfassungsstaaten ist«.

In der Ära Kohl sind im Bundeskanzleramt Akten gereinigt, geschreddert, sonstwie beseitigt oder versteckt worden, klafterweise sind Aktenbände verschwunden, Datensätze wurden manipuliert und Computerdateien gelöscht. Hirsch stellt eine Regierungszentrale vor, in welcher nächtens an drei verschiedenen Tagen kurz vor der Übergabe an den Feind die Festplatten gesäubert wurden; drei Gigabyte Daten wurden vernichtet und damit zwei Drittel der Gesamtbestände. »Die festgestellten Löschungen«, konstatiert Hirsch, »waren keine routinemäßigen Datenlöschungen ... Es handelte sich vielmehr um außergewöhnlich umfangreiche Löschungen in der Absicht, den Datenbestand aus Anlaß des Regierungswechsels und der Übergabe des Kanzleramtes an den Nachfolger zu verändern.«

Der SPD-Abgeordnete Frank Hofmann vergleicht die Datenvernichtung mit den Vorgängen in der Stasi-Zentrale nach dem Fall der

Mauer, doch die Parallele stimmt nicht ganz. In der DDR schaffte das Volk ein Regime ab, in der Bundesrepublik war lediglich nach Wahlen eine andere Regierung ans Ruder gekommen. 1,2 Millionen Seiten Papier sind verschwunden, rund hundert Meter Aktenbestand stehen dem Koblenzer Bundesarchiv nicht zur Verfügung, das normalerweise solche Unterlagen verwahrt. Auffälligerweise gibt es gerade zu den heiklen Vorgängen wie Leuna, den Panzerlieferungen nach Saudi-Arabien oder dem Verkauf der Eisenbahnerwohnungen keine vollständigen Unterlagen mehr, viele Akten sind gefleddert worden. Die Vorgänge im Kanzleramt lassen sich nicht mehr lückenlos rekonstruieren. In deutschen Amtsstuben gilt für die Führung von Akten der Grundsatz der Vollständigkeit und der Wesentlichkeit, nicht so im Kanzleramt.

Gegen Zufall spricht alles. Als der Treuhand-Untersuchungsausschuß Mitte der neunziger Jahre Unterlagen zum Fall Leuna sehen wollte, stellte das Kanzleramt gesäuberte und gezinkte Akten zur Verfügung. Das Parlament, das Kontrolleur der Regierung sein soll, wurde absichtsvoll in die Irre geführt, es wurde manipuliert und getrickst. Auf eine gefledderte Akte, die der Untersuchungsausschuß zurückgeschickt hatte, notierte ein unbekannter Kanzleramtsmitarbeiter: »Glück gehabt.« Wer hatte Glück, und warum hatte er Glück? Ein anderer Beamter hielt fest, wenn das Kontrollgremium Dokumente über die Privatisierung eines Thüringer Unternehmens anfordere, »werden wir« die Akte »flöhen müssen«. Die Not muß groß gewesen sein.

Auf die Frage, wie er sich die riesigen Lücken in den Aktenbeständen erkläre, antwortete Hirsch, das könne passieren, wenn sich »ein Verwaltungsapparat vollkommen mit einer Regierung identifiziert«. Der frühere Kanzleramtsabteilungsleiter Roll, für den Kohl im Lübecker Kommunalwahlkampf warb, übernimmt zumindest die Verantwortung für die Löschung von politischen Konzepten. In sechzehn Jahren Regierungszeit war die Verwaltung korrumpiert worden – nicht mit Geld, sondern mit Gunstbeweisen. Es gab ein Geflecht von Abhängigkeiten, und die Mitarbeiter folgten dem Chef bis hin zum vorauseilenden Gehorsam. Weil Kohl strikt gegen eine parlamentarische Untersuchung des Leuna-Falls war, schrieben vier ostdeutsche Ministerpräsidenten an den SPD-Vorsitzenden Rudolf Scharping und den sozialdemokratischen Fraktionschef Hans-Ulrich Klose einen Brandbrief. Sie äußerten ihre »erhebliche Sorge« über die Entscheidung der SPD und baten darum, wegen der Arbeitsplätze auf die Untersuchung zu verzichten. Der Brief wurde nicht in einer ostdeutschen Staatskanzlei, sondern im Kanzleramt formuliert und über den Kanzleramtsminister Friedrich Bohl an die Sozialdemokraten geleitet. Die Ermittlergruppe Hirsch, die aus zwei Beamten des Bundeskriminalamtes, Registratoren und einem Richter bestand, stieß durch Zufall auf das Schriftstück.

Auch wenn die Prüfer in einem Keller des Kanzleramtes neunundneunzig Sicherungskopien der gelöschten Daten entdeckt haben und damit möglicherweise ein Teil des vernichteten Materials wiederhergestellt werden kann, ändert das nichts an der Schwere des Vorfalls: *Die Zeit* spricht von einem »Abgrund an Aktenverrat«. Die Bonner Staatsanwaltschaft legt ein Aktenzeichen an und leitet ein Ermittlungsverfahren ein. Strafrechtlich kommen Urkundenunterdrückung und Verwahrungsbruch in Frage; wenn auch Geld geflossen ist, besteht der Verdacht der Vorteilsannahme oder Bestechlichkeit.

Einen Tag nach der Vorstellung des Biotops Kanzleramt tritt erstmals der Zeuge Helmut Kohl vor dem Untersuchungsausschuß auf. Er trägt im Großen Saal der Berliner Katholischen Akademie eine dreizehnseitige Erklärung vor und präsentiert sich als Verfolgter. Die Zeitungen, die Magazine, die politischen Feinde – alle haben sich verschworen, »meine sechzehn erfolgreichen Kanzlerjahre aus der Geschichte zu verdammen«. Der Oberteufel im Ausschuß ist für ihn der Grüne Hans-Christian Ströbele, der meist gut vorbereitet ist und zu fragen versteht. Böse schaut Kohl zu ihm hinüber, und Ströbele lächelt lässig zurück. In einem »Akt beispielloser Diffamierung«, fährt der Zeuge K. fort, »wird versucht, durch Falschmeldungen, Unterstellungen und Verdrehungen mich zu kriminalisieren«. Mehr als eine Stunde lang lobt der Selbstgerechte die Verdienste Helmut Kohls und ruft zahlreiche ausländische Staatschefs als Zeugen dafür auf, daß

er ein außerordentlich integrer Kanzler gewesen sei. An den Vorwürfen gegen ihn sei nichts dran. »Ich bin in meinem ganzen Leben nie
käuflich gewesen.« Der Zeuge präsentiert sich in der Rolle des Unschuldigen und Gerechten, ihn anders zu sehen wäre »abwegig«, »bös-
willig« oder »absurd«. Über seine Zeit in Bonn sagt Kohl:

> Das heißt also, ich war immer beides – ich rede jetzt von der Zeit als Bundes-
> kanzler –: Bundeskanzler und Parteivorsitzender, so wie ich übrigens vorher
> auch viele Jahre hindurch Parteivorsitzender und Ministerpräsident in Rhein-
> land-Pfalz war. Eine Trennung in dem Sinne »Jetzt ziehe ich den Hut des
> Parteivorsitzenden auf, und jetzt ziehe ich den Hut des Kanzlers auf« ist
> natürlich auch für das normale Publikum gar nicht möglich ... Ich habe mei-
> nen Job in beiden Funktionen immer als Dienstleistungsfunktion gesehen, um
> einfach den Leuten zu helfen. Das hat mir auch die starke Position in der Par-
> tei gegeben ...
>
> Ich konstruiere mal ein Beispiel, was einfach vorkam: Landtagswahl in irgend-
> einem Landesverband, der Landesvorsitzende kommt und bringt seine Leute
> mit und der Generalsekretär der Bundespartei. Dann haben wir uns im
> Regelfall zusammengesetzt im Kanzleramt bei mir oder in einem Sitzungs-
> zimmer und haben dann über das geredet, was für den Wahlkampf notwen-
> dig ist. Wenn dann also beispielsweise über Wahlkampfetats geredet wurde,
> etwa in der Weise: Wir haben kein Geld, kann die Bundespartei was aus
> ihrem Etat zuschießen? Dann waren das schon solche Gespräche ... Wir
> haben das Adenauer-Haus gehabt, und wir haben Generalsekretäre gehabt;
> das ist alles in Ordnung. Aber die Partei wußte, dort sitzt eben einer, dem die
> Partei am Herzen liegt. Um es einmal ganz konkret zu sagen: Dann war
> irgendwo eine Stellenbesetzung, und dann kamen auch einmal der Kreisvor-
> sitzende oder der Fraktionsvorsitzende aus einer Großstadt herbei und sagte:
> Was meinen Sie denn, kennen Sie da jemanden?

Über die Parteifinanzen der CDU:

> Ausschußvorsitzender Volker Neumann (SPD): Sie sind ja seit 1973 Partei-
> vorsitzender ... Sind Sie denn jederzeit über die Lage der Parteifinanzen infor-
> miert gewesen?
>
> Kohl: Das ist ein weites Wort. Was heißt schon informiert?
>
> Neumann: Wieviel Geld Sie hatten?
>
> Kohl: Ja, ja, aber darüber müssen wir schon konkreter reden ... Zu dem The-

ma CDU Deutschland habe ich immer nur eine schwache Vorstellung von der Wirklichkeit gehabt, weil das einfach üblich ist. Ich war ja alles: Ich war Kreisvorsitzender, Bezirksvorsitzender, Landesvorsitzender, Bundesvorsitzender. Das Prinzip – das gilt zumindest für die FDP, CDU/CSU und SPD, bei den Grünen habe ich kein Urteil – ist doch so, daß keiner Geld hergeben will und daß die jeweils untere Ebene immer im Verhältnis zur nächsten Ebene behauptet, sie hat kein Geld, wie ja überhaupt alle, die in einer Partei mit Geld zu tun haben, stigmatisiert sind … Im übrigen will ich bei dieser Gelegenheit noch einmal sagen, daß ich in diesen ganzen Jahren meine Tätigkeit ehrenamtlich ausgeübt habe … In diesem Zusammenhang will ich doch wenigstens erwähnen, weil sie das alles mitgetragen hat, daß meine Frau in diesen Jahren in vielen Veranstaltungen der CDU und Vereinigungen der CDU genau wie ich tätig war. Zum Ärger mancher hatte sie mehr Zulauf als manches Mitglied des Parteipräsidiums. Auch das gehört zum geschichtlichen Rückblick.

Über sein Verhältnis zu Lüthje und Weyrauch:

Ich hatte nicht den geringsten Anlaß, an der Seriosität und Ehrlichkeit der beiden – Weyrauch wie Lüthje – irgendeinen Zweifel zu haben. Ich bin über manche Vorgänge eigentlich erst sehr stutzig geworden, als ich – am gleichen Tag wie Sie alle – von der Meldung über die Übergabe dieses Geldes auf dem Parkplatz in der Schweiz erfahren habe, jetzt also, als die Sache über die Augsburger Staatsanwaltschaft hochkam. Ich hatte vorher nicht den geringsten Grund, irgendeine negative Anmerkung zu Lüthje und Weyrauch zu machen.

Über Parteifeinde:

Ich war fünfundzwanzig Jahre Parteivorsitzender der CDU Deutschland. Auf dreizehn Parteitagen bin ich in geheimer Wahl jedes Mal mit hervorragenden Ergebnissen gewählt worden, und das in einer Zeit, wo ich ja wahrlich nicht in der Parteiführung nur von engen Freunden umgeben war: Sie alle haben mit mehr oder minder Spannung die Erfahrungen des Parteitages von 1989 in Bremen noch in Erinnerung. Wenn Sie in diesen Tagen eine Reihe von Persönlichkeiten aus der CDU, Mann oder Frau, sich zu Helmut Kohl äußern hören, wissen Sie, das alles hängt zusammen mit einer Niederlage in 89. Man hat es einmal versucht und hat Pech gehabt. Jetzt kommt die späte Rache. Aber auch das gehört zum Leben.

Über Sozialdemokraten und Geld:

Bei der langen Amtszeit habe ich mit hochachtbaren Persönlichkeiten zu tun gehabt. Einer meiner väterlichen Berater in diesen Fragen war Herr Nau. Herr Nau hat ja nun perfekt die Mittel der SPD-Bundestagsfraktion in die Partei integriert. Zu der Zeit waren ja sogar die Angestellten der SPD-Bundestagsfraktion Angestellte der Partei, was einem Politologen heute die Haare zu Berge treibt.

… Ich habe im Zeitpunkt meines Handelns nicht im entferntesten an die Möglichkeit gedacht, der Union wirtschaftlich oder in sonstiger Weise Schaden zufügen zu können. Ich wollte der Partei helfen. Ziel meines Handelns war es, die Chancenungleichheit vor allem mit der SPD zu verringern … Für eine wirklich seriöse Diskussion ist einfach notwendig, klarzustellen, daß sich die Finanzbeziehungen zwischen den großen Parteien, besser gesagt: die Chancengleichheitsproblematik, heute völlig anders darstellt. Die Sozialdemokraten haben völlig zu Recht … unmittelbar nach dem Krieg, also besser gesagt: nach der Währungsreform 50/51, für das damalige Gebiet der alten Bundesrepublik, nach 1990/91 für das Gebiet der früheren DDR eine Wiedergutmachung erhalten für den Schaden, den sie, die SPD, 1933 in ihrer Geschichte erlitten hat. Die SPD ist korrekterweise als einzige in diesem Sinne zu einem solchen Betrag gekommen, weil die vorhandenen anderen Parteien keine direkten Rechtsnachfolger von Parteien vor 33 sind. Die Sozialdemokraten haben für diese Schädigung – völlig zu Recht, das sage ich noch einmal – über 70 Millionen Mark erhalten. Im Gegensatz zu den fünfziger Jahren, wo sie viele Zeitungen gründeten und Bankrott machten mit diesen Zeitungen, haben sie dann dieses Geld gewinnbringender angelegt … Das ist ein gewaltiger Vorteil, den sie haben. Und was jetzt immer die sozialdemokratische Führung von sich gibt: Sie werden Jahr für Jahr nach einer seriösen Schätzung einen Vorteil aus diesem Vermögen von 15 Millionen Mark haben, die sie vier Jahre lang zurücklegen können. Dann haben sie einen Vorsprung vor den anderen Parteien im Wahlkampf, der mit dem jetzigen System nicht einholbar ist … In das Bild gehört natürlich auch die Unterstützung durch den Deutschen Gewerkschaftsbund; denn der DGB hat ja nun in den letzten Jahren auch jede Form von Schamgefühl im Blick auf parteipolitische Neutralität verloren, jede Hemmung. Im letzten Bundestagswahlkampf waren es wenigstens 10 Millionen Mark, die sie ausgegeben haben. Sie machen das

allerdings so, daß die Politologen, die davon zehren, es günstig verwerten kön-
nen.

Über die angeblichen Spender:

Neumann: Gab es ein Ehrenwort gegenüber den Spendern?

Kohl: Ja.

Neumann: Ein Ehrenwort?

Kohl: Ein Wort ist für mich ein Ehrenwort.

Neumann: Ein Wort ist für Sie ein Ehrenwort.

Kohl: Ja.

Neumann: Waren es mehrere Spender, oder war es ein Spender?

Kohl: Es waren mehrere.

Neumann: Waren die Spender Deutsche?

Kohl: Ja, auch das habe ich schon gesagt.

Neumann: Haben die Spender in Deutschland gewohnt?

Kohl: Auch, ja.

Neumann: Wieso kommt es dann, daß bei Ihnen Schweizer Franken abge-
liefert werden?

Kohl: Erstens sage ich dazu nichts. Aber Sie wissen, daß man zwischen
Deutschland und der Schweiz hin- und herfahren kann.

Neumann: Haben Sie die Spender nach der Herkunft der Gelder gefragt?

Kohl: Ich habe ebenfalls in meinem Eingangsstatement klar und deutlich
gesagt: Das sind deutsche Staatsbürger. Sie haben keinerlei Erleichterungen
davon gehabt, weil wir keine Spendenquittung oder so was in irgendeiner
Form ausgestellt haben. Das war es.

Neumann: Ich stelle die Frage, die schon von Journalisten gestellt worden ist:
Wie leben Sie eigentlich damit, daß Sie ein Wort – Ehrenwort – über das
Gesetz stellen?

Kohl: Ich glaube nicht, daß diese Frage, so gestellt, richtig ist. Ich muß Ihnen
ganz einfach sagen: Ich habe in dieser Situation einen Fehler gemacht. Ich ste-
he zu dem Fehler. Ich habe auch mehr Prügel bekommen, als man sich vor-
stellen kann. Damit muß ich auch leben, das ist richtig. Aber ich habe weder
die Verfassung gebrochen noch sonst was. Denn wenn wir in diesem Kreis über
die Verfassung reden – in Berlin kann man mit mir gut darüber reden: Ich rede
nicht gern mit Leuten über die Verfassung, die die Verfassung mit Füßen getre-
ten haben, die die deutsche Einheit aufgegeben haben, die sich bei jeder nur

denkbaren Gelegenheit auch für Gewalt eingesetzt haben. Ich habe keinen Grund, mir von der Seite der Grünen etwas über Gewalt anzuhören.

Neumann: Herr Dr. Kohl, es ist eine Frage der Demokratie. Deshalb ist dieser Ausschuß ja auch eingesetzt worden. Das wissen Sie auch.

Kohl: Ja, das ist in Ordnung – zur Demokratie gehört die ganze Verfassung, dazu gehört, dazu gehört auch, die Verfassung und die Präambel einzuhalten.

Neumann: Vollkommen richtig. Aber Sie wissen auch, daß der Kanzler einen Amtseid schwört. Der lautet, das Grundgesetz und die Gesetze des Bundes zu wahren und zu verteidigen. Die Gesetze zu wahren und verteidigen – das ist ja zumindest hinsichtlich des Parteiengesetzes mit einem Fragezeichen zu versehen. Oder sehen Sie das anders?

Kohl: Ich habe gegen ein Gesetz verstoßen. Das habe ich doch eingeräumt. Das ist doch gar keine Frage. Ich rede doch nicht drum herum.

Neumann: Sind Ihnen die Vorschriften bekannt, daß Spenden über 20 000 Mark im Rechenschaftsbericht auftauchen müssen?

Kohl: Selbstverständlich. Sie wissen doch, daß die bekannt sind, auch mir.

Neumann: Das heißt mit anderen Worten: Sie wußten da genau, was Sie tun.

Kohl: Das habe ich doch klar und deutlich gesagt, Herr Vorsitzender. Ich habe es jetzt dreimal gesagt.

Am Nachmittag dieses 29. Juni kommt es zu einem Eklat. Die SPD legt dem Ausschuß den Terminkalender von Juliane Weber vor, bei dessen Durchsicht sich herausgestellt hat, daß sich der Zeuge Kohl zwischen Februar und Juni regelmäßig vor wichtigen Sitzungen mit CDU-Mitgliedern des Ausschusses getroffen hat. Der sozialdemokratische Ausschußvorsitzende Volker Neumann mutmaßt, da sei ein regelrechtes Drehbuch für die Vernehmungen geschrieben worden. SPD-Mitglieder und Grüne sind erregt über die »Desavouierung« des Ausschusses. Helmut Kohl wiederum ist empört über die Sozen, gegen die er ganz allein kämpfen müsse. Die Sitzung wird nach einem Tumult abgebrochen, Kohl stellt sich draußen den Journalisten und gibt sich kämpferisch. Mancher bewundert seine Standfestigkeit, andere stellen bei ihm wieder einmal das Fehlen jeglichen Unrechtsbewußtseins fest.

Die vorläufigen Folgen der Affäre? Weyrauch hat seine Firma verkauft und ist aus der CDU ausgetreten, Lüthjes Krankheit hat sich durch die Aufregungen verschlimmert, Kiep ist in seinen Kreisen zum Outcast geworden. Schäuble fühlt sich um einen Teil seines Lebens betrogen, Merkel schwankt in der Einschätzung, ob am Ende der Fall nicht doch auch sein Gutes hat, und Kohl zweifelt keine Sekunde, daß die Geschichte ihm recht geben wird.

Doch die letzten Monate haben Kohl gezeichnet. Der Fotograf Konrad R. Müller hat zehn Jahre lang den Weg des Kanzlers mit der Kamera begleitet. Auch mit verbundenen Augen könnte der Porträtist die Landschaft dieses Gesichts beschreiben: die »steilen, eng beieinander stehenden senkrechten Falten«, die »ausgeprägten Querfalten, zwei auf der rechten, drei auf der linken Seite«. Müller sagt, er kenne dieses Gesicht besser als sein eigenes. Wann immer er durch die Kamera schaute: Der mächtige Schädel auf dem massigen Körper habe stets »Macht und Unfehlbarkeit« signalisiert. Aber seit November 1999 sind Müller »dramatische« Veränderungen in der Erscheinungsweise Kohls aufgefallen. Was früher Stärke und Macht ausdrückte, sei heute »weich, verschwommen, ohne Konturen«. Kein grader Strich mehr in der ganzen Physiognomie, sondern nur noch ein »Anflug von Resignation und Schwermut«.

Michael Stiller

Strauß, Schreiber & Co.
Das weißblaue Amigo-System

Steinreich muß der Kerl sein, der allein zwischen 1988 und 1995 solche Einnahmen hat, wie sie der Augsburger Steuerfahnder Winfried Kindler aus Unmengen von Bankunterlagen und Geschäftskorrespondenz zusammenträgt. Drei Großunternehmen sind die Einzahler auf verschiedene Konten in Liechtenstein und der Schweiz, mal in US-Dollar, mal in kanadischen Dollar, mal in D-Mark. Für Zahlungen des bayerischen Luft- und Raumfahrtunternehmens Messerschmitt-Bölkow-Blohm (MBB) dient das Konto 235.972.029 bei der Verwaltungs- und Privatbank in Vaduz (Liechtenstein). MBB überweist am 21. April 1988 umgerechnet 157 077 Mark, die letzte Rate aus einem Geschäft mit Hubschraubern. Was vor dem 21. April 1988 auf das Konto floß, interessiert den Steuerfahnder nicht, denn solche Zahlungen sind verjährt.

Nachdem MBB seine Zahlungen eingestellt hat, wird das Konto vom Essener Konzern Thyssen Industrie für die Abrechnung eines Projekts mit dem Namen »Bear Head« genutzt. Der Flugzeugbauer Airbus Industries G.I.E., Toulouse, füllt zunächst bei derselben Bank das Konto 235.972.037, ab 2. August 1991 das Konto 18.679.2 beim Schweizerischen Bankverein Zürich. Dort wird auch das Konto 47.252 geführt, auf das ebenfalls Thyssen Industrie hohe Summen überweist, zu denen Kindler den Vermerk »Transportpanzer Fuchs« notiert. Elf Millionen Mark von Thyssen treffen allein am 2. August 1991 ein, am 2. Oktober 1991 fünf Millionen, am 5. Dezember 1991 vier Millionen, am 22. Dezember 1992 weitere drei Millionen. Am 1. Dezember 1993 kommt die Schlußrate: 1,4 Millionen Mark. Das meiste Geld überweist aber die Firma Airbus: Zwischen 1988 und 1993 sammeln sich 40 Millionen Mark an, eingezahlt in mehr als fünfzig Einzelbeträgen zwischen 50 000 und fünf Millionen Mark.

Kontoinhaber sind die Domizilgesellschaften International Aircraft Leasing (I.A.L.) mit Sitz in Vaduz (Liechtenstein) und A.T.G. (Panama). Als Verwaltungsrat von I.A.L., einer Aktiengesellschaft liechtensteinischen Rechts, ist der Schweizer Wirtschaftsprüfer Giorgio Pelossi aus Lugano damit betraut, »Kommissions- und Verwaltungsverträge für Industrieunternehmen abzuschließen«, wie es in einer Selbstdarstellung des Unternehmens heißt. Pelossi befaßt sich mit der »Abwicklung von Provisions- und Kommissionszahlungen an ausländische Auftraggeber«.

Weil bei den »wirtschaftlich Berechtigten« der I.A.L. Mitte des Jahres 1991 »erwartete Zahlungen« der von Pelossi verwalteten Firma nicht eintrafen, seien sie stutzig geworden, steht in einem Schriftsatz der liechtensteinischen Gesellschaft für die Staatsanwaltschaft Lugano (Tessin). »Darauf wendeten sich die wirtschaftlich Berechtigten an den von ihnen in dieser Angelegenheit beauftragten Herrn Karlheinz Schreiber und baten diesen, bei der I.A.L. vorstellig zu werden und Nachforschungen über die ausgebliebenen Gelder anzustellen«, heißt es weiter. Wer die Hintermänner der I.A.L. sind, geht aus dem Dokument nicht hervor.

Pelossi habe Schreiber erklärt, die ausstehenden Zahlungen befänden sich alle auf dem Konto der I.A.L. Allerdings würde er sie nur unter der Bedingung freigeben, daß Schreiber eine Vereinbarung unterzeichne, nach der Pelossis Firma Erfel Anstalt prozentual an allen über die I.A.L. fließenden Zahlungen beteiligt werde. Der Treuhänder habe erklärt, ihm stünden solche Zahlungen zu, »da er Schreiber zu früheren Zeiten bei der Beschaffung von Finanzierungen und mit anderen Diensten behilflich gewesen sei«. Außerdem benötige er dieses Geld dringend, »da er Steuerprobleme im Tessin habe und ca. 700 000 Franken an Steuernachzahlungen und Buße« zu bezahlen habe. Schreiber habe festgestellt, daß Pelossi bereits 825 640 US-Dollar »an sich gebracht« habe. »Am 25. Oktober 1991 unterzeichnete Giorgio Pelossi eine Schuldanerkennung für diesen Betrag«, heißt es im I.A.L.-Dossier an die Tessiner Staatsanwaltschaft.

In diesen Tagen zerbricht eine große Freundschaft, und das ist der Grund, warum vier Jahre später der Fahndungsprüfer Kindler in Augsburg ordnerweise Berichte, Schriftsätze und seitenlange Tabellen tippen muß. Der Streit zwischen Schreiber und Pelossi und der Zivilprozeß, den Pelossi 1994 in München gegen Schreiber anstrengt, sind der Urknall für einen der spektakulärsten Justizfälle in der deutschen Nachkriegsgeschichte. Die Schriftsätze über die I.A.L.-Einnahmen, an denen Pelossi partizipieren will, sind so brisant, daß in Bayern auf dem kleinen Amtsweg die Steuerfahndung auf den Fall angesetzt wird. Als Schreiber davon erfährt, taucht er im Februar 1995 wutentbrannt beim Leiter der Augsburger Steuerfahndung, Anton Gumpendobler, auf. Alles, was Pelossi erzähle, sei Unsinn, Ausgeburt von Rachsucht und der Angst, wegen des Abzweigens der I.A.L.-Gelder belangt zu werden, sagt der Unternehmer aus Kaufering, als geachtetes Mitglied der Christlich Sozialen Union ein kleiner König in dieser Region. Gumpendobler und seine Kollegen lassen sich von Schreibers Protest nicht überzeugen, legen einen Akt an, der das Zeichen FR 080/95 bekommt, und beginnen mit Vorermittlungen. Pelossi wird Kronzeuge der Steuerfahndung und bald auch der Staatsanwaltschaft in Augsburg, die für den im nahen Kaufering lebenden, aber weltweit operierenden Geschäftsmann zuständig ist. Der Schweizer wiederholt, was schon in den Akten des Zivilprozesses steht: Daß Schreiber hinter I.A.L. und A.T.G. stecke, was Schreiber auf das Entschiedenste bestritten hat und weiter bestreiten wird.

So gewaltig die in Liechtenstein und der Schweiz aufgelaufenen Schmiergeldsummen auch sein mögen, eigentlich müßten sie den Steuerfahnder Kindler nicht interessieren. Es ist nicht verboten, Provisionen zu nehmen und »nützliche Aufwendungen«, wie Schmiergeld in der Sprache der Finanzämter vornehm umschrieben wird, an Förderer von Geschäften zu bezahlen, soweit es sich nicht um Bestechung handelt. Die deutschen Finanzämter sind zu jener Zeit sogar gehalten, solche verkaufsfördernden Maßnahmen mit Steuernachlaß zu belohnen, wenn die Schmiergeldempfänger Ausländer sind. Aber aus dem Reingewinn der Provisionen will der Fiskus von seinen Steuerbürgern Abgaben sehen. Da setzt Kindlers Interesse ein.

Gestützt auf Pelossis Angaben schaut er in Schreibers Steuererklärungen, die beim Finanzamt Landsberg am Lech liegen, und wird stutzig. Schreiber und seine Ehefrau Barbara, die gemeinsam veranlagt werden, haben von 1988 bis 1993 gerade mal 1,5 Millionen Mark zur Einkommensteuer angemeldet. Von den märchenhaften Einkünften, die auf die Liechtensteiner und Schweizer Konten geflossen sind, findet sich in Schreibers Steuerdeklarationen keine Spur. Wenn er denn wirklich über die Gelder der I.A.L. und der A.T.G. verfügen konnte, wie Pelossi behauptet, so müßte er horrende Steuerhinterziehungen begangen haben. Der Beamte setzt bei seinen Überlegungen großzügig »Betriebsausgaben« an, die dem Provisionär bei seinen internationalen Geschäften durch die Bestechung in- und ausländischer Partner entstanden sein könnten, und zieht sie von der Gesamtsumme der I.A.L.- und A.T.G.-Gelder ab. Es bleibt immer noch die gewaltige Summe an »verkürzter Einkommensteuer« von 20 Millionen Mark. Was Kindler für die Jahre bis 1993 überschlägig festgestellt hat, reicht für einen Anfangsverdacht; die restliche Zeit, in der die Einnahmen ebenso üppig flossen, läßt der Steuerfahnder zunächst noch außer acht.

Nicht nur der Unternehmer aus Kaufering gerät in den Strudel der Affäre, sondern auch Max Strauß, Sohn des früheren bayerischen Ministerpräsidenten und Partner von Karlheinz Schreiber, Holger Ludwig Pfahls, der frühere Strauß-Büroleiter, Präsident des Bundesamts für Verfassungsschutz und Staatssekretär im Bundesverteidigungsministerium, der frühere CDU-Schatzmeister Walther Leisler Kiep, die Thyssen-Manager Jürgen Maßmann und Winfried Haastert sowie zunächst auch der frühere CSU-Bundestagsabgeordnete und Ex-Staatssekretär im Bundeswirtschaftsministerium, Erich Riedl, der aber von der Staatsanwaltschaft schließlich aus dem Kreis der Verdächtigen aussortiert wird.

Hätten sich die früheren Kumpel 1991 nicht verzankt, dann hätte die CDU nicht den Anschein verloren, eine ehrenwerte Partei zu sein. Helmut Kohl, Wolfgang Schäuble, Walther Leisler Kiep, Horst Weyrauch, Uwe Lüthje, Roland Koch, Brigitte Baumeister – sie alle werden den Tag verfluchen, an dem sich Pelossi und Schreiber in die Haare gerieten. Auch die Strauß-Tochter Monika Hohlmeier, seit 1998 bayerische Kultusministerin und seit 1993 bereits stellvertretende CSU-Vorsitzende, wird von dem Skandal um ihren Bruder Max beeinträchtigt. Der bayerische Ministerpräsident Edmund Stoiber kann bei seinen Ambitionen, die Union zu stärken und als erster CSU-Politiker vielleicht einmal Bundeskanzler der Republik zu werden, eine solche Affäre, die in seine Partei und sein Kabinett hineinreicht, überhaupt nicht brauchen; Otto Wiesheu, als Wirtschaftsminister Stütze seiner Regierung, und CSU-Generalsekretär Thomas Goppel stehen mit Schreiber auf vertrautem Fuß und haben Spenden vom Panzerhändler und Flugzeugvermittler genommen.

Giorgio Pelossi hat sich schon frühzeitig auf die Verwaltung von Firmen spezialisiert, bei denen die Eigentümer im Hintergrund bleiben wollen. Schreiber ist so ein Typ, der am liebsten in der Kulisse arbeitet und überall zu Hause ist, wo gute Geschäfte und fette Provisionen winken. Seine deutschen Unternehmen bituleit, Bayerische Bitumen Chemie (babic) und Bayerische Bitumen Chemie Ferdinand Heinrich sind sein wirtschaftliches Standbein. Das Geschäft mit den Linien, die seine Arbeiter auf Straßen, Supermarktparkplätzen und Flughäfen ziehen, geht gut. Doch mehr Geld, das bekommt er schnell heraus, ist mit dem Verkauf von Flugzeugen, Hubschraubern, Panzern und Schiffen zu verdienen.

Bei solchen Provisionsgeschäften muß es diskret zugehen. Hilfreich ist es, sich mit der Aura des verschwiegenen Geheimdienstlers zu umgeben. Schreiber wird unter dem Decknamen »Hunne« zeitweise beim Bundesnachrichtendienst geführt und legt sich zur deutschen die kanadische Staatsbürgerschaft sowie einen costaricanischen Diplomatenpaß zu. Besonders nützlich ist die Bekanntschaft mit prominenten Politikern. Schon Ende der sechziger Jahre kommt Schreiber, der sich selbst als »Grüner in der CSU« bezeichnet, mit Franz Josef Strauß zusammen, der ihn alsbald in seinen Hofstaat aufnimmt.

Über seine bayerischen Stammfirmen allein kann Schreiber seine komplizierten Geschäfte kaum abwickeln. Er soll sich, wie Pelossi behauptet, seit Anfang der siebziger Jahre der liechtensteinischen Firma Kensington Anstalt bedient haben, als deren Verwalter Pelossi selbst fungiert. Die Kensington Anstalt hat etliche Tochterfirmen, zu denen auch die I.A.L. und die A.T.G. gehören, ferner die Merkur Handels- und Industrie AG, die eine Beteiligung in Kanada unterhält. Dort baut Schreiber ein weiteres Firmenkonglomerat unter der Holding Bitucan auf – zum einzigen Zweck, Millionen weltweit verschieben, waschen und vor der Steuer verbergen zu können, sagen die Steuerfahnder und Staatsanwälte. Schreibers Anwälte entgegnen, das sei üble Nachrede, unsubstantiiertes Gefasel aus dem Mund seines rachsüchtigen Ex-Partners Pelossi.

Der Schweizer erzählt den Ermittlern: »In diesem Zusammenhang lernte ich auch Herrn Max Strauß kennen, der von seiner Familie delegiert war, ihre geschäftlichen Interessen im Zusammenhang mit Schreiber wahrzunehmen.« Die Familie Strauß – das war schon Mitte der achtziger Jahre bekannt geworden – hatte in der Tat 1980 in Kanada zur Immobilienspekulation die Firma F.M.S. gegründet; die Initialen stehen für Franz Josef und Marianne Strauß. Gesellschafter sind zunächst mit 52 Prozent die Bitucan-Tochter A.B.S. und mit 48 Prozent Marianne Strauß; 1983 übernimmt die Familie die gesamte Firma, FJS steigt persönlich ein, und auch die Strauß-Kinder Monika, Max und Franz Georg halten Anteile. Schreiber wird einer der Direktoren der F.M.S., und Max Strauß engagiert sich mit Schreiber, der den etwas ungeschlachten Politikersohn mit Bedacht hofiert und mit Zustimmung des Vaters systematisch in seine Art von Business einbindet, zusätzlich in den Firmen Maple Leaf Enterprises Industries Limited (M.L.E.) und E.P.D. Investments Limited. Außerdem hat die Strauß-Familie noch eine kanadische Firma namens NBN Landholdings Limited.

Als Schreiber und Pelossi noch gut Freund waren, tranken die beiden eines Abends ein paar Schoppen Wein, bis den Kauferinger Flugzeug- und Panzerhändler die Rührung übermannte. Er nahm Papier und Stift und malte ein Schaubild mit vierzehn Firmen auf. Dazu schrieb er: »Giorgio becomes a millionaire, ich habe ihn furchtbar gern.« Der Freund soll »20 Prozent vom ausgewiesenen Gewinn der Kensington« bekommen. Auf diese frühe Zusage, die freilich nie in einen regulären Vertrag mündet, beruft sich Pelossi 1991, als er I.A.L.-Geld für sich zurückbehält. Der Staatsanwaltschaft gilt das Schaubild als Beweis, daß niemand anderer als Schreiber hinter all den ominösen Tarn-, Briefkasten- und Scheinfirmen steckt, in deren Namen er Pelossi solch schwülstige Versprechungen macht. Das könne nämlich nur der Eigentümer oder »wirtschaftlich Berechtigte« tun.

Vier Jahre schwelt der Streit um die Geldentnahme Pelossis und dessen unterbliebene Beteiligung; vier Jahre hätte Schreiber Zeit gehabt, das drohende Unheil abzuwenden und sich mit dem nicht viel weniger gerissenen Schweizer zu arrangieren. Daß er es nicht getan hat, wertet er als Beweis für sein reines Gewissen. Er ist zutiefst davon überzeugt, nichts Schlechtes, schon gar nichts Kriminelles getan zu haben, sondern die Vorgaben von Strauß, Stoiber und anderen Politikern, die er zu dieser Zeit noch verehrt, umgesetzt zu haben: Geschäfte für deutsche Unternehmen anzukurbeln, um Arbeitsplätze zu sichern. Daß solche Geschäfte mit Geld geölt werden, sei die selbstverständlichste Sache der Welt.

Schreiber, unter dem Schutz von Strauß groß geworden, scheint auch sieben Jahre nach dem Tod seines Amigos felsenfest daran zu glauben, daß einem wie ihm in Bayern nichts passieren kann. Es ist ein Irrtum. Am 27. März 1995 zeigt Pelossi ihn offiziell wegen Steuervergehens bei der Augsburger Steuerfahndung an: Schreiber habe einen großen Teil seiner Einkünfte aus der I.A.L. und der A.T.G. nicht versteuert und sich zur Verschleierung seiner Einkünfte des Firmenkonglomerats der Kensington Anstalt bedient. Außerdem habe Schreiber in Kanada höchste Repräsentanten bestochen, um an Aufträge für seine Kunden MBB und Airbus zu kommen. Da Pelossi anfangs nicht sicher weiß, ob er sich als Schreibers Verwalter nicht selbst der Beihilfe schuldig gemacht hat, ist er zunächst nur zu einem Treffen außerhalb Deutschlands bereit, weshalb Steuerfahnder Kindler nach Bregenz (Österreich) reist. Kurz darauf leitet die Augsburger Staatsanwaltschaft unter dem Aktenzeichen 501 Js 127135/95 ein Ermittlungsverfahren gegen Schreiber ein.

Dann passiert etwas Unbegreifliches. Obwohl Schreiber spätestens nach seinem Termin bei der Augsburger Steuerfahndung im Februar 1995 den Ernst der Lage erkennen und mit Durchsuchungen rechnen mußte, findet die Staatsanwaltschaft bei einem ersten Besuch in seinen Firmen und seiner Villa in Kaufering eine große Menge von Akten, Korrespondenz und zwei Kalender, die noch besonders bedeutsam werden sollten. Kurz nach dieser Visite im Herbst 1995 verschwindet Schreiber in die Schweiz, ins Paradies aller Steuersünder, wo er in Pontresina eine Ferienwohnung besitzt.

Am 8. Dezember 1995 kommt es zu einer ersten Vernehmung Pelossis als Zeuge in Augsburg, die Staatsanwalt Klaus-Jochen Weigand in Anwesenheit Kindlers und Gumpendoblers führt. Pelossi übergibt den Ermittlern Stapel von Geschäftspapieren – Urkunden, Verträge, Bankauszüge, Rechnungen, sonstige Korrespondenz der von ihm für Schreiber verwalteten Firmen, die ihm bis zu seinem Krach mit Schreiber 1991 zugänglich waren. Das Material liefert einen brauchbaren Leitfaden durch das Labyrinth, vor dem die Staatsanwaltschaft nach den Durchsuchungen steht. Pelossi versetzt sie in die Lage, weitere Durchsuchungsbeschlüsse bei Gericht zu beantragen und umfangreich begründete Rechtshilfeersuchen an die Schweiz zu richten.

Aufgabe der I.A.L. sei es gewesen, Provisionen für den Verkauf von Flugzeugen und Hubschraubern entgegenzunehmen, sagt Pelossi aus. Soweit diese Provisionen für Schreiber gedacht gewesen seien, habe man sie buchhalterisch bei der I.A.L. ausgebucht und auf die Firma A.T.G. übertragen. Dann sei das Geld auf Schreibers Schweizer Konten überwiesen worden. Pelossi verfügt sogar über Ausfertigungen diverser Verträge zwischen den Firmen Airbus Industrie G.I.E. und I.A.L., die freilich nicht unterschrieben sind. Aus Geheimhaltungsgründen sei jeweils nur ein einziges Exemplar unterfertigt worden, für die I.A.L. von ihm selbst, berichtet der Treuhänder; für Airbus habe den Vertrag AI/CC-L-573-385 über Geschäfte mit den kanadischen Gesellschaften Wardair, Air Canada und Canadian Airlines »ein Herr Viard oder ein Herr Pailleret« unterschrieben. Airbus-Aufsichtsratsvorsitzender war zu jener Zeit bis zu seinem Tod am 3. Oktober 1988 der CSU-Vorsitzende und bayerische Ministerpräsident Franz Josef Strauß.

Ein weiterer Vertrag mit Airbus sei im Juni 1990 für Verkäufe an die Royal Thai Air Force und die Thai Airways International abgeschlossen worden; die unterschriebenen Dokumente seien bei einer Züricher Rechtsanwaltskanzlei zu finden, berichtet Pelossi. Die Staatsanwaltschaft stellt bald fest, daß am Zustandekommen dieser Verträge der Rechtsanwalt Max Strauß maßgeblich beteiligt war, indem er Kontakt hielt zum Förderer des Thailand-Geschäfts, Pitak

Intrawityanunt, einem Sonderberater des damaligen thailändischen Premiers Chatichai Choonhavan. »Pitak«, wie er bei Schreiber und Strauß junior nur genannt wird, ist für seine Tätigkeit gesondert entlohnt worden.

Zum Beweis, daß Airbus an Schreibers I.A.L. stets in anonymisierter Form gezahlt hat, präsentiert Pelossi den Tagesauszug der Verwaltungs- und Privatbank Vaduz vom 7. Dezember 1990 über den Eingang von 540 000 US-Dollar auf Konto 235.972.037. In der Rubrik »Auftraggeber« findet sich ein X, das Geld kommt von der Banque Française du Commerce Exterieur, Paris, der Zahlungsgrund lautet: »None«. Pelossi sagt ferner aus, daß ihm Schreiber erzählt habe, die Hälfte der Airbus-Zahlungen aus dem Kanada-Geschäft habe er an kanadische Freunde abführen müssen, wofür beim Schweizerischen Bankverein in Zürich die Konten 34107 und 34117 mit dem Codenamen »Devon« eingerichtet wurden. Schreibers Partner Frank Moores persönlich habe in seiner, Pelossis, und Schreibers Anwesenheit die Konten eröffnet.

Von der ihm verbliebenen Hälfte der Airbus-Zahlungen habe Schreiber nach seinen eigenen Angaben einen Teil der Familie Strauß zugeleitet, berichtet Pelossi. Über die Höhe könne er nichts sagen, außer daß Schreiber wohl einen Verlust von rund fünf Millionen Mark ausgleichen mußte, den die Familie Strauß bei einer fehlgeschlagenen Grundstücksspekulation in der kanadischen Provinz Alberta samt Zins- und Renditeverlust erlitten habe. Steuerfahnder Kindler überprüft nach dieser Aussage die Steuererklärungen des Rechtsanwalts Max Strauß, findet aber keine Spur von Einnahmen, die den von Pelossi genannten entsprechen. Auch gegen den Ministerpräsidentensohn beginnen die Ermittlungen, auch er wird alle Anschuldigungen auf das schärfste zurückweisen. Die Geschwister Monika und Franz Georg stellen sich an die Seite des Sprechers der »Erbengemeinschaft Strauß«. Nie habe die Familie Geld von Schreiber bekommen, nie sei ein Ersatz für das in der Tat mißratene Immobiliengeschäft in Kanada vereinbart worden. Was wisse schon der Herr Pelossi, sagen die Strauß-Geschwister, die wie Pech und Schwefel zusammenhalten.

1985 war es Schreiber nach Pelossis Angaben gegenüber der Staatsanwaltschaft gelungen, einen Vertrag bei der Airbus-Mutter Messerschmitt-Bölkow-Blohm (MBB) zu ergattern, die ihren Sitz in Ottobrunn bei München hat. Für die Vermittlung von zwölf MBB-Hubschraubern an die kanadische Küstenwache seien 1 122 072 kanadische Dollar an die I.A.L. überwiesen worden. Pelossi vermutet, daß auch in diesem Fall Frank Moores an den Provisionen beteiligt gewesen sei. MBB-Manager hatten sich in den achtziger Jahren offen darüber mokiert, daß Schreiber mit dem Strauß-Sohn Max im Schlepptau Druck gemacht habe, in die Helikoptervermittlung eingeschaltet zu werden. An MBB hielt der Freistaat Bayern, der mit dem jeweiligen Finanzminister den Aufsichtsratsvorsitzenden stellte, einen bedeutenden Anteil, bis diesen 1990 Daimler-Benz übernahm. 1985, zum Zeitpunkt des Vertragsabschlusses mit der I.A.L, stand Max Streibl dem Kontrollgremium vor, 1988 folgte ihm der langjährige Strauß-Intimus Gerold Tandler. Natürlich saß auch bei MBB Franz Josef Strauß bis zu seinem Tod im Aufsichtsrat.

Es ist weltfremd, anzunehmen, FJS könnte verborgen geblieben sein, daß in den von ihm mit beaufsichtigten Konzernen MBB und Airbus sein Spezi Schreiber, verbündet mit Sohn Max, lukrative Verträge über die Scheinfirma I.A.L. abschloß und am Flugzeug- und Helikopterverkauf Millionen verdiente, auch wenn der Strauß-Clan diese Legende bis heute verbreitet. Der CSU-Politiker Erich Riedl, von Strauß einst als Vertrauensmann zur Förderung der Luftfahrtbranche zum Staatssekretär im Bundeswirtschaftsministerium gemacht und von der Staatsanwaltschaft mehrere Jahre offensichtlich zu Unrecht als Beschuldigter in der Affäre geführt, kann über die Aussagen der Strauß-Kinder nur schmunzeln: »Na klar steckte der Alte hinter den Geschäften. Der Schreiber allein hätte doch nicht einen einzigen Airbus oder Hubschrauber verkauft.«

Eine bayerische Karriere

Der Erwerbssinn der Strauß-Familie ist legendär. In der von ihm herausgegebenen CSU-Parteizeitung *Bayernkurier* hat Franz Josef Strauß, das Oberhaupt der Sippe, für die Bayern im allgemeinen und für sich und die Seinen im besonderen 1969 das Nötige gesagt: »Bei uns hat es immer mehr Privilegien und standesmäßig Denkende gegeben als anderswo. Diese gute Tradition muß auch in einer modernen Massengesellschaft, deren Zusammenleben durch rechtliche und technische Normen mehr denn je geprägt wird, am Leben erhalten und verbessert werden.« Wie Strauß diese Maxime umsetzte, beurteilte im Juli 1965 das Landgericht München in einem Streit zwischen dem CSU-Chef und dem Herausgeber des Magazins *Der Spiegel,* Rudolf Augstein, so: »Es kann keinem Zweifel unterliegen ..., daß ihm der Geruch der Korruption anhaftet« (Aktenzeichen 180680/64).

Geld hat im Leben des am 6. September 1915 geborenen Münchner Metzgersohnes immer eine große Rolle gespielt, wahrscheinlich, weil er in seiner Jugend und im Krieg wenig davon hatte. 1935 begann Franz Josef Strauß Geschichte, Germanistik, Latein, Griechisch, Archäologie und Volkswirtschaft in München zu studieren und legte 1939 das Staatsexamen für das höhere Lehramt ab. Im selben Jahr wurde er zum Wehrdienst eingezogen, zog 1941 mit der Wehrmacht nach Rußland und wurde 1942 Lehroffizier an der Flakschule in Altenstadt bei Schongau in Oberbayern. 1945 ernannten ihn die Amerikaner zum stellvertretenden Landrat des Landkreises Schongau. Alte Bauern im Landkreis erinnern sich heute noch, wie Strauß mit der Flinte die Wälder durchstreifte, um Wild zu schießen. Er trat der CSU bei und wurde 1948 bereits deren Generalsekretär, bis Adenauer ihn 1953 ins Kabinett berief, wo er nacheinander Minister für Sonderaufgaben, Atomminister und Verteidigungsminister wurde. 1961 wehrte er einen Putsch von Ludwig Huber ab, seinem klerikalkonservativen Widersacher in der CSU, 1962 kostete ihn das Belügen des Parlaments in der *Spiegel*-Affäre sein Ministeramt. 1966 war er schon wieder zur Stelle, als Finanzminister der großen Koalition aus Union und SPD. Nach Willy Brandts Wahlerfolg 1969 wurde

Strauß in Bonn eine der Speerspitzen der konservativen Opposition gegen das sozialliberale Bündnis, unter anderem als wirtschaftspolitischer Sprecher der CDU/CSU-Fraktion. 1972 scheiterte in den Auseinandersetzungen um eine neue Ostpolitik das konstruktive Mißtrauensvotum gegen Brandt, der die anschließende Bundestagswahl triumphal für sich entschied, woraufhin Helmut Kohl Rainer Barzel als CDU-Vorsitzenden ablöste.

Während der folgenden Bonner Jahre zog Strauß oft und gern über seine Parteifreunde an der bayerischen Heimatfront her, weil die sich unter dem milden Regime des Ministerpräsidenten Alfons Goppel nicht allzusehr plagten, während der Parteivorsitzende in Bonn zugleich gegen die sozialliberale Regierung und den von ihm als ignorant und unfähig abgestempelten Kohl opponieren mußte. Die Schwarzen in München ließen es – abgesichert durch glänzende, stets maßgeblich vom Wahlkämpfer Strauß besorgte Wahlergebnisse und gestützt auf eine fachlich kompetente, aber längst voll auf die CSU eingeschworene Staatsverwaltung – gemächlich angehen und waren Strauß in Bonn keine große Hilfe. Die Münchner Regierenden und die meisten Landtagsabgeordneten seien »fett, faul und auf Feuerwehrfesten«, sagte Strauß.

Die neue Generation, die sich Strauß für die CSU wünschte, repräsentierten für ihn Nachwuchshoffnungen wie der Altöttinger Bankkaufmann und Gastwirt Gerold Tandler, den er nach einer Blitzkarriere zum Generalsekretär machte, der JU-Vorsitzende Otto Wiesheu, der Jurist im bayerischen Umweltministerium Edmund Stoiber, der Münchner Rechtsanwalt Peter Gauweiler oder Wilfried Scharnagl, das Sprachrohr von Strauß in der Parteizeitung *Bayernkurier.* Sie wurden als sein »Wurzelgeflecht« gefördert. Für hohe Beamtenposten und Industriejobs, deren Besetzung ihm zur Realisierung seiner wirtschaftlichen Projekte wichtig war, baute er ihm ergebene Mitarbeiter auf: Friedrich Voss und Holger Pfahls, Wilhelm Knittel, Wolfgang Held und Siegfried Lengl.

Seinen ganzen Frust ließ Strauß nach erneut verlorener Bundestagswahl am 24. November 1976 in einer Rede vor der Jungen Union in der Münchner »Wienerwald«-Zentrale los – eine Woche nach dem

in der Parteiakademie in Wildbad Kreuth gefaßten, allerdings nie rea-
lisierten Beschluß zur Aufhebung der Fraktionsgemeinschaft mit der
CDU: »Ich sage es denen seit zehn Jahren: So wie ihr es macht,
kommt ihr nie mehr hin. Dieser Faschingszug, den die Opposition
dargestellt hat … Wenn ich alles sagen würde, was ich weiß, dann
kann die CDU/CSU einpacken, dann brauchen wir die nächsten
zehn Jahre zu keiner Wahl mehr anzutreten«, schimpfte er. Ein Jung-
unionist ließ in seiner Aktentasche ein Tonband mitlaufen, weshalb
der Nachwelt die »Wienerwald-Rede« erhalten blieb.

Strauß sagte damals über die eigene Partei: »Ich möchte mal haben,
daß aus der CSU wieder politische Führungskräfte herauswachsen
und nicht bloß Disputierer, die dasitzen und alles besser wissen … Ich
habe diese Partei fünfzehn Jahre von Erfolg zu Erfolg geführt, und
wenn man das heute nicht mehr mitmachen will, dann werde ich
mich an die Öffentlichkeit der Partei wenden …, daß vielleicht einmal aus der Versumpfung und Verfettung gegenüber Postenjägern
und Schwätzern in Hinterhöfen von Gasthäusern eine andere Generation hochwächst.«

Über Kohl: »Wenn ein Rentner mit fünf Dackeln spazierengeht,
der eine hebt's Bein, der andere läuft dem Wurstzipfel nach, der dritte verschwindet in der Kantine, der vierte legt sich im Straßengraben
schlafen, und der fünfte jault durch die Gegend. Und wenn man ihn
dann fragt: ›Ja was ist denn da los?‹, sagt er: ›Ja, das ist mein Führungsstil.‹ … Herr Kohl, den ich nur im Wissen, den ich trotz meines Wissens um seine Unzulänglichkeiten um des Friedens willen als
Kanzlerkandidaten unterstützt habe, wird nie Kanzler werden. Er ist
total unfähig, ihm fehlen die charakterlichen, die geistigen und die
politischen Voraussetzungen. Ihm fehlt alles dafür … Der wird mit
neunzig Jahren die Memoiren schreiben: ›Ich war vierzig Jahre Kanzlerkandidat. Lehren und Erfahrungen aus einer bitteren Epoche.‹
Vielleicht ist das letzte Kapitel in Sibirien geschrieben oder wo.«

Über die Unionsschwester: »Die politischen Pygmäen der CDU,
die nur um ihre Wahlkreise bangen, diese Zwerge im Westentaschen-
format, diese Reclam-Ausgabe von Politikern.«

Einen Ausweg sah Strauß darin, endlich selbst als Kanzlerkandidat anzutreten, um es bei der Bundestagswahl 1980 allen und besonders Kohl zu zeigen. Doch den Wahlkampf könne er nicht »vom Wohnzimmer aus« führen, sagte der damalige CSU-Fraktionschef im Landtag, August R. Lang. Als einfachem Oppositionsabgeordneten in Bonn fehlten Strauß alle Ressourcen dafür. Zwar hatte Gerold Tandler als CSU-Generalsekretär den behäbigen Parteiapparat auf Vordermann gebracht und auf Strauß zugeschnitten. Edmund Stoiber, seinem Vorbild bedingungslos ergeben, wurde zum Wahlkampfmanager gemacht. Aber der Kandidat hatte kein Amt mit Reputation, das die Chancen seiner Kandidatur verbessert hätte, und keinen Apparat. Also mußte Alfons Goppel weichen. Strauß wurde 1978 bayerischer Ministerpräsident und zog in die Staatskanzlei ein, die er 1980 als Sieger der Bundestagswahl wieder räumen wollte, was bekanntermaßen mit einem Wahldebakel endete. Helmut Schmidt blieb noch zwei Jahre Kanzler, und Helmut Kohl war nun der unbestrittene Oppositionsführer.

Daß in Strauß, diesem als Kraftprotz daherkommenden Politiker, tiefes Mißtrauen, manchmal sogar Unsicherheit lauerte, zeigt sein Verhalten gegenüber alten Weggefährten wie Franz Heubl, Friedrich Zimmermann, Hermann Höcherl oder Richard Stücklen, die alle seinen Launen ausgesetzt waren.

Als Strauß Franz Heubl, den bayerischen Staatsminister für Bundesangelegenheiten und stellvertretenden Parteivorsitzenden, wegen verschiedener ihm zugeschriebener kritischer Äußerungen (»Der Strauß ist out, jetzt ist er besoffen«, »Für den bayerischen Ministerpräsidenten braucht's einen Herrn, und Strauß ist kein Herr«) als parteiinternen Widersacher ausmachte, mußte sein Bonner Bürochef Friedrich Voss 1976 ein skandalöses Dossier über Heubl zusammenschustern und an Parteifreunde und Journalisten verteilen: Der CSU-Bundesratsminister wurde als potentieller Spion der ČSSR und fauler Trunkenbold dargestellt, der nach zwei Stunden Arbeit schon so ermattet sei, daß er zum ausgiebigen Gesundheitsschlaf im Ministerium von Mitarbeitern in Decken gehüllt werden müsse.

Die Aktion war ein Schuß in den Ofen und führte zu einem parlamentarischen Untersuchungsausschuß in Bayern, in dem sich die

SPD und Teile der CSU auf Heubls Seite schlugen und der Ruf von Strauß als skrupelloser Machtmensch nachhaltig gefestigt wurde. Allerdings verdankt die Nachwelt einem im »Heubl-Dossier« abgedruckten Briefwechsel zwischen den beiden eine der apartesten Definitionen, wie der Oberbayer vom Schlag des FJS sei: »Vital, brutal, sentimental«.

Die Zerwürfnisse mit Strauß haben Heubl freilich nie daran gehindert, zu feierlichen Anlässen hymnische Reden auf ihn zu halten. Die schönste gelang ihm schon 1975 zum sechzigsten Wiegenfest von FJS: »Wir feiern die Stärke deiner Persönlichkeit, ihre Unwiederholbarkeit, Einmaligkeit, Besonderheit – einen Mann, auf den die Politiker der Welt schauen, wenn sie auf die CSU schauen, denn alles wird bestimmt von dir in der CSU, die du bist. Du bist ein Urtalent der Politik, ein Herkules der Geschichte.« Nach der Dossier-Affäre amtierte Heubl in München noch viele Jahre als Landtagspräsident; seine bundespolitisch angelegte Karriere war allerdings beendet.

Als Friedrich Zimmermann, seit 1976 CSU-Landesgruppenchef, im Herbst 1982 nach dem Schwenk der FDP zur Union mit Helmut Kohl konspirierte, um durch möglichst schnelle Neuwahlen das neue konservativ-liberale Bündnis in Bonn abzusichern, fühlte sich Strauß in München übergangen und ausgeschlossen. Er verdächtigte seinen Bonner Statthalter, mit dem neuen Bundeskanzler nur deswegen auf einen möglichst frühen Wahltermin hinzuarbeiten, damit ihm, der sich in einer Landtagswahl gerade als bayerischer Ministerpräsident hatte bestätigen lassen, eine Rückkehr nach Bonn unmöglich gemacht werde. »Paßt's auf den Fritz auf, dem steigt schon wieder der Zucker in den Kopf«, maulte Strauß in München Parteifreunde an. Das war ein gehässiger Hinweis auf eine angebliche frühere gesundheitliche Indisposition Zimmermanns bei der Eidesleistung in einem Prozeß 1959 nach der legendären Spielbankenaffäre, als sich der damalige CSU-Generalsekretär nur mit einem ärztlichen Attest über vorübergehend »verminderte geistige Leistungsfähigkeit« davor retten konnte, wegen Meineids verurteilt zu werden, und sich dabei den Spitznamen »Old Schwurhand« einhandelte. Der frühe Beobachter aller bayerischen »Bazis«, Ernst Müller-Meiningen jun., hatte ihn zudem in einem Kommentar »Meineidbauer« genannt, was sich Zimmermann nicht gefallen lassen wollte. Der liberale Journalist der *Süddeutschen Zeitung*, Vorbild einer ganzen Kommentatorengeneration, korrigierte sich auf seine Weise: Zimmermann einen »Meineidbauern« zu nennen sei in der Tat ein Fehler gewesen, denn bei diesem handle es sich nachweislich nicht um einen Bauern.

Hermann Höcherl, dem trinkfreudigen Kumpan in mancher durchzechten Nacht, verübelte es Strauß zeitlebens, daß er Willy Brandt 1971 zum Friedensnobelpreis gratuliert hatte, und Richard Stücklen, der sich oft bis zur Selbstverleugnung für den großen Zampano geschlagen hatte, wurde von ihm im Stich gelassen und nicht unterstützt, als er 1976 seine Laufbahn mit dem Amt des Bundestagspräsidenten krönen wollte.

Als sich 1977 abzuzeichnen begann, daß Strauß im darauffolgenden Jahr bayerischer Ministerpräsident werden wollte, flohen zwei Stützen des Goppel-Kabinetts in hochdotierte Posten. Finanzminister Ludwig Huber wurde Präsident der Bayerischen Landesbank, die zu fünfzig Prozent dem bayerischen Staat und zu fünfzig Prozent den bayerischen Sparkassen gehört, und fiel dort alsbald durch besonders feudale Amtsführung auf. Innenminister Bruno Merk, ein rechtschaffener Schwabe mit starker Abneigung gegen Straußens Skrupellosigkeit, wurde Präsident des bayerischen Sparkassen- und Giroverbands.

Strauß kommentierte Merks Abgang hämisch, der Innenminister suche bloß seine »finanzielle Absicherung«. Da geriet er jedoch an den Falschen und fing sich die wohl schärfste Kritik an seinem Führungsstil ein, die ein prominenter Parteifreund je geübt hat. Merk wehrte sich auf einem Bezirksparteitag gegen die abfällige Bemerkung und gab es dem Parteichef am 9. Juli 1977 auch schriftlich:

Eine finanzielle Absicherung habe ich nicht mehr nötig, wichtig ist aber, daß ich mich den Belastungen eines Ministeramtes unter einem eventuellen Ministerpräsidenten Strauß nicht mehr gewachsen fühle ... Ich erwarte keinen Dank von der Partei oder ihrem Vorsitzenden, ich lasse mir aber auch keinen Tritt geben zum Abschied. Die Praxis der schriftlich oder mündlich verbreiteten Dossiers über Parteifreunde wird von mir nicht stillschweigend hingenom-

men ... Ich bin jedenfalls nicht bereit, mein Ansehen durch Hintergrundgere-
de und abschätzige Kritik in vertrauten Zirkeln ankratzen oder gar zerstö-
ren zu lassen. Hier hört meine Loyalität auf, weil auf Dauer erfolgreiche
Arbeit in einer politischen Gemeinschaft nicht ohne ein Mindestmaß an wech-
selseitigem persönlichen Respekt und menschlicher Achtung möglich ist.

Die bayerische Landespolitik forderte Strauß nicht, er sprach vom
»weißblauen Puppenküchentheater« und war nach der Wahlniederlage 1980 plötzlich doch auf Dauer dessen Intendant. Der hochsen-
sible Politiker, der seinen weichen Kern, sein im entscheidenden
Moment zum Zaudern und Zagen neigendes Wesen zeitlebens hinter Kraftmeierei und Wortradikalismus zu verbergen trachtete, wurde immer dünnhäutiger. Vorbei die Zeit, in der er seine Tischrunden
bei offiziellen Anlässen mit Anekdoten unterhielt und erzählte, wie
er im Zweiten Weltkrieg irgendwo am Kursker Bogen Freundschaft
mit den Russen schloß. Die Erzählung, von CSU-Politikern wie
August R. Lang immer wieder gern imitiert, begann meist damit, daß
Strauß einen sowjetischen Soldaten mit zwei Zigaretten dazu gebracht
habe, sich mit ihm zu verbrüdern. Je länger der Abend dauerte und
je mehr der Parteivorsitzende dem Alkohol zusprach, desto größer
wurde in Straußens Erzählung die Zahl der Russen, die er mit seinen
Zigaretten befriedet und entwaffnet hatte. Hundertfünfzig Gegner
waren es zum Schluß, ehe ihn dann seine besorgte Frau Marianne
zum Aufbruch drängte.

Das Regieren überließ Strauß weitgehend seinem Kabinett und der
Verwaltung. Er griff bei bundespolitisch bedeutsamen Fragen und
Problemen ein, die ihn persönlich interessierten oder Freunde betrafen. Eine allerletzte Chance für eine Rückkehr in die Bundespolitik
vereitelte 1982/83 der frischgebackene Kanzler Helmut Kohl, indem
er Strauß nur unzureichende Offerten für den Eintritt in seine Regierung machte. Er behandelte Strauß wie der Frosch in der Fabel den
Storch, dem er bei seinem Besuch die Milch auf einem Teller anbie-
tet. Die angebliche »Männerfreundschaft« zwischen den beiden war
ein taktisches Manöver, das beiden nützte. Kohl gelang es mit demon-
strativen gemeinsamen Wanderungen meistens, die CSU in seine
Politik einzubinden; Strauß konnte bei solchen Anlässen zeigen, daß

er noch wichtig genommen wurde. In Wahrheit galt für ihn zeitlebens das, was er über Kohl 1976 in der »Wienerwald-Rede« gesagt hatte.

Strauß widmete sich dem Ausbau seiner Kontakte zur Industrie und bewog etliche Unternehmen aus zukunftsträchtigen Branchen, sich im Freistaat niederzulassen. Weil dabei auch viel Waffentechnologie ins Land kam und sich vorzugsweise im Münchner Speckgürtel niederließ, sprachen seine Gegner vom »Pulverfaß Südbayern«. Bayern entwickelte sich aber vom ehedem armen, unterstützungsbedürftigen Agrarland zum potenten Industriestandort, rückte mit seinen Wirtschafts- und Arbeitsmarktdaten in die Spitze der bundesweiten Statistiken auf und bezahlte seinerseits für arme Bundesländer. Strauß ging gerne auf weltweite Dienstreisen, bei denen er als Aufsichtsratschef des Flugzeugherstellers Airbus stets die Auftragsbücher dabeihatte und gute Abschlüsse machte. Und er pflegte seine Freundschaften.

Der Franzens-Club

Als Urzelle bayerischer Amigo-Gesellschaften kann der Franzens-Club gelten. Er war eine Art mobile Regierungszentrale, die sich regelmäßig auf Reisen zum Wiener Opernball und zu anderen schönen Plätzen begab. Eigentlich hätten alle Mitglieder mit Vornamen Franz heißen sollen, wie der CSU-Chef. Franz Josef Dannecker zum Beispiel, der als CSU-Justitiar im Vorstand der Partei saß, und der Journalist Franz Schönhuber (bei Strauß wohlgelitten bis zu seinem in Buchform erschienenen SS-Bekenntnis »Ich war dabei« und der darauffolgenden Gründung der rechtsradikalen »Republikaner«) erfüllten die Namensvorgabe. Wenn man aber über reichlich Geld oder gar, wie Friedrich Jahn, der Chef des Wienerwald-Imperiums, über einen Düsenjet verfügte, den man für die Unternehmungen zur Verfügung stellen konnte, durfte man auch Fritz heißen oder sonstwie. Der Österreicher Jahn, ein früherer Oberkellner, den Strauß liebevoll »mein Bundesgeflügeladjutant« nannte, versorgte den CSU-Vorsitzenden keineswegs nur mit Gratis-Hühnchen, sondern finanzierte ihm und wechselnden Strauß-Spezies im Franzens-Club viele bumsfidele Reisen.

Der Franzens-Club war das lebenslustige, sinnenfrohe Gegenstück zu klerikalen CSU-Politzirkeln wie dem ultramontanen »Petra-Kreis« des erzkonservativen Gegenstücks von Strauß, Ludwig Huber, oder zur politischen Fraktion im »Katholischen Männerverein Tuntenhausen«, die schon 1945 vom strengen Katholiken und frühen Strauß-Widersacher Alois Hundhammer als »Bollwerk« gegen den Antichrist und den Sittenverfall begründet und später von Max Streibl, Strauß' Nachfolger als bayerischer Ministerpräsident, angeführt wurde. Benannt war der Männerverein nach dem jährlichen Gottesdienst in der Basilika Unserer Lieben Frau im Wallfahrtsort Tuntenhausen bei Rosenheim. Hans Zehetmair und Edmund Stoiber, der in seinen frühen politischen Jahren durch einen Feldzug gegen das Nacktbaden an der Isar auf sich aufmerksam gemacht hatte, zeigten durch martialische Reden auf der traditionellen Kundgebung ihre Sympathie zu dem Verein »zur Vertiefung des katholischen Glaubenslebens«.

Mochten die Konservativen dort gegen den Lippenstift, den zweiteiligen Badeanzug, die Antibabypille und sonstiges Teufelswerk zu Felde ziehen – für Strauß, der diesen Kreisen tatsächlich als »Liberaler« galt, war das nichts. Lieber flog er mit seinem Herrenclub an die Côte d'Azur und zeichnete Jahn am Strand mit einem Stöckchen die Firmenkonstruktion auf, die der Wienerwald-Boß seiner Meinung nach in den USA errichten sollte, um sich vor den Sozis zu retten. »Die fressen dir deine Hühner weg«, hat Strauß gewarnt und Jahn damit zum USA-Engagement bewogen. Es sollte sein Ruin werden, 1982 krachte sein Konzern mit 500 Millionen Mark Verbindlichkeiten zusammen.

Franz Schönhuber, in den siebziger Jahren vom linken Sozialdemokraten zum regierungsnahen stellvertretenden Chefredakteur des Bayerischen Rundfunks mutiert, beschrieb in seiner späteren Abrechnung »Freunde in der Not« seine Gefühle in der Nähe von FJS: »Noch stand ich in seiner Huld. Es schmeichelte mir, wenn er mich in seine persönlichsten politischen Absichten einweihte.« Beim Outing seiner früheren Weggefährten hielt Schönhuber freilich dort inne, »wo ihre Intimsphäre verletzt werden würde«. In Bierzelten bei Republikaner-Veranstaltungen tönte er über die Schwarzen: »Ich kenne sie, und ich bin nicht so schofel und mach jenes Dossier auf, das ich aufmachen könnte, und sage das, was mir der Strauß hinterlassen hat. Da würden die Wände wackeln in Bayern, wenn ich das tun würde, liebe Freunde.« Er beließ es bei solchen Andeutungen, das schonte ihn auch selbst.

Zweifelsohne war aber die ehrenwerte Gesellschaft des Franzens-Clubs zeitweise das bayerische Küchenkabinett, in dem wichtige Personalfragen besprochen und wesentliche wirtschaftspolitische Weichenstellungen vorgenommen wurden. Um diesen Club herum lauerten zahlreiche christsoziale Politiker und sonstige Strauß-Naheteher, die vergebens auf Einlaß hofften und von den eigenständigeren in der CSU »Nivea-Köpfe« genannt wurden – nach der Creme, die sie angeblich brauchten, um dem großen Vorsitzenden geschmeidig »in den Arsch zu kriechen«.

Keine Nivea-Creme, aber andere Schmiermittel brauchten Unternehmer wie Friedrich Jahn, der Klinikbesitzer Eduard Zwick, Friedrich Karl Flick oder Karl Diehl, Chef der Uhren- und Rüstungsfabrik in Nürnberg. Eng war die Freundschaft von Strauß zum weltweit operierenden Fleisch- und Wurstfabrikanten Josef März (Marox) aus Rosenheim, der nicht nur in Europa, sondern auch in Togo mit Hilfe des dortigen Präsidenten Gnassingbe Eyadema glänzende Geschäfte machte. Nie wollten die Gerüchte verstummen, daß Eyadema und Strauß am März-Gewinn in Togo beteiligt waren, wo Menschenrechtsverletzungen schlimmster Art zum Alltag gehörten. Der undurchsichtige Geschäftsmann und internationale Vermittler Dieter Holzer, verheiratet mit einer Libanesin aus dem Clan des Präsidenten Gemayel, stieß zu den Vertrauten, als Strauß wegen neuer Absatzmärkte der von ihm geförderten Waffenkonzerne Kontakte zu arabischen Staaten suchte.

Jost Hurler, Besitzer einer Großmarktkette, der Autohändler Fritz Haberl, der Filmproduzent Ludwig Waldleitner, der Versicherungsmakler und starke Mann im Rundfunkrat des Bayerischen Rundfunks, Wilhelm Fritz, der Werbekaufmann Walter Schöll, der Besitzer der Firma »Pegulan«, Fritz Ries – sie alle und noch mehr Großkopferte, Industrielle, Baulöwen und auch halbseidene Typen waren Freunde von FJS – oder taten zumindest so.

Besonderes Vertrauen hatte Strauß bis zu seinem Tod zu seinem geheimnisumwitterten Leibarzt bulgarischer Abstimmung, Valentin Argirov, der ihn fit hielt, ohne dem Politiker seinen mitunter wüsten Lebenswandel auszureden. Der Wunderdoktor, über den es in der CSU hieß: »Hast du mit der Leber Zoff, geh zu Doktor Argirov«, brachte es in Bayern auch mit Hilfe hoher staatlicher Zuschüsse schnell vom Klinikarzt zum Klinikbesitzer. Andererseits wunderte sich mancher Spitzenmann, warum Strauß über Wehwehchen seiner Mitstreiter erstaunlich gut informiert war, aber das war wohl Intuition und sicher nicht auf den an die Schweigepflicht gebundenen Mediziner zurückzuführen.

Das System Strauß

Seit 1961 war Strauß unumstrittener Vorsitzender einer überschaubar gegliederten Regionalpartei und hatte es nie wie Kohl nötig, Spenden und andere Zuwendungen parteiintern gezielt einzusetzen. Die Macht war ihm in der CSU zeitlebens sicher. Er brauchte aber Geld, um sich mit herausragenden Wahlergebnissen in Bayern gegen die CDU behaupten und der CSU ihren überregionalen Anspruch sichern zu können. Der Freund der Industrie nahm, was er kriegen konnte, und er bekam reichlich – für die CSU und für sich selbst. Die Grenzen waren bei ihm fließend, und seinen ergebenen Anhängern war das ziemlich egal.

Schon Anfang der fünfziger Jahre gründete Strauß nach den Worten von Reinhold Kreile, Rechtsanwalt und Strauß-Berater in allen Finanzdingen, »in seiner Eigenschaft als Generalsekretär der CSU für die CSU« ein geheimnisvolles »Sonderkonto I«, auf das monatlich 5000 Mark Parteispenden zur Verfügung für den »General« einbezahlt wurden. Das Geld kam von einer Vorläuferorganisation der »Bayerischen Staatsbürgerlichen Vereinigung« und floß von 1952 bis 1964 »zur persönlichen politischen Disposition« von Strauß. Die Edeka-Einkaufszentrale zum Beispiel zahlte Strauß damals 600 Mark monatlich, die optische Industrie Bayerns 800 Mark. Das war nicht wenig, wenn man bedenkt, daß die Diäten im Bundestag Anfang der fünfziger Jahre bei 2 000 Mark monatlich lagen.

Auf dem Sonderkonto I hatten sich mit weiteren Zuflüssen 650 000 Mark angesammelt, als Franz Josef Strauß 1961 zum CSU-Vorsitzenden gewählt wurde. Strauß genehmigte sich dann ab 1. April 1961 das Sonderkonto II, auf das er die früher auf Sonderkonto I geflossenen 5 000 Mark monatlich leitete – und noch mehr.

Das Straußsche Finanzgebaren in jener Zeit wurde durch einen grotesken Zufall publik. Weil 1971 nach dem Tod des CSU-Schatzmeisters und persönlich haftenden Gesellschafters im Flick-Konzern, Wolfgang Pohle, die CSU sich nicht um dessen brisante Akten gekümmert hatte, landeten elf Ordner mit Originaldokumenten der CSU-Schatzmeisterei im Trödel. Am 12. April 1996 wurden sie in einer Lagerhalle des Diakonischen Werks in Siegburg von einer Sammlerin aufgestöbert und bald darauf im *Spiegel* publik gemacht.

Vom Sonderkonto II wanderten sechsstellige Beträge als gewinnbringende Anlage zur Bayerischen Gemeindebank (250 000 Mark) und zum Düsseldorfer Bankhaus Poensgen, Marx (460 000 Mark). Als Schatzmeister Pohle das gebunkerte Geld für die CSU brauchte, schrieb er Kreile am 29. Oktober 1970 einen Brandbrief: »Die Partei befindet sich in argen Schwierigkeiten. Ich muß wahrscheinlich einen Überbrückungskredit eingeräumt erhalten. Bitte sprechen Sie auch gelegentlich mit Marianne oder mit Franz Josef darüber, daß gewisse Beträge, die auf das Konto Poensgen, Marx eingegangen sein müssen – z. B. Allianz, Bayerische Gemeindebank –, nunmehr verstärkt von dort zur Verfügung gestellt werden müssen. Wir können später das Konto wieder auffüllen. Ich werde mit Franz Josef auch darüber sprechen. Sie wissen ja, daß er sich gern um solche Aussprachen drückt!«

Die Gespräche mit dem Ehepaar Strauß scheinen wenig gefruchtet zu haben. Die Bayerische Gemeindebank hatte laut Pohle, dem

Strauß ein sicheres CSU-Bundestagsmandat verschafft hatte, »90 an Strauß direkt per Scheck gegeben«, gemeint waren 90 000 Mark. Am 6. November 1970 beklagte sich Pohle bei Kreile: »Die Beträge, die an den Landesvorsitzenden gehen, sind im allgemeinen nur mit Schwierigkeiten herauszubekommen – wenn überhaupt.« Als Pohle beim Aufsichtsratschef der Münchner Rückversicherungsgesellschaft, Alois Alzheimer, mit der Bitte um Geld für die CSU abblitzte, weil die Versicherungsgesellschaft schon reichlich gezahlt hatte, schrieb Pohle zurück: Er wisse ja, daß von den Assekuranzen und der Firma MAN »für das sog. Büro Strauß in Bonn Beträge zur Verfügung gestellt worden sind, ebenso wie wohl auch Direktbeträge an das Konto Strauß gegangen sind, mit dem ich mich natürlich ins Benehmen setzen muß, wie wir diese Beträge der Allgemeinheit zugute kommen lassen wollen«.

Pohle, der Flick-Gesellschafter, mußte in dieser Eigenschaft dem CSU-Schatzmeister Pohle immer wieder aushelfen. Flick zahlte Millionen an die CSU, und manchmal wurde es Pohle mulmig: »Meine Firma trägt die Last des Kampfes.« Sie zahle der CSU »sechsstellige Beträge« und stelle zusätzlich im Wahlkampf Hunderttausende von Mark für Flugzeuge zur Verfügung. Strauß-Intimus Friedrich Zimmermann, von 1956 bis 1963 CSU-Generalsekretär, weiß: »Diese Sonderkonten waren tabu für die Steuer, sie waren aber auch tabu für die Partei. Das hätte jemand mal wagen sollen, dort mitreden zu wollen. Das hat sich keiner getraut.«

Auf einem Sonderkonto III, einem Depot für den oberbayerischen Bundestagswahlkreis von Strauß, sammelte sich weiteres Geld an; 125 000 Mark betrug der Kontostand am 31. Dezember 1968. Max Streibl, der als Ministerpräsident 1993 über die Amigo-Affäre stürzte und unter Strauß auch einmal CSU-Generalsekretär war, reagierte entsetzt, als die Praktiken 1996 enthüllt wurden: »Mein Gott, das ist ja unglaublich. Wenn ich bedenke, wie die es getrieben haben und weswegen ich zurückgetreten bin. Das waren, daran gemessen, wirklich nur Lappalien.« Als Generalsekretär habe er »schon gemerkt, daß Geld fließt, das nicht in der Partei landet. Ich wußte nur, was über die offiziellen Konten der Partei lief. Inoffiziell wußte ich, daß es die geheimnisvollen Sonderkonten I und II gab. Was darüber lief, war mir nicht bekannt. Es dürfte auch seit Zimmermanns Zeiten keinen CSU-Generalsekretär mehr gegeben haben, der etwas darüber wußte.«

Von ständigem Mißtrauen gegen die CDU beseelt, hat Strauß dafür gesorgt, daß sich seine Partei von der Kölner Staatsbürgerlichen Vereinigung finanziell ein Stück weit unabhängig machte. Dazu diente eine eigene »Bayerische Staatsbürgerliche Vereinigung« (BStV) mit Sitz in München, die 1960 aus der fünf Jahre zuvor gegründeten »Volkswirtschaftlichen Gesellschaft« hervorgegangen war, welche 1971 im »Bildungswerk der Bayerischen Wirtschaft« aufging. Die BStV war ein Ableger der bayerischen Industrie und versorgte hauptsächlich die CSU, in geringem Umfang auch die FDP und aus Alibigründen dann und wann sogar die SPD mit einem Scherflein. Aus interner Unternehmenkorrespondenz des Münchner Konzerns Krauss-Maffei AG mit dem Geschäftsführer der BStV, Wilken von Reden, geht hervor, daß der Verein als »eine für die Sammlung von steuerabzugsfähigen Wahlgeldern für rechtsgerichtete Parteien bestehende Institution« angesehen wurde. Rund 40 Millionen Mark hat die CSU bis 1990 aus dieser Quelle vereinnahmt, ehe sie auch in Bayern durch die Reform der Parteienfinanzierung verstopft wurde.

Nicht, daß die CSU damals Spenden verschmäht hätte, die ihr über die »Staatsbürgerliche« aus Köln zuflossen, im Gegenteil. Aber sie hatte zusätzlich ihren eigenen Verein, der sich und seine Mitgliedsfirmen zudem im Zusammenwirken mit dem bayerischen Finanzministerium so abgesichert hatte, daß Steuerfahnder und Staatsanwälte nichts zu melden hatten. Überweisungen an die gemeinnützige BStV wurden anstandslos als Mitgliedsbeiträge und damit als Betriebsausgaben anerkannt. Für die Mitgliedsfirmen bestand ein »Gesprächskreis Wirtschaft/Politik«, in dem die Unternehmer hochrangigen CSU-Politikern, darunter Strauß, von Zeit zu Zeit ihre Sorgen, Anregungen und Wünsche vortragen konnten, auch wenn der Parteivorsitzende die Industriellen manchmal erschreckte, weil er, wie sich Max Streibl erinnerte, betrunken zu solchen Treffen kam. Vorsitzender der Vereinigung war die meiste Zeit – bis zum offiziellen Ende der BStV als CSU-Spendensammelverein 1990 – der Münchner

Optikunternehmer Rolf Rodenstock, im Vorstand waren mit der Bayerischen Vereinsbank, der Allianz-Versicherung, dem MAN-Konzern und BMW stets erste Adressen vertreten.

Die CSU schreckte nicht davor zurück, Firmen anzuzapfen, an denen der Freistaat Bayern Beteiligungen hielt und in deren Aufsichtsgremien CSU-Politiker saßen. Die von staatlichen Repräsentanten abhängigen Manager eigneten sich zum Abzocken besonders gut. Da die bayerische Staatswirtschaft schon immer sehr ausgeprägt war und sich in zahlreichen, zum Teil erst in den letzten Jahren verkauften Beteiligungen niederschlug, kam auf den CSU-Konten einiges zusammen. Zudem bot dieses System den Vorteil, politische Auslaufmodelle in Staatsbeteiligungen abschieben oder der CSU besonders treue Beamte dorthin befördern zu können. Kritik an dieser Selbstbedienungsmentalität wurde als Neidhammelei zurückgewiesen oder gar gerichtlich unterbunden.

Typisch für das Wirken der Spendensammelstelle BStV war die Mitgliedschaft der Münchner Waffenschmiede Krauss-Maffei AG, an der der Freistaat Bayern zunächst über die Firma Messerschmitt-Bölkow-Blohm und inzwischen über die staatliche Landesanstalt für Aufbaufinanzierung beteiligt ist. Die Krauss-Maffei AG wurde 1967 »aufgrund unserer Spendenzahlungen« als Mitglied in der BStV geworben – ohne Verpflichtung zur Zahlung eines Mitgliedsbeitrags.

Etwa eine halbe Million Mark spendierte Krauss-Maffei von 1955 bis 1980 der BStV, die beim Schnorren äußerst hartnäckig vorging und auch vor Hausbesuchen nicht zurückschreckte. Am 25. Juli 1972 notierte das Büro des Krauss-Maffei-Vorstandsvorsitzenden: »Ist eigentlich der Besuch von Herrn v. Gregory – Staatsbürgerliche am 19. 7. zustandegekommen und was ist zu tun – der Mann hat noch kein cash bekommen und VV wollte mit ihm verhandeln wegen Anrechnung bestimmter Zahlungen ...?« Die interne Antwort war: »Herr Dr. von Gregory war hier. ... herausgekommen ist: Wir sollen 200 Prozent dessen bezahlen, was wir im letzten Wahljahr bezahlt haben.«

Als 1980 die Zahlung von Krauss-Maffei hinter denen der Vorjahre zurückblieb, wurde die Konzernspitze massiv unter Druck gesetzt.

BStV-Geschäftsführer Reden schrieb am 13. August 1980 dem Vorstandsvorsitzenden Hans-Heinz Griesmeier: »Ich hatte Sie mit Schreiben vom 30. 4. gebeten, die Höhe des Beitrags Ihres Unternehmens für 1980 noch einmal zu bedenken und freundlich zu berücksichtigen, daß wir 1980 nicht hinter den Beiträgen zurückbleiben können, die uns von Ihrem Hause 1972 und 1976 aus gleichem Anlaß zur Verfügung gestellt wurden.«

Der Anlaß war klar – es stand eine Bundestagswahl an, noch dazu die Entscheidungsschlacht mit Franz Josef Strauß als Kanzlerkandidat der Union. Da mußte Geld her, und wer nicht genug bezahlte, wurde im Vorstand der BStV an den Pranger gestellt. Es würden zwar »niemals Angaben über Beiträge einzelner Unternehmen gemacht«, schrieb Reden an Griesmeier. »Auf die Frage allerdings, welche Großunternehmen 1980 hinter den früheren Leistungen und den Erwartungen zurückgeblieben sind, habe ich auf der Vorstandssitzung im Juli auch Ihre Gesellschaft – ohne Zahlen, versteht sich – nennen müssen. Daraufhin wurde ich vom Vorstand beauftragt, mich dringend um eine zweite Rate zu bemühen. Darf ich es zunächst auf diese schriftliche Weise tun?«

Solche Schnorrerei war selbst den gutwilligen Krauss-Maffei-Bossen zu dreist. In einem Vermerk für Griesmeier wurde zur »Anfrage vom 13. 8.« festgehalten: »20 000 Mark bereits bezahlt ... Erster Versuch des Herrn v. Reden weg. Erhöhung vom 30. 4. nicht beantwortet. Es wird vermutlich nicht beim zweiten Versuch bleiben, er wird um Termin nachsuchen. Entgegen der Praxis früherer Bundestagswahljahre, in denen wir TDM 40 Beitrag leisteten, sollten wir diesmal hart bleiben. Da die Sozis sowieso die Wahl gewinnen werden, braucht höchstens die FDP Unterstützung, er hingegen bedenkt alle drei Parteien. Wenn wir diesmal umfallen, präjudizieren wir für spätere Jahre unsere Beitragsentscheidung. Schließlich entscheidet KM über die Beitragshöhe, nicht die Staatsbürgerliche Vereinigung. Unsere Mitgliedschaft bringt uns sowieso keinen konkreten Vorteil.«

Es kam so, wie die Krauss-Maffei-Leute prophezeit hatten. Strauß scheiterte, Helmut Schmidt gewann 1980 die Wahl und regierte mit einer erstarkten FDP, die sich 1982 der CDU zuwandte. Auf Dauer in München als einflußloser bayerischer Landesfürst festsitzend, mußte Strauß mit ansehen, wie der von ihm verachtete Helmut Kohl an die Macht kam.

Die Krauss-Maffei-Manager mußten sich immer wieder der Wünsche einzelner CSU-Granden erwehren, Teile ihrer offiziellen Zuwendungen an die Partei für andere Vereine abzuzweigen. 1974 hatte Krauss-Maffei auf Bitten des damaligen bayerischen Umweltministers und oberbayerischen CSU-Vorsitzenden Max Streibl, der Distanz zu Strauß hielt und deshalb stets seinen Nachstellungen ausgesetzt war, 10 000 Mark an eine »Gesellschaft zur Förderung der sozialen Marktwirtschaft« umgeleitet. Das wurde umgehend der BStV hinterbracht, und zwar von einem Strauß-Vertrauten im bayerischen Finanzministerium, Ministerialdirigent Lothar Müller, zuständig für Steuern.

Die BStV gab die Intervention mit Bedacht an die Konzernspitze weiter, um sie bei der Stange zu halten. Müller habe »seine Besorgnis darüber ausgedrückt«, daß ein Streibl-Vertrauter für den Minister »bei der Industrie größere Beträge kassiert«, heißt es im »streng vertraulichen« Krauss-Maffei-Vermerk vom 30. Juli 1974. Diese Aktivität sei insofern steuerlich als kritisch zu betrachten, als die Gesellschaft als Berufsverband deklariert werde, ohne jedoch eine solche Funktion zu versehen. Es sei bekannt, daß die gesammelten Gelder direkt an den angeblich ohnedies vermögenden Bezirksverband Oberbayern der CSU weitergegeben würden – entgegen dem Willen der Landesleitung und auch dem der Staatsbürgerlichen Vereinigung. Müller habe darauf hingewiesen, daß das »u. U. bei der nächsten Steuerprüfung für die Spenderfirmen die Konsequenz habe, diese Beträge nicht steuerlich voll absetzen zu können«.

»Wieweit Futterneid hinter diesen Ausführungen steckt, ist vorstellbar; trotzdem ergibt sich die Frage, ob Sie Herrn Min. Streibl bei passender Gelegenheit einen Wink geben sollten und wir uns für evtl. weitere Zahlungen absichern können«, wurde dem Vorstandsvorsitzenden von seinen Mitarbeitern geraten. Die unverhohlene Drohung des obersten bayerischen Steuerbeamten machte Eindruck. 1975 gaben die Krauss-Maffei-Manager der »Gesellschaft für soziale

Marktwirtschaft« kein Geld mehr, zumal der von ihr begünstigte Max Streibl 1974 von Krauss-Maffei über die BStV 20 000 Mark extra vereinnahmt hatte.

Streibl hatte nach den Ermittlungen von Bonner Staatsanwälten noch eine weitere abseits von Strauß betriebene Geldwaschanlage mit perfekter Tarnung. Das katholische Kolpingwerk ließ der Oberbayern-CSU, die heute im Gegensatz zum maroden CSU-Landesverband ein Vermögen von fast 30 Millionen Mark hortet, diskret Geld über Auslandskonten zukommen. Die Mittel, laut Staatsanwaltschaft zwischen 1973 und 1982 rund eine Million Mark, stammten aus Firmenspenden, die offiziell dem Kolpingwerk zugeflossen waren. Die in bar abgeholten Gelder seien »für Aktionen in der Dritten Welt« verwendet worden, beteuerte das Kolpingwerk. Zur Dritten Welt hat aber Bayern nie gehört, obwohl das Land von Strauß und der CSU bisweilen zur Bananenrepublik gemacht wurde.

Früher schon hatte ein Kölner Ableger des Kolpingwerks Deutschland der CSU geholfen. Über die gemeinnützige Kolpingfamilie wusch die CSU, wie Pohles auf dem Trödel gelandete Akten belegen, Parteispenden. Daimler-Benz (40 000 Mark), Allianz (15 000 Mark), der Stahlkocher Maxhütte (150 000 Mark) und Siemens (30 000 Mark) spendeten den frommen Brüdern und bekamen bestätigt, »jugendpflegerische Arbeit der Kolpingfamilie« unterstützt zu haben. Das Geld landete bei der CSU.

Als 1968 mit dem Parteiengesetz Firmen und Verbände, die mehr als 20 000 Mark im Jahr spendeten, namentlich genannt werden mußten, fing die CSU an, Großspenden zu stückeln, um den Gebern die gewünschte Anonymität zu sichern. Strauß-Berater Kreile schlug vor, daß alle 1968 eingegangenen Spenden über 20 000 Mark als Darlehen behandelt und zurückgezahlt werden sollten. Er werde dann ein Rechtsanwalt-Anderkonto eröffnen, auf das die zurückgezahlten Beträge von den Spendern wieder eingezahlt werden sollten. Dann überwies Kreile mit dem Vermerk: »Spende eines von mir nicht zu benennenden Spenders« auf die Sonderkonten der CSU. Er selbst fungiere als Treuhänder für die Spende und werde auch nicht genannt. Die CSU wisse nichts von den Spendern und könne deshalb der Verpflichtung des Parteiengesetzes, die Spender zu nennen, nicht nachkommen. Er, Kreile, müsse das als Anwalt auch nicht tun, da er kein parteioffizielles Amt habe. So wurde zum Beispiel eine Spende des Chemiekonzerns Hoechst über 190 000 Mark in zwölf Einzelspenden zu 15 000 Mark und eine zu 10 000 Mark gestückelt und in Pohles Spenderlisten mit Phantasienamen wie S. Unkel, E. Linder oder J. Geiger geführt. Strauß und die CSU haben die Technik des 1999 enttarnten Spendenskandals genauso gut beherrscht wie Helmut Kohl und die CDU.

Tief ließ CSU-Kultus- und Unterrichtsminister Hans Maier, ein in Finanzdingen argloser Schöngeist, in die geheimen Spendenbücher der Partei blicken, als im Februar 1978 der bayerische Landtag ein obligatorisches Berufsgrundschuljahr gegen den erbitterten Widerstand der Wirtschaft einführen sollte. Professor Maier konnte sich mit seiner von der Opposition unterstützten Reform der Berufsschule aber in der CSU nicht durchsetzen und begründete das in einem Gespräch mit dem SPD-Abgeordneten Sepp Klasen nach dessen Niederschrift für seine Fraktion so: »Die alte Fassung, das obligatorische Grundschuljahr in Bayern einzuführen, sei auf Einflußnahme der Firma Siemens gefallen. Man müsse das auch im Zusammenhang mit Verhandlungen der Lazarettstraße (dort residierten damals Strauß und die CSU-Landesleitung, d. A.) sehen, 20 Millionen Mark Wahlkampfspende stünden im Feuer. Diese Feststellung von mir werde ich dementieren.«

Maiers Privatissimum für den Oppositionsabgeordneten löste eine mittlere Regierungskrise aus. Maier dementierte lustlos und bot dem damaligen Ministerpräsidenten Alfons Goppel seinen Rücktritt an, wurde von der CSU aber nochmals vom Eis geholt. Erst 1986 folgte die Rache. Franz Josef Strauß zerstückelte Maiers Ministerium, um seinen Vertrauten Hans Zehetmair ins Kultusressort zu holen, und stellte den Professor vor die Wahl, sich entweder politisch einen Kopf kürzer machen zu lassen oder seine CSU-Laufbahn zu quittieren. Daß sich Maier für letzteres entschied, stellte seine Eigenständigkeit unter Beweis.

Hans Maier war es auch, der 1983, als Strauß' Beteiligung am Milliardenkredit für die DDR für Aufsehen sorgte und Fragen nach Provisionszahlungen an den CSU-Politiker gestellt wurden, mit dem Boß aneinandergeriet. Als einziger der bayerischen Minister und Staatssekretäre verweigerte er eine eidesstattliche Erklärung, keine Details über die im Kabinett besprochene, selbst in der CSU umstrittene Transaktion an den Journalisten Rudolf Lambrecht vom *Münchner Merkur* weitergegeben zu haben – wo Maier eine ständige Kolumne hatte. Ob Maier sich dem Ansinnen von Strauß verschloß, weil er tatsächlich geplaudert hatte und kein rechtliches Risiko eingehen wollte oder weil ihm die Behandlung zuwider war, wurde nie bekannt.

Die »Gesellschaft zur Förderung der sozialen Marktwirtschaft«, von der sich Max Streibl sponsern ließ, spielte noch einmal eine tragende Rolle. Als diese Vereinigung 1976 zusammen mit dem »Wirtschaftsbeirat der Union«, dem »Schutzverband des erwerbstätigen Eigentums« und der »Bayerischen Staatsbürgerlichen Vereinigung« dem Bundesrechnungshof als politischer Spendensammelverein ohne jedes berufsständische Eigenleben aufgefallen war und die Prüfer im bayerischen Finanzministerium vorstellig wurden, vergaß der inzwischen zum Ministerialdirektor beförderte Lothar Müller schnell seine Eifersucht auf Streibl. Plötzlich wollte er nichts mehr von seiner gegenüber der Bayerischen Staatsbürgerlichen Vereinigung geäußerten Auffassung wissen, Vereine wie diese Streibl-Gesellschaft seien steuerlich höchst bedenklich. Das nämlich war die Ansicht des Rechnungshofs, die dieser am 22. Juli 1976 in einem achtzehnseitigen Brief an das Finanzministerium in München präzise begründete: Die von bayerischen Finanzämtern auf Betreiben des Ministeriums verliehene Gemeinnützigkeit dieser Vereine sei problematisch, da sie kaum als Berufsverbände, sondern vielmehr »überwiegend auf dem wirtschafts- und gesellschaftpolitischen Gebiet« tätig seien. Damit erfüllten sie nicht die Voraussetzungen, die der Bundesfinanzhof an gemeinnützige Berufsverbände stelle, nämlich sich »mit Rücksicht auf eine Berufs- oder Erwerbstätigkeit« zusammenzuschließen.

Lothar Müller, der in seiner Behörde quasi als Treuhänder des CSU-Vorsitzenden agierte, blockte den Störenfried aus Frankfurt ab. Der Ministerialdirektor sah schon das so schön ausgetüftelte Finanzierungssystem der CSU zusammenkrachen, und entschloß sich, nachdem er sich am Telefon mit dem ebenfalls um seine Einnahmequellen besorgten Strauß beraten hatte, zum Angriff. Er bestritt das Prüfungsrecht des Bundesrechnungshofs in Bayern und sperrte die Ermittler aus Frankfurt kurzerhand von Prüfungen im Freistaat aus. Als das publik wurde, mußten sich die Bayern schnell mit dem Bundesrechnungshof darauf einigen, daß er sein Prüfungsrecht gemeinsam mit dem Obersten Bayerischen Rechnungshof wahrnehmen dürfe.

Nie wäre dieser freche Coup aufgekommen, hätte sich nicht Müllers Mitarbeiter Wilhelm Schlötterer, Regierungsdirektor und Chef der zentralen Steuerfahndung, 1977 gegen die Machenschaften in der Steuerabteilung des Ministeriums aufgelehnt. In mehreren Eingaben an den Landtag machte das CSU-Mitglied, das seine Beamtenpflichten gleichwohl über Parteiinteressen stellte, unglaubliche Fälle von Begünstigungen publik, die der Fiskus im wesentlichen Strauß-Spezis hatte zuteil werden lassen. An vorderster Stelle stand Friedrich Jahn, der Herrscher über das Brathuhn-Imperium »Wienerwald«, dessen undurchsichtige Steuervorteile auch der Bundesrechnungshof moniert hatte.

Der Bericht, den das bayerische Finanzministerium nach Schlötterers Eingaben dem Landtag vorzulegen hatte, geriet so brisant, daß Finanzminister Max Streibl ihn lieber unter Verschluß behielt. Selbst das Schwärzen von Namen und Zahlen im sechsundfünfzig Seiten langen Steuerdossier konnte die Besorgnis der CSU nicht beseitigen. »Es ist nicht möglich, so viel zu schwärzen, es ist ganz klar, daß man auf jeden Fall sofort erkennt, wer dahintersteckt«, sagte Streibl. Dennoch sprach sich herum, wer neben Jahn zu den Günstlingen Müllers und der CSU gehörte: der Fußballstar Franz Beckenbauer und dessen Berater Robert Schwan, der von bevorstehenden Durchsuchungen der Steuerfahndung benachrichtigt worden war und als Erfinder eines rechtswidrigen, über die Schweiz abgewickelten Steuersparmodells den ehemaligen Finanzminister Huber persönlich angab, der Dirigent Karl Böhm, Konsuln und CSU-Abgeordnete.

Müller geriet in den Verdacht der Rechtsbeugung, der Begünstigung, der Untreue und der Strafvereitelung, später auch noch der Beleidigung seines Mitarbeiters Schlötterer, dem er »Unstimmigkeit der Persönlichkeit« unterstellte. Dafür mußte er eine geringfügige Geldbuße bezahlen – zugunsten der Marianne-Strauß-Stiftung. Sonst passierte ihm von seiten der bayerischen Justiz nichts. Die CSU sorgte dafür, daß er im Finanzministerium aus der Schußlinie gezogen und später zum Präsidenten der Landeszentralbank Bayern befördert wurde. Friedrich Jahn mußte irgendwann ein paar Millionen Mark Steuern nachzahlen; die Bestrafung wegen Steuerhinterziehung wurde extra wieder aus dem Strafregister getilgt, damit Jahn den Bayerischen Verdienstorden erhalten konnte.

Dafür mußte sich Schlötterer jahrzehntelang mit Justiz und Dienstherr herumschlagen und seinen rechtschaffenen Kampf gegen das »System Strauß« büßen. In einem Untersuchungsausschuß des bayerischen Landtags bestätigte 1994 der von Schlötterer seinerzeit um Vermittlung gebetene CSU-Landtagsabgeordnete Paul Wilhelm, Strauß habe gegen Schlötterer »scharfes Vorgehen verlangt«. Finanzminister Streibl habe erklärt, er stehe unter Druck von Strauß, und es habe »Krach« wegen Schlötterer gegeben, »und zwar nicht nur einmal«.

Obwohl ihm kein einziger Verstoß gegen Rechts- und Dienstpflichten nachgewiesen werden konnte, wurde der fähige Steuerbeamte im Finanzministerium kaltgestellt und nur noch mit der Abwicklung von Manöverschäden beschäftigt. Strauß hatte ihn im April 1978 in einem Untersuchungsausschuß des bayerischen Landtags durch seinen Rechtsberater Franz Dannecker zum »klinischen Fall« machen wollen. Bei Strauß hatte das durchaus Methode. Wenn sich Beamte nicht gefügig zeigten oder aufbegehrten, erklärte er sie schon mal für verrückt. »Ich nehme das zu seinen Gunsten an, das kann ja nicht normal sein«, entrüstete sich Franz Dannecker im Ausschuß über Schlötterer und fuhr fort: »Wenn der Irrsinn auch schon in einem Ministerialbeamtenhirn Platz greifen darf, dann sind wir weit weg von einer geordneten Verwaltung.« Nie habe Strauß in Steuerfälle eingegriffen, die brisanten Fälle habe er aus der Zeitung erfahren.

Der heutige bayerische Ministerpräsident Edmund Stoiber und sein Finanzminister Kurt Faltlhauser, damals kleine Lichter der CSU im Untersuchungsausschuß, assistierten dem Ehrabschneider. Schlötterer habe wegen Animositäten in der Steuerabteilung des Finanzministeriums die Wienerwald-Angelegenheiten nachlässig behandelt; der Eindruck dränge sich auf, daß eine »Verzögerung geradezu gewollt« gewesen sei, sagte Faltlhauser wahrheitswidrig. Der Bann gegen Schlötterer wurde auch nicht aufgehoben, als Strauß 1988 gestorben war. Dessen Nachfolger Max Streibl und Edmund Stoiber ließen den Beamten weiter die Rache des Systems spüren. Er ließ sich aber nicht kleinkriegen und wehrte sich zwei Jahrzehnte lang entschlossen gegen die Schikanen seiner ungerechten Dienstherrn.

Erst 1998 blieb dem Finanzministerium unter Erwin Huber (CSU) nichts anderes übrig, als Schlötterer endlich wieder eine adäquate Tätigkeit zuzuweisen. Der 1980 nach heftigem Tauziehen zwischen Streibl und Strauß zum Ministerialrat beförderte Beamte wurde Generalbevollmächtigter der halbstaatlichen Landeswohnungs- und Städtebaugesellschaft Bayern (LWS) und darf jetzt den Saustall aufräumen, den unfähige Geschäftsführer und leichtfertige staatliche Aufseher dort angerichtet haben. Von Stoiber 1991 in waghalsige Geschäfte mit Gewerbeimmobilien in den neuen Bundesländern gehetzt, hat die LWS eine halbe Milliarde Mark Verlust angehäuft.

Herr Grundig hat Verständnis

Die erste große Spendenaffäre, in der seit Beginn der achtziger Jahre die Staatsanwaltschaft rund 1800 Verfahren einleitete, überstanden die CSU und ihre Gönner noch glimpflicher als die »Bonner« Parteien, obwohl die Bayern genauso Kasse gemacht hatten.

Am 28. März 1983 wurde gegen den Industriellen Max Grundig aus Fürth und den Grundig-Finanzvorstand Hans-Heinrich Firnges ein Ermittlungsverfahren wegen des Verdachts der fortgesetzten Hinterziehung von Körperschaftsteuer im Zusammenhang mit Spenden an die CSU eröffnet. Gegen CSU-Schatzmeister Karl-Heinz Spilker lief zu diesem Zeitpunkt unter dem Aktenzeichen 42 JS 432/82 bei der Staatsanwaltschaft Bonn bereits ein Verfahren wegen des Verdachts der Beteiligung an Steuerhinterziehung im Zusammenhang mit verdeckten Parteispenden. Oscar Schneider, der Vorsitzende des CSU-Bezirks Nürnberg-Fürth und damalige Bundesminister für Raumordnung, Bauwesen und Städtebau, stand unter dem gleichen Verdacht. Er war Grundigs Mittelsmann zur CSU und hatte für Einrichtungen seiner regionalen Parteigliederung ebenfalls sechsstellige Summen kassiert, doch wegen seiner Immunität als Bundestagsabgeordneter konnten gegen ihn zunächst keine Ermittlungen eingeleitet werden.

Max Grundig hat der CSU vor allem über die Staatsbürgerliche Vereinigung Köln bis 1980 mehrere Millionen Mark zukommen lassen. Die Bayerische Staatsbürgerliche Vereinigung hat sich bemüht, Grundig zur Abwicklung der Spenden über sie zu bewegen, doch wollte der Industrielle die Spenden »zentral steuern«. Am 17. Mai 1977 wandte sich Strauß an Grundig mit der Bitte »um Abdeckung einer aus der Bundestagswahl 1976 zurückgebliebenen Finanzierungslücke«. Max Grundig zeichnete den Brief persönlich ab und notierte darauf: »Schneider soll kommen.« Grundig-Vorstand Firnges dankte Strauß am 1. Juli 1977 schriftlich für den Brief: »Für Ihre Probleme hat Herr Dr. Grundig bestes Verständnis, und ich werde in seinem Sinne fernmündlich Verbindung mit Herrn Rechtsanwalt Spilker aufnehmen.« Spilker erhielt am 7. Juli 1977 einen Scheck über 50 000 Mark, ausgestellt auf die Staatsbürgerliche Vereinigung 1954 e. V., Köln.

Im Landtagswahljahr 1978, als Strauß sich zum bayerischen Ministerpräsidenten wählen lassen wollte, bettelte die Bayerische Staatsbürgerliche Vereinigung am 25. Januar erneut bei Grundig. Der Unternehmer verfügte laut handschriftlicher Notiz: »Schneider abstimmen, 2x 500 heuer 1979.« Am 10. Februar 1978 wurde notiert: »Zur Verfügung Dr. Schneider DM 500 000 bis 31. 3. 78, DM 500 000 ab 31. 3. 78 bis 31. 12. 78.« Drei Tage später schrieb Firnges dem Minister Schneider mit der Bitte, »uns auch dabei behilflich zu sein, daß wir keinesfalls in die Veröffentlichungspflicht hineinlaufen. Herrn Dr. Grundig liegt daran, noch einmal festzuhalten, daß damit aber auch er alle anderen Wünsche Ihrer Organisation voll befriedigt hat.«

Das Ansinnen, ein Drittel der 1978 der CSU gespendeten Million über Anzeigen für das Parteiorgan *Bayernkurier* abzurechnen, lehnte Grundig ab, »weil das einen ganz klaren Bruch mit einer bisher eisern praktizierten Disziplin bedeuten würde. Könnten wir statt dessen nicht über Köln gehen?« Nach den Unterlagen der Staatsanwaltschaft sollte dann ein Teil der Spende über die Hanns-Seidel-Stiftung der CSU abgewickelt werden. 1979 folgten weitere 800 000 Mark für die CSU, die wieder über die Staatsbürgerliche Vereinigung Köln liefen. Der Bayerischen Staatsbürgerlichen Vereinigung, die unentwegt darum bettelte, die Grundig-Spenden an die CSU weiterleiten zu dürfen, schrieb Hans-Heinrich-Firnges am 19. April 1979: »Was jedoch das Kernproblem Ihres Anliegens anbetrifft, so bin ich sehr wohl in der Lage, Ihnen gegenüber das alte Moltkesche Wort zu zitieren, das da beginnt: Getrennt marschieren ...«

Wenig Glück hatte auch der CDU-Generalsekretär Kurt Biedenkopf, der am 11. Juni 1976 im CSU-Revier wildern wollte und um Grundig-Inserate für *Das Deutsche Monatsmagazin* bat. Firnges lehnte ab und betonte, daß man nur mit der CSU verhandle. Es gebe eine Absprache mit dem Abgeordneten Oscar Schneider, »daß nur er uns gegenüber als Verhandlungspartner für alle anstehenden Fragen auftritt. Diese Absprache erfolgte im Einvernehmen mit dem Schatzmeister der CSU und den übrigen bayerischen Gremien und hat sich in der Vergangenheit bewährt ... Besonderer Inhalt dieser Absprache ist es auch, daß Herr Schneider alle lokalen, regionalen, landes- und bundespolitischen Fragen in Angemessenheit behandelt.« Bettelbriefe von CSU-Lokalpolitikern um Grundig-Spenden hatten bei Firnges unter Hinweis auf Schneider und den »Weg der zentralen Spendenleistung« keine Chance. Man wolle sichergehen, »daß die Verteilung der nicht unerheblichen Mittel zielgerecht erfolgt«.

Auch der heutige bayerische Ministerpräsident Edmund Stoiber, der sich jetzt gänzlich unberührt vom Spendenskandal der CDU zeigt, lag Grundig damals als Generalsekretär der CSU in den Ohren, die Spenden direkt über die CSU abzuwickeln. Er schrieb am 9. Januar 1980 an den Grundig-Vorstand Firnges: »Sehr geehrter Herr Firnges, der Vorsitzende der Christlich Sozialen Union, Ministerpräsident Dr. h. c. Franz Josef Strauß, hat mich gebeten, Ihnen sehr herzlich für die letzte Unterredung zu danken, und er wäre Ihnen sehr verbunden, wenn Sie die entsprechenden Maßnahmen über Herrn Rechtsanwalt Dr. Franz Dannecker abwickeln würden. Herr Dr. Dannecker ist von Herrn Dr. Strauß autorisiert, für die CSU die Angelegenheit zu behandeln.«

Grundig genehmigte eine Million Mark, die jedoch zur Hälfte über die Staatsbürgerliche Vereinigung in Köln, zur anderen Hälfte »über München« abgewickelt werden sollte. Zunächst hieß es aber laut internem Grundig-Vermerk: »Abwarten, bis Herr Dr. Dannecker dch. Pers. Referenten d. H. Tandler (Dr. Stoiber) Mittlg. machen läßt, welcher Weg f. d. Zahlg. eingeschlagen werden soll.« Es gab Probleme wegen der steuerlichen Abzugsfähigkeit, außerdem wollte Grundig auf alle Fälle vermeiden, im Bundesanzeiger als Großspender aufgeführt zu werden.

Dannecker meldete sich am 30. Januar 1980 bei Grundig und warnte davor, weiter über die Staatsbürgerliche Vereinigung in Köln zu zahlen. Die sei nämlich der Steuerfahndung aufgefallen. Für die Spende an FJS könne eine Quittung ausgestellt werden, steuerlich abzugsfähig sei die Zuwendung aber nicht. Strauß habe laut Dannecker gesagt: »Lieber nur die Hälfte und schlafen können«, heißt es in einem internen Grundig-Vermerk, der den Staatsanwälten in die Hände gefallen ist. Tatsächlich wurden 1980, dem Jahr der Kanzlerkandidatur von Strauß, laut Staatsanwaltschaft von Grundig 800 000 Mark auf ein Konto Danneckers gezahlt, 200 000 Mark bekam Schneider für seine »Fränkische Gesellschaft für Politik und Zeitgeschichte« in Nürnberg.

Um Spenden einzutreiben, verschickte Strauß persönlich weitere Bettelbriefe, auf die die Staatsanwaltschaft während der Ermittlungen stieß. Am 16. Mai 1977 ging Strauß den Chef des westfälischen Melitta-Konzerns, Horst Bentz, um Geld an und avisierte den Besuch des CSU-Schatzmeisters Karl-Heinz Spilker. Bentz bedankte sich am 6. Juni 1977 für das Schreiben und erklärte sich bereit, Spilker zu empfangen. Der Industrielle gab zu bedenken: »Die Handhabung solcher Beträge ist etwas schwierig geworden, weil die Finanzbehörden – soweit die Beträge an irgendwelche Vereinigungen gegeben werden – jetzt sehr streng untersuchen. Vor vier Wochen hatten wir die Steuerfahndung im Hause wegen einer Spende, die wir vor zwei Jahren gezahlt hatten. Aber trotzdem wird sich ein Weg finden.«

Auch im schwarzen Kassenbuch des Flick-Konzerns, das der Buchhalter Diehl mit säuberlichen Spendennachweisen füllte, ist der Name Strauß mehrmals zu finden. Wo die 950 000 Mark gelandet sind, die Strauß zwischen 1975 und 1979 vom Flick-Konzern direkt erhalten hat, ist aber nie geklärt worden. Er habe das Geld bekommen, um eine »bestimmte politische Linie« zu verfolgen, war im ersten Parteispendenskandal seine vage Auskunft für die Bonner Staatsanwaltschaft. Daß die knappe Million der Lohn für einen guten Tip und womöglich für politische Hilfe bei der Umsetzung desselben gewesen sein könnte, stellte er in Abrede. Der frühere Bundesfinanzminister und damalige wirtschaftspolitische Sprecher der CDU/CSU-Fraktion hatte Flick den Rat gegeben, sich mit dem Erlös von 800 Millionen Mark aus der Veräußerung von Daimler-Benz-Aktien am US-Chemiekonzern Grace zu beteiligen. Das galt als »Technologietransfer« und half dem Milliardär, die aus dem Daimler-Benz-Deal fällig werdenden Steuern niedrig zu halten. Was sind gegen einen gewaltigen Vorteil in dreistelliger Millionenhöhe schon 950 000 Mark?

Über sechzig Prozent der Stimmen erzielte Strauß bei Wahlen in Bayern, da mußte man es mit der finanziellen Transparenz nicht übertreiben. Ohnehin zeigte sich Straußens Anhang stets bereit, ihm Einnahmen über sein Politikersalär hinaus nachzusehen, und seien sie noch so anrüchig. Wer »zum Bescheißen zu blöd« ist, galt in der Strauß-Gemeinde als nicht regierungsfähig. Wie sollte denn einer, der für sich selbst nicht sorgen kann, in Bonn und Brüssel und sonstwo etwas für Bayern herausholen? Um die Opposition in Bayern hat sich Strauß schon gleich gar nicht gekümmert. Er konnte sie vernachlässigen. Die SPD, traditionell schwach im Bayernland und seit 1957 nicht mehr in der Regierung, war überwiegend mit sich selbst beschäftigt. Mit Rudi Schöfberger, Karl-Heinz Hiersemann und Carmen König hatte sie zwar zeitweise hervorragende Spürnasen, die den Strauß- und CSU-Affären auf den Grund gingen. Die Wähler haben ihr das aber nie honoriert, und deshalb hatten die Aufklärer bei den Sozialdemokraten einen schweren Stand.

Im Verlauf der achtziger Jahre verliert sich die Spur der angekündigten Ermittlungen im Dunkel der bayerischen Justiz, an die von den federführenden Bonner Staatsanwälten nach dem Tatortprinzip 47 Verfahren abgegeben wurden. 27 Verfahren im Zusammenhang mit dem Parteispendenskandal wurden eilig eingestellt, bei anderen dauerte es etwas länger, doch von Anklagen oder Strafbefehlen wurde im Freistaat nichts bekannt. Jahre später hieß es in der Antwort der Landesregierung auf eine parlamentarische Anfrage der SPD, alle Verfahren seien eingestellt worden. Innenminister Edmund Stoiber brüstete sich so wie heute als CSU-Vorsitzender, bei seiner Partei gebe es »keine Spendenaffäre«.

»Ein Hund« war Strauß halt für seine Leute, die – soweit sie sich ihm nicht in den Weg stellten – gut mit ihm lebten. Die CSU wäre heute längst zahlungsunfähig, hätte sie nicht in der Ära Strauß Haus- und Grundvermögen gebildet, das jetzt rund 40 Millionen Mark wert ist und zur Abdeckung ebenso hoher Schulden dient. Sosehr das der CSU zustatten kommt: Die staatliche Parteienfinanzierung und das Privileg, steuerbegünstigte Spenden zu sammeln, waren ursprünglich nicht dafür gedacht, Investitionen in Häuser und Grundstücke zu stützen.

Bauernfinanzämter

Folgenlos blieben damals auch Anzeigengeschäfte, die der *Bayernkurier* mit einem Vertrauten des CSU-Chefs, dem Mediziner Eduard Zwick, zum Zweck der verdeckten Parteienfinanzierung abwickelte. Mit Geld aus dunklen Quellen, die möglicherweise bei einer Befreiungsbewegung in Indonesien zu suchen sind, hatte der aus Rumänien stammende, in den sechziger Jahren in Südostasien als Tropenarzt tätige Zwick in Bad Füssing (Niederbayern) erfolgreich nach Thermalwasser gebohrt und in einem zähen Kleinkrieg mit Hilfe der Behörden und der CSU lokale Konkurrenten ausgebootet.

Zur Nutzung der heißen Quellen baute Zwick das Sanatorium »Johannesbad«, in das sich Strauß gerne zu Kurzkuren zurückzog. Zwick scheffelte Million um Million, hatte aber wie viele Freunde des CSU-Vorsitzenden eine ausgeprägte Neigung, dem Finanzamt Steuern vorzuenthalten. Lieber investierte er in Abschreibungsgesellschaften und verrechnete deren Verluste mit seinen Gewinnen. Steuererklärungen gab er zunächst nur ungern und ab 1980 überhaupt nicht mehr ab, mit dem für ihn zuständigen Finanzamt Passau wollte er nichts zu tun haben.

Die dortigen Beamten berichteten den Finanzbehörden in München ratlos, daß Zwick »unübersehbar das Finanzamt als zu gering achtet, als daß er sich mit ihm befaßte. Er hat wiederholt zum Ausdruck gebracht, daß er als konkreten Partner nur höhere Stellen betrachtet.« Mit den »Bauernfinanzämtern« verkehre er nicht, sagte Zwick selbst. Er hielt sich lieber an Bayerns höchsten Finanzbeamten, den Strauß treu ergebenen Lothar Müller aus dem Finanzministerium, und jammerte bei seinem prominenten Kurgast über die perfiden Nachstellungen der lokalen Finanzbeamten.

Die Steuerfahnder aus Niederbayern wußten zwar, daß sie sich bei Zwick auf gefährliches, von der CSU geschütztes Terrain begaben, aber sie ließen sich von ihren Pflichten nicht abbringen und ermittelten über Zwick mal dies, mal das. Zum Beispiel, daß ihm der *Bayernkurier* 1973 zehn Rechnungen über elf ganzseitige Anzeigen geschickt und dafür 201 025,44 Mark gefordert hatte. Sosehr aber die Beamten in Archiven die CSU-Postille auch durchblätterten, es fanden sich keine Anzeigen Zwicks oder seiner Kurklinik Johannesbad. Dafür entdeckten sie, daß Zwick genau diesen Betrag als Betriebsaufwand für 1973 steuerlich geltend gemacht hatte. Am 2. September 1977 wurde ein Ermittlungsverfahren gegen ihn eingeleitet. Auch gegen Mitarbeiter des *Bayernkurier* wurde ermittelt, und es stellte sich heraus, daß ein Freund von Strauß und Zwick, der Werbekaufmann und Verleger Walter Schöll, den Deal mit der Parteizeitung eingefädelt hatte. Am 6. Mai 1980 forderte der Strauß-Büroleiter Wilhelm Knittel vom damaligen bayerischen Justizminister Karl Hillermeier und von Finanzminister Max Streibl ultimativ Rechenschaft über das Attentat der Justiz auf den Strauß-Freund und auf *Bayernkurier*-Mitarbeiter: »Der Herr Ministerpräsident ist über Umstände des Steuerverfahrens gegen Herrn Dr. med. Eduard Zwick ... unterrichtet worden, die skandalös erscheinen«, beginnt der Brief. Und was der Beamte im »Bauernfinanzamt« Passau zu gewärtigen hatte, wird durch Knittels Frage deutlich: »Handelt es sich beim Leiter der Strafsachenstelle des Finanzamts Passau um einen Herrn Meister, der hier auf eigene Faust tätig geworden ist?« Im Juni 1980 ließ sich Strauß unter dem Geschäftszeichen II-2540/80 von Hillermeier über das Verfahren gegen Zwick schriftlich informieren, obwohl dem eigentlich das Steuergeheimnis entgegenstand. Innerhalb weniger Tage mußten alle befaßten Behörden Rapport erstatten. Zeittafeln über den Ablauf der Strafsache wurden angefertigt, zahlreiche Beamte waren bis 1981 mit Berichterstattung an die Staatskanzlei beschäftigt, deren Ministerialrat Wolfgang Held anregte, es bei einem Strafbefehl für Zwick zu belassen. Der machte es aber noch schlauer und ließ sich für den 1982 geplanten Prozeß krankschreiben. Schließlich mußte er 300 000 Mark Geldbuße bezahlen, die Verfahren gegen die *Bayernkurier*-Mitarbeiter und gegen Walter Schöll verliefen im Sand. Im Schlußvermerk vom 26. August 1982 steht, daß durch eine neue Betriebsprüfung bei Zwick »wieder Feststellungen getroffen wurden, die strafrechtlich relevant sein könnten«. Staatsanwaltschaft und Finanzamt hatten sich im Berichtskrieg mit der Staatskanzlei wacker geschlagen.

Im Dezember 1974 behielt Zwick auch in anderer Sache die Oberhand über die lästigen Steuerbeamten. Sie hatten moniert, daß der Bäderkönig Flüge, die der flugbegeisterte CSU-Vorsitzende mit Zwicks Maschine vom Typ »King-Air E 91« absolvierte, als Betriebsausgaben seiner Firma »Dr. Zwick Flugtouristik« geltend machte, und wollten dies nicht anerkennen. Kurz darauf bekam Walter Schöll als Berater Zwicks einen dreiseitigen Vermerk zur Hand, der suggerierte, er habe am 21. Dezember 1974 im Finanzministerium mit Ministerialdirigent Lothar Müller Zwicks Problem besprochen und den Gesprächsverlauf niedergeschrieben.

Btr.: Flüge der Einzelfirma »Dr. Zwick Flugtouristik« für Minister a. D. Franz Josef Strauß

I. Vermerk:

1. Ich habe heute den Leiter der Steuerabteilung im Bayer. Staatsministerium der Finanzen, Min. Dirigent Lothar Müller, aufgesucht, um mit ihm im Auftrag von Herrn Dr. Zwick die Abzugsfähigkeit der Flugkosten als Betriebsausgaben der Einzelfirma »Dr. Zwick Flugtouristik« zu klären, die ihr für Flüge des Herrn Ministers a. D. Dr. Franz Josef Strauß entstehen, dem die Maschine »King-Air E 91« gelegentlich zur Verfügung steht, über die die Firma verfügt.

2. Mein Besuch erfolgte auf die Bitte des steuerlichen Beraters von Herrn Dr. Zwick hin.

3. Minister a. D. Dr. Strauß benutzt das Flugzeug gelegentlich, um vor allem aus Sicherheitsgründen nicht an die Linienmaschinen gebunden zu sein, und zwar ausschließlich für Flüge, die ihm die Bundeskasse erstattet – zum Tarif der Lufthansasätze – und die er sich auch erstatten läßt, wobei er die abgerechneten Beträge dann an die Einzelfirma »Dr. Zwick Flugtouristik« weiterleitet.

4. Min. Dirigent Müller vertrat die Ansicht, daß die Aufwendungen, die der Flug-Einzelfirma über die erstatteten Beträge hinaus erwachsen, Betriebsausgaben darstellen. Er begründete dies wie folgt:

Für Dr. Zwick könnten diese Aufwendungen – steuerrechtlich – nur Betriebsausgaben oder Kosten seiner privaten Lebensführung sein. Es scheide aber aus, in den Aufwendungen Dr. Zwicks nicht abzugsfähige Kosten der privaten Lebensführung zu sehen, da er sie nicht für sich leiste, wie dies § 12 Nr. 1 des EstG ausdrücke. Es handle sich hierbei um keine Aufwendungen Dr. Zwicks für seine Lebensführung, die seine wirtschaftliche oder gesellschaftliche Stellung zwangsläufig mit sich brächten, denn die Ausgaben kämen ihm nicht in seinem privaten Lebensbereich zugute und entstünden ihm auch nicht daraus ...

Die Zurverfügungstellung der »King-Air E 91« stelle für Minister a. D. Dr. Franz Josef Strauß persönlich nur eine größere Sicherheitsgarantie dar, als sie ihm das Linienflugzeug biete, und bedeute steuertechnisch ausgedrückt für ihn nur eine Annehmlichkeit, Annehmlichkeiten aber zählten nicht zu den Geschenken im Sinn der steuerrechtlichen Vorschriften.

Ergebnis: Dr. Zwick könne die zusätzlichen Kosten, die ihm daraus erwüch-
sen, daß er seine Maschine »King-Air E 91« gelegentlich Minister a. D. Dr.
Strauß zur Verfügung stelle, auch steuerlich als sofort abzugsfähige Betriebs-
ausgaben verbuchen und geltend machen.

Mit weiteren amtlichen Formulierungen gibt sich das Schreiben den
Anschein eines offiziellen Dokuments. Wie in Ministerien üblich,
wird an den Schluß eine Zuweisung geschrieben: »Abdruck von I
Herrn Ministerialdirigent Lothar Müller im Bayer. Staatsministerium
der Finanzen, München, zur Kenntnis und Billigung unter Bezugnahme auf das Gespräch mit mir. Abdruck von I an Herrn Dr. Zwick
in Bad Füssing zu seinen Geschäftsunterlagen. München, den
21. 11. 1974, Schöll Walter.«

Beigeheftet ist dem Vermerk ein Schreiben Müllers auf offiziellem
Papier des Ministeriums, das ganz offensichtlich auf derselben Maschine geschrieben wurde: »Ich bestätige Ihnen, daß Ihr Vermerk vom
21. 11. 1974 über die steuerliche Behandlung der Kosten der Flüge der
Einzelfirma ›Dr. Zwick Flugtouristik‹ für Minister a. D. Dr. Franz Josef Strauß dem Gespräch mit mir entspricht. Mit freundlichen Grüßen Ihr L. Müller.«

Mit diesem ganz offensichtlich im Ministerium verfaßten Freibrief
konnten dann Zwicks Steuerbevollmächtigte das widersetzliche örtliche Finanzamt konfrontieren. Solche Ministerialentschließungen
zugunsten von Strauß-Spezis verhalfen Bayern zu einer Steuergerechtigkeit eigener Art.

Ein eigenwilliger Spaß Zwicks hätte 1976 beinahe mehrere Verfassungsschützer ihre Jobs gekostet. Der vierschrötige Klinikbesitzer
hatte in den »Pfälzer Weinstuben« in der Münchner Residenzstraße
schwer gezecht und begann zu krakeelen. Ein Informant des Sicher-
heitschefs im Bayerischen Innenministerium, Ministerialdirigent
Hans Langemann, hörte den Strauß-Freund mehrmals plärren, er sei
Kommunist, und machte Meldung in der Staatsschutzabteilung.

Dort gingen sofort alle Warnlichter an: Die Vorstellung, im Jahr
der Bundestagswahl habe Strauß vertrauten Umgang mit einem Kommunisten, womöglich gar mit einem Ostspion, ließ den Ex-BND-
Agenten Langemann nicht ruhen. Die rumänische Abkunft Zwicks,

sein sagenhafter Reichtum, seine Großzügigkeit gegenüber dem CSU-Vorsitzenden, dem er sogar sein Flugzeug zur Verfügung stellte – alles war höchst alarmierend.

Langemann verständigte den Präsidenten des Landesamts für Verfassungsschutz, Hans Ziegler, der zwei Schlapphüte in Bewegung setzte, die beim Finanzamt Passau Geldflüsse zwischen Zwick und Strauß überprüfen sollten. Die beiden kamen nicht weit. Der Amtsvorsteher berichtete über das merkwürdige Ansinnen der beiden Verfassungsschützer umgehend an Lothar Müller nach München ins Finanzministerium, wo der Ministerialbeamte treu die Wacht für FJS hielt. Natürlich erfuhr Strauß sofort vom unglaublichen Geschehen und rastete aus, wie nur er ausrasten konnte. Bayerische Beamte observierten den CSU-Vorsitzenden und seinen Gönner! Er zitierte sofort Verfassungsschutzpräsident Ziegler zu sich und brüllte ihn minutenlang an. Der war so konsterniert, daß er schließlich fragte, ob er sich erschießen solle. Strauß sah davon ab, die Frage zu bejahen.

Gegenüber dem Innenministerium erklärte Zwick seinen Auftritt in den »Pfälzer Weinstuben« als Jokus. In einer vertraulichen Akte des bayerischen Staatsschutzes heißt es: »Darauf angesprochen, wieso er als Freund des Herrn Landesvorsitzenden in der Öffentlichkeit zu solch abstrusen Bemerkungen komme, habe er gesagt, das sei nur spaßeshalber geschehen, um die Reaktion seiner Umgebung zu testen.« Langemann notierte dazu: »Und dann wundert der Depp sich, daß der Verfassungsschutz hinter ihm her ist.«

Langemann, der sich im bayerischen Innenministerium einen geheimdienstlichen Abenteuerspielplatz eingerichtet hatte und wenige Jahre später durch notorische Plaudersucht Dutzende von BND-Affären, -Agenten und dunkle Strauß-Kontakte hochgehen ließ, wurde von Zwick wegen seines Eifers unnachsichtig verfolgt. Der Strauß-Freund begehrte vom Innenministerium Genugtuung, die ihm, Strauß sei Dank, nicht versagt blieb. »Aufgrund des Ergebnisses der durchgeführten Erhebungen teile ich Ihnen mit, daß keine Anhaltspunkte für die Einflußnahme eines gegnerischen Geheimdienstes auf Ihren Herrn Mandanten bestehen«, informierte Amtschef Edwin Süß am

14. Dezember 1976 den Anwalt von Zwick. Der Freundschaft mit Strauß hat diese Posse keinen Abbruch getan.

Öl für Bayern

Schon in den fünfziger und sechziger Jahren gab es Typen wie Karl-heinz Schreiber und seine Kumpane, die Geldkoffer überreichten, mit Waffen handelten, Provisionen einstrichen und Spenden verteilten. In den frühen Strauß-Jahren hieß Schreiber eben Ernest F. Hauser und behauptete vor einem Ausschuß des US-Senats, daß der Flugzeugbauer Lockheed, von dem die Bundesrepublik in der Ägide von FJS als Bundesverteidigungsminister den absturzanfälligen Abfangjäger »Starfighter« erworben hatte, Provisionen an die CSU weitergeleitet hatte. Oder er hieß Aloys Brandenstein alias »Onkel Aloys«, ein Nennonkel von Marianne Strauß, der mit Empfehlungen des Bundesverteidigungsministers vom verarmten Geschäftsmann zum deutschen Residenten ausländischer Rüstungsfirmen aufstieg und durch einen lukrativen Deal mit dem Nürnberger Waffenproduzenten und Strauß-Freund Diehl reich wurde.

In der Rolle des CSU-Staatssekretärs Holger Pfahls agierte damals Staatssekretär a. D. Otto Lenz, es ging um »HS-30«-Schützenpanzer und nicht um »Fuchs«-Spürfahrzeuge. Die Geschäftspartner waren nicht Airbus oder Thyssen, sondern der Schweizer Panzerbauer »Hispano Suiza« oder die legendäre »Finanzbau Aktiengesellschaft« (FIBAG), die mit Strauß-Empfehlungen Wohnungen im Wert von 300 Millionen Mark für amerikanische Soldaten bauen und die Überschüsse an die Förderer weiterleiten wollte. Darunter war der Strauß-Freund und Passauer Verleger Johann Baptist Kapfinger, der von der FIBAG schöne Gewinne erwartete, von denen er allerdings sagte, er müsse sie mit Strauß teilen.

Offizielle Parteikonten der CSU in Frankfurt und Bonn mit 1,7 Millionen Mark Einlage waren zeitweise wegen eines »bei der CSU verbleibenden Engagements« in der Firma »Bau-Union« gepfändet. Das Unternehmen errichtete auch Bundeswehrwohnungen; Bundesverteidigungsminister Strauß war über einen Treuhandvertrag mit seinem Strohmann Zimmermann, damals Mitglied im Verteidigungsausschuß des Bundestags, beteiligt. Die Firma, die mit CSU-Spendengeldern operierte, geriet in wirtschaftliche Schwierigkeiten, und Strauß setzte alles daran, seine Inkognito-Beteiligung zu verheimlichen.

Mit der Kanzlerkandidatur 1980 warteten Aufgaben in neuen Dimensionen, für die Strauß vermehrt Finanzmittel brauchte, und dafür war Karlheinz Friedrich Hermann Schreiber gut zu gebrauchen, der schon Ende der sechziger Jahre im Dunstkreis von Franz Josef Strauß aufgetaucht war: ein etwas klein geratener, bulliger, hemdsärmeliger Typ. Am 25. März 1934 in Petersdorf (Niedersachsen) geboren, hatte er eine Kaufmannslehre absolviert, erste Arbeit in Möbelhäusern gefunden und sich zielstrebig nach oben geboxt. Er importierte Teppiche aus dem Iran, stieg in München in einen Lebensmittelgroßmarkt ein, kam mit Jost Hurler, Strauß-Spezi und Besitzer einer Großmarktkette, in Kontakt und ließ sich dann in Kaufering bei Landsberg nieder, wo er seine Fahrbahn- und Parkplatzmarkierungsfirma bituleit sowie die Bayerische Bitumen Chemie Ferdinand Heinrich und die Firma babic (Bayerische Bitumen Chemie) führte.

Zunächst hatte er nur mit lokalen CSU-Größen Kontakt. Als er aber seine Aktivitäten nach Kanada ausdehnte, um sich in der Provinz Alberta im Immobiliengeschäft und in der Industrieberatung zu engagieren, lernte er auch die CSU-Spitze kennen. Er tat sich mit Ludwig Huber zusammen, der Schreibers Hausbank, der Bayerischen Landesbank, vorstand, lernte Franz Dannecker kennen, die rechte Hand von Strauß in Rechts- und Vermögensangelegenheiten, und wurde vom Meister persönlich gebeten, dessen Sohn Max unter seine Fittiche zu nehmen und ins Kanada-Geschäft einzuführen. Der 1959 geborene Strauß-Sohn war deshalb auch an der im November 1977 in Edmonton eingetragenen Firma Maple Leaf Enterprises Industries Limited beteiligt.

Bei Schreibers geschäftlichen und politischen Beziehungen in Kanada war es für ihn ein leichtes, die kanadische Staatsbürgerschaft zu erwerben. Als Berater costaricanischer Behörden kam er auch an einen Diplomatenpaß des zentralamerikanischen Landes.

Der Aufstieg schmeichelte Schreiber, denn bei aller Agilität und Durchsetzungskraft kam im Umgang mit Juristen, Philologen und sonstigen Akademikern ein ausgeprägter Minderwertigkeitskomplex zum Vorschein. Er hatte halt nur Kaufmann gelernt, es haperte mit der Rechtschreibung, wie seine legendären Kalender zeigen, und er konnte sich schriftlich nicht so gut ausdrücken. Mit Tüchtigkeit und dem Anschein von Weltläufigkeit versuchte er das zu kompensieren. Um zu imponieren, benutzte er in Kanada aufgeschnappte Floskeln, die er in seine für bayerische Ohren preußisch klingende Sprache einflocht. »Why the hell« war zum Beispiel eine solche Redensart, wenn er sagen wollte: »Warum zum Teufel sollte ich das tun.«

Der Kauferinger war stolz über seinen Rang innerhalb der Pilotfische, die Strauß umkreisten, und gab in seiner Villa Empfänge, wenn der Bundestagsabgeordnete Strauß in seinem dortigen Wahlkreis war oder wenn Schreiber wieder eine Delegation aus Alberta mit seinem Freund Horst Schmid, dem Wirtschaftsminister dieser Provinz, nach Bayern eingeladen hatte, um für Investitionen in Kanada zu werben. Als ihn der bayerische Justizminister 1977 zum ehrenamtlichen Handelsrichter beim Landgericht München I machte, hatte es der kleine Mann aus Petersdorf geschafft. Er war endgültig in der bayerischen Lodenschickeria angekommen. Seine Firmen liefen gut, er besaß in Kaufering ein großes Jagdrevier, und sein Kanada-Engagement entwickelte sich erfolgversprechend.

Die Geschichte, wie Schreiber 1980, während einer weltweiten Energiekrise, für Strauß, die CSU und natürlich auch für sich selbst Geld im Ölgeschäft scheffeln wollte, wäre kaum zu glauben, wenn sie nicht ein Aktenzeichen der Staatsanwaltschaft Köln bekommen hätte (121 Js 370/81). In dieser Akte findet sich mit dem Datum 28. Juli 1982 ein Brief von Schreiber-Freund Ludwig Huber an die Staatsanwaltschaft, der eine Anzeige wegen falscher Aussage vorgelegen hatte:

Sehr geehrter Herr Staatsanwalt! Herr Schreiber, ein Kunde unserer Bank, wandte sich seinerzeit an mich mit der Erklärung, er könne voraussichtlich zu einem günstigen Preis Öl aus Saudi-Arabien beziehen, und mit der Frage, ob für die Abwicklung eines solchen Geschäftes die Bayerische Landesbank als

Adresse angegeben werden könne. Ich setzte mich daraufhin mit dem für das Auslandsgeschäft zuständigen Vorstandsmitglied der Bayerischen Landesbank, Herrn Dr. Linss, in Verbindung und teilte nach dieser Konsultation Herrn Schreiber mit, daß wir voraussichtlich, selbstverständlich vorbehaltlich einer Einigung über die Konditionen der Bank, zur Abwicklung zur Verfügung stehen würden und unsere Adresse genannt werden könne. Herr Dr. Linss hatte mir gegenüber geäußert, das einzige echte Problem sei wohl, ob das arabische Angebot von seriöser Seite komme. Ich fragte daraufhin den mir persönlich bekannten arabischen Botschafter telefonisch, wobei der Botschafter keine Bedenken äußerte.

In der Folgezeit ist aber Herr Schreiber wegen des in Frage stehenden Geschäftes nicht mehr vorstellig geworden. Er hat mir dann gesagt, daß nichts mehr veranlaßt ist. Ich gehe davon aus, daß das Geschäft nicht zustande gekommen ist.

Von Wahlspenden für die CSU hat Herr Schreiber nach meiner Erinnerung zwar hin und wieder gesprochen. Mir ist aber nicht erinnerlich, daß Herr Schreiber speziell für das in Frage stehende Geschäft von Quoten gesprochen hat, welche die CSU oder deren Vorsitzender bekommen soll.

Ich habe auch keine Erinnerung an Gespräche zwischen Herrn Ministerpräsident Dr. Strauß und mir in der fraglichen Angelegenheit. Hochachtungsvoll Dr. Huber.

Bevor er Politiker wurde, hatte Huber als Staatsanwalt gearbeitet. Er wußte also genau, wie man sich mit Formulierungen wie »nicht erinnerlich«, »nach meiner Erinnerung«, »Ich habe keine Erinnerung« bei heiklen Sachverhalten als Zeuge aus der Affäre zieht. Er hätte ja dem Kölner Staatsanwalt auch schreiben können, daß er auf keinen Fall mit Strauß gesprochen habe und daß Schreiber nie von Quoten geredet habe, die er der CSU oder derem Vorsitzenden habe überlassen wollen – wenn es denn so gewesen wäre. Die betont vorsichtige Ausdrucksweise läßt darauf schließen, daß es 1980 ganz konkrete Pläne gegeben hat, finanziert durch saudi-arabisches Öl Wahlkampfhilfe für Strauß und die CSU zu betreiben.

Ausgeheckt hatten den Plan zwei Männer, die unter anderem aus den immerwährenden Affären um die Finanzierung italienischer Parteien wußten, daß die Saudis bei entsprechendem politischen Interesse preiswert Rohölverträge über ansehnliche Mengen abgaben, die dann mit hoher Gewinnmarge an europäische Ölfirmen weiterverkauft werden konnten. Mit einem Abgabepreis von 26 Dollar je Barrel und dem damaligen OPEC-Preis von 30 Dollar je Barrel waren traumhafte Gewinne zu erzielen.

Natürlich mußten hinter den Vermittlern Kräfte stehen, die sich die Saudis mit solchem Entgegenkommen gewogen machen wollten. Der CSU-Chef und Kanzlerkandidat der Union, Franz Josef Strauß, war nach Meinung der beiden Pläneschmiede solch eine Zielperson. Daß er Kanzler würde, lag im saudi-arabischen Interesse, weil dann wohl die mit Rücksicht auf Israel praktizierten Restriktionen beim Waffenexport fallen würden. Die Saudis hatten Interesse an deutschen Panzern, vor allem am Leopard 2, der bei Krauss-Maffei in München produziert wurde. An Verkaufserfolgen dieser Firma, an der der bayerische Staat beteiligt war, mußte Strauß allein schon aus wirtschafts- und arbeitsmarktpolitischen Interessen gelegen sein. Wenn dabei auch noch etwas für seine Partei herausspringen sollte – um so besser. Strauß war also hochinteressant für die Saudis und umgekehrt.

Bei endlosen Gesprächen in einer Kölner Gaststätte gewann der Plan Konturen. Die Kneipe wurde damals vom Ex-Journalisten Frank Krüger geführt. Als Import-Export-Kaufmann hatte er Nahosterfahrung gesammelt und gutes Geld gemacht. Krüger bekam die Unterhaltungen seiner Gäste mit und wurde eingebunden, denn die Erfinder des Deals waren knapp bei Kasse und brauchten jemanden, der den mit Reisen und anderem Aufwand verbundenen Plan finanzieren konnte.

Nach den eidesstattlichen Erklärungen, die Krüger später wegen eines Strafverfahrens vorzulegen hatte, war einer der beiden Männer schon im Dezember 1979 bei dem in der saudischen Botschaft tätigen »bevollmächtigten Minister« Youssuf Mottabakani gewesen und hatte sich als Mann der CSU ausgegeben. Mottabakani sei dem Plan »sehr positiv« gegenübergestanden, habe aber zuerst die Regierung in Riad informieren und sich so absichern wollen. Riad habe Mottabakani beauftragt, abzuchecken, ob hinter dem Besucher tatsächlich die CSU und Strauß stünden. Saudi-Arabien wollte, so erklärte Krüger später, Anfang Januar 1980 in dieser Angelegenheit einen direkten Kontakt mit »Zimmermann oder Strauß« haben. Sein Bekannter habe deshalb sofort Kontakte zu bayerischen Freunden aufgenommen, um die CSU-Spitze für die Sache zu gewinnen, versicherte Krüger.

Über Ernst Müller, den CSU-Geschäftsführer des Bundestagswahlkreises von Strauß, sei Schreiber ins Spiel gekommen, der für den 15. Januar 1980 die Erfinder des Plans nach Kaufering bat. »Schreiber war regelrecht begeistert von der Bereitschaft Saudi-Arabiens, der CSU über Rohölverträge zu helfen, und setzte dabei voraus, daß es wahr sei, was wir ihm erzählt hatten. Schreiber sagte, er wolle einmal von der Richtigkeit ausgehen. Am 21.1.80 würde er darüber mit Strauß unter vier Augen sprechen. An diesem Tag, so Schreiber, werde Strauß in Landsberg zum Bundestagskandidaten gewählt. Anschließend werde Schreiber für Strauß einen Empfang geben und bei dieser Gelegenheit mit Strauß besprechen, ob und wie die Angelegenheit angegangen werden kann«, heißt es in Krügers Erklärung, der Schreiber öffentlich nichts entgegengehalten hat. Am 22. Januar 1980 habe Schreiber angerufen und gesagt, es sei alles in Ordnung, Strauß habe ihn beauftragt, die Sache weiterzuverfolgen.

Am 30. Januar 1980 seien Schreiber, der CSU-Bundestagsabgeordnete Franz Graf von Stauffenberg und er in die Bonner Botschaft Saudi-Arabiens zu Mottabakani gefahren, der laut Krüger froh gewesen sei, »daß endlich ein bekannter CSU-Politiker erschienen war«. Der Saudi habe nochmals bestätigt, »daß Saudi-Arabien bereit sei, über Ölverträge und damit zu machende Kommission der CSU und Strauß finanziell zu helfen, um die Wahl für Strauß zu gewinnen«. Riad mache aber zur Bedingung, »daß es zuvor zu einem direkten Kontakt zwischen dem Botschafter und Strauß kommt«.

Schreiber habe ihm erzählt, er und Strauß sollten von jedem Barrel Öl, das die Saudis an die CSU abgäben, je einen Dollar erhalten, sagt Krüger. Solche Kontrakte seien für Strauß viel besser als direkte Zuwendungen, weil er, wenn die Aktion doch publik würde, stets argumentieren könne, er habe sich für die Ölversorgung Bayerns engagiert. Langsam sei erkennbar geworden, daß Schreiber die drei Kölner ausbooten wollte. Mal habe er in ihrer Anwesenheit mit einer

Pistole gespielt, mal negative Auskünfte über das Vorleben der Kneipenrunde verlesen.

Nach einem Treffen mit Strauß auf dem Opernball in Wien habe Schreiber mitgeteilt, das gewünschte Treffen mit Botschafter Ibrahim Nuri werde beim Politischen Aschermittwoch der CSU in Passau am 20. Februar stattfinden, wo Strauß Hauptredner sei und anschließend ein privates Essen in kleinstem Kreis geben werde. Ibrahim Nuri werde von der bayerischen Staatskanzlei eine offizielle Einladung erhalten. Krüger solle dafür sorgen, daß der Botschafter bloß nicht in arabischer Tracht mit Burnus in Passau auftauche, um kein Aufsehen zu erregen. Das Aschermittwochstreffen schilderte Krüger wie folgt:

Am 20. 2. 80 fliege ich zusammen mit Botschafter Ibrahim Nuri mit LH 409 nach München. Während des Flugs unterhalte ich mich mit Ibrahim Nuri ausführlich über die Sache. Ibrahim Nuri erklärte mir, es sei alles klar, die CSU würde Ölverträge bekommen, er habe nur den Auftrag vom König, sich bei Strauß hundertprozentige Gewißheit zu verschaffen. Dann könne die Sache anschließend sehr schnell abgewickelt werden. Ibrahim Nuri ließ anklingen, daß er hoffe, auch persönlich von diesem Geschäft finanziell profitieren zu können.

In München wartete Schreiber mit einer Mercedes-Kolonne und Leibwächtern auf den Botschafter. Ich sollte bei dem Treffen in Passau nicht dabeisein und wurde ins Hotel Vier Jahreszeiten gebracht, wo mich Schreiber und der Botschafter später wieder abholen wollten. Den Botschafter brachte Schreiber direkt nach Passau.

Zum vereinbarten Termin kamen Schreiber und Ibrahim Nuri nicht zurück ins Hotel Vier Jahreszeiten. Also flog ich allein zurück nach Köln. Auch rief Schreiber mich am nächsten Tag nicht an, sondern ich ihn. Schreiber war kurz angebunden und sagte mir, der Botschafter sei sehr unhöflich gewesen und hätte gesagt, es seien keine freien Kapazitäten vorhanden.

Ich fuhr zu Ibrahim Nuri in die Botschaft. Der war plötzlich sehr kühl und sagte auf einmal genau das gleiche wie Schreiber, nämlich daß keine freien Kapazitäten vorhanden seien. Bevor ich den Botschafter darauf hinweisen konnte, daß er mir auf dem Flug nach München erklärt hatte, es sei alles in Ordnung, die CSU würde Ölverträge bekommen, beendete der Botschafter das Gespräch. Die Sache schien geplatzt zu sein.

Zumindest war das lästige Trio aus der Kölner Kneipe ausgebootet, das sich Gewinn von der Sache versprochen hatte. Krüger glaubt heute nach all den Berichten, die er über Schreiber gelesen hat, und nach eigenen Recherchen, daß die Sache trotzdem gelaufen sei, möglicherweise mit Hilfe des Strauß-Freundes Nicolae Ceauşescu über Rumänien. Jedenfalls stehe fest, daß Schreiber kurz nach dem Aschermittwoch 1980 zweimal nach Saudi-Arabien gereist sei. Schreiber selbst hat sich zu diesen Vorgängen öffentlich nie geäußert.

Daß mit den Saudis damals dergleichen durchaus zu machen war, zeigt das Beispiel des Branchenwinzlings Avia Mineral-Öl AG. Die Münchner Firma, ein Zusammenschluß von dreißig deutschen Benzin- und Heizölhändlern, konnte genau an jenem 20. Februar 1980 den Abschluß eines lukrativen Kontrakts mit Saudi-Arabien melden.

Weil Krüger viele Telefongespräche mit Schreiber aus Beweisgründen aufgezeichnet hatte und Einzelheiten in Umlauf brachte, verklagte ihn Schreiber, was zu staatsanwaltlichen Ermittlungen und zu einem Strafbefehl wegen »Verletzung der Vertraulichkeit des Worts« führte. Auch Krügers Mitstreiter bekamen Probleme mit Schreiber und wollten sich daraufhin an ein geplantes Ölgeschäft mit Saudi-Arabien nicht mehr erinnern. Einer sagte, er habe »berufliche Gründe, auf einmal so zu reagieren«. Der zweite habe plötzlich erklärt, er werde nichts aussagen, »was der Partei schadet«, erinnert sich Krüger.

Der Tycoon von Alberta

Franz Josef Strauß schien damals zu Schreiber unbegrenztes Vertrauen zu haben, denn er überließ ihm für eine Grundstücksspekulation in Kanada mehrere Millionen Mark. Aus welchen Quellen das Geld kam, ist nicht genau bekannt. Für die Annahme, die Familie habe Schwarzgeld in Kanada geparkt, das aus irgendwelchen Provisionen stammte, gibt es keinen Beweis. Die Familie selbst hat erklärt, es sei Geld von Marianne Strauß gewesen, die als Tochter des Brauereibesitzers Max Zwicknagl in Rott am Inn nicht unvermögend in die 1957 geschlossene Ehe mit dem CSU-Politiker gegangen war. Marianne

Strauß habe nach Ärger mit Mietern einige Zinshäuser in München verkauft und den Erlös gewinnbringend in kanadischen Grundstücken anlegen wollen. Schreiber, der Hansdampf aus Kaufering, hatte dort zusammen mit Barbara Flick aus der bekannten Industriellen-Dynastie, deren Mann einen Teil seiner riesigen Abfindung vom väterlichen Flick-Konzern in kanadische Immobilien investiert hatte, die Firma A.B.S. gegründet, was laut Schreiber mal die Abkürzung für Alberta Bavarian Services, mal für Alberta-Bayern-Schweiz sein sollte. Barbara Flick wollte der Firma A.B.S. Darlehen in zweistelliger Millionenhöhe geben, um Grundstücke in der Provinz Alberta zu kaufen und zu erschließen.

Das Flick-Geld ließ aber auf sich warten, und Schreiber, den die kanadische Zeitung *Western Report* damals zum »Tycoon von Alberta« ernannte, begann, für eine Zwischenfinanzierung weitere Geldgeber zu suchen. Dank seiner guten Beziehungen zum Strauß-Clan und zum Präsidenten der Bayerischen Landesbank, Ludwig Huber, wurde Schreiber schnell fündig. Das Münchner Bankhaus H. Aufhäuser, damals mehrheitlich im Besitz der Landesbank, stieg mit Darlehen über acht Millionen Mark ein, die Bayerische Landesbank sicherte das Engagement mit einer hausinternen Unterbeteiligung ab.

Die Familie Strauß zahlte über ihre im August 1980 in Edmonton gegründete Firma F.M.S. Investments Limited rund drei Millionen Mark bei der A.B.S. als Kredit ein. Sie besaß Anteile an weiteren von Schreiber initiierten Firmen namens B.L.A. und P.L.S. Direktor war in den meisten Firmen Schreiber, der seine verschachtelten kanadischen Aktivitäten in der Holding Bitucan bündelte und die Familie Strauß durch Querbeteiligungen in das Unternehmensgeflecht einband. Bitucan war an A.B.S. beteiligt, A.B.S. hielt wiederum gemeinsam mit der Strauß-Firma F.M.S. Anteile an B.L.A. und P.L.S.

Mit der bayerischen Landesbank und der Familie des bayerischen Ministerpräsidenten als Zugpferden war es für Schreiber ein leichtes, das steckengebliebene Alberta-Geschäft wieder flottzubekommen. Er sammelte bei einem »Kreis von Freunden« etwa 20 Millionen Mark für die A.B.S. ein und machte den Geldgebern weis, zehn Prozent Zinsen zahlen zu können. Lieselotte Pabst, eine Schwester des mit

Strauß gut bekannten Autohändlers Fritz Haberl, gab drei Millionen Mark, der weltberühmte Sänger Hermann Prey nahm auf seine Villa bei München extra Hypotheken auf, um den heißen Tip mit 2,5 Millionen Mark Einlage wahrnehmen zu können. Der Augsburger Industrielle Hubert Stärker, Präsident der bayerischen Arbeitgeberverbände, der Münchner Saft- und Likörfabrikant Heinrich Riemerschmid und der Richter am Bundesverwaltungsgericht, Wilhelm Dodenhoff, legten insgesamt 500 000 Mark an.

Es gab weitere mysteriöse Beteiligungen, deren Hintermänner der immer zur Konspiration neigende Schreiber nie geoffenbart hat. Laut A.B.S.-Investorenliste waren auch noch zwei Schweizer Firmen, »Union Dale« und »Securities Control Corp.«, mit 750 000 Mark eingestiegen. Ferner tauchte in den A.B.S.-Unterlagen eine Firma DLH auf, an der sich Bankchef Ludwig Huber mit einer Pro-Forma-Einlage beteiligt hatte. Er selbst gab an, die Firma heiße »Deutsche Leasing Holding«. Davon hat Schreiber nie etwas gehört und behauptet, die Abkürzung DLH stehe für Doktor Ludwig Huber. Strauß-Intimus Franz Dannecker stieg als Direktor in den A.B.S.-Vorstand ein.

Bei einer solchen Ansammlung von Prominenz konnte eigentlich nichts schiefgehen, sollte man meinen: Im Boot waren der erste Mann und die erste Bank des Freistaats, dazu der Bankpräsident und eine Flick-Erbin, deren Millionen bald eintreffen sollten. Alles sollte streng geheim bleiben. Gespannt warteten die Anleger auf ihre Renditen. Der vielbeschäftigte FJS konnte die Entwicklung des Geschäfts aus Zeitmangel nicht verfolgen, sein Sohn Max sollte ein Auge darauf haben und CSU-Justitiar Dannecker zusätzlich darüber wachen.

Amigo Zwick wandert aus

Auch wenn Strauß seine Freundschaften systematisch pflegte: Einem der Spezis war fast nicht mehr zu helfen. Je mehr Millionen Eduard Zwick mit seinen heißen Quellen in Niederbayern machte, desto stärker wurde sein Wüten gegen die »Bauernfinanzämter«. Er investierte rund um die Welt in verwegenste Abschreibungsobjekte, um den Fiskus auszutricksen, gab inzwischen überhaupt keine Steuererklärungen mehr ab und ließ sich, wenn Strafverfahren drohten, für die Justiz krank schreiben.

Die Stunde der jahrelang gedemütigten Finanzbeamten vom Land kam Anfang der achtziger Jahre mit einer Gesetzesänderung, die Steuerabschreibungen erheblich erschwerte. Was Zwicks Steuerberater an Verlusten auch geltend machen wollten, es wurde plötzlich nicht mehr anerkannt. Die Steuerschuld erreichte mit Säumniszuschlägen 45 Millionen Mark. Zwick hätte das Problem locker lösen können, denn sein Reinvermögen war auf 200 Millionen Mark gewachsen. Er wollte aber nichts zahlen, sein Motto war, frei nach Georg Büchner: »Krieg den Finanzern, Friede den Amigos.«

Es kam, wie es selbst in Bayern irgendwann einmal kommen muß, wenn man es gar zu toll treibt. Ein Ermittlungsverfahren wegen Steuerhinterziehung wurde eingeleitet, dann trug sich die Staatsanwaltschaft sogar mit dem Gedanken, einen Haftbefehl zu erwirken. Zwick bekam Wind davon und beschloß, in die Schweiz zu fliehen, denn dort sind Steuersünder vor den Nachstellungen ausländischer Behörden sicher.

Offiziell sollte freilich niemand von Flucht reden, sondern nur davon, daß sich Zwick im Tessin für einige Zeit von den Strapazen des Berufslebens erholen wolle. Die Kurklinik in Bad Füssing wurde von seinem Sohn Johannes Zwick und loyalen Managern weitergeführt, darunter dem Spitzenfunktionär des »Bundes der Steuerzahler«, Alfred Wöhl. Irgendwann, so hoffte Zwick, würde Freund Strauß seine mickrigen Verfolger schon in die Schranken weisen und seine glorreiche Rückkehr nach Bayern ermöglichen.

Soviel Zeit mußte aber sein, daß sich Zwick noch angemessen von seinen Spezis verabschieden konnte. Er lud Ende 1982 Franz Josef Strauß und andere Gefährten zu einem rauschenden Fest nach Bad Füssing ein und ließ sich dann zunächst in Genf nieder. Bald kaufte er sich eine Villa in Breganzona im Tessin, baute sie um und erweiterte sie und gab ihr den Namen »Orbisana«. Mit einer viel zu geringen »Wegzugsbesteuerung« – der Wert seiner Thermen und des Johannesbads wurde um 20 Millionen Mark zu niedrig angesetzt – versüßte ihm das bayerische Finanzministerium die Flucht.

Das Verdienstkreuz 1. Klasse des Verdienstordens der Bundesrepublik Deutschland, für das ihn Strauß mit Erfolg beim damaligen Bundespräsidenten Karl Carstens vorgeschlagen hatte, konnte Zwick freilich nicht mehr entgegennehmen. Dabei hätte diese Auszeichnung die Krönung seiner medizinischen und unternehmerischen Laufbahn sein sollen. Der örtliche CSU-Abgeordnete Klaus Rose begründete, warum Zwick würdig für den Orden sei: »Weil er immer bestrebt war, das Allgemeininteresse und das Wohlergehen seiner Mitmenschen unter Einsatz ärztlicher Ethik im Vordergrund allen Handelns zu sehen.«

Die *Passauer Neue Presse* würdigte am 17. Februar 1984 anläßlich der Bekanntgabe der Ordensverleihung Zwicks Lebenswerk dreispaltig und meldete, daß der Mediziner – inzwischen mit internationalem Haftbefehl gesucht – »unzählige Glückwünsche aus allen Bereichen des öffentlichen Lebens« und zuvörderst von Franz Josef Strauß erhalten habe. Nur umhängen konnte der Ministerpräsident ihm das gute Stück nicht, Zwick wäre beim Grenzübertritt festgenommen und einer Taschenpfändung unterzogen worden. Jahrelang lag das für ihn bestimmte Verdienstkreuz in einem Regierungstresor in München herum, ehe es der Kanzlei des Bundespräsidialamts als »unzustellbar« zurückgegeben wurde.

Das Leben in der Schweiz gefiel Zwick auf Dauer nicht. Er hatte sich, ganz Steuerverweigerer, zwar auch dort sogleich auf krummen Wegen eine »Pauschalbesteuerung« gesichert, die ihn trotz seines riesigen Vermögens jährlich nur 300 000 Franken kostete. Doch die Vermögenspflege, die Suche nach den besten Geldanlagen, die Verwaltung seiner Hochhäuser in Genf lasteten ihn nicht aus. Obwohl er kein ausgeprägter Familienmensch war, ständig Affären hatte, die Kinder schlecht behandelte und im Zorn schon mal seine Frau, die Ärztin Angelika Zwick, die Treppe hinunterwarf, trieb ihn die Sehnsucht nach den Enkelkindern zurück nach Bayern. Es fehlten auch die Feiern mit Strauß und seinen anderen Kumpanen.

Aber die unteren Ebenen von Justiz und Fiskus – die Staatsanwaltschaft und die Steuerfahndung in Landshut, das Finanzamt in Passau – warteten nur auf eine Gelegenheit, seiner habhaft zu werden. Der Abgang in die Schweiz hatte dafür gereicht, einen internationalen Haftbefehl gegen den Steuerflüchtling zu erwirken. In seiner Not wandte sich Zwick 1986 an den bayerischen Ministerpräsidenten, und der wußte Rat. Am 29. April schrieb Strauß dem »Lieben Eduard«:

Dein Brief hat mir etwas von der tiefen Niedergeschlagenheit vermittelt, in der Du Dich unter den gegebenen Umständen befindest. Ich verstehe sehr gut, daß Dich vor allem die Trennung von Frau und Kindern, die sich sicher auch aus der räumlichen Trennung ergibt, ganz besonders schmerzt.

Ich kann Dir deshalb nur den freundschaftlichen Rat geben, Dich möglichst rasch von einem Arzt, der von den Justizbehörden vorgeschlagen oder als unabhängiger Sachverständiger anerkannt wird, im Hinblick auf Deine Verhandlungsfähigkeit untersuchen zu lassen. Wenn Deine Verhandlungsunfähigkeit festgestellt ist, wird die Strafjustiz, wie mir mitgeteilt wird, das Verfahren entweder vorläufig oder endgültig einstellen und damit zugleich den Haftbefehl aufheben müssen.

Wichtig erscheint auch, daß demnächst endlich der von Dir angebotene Entlastungszeuge Ralph Schmidt durch einen Schweizer Richter in Anwesenheit eines deutschen Staatsanwalts vernommen werden kann. Auch dies würde das Verfahren vorantreiben. Unter den gegebenen Umständen, meine ich, sollte Dir auch daran gelegen sein.

Für offene Protektion war es zu spät, Zwick war zu weit gegangen. Strauß nannte seinen Freund wegen seiner Uneinsichtigkeit sogar ein »Riesenarschloch«, dessentwegen noch einmal alles, was sie zusammen privat und geschäftlich gedreht hatten, hochgehen werde. Vor direkten Anordnungen für Justiz und Steuerverwaltung scheute der Ministerpräsident zurück, der dank Wilhelm Schlötterers Unerschrockenheit permanent öffentlich mit diversen Steueraffären seiner Amigos konfrontiert war, nicht aber vor ständiger Einmischung. Er ließ sich, ohne jede Rechtsgrundlage, von den zuständigen Ministerien immer wieder Berichte geben, die seine beamteten Mitarbeiter in der Staatskanzlei, der smarte Holger Pfahls und der beflissene Wolfgang Held, analysierten und ihrem Chef aufbereiteten. Pfahls machte später als Präsident des Bundesamts für Verfassungsschutz und als Staatssekretär im Bundesverteidigungsministerium Karriere; Held, der trotz seines zu Neutralität verpflichtenden Beamtenstatus ein strammer CSU-Mann war und zeitweise als stellvertretender Generalsekretär seiner Partei amtierte, wechselte später ins bayerische Justizministerium. Dort behielt er zusammen mit dem regierungsfrommen Generalstaatsanwalt beim Oberlandesgericht München, Hermann Froschauer, die Akte Zwick und andere für Strauß und die CSU bedeutsame Angelegenheiten im Blick, damit nicht unbedachte Staatsanwälte Unheil übers Land brachten. Bei Durchsuchungen des Bad Füssinger Johannesbads fanden Steuerfahnder schon mal eine Warnung vor eben dieser Durchsuchung im Fax; von wem sie war, konnten sie nicht klären.

Auf die Zwick-Berichte seiner Minister schrieb Strauß mit der Hand grimmige Bemerkungen, zum Beispiel auf ein Dossier des Justizministeriums vom 30. September 1986:

Das ist ein Dickicht. Diese sehr bürokratische Behandlung im ewigen Schriftverkehr hin und her führt zu keiner Lösung. Im Schreiben vom 10. Juni 86 war von weiteren Verdachtsmomenten gegen Dres. Z. (Doktores Zwick, d. A.) wg. Steuerhinterziehung 1978–1980 die Rede. In obigem Schreiben ist davon nicht mehr die Rede. Was ist das Ergebnis des Gutachtens des LKA (Landeskriminalamt, d. A.)? Die familiären Differenzen sind nach m. Info bereinigt. Wenn das so weitergeht, wird der übernächste Ministerpräsident jährlich zwei Kriegsberichte erhalten, denen nie etwas zu entnehmen ist als die Zusage, daß der nächste Bericht auch kommen werde. Ich halte von diesen jahrelangen Verschleppungen mit gegenseitiger Schuldzuweisung gar nichts und bitte um Beschleunigung. Was berichtet der RA (Rechtsanwalt, d. A.) dazu?

Auf dem genannten »Sachstandsbericht« vom 10. Juni 1986 hatte Strauß fast schon resignierend vermerkt: »Dr. Z. ist unverbesserlich.«

Auf einigen dieser Schriftstücke findet sich auch die Paraphe des damaligen Chefs der Staatskanzlei, Edmund Stoiber, der Tür an Tür mit Pfahls und Held arbeitete und in die Zwick-Angelegenheiten eingeweiht war. Er war natürlich auch zu Geburtstagsfeiern geladen, die Zwick in Südfrankreich für FJS ausgerichtet hat. Der »übernächste Ministerpräsident« ist er selbst, und in der Tat wird Stoiber, wie Strauß 1986 prophezeite, in seiner Amtszeit haufenweise »Kriegsberichte« in Sachen Zwick erhalten, weil erst dann der Deckel von der brodelnden Steuer- und Justizaffäre fliegt.

Wenigstens den Rat seines Freundes, sich der Justiz durch Krankschreibung zu entziehen, beherzigte Zwick. Es gelang ihm tatsächlich, Atteste des Dottore Tiziano Moccetti aus Lugano beizubringen, die von einem deutschen Amtsarzt akzeptiert und so bei Gericht anerkannt wurden. Wegen schwerster Herzbeschwerden war der fidele, reiselustige und – Freunde wissen es – potente Amigo plötzlich auf Dauer haft- und verhandlungsunfähig, alle Strafverfahren gegen ihn waren auf einen Schlag erledigt. Statt nun in Frieden nach Bayern zurückzukehren und seine Steuerprobleme zu erledigen, widmete er sich hinfort dem Kampf um die Aufhebung der horrenden Steuerbescheide, in den er seinen alten Spezi Walter Schöll und den CSU-Generalsekretär und Vorsitzenden der CSU-Landtagsfraktion, Gerold Tandler, einschaltete. Dem hatte Eduard Zwick schon mit Darlehen und Bürgschaften ausgeholfen, als Tandler sich Ende der siebziger Jahre mit dem Kauf des Hotels mit Gastwirtschaft »Zur Post« im bayerischen Wallfahrtsort Altötting übernahm und im Lauf der Jahre 17 Millionen Mark Schulden anhäufte. Bis weit in die neunziger Jahre lief ein Zwick-Kredit über 200 000 Mark.

Strauß erhielt über Schöll und Tandler »stille Post« von Zwick, der sich die Regelung des Steuerproblems in Bayern so vorstellte, daß er 10 Millionen Mark zahlt, damit die inzwischen auf 60 Millionen Mark angewachsene Schuld steuertechnisch »niedergeschlagen« würde, was faktisch einem Erlaß gleichkäme. Inzwischen waren die Aktien der Johannesbad AG, die mindestens 150 Millionen Mark wert waren, für offiziell 46 Millionen Mark vom Vater Zwick auf den Sohn Johannes übergegangen. 110 Millionen Mark kassierte Zwick senior zusätzlich über eine komplizierte Transaktion mit Luxemburger und Schweizer Briefkastenfirmen, ohne daß das Finanzamt zunächst davon Wind bekam. Später machte Zwick junior steuerlich 150 Millionen Mark für den Erwerb geltend, woraufhin das Bundesamt für Finanzen die Behörden des sozialdemokratischen Ministerpräsidenten Oskar Lafontaine, die nach einem Umzug der Johannesbad AG ins Saarland zuständig waren, darauf hinwies, daß entweder

Zwick senior den Verkaufspreis zu niedrig deklariert oder Zwick junior den Erwerbspreis zu hoch angegeben habe oder gegebenenfalls beides zusammen vorliege. Je nachdem seien Hinterziehungen von einem oder beiden anzunehmen. Im Saarland, wo ein hoher Beamter des Finanzministeriums plötzlich ins Zwick-Management wechselte, passierte den Steuerkünstlern aber auch nichts. Ermittlungen der Saarbrücker Staatsanwaltschaft verliefen im Sand, und die bayerische Justiz mochte sich dieser Angelegenheit nicht annehmen.

In Bayern waren dafür 1988 die Verhandlungen über eine Niederschlagung der gigantischen Zwick-Steuerschuld, der aber stets das Vierfache an Vermögen gegenüberstand, im Finanzministerium tatsächlich in Gang gekommen und fast unterschriftsreif: Zwick sollte die 10 Millionen zahlen und bestätigen, daß er in Deutschland kein Vermögen mehr hatte, das gepfändet werden könnte. Dann würde der Fiskus die »Beitreibung« einstellen. Plötzlich reute Zwick die Abstandszahlung, er wollte sie auf 5 Millionen Mark drücken. Da machte aber selbst der willige Steuerreferent des Finanzministeriums, Kurt Miehler, nicht mehr mit, der dort zum Nutzen der CSU den kaltgestellten Rebellen gegen das Amigo-Wesen, Wilhelm Schlötterer, abgelöst hatte, und legte den Steuerfall Zwick ein weiteres Mal unerledigt auf Eis.

Als Strauß am 3. Oktober 1988 starb, wurde Streibl, damals Finanzminister, sein Nachfolger als Ministerpräsident und übergab sein Amt perfiderweise Tandler, von dessen Schulden bei Zwick er wie Stoiber und andere in der CSU wußte. Sollte sich doch der Rivale um die Vorherrschaft in der CSU mit dem halsstarrigen Bäderkönig herumschlagen, mit dem er schon all die Jahre konspiriert hatte. Tandler wäre nach eigenem Bekunden damals viel lieber Wirtschaftsminister geblieben, zu dem ihn Strauß im Frühjahr 1988 ernannt hatte. Doch der Postwirt aus Altötting, in dem Strauß (wie auch in Stoiber) einen potentiellen Nachfolger gesehen hatte, wenn er sich denn je Gedanken über die Zeit nach seinem Abgang machte, mußte sich fügen. Seine Ernennung zum Finanzminister war Resultat des CSU-internen Machtkampfs, den fürs erste Max Streibl und Theo Waigel für sich entschieden hatten. Waigel teilte sich als neuer Parteichef mit Streibl, dem neuen Regierungschef, die Führung. Auch Strauß-Adlatus Stoiber hatte sich Hoffnungen gemacht, sein großes Vorbild zu beerben, hatte aber beim schnellen Zugriff von Streibl und Waigel keine Chance. Offenen Streit durfte es nach dem Tod von Strauß in der CSU nicht geben, es galt, selbstlose Pflichterfüllung zu demonstrieren.

Tandler zog mit dem Wissen ins Finanzministerium um, daß seine finanzielle Abhängigkeit von Zwick jederzeit zu einem Eklat und zum wahrscheinlichen Ende seiner Karriere führen konnte. Streibl und Stoiber hatten ihn unter Kontrolle. Und Zwick ließ nicht locker, bis Ministerialrat Miehler 1990 die Verhandlungen mit ihm wieder aufnahm. Am 28. November 1990, Tandler hatte die CSU-Regierung wenige Wochen vorher frustriert verlassen, unterschrieb Miehler die begehrte »Niederschlagung« von inzwischen 70 Millionen Mark Steuerrückstand. Zwick, dessen Vermögen auf 300 Millionen Mark angewachsen war, zahlte 8,3 Millionen Mark und war in Bayern schuldenfrei. Tandler ließ sich von Zwick in der Schweiz noch bei der Umschuldung seiner riesigen Verbindlichkeiten helfen und wurde Vorstandsmitglied beim Wiesbadener Linde-Konzern.

1993 wurde die skandalöse Niederschlagung öffentlich bekannt, Stoiber, inzwischen Ministerpräsident, verfügte eilig die Aufhebung, sein Finanzminister Georg von Waldenfels nannte den früheren CSU-Gönner Zwick einen »Steuerkriminellen« und wollte wenigstens dessen Sohn Johannes wegen Beihilfe zur Steuerhinterziehung hinter Gitter bringen. Das mißlang, weil die Landshuter Staatsanwaltschaft Ende 1993 einen Haftbefehl um wenige Tage zu spät beantragte – die Zwick-Affäre, wohl der gigantischste deutsche Steuerskandal, war verjährt, der Steuer- und Verjährungsexperte Günter Kohlmann paukte 1997 den Zwick-Sohn trotz einer Verurteilung in erster Instanz vor dem Bundesgerichtshof heraus.

Ein Nachbrenner im Sommer 1999 vor dem Landgericht Hof endete mit einem Freispruch für Johannes Zwick und brachte dem bayerischen Finanzministerium heftige Schelte wegen der liederlichen Behandlung des Steuerfalls Zwick ein. Auf Anordnung des Oberlandesgerichts München soll Tandler, obwohl das Landgericht Landshut sich geweigert hatte, eine Anklage wegen dem Fiskus verschwiegener Zwick-Darlehen zuzulassen, demnächst der Prozeß gemacht werden.

Immerhin hat Johannes Zwick 1994 dem Staat mehr als 30 Millionen Mark nachbezahlt; auf den Rest der durch die Zurücknahme der Niederschlagung wieder aufgelebten Steuerschuld, die im Juli 2000 schon 90 Millionen Mark beträgt, wartet der Fiskus immer noch. Eduard Zwick ist im März 1998 einsam und verbittert im Streit mit den Seinen in Bern gestorben, nachdem er schon 1995 seine Familie enterbt und 200 Millionen Mark aus seinem Vermögen im Trust »RochusED« auf der Insel Jersey, einem Steuerparadies, verbunkert hat. Daß die Hälfte seiner Frau gehörte, focht den Krösus nicht an. Weil sie ihn verlassen wollte, verschleppte er auch ihr Geld.

Als Begünstigte des Schatzes hat er seinen Arzt Tiziano Moccetti, der ihm stets mit Attesten hilfreich war, eine von diesem gegründete und von Zwick bereits zu Lebzeiten mit 30 Millionen Mark unterstützte Stiftung zur Errichtung eines Herzzentrums in Lugano und seinen Finanzberater Michel Horat eintragen lassen. Der Schweizer Zwick-Testamentsvollstrecker Fabio Soldati und Günter Kohlmann verhandeln immer noch mit diesen »Begünstigten« und der auf den Jersey-Millionen sitzenden Schweizer UBS-Bank über die Freigabe für die Witwe, der außerhalb des Nachlasses fünfzig Prozent zustehen, und für die Erben, darunter drei uneheliche Kinder des Strauß-Freundes. Der bayerische Fiskus hofft, daß er mit seiner Forderung von mehr als 50 Millionen Mark an den Nachlaß irgendwann zum Zug kommt.

Mit Karli in die Dolomiten

Ein enges Verhältnis hatte Strauß auch zum Münchner Daimler-Benz-Repräsentanten Karl Dersch, den er als eine Art dritten Sohn ansah. Der Vater hat sich um die Erziehung seiner eigenen Sprößlinge Max Josef (* 1959), Franz Georg (* 1961) und Monika (* 1962) nur wenig kümmern können; das oblag seiner Frau Marianne. Die Münchner Unternehmerin Renate Thyssen erlebte Marianne Strauß manchmal einsam und überfordert, ganz anders, als es das offiziell von der CSU verbreitete Bild von der glücklichen, aktiven »Landesmutter« vorgaukelte. Sie habe oft deprimiert bei ihr angerufen und sie um einen Besuch gebeten, um ein Glas Champagner mit ihr zu trinken und ein bißchen zu reden, berichtete Thyssen, die damals guten Kontakt zur Strauß-Familie hatte, weil Max ein Auge auf ihre Tochter Gabriele geworfen hatte.

Im Hause Strauß an der Hirschgereuthstraße in München herrschte ein rauher Ton. Von frühester Kindheit an bekamen die Strauß-Geschwister die Tiraden des Vaters gegen politische und sonstige Gegner mit, erlebten aber auch, wie gefährdet er war, wie sehr er bedroht und angefeindet wurde. Das führte zu starkem Schutzbedürfnis und stärkte den Zusammenhalt, machte aber auch taub gegen Kritik von außen.

»Wie Eisbären« hätten die Geschwister zusammengehalten, wenn Gefahr von außen drohte, hat Strauß-Tochter Monika das Zusammengehörigkeitsgefühl in ihrer Familie einmal beschrieben. Sie, das Nesthäkchen in der Familie, ist das einzige der drei Strauß-Kinder, das später öffentlich über die Schwierigkeiten des Größerwerdens in einer Familie gesprochen hat, die von der Beanspruchung, der Machtfülle und der gleichzeitigen öffentlichen Anfeindung des Vaters nicht unbehelligt blieb.

Die Fotografin und Journalistin Herlinde Koelbl hat für ihr Buch »Spuren der Macht – Die Verwandlung des Menschen durch das Amt« die Politikerin über Jahre hinweg beobachtet, fotografiert und befragt. »Es gibt auch eine Monika Hohlmeier, die depressiv, kaputt und müde sein kann«, zitiert sie die Strauß-Tochter. Schon zwischen dem siebten und zwölften Lebensjahr habe sie mit »enormen Depressionen« zu tun gehabt: »Meine Mutter hat sich große Mühe gegeben, das aufzufangen. Der Vater war ja selten da. Ich hatte Ängste vor völlig fiktiven Bedrohungen.« Außerdem habe sie in der Kindheit eine Phase gehabt, »in der ich bemerkte oder mir einbildete, daß andere Leute mich nicht mögen. Ich konnte noch so nett und lieb und freundlich sein, die Menschen mochten mich einfach nicht. Dieses Gefühl belastet mich auch heute noch manchmal«, sagte die Frau, die bei der Verteidigung ihrer Vaters und bei der Abwehr von Kritik an ihrer Familie metallisch hart wirkt.

Vater Strauß ließ, wohl aus Schuldgefühl, vor allem den Söhnen viel durchgehen. Sie durften den Vater auf Dienstreisen und zu politischen Terminen begleiten und manchmal bei Ausflügen mitfahren, die mit Mercedes-Geländewagen aus dem Fuhrpark von »Karli« Dersch veranstaltet wurden. Als Mitglieder der Jungen Union wurden die Strauß-Kinder auch selbst zu Auftritten für die CSU in der Provinz eingeladen. Sie wollten es dem Vater gleichtun und hauten auf den Putz, aber es war meistens peinlich. Im März 1982 bat der Ortsverband der Jungen Union in Oberding unweit von München zum Thema »Wo führt die Politik von SPD und FDP für die Jugend hin?« Franz Georg Strauß ans Rednerpult. Die Frage war für ihn schnell beantwortet: »Das sind Lumpen, das sind wirkliche Lumpen«, auch »in der Presse« seien »Lumpen« tätig; »kommunistische Lumpen« in Vietnam und Kambodscha würden von den »Bonner Lumpen« unterstützt, wo mit dem Verteidigungsminister Hans Apel (SPD) ein Mensch mit einem »Wortschatz von vielleicht dreihundert Wörtern« das Sagen habe und von weiteren »Superdeppen« und »Rindviechern« umzingelt sei.

Obwohl Franz Josef Strauß politisch den Wehrgedanken hochhielt, mußten seine Söhne nicht zur Bundeswehr. Max schoß lieber auf der Jagd. Als er mit einem österreichischen Berufsjäger in der Nähe von Schloß Neuschwanstein bei der verbotenen Jagd auf einen Birkhahn erwischt wurde, entging er der Strafe mit der Ausrede, er habe geglaubt, sich nicht mehr auf bayerischem, sondern auf österreichischem Gebiet zu befinden, wo das Birkwild nicht unter Schutz stehe. Bestraft wurde der Österreicher, der Max zum Birkhahn geführt hatte. Tochter Monika war am Münchner Klenze-Gymnasium eine beliebte Schülerin, die ihrem Vater immer wieder erzählte, wie die Kultusbürokratie auf den Schulalltag drückt. Kultusminister Hans Maier mußte das ausbaden, weil ihm Vater Strauß, gestützt auf die Berichte seiner Tochter, deswegen im Kabinett ab und zu einen Anschiß verpaßte.

Bei Karli Dersch gab es jederzeit die neuesten Mercedes-Modelle zu leihen, mit denen Strauß und sein Clan herumkariolten. Eine verwegene Tour führte in den Dolomiten entlang alter Militärstraßen aus dem Ersten Weltkrieg, eine andere nach Albanien. Strauß verfaßte persönlich Testberichte über Mercedes-Geländewagen. In Münchner Polizeikreisen wird immer noch die hübsche Anekdote erzählt, wie Strauß eines Nachts zu Besuch bei seiner Geliebten Renate Piller war und das wegen seiner Gefährdung unauffällige Auto vor ihrem Haus auf dem Gehsteig geparkt hatte. Eine Streife habe das verbotswidrig abgestellte Fahrzeug entdeckt und über Funk den Halter feststellen lassen. Da das Auto nicht auf Strauß zugelassen war, hätten es die Beamten arglos zur Verwahrstelle beim städtischen Baustein-Hof am Gottfried-Böhm-Ring abschleppen lassen. Als Strauß seine Renate im Dämmerlicht verlassen habe, sei er ohne Auto dagestanden und habe über Notruf sofort die Polizei mit der Drohung angerufen: »Deat's sofort des Auto wieda her!« (Bayerisch für: Bringt sofort das Auto wieder zurück.) Die Geschichte ging natürlich so aus, daß man es ihm unter devotesten Entschuldigungen schnell wieder bringen mußte.

In München kursierten in den achtziger Jahren anonyme Dossiers über amouröse und sonstige Eskapaden eines angeblichen »Dreigestirns«, das aus Franz Josef Strauß, dem Münchner Oberbürgermeister Erich Kiesl (CSU) und Dersch bestehen sollte – allerlei nicht nachprüfbarer Klatsch und Tratsch, der von der Loden- und Trachtenschickeria aber begierig aufgenommen und aufgeregt beschwatzt wurde. Der Mercedes-Resident verwahrte sich zwar gegen die Angriffe aus dem Dunkel, aber entkräften wollte er den Vorwurf nicht, daß er Strauß im Bundestagswahlkampf 1980 für sechs Monate Dutzende Mercedes-Lastwagen und zahlreiche Limousinen zur Verfügung gestellt habe. Bei einem gemeinsamen Urlaub der Familien Strauß und Dersch in Südfrankreich sei es zu einem konspirativen Treffen mit einem französischen Geheimdienstler gekommen, das zu einem lukrativen Geschäft für Daimler-Benz geführt habe. Die französische Armee habe den Stuttgartern 800 Geländewagen abgekauft, der Geheimdienstler sei mit einem hohen Nachlaß auf ein Mercedes-Sportcoupé belohnt worden. Costa Rica habe mit Vermittlung des FDP-Vorsitzenden Hans-Dietrich Genscher, Ehrenbürger des mittelamerikanischen Landes, 200 Daimler-Benz-Busse gekauft, Derschs politische Beziehungen hätten ferner zu lukrativen Geschäften mit der norwegischen und der US-Armee geführt. Dafür gebe es reichlich Geld für die CSU, heißt es in den Dossiers.

Als »künftigen Mann der CSU in Bonn« lernte Dersch den Strauß-Büroleiter Holger Pfahls kennen. In kleinem Kreis wurde über industrielle Projekte zwischen Daimler-Benz und dem Motoren- und Lastwagenhersteller MAN in München gesprochen und die Fusion des MBB-Konzerns mit den Stuttgartern vorbereitet.

Dersch war so gut mit Strauß befreundet, daß die beiden auch gelegentliche Kräche nicht auseinanderbringen konnten. Allerdings war der impulsive Mercedes-Resident nach einem Donnerwetter von Strauß 1983 so sauer, daß eine Bekannte notierte: »Ich sagte ihm, er soll das nicht zu weit treiben. Läßt er ihn fallen, steht es böse um uns. Karli überheblich: Er wird dann auch mal auspacken. Alles, was da links gegen ihn in Szene gesetzt worden sei, wäre gegen sein Wissen nur blauer Dunst.«

Stiller Teilhaber

Ebenso einträglich, aber noch verschwörerischer war die Freundschaft von Strauß zu Walter Schöll, der es vom Anzeigenwerber zum Inhaber der florierenden Münchner Werbeagentur Contas und zum Konsul von Papua-Neuguinea gebracht hatte. Schöll ging mit Strauß durch dick und dünn. Er war schon Anfang der siebziger Jahre bei den legendären New-York-Reisen des CSU-Vorsitzenden dabei und konnte seinem Spezi mit hilfreichen Aussagen beistehen, nachdem es Ärger gegeben hatte. 1970 wollten deutsche Touristen dort in einem Wienerwald-Lokal gehört haben, wie Strauß tönte: »Wer mich daran hindern würde, an die Macht zu kommen, den würde ich umbringen.« Als das Zitat in Deutschland Wirbel machte, bezeugten Schöll und der ebenfalls zur Strauß-Entourage zählende Wienerwald-Chef Friedrich Jahn, der CSU-Vorsitzende habe gesagt: »Den möchte ich kennen, der mich entführt, den bring ich um.«

Als 1971 ruchbar wurde, daß eine Puertoricanerin am Rand des Central Park Strauß weit nach Mitternacht Geldbörse, Paß und Führerschein gemopst und dabei nach Aussage des Bestohlenen »schnell wie eine Wildkatze« zugegriffen hatte, war es wieder Schöll, der dem Düpierten aus der Patsche half. Dem Verdacht, Strauß habe es auf die Liebesdienste der Puertoricanerin abgesehen gehabt, widersprach der Begleiter entschieden. Nur zum Zweck, »frische Luft zu schnappen«, habe sich Strauß um diese Zeit im Freien aufgehalten, sagte Schöll.

1984 durfte er als Herausgeber des Prachtbands »Franz Josef Strauß – der Mensch und der Staatsmann. Ein Porträt« fungieren. Im Vorwort schrieb Schöll, es sei das Schicksal von Strauß, »daß das Bild, das sich die Öffentlichkeit von ihm macht, mit der Wirklichkeit seiner Person bestenfalls ungefähr übereinstimmt«. Das war nicht falsch, denn der bayerische Ministerpräsident war, damals noch unerkannt, Teilhaber in Schölls Werbeagentur, die viel Geld mit öffentlichen Aufträgen machte. Den Fünfzehn-Prozent-Anteil an der Contas hielt Strauß – verborgen hinter der Berliner »Treuhand Grundstücks- und Verwaltungsgesellschaft m.b.H.« – von 1978, dem Jahr seiner Wahl zum bayerischen Ministerpräsidenten, bis zu seinem Tod 1988. Auf seinen Anteil entfiel jährlich ein Gewinn von 30 000 bis 80 000 Mark.

Die Contas-Beteiligung – laut Schöll ein Wunsch von Strauß, »dem man als Freund wirklich nichts ausgeschlagen hat« – führte in Bayern zu einer staatspolitisch einzigartigen Lage. Zum Beispiel verwaltete Schöll in der Contas den lukrativen Werbeetat des Freistaats Bayern, den das Wirtschaftsministerium für PR-Aktionen wie »Aufwärts in Bayern« oder »Unternehmen brauchen Freiräume – Bayern hat sie« zu vergeben hatte. Zu diesem Zweck schloß Schöll für die Contas, deren Miteigentümer Strauß hieß, zahlreiche Verträge mit dem Freistaat, dessen oberster Repräsentant Ministerpräsident Franz Josef Strauß war. In seinen Regierungserklärungen machte Strauß pflichtgemäß Werbung für den Industriestandort Bayern, was mit seinem Amtsgehalt von 300 000 Mark jährlich abgegolten war. Über die Contas war er zugleich am Gewinn aus Werbeinseraten seiner Regierung für Betriebsansiedlungen mit fünfzehn Prozent beteiligt.

Der Auftragswert der Verträge mit dem Wirtschaftsministerium, betrug zwischen 1978 und 1988 drei Millionen Mark. Fünfzehn Prozent davon waren Agenturprovision, so daß Strauß allein aus diesem In-sich-Geschäft einige zehntausend Mark zuflossen. Bei der Contas drängelten sich aber noch andere solvente Kunden aus dem öffentlich-rechtlichen Bereich. Die Bayerische Rundfunkwerbung gehörte dazu, in der Strauß-Freund und Rundfunkratschef Wilhelm Fritz großen Einfluß hatte; Fritz, im Hauptberuf Versicherungsdirektor der Agrippina, gab auch Aufträge seiner Assekuranz an das Joint-venture zwischen Schöll und Strauß. Die Bundesanstalt für Arbeit in Nürnberg gab ebenso Millionen für Contas-Werbung aus wie die von Bundeslandwirtschaftsminister Ignaz Kiechle (CSU) beaufsichtigte Centrale Marketinggesellschaft der deutschen Agrarindustrie (CMA). Die Landesvereinigung der bayerischen Milchwirtschaft war ebenfalls durch Kiechle unter die Contas-Fittiche gekommen. Die staatliche Lotterieverwaltung und die halbstaatliche Bayerische Landesbank, die Molkerei-Zentrale Süd, natürlich der Brathendl-Konzern Wienerwald und der Fleischhändler März, dem Strauß gleichzeitig beim lukrativen Handel mit der DDR zur Seite stand – alles Kunden bei der Contas.

Der Ministerpräsident sicherte seinen Anteil in der Werbebranche auch aktiv ab. Auf Bitten Schölls schrieb er 1985 an den damaligen Bundesinnenminister Friedrich Zimmermann (CSU) sowie den Kanzleramtschef Wolfgang Schäuble und führte Klage darüber, die Bundesregierung vergebe »im Rahmen ihrer Öffentlichkeitsarbeit häufig Aufträge nicht an deutsche PR-Agenturen, sondern an Firmen, die ganz oder überwiegend in ausländischer Hand sind«.

Nach dem Tod von Strauß 1988 zahlte Schöll den Erben Monika Hohlmeier, Max Strauß und Franz Georg Strauß 275 000 Mark Abfindung für den Anteil des Vaters aus. Zwischen 1983 und 1988 hatte die Contas 2,55 Millionen Mark Gewinn gemacht, auf Strauß waren knapp 400 000 Mark entfallen. Schöll muß eine Ahnung gehabt haben, daß mit dem Tod von Strauß die beste Zeit der Contas vorbei war, denn er machte sich sofort daran, das Unternehmen, bis dahin eine Goldgrube, abzustoßen. Peter Gauweiler, Freund der

Strauß-Kinder, hat gemeint, der Vater habe mit seinem Contas-Anteil für die Zukunft seines Sohnes Franz Georg vorsorgen wollen, der sich in der Werbebranche betätigen sollte, aber der FJS-Sproß und Schöll werden gewußt haben, warum sie die Contas-Geschäfte auslaufen ließen, nachdem Strauß gestorben war.

Schöll gab noch nach dem Tod des CSU-Vorsitzenden ein leuchtendes Beispiel für seine immerwährende Treue zum Freund. In einem Untersuchungsausschuß des bayerischen Landtags zu den Affären um Eduard Zwick fragte ihn 1995 die gefürchtete SPD-Aufklärerin Carmen König, ob er bei der Contas einen Mitgesellschafter gehabt habe. Tapfer leugnete Schöll und gab sich als »Alleinbesitzer« aus. Er wollte nicht gegen die von ihm mit der »Omertà«, dem Schweigegebot der Mafia, gleichgesetzte Verschwiegenheitspflicht in Strauß-Angelegenheiten verstoßen, wie es nach seinen Worten der frühere Strauß-Intimus Stoiber getan hatte. Einige Monate nach der Aussage im Landtag kam die Wahrheit über den Contas-Teilhaber Strauß ans Licht, Schöll bekam ein Strafverfahren wegen Falschaussage und nahm die Geldstrafe von 12 000 Mark schweigend hin. Einsilbig antwortete er auch als Zeuge im Zwick-Prozeß von 1999; an nichts mehr könne er sich erinnern, er sei alt und vergeßlich, sagte er.

Schlechte Nachrichten aus Kanada

Nicht alle Strauß-Geschäfte liefen so reibungslos wie das mit seinem Freund Schöll und der Contas. Aus Kanada, wo Karlheinz Schreiber die Firma A.B.S. gegründet und mit 3 Millionen Strauß-Mark und 17 Millionen von weiteren prominenten Investoren Ödland rund um Edmonton angezahlt hatte, kamen 1982 beunruhigende Nachrichten. Schreiber und Strauß-Sohn Max, der auf die Familiengroschen aufpassen sollte, hatten das angeblich todsichere Ding, auf das zehn Prozent Rendite gezahlt werden sollten, vermasselt. Schreiber hatte sich mit der Industriellen-Gattin Barbara Flick so überworfen, daß diese ihre noch fehlende Einlage von rund 20 Millionen Mark nicht herausrückte. Jetzt wurde dringend weiteres Geld zur vollen Bezahlung und zur Erschließung der Flächen mit den Flurbezeichnungen Pahal, Redschlag, Witton, Pelalta, Brust und Saxton gebraucht, denn nach kanadischem Recht gehen nicht fristgerecht bezahlte Grundstücke an die Eigentümer zurück, die bereits geleisteten Einzahlungen verfallen. Doch die privaten Investoren wollten nichts nachschießen, auch nicht die Familie Strauß.

Die halbstaatliche Bayerische Landesbank, die über ihre Tochter H. Aufhäuser schon mit acht ungesicherten Millionen in der Sache drinhing und deren Präsident Ludwig Huber sich aus Spaß auch privat mit einem Minibetrag engagiert hatte, sollte es wieder einmal richten. Sie sollte dem schlecht angelegten Geld nach dem Willen ihres Großkunden Schreiber noch einmal ein paar Millionen hinterherwerfen. Doch bei der Aufhäuser-Bank gab es einen neuen Verantwortlichen für das Amerika-Geschäft, der zum Aussteigen riet.

Huber selbst sah sich nicht in der Lage, dem kanadischen Freundeskreis zu helfen: Er hatte in seiner Bank schon Probleme genug. In anonymen, aber kenntnisreichen Dossiers wurden seine bizarre Amtsführung und katastrophale Engagements bei Geldvernichtungsfirmen wie der Deutschen Anlagen-Leasing (DAL) und der Öl- und Gasbohrfirma Mega Petrol publik gemacht. Da konnte er weitere Risiken in dem delikaten Kanada-Geschäft mit allerhöchster Beteiligung, das schon seine Fachabteilungen negativ beurteilten, nicht eingehen, mochte sein Freund Schreiber auch noch so betteln.

So ging die tolle Kanada-Investition den Bach runter, die Grundstücke waren nicht fristgerecht bezahlt und wurden wieder den Besitzern übereignet. 20 Millionen waren futsch, ein Sechstel davon hatte der Familie Strauß gehört.

Wer das innige Verhältnis der Sippe zum Geld kennt, kann erahnen, was das für sie bedeutet hat. Schreiber als Initiator des Unternehmens und damit auch der Pleite war in Verschiß und mußte schauen, wo er die versaubeutelten Strauß-Millionen wieder herbekam. Auch Max hatte es schwer um diese Zeit. Gott vergibt, Franz Josef nicht, bis er sein Geld zurückhat. Friedrich Jahn vom Wienerwald konnte ein Lied davon singen. Bei einem über die liechtensteinische Intercommerce Leasing abgewickelten Geschäft soll Strauß 1982 mit anderen Anlegern in den Jahn-Konkurs geraten und mit zwei Millionen Mark hängengeblieben sein. Erst als sich Jahn 1987 als Partner der neuen Wienerwald-Besitzerin Renate Thyssen kurzfristig berappelt und den Verlust ausgeglichen habe, sei er bei Strauß wieder wohlgelitten gewesen, hieß es damals in Bankkreisen.

Andere Kanada-Anleger traf der Verlust 1983 härter als den steinreichen Strauß-Clan. Der Sänger Hermann Prey zum Beispiel wollte mit den erhofften Gewinnen aus der für ihn gegründeten Firma BHP Kanada (Bärbel und Hermann Prey) seine Altersversorgung absichern. Schmackhaft hatte ihm das angeblich der Rechtsberater von Strauß und CSU-Vorständler Franz Dannecker gemacht. Prey hatte sich sogar Geld geliehen, um bei dem Geschäft dabeisein zu können, dessen Erfolg durch die Teilnahme einer Landesbank-Tochter und der Familie Strauß garantiert schien. Nun waren Preys Millionen im Sand der Provinz Alberta versickert, und er mußte weitaus länger für Geld singen, als er sich das vorgestellt hatte.

Um so aufgebrachter war der Künstler, als ihm 1984 hinterbracht wurde, Max Strauß habe im Münchner Restaurant »Walterspiel« in Anwesenheit von Gabriele und Renate Thyssen geprahlt, die Familie habe ihr in Kanada investiertes Geld wieder zurückbekommen, und zwar »über Liechtenstein«. Prey stellte Schreiber zur Rede, denn er selbst hatte keinen Pfennig seiner Einlage und auch nie Zinsen darauf gesehen. Eine »Falschinformation«, ein »Gag vom Max« sei das gewesen, wiegelte Schreiber ab. Man wisse ja, daß der mitunter zu solchen Sprüchen neige. Auch Max Strauß wollte nichts mehr von einer Rückzahlung wissen: »Das war ein rein privater Blödsinn«, sagte er und bemühte eine komplizierte Geschichte zur Erklärung. Er habe gezielt ein Gerücht streuen wollen, um feststellen zu können, wer die Details der Unterhaltung erfahren und womöglich weitererzählen würde. Tatsächlich habe der damals in der Restaurant-Runde gar nicht anwesende Bankpräsident Ludwig Huber Vater Strauß mit der von Max verbreiteten »Sensation« konfrontiert. Der Alte sei aber, ebenso wie Schreiber, in die »Chose« eingeweiht gewesen und habe mit Interesse registriert, wie Huber als Schwadroneur entlarvt worden sei. Den Bankpräsidenten hatten sie ohnehin längst im Verdacht, mit Gabrieles Mutter Renate Thyssen liiert zu sein. Die Mesalliance zwischen dem sittenstrengen Schwarzen und der attraktiven, mehrmals geschiedenen Thyssen, die sich in gewagten Kleidern mit Huber bereits öffentlich sehen ließ, hatte in der CSU schon die Runde gemacht. Hermann Prey war jedoch nur mit Mühe wieder zu beruhigen, seine Steuerberater und Anwälte versuchten zu retten, was nicht zu retten war.

Im Frühjahr 1986, Marianne Strauß war inzwischen bei einem Autounfall ums Leben gekommen, erreichte die streng vertrauliche A.B.S.-Investorenliste der Bayerischen Landesbank auf verschlungenen Wegen die *Süddeutsche Zeitung*. Karlheinz Schreiber war platt, als die Recherchen bei ihm begannen, und wollte erst einmal gar nichts sagen. Die *SZ*-Informanten legten aber nach, außerdem bestätigten in dem Papier genannte Investoren das mißratene Geschäft, so daß der undurchsichtige Schreiber mit immer mehr Details konfrontiert werden konnte und schließlich einem Gespräch zustimmte. Er hegte sofort den Verdacht, daß die brisante, den Strauß-Clan diskreditierende Information aus der Landesbank stammte, und bat darum, daß ihm die A.B.S.-Investorenliste als Vertrauensbeweis und Gesprächsgrundlage für das Interview überlassen würde.

Einerseits ging das nicht, weil aus dem Papier womöglich Rückschlüsse auf die Herkunft der Information möglich waren; andererseits konnte ohne Gespräch mit Schreiber und ohne seine Bestätigung der spektakulären Pleite in Kanada die Geschichte kaum geschrieben werden. Also wurde die A.B.S.-Liste in der Redaktion abgetippt und im Text ein wenig verändert, im Kopierer mit Vergrößerungen und anschließenden Verkleinerungen weiter verfremdet und schließlich Schreiber ausgehändigt. Es war nicht mehr als die Abschrift einer Information, die auch mündlichen Ursprung haben konnte. Schreiber konfrontierte mit dem Schriftstück sofort die Landesbank, deren Sachbearbeiter aber wahrheitsgemäß erwiderten, ein solches Papier noch nie gesehen zu haben.

Während der Gespräche war Schreiber jovial und kooperativ, manchmal sogar plump vertraulich. Er erkundigte sich nach den Familienverhältnissen des Reporters und bat, dessen ihm unbekannter Ehefrau verbindliche Grüße auszurichten. Er vereinbarte ein konspiratives Treffen an der Autobahn, angeblich um Unterlagen und eine kanadische Münze als »Talisman« zu übergeben. Es war ratsam, auf solche Angebote nicht einzugehen; wer weiß, was der Typ vorhat und wer das Treffen beobachtet oder aufzeichnet.

Bei den Terminen in Schreibers Villa in Kaufering ging es dagegen locker zu. Schreiber erlaubte sogar, daß ein Tonband mitlief. Nach Anrufen, die er während der Gespräche entgegennahm, sagte er manchmal: »Das war der Max.« Er gab zu und erläuterte bereitwillig, was nicht mehr zu leugnen war, rückte aber nur spärlich mit weiteren Details heraus und war vor allem bestrebt, Franz Josef Strauß aus der Geschichte herauszuhalten. Der habe mit der Sache nichts zu tun.

Auf das Alberta-Geschäft sei er gestoßen, als seine Firma dort mit Fahrbahnmarkierungen beschäftigt war. Über seinen Freund Giorgio Pelossi, der auch für die Familie Flick tätig gewesen sei, habe er Kontakt zu Barbara Flick bekommen, die mit ihm und seinem kanadischen Partner Bill Dickie die A.B.S. gegründet habe. Auf Barbara Flick, die er mit einer 100-Millionen-Dollar-Klage überziehen ließ, und auf die Bayerische Landesbank war er schlecht zu sprechen: »Die hätte doch nichts zu schenken brauchen, sondern sichern und eine Chance geben sollen.«

Zwanzig Jahre sei er jetzt Kunde der Landesbank, deren Verhalten nicht nur ihm gegenüber »ausgesprochen unfreundlich« sei, sondern auch »gegenüber dem bayerischen Ministerpräsidenten und den Erben seiner Familie und all diesen Leuten. Der Tag der Abrechnung ist nur noch nicht da. Lassen Sie mich mal meinen Prozeß gewonnen haben, dann wollen wir sehen, wie Herr Strauß reagiert. Ich habe darüber eine bestimmte Vorstellung. Jetzt aber haben Max und ich und ein paar Freunde alle Hände voll zu tun, das Ding zu gewinnen.«

Einige der Investoren hätten jetzt Probleme, weil die Steuerprüfer unangenehme Fragen stellten. Was passiert ist, sei bedauerlich, sagte Schreiber: »Es tut mir auch leid, zur Zeit ist das Ganze überhaupt nichts wert, alle haben andere Erwartungen gehabt. Niemand hat vorausahnen können, daß Kanada diese Entwicklung nimmt und in die

Rezession gerät, aber die Leute wie Prey sind doch auf mich zuge-
kommen. Ich bin doch kein professioneller Real-estate-man. Die kannten sich doch alle, ich bin doch nicht hinter denen hergerannt.«

Besonders ärgerte sich Schreiber über die Redereien, die 1984 ein-
setzten und von einem angeblichen Rücktransfer der verlorenen
Millionen an die Familie Strauß handelten. »Das ist Unfug, keinen
Pfennig haben sie bis heute zurückbekommen. Lügerei ist das Schänd-
lichste, was die Leute tun können, sie wären gut beraten, das Maul zu
halten. Ich erkenne in der Angelegenheit eine böse Sache. Da soll eine
Schweinerei konstruiert werden. Passen Sie bloß auf, letztlich ist es
doch die *Süddeutsche*, die mißbraucht wird und blöd dasteht.« Auf die
Frage, ob er denn jetzt pleite sei, sagte Schreiber: »Ach was, nicht die
Spur.«

Auch Max Strauß war durchaus gesprächig und ließ seinem Zorn
über Barbara Flick und die Landesbank freien Lauf. Die Konzern-
erbin sei ihren Verpflichtungen nicht nachgekommen, Schreiber habe
nur den einen Fehler begangen, »daß er mit der ganzen Flick-Bande
zu vornehm umgegangen« sei und Frau Flick nicht gleich am Anfang
»verklagt habe, ohne Gnade und Erbarmen«. Jetzt sei das Verhältnis
der Familie Strauß zur Familie Flick »gründlich im Eimer, weil man
sich in dem Haus auf das Wort nicht verlassen kann«. Bei der Landesbank sei das aussichtsreiche Geschäft »von ein paar Bürokraten
niedergemacht worden«. Das sei geradezu hinrissig gewesen: »Ich
mach doch nicht eines, bin mit 8 Millionen drin und investiere nicht
mehr weitere 500 000. Es geht ja nicht um Beträge von 100 Millionen. Das hat die Landesbank versaut.« Gerade weil es die Staatsbank
gewesen sei, habe sein Vater, der ja quasi als Ministerpräsident Vertreter der Bankeigentümer sei, dagegen nichts machen können. »Es
gibt kein einziges Gespräch, weder mein Vater noch ich haben auf die
Autoritäten Einfluß genommen.« Über die Herkunft des von seiner
Familie investierten Geldes brauche man sich keine Gedanken zu
machen: »Das ist weißes Geld, blütenweiß, das kann man bis zum
Jahr des Herrn 1956 nachverfolgen. Und wenn ich meine Millionen
raushabe, dann können mich Frau Flick und die anderen kreuzweise,
ich habe doch zum Herrn Prey kein Vertrauensverhältnis. Franz Dan-

necker hat die Sache empfohlen und gesagt: ›Ich versteh was davon‹, und dann ham wir die Geschichte gemacht. Dannecker war im A.B.S.-Vorstand, schaun S' in Alberta nach, er hat Probleme mit dem Alkohol gehabt, das hat mein Verhältnis zu ihm auch nachhaltig getrübt. ›Was ist denn deine Beratung wert?‹ hab ich ihn gefragt.«

Dann gebe es noch »so einen Verrückten«, sagte der Strauß-Sohn, das sei »der Hurler«. Gemeint war Jost Hurler, Besitzer von Groß-märkten und guter FJS-Freund, der trotz immenser Umsätze keine ordentliche Buchhaltung hatte und dem Finanzamt riesige Summen schuldig blieb. Er hatte sich, wie viele Strauß-Freunde, mit dem Fiskus preiswert einigen können. Hurler habe ebenfalls »in Kanada einen Haufen hineininvestiert und redet jetzt von Betrug«. Dabei sei er mit Anwälten und Maklern selbst in Edmonton gewesen, habe alles besichtigt und die Verträge unterzeichnet »in Kenntnis aller Umstän-de«. Auch Konsul Hanns Maier, Münchner Bauunternehmer, Besit-zer der Firma EWO-Bau und CSU-Amigo-Urgestein, habe über die Firma E.S.T. (EWO-Schreiber-Trust) in Kanada »erworben und par-zelliert« und habe Hurler hereingenommen: »Aber der führt die Pla-nung nicht durch, das Gelände ist schon erschlossen, der Kanal ist da, und beim Hurler geht's drunter und drüber«, zeterte Max Strauß über den Freund des Vaters.

Die Recherche bei Hurler ergab, daß auch dessen offensichtlich gefährdetes, außerhalb der A.B.S. abgewickeltes Kanada-Geschäft ein Joint-venture mit Schreiber und Strauß war. Max Strauß war ja zusammen mit seinem väterlichen Freund und Partner an der Maple Leaf Enterprises Industries Limited (M.L.E.) beteiligt, die wiederum 48 Prozent an der E.S.T. hielt, über die Hurler und Maier zusammen investierten. Ein Mitglied der Geschäftsleitung der Jost Hurler GmbH & Co. Vertriebs- und Verwaltungs-KG schrieb am 9. Juli 1986 an Max Strauß:

Von maßgebender Seite aus der Medienbranche ist uns zu Ohren gekommen, daß Sie sich vor einiger Zeit in sehr negativer Weise über die Familie Hurler im Hinblick auf ihr Kanada-Engagement ausgelassen haben. So soll u. a. die Familie Hurler – d. h. richtigerweise die Firma Hurler – in Kanada ihren ver-traglichen Zahlungsverpflichtungen nicht nachgekommen sein.

Im Auftrag und in Wahrnehmung der Interessen der Familie Hurler bezüglich des Kanada-Engagements der Firma Hurler müssen wir uns gegen derartige geschäftsschädigende und persönlich beleidigende Unterstellungen verwahren. Im Wiederholungsfalle behalten wir uns alle rechtlichen Schritte gegen Sie vor.

Ihrer Äußerung kommt nämlich besondere Bedeutung zu, nachdem Sie – wie wir wissen – mit 20 % an der Firma M.L.E. Industries Ltd., Suite 990, 101234 – 99th Street, Edmonton, Alberta, beteiligt sind, die wiederum zu 48 % an der E.S.T. beteiligt ist. Wie Ihnen sicher bekannt ist, hält die Firma Hurler über ihre Tochtergesellschaft J.J.H. 52 % an dieser E.S.T. und wickelte hierüber kanadische Grundstücksgeschäfte ab, die zwar seitens der Firma Hurler voll bezahlt wurden, von seiten der M.L.E. jedoch in wichtigen Punkten der Aufklärung bedürfen.

Eine Kopie ging »an Herrn Ministerpräsidenten Dr. h. c. Franz Josef Strauß«. So durfte man dem Ministerpräsidentensohn nicht kommen. Er schrieb am 19. Juli 1986 dem Hurler-Manager zurück: »Hiermit bestätige ich den Eingang Ihres obengenannten Schreibens, dessen Zweck wohl eher die Kopie denn das Original war ... Mir ist nicht bekannt, welche Personen Sie als Familie Hurler bezeichnen und ob Sie für diese vertretungsberechtigt sind. Ich darf Sie daher auffordern, Ihre Angaben näher zu präzisieren und die entsprechenden Vollmachten vorzulegen. Da ich ebenfalls nicht weiß, ob Herr Senator Jost Hurler von Ihren schriftstellerischen Tätigkeiten Kenntnis hat, leite ich ihm mit gleicher Post Kopien dieses Schreibens und Ihres obengenannten Briefes zu. Nach Eingang Ihrer Vollmachten bin ich gerne zu jeder Auskunft bereit.« Der Freund der Familie, Jost Hurler, erhielt eine Kopie, damit waren dessen leitende Angestellten ruhiggestellt.

Probleme bekam Max Strauß dagegen mit Barbara Flick. Wegen der Bezeichnung ihres Clans als »Flick-Bande« mußte er eine Unterlassungserklärung abgeben. Selbst Rechtsanwalt und CSU-Kronjurist Franz Dannecker, sonst kein Held gegenüber dem Herrn und Meister FJS und dem Prinzregenten Max, muckte auf. Er wollte es nicht gewesen sein, der die Strauß-Family, Prey und die anderen ins Desaster gelockt hat: »Die Strauß-Beratung hat doch seinerzeit der Kollege Kreile gemacht« – jener Fachanwalt für Steuerrecht, Medienexperte, Freund der Musiker, CSU-Bundestagsabgeordnete und damals auch Aufsichtsratsvorsitzender bei Flick, der Strauß schon in den siebziger Jahren bei Gelddingen zur Seite gestanden hatte. Kreile hatte mit zählbarem Erfolg für Strauß die Erbschaftsangelegenheiten nach dem Tod der Ehefrau Marianne zu regeln und hatte sich zu diesem Zweck in der Landesbank nach der Werthaltigkeit der A.B.S. erkundigt – mit niederschmetterndem Ergebnis. Mehr als die Bestätigung der Verluste, um sie gegenüber den bayerischen Finanzbehörden für Strauß geltend zu machen, war nicht drin.

Dannecker erinnerte sich nur ungern daran, daß er vom 26. November 1982 bis zum 8. Februar 1985 Direktor im A.B.S.-Vorstand war. »Eines Morgens in Kanada war ich plötzlich Direktor, das hat Schreiber gemacht. Die Visitenkarten waren schon gedruckt. Ich hab mir gedacht, ich nehm's lustig, mache aber keine Galionsfigur und hab's dann wieder niedergelegt.« Schreiber hatte er bei Jost Hurler kennengelernt und als Verkaufskanone erlebt: »Ein guter Verkäufer, der verkauft alles.« Er selbst habe sich nur mit dem niedrigsten Betrag, 500 Mark, beteiligt. »Ich gelte nicht als vermögend«, meinte der Strauß-Vertraute und sagte dann einen Satz, den er schon einmal gebraucht hatte – als er dem Grundig-Vorstand Hans-Heinrich Firnges am 30. Januar 1980 von Strauß ausgerichtet hatte, wohin der seine Wahlkampfspenden überwiesen bekommen wollte: »Lieber die Hälfte und gut schlafen können.«

Gut schlafen konnte von Stund an Ludwig Huber nicht mehr. Franz Josef Strauß, Karlheinz Schreiber und Finanzminister Max Streibl, sein politischer Aufseher in der Bank, sorgten dafür, daß er nicht mehr zur Ruhe kam. In einem Landtagsuntersuchungsausschuß wegen der Mega-Petrol-Pleite, in die die Landesbank verwickelt war, ließ die CSU ihre einstige graue Eminenz Huber hängen. Bei den Recherchegesprächen der *SZ*, die überwiegend in der luxuriösen Wohnung seiner Geliebten Renate Thyssen im feudalen Münchner Herzogpark stattfanden, wirkte der sonst so selbstbewußte Ex-Politiker gehetzt und nervös. Wie Schreiber versuchte es auch Renate Thyssen erst mit Vertraulichkeiten: »Doktor Huber braucht jetzt einen Freund. Er will seine Erinnerungen schreiben und sucht einen Autor. Sie wären der Richtige. Reichen 10 000 Mark Vorschuß?«

Aus dem Plan konnte natürlich nichts werden, der mißtrauische Huber redete trotzdem. Die Verlängerung seines mit knapp einer Million Mark dotierten Bankvertrags stand an, aber Max Streibl hatte ihm von Strauß ausgerichtet: »Du wirst nicht wiedergewählt.« In einem Telefonat mit Dannecker führte Huber bittere Klage. In den nächsten Tagen sei eine Pressekonferenz angesetzt, auf der er die Schwerpunkte seiner nächsten Amtszeit vortragen wolle. »Warum werde ich dann morgen nicht gewählt? Strauß sagt: ›Mit dem red ich überhaupt nicht.‹ Kommt nicht in Frage, daß ich alles auf meinen Buckel nehme, ich bin verbittert bis zum letzten, das ist ja unglaublich. Wer regiert eigentlich noch?« Max Strauß schwadroniere »von dicken, fetten Provisionen und Scheinausschreibungen«.

Dannecker konnte man am anderen Ende der Leitung hören: »Du weißt, daß unser Meister bei der Handhabung nicht zimperlich ist, du kennst seine Einstellung zu Untersuchungsausschüssen.« Huber: »Du hast mich noch selten so erbost gesehen, sich in dem Alter noch so runterreißen zu lassen, das ist die Grenze, die ich mir noch bieten lasse.«

Huber wurde Ende 1986 unter für ihn demütigenden Umständen doch noch für eine weitere Landesbank-Amtszeit wiedergewählt. Er mußte Finanzminister Streibl eine Erklärung unterschreiben: »Dr. Huber verpflichtet sich, seine volle Arbeitskraft der Führung des Instituts zu sichern; dies gilt insbesondere im Hinblick auf die Ausübung von Aufsichtsrats- und Beiratsmandaten, deren Wahrnehmung auf das im Interesse der Bank unabdingbare Maß zu beschränken ist.« Die immer noch heiße Affäre mit Renate Thyssen war Gegenstand einer weiteren Selbstverpflichtung: Huber mußte einräumen, »daß er als Präsident der Bank sowohl bankintern als auch in der Öffentlichkeit besonderer Aufmerksamkeit unterliegt und sich hieran Erwartungen dienstlicher und außerdienstlicher Art knüpfen, die in dem seiner Stellung nach gebotenen Maße und zumutbaren Umfang zu beachten sind«.

Die CSU nahm aber weiter Anstoß an Hubers Lebenswandel und drehte ihm schließlich einen Strick daraus, daß er nach Auffassung der Partei und des Finanzministeriums unangemessen zugunsten seiner Geliebten eingegriffen und sich als Bankpräsident persönlich engagiert habe, als diese 1986 die praktisch wertlosen Aktien und die Genußscheine des 1982 zusammengebrochenen Wienerwald-Konzerns erwarb. Die tüchtige Geschäftsfrau brachte den maroden Betrieb zumindest in Österreich wieder hoch. Der völlig abgebrannte Firmengründer und Strauß-Spezi Friedrich Jahn war ihr zunächst behilflich, fühlte sich aber später von Thyssen und Huber ausgebootet und begann, bei seinem alten Kumpel Franz Josef heftig gegen das Paar zu intrigieren. Huber setzte sich mit offenen Drohungen an die Adresse von Strauß zur Wehr. In einer schriftlichen Erklärung, die der *Süddeutschen Zeitung* am 17. Dezember 1987 übergeben wurde, stellte er fest: »Man wirft mir vor, ich hätte praktisch unerlaubt eine Beteiligung an einer Gesellschaft in Österreich. Da muß ich fragen: Warum soll ich unter Ausnahmerecht stehen? Andere waren beteiligt oder sind noch beteiligt an Gesellschaften z. B. in Luxemburg, in der Schweiz, in Liechtenstein. Ich habe auch keine Provisionen kassiert!«

Damit war Hubers Maß voll. Er hatte den Patriarchen der CSU öffentlich herausgefordert. Strauß, der alte Zauderer, erkannte zwar das große Risiko, das in einer Entlassung Hubers lag, und zögerte bis zuletzt, Finanzminister Streibl die Zustimmung zu geben, im Verwaltungsrat der Landesbank die Abwahl von Huber vorzubereiten. Max Streibl, der nie zu den Strauß-Freunden gezählt und sein eigenes kleines Selbstbegünstigungssystem aufgebaut hatte, war es aber sichtlich egal, ob Huber den Ministerpräsidenten und Parteivorsitzenden mit in den Abgrund riß; seine Frau Irmingard und seine Berater hatten ihm längst eingeredet, daß er einen besseren Ministerpräsidenten abgeben würde als Strauß. Bei einer Weihnachtsfeier der CSU gerieten Streibl und Strauß sich wegen der Huber-Affäre so in die Haare, daß der Finanzminister am Ende wütend zum Regierungschef sagte: »Du bist das größte Arschloch, das ich kenne«, und die Veranstaltung verließ.

Streibl nahm schließlich die Sache selbst in die Hand. Während Strauß mit einer CSU-Delegation Südafrika bereiste, stellte er im Aufsichtsgremium der Landesbank die Weichen für eine Trennung von

Huber. Er ließ das Protokoll mit den Selbstverpflichtungen Hubers von 1986 und den Hinweis streuen, daß der Bankpräsident mit seinen Thyssen- und Wienerwald-Eskapaden gegen die Abmachungen verstoßen habe und deshalb nicht weiter tragbar sei.

Am 29. Januar 1988 sollte es soweit sein, der Verwaltungsrat der Landesbank trat zusammen. Huber erkannte, daß er keine Chance mehr hatte, erklärte kurz vor der Abwahl seinen Rücktritt und sicherte sich für die Auflösung seines noch bis 1991 laufenden Vertrags eine Abfindung in Millionenhöhe. Als Strauß am 31. Januar aus Südafrika zurückkehrte, war alles vorbei. Würde Huber nun seine dunklen Andeutungen über Provisionen und Beteiligungen konkretisieren und als erster CSU-Spitzenpolitiker das Geheimnis um den Reichtum von Strauß lüften? Keiner wußte und weiß mehr darüber in Bayern als Huber, der als parteiinterner Rivale Strauß seit den fünfziger Jahren beargwöhnt hatte, der als CSU-Fraktionschef im Landtag alle Interna, als Finanzminister alle wichtigen Steuerakten, als Bankpräsident alle relevanten Geldbewegungen, Kreditengagements und Leistungen seines Instituts für die CSU kannte und auch den Milliardenkredit für die DDR abzuwickeln hatte. Was er dann noch nicht wußte, erfuhr Huber durch seine exzellenten Beziehungen zum Bundesnachrichtendienst, die in der Affäre um den BND-Spitzenagenten Hans Langemann, den er für Bayern als Staatsschutzchef engagiert hatte, offen zu Tage getreten waren.

Wohl nie war der Zeitpunkt günstiger, daß die Nebelschleier in Bayern zerrissen würden, vor aller Augen das einzigartige »System Strauß« sichtbar würde und die Legende vom selbstlosen Wirken des FJS für Land und Leute endlich auch aus der CSU heraus widerlegt würde. Doch Ludwig Huber, der die Wege des Geldes in Bayern am besten kannte, zog sich schweigend zu seiner Ehefrau Waltraud an den Tegernsee zurück, nachdem die Liebe zwischen ihm und Renate Thyssen erkaltet war. Zwar deutete er beim Abgang noch an: »Ich habe sechzehn Kisten mit Material bei Freunden in der Toskana deponiert.« Reden wollte er aber über deren Inhalt nicht mehr. Offenbar hatte die Abfindung ihre Wirkung getan und die »Omertà« ein weiteres Mal gesiegt.

Die in Kanada bei der A.B.S. investierten Millionen waren versickert, es war »Geld ohne Wiederkehr«, auch wenn Schreiber jahrelang tönte, er werde den Prozeß gegen Barbara Flick gewinnen und
120 Millionen Dollar Schadenersatz erstreiten. Einige Anleger, etwa
Hermann Prey und das Ehepaar Riemerschmid, setzten sich bis in die
neunziger Jahre mit Schreiber auseinander, andere ließen die Sache
auf sich beruhen und werden ihre Gründe gehabt haben. Die Medi-
zinerfamilie Pabst, mit drei Millionen Mark dabei, hatte schon 1986
abgewinkt: »Das ist bereinigt und schon jahrelang erledigt, wir sind
nicht geschädigt und haben mit Herrn Schreiber nichts mehr zu tun,
wir haben keinen Gewinn gemacht, es ist am besten, Sie streichen uns
von der Liste.«

Renate Riemerschmid setzte dagegen Schreiber, der ihr Trauzeuge
war und für den sie und ihr Mann Heinrich als Trauzeugen fungiert
hatten, auch nach dem Tod ihres Mannes Heinrich noch lange mit
Briefen zu. Das Fabrikantenehepaar hatte nichts zu verbergen, die
250 000 Mark Einlage war nach den Vorschriften des Außenwirt-
schaftsgesetzes deklariert worden. Als Renate Riemerschmid im Juni
1994 zu Ohren kam, daß Schreiber mit Barbara Flick einen Vergleich
geschlossen habe, bat sie in einem Brief den früheren Freund des
Hauses um eine Bestätigung und um »geeignete Rückzahlungsvor-
schläge«. Schreiber ließ seinen Münchner Anwalt Harald Giebner
kühl antworten: »Wie uns Herr Schreiber informiert hat, bestehen
zwischen ihm persönlich einerseits und Ihnen und Ihrem verstorbenen Ehegatten andererseits in der Angelegenheit ›Kanada‹ keinerlei
vertragliche Beziehungen.«

Am 11. Juli 1994 schrieb die Witwe an Schreiber: »Meinen an Dich
persönlich gerichteten Brief vom 8. 06. 1994 hast Du mir durch Deinen Anwalt am 17. 06. beantworten lassen. Schade, daß Du selbst
Dich vor einer Klärung der Angelegenheit ›Kanada‹ drückst … Hiermit möchte ich Dich bitten, die Angelegenheit ›Kanada‹ mit mir auf
ordentliche und faire Weise abzuwickeln und zu beenden. Erinnere
Dich bitte auch daran, wie Du Heinrich immer als Deinen großen
und vorbildlichen Freund in den Himmel gehoben hast. Waren
Deine jahrelangen Beteuerungen immer nur ›in den Wind gespro-

chen‹?« Ihre Bank hatte den bis dahin aufgelaufenen Verlust einschließlich entgangener Zinsen und Rendite auf knapp eine Million Mark hochgerechnet.

Mit den Strauß-Erben Monika Hohlmeier, Max Strauß und Franz Georg Strauß hatte sich Schreiber im Sommer 1990 getroffen, wie er deren Münchner Rechtsanwalt Werner Wenzel am 6. August 1990 auf A.B.S.-Briefpapier schrieb, als er ihm ein Memorandum seines kanadischen Anwalts Robert W. Hladun schickte:»Alle drei Strauß-Kinder waren bei mir zu Gast. Wir haben einen netten Abend verbracht und die Angelegenheit A.B.S. besprochen; ich habe ihnen die gleichen Unterlagen zur Information ausgehändigt.« Doch der Nebel über den kanadischen Verwicklungen war für Wenzel nicht zu lichten. Am 4. Oktober 1994 beklagte er sich bei Schreiber, daß er von ihm A.B.S.-Unterlagen, die er für das Finanzamt zur Geltendmachung der Verluste brauche, immer noch nicht erhalten habe.

Der Bayerischen Landesbank war es nicht besser gegangen. Sie hatte ihre Forderungen an die A.B.S., die zusammen mit denen ihrer Tochter Aufhäuser-Bank samt aufgelaufener Zinsen bei deutlich über 10 Millionen Mark lagen, Ende der achtziger Jahre wertberichtigt. In einer Auskunft vom 10. September 1999 räumte Bankdirektor Peter Kulmburg ein, daß damals keinerlei Sicherheiten für das Engagement von Aufhäuser (inzwischen mit der Hauck-Bank fusioniert) und der Landesbank bei A.B.S. Investment Ltd. vorlagen und »die Banken ihre Kreditforderungen … nach erfolglosen Eintreibungs- und Vollstrekkungsbemühungen Ende der achtziger Jahre endgültig ausbuchen« mußten.

Da sich Verluste der Landesbank in der Gewinnausschüttung für den bayerischen Staatshaushalt bemerkbar machen und die Abschreibung der Verluste anderer Investoren zu Steuerausfällen in Millionenhöhe geführt haben dürften, hat der Steuerzahler das finanzielle Kanada-Abenteuer des hochmögenden Strauß-Freundeskreises kräftig mitfinanziert. Die Aufhäuser-Bank, bei der Schreiber unverdrossen bis in die neunziger Jahre aus steuerlichen Gründen Bestätigungen über die Darlehensverbindlichkeiten anforderte, versuchte noch bis 1994 ihr Geld zurückzubekommen. 15 043 498 Mark betrug Ende 1993 die Schuld.

Dann wurde es Schreiber mulmig. Er löste 1994 das leidige A.B.S.-Problem auf für ihn typische Weise und verkaufte für 2 000 Dollar hundert Prozent seiner Anteile an der A.B.S.-Muttergesellschaft Bitucan der liechtensteinischen Firma Merkur, deren Verwaltungsrat Lorenzo Wullschleger war, und hatte fortan persönlich nichts mehr mit der Pleitegesellschaft zu tun. Die A.B.S.-Akte war endgültig geschlossen.

Eine Privatangelegenheit

Fünf Jahre nach dem Tod von Strauß stolperte Max Streibl, sein Nachfolger als Ministerpräsident, über seine Verstrickung in eigene, allerdings kleinkariertere Amigo-Affären. Sein Nachfolger Edmund Stoiber machte sich bei den alten Strauß-Freunden alsbald nicht nur dadurch unbeliebt, daß er sie vom bayerischen Hof verbannte. Er gab auch 1994 ganz nebenbei auf einer Pressekonferenz Hinweise auf eine weitere lukrative, staatspolitisch höchst bedenkliche Nebentätigkeit seines früheren Chefs. Der Ministerpräsident Strauß amtierte von 1984 bis zu seinem Tod 1988 als hochbesoldeter Testamentsvollstrecker der verstorbenen Besitzer eines großen Versandhauses in Burgkunstadt (Oberfranken). Rund 300 000 Mark jährlich sollen dafür auf Straußens Konto geflossen sein.

Katharina und Friedrich Baur hatten verfügt, daß sich um ihr Erbe neben dem Daimler-Manager Joachim Zahn, dem Rechtsanwalt Hans-Günther Hauffe und dem Steuerberater Gerhard Joos auch der jeweilige bayerische Ministerpräsident kümmern sollte. Ihr gesamtes Vermögen und das Unternehmen hatte das Ehepaar der gemeinnützigen »Friedrich-Baur-Stiftung« vermacht, die entsprechend dem Letzten Willen die Münchner Akademie der schönen Künste und die medizinische Fakultät der Münchner Universität bei der Erforschung und Behandlung von Kinderlähmung unterstützen sollte, an der Katharina Baur schon in jungen Jahren erkrankt war.

Für die Testamentsvollstrecker war 1957, als das Testament aufgesetzt wurde, ein bestimmter Anteil des Baur-Jahresumsatzes als Entschädigung vorgesehen worden. Da damals der Umsatz bei 100 Millionen Mark lag, wäre das für jeden die ansehnliche Summe von 40 000 Mark gewesen. 1977 – Friedrich Baur war gestorben, seine Witwe führte das Unternehmen – lag der Umsatz so hoch, daß die Vollstreckerentschädigung bei 200 000 Mark jährlich gelegen hätte. Mit einer solchen Expansion hatte das Unternehmerpaar nie gerechnet, und Katharina Baur bekümmerte, daß nach ihrem Tod von den Stiftungserträgen soviel Geld an die Testamentsvollstrecker für nicht allzuviel Arbeit ausbezahlt werden sollte.

Sie ließ beim Notar das Testament ändern und verfügte, daß die Entschädigung 60 000 Mark nicht übersteigen dürfe. »Infolge der außerordentlich günstigen Entwicklung, die der Jahresversand seit Errichtung unseres gemeinschaftlichen Testaments genommen hat, würde die so berechnete Vergütung … dasjenige, was mein verstorbener Ehemann und ich selbst bei Errichtung des Testaments im Sinn hatten, bei weitem übersteigen«, diktierte die Versandhausbesitzerin dem Notar. Dies würde »unserem eigenen, zurückhaltenden, vornehmlich auf das Geschäftsinteresse gerichteten Lebensstil nicht entsprechen, genauso wenig wie den gemeinnützigen Aufgaben der Friedrich-Baur-Stiftung, aus deren Mitteln die Testamentsvollstrecker-Vergütung letztlich zu zahlen ist. Die angemessene Vergütung, die ein jedes Mitglied des Testamentsvollstrecker-Gremiums erhalten soll, beträgt DM 60 000 jährlich.«

Katharina Baur starb 1984, ihr zusätzlicher Letzter Wille wurde vom Gericht nicht anerkannt, für gültig wurde allein erklärt, was im gemeinschaftlichen Vermächtnis von 1957 stand. Der Baur-Umsatz betrug inzwischen über eine Milliarde Mark, was den Vollstreckern gegen den erklärten Willen der Witwe Einkünfte von je 300 000 Mark jährlich sicherte. Strauß nahm den Auftrag ungerührt an und machte keinerlei Anstalten, ihn ehrenamtlich wahrzunehmen und das Salär an die Stiftung zurückzuführen oder für andere Zwecke zu spenden. In Kenntnis der verfassungsrechtlichen Problematik hatte Friedrich Baur diese Möglichkeit schon 1957 vorgesehen. Wenn einer der Testamentsvollstrecker die »ausgesetzte Honorierung nicht annehmen kann oder will, so arbeitet er ehrenamtlich oder verwendet den Betrag für gemeinnützige Zwecke in seinem Arbeitsbereich«, hieß es im Ur-Testament. Danach stand aber Strauß nicht der Sinn. Er ließ die mit der Vollstreckung verbundene Arbeit durch einen Beamten in der Staatskanzlei erledigen, der dafür jährlich 10 000 Mark bekam. Durch eine Art »Gutachten« aus dem eigenen Haus ließ sich der Ministerpräsident ferner bestätigen, daß er berechtigt sei, so zu verfahren, und kassierte bis zu seinem Tod über eine Million Mark.

Sein Nachfolger Max Streibl nahm das zweite Amtsgehalt ebenfalls in Anspruch, erst Stoiber brach bei seinem Amtsantritt 1993 mit der unseligen Tradition und lüftete 1994 selbst das brisante Geheimnis. Die Strauß-Erben Monika Hohlmeier, Max Strauß und Franz Georg Strauß, die Teile des Baur-Einkommens auf einem Konto vorgefunden hatten, wehrten sich erbittert gegen sogar aus der CSU kommende Forderungen, das Geld an die Stiftung zurückzugeben. Die von Stoiber genannten Jahreseinkünfte von 300 000 Mark seien viel zu hoch gegriffen, den Erben sei kaum etwas davon geblieben, lamentierten die Geschwister und formulierten seitenlange, sachlich und rechtlich unhaltbare Gegendarstellungsansprüche. »Da hat sowieso Vater Staat das meiste kassiert«, sagte die stellvertretende CSU-Vorsitzende und bayerische Kultusministerin Hohlmeier noch im Jahr 2000 und wies jede Kritik am Verhalten der Erben zurück.

In der CSU breitete sich Entsetzen über soviel Raffgier aus, doch nach außen mußte der Anschein gewahrt werden, damit das Denkmal Strauß nicht in sich zusammenbrach. Im Landtag tat die CSU die Affäre als »Privatsache« von Strauß ab, eine verfassungsrechtliche Problematik wollte sie nicht erkennen. Vieles, was Strauß so getrieben hatte, wurde erst nach seinem Tod bekannt. Zu seinen Lebzeiten hielten seine Freunde und seine Berater dicht, zu denen als »sein« Generalsekretär und Chef der Staatskanzlei an vorderster Stelle Edmund Stoiber gehörte. Da funktionierte die »Omertà« noch. Die Beispiele derer, die offen gegen Machtmißbrauch und Selbstbedienung aufbegehrten, reizten nicht zur Nachahmung, denn sie wurden, wie der Steuerreferent Wilhelm Schlötterer aus dem Finanzministerium, auch lange nach dem Tod von Strauß schikaniert und drangsaliert.

Die alten Strauß-Seilschaften registrierten mit zunehmender Wut, daß Stoiber schon längst nicht mehr an der Spitze derjenigen stand, die die CSU-Legende verteidigten. Karl Dersch, Walter Schöll, Karlheinz Schreiber war nicht verborgen geblieben, daß Stoiber, kaum zum Ministerpräsidenten gewählt, im Vorfeld des CSU-Parteitags im Herbst 1993, als das ganze Ausmaß der Zwick-Steueraffäre und die Verwicklung Gerold Tandlers bekannt geworden waren, eine deutliche Abkehr seiner Partei vom »System Strauß« und der Heldenverehrung betrieb. Er war damit aber am CSU-Vorsitzenden Theo Waigel gescheitert.

Der Bundesfinanzminister bremste den eifernden Stoiber nicht etwa aus Devotion, denn er hatte mit Strauß zwar politisch konstruktiv zusammengearbeitet, sich aber von dessen Treiben und den meisten Hofschranzen ferngehalten. Waigel hatte vielmehr Angst, daß die CSU, an deren Basis Strauß nach wie vor geradezu heiligmäßig verehrt wurde, Schaden nehmen könnte, wenn Strauß unbedacht vom Sockel gestoßen würde. Jetzt hatte Stoiber, selbst wegen einer früheren Reise zu einer Zwick-Fete nach Südfrankreich unter mächtigem öffentlichem Beschuß, auch noch durch einen gezielten Hinweis die Spur zur schamlosen Bereicherung am Vermögen der Friedrich-Baur-Stiftung gelegt. In der CSU wurde gemunkelt, Stoiber habe sich so dagegen wehren wollen, von den alten Strauß-Seilschaften noch weiter in die Zwick-Affäre hineingezogen zu werden. Es habe sich um ein kalkuliertes Signal gehandelt, er könne auch noch mehr aus der Strauß-Ära berichten, wenn man ihn weiter belasten wolle.

Zielstrebig drängte Stoiber in dieser Zeit die früheren Strauß-Machtschattengewächse Tandler und Gauweiler, die in eigene Affären verstrickt waren, aus der CSU-Spitze und aus der Regierung. Die Einbindung des Strauß-Clans durch die Ernennung von Monika Hohlmeier zur Staatssekretärin im Kultusministerium sollte die Familie und die Strauß-Fraktion in der CSU eigentlich zum Stillhalten bewegen. Das fiel aber den früheren Günstlingen immer schwerer. »Der Max muß sich doch nur vierundzwanzig Stunden hinsetzen und alles aufschreiben, was zwischen dem Alten und Stoiber war, dann ist der Edi erledigt«, grummelte ein Strauß-Getreuer.

Karl Dersch, der zunächst in der Daimler-Benz-Hierarchie weiter nach oben gestiegen war, aber nach einem peinlichen Zwischenfall – er hatte in seinem Garten die vorzugsweise von Neonazis verwendete deutsche Reichskriegsflagge gehißt – nur noch auf einem abgelegenen Posten verwendet wurde, ließ das nicht ruhen. Nach eigenem Bekunden marschierte er nach der Baur-Enthüllung in die bayerische Staatskanzlei, um »dem Edi« den Marsch zu blasen. Vorsätzlich und streberhaft habe dieser das Ansehen des großen Meisters ruiniert. Über den Verlauf des Gesprächs gehen die Erinnerungen von Dersch und Stoiber auseinander. »Du bist die größte Sau, die ich kenne«, will Dersch nach langjähriger Freundschaft, die auch die Ehefrauen einschloß, Stoiber angebrüllt haben. So laut habe er geschrien, daß eine Sekretärin von Stoiber besorgt gemeldet habe, man könne alles bis auf den Gang hören. »Dann sperrt's eben den ganzen Flügel, oder tragt's mich raus«, habe er gewütet, erzählte Dersch. Weder Dersch noch sonst jemand habe jemals in solcher Weise und Lautstärke mit dem Ministerpräsidenten gesprochen, ließ Stoiber dementieren, der sich aber an »Karlis« Besuch durchaus erinnern konnte.

Ganz ohne Eindruck blieb das Grollen der Strauß-Fraktion auf Stoiber nicht. Er beeilte sich, öffentlich zu erklären, die Testamentsvollstreckung sei »rechtlich in Ordnung« gewesen. Er hatte natürlich schon zu seiner Zeit als Hausmeier von Strauß in der Staatskanzlei mitbekommen, daß der Boß nebenbei als Testamentsvollstrecker tätig war. »Das war eine andere Zeit«, wiegelte Stoiber jedoch kurz nach seiner Enthüllung ab, »nichts wird mich jemals von der Politik von Franz Josef Strauß trennen.«

Für die Rechtschaffenen in der CSU artikulierte der frühere Innen- und Verfassungsminister Bruno Merk, der 1978 nicht mit Strauß in einem Kabinett sitzen wollte und deshalb seine politische Karriere beendet hatte, was von der Testamentsvollstreckung durch bayerische Ministerpräsidenten bei der Friedrich-Baur-Stiftung zu halten war:

»Es darf nichts vertuscht und nichts verschleiert werden«, »Wir müssen zu

Fehlern stehen und sie nicht vertuschen und verheimlichen« – solche und ähnliche Sätze kann man derzeit zuhauf lesen und hören.

Man wäre versucht, Beifall zu klatschen, wenn nicht die Praxis der CSU diese Erklärungen Lügen strafen würde. Das Ziel all dieser Erklärungen, Vertrauen wiederherzustellen, wird so nicht erreicht, im Gegenteil: Man verliert weiter an Glaubwürdigkeit und untergräbt das Vertrauen noch mehr.

Nur ein Beispiel: Der Hinweis auf die übermäßig dotierte Testamentsvollstreckung hat zwangsläufig die Frage eines möglichen Verstoßes gegen Art. 57 der Bayerischen Verfassung ausgelöst.

Statt aber nun diese Frage zu klären, verweigert und verhindert die Mehrheitsfraktion diese Klärung in dem dazu berufenen Verfassungsorgan! Zur Rechtfertigung dieses fast unglaublichen Vorgangs beruft sich die CSU auf ein Gutachten von Beamten der Staatskanzlei, die diese Tätigkeit als »privat« bezeichnet haben. Über private Angelegenheiten aber habe das Parlament nicht zu befinden. Basta! So einfach ist das.

Abgesehen davon, daß Meinungen von Beamten ansonsten das Parlament wenig interessieren, schon gar nicht seine Entscheidungen vorwegnehmen können, kennen die Abgeordneten dieses Gutachten gar nicht. Es wird dem Parlament auch nicht vorgelegt, um den Standpunkt der Mehrheitsfraktion zu untermauern oder wenigstens verständlich zu machen.

Existiert überhaupt ein solches Gutachten? Kannten die Gutachter den Inhalt des Testaments? War es nur eine mündlich abgegebene Unbedenklichkeitsbescheinigung, für die jetzt erst nachträglich eine schriftliche Formulierung gesucht werden muß?

Fragen über Fragen, die wegen der Geheimnistuerei nur neuen und weiteren Verdacht wecken und ein Nachbohren geradezu provozieren.

Damit erweist man weder Strauß noch der Partei einen guten Dienst. Man kann mit Mehrheit zwar die an sich gebotene parlamentarische Klärung verweigern, aber man kann mit dieser Mehrheit dem Bürger und Wähler nicht vorschreiben, dies auch noch für richtig zu halten. Daß sich die Bürger ihr eigenes Urteil bilden und ihre Meinung über die Parteien immer schlechter geworden ist, sollte sich eigentlich herumgesprochen haben.

Auf die SPD und andere zu verweisen, die auch nicht besser sind, hilft nichts. Sünden anderer können eigene nicht rechtfertigen. Genauso abwegig ist es, mit dem Hinweis auf unbestreitbare Verdienste über möglicherweise verfassungs-

widriges Verhalten einfach hinwegzugehen. Ein schwerer Verstoß im Straßen-
verkehr kann nicht mit dem Hinweis auf eine früher erhaltene Auszeichnung
als »Kavalier der Straße« gerechtfertigt werden. Das mag den Verstoß in einem
milderen Licht erscheinen lassen, vor allem, wenn man sich zu dem mögli-
cherweise nur leichtfertig oder unbedacht begangenen Fehler bekennt, aber eine
Rechtfertigung kann es nicht sein.

Ehrliche Makler

Edmund Stoiber wußte über die diversen Strauß-Aktivitäten wesentlich besser Bescheid, als er erkennen lassen wollte. Das zeigt der Ver-
kauf von drei Airbus-Maschinen des Typs A 310 an die DDR-Flug-
gesellschaft »Interflug« für rund 220 Millionen Mark, an dessen
Anbahnung 1987 die bayerische Staatskanzlei unter Stoiber und der
damalige Devisenbeschaffer der DDR und Stasi-Oberst Alexander
Schalck-Golodkowski beteiligt waren. Eingefädelt hatte den Deal das
Büro des Hamburger Maklers Walter J. Hinneberg, der in aller Welt
Schiffe und manchmal auch Flugzeuge verkauft. Hinnebergs Sohn
Christian machte im Oktober 1986 seinem langjährigen Gesprächspartner Klaus-Dieter Junge, Vizepräsident der Interessengemeinschaft der Handelsvertreter und Handelsmakler der DDR, den Vorschlag, die DDR solle Airbus-Flugzeuge kaufen. Junge gab das weiter
und meldete nach ein paar Monaten »höchstes Interesse« der Interflug, die aber politische Unterstützung für den Kauf brauche. Sinnvoll wäre es, wenn sich ein hochrangiger westdeutscher Politiker mit
Schalck-Golodkowski arrangieren könnte. Ein Vertrag wurde nicht
geschlossen, unter ehrlichen Maklern gilt aber auch das Wort.

Die Hinnebergs sind mit Peter Tamm, dem früheren Vorstandsvorsitzenden des Springer-Konzerns, verwandt, der damals zu den stän-
digen Gesprächspartnern des CSU-Medienbeauftragten Edmund
Stoiber zählte. Im Mai 1987 hatte Tamm bei Stoiber in der bayerischen Staatskanzlei einen Termin in anderer Sache und trug dem
Strauß-Intimus auch das angebahnte Airbus-Geschäft mit der DDR
vor. Stoiber eilte zu Strauß, der wie beim Milliardenkredit 1983 für

die DDR Feuer und Flamme war und sogleich Kontakt zu Schalck-Golodkowski aufnahm. Der Handel kam ins Rollen, hinter den Kulissen wurde heftig gefeilscht.

»Das war doch High-Tech«, erinnert sich Schalck in seinem neuen Heim am Tegernsee. »Wir hatten alte Krücken und mußten zwischenlanden, wenn wir nach Kuba wollten. Aber es gab ideologische Schwierigkeiten.« So wollte nach einem vertraulichen Ostberliner Regierungsbericht von 1987 zunächst der stellvertretende Minister für das Verkehrswesen in der DDR, Klaus Henkes, nicht mitziehen: »In einem gesonderten Gespräch mit Genossen Henkes war zu erkennen, daß er große Schwierigkeiten hatte, sich für die Airbus-Variante auszusprechen. Er sagte, daß er zu sehr mit der Sowjetunion verbunden sei, um einem solchen Gedanken näherzutreten. Er habe bisher nur den Einsatz sowjetischer Luftfahrzeuge ins Auge gefaßt.«

Doch auch Henkes konnte sich den Argumenten nicht verschließen, die für den Airbus aus der Fertigung des Klassenfeindes und gegen die sowjetische Iljuschin 62 sprachen. »Die Vorteile liegen insbesondere im wesentlich geringeren Treibstoffverbrauch, ein Airbus benötigt lediglich ca. 35 Prozent vom Treibstoffverbrauch der IL 62, weiterhin liegt der Vorteil darin, daß lediglich zwei Cockpit-Besatzungen erforderlich sind im Vergleich zu vier bei der IL 62 und daß die Instandhaltung oder der Wartungsaufwand wesentlich niedriger liegt. Die Laufzeit des Triebwerks eines Airbusses ist wesentlich höher als die der IL 62, und auch die regelmäßigen Durchsichten erfordern bei der IL 62 acht Monate und die beim Airbus ca. dreißig Tage«, hieß es in der Einschätzung der DDR. »Etwas überhöht« sei der Preis von 220 Millionen Mark zwar gewesen, meint Schalck, »dennoch war es für die DDR und für Airbus ein Vorzeigegeschäft«. Dazu, was mit den Provisionen gewesen sei und wer sie eingesackt habe, will sich »Schneewittchen«, wie der DDR-Staatssekretär vom Bundesnachrichtendienst getauft wurde, nicht äußern. »Det weeß ick wirklich nich«, ist seine Antwort. Der Initiator des Geschäfts, Christian Hinneberg, sollte es jedenfalls nicht sein.

Dem Politbüromitglied und ZK-Sekretär für Wirtschaft, dem Genossen Günter Mittag, schrieb Schalck am 31. Mai 1988, er möge mit einer Presseerklärung zu der vom Politbüro beschlossenen Unterzeichnung des Airbus-Vertrags noch warten, weil F. J. Strauß über den Airbus-Geschäftsführer Paul Hadrys die Bitte übermittelt habe, »gegenwärtig keine Presseveröffentlichung vorzunehmen, um die COCOM-Genehmigung nicht zu gefährden. Er schlug vor, nach erfolgter Genehmigung eine Presseveranstaltung in München durchzuführen, an der F. J. Strauß teilzunehmen beabsichtigt ... Mit kommunistischem Gruß Schalck.«

Die Genehmigung, die Airbus-Flugzeuge von der Embargoliste jener Güter zu streichen, die wegen ihrer Spitzentechnologie nicht an kommunistische Länder geliefert werden durften, kam wie zugesagt. Am 7. August 1988 wurden die Verträge in Toulouse unterzeichnet, zwei Maschinen sollten im Juni 1989 geliefert werden, die dritte im Dezember 1989. Auf einer vorgeschalteten Pressekonferenz, an der Strauß als Airbus-Aufsichtsratsvorsitzender, der zunächst dem Geschäft abholde Genosse Klaus Henkes und Vorstandschef Heinz Ruhnau für die Lufthansa teilnahmen, wurde der Abschluß des Kaufvertrages und eines Wartungsvertrages mit der Lufthansa offiziell bekanntgegeben.

Nun hätte sich eigentlich das Konto des Vermittlers Christian Hinneberg füllen müssen, denn üblicherweise konnte er mit einer Kommission von 4,5 Prozent, etwa 16 Millionen Mark, rechnen. Als Minimum ging er von 4,5 Millionen Mark aus, die mit der DDR-Vertreterorganisation zu teilen gewesen wären. Doch plötzlich wollte niemand mehr etwas von dem Hamburger Makler wissen. In einer späteren Notiz für anstehende Prozesse hat Hinneberg den Ablauf des Geschäfts seit Peter Tamms Besuch bei Edmund Stoiber im Mai 1987 aus seiner Sicht festgehalten:

Herr Strauß war von der Idee sofort begeistert und rief im gleichen Moment in Anwesenheit von Herrn Staatsminister Stoiber Herrn Schalck in Ostberlin an. Man beschloß in diesem Telefonat, dieses Geschäft ernsthaft und nachdringlich aufzunehmen. C. H. (Christian Hinneberg, d. A.) wurde am Abend des gleichen Tages über dieses Gespräch informiert und leitete dieses ebenfalls am gleichen Tage an Herrn Dr. Junge weiter.

In der Folge kam es dann zu direkten Gesprächen Interflug/Airbus Ende des gleichen Jahres, die nach dem Staatsbesuch von Herrn Honecker dann Anfang

88 zu einem Vertrag über A 310 führten. Auf die Forderung von C. H. und der Interessengemeinschaft über den weiteren Einschluß der Initiatoren ließ Herr Staatssekretär Schalck verlauten, daß man diese Anfangsaktivität der Interessengemeinschaft berücksichtigen werde, sie sich aber während der Verhandlungen auf höchster politischer Ebene nicht einmischen sollte. Tatsächlich aber nahmen an den Fachverhandlungen ein Vertreter von der Interessengemeinschaft, Herr Gollin, und Herr Kandler teil.

Die von Airbus mit Schreiben vom 30. 8. 88 dargestellten US-Dollar 3 Mio pro Flugzeug sind aber laut Schreiben der Interflug vom 17. 11. 88 ein Preisnachlaß und keine Kommission. Das ergibt sich schon aus der separaten Zahlung eines kleinen Betrages an die Interessengemeinschaft für die Tätigkeit von Herrn Gollin und daraus, daß unbestritten ist, daß Airbus eine anderweitige Kommission auf dieses Geschäft gezahlt hat, eben nur nicht an die Interessengemeinschaft/C. H.

In 89, nachdem aufgrund der Nichtzahlung der jetzige Rechtsstreit begann, unterbreitete Airbus ... einen Kompromißvorschlag in Höhe von US-Dollar 100 000 pro Flugzeug. Diesen Vorschlag wies C. H. in Anbetracht der anderweitig gewährten US-Dollar 3 Mio als ungenügend mit der Bemerkung zurück, daß es sich mindestens um das Dreifache, also um US-Dollar 300 000 pro Flugzeug – US-Dollar 900 000 total – handeln müßte.

Christian Hinnebergs Vater Walter war ebenfalls erbost, wie sein Sohn behandelt wurde. Er schrieb »persönlich/vertraulich« an einen ihm bekannten Versicherungsmakler im Haus der Assekuranz Albingia am 14. Dezember 1989:

Unter Bezugnahme auf Ihre und unsere letzten Gespräche in Sachen der unkorrekten Kommissionshandhabung Airbus/Interflug bestätige ich Ihnen, daß mir die folgenden Aussagen der betreffenden Herren zu Ohren gekommen sind:

– Herr Pierson, Präsident der Airbus: Eine Kommissionszahlung an Hinneberg sei nicht einzusehen, weil auf dieses Geschäft bereits Kommission an die Münchner Adresse gezahlt worden sei.

– Herr Kandler, damaliger Verhandlungsführer Airbus/Interflug: Hinneberg und Partner seien in dieser Angelegenheit unkorrekt behandelt worden. Die ursprüngliche Idee und Anfangstätigkeit kam von Hinneberg.

– Herr Flosdorff, Vorstand bei Airbus: Herr Strauß habe ihm kürzlich gesagt, daß eine Kommissionszahlung an Hinneberg nicht notwendig sei.

Unter diesen Umständen wird jeder sicherlich Verständnis haben, daß unsere Geduld mit dem Bemühen nach einer stillen Regelung dieses eklatanten Falles nach nunmehr zwölf Monaten erschöpft ist. Es wäre nur Ihres sehr geachteten Einsatzes zu verdanken, wenn ein Prozeß jetzt doch noch vermieden werden kann.

Wer die »Münchner Adresse« war, die sich die Kommission gesichert hatte, war für die düpierten Hinnebergs klar: der Strauß-Clan. Dazu gab es Signale aus der Firma Airbus. Präsident Jean Pierson war nicht der einzige, auf den sich die Hamburger beriefen. In Kreisen der Deutschen Airbus habe es ebenfalls geheißen, man habe damals für Strauß Millionen nach Kanada transferieren müssen, die in Immobilien angelegt worden seien. Christian Hinneberg begab sich nach München zu Max Strauß, doch der Specher der Erbengemeinschaft ließ ihn abblitzen. Am 29. Dezember 1989 schickte ihm Max Strauß einen seiner typischen Briefe hinterher:

Ihr Provisionsbegehren in Sachen Airbus International Interflug (DDR) – Sehr geehrter Herr Hinneberg, mit einiger Verwunderung habe ich zur Kenntnis nehmen müssen, daß Sie offensichtlich nicht bereit sind, meine Person im Zusammenhang mit oben genannter Angelegenheit aus dem Spiel zu lassen. Als Sie dieses Thema zum ersten Mal bei Ihrem Besuch in München erwähnten, habe ich Ihnen klar zu erkennen gegeben, daß ich nicht bereit und in der Lage bin, Ihre Interessen in diesem Zusammenhang wahrzunehmen. Sie haben mir seinerzeit angeboten, daß ich am Ertrag hieraus beteiligt sein würde, was ich jedoch von vornherein abgelehnt habe ... Zunächst einmal mutet es für einen Kaufmann höchst verwunderlich an, daß er seine Ansprüche nicht auf Verträge, sondern auf Gerüchte stützt. Im einzelnen:

Angeblich soll Herr Pierson geäußert haben, daß eine Kommissionszahlung an Hinneberg nicht einzusehen ist, weil auf dieses Geschäft bereits Kommission an die Münchner Adresse gezahlt worden sei.

Ich persönlich bezweifle sehr stark, daß Herr Pierson dies je geäußert hat, zumal Sie keinen Zeugen angeben. Hinsichtlich meiner Person erlaube ich mir diesbezüglich daran zu erinnern, daß Sie selbst in unserem Gespräch bestätigt haben, daß ich zu keiner Zeit in dieses Geschäft involviert war. Sollte mit »Münchner Adresse« mein verstorbener Vater Dr. h. c. Franz Josef Strauß gemeint sein, so würde ich auf eine weitere Verbreitung dieses Gerüch-

tes durch Ihre Person mit einer Strafanzeige nach § 189 StGB wegen Verun-glimpfung des Andenkens Verstorbener reagieren. Mein Vater hat für keines der unzähligen von ihm für Airbus eingefädelten und maßgebend bestimm-ten Geschäfte Provision erhalten.

Rein juristisch gesehen ist es nebenbei bemerkt unerheblich für Ihren An-spruch, ob an Dritte Provisionen bezahlt wurden oder nicht.

Hinsichtlich der angeblichen Ausführungen von Herrn Kandler, daß Hinne-berg & Partner in dieser Angelegenheit unkorrekt behandelt worden sei, kann ich keinerlei weitere Feststellung treffen. Es mag Ihnen selbst obliegen, hierzu bei Herrn Kandler, der mittlerweile nach meiner Kenntnis Airbus Industrie verlassen hat, Nachforschungen anzustellen. Ich selbst weiß keine Details über den seinerzeitigen Verhandlungsablauf.

Hinsichtlich der angeblichen Äußerung von Herrn Flosdorff, daß ich kürzlich gesagt hätte, daß eine Kommissionszahlung an Hinneberg nicht notwendig sei, ist nur zu bemerken, daß ich Herrn Flosdorff seit über einem Jahr nicht gese-hen habe und mit ihm zum Thema DDR/Interflug überhaupt nie gespro-chen habe.

Ohne näher in die juristische Prüfung eingehen zu wollen, sei darauf hinge-wiesen, daß keine Rechtsordnung der Welt, damit auch die französische, das Zustandekommen eines Provisionsanspruches ohne entsprechenden Vertrag anerkennt. Schon aus dieser Sicht allein scheitert nach meiner Ansicht jeder Prozeß kläglich.

Nach deutschem Recht sind die Provisionsansprüche nach § 196 Abs. 1 Nr. 7 BGB mit Jahresablauf 1989 verjährt.

Insgesamt gibt Ihr Verhalten Anlaß, Sie künftig zur Einhaltung der unter Kaufleuten üblichen Gepflogenheiten und des Ehrenkodexes insbesondere Hamburger Kaufleute anzuhalten. Mit diesen ist es sicher nicht in Einklang zu bringen, an dritter Stelle haltlose Gerüchte zu verbreiten, die einer Nach-prüfung in keiner Weise standhalten. Mit freundlichen Grüßen Max Josef Strauß, Rechtsanwalt.

Irgendwann haben die Hinnebergs die unangenehme Geschichte ab-gehakt und die Millionen, auf die sie Anspruch zu haben glaubten, abgeschrieben. Ihr erfahrener Verwandter Tamm hatte sie dringend vor der Fortsetzung der Feindseligkeiten mit der »Adresse in Mün-chen« gewarnt. Nicht-Bayern kämen bei einem Rechtsstreit im Freistaat kaum zum Zug, und sich mit der Strauß-Familie anzulegen sei erst recht nicht ratsam. Tamms Gesprächspartner vom Mai 1987, Edmund Stoiber, widersprach später der Darstellung des Treffs mit dem Springer-Vorstandsvorsitzenden nicht. »Wenn Herr Tamm das so sagt, dann wird das wohl so gewesen sein«, ließ er mitteilen. Darüber, daß beim Verkauf der Airbus-Flugzeuge Provisionen geflossen seien, wisse er nichts. »Der Leiter der Staatskanzlei war grundsätzlich in die Angelegenheiten der Aufsichtsratsmandate von Strauß nicht eingebunden«, diese Zuarbeit sei vom jeweiligen Unternehmen »und dem persönlichen Büro von Strauß geleistet« worden – »ohne Beteiligung der Fachreferate der Staatskanzlei und ihres Leiters«. Ein Tätigwerden von Strauß »für Arbeitsplätze in Bayern bei MBB oder Airbus hat im übrigen nicht nur seiner Funktion als MBB-Aufsichtsrat entsprochen, sondern auch zu seinen politischen Aufgaben als Ministerpräsident gehört«, hieß es in diversen Erklärungen 1999 und 2000, nachdem ein anderer Airbus-Provisionär, Karlheinz Schreiber, aus seinem kanadischen Exil über die angebliche Unwissenheit des früheren Strauß-Eleven gespottet hatte. Stoibers von Strauß übernommener Hausarzt Valentin Argirov müsse wohl »ein Experte für Alzheimer« sein, mokierte sich Schreiber.

Die Konten füllen sich

Während die Familie Hinneberg ihre Aussicht auf eine schöne Provision für die Interflug-Airbusse, die nach dem Zusammenbruch der DDR unter dem Lufthansa-Emblem flogen, begraben mußte, konnte sich Schreiber auf die Kulanz der Flugzeugbauer verlassen. Als die Hamburger Makler Ende 1990 dem Rat ihres versierten Verwandten Peter Tamm folgten, sich in Bayern nicht auf aussichtsloses Prozessieren einzulassen, hatte Airbus Industrie in Toulouse, der Zusammenschluß deutscher, französischer und britischer Firmen zur Abwehr des lange Zeit marktbeherrschenden US-Giganten Boeing, schon über 20 Millionen Mark vertragsgemäß an die International Aircraft Leasing Ltd. (I.A.L.), Aeulestrasse 5, Postfach 83 in Vaduz

(Liechtenstein) gezahlt. Hinter der Firma stand nach den Erkenntnissen der Staatsanwaltschaft Schreiber, der Mann mit den glänzenden Beziehungen aus dem weißblauen Amigoland; er bestreitet bis heute heftig, je Eigentümer oder wirtschaftlich Berechtigter der I.A.L. gewesen zu sein.

Die mühsamen Airbus-Anfänge, vom Aufsichtsratschef Franz Josef Strauß mit immensem persönlichem Einsatz und Druck auf die öffentlichen Geldgeber unterstützt, waren der Markt, auf dem Schreiber sich tummelte und auf dem er die schweren finanziellen Verluste, die er und seine A.B.S.-Anleger mit der Immobilienspekulation in Alberta erlitten hatten, möglicherweise ausgleichen konnte. Er hatte die notwendigen politischen Verbindungen, ohne die seine Geschäfte undenkbar waren – sowohl zum Hersteller und zu dessen staatlichen Aufsehern, vor allem zum Aufsichtsratsvorsitzenden Strauß, als auch aufgrund seiner Übersee-Aktivitäten zu kanadischen Fluggesellschaften und deren Managern und öffentlich-rechtlichen Kontrolleuren.

Der frühere Bundeskanzler Helmut Kohl hat seinem alten »Männerfreund« Strauß vor dem Berliner Untersuchungsausschuß bei seiner Vernehmung am 29. Juni 2000 postum eine Girlande für dessen unermüdlichen Airbus-Einsatz gewunden: »Ich bin Franz Josef Strauß sehr dankbar, daß er als einziger zu einem Zeitpunkt, wo ich noch nicht seiner Meinung war, auch zu Beginn meiner Amtszeit, klar erkannt hat, daß wir den Airbus halten müssen. Wir können heute nur dankbar sein, daß der Airbus da ist als einzige Alternative zur amerikanischen Großindustrie. In Rückschau bedaure ich, daß ich vier, fünf Jahre gezögert habe, die notwendigen Mittel aufzubringen. Hätten wir vier, fünf Jahre früher mit ›full power‹ in diesem Projekt gewirkt, würden wir jetzt die ganz reelle Chance haben, die gesamten Steuergelder, die wir investiert haben, in kurzer Zeit zurückzubekommen.«

Schon am 6. Mai 1977, stellten die Ermittler später fest, habe es eine Provisionsvereinbarung zwischen der Miliar S.A. und Airbus (Vertrag AI/C–D Nr. 558/77) gegeben. Die Firma Miliar S.A. hatte interessante Gesellschafter: Zumindest durch einen von ihnen wird deutlich, daß der Plan, Provisionen aus dem Verkauf von Airbussen einzustreichen, von Anfang an nicht nur Schreiber, sondern auch Politiker der CSU faszinierte. Dreißig Prozent der Miliar hielt nach den Feststellungen der Steuerfahndung nämlich Ludwig Huber, der zum Zeitpunkt des Vertragsabschlusses mit Airbus noch für wenige Wochen stellvertretender bayerischer Ministerpräsident, bayerischer Finanzminister und Aufsichtsrat beim damaligen Airbus-Mutterkonzern MBB war, um dann Präsident der Bayerischen Landesbank zu werden. Weitere dreißig Prozent lagen bei Hanns Maier, jenem Münchner Bauunternehmer (EWO-Bau) und Strauß-Freund, der dann in kanadische Immobilien investierte. Schreiber selbst hielt ebenfalls dreißig Prozent der Anteile, und die restlichen zehn Prozent der Miliar S.A. besaß Giorgio Pelossi, der Schweizer Treuhänder für verschiedene mit Schreiber verbandelte Firmen in Liechtenstein und der Schweiz.

Grundlage dieses »Urvertrags« sei eine Vereinbarung zwischen Maier und Schreiber vom 14. Oktober 1976 gewesen, in der es laut Steuerfahndung hieß: »Herr Karlheinz Schreiber hat Verbindungen, Airbusse in Kanada zu verkaufen.« Ob schon nach diesem Vertrag Aufträge vermittelt sowie Provisionen und Schmiergelder bezahlt wurden, ist nicht bekannt. Lukrativ war auf jeden Fall der Kontrakt, der sich 1985 anbahnte.

Am 22. Januar 1985 notierte Pelossi: »H. Roger Bailly (Airbus) kontaktieren wegen Abschluß des Vertrags. Bezug nehmen auf Besprechung Schreiber/Pailleret ... Vorläufiger Termin 6.3.85 in Zürich.« Verschiedene Ergänzungen faxte Pelossi zum Gegenlesen an Schreiber: »Bitte überprüfen und mir mitteilen, ob es in Ordnung ist.« Am 7. März 1985 wurde der Vertrag zwischen Airbus und der I.A.L. perfekt gemacht und in der Folgezeit noch viermal ergänzt.

Wiederum am 7. März 1985 verständigte Pelossi, für die I.A.L. handelnd, die ebenfalls Schreiber zugerechnete A.G.T. Investments Ltd. Inc., Via Espana y Calle Colombia, Panama unter dem Betreff »Airbus Industrie«:

Sehr geehrte Herren. Wir bestätigen Ihnen, daß wir in Ihrem Auftrage und auf Ihre Rechnung und Gefahr ein ›Consultant Agreement‹ mit obengenannter Gesellschaft abgeschlossen haben.

Demzufolge stehen Ihnen sämtliche Vergütungen irgendwelcher Art, welche wir von Airbus Industrie in Zukunft erhalten werden, unter Abzug der mit Ihnen vereinbarten Treuhandkommission von 2 % (zwei Prozent) zu. Wir bitten Sie, zum Zeichen Ihres Einverständnis, uns eine Kopie dieses Schreibens mit Ihrer Unterschrift versehen zurückzusenden. Mit freundlichen Grüßen I.A.L. International Aircraft Leasing, Giorgio Pelossi.

Ehe die vereinbarten Aufträge für Airbus unter Dach und Fach waren, hatte Schreiber deren deutsche Konzernmutter MBB mit einem weiteren Provisionsvertrag für sich eingespannt. Am 19. Februar 1985 wurde, mit einer Ergänzung vom 18. März 1985, ein Vertrag über die Lieferung von zwölf MBB-Hubschraubern gegen Provision an die kanadische Küstenwache geschlossen. Wieder trat die I.A.L. als Vertragspartner auf, obwohl der damals zuständige MBB-Unternehmensbereichsleiter Kurt Pfleiderer – offensichtlich auf Weisung der bayerischen Staatskanzlei des Ministerpräsidenten und MBB-Aufsichtsrats Franz Josef Strauß – nur mit Schreiber und dessen kanadischem Partner Frank Moores aus Elgin, Ontario, verhandelt hatte.

Frank Moores, eine schillernde Persönlichkeit, spielte auch beim großen Airbus-Deal eine Rolle. Der Weggefährte des kanadischen Premiers Brian Mulroney war von 1972 bis 1979 Premierminister der kanadischen Republik Neufundland, betätigte sich dann nach Angaben des kanadischen Justizministeriums als Lobbyist und wurde Direktor der Firma Government Consultants International Inc. (GCI) in Ontario.

Am 13. März 1985, eine Woche nachdem die I.A.L. ihren Vertrag mit Airbus geschlossen hatte, ernannte Mulroney seinen Vertrauten Moores zum Vorstand der staatlichen Fluglinie Air Canada, die bald Kunde von Airbus werden sollte. Am 12. September 1985 schied Moores bei Air Canada wieder aus, da bekannt wurde, daß die Firma Airbus Mandant der Moores-Firma GCI war. Als zehn Jahre später in Kanada Ermittlungen gegen Mulroney und Moores wegen möglicher Verwicklung in die Geschäfte Schreibers in Gang kamen, sandte das kanadische Justizministerium am 29. September 1996 ein Rechtshilfeersuchen an die Schweiz. Darin heißt es, bei Moores habe ein Interessenkonflikt bestanden, »solange Air Canada über den Kauf einer Flotte neuer Flugzeuge mit Airbus, Boeing und McDonnell Douglas verhandelte«.

Das kanadische Justizministerium begründete sein Rechtshilfeersuchen ferner damit, der Royal Canadian Mounted Police lägen »zuverlässige Informationen« vor, »daß Herr Schreiber diese Provisionen erhielt, um Herrn Mulroney und Herrn Moores zu entlohnen und um sicherzustellen, daß Airbus Industrie einen größeren Auftrag mit Air Canada für die geplante Modernisierung ihrer Flugzeugflotte erhielt«. Am 30. März 1988 habe der Vorstand der Air Canada tatsächlich dem Kauf von 34 Flugzeugen vom Typ A 320 im Wert von 1,5 Milliarden Kanadischen Dollar (damals rund zwei Milliarden Mark) zugestimmt. Für die Vermittlung sollte von Airbus an die Firma I.A.L. ein Betrag von 30,34 Millionen US-Dollar fließen.

Ausschlaggebend sei die Genehmigung des »Treasury Board of Canada«, des kanadischen Schatzamts, gewesen, das aus Ministern und Abgeordneten besteht, die vom Premierminister benannt werden. Auch den Deal mit den zwölf Hubschraubern für die kanadische Küstenwache hat Moores nach Auffassung des kanadischen Justizministeriums kräftig angeschoben. Für den Auftrag an MBB im Wert von 28 Millionen kanadischen Dollar – damals etwa 36 Millionen Mark – habe Moores' Firma GCI knapp 353 000 kanadische Dollar (etwa 500 000 Mark) erhalten.

»Eine vertrauliche zuverlässige Quelle teilte der Royal Canadian Mounted Police mit, daß ein Teil dieser Gelder an Herrn Mulroney gezahlt wurden, um sicherzustellen, daß MBB den Auftrag erhielt«, heißt es im Dossier des kanadischen Justizministeriums für die Schweizer Behörden. Auch der kanadischen Polizei war bekanntgeworden, was Pelossi nach seinem Zerwürfnis mit Schreiber 1995 der Staatsanwaltschaft mitgeteilt hatte: Daß Frank Moores in Zürich beim Schweizerischen Bankverein unter dem Kennwort »Devon« das Konto 34.117 eröffnet hatte – »um einen Teil dieser Gelder an Herrn Mulroney zu lenken«, behauptete das kanadische Justizministerium. Es wertete die dubiosen Vorgänge als »Beweis eines andauernden Komplotts durch Herrn Mulroney, Herrn Moores und Herrn Schreiber, die kanadische Regierung um Millionen von Dollar öffentlicher Mittel vom September 1984, als Herr Mulroney sein Amt antrat, bis zu seinem Rücktritt im Juni 1993 zu betrügen«. Im Verlauf der Auseinandersetzungen mit Mulroney kamen die Ankläger in der kanadischen Staatsaffäre freilich in Beweisnöte und mußten Schadenersatz in Millionenhöhe an den Ex-Premier bezahlen; die kanadische Regierung mußte sich bei Mulroney, Moores und Schreiber entschuldigen. Seitdem dümpelt der Skandal in Kanada vor sich hin, ohne abgeschlossen zu sein.

Im Juni 2000 wurde MBB-Manager Pfleiderer in einem *Zeit*-Dossier zu der Einschleusung Schreibers in seinen Konzern durch einen »Ukas von oben« mit den Worten zitiert: »Wir haben es erst nicht glauben können. Aber man mußte damals sehr viel Mut haben, um nein zu sagen, wenn der große Bayer uns so einen Mann vor die Nase setzte.« Der »große Bayer« meinte natürlich FJS. Später war aber auch Pfleiderer angetan von dem Kontakter und Verkäufer, der MBB beim Hubschraubergeschäft mit der Kanada-Küstenwache den nordamerikanischen Markt öffnete; man habe die Provisionen verdoppelt. All das wäre, so Pfleiderer, »ohne Strauß im Hintergrund nicht möglich gewesen«.

Schreiber selbst hatte mit MBB keinen Vertrag und bekam vom Konzern auch persönlich kein Geld. Vielmehr schrieb Pelossi für die I.A.L. am 10. Januar 1986 an Schreibers Kauferinger Firma BBC zu Händen ihres Inhabers Schreiber, die Verhandlungen mit der kanadischen Regierung über den Erwerb von zwölf Hubschraubern für die Coastguard seien abgeschlossen, 2,3 Millionen Mark Provisionen seien fällig. »Von diesem Betrag erhalten Sie, wie mit uns vereinbart, 50 % gleich rund DM 1,15 Mio. Die Auszahlung der Provision an Sie erfolgt nach Eingang bei uns, entsprechend der Vereinbarung mit MBB.« Von der zweiten Million der MBB-Kommission mußte die I.A.L. vermutlich »nützliche Aufwendungen«, also Schmiergelder, in Kanada oder anderswo bezahlen. Wenn Moores' Firma GCI nach Berechnung des kanadischen Justizministeriums für die Vermittlung des Hubschraubergeschäfts mit der Küstenwache umgerechnet 500 000 Mark bekommen hat, ist immer noch der Verbleib einer weiteren halben Million ungeklärt. Straf- und steuerrechtlich ist der Fall aber – ausgenommen die Zahlung am 21. April 1988 in Höhe von 157 077 Mark – verjährt.

1990 gelang Schreiber im Verein mit dem weiter mit ihm verbündeten Max Strauß ein neuer Coup. Sie verkauften siebzehn Airbusse nach Thailand, sechzehn an die Thai Airways, einen an die Royal Thai Air. Dabei war ihnen in Bangkok laut Staatsanwaltschaft Pitak Intrawityanunt behilflich, ein Sonderberater des damaligen thailändischen Regierungschefs Chatichai Choonhavan. Diesen Kontakt hatte Max Strauß zu halten und zu pflegen. Er reiste nach Kenntnis der Ermittler mindestens zweimal nach Bangkok und soll als Anwalt auch Hilfe bei der Vertragsgestaltung geleistet haben, bestreitet aber vehement, aus dem Thailand-Geschäft Provisionen bekommen und nicht versteuert zu haben.

Abgewickelt wieder über die I.A.L. mit der Vertragsnummer AI/CC-L-2053-5/90, hätten sich Schreiber und Strauß 10,44 Millionen US-Dollar Provision gesichert, errechneten Steuerfahndung und Staatsanwaltschaft. Zusammen mit den 30,34 Millionen US-Dollar, die das Kanada-Geschäft brachte, nahm die Firma I.A.L. aus diesen zwei Airbus-Kontrakten insgesamt 40,78 Millionen ein – nach damaligem Umtauschkurs 69 Millionen Mark.

Schreiber hatte, so steht es in einem Haftbefehl vom 2. September 1999, angeblich sogar einen Aufteilungsschlüssel entworfen, nach dem das Geld verteilt werden sollte. Er selbst beanspruchte danach von den knapp 52 Millionen Mark Gewinn aus dem Kanada-Geschäft die Hälfte. Ein Viertel sollte einer Person zustehen, die er in seinem legendären Kalender unter dem Decknamen »Frankfurt« führte und bei der es sich nach Überzeugung der Ermittler um Mulroneys Freund Frank Moores handelte. Ein Achtel der Summe war für eine »Stewardess« gedacht – dahinter habe sich der kanadische Airbus-Manager Stuart E. Iddles verborgen. Die Staatsanwaltschaft hegt einen Verdacht, wer hinter dem Kürzel Master/Maxwell steckte, unter dem Schreiber ebenfalls ein Achtel aus dem Kanada-Erlös beiseite legte: Max Strauß, der Sprecher der Erbengemeinschaft, die er zusammen mit seinen Geschwistern Monika Hohlmeier und Franz Georg Strauß nach dem Tod von Franz Josef Strauß 1988 gebildet hatte. Rein theoretisch wäre ein Betrag von rund 6,5 Millionen Mark in etwa so hoch wie der Verlust, den der Strauß-Clan mit Schreiber bei der Immobilienspekulation in Kanada samt entgangenen Zinsen und Renditen erlitten hat. Doch haben die Erben immer betont, nach den Verlusten sei es zu keinerlei Vereinbarungen über irgendeinen Ausgleich durch Schreiber gekommen.

Ein Drittel, 3,5 Millionen Dollar, hatte Schreiber zudem vom Thailand-Geschäft für den ominösen »Maxwell« vorgesehen; »Stewardess« ist ebenfalls mit einem Drittel dabei, das restliche Drittel gestand Schreiber laut Staatsanwaltschaft sich selbst zu; der thailändische Helfer Intrawitjanunt wurde vorweg mit einem kleineren Betrag entlohnt. Unter den Codenamen führte Schreiber beim Schweizerischen Bankverein in Zürich Unterkonten zum Konto 18.679, die er treuhänderisch verwaltete und auf die er die vorgesehenen Anteile einzahlte: Konto 18.679.7 für »Master/Maxwell«, Konto 18.679.0 für »Frankfurt« und 18.679.6 für »Stewardess«. Die Staatsanwaltschaft nimmt an, daß er diese Konten bis 1995 treuhänderisch für die Begünstigten gehalten hat. Zahlreiche Berechnungsmodelle entnahm die Staatsanwaltschaft Schreibers Kalender, in den er ständig Zahlenkolonnen und daneben die Codenamen geschrieben hat.

Der mit Max Strauß in Verbindung gebrachte Kose- und Codename »Maxwell« könnte Schreibers Vorliebe für Wortspiele mit den Namen seiner Freunde entsprungen sein; daß die Kanada-Zuteilung vorher auf den Alias-Namen »Master« lautete, mag aber eher auf die Zeit verweisen, als der große Meister und internationale Airbus-Aufsichtsratschef Franz Josef Strauß noch lebte. In diesem Zusammenhang hat aber die Staatsanwaltschaft nichts mehr ermittelt: Die erste Airbus-Zahlung in ihren Listen ist bei der Vaduzer Verwaltungs- und Privatbank am 30. September 1988 mit 100 000 US-Dollar gebucht; einen Tag später, einem Samstag, war FJS Jagdgast beim Fürsten Johannes von Thurn und Taxis. Kaum hatte er im Regensburger Forst den Hubschrauber verlassen, brach er zusammen und starb, dreiundsiebzig Jahre alt, am 3. Oktober 1988 in einer Regensburger Klinik. Ab diesem Moment führte Max Strauß die Geschäfte der Familie.

In mühsamer Kleinarbeit hat der Augsburger Steuerfahndungsprüfer Winfried Kindler in einem Zwischenbericht vom 14. April 1997 für die Staatsanwaltschaft anhand der von der Schweiz überlassenen Bankunterlagen die verwirrenden Wege nachgezeichnet, auf die das Airbus-Geld nach seiner Ankunft in Vaduz von Schreiber geschickt wurde. Am 5. Oktober 1988 zum Beispiel, zwei Tage nach dem Tod von Franz Josef Strauß, hatte Airbus auf das I.A.L.-Konto 235.972.037 bei der Verwaltungs- und Privatbank (VP) in Vaduz 5 Millionen Dollar einbezahlt. Am 6. Oktober überwies die I.A.L. ihrer Muttergesellschaft Kensington 4,5 Millionen US-Dollar auf das Konto 235.971.021 bei der VP. Von der Kensington wurde am selben Tag ein Scheck in gleicher Höhe ausgestellt, der beim Schweizer Bankverein in Zürich eingelöst und von Schreiber quittiert wurde. Am 7. Oktober stellte der SBV einen Scheck über 4 Millionen Dollar aus, den Schreiber zur Gutschrift auf seinem Konto 511 618 bei der Sparkasse Landsberg-Dießen einreichte.

Am 12. Oktober gingen vom Landsberger Konto 2,3 Millionen Schweizer Franken zum Konto 239.655.015 bei der VP-Bank in Vaduz zugunsten der Schreiber zugerechneten Firma Interleiten. Am 18. Oktober hob Giorgio Pelossi für Schreiber von diesem Konto 650 000 Schweizer Franken bar ab, am 19. Oktober gingen vom Interleiten-Konto weitere 1,4 Millionen Schweizer Franken über die Kensington zur SBV auf Schreibers Privatkonto 18.679, dem die Unterkonten für »Master/Maxwell«, »Frankfurt« und »Stewardess« zugeordnet sind. Weitere 584 500 US-Dollar erreichten dieses SBV-Konto 18.679 am gleichen Tag auf dem Umweg über die Kensington vom I.A.L.-Eingangskonto bei der VP-Bank in Vaduz, auf das am 5. Oktober Airbus die 5 Millionen Dollar eingezahlt hatte. Der verwirrende Zahlungsfluß ist für die Staatsanwaltschaft der Beweis, daß Schreiber wirtschaftlich Berechtigter der Firmen Kensington und I.A.L. ist, weil nach Auffassung der Ermittler nur derjenige, dem die Geldmittel als Inhaber zustehen, so über diese Gelder verfügen kann, wie es Schreiber getan habe.

Häufig stießen die Ermittler auf für sie schwer nachvollziehbare Darlehen, die Schreiber aufgenommen hat. In Schreibers Vermögensteuererklärung zum 1. Januar 1989 fand der Finanzbeamte unter »Schulden« ein Darlehen in der Höhe des bei der Sparkasse in Landsberg am 7. Oktober 1988 einbezahlten Betrags. Die 4 Millionen US-Dollar seien am 1. Oktober 1988 bei Dr. Sami Jamil Jadallah, Riad, mit einer Laufzeit bis 1. Oktober 1994 aufgenommen worden, heißt es in der Erklärung. Als Sicherheit habe Schreiber Jadallah die Anteile seiner kanadischen Firma Bitucan abgetreten, die aber laut Steuerprüfung wertlos waren.

Für die Vermögensteuererklärung zum 1. Januar 1995 machte Schreiber eine neue, bis 29. August 1999 bestehende Darlehensverbindlichkeit über 4 Millionen Dollar geltend, die gegenüber der Firma Kustbevakningen Ltd., Gibraltar, vom 1. Oktober 1994 an bestehen sollte, dem Tag, an dem das angebliche Darlehen von Jadallah auslief. Den Darlehensvertrag unterschrieb für die Gibraltar-Firma Edmund Frick, der nach Schreibers Zerwürfnis mit seinem langjährigen Partner Giorgio Pelossi Nachfolger als I.A.L.-Treuhänder in Vaduz geworden war.

In einem internen Prüfungsbericht der Landsberger Sparkasse notierte der Prüfer im Zusammenhang mit der Einzahlung der 4 Millionen Dollar vom 7. Oktober 1988 auf Schreibers Konto: »Welche Steuerlast resultiert aus diesen Provisionseinnahmen?« Dazu wurde vom Direktor Hans Reiter handschriftlich vermerkt: »Lt. H. Schreiber keine Steuerbel., da vorerst als Darl. und spätere Verrechnung mit Verlusten.«

Max Strauß und seine Geschwister bestreiten bis auf den heutigen Tag energisch, mit »Maxwell« gemeint zu sein oder überhaupt je Geld von Schreiber bekommen zu haben. »Maxwell« sei wahrscheinlich ein weiterer Kanadier, der auf Schreibers Pay-roll gestanden habe, behauptet Strauß. Daß er und seine Geschwister bis 1996, als Schreiber schon mit Haftbefehl gesucht wurde, über die alte kanadische Strauß-Firma F.M.S. geschäftliche Verbindungen mit dem gerissenen Provisionär und Steuerkünstler hatten, daß die bayerische Ministerin ihren 33-Prozent-Anteil an dieser Firma erst 1999 an ihre Brüder veräußerte, bestreitet die Erbengemeinschaft hingegen nicht.

Begegnung in Dallas

Irgendwann im Jahr 1984 kam es auf dem Flughafen von Dallas (Texas) zu einer Begegnung, die fünfzehn Jahre später fatale Folgen für die deutsche Politik haben sollte. Das Vorstandsmitglied der Thyssen Industrie AG, Winfried Haastert, lernte bei einer Zwischenlandung Karlheinz Schreiber kennen, und der stets kommunikative Geschäftsmann aus Bayern bot dem Thyssen-Manager an, für dessen Konzern seine Kontakte in Kanada zu nutzen.

Thyssen stand damals bei Kriegsgeräten vor einem Absatzproblem: Thyssens Panzer waren zwar in aller Welt begehrt, der Export wurde aber durch die restriktive Haltung der deutschen Regierung bei Waffenverkäufen gehemmt, und die Grenzen der Absatzmöglichkeiten bei der Bundeswehr waren fast erreicht. Der nordamerikanische Markt blieb zudem so gut wie verschlossen. Was Boeing als Konkurrent für Airbus bedeutete, war der US-Gigant General Motors für Thyssen und seine Panzerfertigung als Wettbewerber in den USA und Kanada.

Besonders interessant waren für Thyssen die arabischen Länder, deren mit Ölmillionen ausgestattete Märkte aber unerreichbar blieben, weil die Bundesregierung erst recht keine Ausfuhren von Kriegsgerät an Staaten duldete, die sich mit Israel formal noch im Kriegszustand befanden. Hauptinteressent für Thyssens diverse Panzer – das Unternehmen stellte über siebzig Versionen her – war Saudi-Arabien.

Haastert, als Arbeitsdirektor bei Thyssen Industrie mit damals 700 000 Mark Jahresgehalt weit oben in der Konzernhierarchie, hatte dem Zufallstreffen mit Schreiber in Dallas nicht allzuviel Bedeutung beigemessen, bis ihn wenige Wochen später eine offizielle Anfrage der kanadischen Regierung erreichte, ob Thyssen an Investitionen in der kanadischen Provinz Nova Scotia interessiert sei. Haastert war klar, wer an der Sache gedreht hatte: sein neuer Bekannter. Da für Thyssen eine ausgeflaggte Panzerfabrik in Kanada wegen des arabischen und nordamerikanischen Marktes reizvoll zu sein schien, ging Haastert auf die von Schreiber vermittelte kanadische Offerte ein.

Er fuhr nach Nova Scotia, um ein Gelände zu besichtigen, das die Kanadier für eine Ansiedlung anboten. Auf der Landkarte sieht die kleine Halbinsel unweit von Canso zwischen Halifax und Cape Breton aus wie ein Bärenkopf, und so bekam das angepeilte Joint-venture zwischen Thyssen und der kanadischen Regierung den Projektnamen »Bear Head«. Haastert ließ zunächst prüfen, was seine Firma zusätzlich aus ihrer zivilen Produktpalette dort herstellen könnte und ob für solche Produkte auch ein Markt existierte. Allzu plump wollte die Essener Panzerschmiede nicht zu erkennen geben, daß sie in Wahrheit an der Umgehung der deutschen Embargobestimmungen für Waffenexporte interessiert war.

In die Prüfung wurde auch der SPD-Politiker Helmut Wieczorek eingebunden, der damals noch im Vorstand der Thyssen Engineering GmbH saß. Diese im Anlagenbau tätige Konzerntochter, die sich auf Umwelttechnologien, vor allem auf die Rauchgasentschwefelung, spezialisiert hatte, litt ebenfalls unter Absatzproblemen. Sie hätte die Rüstungsfabrik Bear Head nicht nur errichten, sondern die Anlage gleich so konzipieren können, daß sie auch für die eigenen Produkte zur Erschließung des nordamerikanischen Markts nutzbar gewesen wäre.

Bei den Recherchen lernte Wieczorek 1987 Schreiber kennen. Der Politiker hatte und hat in der SPD-Bundestagsfraktion großen Einfluß. Für den Lobbyisten Schreiber war die Bekanntschaft vor allem wichtig, weil Wieczorek lange Jahre als SPD-Obmann dem Bundestags-Haushaltsausschuß angehörte und damit jenem Gremium, in dem für die Schreibers dieser Welt die Musik spielt, denn dort stehen die großen Geldtöpfe für allerhand staatlich geförderte Projekte.

Wieczorek wurde von seiner Firma nach Kanada geschickt, um die Möglichkeiten zu sondieren, die Marktsituation zu erkunden und Schreibers Verbindungen in Kanada zu überprüfen. Angetan von dem, was er gesehen und festgestellt hatte, kam er zurück. »Während meines Aufenthalts in der kanadischen Provinz Nova Scotia lernte ich mehrere interessante Projekte, darunter zwei Kraftwerke sowie eine Papierfabrik kennen, die grundsätzlich interessante Aufträge versprachen. Ich konnte bei meinem Besuch in Kanada auch feststellen, daß

Herr Schreiber über hervorragende Geschäftsverbindungen verfügte. Diese Verbindungen von Herrn Schreiber ermöglichten es mir beispielsweise auch, mit dem Premierminister der Provinz Nova Scotia zusammenzutreffen«, erinnerte sich der SPD-Politiker am 26. November 1997 als Zeuge bei der Augsburger Staatsanwaltschaft.

Nach einem Meeting in Frankfurt zwischen Thyssen-Mitarbeitern, Schreiber und dessen Vertrauten Horst Schmid, dem kanadischen Minister a. D. und Generalbevollmächtigten für Handel und Tourismus der Regierung von Alberta, kam Wieczorek am 15. Juli 1988 in einer internen Notiz für sein Unternehmen zum Ergebnis: »Zusammenfassend gesehen, scheint Kanada für uns durchaus ein potentieller Kunde werden zu können.« Für Entwicklungsaufträge der kanadischen Regierung zur Luftreinhaltung seien laut Schreiber im zuständigen Ministerium, zu dem hervorragende Kontakte bestünden, nicht abgerufene Mittel von 10 Millionen kanadischer Dollar vorhanden. Auch auf dem Gebiet der Müllbeseitigung durch Pyrolyse und des Shredderns von Altautos suche Kanada kompetente Partner, habe Horst Schmid ergänzt.

Als Thyssen Engineering jedoch bei zwei Ausschreibungen in Kanada für Rauchgasentschwefelungsanlagen nicht zum Zug gekommen war, habe sich das Unternehmen laut Wieczorek vom Bear-Head-Projekt zurückgezogen; der SPD-Politiker traf sich aber noch jahrelang mit den zuständigen Thyssen-Kollegen, um das Vorhaben zu besprechen. Die Verbindung zu Schreiber riß nicht ab.

In den Mittelpunkt rückte jetzt die Panzerfertigung, für die Thyssen nach geheimen kanadischen Regierungsdokumenten 158 Millionen kanadische Dollar, die kanadische Regierung für begleitende Infrastrukturmaßnahmen 27,2 Millionen Dollar investieren wollte. Zielvorstellung waren nach einem Memorandum zweitausend Arbeitsplätze in Cape Breton und weitere dreitausend bei Zulieferern im östlichen Kanada. Als Zielmarkt war in dem Geheimdokument unverhohlen der Nahe Osten angegeben, erst in späterer Zukunft sollte auch der US-Markt angepeilt werden. In Kanada sei mit einer Niederlassung in Fort Erie, die hundertfünfzig Personen beschäftige, auch noch Messerschmitt-Bölkow-Blohm vertreten und könne in die militärische Produktion einsteigen. Mit MBB hatte Schreiber bereits 1985 einen eigenen Beratervertrag zum Bear-Head-Projekt geschlossen.

Die Sicherheit, daß sich die Thyssen-Investitionen auch rechnen, sollte für den Anfang ein kanadischer Rüstungsauftrag geben. Die Armee hatte Bedarf an leichten gepanzerten Radfahrzeugen angemeldet, 250 hoffte Thyssen liefern zu dürfen. Schreiber war jederzeit in der Lage, Haastert Gesprächstermine bei Premierminister Brian Mulroney und seinen Kabinettsmitgliedern zu verschaffen. Schreiber imponierte den Thyssen-Leuten von Anfang an, sein Airbus-Coup in Kanada hatte sich bei ihnen herumgesprochen und verlieh dem Geschäftsmann aus Bayern die Aura des erfolgreichen internationalen Maklers. »Entscheidend für den Kontakt zu Herrn Schreiber war die Tatsache, daß er den Airbus in Kanada verkauft hatte, also Beziehungen zu maßgeblichen Stellen in Kanada hatte«, sagte im November 1995 Haasterts Vorstandskollege Ernst Höffken den Ermittlern.

Das kanadische Justizministerium hielt in seinem Rechtshilfeersuchen an die Schweizer Behörden 1996 fest, Thyssen habe für das Bear-Head-Projekt mit Schreibers Hilfe das kanadische Unternehmen Bear Head Manufactoring Industries Inc. (BMI) gegründet. Schreiber sei Direktor geworden, in die Unternehmensspitze sei Gregory Alford eingezogen, leitender Angestellter der Lobby-Firma Government Consultants International Inc. (GCI) des schon aus der Hubschrauber- und Airbus-Vermittlung bekannten Schreiber-Spezis Frank Moores (»Frankfurt«), der später selbst Präsident der BMI wurde.

So war es kein Wunder, daß das Bear-Head-Vorhaben zunächst von der kanadischen Bundesregierung durch das Department of Regional Industrial Expansion massiv gefördert wurde, denn in der Umgebung des geplanten Standorts betrug die Arbeitslosenquote fünfundzwanzig Prozent. Es kam zu einer Grundsatzvereinbarung der Regierung mit der Firma Bear Head, der aber nie ein unterzeichneter Vertrag folgte. »Öffentlicher Widerstand gegen das Rüstungswerk« habe die Billigung verzögert und schließlich ganz verhindert, schreibt das kanadische Justizministerium.

Auch Haastert blieb nicht verborgen, daß in Kanada nichts weiterging. Von Schreiber beschaffte Zusagen der Provinzregierung von Nova Scotia (30. Oktober 1987) und der kanadischen Bundesregierung (27. September 1988) erwiesen sich für Thyssen als wertlos. Die kanadische Presse hatte schon Anfang 1986 thematisiert, daß Thyssen mit dem Bear-Head-Projekt vor allem die Ankurbelung seiner Panzerexporte in arabische Länder verfolge. Das Kabinett Mulroney sei gespalten, Außenminister Joe Clark sei ein strikter Gegner des Projekts, schrieb die Zeitung *The Globe and Mail*. Damit begannen in Kanada die öffentlichen Diskussionen um das Bear-Head-Projekt, der Widerstand gegen die Panzerfabrik in Nova Scotia formierte sich.

Der Vorsitzende des »Comitè Canada–Israel«, Sidney Spivak, protestierte namens der angeschlossenen Organisationen B'nai Brith, Canadian Jewish Congress, Canadian Zionist Federation und der kanadischen jüdischen Gemeinden am 19. Februar 1986 massiv bei Mulroney gegen ein Unterlaufen deutscher Embargovorschriften zu Lasten Israels mit Hilfe der kanadischen Regierung. Die meisten arabischen Staaten befänden sich nach wie vor mit Israel im Krieg, Thyssens Panzerfabrik am Atlantik beeinträchtige damit massiv Israels Sicherheit. »Kanada darf nicht als Hafen für Unternehmen mißbraucht werden, die Beschränkungen ihrer eigenen Regierungen zum Verkauf von Waffen in Spannungsgebiete umgehen wollen«, schrieb Spivak dem Premier, der unverbindlich erwiderte, Spivaks Schreiben werde bei der Entscheidung berücksichtigt.

Für das kanadische Außenministerium warnte der für Abrüstung zuständige Mann, Mulroneys Parteifreund Douglas Roche, am 27. Februar 1986 vertraulich vor dem Deal mit den Deutschen. Es werde Proteste im ganzen Land geben, schrieb er an den Premier. Da der Thyssen-Konzern solches Aufsehen scheute, schrieb Haastert das umstrittene Vorhaben zunächst einmal ab: »In der Folge gerieten wir dann in die Schlagzeilen der kanadischen Presse, so daß für mich die Angelegenheit Bear Head zunächst erledigt schien«, sagte er später der Augsburger Staatsanwaltschaft. Ohnehin habe er das Projekt wegen eines firmeninternen Wechsels in eine andere leitende Funktion zwischen 1985 und 1992 nicht mehr offiziell betreut. Aber er hatte immer ein Auge darauf und spannte zusammen mit Schreiber auch Bundeskanzler Helmut Kohl ein.

Vor einem Staatsbesuch Kohls in Kanada arbeiteten Haastert und Schreiber im Juni 1988 ein Memorandum aus, in dem sie allerdings kein Wort über das Thyssen-Interesse am arabischen Markt verloren, sondern die Möglichkeit betonten, über Kanada und dessen Handelsabkommen mit den USA den Einstieg in das militärische Beschaffungsprogramm des US-Verteidigungsministeriums zu schaffen. Das Kohl für die Reise zugesteckte Papier blieb ohne greifbares Ergebnis. Als Mulroney 1991 zum Gegenbesuch nach Deutschland kam, wurde Schreiber zu einem Festbankett eingeladen, das Kohl in Bonn gab.

Offiziell zuständig war bei Thyssen für das Bear-Head-Projekt inzwischen Jürgen Maßmann, der als Vorstandsmitglied für den Bereich Wehrtechnik bei der Kasseler Konzern-Tochter Thyssen Henschel ein Jahresgehalt von damals rund 350 000 Mark bezog. Maßmann war mit Schreiber eng befreundet und dessen Verbindungsmann bei Thyssen. Auf einer Glückwunschkarte an Schreiber und seine Frau Barbara hat Maßmann einmal geschrieben: »Besonders liegt mir jedoch am Herzen, Euch beiden nochmals Danke zu sagen für all die ›Mühe + Sorgen‹ mit mir. Karlheinz, insbesondere Deinem Engagement, Deiner Fürsprache habe ich meine Berufung in den Vorstand zu verdanken. Dies werde ich nie vergessen. Ich weiß es sehr zu würdigen und werde mir die größte Mühe geben, Dich in Deinen Prognosen nicht zu enttäuschen.«

Die Bear-Head-Prognosen jedoch mußten zurückgefahren werden. Die kanadische Regierung verschob das umstrittene Vorhaben zunächst bis nach den Wahlen Ende 1988, traf aber auch dann keine Entscheidung. Das Projekt existierte nur noch als ein von Thyssen mit 20 000 Mark monatlich finanziertes Bear-Head-Büro in Ottawa, um »den Bedarfsfall der kanadischen Armee weiter zu verfolgen«.

Die folgenlosen kanadischen Zusagen der Provinz- und der Bundesregierung waren freilich für Schreiber Gold wert, denn an ihre Erteilung waren die Provisionen geknüpft, die Thyssen zu bezahlen hatte. Dabei ging es nicht nur um zustimmende offizielle Briefe zur Errichtung der Fabrik in Nova Scotia, sondern auch um eine Zusage des kanadischen Verteidigungsministeriums, die von ihm benötigten 250 leichten Panzer auch ohne kanadische Fabrik von Thyssen zu beziehen.

Schreiber verbarg sich beim Vertragsabschluß wieder hinter den bekannten Briefkastenfirmen – ein Verfahren, gegen das seine Kontaktleute im Konzern nichts einzuwenden hatten. Thyssen-Manager rechneten die Firmen, die Schreiber als Partner präsentierte, seiner Einflußsphäre zu und berichteten später, Schreiber habe nach ihrem Eindruck wie ein Eigentümer verfügt. Insgesamt bezahlte Thyssen an Schreiber nach der Berechnung der Steuerfahndung entweder direkt oder über die ihm zugeschriebene I.A.L. in Sachen Bear Head 6,4 Millionen kanadische Dollar, nach damaligem Kurs 9,6 Millionen Mark, ohne daß in der Folge auch nur ein Panzer an Kanada verkauft worden wäre.

Selbst für Thyssen-Insider war die Form der Bezahlung so undurchsichtig, daß sie in der Folge ratlose Aktenvermerke austauschten. Zunächst hatte man intern nur den kleinsten Kreis über die Anbahnung des erhofften Panzergeschäfts mit Kanada informiert: »Wegen der notwendigen Geheimhaltung haben wir bisher weder die Fachabteilungen der Thyssen AG noch den Aufsichtsrat der Thyssen Industrie AG über die Angelegenheit informiert«, heißt es in einem Vermerk vom 13. Januar 1988. Am 9. September 1991 fragte Peter Joussen von der Thyssen-Rechtsabteilung den Justitiar Hans-Joachim Klenk zum Stichwort »Cape Breton« (dem Standort der geplanten Bear-Head-Fabrik). »Ich komme leider immer noch nicht ganz zurecht. Vielleicht könnten Sie mir mündlich noch einen Kommentar geben?« Joussen sah »den Fall Schreiber« nach eigener Aussage »als einen kritischen Vorgang an, bei dem ich auf sicherem Boden stehen wollte, um ggf. gegenüber dem Vorstand Rede und Antwort stehen zu können«. Klenk kannte sich aus und schrieb am 24. September 1991 mit der Hand auf den Brief: »Herrn Dr. Joussen mündlich erläutert, daß 1. die 3,9 Mio can $ gezahlt am 23.12.87 mit 1,9 Mio can. $ und 20.10.1988 mit 2,0 Mio can. $ für die Beratung im Zshang mit Bear Head (Zusagen der Provinz- und Landesregierung) bezahlt wurden. 2. Die 2,5 Mio can $ gezahlt am 22.12.88 mit 1,5 an Bayer.

Bitumen Chemie und 22.12.88 mit 1,0 can $ darlehensweise an I.A.L. für Beratung bei Erschließung des US-Marktes (Zusage der Landesregierung). Vgl. auch Akte 5000/16 zu Tz 8.« Das erwähnte Darlehen von einer Million kanadischer Dollar, das über die I.A.L. geflossen war, wurde Schreiber von Thyssen später auch noch erlassen.

Am 9. Dezember 1992 ließ sich Schreiber in einer Besprechung beim Finanzamt für Konzernbetriebsprüfung Düsseldorf II, das für Thyssen zuständig war, bestätigen, er habe »für die Erschließung des kanadischen und nordamerikanischen Marktes sowie für die Anknüpfung von hierfür erforderlichen Beziehungen« die Leistungen Dritter in Anspruch genommen. Soweit solche Gelder oder Darlehen von Thyssen an die Domizilgesellschaft I.A.L. bezahlt worden seien, gehe Schreiber davon aus, daß sie »Frank Moores, der nach seiner Einschätzung einer der Gesellschafter der I.A.L sei, erhalten habe und die Verteilung der Beträge in Kanada vornehme«, notierten die Düsseldorfer Finanzbeamten in einem Aktenvermerk vom 14. Dezember 1992. Schreiber sei darauf hingewiesen worden, daß er als inländischer Steuerpflichtiger für die Anerkennung der »nützlichen Abgaben« – sprich Schmiergelder – als Betriebsausgaben bei Zahlungen an eine Domizilgesellschaft »den vollen Namen und die Adresse der hinter der Domizilgesellschaft stehenden Personen mitteilen« müsse. »Auch im Hinblick auf die steuerliche Behandlung der zukünftigen Zahlungen wurde mit Herrn Schreiber vereinbart, daß er für die Mitteilung der Namen der Endempfänger der nützlichen Abgaben der Gesellschafter der I.A.L. Sorge tragen und sich gleichzeitig bestätigen lassen werde, daß von diesen Zahlungen keine Rückflüsse an im Inland steuerpflichtige Personen oder Gesellschaften erfolgt sind.« Ob Schreiber der Aufforderung des Fiskus nachgekommen ist oder ob man es bei der sanften Ermahnung beließ und ihm auch ohne Namensnennung Glauben schenkte, ist nicht bekannt.

Wie das I.A.L.-Geld wirklich floß, hat der Augsburger Fahndungsprüfer Kindler 1997 minutiös nachvollzogen, weil er auch im Bear-Head-Fall massive Steuerhinterziehung vermutet. Am 30. Dezember 1987 zum Beispiel überwies Thyssen der I.A.L. 1,9 Millionen kanadische Dollar auf das Konto 235.972.029 bei der Verwaltungs- und

Privatbank Vaduz. Am 4. Januar 1988 ging von diesem Konto eine Million kanadischer Dollar über Schreibers kanadische Firma Bitucan auf das Konto 353 656 an die Sparkasse Landsberg-Dießen, das Schreibers Kauferinger Firma babic gehört. 735 000 kanadische Dollar gingen am selben Tag auf ein zweites I.A.L.-Konto bei der Verwaltungs- und Privatbank in Vaduz mit der Nummer 235.972.010. Von diesem Konto wurden am 5. Januar 1988 in bar 692 500 Schweizer Franken abgehoben, den Empfang von 562 500 Franken quittierte Schreiber.

Mit einer Thyssen-Überweisung von zwei Millionen kanadischer Dollar am 28. Oktober 1988 an die I.A.L. passierte ähnliches. Sie wurden noch am gleichen Tag von der I.A.L. zur Muttergesellschaft Kensington Anstalt geschoben und von deren Konto bis auf einen kleinen Restbetrag auf Schreibers Privatkonten in Zürich und Pontresina überwiesen oder in Teilbeträgen von ihm bar abgehoben.

Für Thyssen gab es kaum noch Hoffnung, je eine Rendite für diese Aufwendungen zu sehen, auch wenn sich Schreiber und Maßmann weiter um den Panzerauftrag bemühten. Wenigstens war der Panzerbauer Anfang 1990 zusammen mit dem US-Konzern General Dynamics an einen Auftrag des US-Verteidigungsministeriums zur Lieferung gepanzerter Fahrzeuge für die ABC-Aufklärung gekommen, was Winfried Haastert in einem Brief am 28. März 1990 Bundeskanzler Kohl hoch anrechnete. Er schrieb: »Wir nehmen diese Auftragsvergabe, sehr geehrter Herr Bundeskanzler, gerne zum Anlaß, um Ihnen für Ihren persönlichen Einsatz hierfür unseren respektvollen Dank auszusprechen. Gestatten Sie uns, in diesen Dank auch den Verteidigungsminister (damals Gerhard Stoltenberg, CDU, d. A.) und seinen Staatssekretär Dr. Pfahls einzubeziehen, denn die konzertierte Unterstützung im politischen Raum hat zweifellos in erheblichem Maße zum Erfolg beigetragen.« Allerdings lief das Projekt bald darauf wieder auf Grund.

Schreiber und die liechtensteinischen Firmen hatten durch das Bear-Head-Projekt viel Geld gesehen. Sein Ansprechpartner Haastert machte weiter Karriere: Er wurde Vorstandsvorsitzender bei Thyssen Industrie, sein Jahresgehalt lag inzwischen bei 800 000 Mark, und er hatte eine schöne Ferienwohnung im Tessin. Für Thyssen aber war es höchste Zeit, daß sich die investierten Millionen amortisierten. Wenn Länder wie Saudi-Arabien schon nicht über eine Kanada-Filiale zu beliefern waren, könnte man es – bei all der »Unterstützung im politischen Raum« – mit der Dynamik von Jürgen Maßmann, dem Wehrbereichsvorstand bei Thyssen Henschel, und mit Schreibers Beziehungen vielleicht doch von Deutschland aus versuchen.

Rüffel für den Botschafter

Kontakte in die arabischen Länder hatte Schreiber schon Ende der siebziger Jahre geknüpft. Der damals unternommene Versuch, Ölverträge mit den Saudis zur Finanzierung des Strauß-Wahlkampfs 1980 und zum eigenen Gewinn abzuschließen, war nur der Beginn einer Freundschaft mit orientalischen Prinzen und Höflingen, Beratern und Waffenhändlern. Durch die enge Bekanntschaft zu Franz Josef Strauß, der im Nahen und Mittleren Osten durch häufige Besuche seine politischen und sonstigen Interessen zielstrebig pflegte, konnte Schreiber auch seine eigenen Verbindungen stärken. Im Gefolge von Strauß reisten stets Wirtschaftskapitäne mit griffbereiten Auftragsbüchern.

Vor allem Saudi-Arabien hatte einen dringenden Wunsch, den aber deutsche Regierungen, ob sozialliberal oder konservativ-liberal, mit Rücksicht auf Israel nicht erfüllen mochten: Den Panzer Leopard 2 sollten sie nicht bekommen, selbst wenn sie sich diskret auf eine angebliche Zusage von Bundeskanzler Helmut Schmidt aus dem Jahr 1980 beriefen, die gegeben zu haben der frühere Regierungschef aber bestritten. Strauß hätte weniger Skrupel gehabt. Das zeigt seine Unterstützung für den Verkauf deutscher U-Boot-Baupläne an das südafrikanische Apartheid-Regime, wofür er angeblich sogar Bundeskanzler Helmut Kohl gewonnen hatte. Ohne Exportgenehmigung, ohne Votum des Bundessicherheitsrats waren die Unterlagen tatsächlich in Südafrika gelandet. Aber die Leoparden von Krauss-Maffei aus München brachte Strauß nicht ins Rollen, sosehr ihm seine Freunde aus der Rüstungsindustrie auch in den Ohren lagen.

Als Kohl im Oktober 1983 zu einem sechstägigen Besuch nach Saudi-Arabien fuhr, gedachte er nicht, vom Embargo abzugehen, falls ihn die Gastgeber darauf ansprechen sollten. Der als großer Freund der Araber bekannte Jürgen Möllemann (FDP), damals Staatsminister im Auswärtigen Amt, heizte aber im Verein mit den CSU-Bundestagsabgeordneten Erich Riedl, Michael Glos und Klaus Rose unmittelbar vor Kohls Abreise die Stimmung kräftig an. Möllemann, der Kohl begleitete, sprach sich eindeutig für die Lieferung von Leopard-2-Panzern nach Riad aus: Er gehöre nicht zu jenen, die mit Rücksicht auf die Lage Israels und die generelle Zurückhaltung Bonns bei Waffenexporten Skepsis zeigten, sagte er frank und frei.

Die CSU-Parlamentarier, denen die Haltung ihres Parteivorsitzenden zum Waffenexport nach Saudi-Arabien natürlich geläufig war, assistierten dem Staatsminister. Da in wenigen Jahren die Ausrüstung der Nato mit Leopard 2 zum Abschluß käme, seien von 1987 an mehr als 10 000 Arbeitsplätze gefährdet, wenn keine »Anschlußaufträge« vorlägen. Erhielten die Saudis durch die Weigerung der Bundesregierung nicht das begehrte Kriegsgerät, würden sie die Aufträge eben an andere Industrienationen vergeben. Eine Bedrohung Israels sei nicht zu befürchten, wenn Bonn den Export durch eine sogenannte Endverbleibsklausel absichere. Sie soll verhindern, daß Waffen nach dem Export an andere Länder weiterverkauft werden.

Kohl sicherte den Saudis zwar zu, den Ausbau ihrer Luftabwehr »bei der Organisation und mit Waffensystemen (Gepard und Roland) zu unterstützen«, wie es in einem Vermerk des Bundesverteidigungsministeriums zur Entwicklung der Waffenexporte nach Saudi-Arabien heißt. Es änderte sich aber zunächst nichts an Bonns Weigerung, den Saudis Leopard-2-Panzer zu überlassen.

Im November 1986 reiste der bayerische Ministerpräsident Franz Josef Strauß mit etwa vierzig deutschen Firmenvertretern nach Riad und traf mit dem saudi-arabischen König Fahd zusammen. Strauß sprach sich für eine Änderung der deutschen Waffenexportbestimmungen aus und sagte noch in Riad dem Korrespondenten der *Welt*, Peter Schmalz, Deutschland solle sich nicht länger vom Waffenexport fernhalten, wie ihn die Amerikaner, Frankreich, Großbritannien und

Italien praktizierten: »Ich habe sowohl hier erklärt wie in Israel vor einem Jahr: Wenn die Bundesrepublik das einzige Land wäre, das als Waffenlieferant in Betracht käme, dann würde ich dazu eine völlig negative Haltung einnehmen. Es geht aber nicht um die Frage, ob diese Länder hier Waffen kaufen können, denn die Engländer, Amerikaner, Franzosen liefern ohne Begrenzung an bestimmte und befreundete Staaten – und da sollten wir uns nicht ausschließen.« Das sei wichtig »aus politischen und strategischen Gründen und nicht zuletzt aus Gründen der laufenden Modernisierung unserer Rüstungstechnik. Wir haben unseren Vorsprung auf gewissen Gebieten längst verloren ... Auf Schritt und Tritt begegnet man hier der vorwurfsvollen Frage: Warum haltet ihr uns für politisch unverantwortlich und für moralisch unreif? Unser Geld wollt ihr haben, aber zu unserer Sicherheit wollt ihr nichts oder nur hinter verschlossenen Türen etwas beitragen.« Über solche Worte freuten sich die Mitreisenden aus der Rüstungslobby.

Auch Max Strauß war dabei, und wo der Politikersproß auftauchte, war der Eklat nicht weit. Vater Strauß hatte die Saudis eine Gesprächsrunde arrangieren lassen, in der die mitgereisten Vertreter von Thyssen, Blohm + Voss, Howaldtswerke-Deutsche Werft (HDW), Messerschmitt-Bölkow-Blohm und Krauss-Maffei den Inspekteuren des saudischen Heeres, der Luftwaffe und der Marine ihre Produkte präsentieren durften.

Die Saudis hatten die Deutschen ermutigt, es so zu halten wie die Franzosen und Engländer bei solchen Gesprächen: »Sie offerieren uns ihr Angebot, und wir wählen aus, was wir benötigen.« Max Strauß saß mit am Tisch und auch der deutsche Botschafter in Riad, Walter Nowak, dem es schnell unheimlich wurde, als unverkrampft von U-Booten, Thyssen-Panzern aus kanadischer Bear-Head-Produktion, der Streubombe MW-1 und den Krauss-Maffei-Verkaufsschlagern Leopard und Gepard die Rede war.

Der Botschafter erlaubte sich, in einer Wortmeldung auf die restriktive Haltung der Bundesregierung bei Waffenexporten hinzuweisen, und wurde dafür von Max Strauß rüde angegriffen. »Seien Sie doch still«, sagte er und dann, als Nowak nicht auf ihn hörte: »Jetzt können wir ja gleich gehen.« Was Nowak vortrage, sei die Linie des Auswärtigen Amtes, die von seinem Vater nicht gebilligt werde. Die bevorstehenden Bundestagswahlen würden »für die deutschen Kooperationsmöglichkeiten eine wesentlich erweiterte Grundlage schaffen«.

Das fand den Beifall der deutschen Spitzenkräfte aus der Waffenbranche, die sich durch den Diplomaten beim Verkaufsgespräch gestört fühlten. Thyssen-Vorstand Winfried Haastert beschwerte sich noch in Riad beim Chefredakteur der *Passauer Neuen Presse*, Ulrich Zimmermann: »Nach dieser Einleitung hätten wir eigentlich sofort wieder aufstehen und gehen können.« Der Vorstandsvorsitzende von Messerschmitt-Bölkow-Blohm, Hanns Arndt Vogels, assistierte: »Wir haben uns gefragt, was wir jetzt hier eigentlich noch sollen.« Der Vorstandschef von Krauss-Maffei, Burghard Wollschläger, wurde mit dem auf den Botschafter gemünzten Satz zitiert: »Manche Sätze blieben eben besser ungesagt.« Hermann Graf Pückler, ein Intimus von Max Strauß, Vorstand in der Marianne-Strauß-Stiftung und Geschäftsführer der Münchner Rüstungsfirma Eurotechnik, regte sich auf: »Wir sind Geschäftsleute, machen unser Angebot und investieren unser eigenes Geld. Da braucht uns unser eigener Botschafter nicht in den Rücken zu fallen.«

Max Strauß war auch nach seiner Rückkehr stolz auf seinen Auftritt. Nowak habe »die wundervoll unklare Linie der Bundesregierung gefahren«, sagte er. Zum Gespräch mit der Wirtschaftsdelegation in Riad sei er gekommen »wie die Jungfrau zum Kind«. Der Grund sei aber sicher in seinen fünfzehn früheren Besuchen in Saudi-Arabien und in der Tatsache zu suchen, daß er als Anwalt mit Rechtsproblemen aus arabischen Ländern befaßt sei.

Im Frühjahr 1987, als schiitische Milizionäre in Beirut den Siemens-Techniker Alfred Schmidt und den Mitarbeiter des Chemie-Unternehmens Hoechst, Rudolf Cordes, entführten – ein Geiseldrama, das erst nach eineinhalb Jahren glücklich endete –, wurde Max Strauß von seinem Vater nach Syrien geschickt. Das Bundeskanzleramt hatte die Strauß-Familie wegen ihrer Nahostkontakte um Hilfe bei der Befreiung gebeten. In Damaskus verhandelte Max Strauß mit Verteidigungsminister Mustafa Tlass, Geheimdienstchef Ali Duba und dem Chef der schiitischen Amal-Miliz, Nabih Birri. Er hielt engen Kontakt mit dem Makler internationaler Großgeschäfte, Dieter Holzer, einem Freund seines Vaters, der mit einer Verwandten des libanesischen Präsidenten Amin Gemayel verheiratet ist und deshalb über exzellente Beziehungen verfügt. Wie intensiv Holzers Kontakte im Libanon sind, welche Sonderdiplomatie er für seine libanesischen Hintermänner an der deutschen Bundesregierung vorbei mit dem Strauß-Clan betrieb und wie virulent die Strauß-Interessen im Nahen Osten waren, zeigt ein Brief, den der Geschäftsmann am 30. Oktober 1987 anläßlich eines Deutschlandsbesuchs von Gemayel an Max Strauß schickte:

Sehr geehrter Herr Strauß,

ich bestätige unsere Unterredung von heute morgen. Sie erhalten als Anlage Besprechungspunkte, die zwischen Herrn Amin Gemayel und Ihrem Vater erörtert wurden.

1. Die libanesische Delegation wird uns einen Bericht über die Gespräche mit Herrn Bundespräsidenten Weizsäcker, Herrn Bundeskanzler Kohl und Herrn Außenminister Genscher sowie mit Herrn Bundesminister Klein zuleiten.

2. Nachdem diese Protokolle vorliegen, werden sie an Ihren Vater weitergeleitet werden und / oder sie werden direkt an Ihren Vater vom libanesischen Präsidentenpalast in Beirut an die bayerische Staatskanzlei geschickt.

3. Die Zusage Ihres Vaters nach Prüfung des Konzeptes von Herrn Gemayel, dieses Konzept in Jordanien und USA zu unterstützen.

4. Einfrierung der libanesischen Mittel (85 Millionen Ecu) bei der EWG in Brüssel. Hier sollte Kommissar Schmitthuber (richtig: Peter Schmidhuber, CSU, d. A.) in die Angelegenheit eingeschaltet werden. Entsprechende Unterlagen werde ich Ihnen diese Woche noch zur Verfügung stellen.

5. Rücksprache Ihres Vaters nach Vorlage der Besprechungspunkte oder nach Vorlage des neuen Besprechungskonzeptes von Herrn Gemayel mit Herrn Perez und Herrn Weizman.

Mit freundlichen Grüßen Holzer.

Ein paar Jahre später sollte sich die Verbindung von Max Strauß zu dem weltweit operierenden Vermittler Dieter Holzer noch intensivieren.

Mitte 1989 leitete die Staatsanwaltschaft beim Landgericht München I Vorermittlungen ein, weil österreichische Ermittler in einem der größten Rüstungsskandale der Nachkriegszeit, der Noricum-Affäre, eine Spur nach München aufgezeigt hatten. 1985 wollte die Firma Noricum, eine Tochter der staatlichen Vereinigten Österreichischen Eisen- und Stahlwerke (VÖEST), 200 Feldhaubitzen und 80 Sprenggranaten im Wert von 6,87 Milliarden Schilling (950 Millionen Mark) nach Libyen verkaufen, von wo sie umgehend an den Iran weitergeleitet werden sollten. Dorthin durften österreichische Firmen damals aber nicht liefern, der erste Golfkrieg zwischen Iran und Irak war im Gange.

Der illegale Waffenhandel – abgesegnet von vier österreichischen Ministerien und mit auf Libyen bezogenen Exportpapieren gesichert – flog auf, als ein Beteiligter plauderte und in einem jugoslawischen Hafen 45 der Haubitzen aufgestöbert wurden. Die Endverbraucherzertifikate für Libyen waren in Ordnung, die technischen Erklärungen für das Gerät waren aber in einem iranischen Dialekt abgefaßt. Ein Zehntel der Auftragssumme, rund 100 Millionen Mark, hatte VÖEST an Vermittler gezahlt, die sich hinter Briefkastenfirmen verbargen: Convalor in Panama, Flagstone in Vaduz, Leeward Oceanic, Quadriga und Intrasco.

Ein ehemaliger deutscher Kriminalbeamter, der jahrelang als Undercover-Agent in der Waffenhändlerszene gearbeitet hat und unter dem Pseudonym Manfred Morstein 1989 das Buch »Der Pate des Terrors« veröffentlichte, glaubt zu wissen, wer den Löwenanteil des Schmiergelds kassierte: Monzer al-Kassar, ein Intimus von Syriens Verteidigungsminister Mustafa Tlass, mit dem Max Strauß 1987 wegen der Libanon-Geiseln verhandelt hatte, habe die libyschen Endverbraucherzertifikate beschafft, die den illegalen Haubitzenexport in den Iran tarnen sollten, schrieb der deutsche Undercover-Mann.

Al-Kassar war für die bayerische Justiz kein Unbekannter. Pfingsten 1988 wurde der gebürtige Syrer an der Grenze zu Österreich festgenommen, nachdem ihm das Bundeskriminalamt eine Falle gestellt hatte. Gegen den Waffenhändler lag ein französischer Haftbefehl vor:

Ein französisches Gericht hatte ihn für schuldig befunden, mit dem deutschen Rechtsextremisten Otfried Hepp terroristische Anschläge vorbereitet zu haben, und ihn zu acht Jahren Gefängnis verurteilt. Zeitweise stand der in Wien und Marbella residierende Multimillionär al-Kassar unter Verdacht, Drahtzieher des Bombenattentats auf den PanAm-Flug 103 über der schottischen Ortschaft Lockerbie gewesen zu sein, bei dem im Dezember 1988 270 Menschen umkamen. Internationale Polizeibehörden führten umfangreiche Dossiers über den Mann.

Als ihn am 24. Mai 1988 sein österreichischer Fahrer Georg Postl, der sonst für den syrisch-österreichischen Geschäftsmann Nabil Kuzbari arbeitete, im Gefängnis Bad Reichenhall besuchte, hörte auf gerichtliche Anweisung der Polizeiobermeister Gerhard Haberzett die beiden ab. In seinem Protokoll steht, daß al-Kassar fragte: »Warum hast du nicht mit Strauß gesprochen?« Postl antwortete: »Ich konnte über die Feiertage niemand erreichen. Der Sohn von Strauß ist für dich nach Paris geflogen. Du sollst den libanesischen Konsul in Deutschland einschalten.« Er versprach, mit Strauß zu reden und »Achmed in Damaskus« anzurufen.

Tatsächlich war Max Strauß in der Ägäis aufgestöbert worden, wo er mit seinem Vater auf der Yacht türkischer Freunde weilte. Der Anwalt flog nach München, weil seine Kanzlei von Kuzbari gebeten worden war, das Mandat für al-Kassar zu übernehmen. Als er endlich in München war, hatte der aber schon einen anderen Rechtsbeistand. Max Strauß bestritt, daß er oder sein Vater al-Kassar geholfen oder etwas mit ihm zu tun hätten. Nachdem Frankreich trotz des Haftbefehls keinerlei Interesse an der Auslieferung des Syrers zeigte, durfte dieser am 1. Juni 1988 Bayern in Richtung Wien verlassen. Später wurde al-Kassar in Traunstein (Oberbayern) zu einer Geldstrafe verurteilt – weil er an Pfingsten 1988 beim Grenzübertritt einen gefälschten Paß vorgezeigt hatte.

Als 1989 in Linz an der Donau achtzehn Industriemanager wegen des Noricum-Deals vor Gericht standen, legte die österreichische Staatsanwaltschaft ein Gutachten vor, in dem es hieß: »In München dürften sich nach Aktenlage wesentliche Teile der Iran-Anbahnung und -Abwicklung der Noricum abgespielt haben.« Dazu behauptete das Magazin *Stern*, mit den Provisionen hätten Max Strauß, sein Bekannter, der Noricum-Berater und Militärausrüster Hermann Graf Pückler, und der Münchner Bankier August von Finck (Merck, Finck & Co.) zu tun gehabt. Die Münchner Staatsanwaltschaft sicherte zu, Einblick in das österreichische Gutachten zu nehmen. Im bayerischen Landtag forderte der SPD-Politiker Karl-Heinz Hiersemann Ermittlungen gegen Bardia Khadjavi, einen Exil-Iraner, der schon zu Schah-Zeiten nach Deutschland gekommen war und in dessen Münchner Anwaltskanzlei auch Max Strauß tätig ist, ferner gegen die Bayerische Landesbank und deren Tochter Aufhäuser-Bank. »Schließlich geht es hier nicht um ein dem Hühnerdiebstahl vergleichbares Delikt«, sagte Hiersemann. Strauß bestritt energisch, mit der Noricum-Affäre zu tun zu haben, und die Vorermittlungen erbrachten nichts für ein Ermittlungsverfahren.

Füchse für Saudi-Arabien

Das Jahr 1990 war für den Vorstand des Bereichs Wehrtechnik bei der Kasseler Thyssen-Dependance Henschel von reger Reisetätigkeit geprägt. Jürgen Maßmann düste quer durch die Welt, nach Detroit, Jeddah und Paris, nach Argentinien und Abu Dhabi, nach Ottawa, Athen, Zürich und London, nach Washington und Edmonton und immer wieder nach Riad. Der Panzerverkäufer traf sich in Kanada mit Karlheinz Schreiber, um das Bear-Head-Projekt doch noch voranzubringen, konferierte in Washington mit Thyssens US-Vertreter Warner & Associates, wie den Amerikanern Thyssen-Panzer schmackhaft zu machen seien, und dinierte in Paris mit Hermann Graf Pückler (Eurotechnik), der sich 1986 in Riad so über Botschafter Nowak erregt hatte. Der Graf und Strauß-Freund beriet zusammen mit dem deutschen Odenwald-Werk die Saudis bei der Giftgasabwehr. Langsam bahnte sich das Geschäft an, an dessen Ende Karlheinz Schreiber einen Koffer mit einer Million Mark in bar dem CDU-Schatzmeister Walther Leisler Kiep übergeben sollte.

Maßmann lernte Mansour Ojjeh kennen, Mitbesitzer des Formel-1-Rennstalls Mercedes-McLaren, einen Multimillionär mit saudischem Paß, dessen Familie beträchtlichen Einfluß in Riad hat. Dieser Mann gilt den Ermittlern als von Schreiber eingesetzter Einfädler des Panzer-Deals in Saudi-Arabien.

Am 2. August 1990, Maßmann verbrachte gerade einen Urlaub auf Zypern, wurde Kuweit vom Irak besetzt. Am 9. August orderte die US-Army bei Thyssen zehn Fuchs-Panzer für den Golfeinsatz, die aber natürlich so schnell nicht herzustellen waren. Thyssen Henschel fragte Staatssekretär Holger Pfahls im Verteidigungsministerium, ob die Bundeswehr nicht leihweise aushelfen könne, und der frühere Strauß-Bürochef machte es umgehend möglich. Schon am 13. August erteilte die Bundeswehr einen Marschbefehl für zehn Fuchs-Panzer, die am 14. August bei Thyssen Henschel in Kassel eintrafen und am 15. August der US-Armee übergeben wurden.

Maßmann ist ein verwegener Typ. Sein lockerer Umgang mit Beamten des Bundesverteidigungsministeriums hatte dazu geführt, daß er zeitweise an Geschäften seines Arbeitgebers mit der Bundeswehr nicht mehr mitwirken durfte. In mindestens zwölf Fällen waren dem Vorstand des Thyssen-Henschel-Wehrbereichs unter Verletzung des Dienstgeheimnisses vertrauliche Unterlagen der Armee überlassen worden. Rechtzeitig zum Beginn des Panzergeschäfts mit Saudi-Arabien, ab dem 13. August 1990, war Maßmann im Verteidigungsministerium wieder als Verhandlungspartner gefragt; Schreiber und Staatssekretär Holger Pfahls hatten sich für den Thyssen-Mann verwendet.

Maßmann hatte das Gefühl, daß angesichts der Eskalation am Persischen Golf, des Engagements der USA zur Eindämmung des Brandherds und der befürchteten irakischen Giftgasangriffe die Möglichkeit bestand, die ablehnende Haltung der Bundesregierung zu Waffenlieferungen an Saudi-Arabien aufzubrechen.

Deshalb häuften sich Maßmanns Reisen nach Riad, und wenn er in Deutschland war, hatte er Termine, Termine, Termine. Die meisten galten der Vorbereitung eines Panzergeschäftes mit Saudi-Arabien mit einem Volumen von fast einer halben Milliarde Mark, aber auch in Abu Dhabi, Indonesien, Taiwan und der Türkei winkten fette Geschäfte. Seine Gesprächspartner waren nach einem minutiösen »Bewegungsprofil«, das die Wirtschaftsprüfungsgesellschaft Arthur Andersen für den Thyssen-Konzern anhand der Kalender des Managers erarbeitet hat, neben vielen anderen wieder Graf von Pückler und der frühere General der legendären Bundesgrenzschutz-Sturmtruppe GSG 9, Ulrich Wegener, der vom »Helden von Mogadischu« zum Berater der saudi-arabischen Regierung geworden war.

Zwei verschiedene Projekte liefen im Sommer 1990 auf Hochtouren: Das erste betraf das saudische Innenministerium, für das Maßmann bereits am 2. Mai 1989 einen Consulting-Vertrag mit der Saudi-Firma seines Bekannten Mahmoud Mansour, Establishment for Commerce Development Projects, Riad, abgeschlossen hatte. Für die Beratung beim Export von »allen Radfahrzeug-Systemen, die von Thyssen ans saudische Innenministerium verkauft werden«, sicherte sich die Firma Mansour eine fünfprozentige Provision. In diese Anbahnung war Max Strauß eingeschaltet, der das Abkommen seinem Spezi Pückler, dem Gesprächspartner Maßmanns, mit dem Hinweis schickte: »In der Anlage überreiche ich Dir den Vertrag Thyssen/ Mansour, der mich soeben per Telefax erreicht hat.« Maßmann hatte nach einem der Gespräche mit Pückler festgehalten, der Münchner Geschäftsmann sei »an möglichst hohem Ersatzteilumfang« interessiert.

Dieses Geschäft kam offenbar nicht zustande, es ging im zweiten Projekt auf, das mit dem saudi-arabischen Verteidigungsministerium realisiert werden sollte. Dessen Interesse galt den Fuchs-Panzern mit ABC-Abwehr und weiteren Modellen zum Truppen- und Verletztentransport. Der Spürpanzer Fuchs ist in der Lage, alle bekannten Kampfstoffe in Luft und Boden nach ihrer Art und Konzentration zu bestimmen, ohne daß die Besatzung gefährdet wird. Er greift sich über eine Sonde Proben, analysiert sie in einem mobilen Massenspektrometer auf atomare (A), biologische (B) und chemische (C) Verseuchung und überträgt die Werte auf einen Bildschirm oder einen Drucker im Inneren des Panzers. Wegen seiner Fähigkeit, Kontaminationen bis zu einem Mikrogramm pro Kubikmeter Luft oder bis zu einem Milligramm pro Quadratmeter Boden zu entdecken, galt er als das beste Gerät zur Abwehr von ABC-Waffen.

Die Elektronik ist in den auf allen sechs Rädern angetriebenen Transportpanzer Fuchs (Thyssen-Kürzel: Tpz) eingebaut, der bei Thyssen Henschel damals zum Basispreis von 1,2 Millionen Mark hergestellt wurde. Mit der Elektronik und weiteren Sonderausrüstungen ergab sich ein Stückpreis von über drei Millionen Mark für das 17 Tonnen schwere, von einem 320-PS-Motor angetriebene und 105 Stundenkilometer schnelle Kriegsgefährt, das jederzeit auch mit scharfen Waffen aus- und nachgerüstet werden kann. Es unterliegt deshalb dem Kriegswaffenkontrollgesetz und darf nicht in Spannungsgebiete geliefert werden.

Nach der Vorgeschichte mit dem Leopard 2 wollten die stolzen Saudis aber nicht einfach bei Thyssen bestellen und mangels politischer Zustimmung riskieren, erneut einen Korb zu bekommen. Thyssen mußte den Handel anbahnen und für die politische Realisierbarkeit sorgen. Das war ein Fall für den Lobbyisten Karlheinz Schreiber, der in der Zeit, da sein Freund Maßmann den Deal mit Dutzenden von Treffen und Reisen einleitete, nicht untätig geblieben war.

Am 7. September 1990 bat er Maßmann in seine Villa in Kaufering und stellte ihm dort interessanten Besuch vor: Geschäftsleute saudischer Herkunft wollten, offenbar auf Geheiß von Mansour Ojjeh, mit dem Waffenhändler und dem Thyssen-Vorstand darüber verhandeln, ob die Firma Thyssen eine offizielle Aufforderung kompetenter saudischer Stellen zur Präsentation ihrer Panzer und zur Einreichung einer schriftlichen Offerte erhalten konnte.

Am 11. September 1990 schrieb Maßmann für seinen Vorstandskollegen in der Thyssen-Zentrale, Ernst Höffken, einen vertraulichen Aktenvermerk: »Es wurde mir zugesagt, daß diese Verbindung in der Lage sei, eine schriftliche Einladung für die Präsentation unserer Produkte und zur Angebotsabgabe für unseren ABC-Transportpanzer zu erreichen. Für diese Dienste, d. h. für den Fall, daß die Einladung mit Aufforderung zur Präsentation und zur Einreichung eines Angebots erfolgt, wurde eine Provision in Höhe von 1,35 Mio. netto gefordert. Für den Erfolgsfall, wie oben definiert, habe ich zugesagt, eine derartige Zahlung zu leisten. Eine schriftliche Vereinbarung hierzu wurde nicht erstellt.« Die Einladung kam prompt, die Rechnung plus 189 000 Mark Mehrwertsteuer wurde beglichen.

Schon drei Tage nach dem Meeting in Kaufering, zwei Wochen vor der offiziellen saudischen Reaktion und einen Monat vor Maßmanns internem Vermerk für die Thyssen-Kollegen war im Verteidigungsministerium der Staatssekretär im Beamtenstatus, Holger Pfahls, von der Anbahnung des Geschäft informiert worden und traf, um nur ja keine Zeit zu verlieren, sofort erste Vorbereitungen.

Holger Pfahls, 1942 in Luckenwalde südlich von Berlin geboren, hochintelligent, redegewandt und als Sohn eines Berufsmilitärs mit BND-Erfahrung früh von Armee und Geheimdienst geprägt, war eine begehrte Anlaufstelle für die gesamte Rüstungsindustrie. Franz Josef Strauß, politischer Arm dieser Kreise, hatte seinen früheren Bürochef in der bayerischen Staatskanzlei, der dort auch die Abteilung für Grundsatzfragen und grenzüberschreitende Zusammenarbeit leitete, 1985 als gerade mal Dreiundvierzigjährigen zum Präsidenten des Bundesamts für Verfassungsschutz gemacht und 1987 ganz bewußt für das Amt im Verteidigungsministerium durchgesetzt.

Auf der Bonner Hardthöhe war Pfahls, der zu Beginn seiner Karriere Staatsanwalt für Wirtschaftsdelikte und Richter am Bayerischen Obersten Landesgericht war, zunächst für Personal, Haushalt, Verwaltung und Recht verantwortlich. Nachdem Rupert Scholz (CDU) im Verteidigungsministerium 1988 Manfred Wörner abgelöst hatte, wurde Pfahls »Staatssekretär I« mit der Zuständigkeit für Grundlagen der Bündnis- und Sicherheitspolitik, der Rüstungskontrolle, der Angelegenheiten des Bundessicherheitsrats, für Rüstung, Logistik, Datenverarbeitung, Fernmeldedienst, für die Haushaltsabteilung, das Protokoll, die Planung, das militärische Nachrichtenwesen und für Presse- und Öffentlichkeitsarbeit.

Den Ministerwechsel 1990 von Scholz, mit dem er sich nicht besonders gut vertragen hatte, zu Gerhard Stoltenberg überstand Pfahls ohne Beschränkung seiner Machtposition. Sein Büroleiter Friedrich-Karl Kölsch sagte später der Staatsanwaltschaft als Zeuge: »Es hat permanent Vorstöße der deutschen wehrtechnischen Industrie bei Staatssekretär Dr. Pfahls insbesondere im Rahmen des Rüstungswirtschaftlichen Arbeitskreises gegeben, mehr für die Förderung des Exportes von Wehrmaterial zu tun. Staatssekretär Dr. Pfahls hat im Rahmen seiner beschränkten Möglichkeiten versucht, fördernd einzugreifen.« »Beschränkt« seien die Möglichkeiten deshalb gewesen, weil Pfahls »in die Gesamtstruktur der Bundesregierung eingebettet« war, deren Ressorts »immer sehr unterschiedliche Positionen zur Wünschbarkeit von Rüstungsexporten vertreten« hätten.

Da angesichts der Geschehnisse am Golf klar war, daß die Saudis die Panzer schneller brauchten, als Thyssen Henschel sie bauen konnte, kam nur eine Lieferung aus Beständen der Bundeswehr in Frage. Das Heer sollte die gewünschte Menge abgeben und würde später von Thyssen dafür neue Panzer bekommen. Pfahls ließ Kölsch am 10. September 1990 ein internes Schreiben an die Hauptabteilung Rüstung schicken, in dem »im Vorfeld konkreter politischer Überlegungen« um Prüfung gebeten wurde, ob deutsches Wehrmaterial aus Bundeswehrbeständen an Saudi-Arabien geliefert werden könne. Vorsorglich bezog sich die Anfrage gleich auf 110 Fuchs-Panzer, 50 Panzer vom Typ Gepard, einem Produkt von Krauss-Maffei, sowie auf eine unbestimmte Menge von gepanzerten Fahrzeugen des Typs »Marder«. Dem Münchner Panzerbauer Krauss-Maffei hatte der Bundessicherheitsrat bereits am 23. November 1989 eine Ausfuhrgenehmigung für 100 Gepard-Panzer nach Saudi-Arabien in Aussicht gestellt.

Die Reaktion bezüglich der Fuchs-Panzer war auf der mittleren Heeresebene zunächst negativ, die Bundeswehr, die schon den Amerikanern aushelfen mußte, brauchte die Spürfahrzeuge selbst, um ihren Ausrüstungsstandard halten zu können. Es gab zudem grundsätzliche Schwierigkeiten zu überwinden, zum Beispiel im Auswärtigen Amt, wo Außenminister Hans-Dietrich Genscher von der bisherigen Linie der Bundesregierung bei Waffenexporten nicht abrücken wollte, ehe nicht die politische Linie für Waffenverkäufe neu definiert war. Ein Gespräch von Bundeskanzler Kohl mit US-Außenminister James Baker, geführt vor dem Hintergrund der dramatischen Geschehnisse

am Golf, wo sich die USA mit der Stationierung von Kampfflugzeu-
gen und Bodentruppen engagierten und dazu die Unterstützung der
Verbündeten einforderten, brachte keine positiven Signale für den
Handel mit Saudi-Arabien.

In einem Vermerk des Bundesverteidigungsministeriums heißt es,
Kohl habe Minister Stoltenberg nach dem Besuch am 15. September
1990 in zwei Briefen mitgeteilt, Baker die »Zusage einer unentgelt-
lichen Überlassung von 60 Spürfahrzeugen Fuchs sowie von allgemeinem Wehrmaterial im Wert von 1,24 Milliarden Mark« an die
USA gegeben zu haben. Von Saudi-Arabien und einer Fuchs-Liefe-
rung war nicht die Rede.

Kohl wird später behaupten, schon am 15. September beim Gespräch mit Baker habe für ihn festgestanden, daß die Bundesregierung Saudi-Arabien 36 Panzer bewilligen müsse. Vor dem Bundes-
tagsuntersuchungsausschuß zur Parteispendenaffäre variierte er am
29. Juni 2000 diese Aussage: »Nach der Besprechung mit dem amerikanischen Außenminister am 15. September 1990 habe ich meinen
Entschluß, diese Spürpanzer nach Saudi-Arabien zu liefern, bewußt
nicht veröffentlicht. Ich wollte sie zu diesem Zeitpunkt nicht zum
Gegenstand von Erörterungen in der Bundesregierung machen. Denn
mir war klar, daß es in einzelnen Ressorts der Bundesregierung Widerstand gegen die Lieferung des ›Fuchs‹ geben würde. Das Verteidigungsministerium wollte die Fuchs-Panzer nicht abgeben. Das Finanzministerium wollte die dann notwendige Neubeschaffung nicht
bezahlen. Das Außenministerium hat grundsätzliche Überlegungen
für die Ablehnung dieses Wunsches angeführt. Bei einer Erörterung
dieser Frage auch im engsten Kreis in der Bundesregierung wäre sie –
nach meinen Erfahrungen mit Indiskretionen – zu einem Wahl-
kampfthema geworden«, sagte Kohl. Man dürfe nicht übersehen, daß
am 2. Dezember 1990 Bundestagswahlen angestanden hätten und die
deutschen Beiträge zur Bewältigung der Golfkrise im Wahlkampf
heftig diskutiert worden seien.

Erstaunlich ist, daß Kohl bei sich im Herzen einen Entschluß gefaßt
haben will, ohne die zuständigen Minister davor zu warnen, sich mit
ablehnenden Äußerungen zum Wunsch der Saudis öffentlich festzu-

legen und außenpolitisches Porzellan zu zerschlagen, da ja schließlich doch geliefert werden würde.

Am 4. Oktober 1990 beschwerte sich Pfahls im Bundeskanzleramt beim Kohl-Vertrauten Horst Teltschik, es sei zu befürchten, daß das Auswärtige Amt auf seinen bisherigen Grundsatzpositionen beharre. »Hier muß eine Veränderung eintreten, wenn wir vorankommen wollen. Ich wäre Ihnen dankbar, wenn Sie Ihrerseits in geeigneter Weise auf die Haltung des Auswärtigen Amtes Einfluß nehmen können.« Dabei hatten Genschers Beamte nur mitgeteilt, daß der Bundessicherheitsrat mit dem Geschäft befaßt werden müsse. Am gleichen Tag fragte der saudische Verteidigungsminister im Auswärtigen Amt offiziell an, ob sein Land mit Fuchs- und Gepard-Panzern aus Bundeswehrbeständen rechnen könne.

Der Vorgesetzte des beamteten Staatssekretärs Pfahls, Minister Stoltenberg, gab am 11. Oktober zu verstehen, daß die deutsche Regierung nicht bereit sei, Waffen an Saudi-Arabien zu liefern. So heißt es auch in einer späteren Antwort der Bundesregierung auf eine parlamentarische Anfrage des SPD-Abgeordneten Norbert Gansel. Die Regierung habe den saudischen Außenminister am 10./11. Oktober 1990 wissen lassen, daß Genehmigungen für Lieferungen von Kriegswaffen nach Saudi-Arabien gegenwärtig nicht in Betracht kamen.

Die deutsche Botschaft in Riad wurde am 12. Oktober vom Stoltenberg-Ministerium angewiesen, »in künftigen Gesprächen mit der saudischen Seite den Eindruck zu vermeiden, es sei in naher Zukunft mit einer Änderung der von BM Dr. Stoltenberg dargelegten restriktiven Haltung der Bundesregierung zu Rüstungsexportfragen nach Saudi-Arabien zu rechnen«.

Der deutsche Militärattaché in Riad übermittelte Pfahls schriftlich seine Enttäuschung über den Erlaß. Als Reaktion auf Stoltenbergs ablehnende Erklärung vom 11. Oktober habe das saudi-arabische Verteidigungsministerium dementieren lassen, daß es die deutsche Regierung überhaupt um die Überlassung von Waffen an Saudi-Arabien gebeten habe. Stoltenbergs Mann in Riad teilte laut Vermerk mit, »offizielle Dementis seien hier immer die Bestätigung des dementierten Sachverhalts und damit zugleich ein Beweis für die Tiefe der saudischen Betroffenheit über die deutsche Ablehnung«. Trotzdem wies das Auswärtige Amt am 4. November den Botschafter in Riad an, das Thema gegenüber den Saudis nicht aktiv anzusprechen; es sei nicht mit einer Änderung der ablehnenden Haltung zu rechnen.

Bei Thyssen wunderte man sich über Stoltenberg. Marketingleiter Jörg Bühler sprach in einem Vermerk von einer inoffiziellen, aber verbindlichen Regierungszusage, es werde eine Genehmigung geben. Der Firma Warner & Associates teilte Bühler mit: »Wie wir wissen, war die deutsche Politik ebenfalls höchst erstaunt über die unkoordinierte Erklärung von Herrn Stoltenberg. Soweit wir wissen, und dies wurde heute Herrn Maßmann aus informierten Kreisen bestätigt, werden alle gewünschten Genehmigungen … in den nächsten Tagen offiziell erteilt.« Woher hatte Thyssen diese Informationen und Zusagen, wo doch die Minister der entscheidenden Ressorts, Stoltenberg und Genscher, zu diesem Zeitpunkt keine Neigung zeigten, Fuchs-Panzer nach Saudi-Arabien liefern zu lassen?

Unbeeindruckt vom politischen Getümmel, so als wisse er wirklich, daß die Sache schon laufen werde, hat Maßmann am »Projekt Fuchs« weitergearbeitet. Saudi-Arabien konkretisierte seine Vorstellungen: 36 Fuchs-Spürpanzer sollten es sein, Logistik und Ausbildung inklusive. Am 28. September 1990 ließ Maßmann einen Consulting-Vertrag mit der Firma Ovessim Corp. Panama vorbereiten, die für die Beratung beim Verkauf von Ausrüstung, Infrastruktur und Ausbildung an das Verteidigungsministerium des Königreichs Saudi-Arabien 27 Prozent Provision vom gesamten Kaufpreis erhalten sollte. Hinter der Firma steht nach Auffassung der Ermittler die saudische Gruppe von Maßmanns Verhandlungspartner Mansour Ojjeh. Der Ovessim-Direktor Jean-Pierre Luthi erteilte am 29. November 1990 einem gewissen Pierre Muller Vertretungsvollmacht zur Gegenzeichnung. Mit ihm traf sich Maßmann am 4. Januar 1991 im Züricher Hotel Baur au Lac, wahrscheinlich um die Verträge auszutauschen. Die Vereinbarung war vorläufig und streng geheim.

Einen ähnlichen Vertrag schloß Maßmann in der Folge mit der Firma Linsur Investment Corp. Panama, für die von der Direktorin Anna Marie de Weck ebenfalls Pierre Muller eine Vollmacht erhielt.

Ein weiterer undatierter Vertrag über sechs Prozent Provision für Schreibers Firma Bayerische Bitumen Chemie tauchte später auf, ebenso eine Provisionsvereinbarung mit der Firma Great Aziz, die mit zwei Prozent beteiligt werden sollte. Hinter allen vier Firmen standen Einfädler und Vermittler, ohne die ein solches Geschäft nicht läuft.

Für Thyssen war der Posten Provisionen nicht so erheblich; die Saudis würden ihn zu tragen haben, weil er auf den Wert der gelieferten Panzer samt Zubehör aufgeschlagen wurde. Nach einer ersten Kalkulation der Kosten für die Panzer ohne Zusatzleistungen und ohne Schmiergeld, die auf 115 Millionen Mark kam, und einer von den Saudis gewünschten Erweiterung des Lieferumfangs belief sich die Vertragssumme auf 446 379 480 Mark. Der Anteil der Provisionen betrug dabei rund 220 Millionen Mark. Die Consulting-Urverträge, die als Zahlungsgrund »Beratung beim Verkauf von Ausrüstung, Infrastruktur und Ausbildung« an Saudi-Arabien auswiesen, wurden in Zürich in Bankschließfächern hinterlegt. Es waren noch nicht die endgültigen Fassungen.

Thyssen war bestrebt, am Bundessicherheitsrat (BSR) vorbeizukommen, weil dort ohne Zustimmung des widerspenstigen Außenministers Genscher kaum ein Beschluß für den Export zu erwarten war. Der von der Bundesregierung eingesetzte Ausschuß hat die Aufgabe, die Arbeit aller Ministerien im militärischen Bereich zu koordinieren und über den Export von Kriegswaffen zu befinden. Zum Zeitpunkt der Fuchs-Entscheidung gehörten dem Gremium neben dem Bundeskanzler der Verteidigungsminister, der Wirtschaftsminister und der Außenminister an; die rotgrüne Bundesregierung hat inzwischen auch der Entwicklungshilfe-Ministerin einen Sitz im Ausschuß zugestanden. Der BSR tagt bei Bedarf und geheim. Ohne Stimmrecht können die Ressortchefs der Ministerien für Justiz, Inneres und Finanzen teilnehmen, auch der Generalinspekteur der Bundeswehr hat Zutritt.

Die gefährliche Hürde BSR war für Thyssen zu umgehen, wenn das Wirtschaftsministerium die 36 Panzer als »Sonstige Rüstungsgüter« deklarieren würde. Am 29. Oktober 1990 übersandte der Fuchs-Hersteller dem zuständigen Referat im Wirtschaftsministerium den Antrag, die Spürpanzer als »Sonstige Rüstungsgüter« einzustufen. Da man es dort mit Erich Riedl (CSU) als parlamentarischem Staatssekretär mit einem guten Bekannten zu tun hatte, den noch Franz Josef Strauß zur Koordinierung seiner Rüstungs- und Luftfahrtpolitik ins Bundeswirtschaftsministerium delegiert hatte, erhielt dieser von Maßmann einen Anruf und am 31. Oktober eine Kopie des Antrags. Im Begleitschreiben bat Maßmann den CSU-Politiker: »Da die Überprüfung in Ihrem Hause für Thyssen Henschel von großer Bedeutung für zukünftige Exportvorhaben ist, wäre ich Ihnen sehr dankbar, wenn Sie sich dieser Angelegenheit annehmen würden.«

Im offiziellen Antrag an das Ministerium schrieb Thyssen Henschel, da es »innerhalb der TPz 1 Fuchs-Fahrzeugfamilie keine Fahrzeugversion mit einer Bewaffnung« gebe, »sind wir der Meinung, daß der ABC Spürpanzer Fuchs keine Kriegswaffe im Sinne des Kriegswaffenkontrollgesetzes bzw. der Kriegswaffenliste Nr. 25, sondern der Gruppe ›Sonstige Rüstungsgüter‹ nach dem Außenwirtschaftsgesetz/Außenwirtschaftsverordnung ist«.

Die Antwort des Ministeriums trägt das Datum 6. November 1990. Der zuständige Referent Konrad Westbomke teilte Thyssen kurz und bündig mit: »Im Einvernehmen mit dem Bundesminister der Verteidigung halte ich daran fest, daß es sich bei dem Spürpanzer Fuchs um eine Kriegswaffe im Sinne der Nr. 25 KWL (Kriegswaffenliste, d. A.) handelt«.

Parallel zum Antrag im Ministerium holte sich Thyssen beim Finanzamt Duisburg-Hamborn die Anerkennung der vorgesehenen Provisionen als steuermindernde nützliche Ausgaben. Die Thyssen-Spezialisten von der Stabsabteilung Steuern und Zoll versicherten den Finanzbeamten am 22. November 1990, daß die Empfänger der Provisionen nicht im Inland steuerpflichtig seien, so wie es Schreiber zwei Jahre später für das Bear-Head-Projekt der Düsseldorfer Finanzbehörde gegenüber tun sollte – ohne der Aufforderung nachzukommen, die Empfänger dem Finanzamt zu benennen. Schon diesmal haperte es mit den Angaben, die Finanzbeamten zögerten. Gleichwohl kam es auf der Basis des Thyssen-Antrags am 29. November zur

Verständigung mit dem nordrhein-westfälischen Fiskus, daß rund 220 Millionen Mark Schmiergelder steuerlich abzugsfähig sein würden. Die steuerrechtlichen Probleme, die sich am 22. November aufgetan hatten, waren in einer Woche gelöst – möglicherweise mit Hilfe eines weiteren nicht ganz unbekannten Lobbyisten, mit dem sich Maßmann an diesem Tag in Bonn traf. Im November 1999 hat der *Spiegel* in einer spannenden Recherche von Markus Dettmer zum Panzer-Deal eine interne handschriftliche Notiz des Thyssen-Marketingchefs Bühler vom 8. Oktober 1991 präsentiert, in der verschlüsselt mögliche Provisions- und Schmiergeldempfänger vermerkt sind. Kryptisch heißt es:

In Prozent:

27

26 POL

1 VOLN

2 WE.

Die 27 Prozent stünden für den zu diesem Zeitpunkt bereits aufgesetzten Ovessim-Vertrag, erfuhr Dettmer vom ertappten Bühler. »26 POL«, das heiße »Politik«, bedeute aber nicht wirklich die große Politik, sondern die des Hauses Thyssen, bei Geschäften dieser Art rechtzeitig eine Rücklage für Unvorhergesehenes einzukalkulieren, in diesem Fall eben 26 Prozent. 1 VOLN hält Dettmer für Zahlungen an einen amerikanischen Ex-Militär, der für Thyssen die US-Streitkräfte bewogen habe, den Saudis die Vorzüge des Fuchs-Panzers ausgiebig zu demonstrieren. Bei WE erinnerte sich Bühler an den Düsseldorfer Geschäftsmann mit Wohnsitz in Monaco, Rolf Wegener, der Thyssen bei einem steuerlichen Problem beraten habe. Wegener ist ein guter Bekannter des FDP-Politikers Jürgen Möllemann, der im Januar 1991 als Nachfolger von Helmut Haussmann Bundeswirtschaftsminister wurde und seit jeher ein entschiedener Verfechter von Waffenexporten in arabische Länder war – und damit auch des Saudi-Geschäfts.

Wegener verfügte, wie Möllemann auch, über glänzende Kontakte nach Saudi-Arabien und war vielleicht nicht nur Thyssens Steuerberater. Im Magazin *Stern* berichteten Anfang Dezember 1999 Leo

Müller und der früher beim *Münchner Merkur* tätige Rudolf Lambrecht, Rolf Wegener habe den Beratungsvertrag der Briefkastenfirma Great Aziz mit Thyssen gegengezeichnet, aus dem genau jene zwei Prozent der Auftragssumme flossen, die am 8. Oktober für »WE« vorgesehen waren – 8,93 Millionen Mark.

Möllemann und Wegener haben öffentlich den Meldungen über die Beteiligung des Düsseldorfer Beraters am Panzergeschäft nicht widersprochen. Spätestens nach der *Stern*-Attacke hätte Möllemann auch mit Wegeners Zustimmung dementiert, was zu dementieren gewesen wäre. Möllemann wehrte sich aber nur massiv gegen den Verdacht, vom Panzer-Deal 1991 finanziell profitiert zu haben. Wegener wurde laut Mitteilung des FDP-Politikers erst 1993 sein Partner in der Firma MS-Air, die ein Sportflugzeug zum Absetzen von Fallschirmspringern erwarb. Das sei aber über einen Bankkredit angeschafft worden und finanziere sich aus den Absetzgebühren für die Springer, zu deren Gilde Möllemann selbst zählt. Die Partnerschaft und eine spätere 300 000-Mark-Spende Wegeners für die nordrhein-westfälische FDP (Vorsitzender Jürgen Möllemann) hätten überhaupt nichts mit den Vorgängen von 1991 zu tun, erklärte Möllemann. Andeutungen über unkorrektes Handeln seien »unfair und politisch unverschämt«.

Im Reisekalender Maßmanns für März bis Juni 1990 sind Termine des Managers sowohl mit »Gen. Wegener« als auch mit »Wegener (Berater)« verzeichnet. Es war ja auch noch ein anderer Wegener im Spiel – jener frühere GSG-9-Chef, mit dem sich Maßmann in dieser Phase häufig wegen des Saudi-Geschäfts getroffen hat.

Mit dem Ex-Polizisten will um diese Zeit ein anderer Vermittler im Saudi-Geschäft schlechte Erfahrungen gemacht haben. Der Mann rief die Augsburger Staatsanwaltschaft laut Vermerk vom 21. Mai 1999 an, gab seinen Namen mit »Nix« an und teilte mit, er habe Kontakt zur saudi-arabischen Seite. Von daher wisse er, daß die Saudis seinerzeit niemals Provisionen in dreistelliger Millionenhöhe gebilligt hätten. Er selbst habe 1990 mit ihnen einen Vertrag zur Lieferung von Panzertransportern geschlossen, aber in Deutschland keine Genehmigung zur Ausfuhr nach dem Kriegswaffenkontrollgesetz erhalten. Daraufhin sei das von den Saudis eingeräumte Akkreditiv verfallen, sein Geschäft habe Daimler-Benz gemacht.

Dem Unternehmen sei nach kurzer Wartezeit am 28. Juni 1991 die erforderliche Genehmigung für die Lastwagen erteilt worden, wahrscheinlich deshalb, weil die Entscheidungsträger Zuwendungen erhalten hätten, sagte der Anrufer laut Ermittlervermerk. Er selbst sei im Zusammenhang mit diesem Geschäft am Telefon bedroht worden. »Die Stimme habe er erkannt. Es sei der General Wegener gewesen«, notierte der Staatsanwalt. Ulrich Wegener sei für Thyssen und Daimler-Benz tätig. Für Mercedes habe die Fäden »ein gewisser Herr Dersch« gezogen – der Daimler-Resident in München und Vertraute von Franz Josef und Max Strauß.

Auch auf Maßmann war der Anrufer schlecht zu sprechen. Für den Fall, daß an die sogenannte Ojjeh-Gruppe – jene Saudis, die nach dem Besuch bei Schreiber am 7. September 1990 das Geschäft angebahnt haben sollen – Provisionen gezahlt worden seien, wolle er darauf hinweisen, es sei aus seiner Sicht »völlig sicher, daß Provisionen an diese Gruppe u. a. auch dazu dienen, daß entsprechende Gelder an Thyssen-Manager zurückfließen würden«, heißt es im Vermerk der Staatsanwaltschaft. Ob das nun der ernsthafte Hinweis eines Insiders oder die substanzlose Anschuldigung eines nicht zum Zug gekommenen Mitbewerbers oder Wichtigtuers war, ist unklar. Die Staatsanwaltschaft scheint die Angaben nicht weiter verfolgt zu haben.

Die Panzer kommen ins Rollen

Anfang 1991 – das Ultimatum der Alliierten gegen den Irak lief ab, der Vertrag mit den Saudis wurde auch offiziell geschlossen, Saudi-Freund Möllemann war neuer Wirtschaftsminister – verflüchtigte sich in der Bundesregierung der Widerstand gegen das Waffengeschäft mit Saudi-Arabien. Es war der Traum jedes Waffenhändlers: der einen Seite die Waffen zu liefern und der anderen die Mittel gegen diese Waffen, Saddam Hussein die Giftgasfabriken, den angegriffenen und bedrohten arabischen Staaten und ihren Helfern die deutschen ABC-Panzer zum Aufspüren des mit deutscher Hilfe erzeugten Gifts.

Der Vertrag mit der Nummer 2/1/3/SU/115 wurde von Maßmann und Bühler für Thyssen und von Generalleutnant Khalid Bin Sultan Bin Abdulaziz, dem Kommandeur der Vereinigten Streitkräfte Saudi-Arabiens, am 17. Januar 1991 unterzeichnet – dem Tag, an dem die massiven Luftangriffe der Alliierten auf irakische Stellungen begannen. Paragraph 13 hatte die Überschrift »Vertretung, bedingte Gebühren oder Bestechungsgelder«. Darin setzten die Saudis eine zunächst theoretisch anmutende Absicherung durch, die später noch große Bedeutung erlangen sollte. Jede Mark, die Thyssen für Vermittlung, Provisionen oder Schmiergelder aufwenden würde, durften die Saudis laut Vertrag vom Konzern zurückverlangen, wenn sie Wind davon bekämen.

Am 18. Februar erhielt Staatssekretär Pfahls die Mitteilung, daß »die Vorabfrage der Ressorts durch BMWi (Bundesministerium für Wirtschaft, d. A.) abgeschlossen, die Reaktion positiv« sei. Es könne zu einer »silent procedure« kommen, bei der die Zustimmung des Bundessicherheitsrats »im Umlaufverfahren« eingeholt wird. Am nächsten Tag hieß es jedoch im Büro Pfahls, der Sachbearbeiter im Wirtschaftsministerium werde kein Umlaufverfahren empfehlen, habe aber bereits »eine Leitungsvorlage mit positivem Votum (aufgrund der Vorabfrage bei den anderen Ressorts) erstellt«. Es werde zu einer mündlichen Beschlußfassung im nächsten Bundessicherheitsrat am 27. Februar 1991 kommen.

Dann griff Karlheinz Schreiber nochmals ein. In der 1952 gegründeten noblen Organisation »Atlantikbrücke«, einem Zusammenschluß zur Förderung der deutsch-amerikanischen Freundschaft, hatte er schon vor längerer Zeit Bekanntschaft mit dem Schatzmeister der CDU, Walther Leisler Kiep, geschlossen. Ihm, den er in seinem Kalender wechselweise als »Kieb«, »L. K.« und »Waldherr« führte, schickte er am 20. Februar 1991 ein vertrauliches Schreiben, nachdem seine Sekretärin Dietlinde Kaupp in ihrem Kalender für den 12. Februar ein Treffen Schreibers mit Kiep in Frankfurt vermerkt hatte:

Sehr geehrter Herr Kiep,

in großer Sorge um die Auswirkungen jüngster deutscher Außenpolitik in bezug auf die USA, Canada und Saudi-Arabien übermittle ich Ihnen nachstehend einige Informationen, verbunden mit der Bitte, dieselben dem Herrn Bundeskanzler möglichst umgehend zur Kenntnis zu bringen ...

Saudi-Arabien: Die größte Sorge für die deutsche Wirtschaft, insbesondere unter Bezugnahme auf die anstehende Problembewältigung in den neuen Bundesländern, bereitet mir die Situation in Saudi-Arabien. Während meines jüngsten Zusammentreffens mit einem Mitglied des saudi-arabischen Königshauses war ich zutiefst beeindruckt darüber, wie sehr unsere Freunde dort durch die Verhaltensweise der Bundesregierung verletzt sind. Die Verstimmung steht im Zusammenhang mit dem Wunsch der saudi-arabischen Regierung, von der Bundesregierung Deutschland aus Bundeswehrbeständen unverzüglich gepanzerte Schutzfahrzeuge vom Typ Fuchs zu erhalten. Die Fahrzeuge dienen zum Aufspüren von Landflächen, die durch atomare, biologische oder chemische Stoffe verseucht sind. Bei den amerikanischen und britischen Truppen am Golf hat dieses Gerät einen besonderen Stellenwert für den Schutz der Landstreitkräfte. Der Oberkommandeur der alliierten Truppenverbände, General Norman Schwarzkopf, hat der saudischen Regierung dringend empfohlen, diese Fahrzeuge zu beschaffen. In diesem Zusammenhang hat General Schwarzkopf den saudischen Streitkräften Fuchs-Fahrzeuge der US Army zu Testzwecken zur Verfügung gestellt. General Schwarzkopf rechnet fest damit, daß bei der bevorstehenden Landoffensive der Irak Artillerie-Giftgasgranaten zum Einsatz bringen wird.

Das saudi-arabische Verteidigungsministerium hat dem deutschen Hersteller den Auftrag erteilt, verschiedene Fahrzeuge des Typs Fuchs aus Beständen der Bundeswehr zu beschaffen. Ein entsprechender Antrag liegt dem Bundeswirtschaftsminister seit einiger Zeit vor, ohne daß bisher eine Genehmigung erteilt worden wäre.

Für die Saudis stellt sich die Situation wie folgt dar:

1. Es war der Bundesregierung nicht möglich, deutsche Lieferungen von Grundstoffen zur Herstellung von chemischen Kampfstoffen an den Irak zu verhindern.

2. Es war der Bundesregierung nicht möglich, die Beteiligung deutscher Unternehmungen bei der Errichtung von Fabrikationsanlagen für chemische Kampfstoffe zu unterbinden.

3. Es war der Bundesregierung nicht möglich zu verhindern, daß deutsche Experten und Unternehmungen am Umbau der Scud-Raketen mitwirkten. Für die damit zusammenhängende Problematik bringt man in Saudi-Arabien ein gewisses Verständnis auf, nicht aber dafür, daß die Bundesregierung sich bis jetzt nicht entschließen konnte, Fahrzeuge zur Verfügung zu stellen, die saudische Soldaten sowie Verwundete an der Front und Verletzte bei der Zivilbevölkerung vor diesen Waffen schützen können. Eine besondere Dimension erreicht diese Angelegenheit dadurch, daß seitens der Bundesregierung dem Staat Israel eben diese Fahrzeuge aus Gründen der besonderen Bedrohung durch irakische ABC-Waffen kostenlos zur Verfügung gestellt wurden. Es dürfte kein Zweifel darüber bestehen, daß die Menschen Saudi-Arabiens mindestens in gleicher Weise wie die Bürger Israels bedroht sind. Saudi-Arabien will keine Geschenke, sondern ist bereit, zum Schutze seines Volkes alle zur Verfügung stehenden Schutzeinrichtungen zu erwerben.

In den vergangenen Jahrzehnten war Saudi-Arabien ein ständiger und zuverlässiger Wirtschaftspartner der Bundesrepublik Deutschland ... Möge uns der Himmel davor bewahren, daß tatsächlich chemische Kampfstoffe an der Golffront zum Einsatz gelangen – der Schaden, der unserem Land hierdurch entstehen würde, ist meines Erachtens nicht abschätzbar. Eine besondere Rolle dürften hierbei die am Kriegsgeschehen indirekt involvierten Alliierten spielen.

Für mich ist ohnehin unverständlich, worin der Unterschied im Wert eines Menschen besteht, wenn wir uns auf der einen Seite veranlaßt sehen, die USA, Großbritannien, Frankreich, Ägypten u. a. mit Fahrzeugen der Bundeswehr und aus Beständen der NVA zu versorgen, und einem der Hauptbetroffenen an der Front, nämlich den Saudis, die Lieferung derselben verweigern.

Aus den dargelegten Gründen bitte ich Sie daher eindringlich, im Interesse unseres Landes den Herrn Bundeskanzler über diese Vorgänge zu informieren, und bitte Sie gleichzeitig, ihm eine freundliche Empfehlung von mir auszurichten. Wir sind einander zum letzten Mal während seines Staatsbesuchs in Ottawa begegnet.

Sollten Sie noch irgendwelche Rückfragen haben, können Sie mich während der nächsten 14 Tage am besten über mein Büro in Kaufering, Telefon 08191-70933, erreichen. Ich hoffe sehr, daß der Golfkrieg ein rasches Ende findet und unserem Land und uns damit viele größere Sorgen erspart bleiben.

Einem baldigen Wiedersehen mit Ihnen sehe ich gerne entgegen und bin mit freundlichen Grüßen Ihr Karlheinz Schreiber.

Inzwischen war ein skurriles Verwirrspiel um die endgültige Vorlage des Bundeswirtschaftsministeriums für den Bundessicherheitsrat im Gange. Der erste Entwurf des zuständigen Regierungsdirektors Konrad Westbomke lautete: »Der BSR möge beschließen, der Fa. Thyssen Henschel die beantragte Ausfuhrgenehmigung für insgesamt 36 TPz Fuchs in den Ausführungen 10 ABC-Spürfahrzeuge, 8 Ambulanzfahrzeuge, 14 Mannschaftstransporter und 4 Kommandofahrzeuge zu erteilen.« Alle Fahrzeuge seien zwar Kriegswaffen, die Genehmigung, Kriegswaffen zu liefern, könne aber erteilt werden, »wenn vitale Interessen der Bundesrepublik Deutschland dafür sprechen. Vitale Interessen sind die außen- und sicherheitspolitischen Interessen der Bundesrepublik Deutschland unter der Berücksichtigung der Bündnisinteressen. Diese Voraussetzungen sind hier erfüllt.«

Minister Möllemann schrieb auf die Vorlage vom 14. Februar 1991 mit der Hand: »Ich stimme zu und bitte, das BM Genscher mitzuteilen.« Der Entwurf ging zur Abstimmung an die anderen im BSR vertretenen Ressorts, danach wurde er abgeändert: »Der BSR möge beschließen, der Fa. Thyssen Henschel die beantragte Ausfuhrgenehmigung für 10 ABC-Spürfahrzeuge Fuchs, 8 Ambulanzfahrzeuge Fuchs zu erteilen und die Anträge für 14 Mannschaftstransporter Fuchs sowie 4 Kommandofahrzeuge Fuchs zum gegenwärtigen Zeitpunkt abzulehnen.«

Die Einwände und der Vorschlag zur Halbierung kamen, wie Westbomke in einen Vermerk vom 22. Februar schrieb, aus Genschers Außenministerium. Der Minister habe die Halbierung entschieden, das Wirtschaftsministerium halte es jedoch für richtig, die Lieferung der Mannschafts- und Kommandofahrzeuge nur »zum gegenwärtigen Zeitpunkt« abzulehnen.

Am 26. Februar, einen Tag vor der BSR-Sitzung – seit zwei Tagen lief die Landoffensive gegen den Irak –, übersandte das Wirtschaftsministerium diesen Vorschlag als Entscheidungsgrundlage. Doch es gab eine handschriftliche Korrektur, durch die die Fassung des allerersten Entwurfs wiederhergestellt wurde. Die Einwände des Außenministeriums waren nicht mehr berücksichtigt.

Der Beamte Westbomke, der für die Formulierung der verschiedenen Vorlagen zum selben Thema verantwortlich war, mußte äußerst wendig sein. Je nach internem Diskussionsstand in der Regierung mußte er Gründe für die Freigabe aller Fahrzeuge und dann wieder für die Weigerung des Bundessicherheitsrats anführen, alle Fahrzeuge freizugeben. In die restriktive Fassung schrieb er: »Es muß hinreichende Sicherheit bestehen, daß Kriegswaffen nur zur Verteidigung des Empfängerlandes oder der betreffenden Region bestimmt sind. Eine amtliche saudische Endverbleibserklärung liegt vor. Für die ABC-Spürfahrzeuge und die Ambulanzfahrzeuge dürfte diese Vorschrift einer Genehmigungserteilung nicht im Wege stehen. Mannschaftstransporter und Kommandofahrzeuge sind jedoch zum gegenwärtigen Zeitpunkt kaum als genehmigungsfähig anzusehen.« In den Versionen mit der Freigabe aller beantragten Fahrzeuge hieß es dagegen: »Die Vorschriften dürften einer Genehmigungserteilung nicht im Wege stehen.«

Es sind keinerlei Versuche mehr dokumentiert, auch das »Okay« von Genscher zu bekommen. Man werde dann eben »streitig« in den Bundessicherheitsrat gehen, soll Genschers politischer Ziehsohn Möllemann gesagt haben. Er mußte doch wissen, daß in einer solch wichtigen Frage im Sicherheitsrat nicht gegen den Außenminister entschieden werden konnte. Wenn Genscher in der Geheimsitzung des Bundessicherheitsrats bei seiner Haltung bliebe, würde das schöne Geschäft halbiert und wahrscheinlich platzen; oder es drohte ein Eklat. Oder die Sitzung war von vornherein als Farce gedacht.

Genscher schaffte es im Sicherheitsrat auf seltsame Weise, sowohl seine ablehnende Haltung geltend zu machen als auch das Geschäft nicht wirklich zu gefährden. Zunächst tat der Außenminister beim Aufruf des Tagesordnungspunktes 4, Einzelfälle des Rüstungsexports, genau das, was Pfahls, Maßmann und Schreiber so gefürchtet hatten: Alle für den 27. Februar vorgesehenen Entscheidungen über einzelne Exporte sollten vertagt werden. Helmut Kohl widersprach dem Außenminister, war gegen eine Zurückstellung und hielt fest, daß der

Bundessicherheitsrat die Tagesordnungspunkte 4a bis 4f »negativ beschließt«.

Was dann nach dem Aufruf des Tagesordnungspunkts 4g, »Lieferung von 36 Transportfahrzeugen Fuchs nach Saudi Arabien« passierte, ist in sieben dürren Zeilen des Geheimprotokolls der Sitzung nachzulesen: »Zu TOP 4g sprach sich der Bundeskanzler positiv aus. Der Außenminister schlug vor, nur die 10 ABC-Spürfahrzeuge und 8 Ambulanzfahrzeuge Fuchs zu genehmigen. Der Bundeskanzler war dafür, alle 36 Fahrzeuge zu genehmigen, um ein deutliches Zeichen zu setzen auch im Vergleich zu den Lieferungen nach Israel. Er stellte fest, daß der BSR einvernehmlich den TOP 4g positiv beschließt.« Ende, aus, Thyssen konnte liefern, Kohl, Pfahls, Maßmann, Schreiber, Ovessim, Linsur, Great Aziz hatten gewonnen.

Kein Widerspruch Genschers ist im Protokoll verzeichnet. Er nahm offenbar die zweite Abkanzelung durch Kohl innerhalb von wenigen Minuten widerstandslos hin. Erst hatte ihm Kohl beim Vertagungsantrag nicht recht gegeben, dann hatte der Regierungschef den Vorschlag seines Stellvertreters, nur die Hälfte des Auftrags zu genehmigen, ohne jede Diskussion übergangen und festgestellt, daß das Geschäft wie beantragt genehmigt sei. Eine förmliche Abstimmung hat es offensichtlich nicht gegeben.

Wenn sich der Außenminister und Vizekanzler in einer wichtigen Frage so düpieren läßt, liegt der Verdacht nahe, daß ihm an einer Verschiebung oder einer Reduzierung des Geschäfts nicht wirklich gelegen war, er aber seine Einwände geltend gemacht haben wollte. Kam es ihm vielleicht mehr darauf an, einen oder mehrere der unter 4a bis 4f beantragten, öffentlich nicht bekannten Rüstungsexporte zu kippen, was dann auch geschah? Warum hat er, wenn es darum ging, trotzdem seinen Antrag gestellt, den Saudis nur 18 Panzer zu überlassen? Warum hat er zugelassen, daß Kohl entgegen dem Sitzungsverlauf Einvernehmen mit dem vollen Programm festgestellt hat? Was ist mit dem Tagesordnungspunkt 4h, »Lieferung von militärischen Ausrüstungsgegenständen und Munition aus NVA-Beständen nach Israel«, die der Verteidigungsminister Stoltenberg nach der Billigung des Thyssen-Geschäfts mit den Saudis befürwortete, »da die israelischen Wünsche im Rahmen dessen liegen, was wir ihnen zugesagt haben«?

Genscher erwiderte laut Protokoll, »daß wir uns nur entschlossen hätten, Israel in einer akuten Bedrohungssituation zu helfen, und zwar gegen Angriffe mit Raketen und Giftgas. Sollten wir diesem Antrag zustimmen, würden wir eine neue Rüstungsexportpolitik gegenüber Israel beschließen.« Warum sprang ihm erst jetzt, bei der Debatte über den Israel-Export, sein Parteifreund Möllemann mit einem Zurückstellungsantrag bei, weil die Regierung ihre Rüstungsexportgrundsätze erst neu festlegen müsse und die Lieferung des NVA-Materials »nicht mit der Bedrohung Israels durch den Irak zu begründen« sei? War Möllemann erst jetzt für eine Vertagung und damit auf Genschers Seite, weil sein Mentor das Saudi-Geschäft trotz abweichender Meinung nicht blockieren wollte? Und warum kam Pfahls wenig später wegen nicht genehmigter Lieferungen von NVA-Material nach Israel ins Gerede?

All diese Fragen wollten Möllemann und Genscher auch neun Jahre nach der Entscheidung des Bundessicherheitsrats zugunsten Thyssen und Saudi-Arabien unter Hinweis auf ihre Verschwiegenheitspflicht nicht beantworten. Genscher wollte sich erst noch einmal die Akten ansehen und sagte nur, daß er zu Schreiber nie persönlichen Kontakt gehabt habe. Von diesem sei nie eine finanzielle Zuwendung an ihn oder an von ihm Beauftragte geflossen, weder an ihn persönlich noch an die FDP, noch an eine ihrer Organisationen. Sein Parteifreund Jürgen Möllemann verwahrte sich in einem Brief an die *Süddeutsche Zeitung,* bei dem ihm wohl vor allem die Kopie für Genscher wichtig war, dagegen, jemals behauptet zu haben, »der damalige Außenminister Genscher habe im Vorfeld der BSR-Sitzung vom 27. Februar 1991 mit dem damaligen Bundeskanzler vereinbart, sich in der Sitzung mit seiner ablehnenden Haltung überstimmen zu lassen«.

Am 28. Februar 1991, einen Tag nach der Sitzung, wurden die Kampfhandlungen am Golf eingestellt. Auf Staatssekretär Pfahls kam neue Arbeit zu, denn jetzt mußte noch die Bundeswehr mitspielen und die 36 Panzer hergeben, die Thyssen liefern wollte. Am 12. März

1991 stimmte Pfahls dem Wunsch Thyssens auf Überlassung der Fahrzeuge aus Bundeswehrbeständen zu und bat die zuständigen Beamten in seinem Ministerium um »unverzüglichen Bericht über die eingeleiteten Maßnahmen«. Schon am 13. März hielt das Büro Pfahls fest, die Sache sei »mit positivem Ergebnis vorgeklärt«, der Staatssekretär erwarte »schnellstmöglichen Abschluß eines Liefervertrags«. Statt dessen protestierte am 14. März der Chef des Stabes, Generalmajor Hanns Jörn Boes, er könne dieser Vorgehensweise nicht zustimmen. Tags darauf berichtete der Oberst im Generalstab Rainer Fell dem Staatssekretär, bei der Fuchs-ABC-Version sei die Bestandslage aufgrund der Abgabe von zahlreichen Panzern an die Verbündeten so weit abgesunken, daß lediglich »eine Abgabe von 35 TPz (Basisversion) in Form eines Sachdarlehens bei Inkaufnahme einer späteren Verfügbarkeit« möglich sei. Von 140 Spürfüchsen hatte die Bundeswehr zu diesem Zeitpunkt nur noch 58. Die Abgabe weiterer Panzer würde nach Auffassung des Heeres sowohl die ABC-Abwehrfähigkeit als auch die Ausbildungsfähigkeit der ABC-Abwehrtruppe »sicherheitsrelevant« beeinträchtigen, argumentierten die Militärs.

Am 18. März wurde bei Thyssen dennoch eine Gesprächsnotiz verfaßt: »Die Zusage des BMVg über die Überlassung der 36 Fahrzeuge aus BW-Beständen über Sachdarlehensvertrag liegt vor.« Dabei war die Bundeswehr noch längst nicht bereit mitzumachen. Am 19. März informierte Referent Kölsch seinen Chef Pfahls: »Kritisch ist die Weigerung des Heeres, TPz Krkw (Transportpanzer Krankenwagen, d. A.) und TPz ABC Spürfuchs darlehensweise und vorübergehend abzugeben. Das Heer begründet dies mit der Bestandslage … Wenn das Heer bei dieser starren Haltung bleibt, könnte der Vertrag Thyssen Henschel/SAA gefährdet sein.« Am selben Tag wurde dem Inspekteur des Heeres, Generalleutnant Henning von Ondarza, von seinen Leuten ein Sprechzettel für einen Termin bei Pfahls aufgesetzt. »Keine Abgabe TPz ABC«, steht darauf.

Pfahls stellte die Truppe jedoch nach diesem Treffen am 20. März vor vollendete Tatsachen und entschied, »einen Liefervertrag der Fa. Thyssen Henschel, Kassel, über 36 TPz durch Beistellung von u. a.

TPz ABC in Form eines Sachdarlehens zu unterstützen«. Das wurde am gleichen Tag im Verteidigungsministerium in einem Gespräch bei Pfahls mit Thyssen-Vertretern in Anwesenheit von Ondarza, weiteren Militärs und Beamten festgeklopft. In der Einführung zum Gespräch hat Pfahls laut Ergebnisvermerk darauf hingewiesen, »daß es der Wunsch des Kanzleramts und maßgeblicher Kräfte im deutschen Bundestag sei, die Geschäftsbeziehung von Th-K und dem KR SAA durch die Bundeswehr nach besten Kräften zu unterstützen«. Th-K steht für Thyssen-Konzern, KR SAA für Königreich Saudi-Arabien. Diese Passage wurde nach Vorliegen des Vermerks von Pfahls gestrichen.

Alles lief plötzlich wie am Schnürchen, am 10. April wurde Pfahls unterrichtet, daß es keine Probleme bei der Abwicklung des Vertrags gebe und alle Panzer an Thyssen Henschel ausgeliefert seien. Am 2. Mai wies Maßmann bei Thyssen Henschel hausintern alle mit dem Vorgang befaßten Hauptabteilungsleiter darauf hin, daß an diesem Tag der Vertrag mit Saudi-Arabien in Kraft trete. »In den nächsten Tagen erfolgt Einladung zu einer gemeinsamen Besprechung bezüglich Verantwortlichkeiten, Programmkoordination und Ablauf. Alle bisherigen Aktivitäten sind unverzüglich freizugeben bzw. fortzuführen.«

Freizugeben war nun auch das Honorar, das Thyssen Henschel für den Erfolgsfall mit den Einfädlern und Hintermännern vereinbart hatte, die sich hinter den Briefkastenfirmen Ovessim, Linsur und Great Aziz verbargen. Die Verträge vom Herbst mußten verschwinden, denn es gab ja diesen Paragraphen 13 im Vertrag mit Saudi-Arabien, der strenge Sanktionen für den Fall vorsah, daß Thyssen beim Panzergeschäft Vermittler eingesetzt und Schmiergelder bezahlt haben sollte. Zwar rechnete niemand ernsthaft damit, daß die Saudis auf diesem Paragraphen herumreiten würden. Aber sicher war sicher, wer wußte schon, ob nicht einer der Dunkelmänner im Hintergrund auch noch sein Wissen zu Geld machen wollte, wenn er seinen Anteil kassiert hatte.

Zum Zweck der Verschleierung hatte Thyssen neue Verträge vorbereitet, die gegen die ursprünglichen, im Züricher Banksafe liegenden ausgetauscht werden sollten. Ovessim und Linsur, vertreten von

Pierre Muller, und Great Aziz, laut *Stern* vertreten vom Möllemann-Spezi Rolf Wegener, wurden darin unverfänglich zu Beratern beim »Marketing in der Golf-Region« gemacht, bezogen auf »Verteidigungstechnologie, Umwelttechnologie, Verkehrstechnik«. Die Firmen sollten angeblich Marktanalysen ausarbeiten, die Marktchancen bewerten, Marketingstrategien entwickeln, Käuferstrukturen beschreiben und den Markt auf Dauer beobachten. Das taten sie natürlich nicht, weil ihre Besitzer ihre Arbeit schon erledigt hatten.

Vom Panzergeschäft mit Saudi-Arabien war in den neuen Verträgen keine Rede mehr. Vertragspartner der Phantomfirmen war auch nicht mehr, wie noch im Herbst, die Firma Thyssen Henschel in Kassel, sondern Thyssen Industrie in Essen. Bis auf die Firmennamen und die Auftragsspezifizierung waren die im Juni 1991 unterzeichneten Verträge wortgleich. Die Vergütung konnte sich sehen lassen: Ovessim, hinter der die Ojjeh-Gruppe vermutet wird, bekam 67,5 Millionen Mark, zahlbar in Raten bis 1. Dezember 1993; Linsur, deren Hintermänner unbekannt sind, standen 116,5 Millionen Mark von Thyssen zu; Great Aziz war mit den vereinbarten 8,93 Millionen Mark dabei. Sobald das Geld auf den Firmenkonten eintraf, würden die Firmen Ovessim, Linsur und Great Aziz ihre Aufgabe erfüllt haben und sanft entschlafen.

Schreiber und seine Helfershelfer sollten ursprünglich über den undatierten Vertrag mit seiner Kauferinger Firma Bayerische Bitumen Chemie (BBC) entlohnt werden. Davon nahm man aber Abstand: Der Vertrag wurde nicht einfach umgeschrieben wie die Abmachungen mit den anderen Firmen, sondern statt dessen mit der aus anderen Schreiber-Geschäften bekannten panamaischen A.T.G. im Juli 1991 geschlossen und mit 24,4 Millionen Mark dotiert. Neu bei der A.T.G. war, daß nicht mehr Schreibers alter Freund und Treuhänder Giorgio Pelossi für sie zeichnete, denn mit ihm hatte sich Schreiber Anfang 1991 wegen der Bezahlung für seine Verdienste ja überworfen. Neuer Mann bei der A.T.G. war Lorenzo Wullschleger von der Luganer Wirtschaftsprüfungskanzlei Pagani & Wullschleger, der Schreiber nach dem Zerwürfnis mit Pelossi in der Schweiz und in Liechtenstein gemeinsam mit Edmund Frick zur Seite stand.

Für die Bayerische Bitumen Chemie stellte Schreiber eine eigene Rechnung über 2,4 Millionen Mark an Thyssen Henschel, die aber auch noch einmal umgeschrieben werden mußte, weil er als Zahlungsgrund erst einmal die verfängliche »Herbstfassung« verwendet hatte und das Geld für »Bemühungen im Zusammenhang mit der Beschaffung von Aufträgen in der Golfregion« forderte. Das wollte Thyssen nicht in der Finanzbuchhaltung haben. Schreiber wurde gebeten, eine neue Rechnung zu schicken, was er am 7. Mai 1991 mit der Formulierung tat, er habe für Thyssen »Marketing-Service in fernöstlichen Ländern« erbracht. Die Einnahme hat Schreibers BBC ordnungsgemäß verbucht und versteuert. Die Millionen für die A.T.G. wurden zu den vereinbarten Zahlungsterminen überwiesen.

Nach dem Umschreiben der Verträge hatte Thyssen noch eine heikle Aufgabe zu bewältigen. Die alten kompromittierenden Verträge, die in Zürich in Bankschließfächern lagen, mußten gegen die unverfänglichen neuen Vereinbarungen ausgetauscht werden. Maßmann habe das Geheimverfahren mit den Schweizer Schließfächern befohlen, weil er Angst vor späterer Erpressung durch die Geldempfänger gehabt habe, sagte später als Zeuge der Leiter der Rechtsabteilung von Thyssen Henschel, Wolfgang Pigorsch, aus. Die Fächer, in denen er je zwei Exemplare der Urverträge deponiert habe, hätten von Thyssen-Mitarbeitern nur zusammen mit den Bevollmächtigten der Firmen Pierre Muller und Lorenzo Wullschleger geöffnet werden dürfen. Beim Auswechseln der Verträge und beim Vernichten der alten Vereinbarungen sei wohl eine Panne passiert. Einer der Alt-Verträge wurde irrtümlich nicht geschreddert; er fiel später der Staatsanwaltschaft in die Hand und war einer der Schlüssel, die die Ermittler in das von Thyssen und Schreiber beim Panzergeschäft mit Saudi-Arabien errichtete Lügengebäude führte. Auch eine Kopie der ersten, auf das Saudi-Geschäft hindeutenden BBC-Rechnung des Waffenhändlers an Thyssen fand die Polizei 1995 bei der Durchsuchung von Schreibers Kauferinger Villa.

Am 2. August 1991 traf auf dem Konto 47.252 der A.T.G. beim Schweizerischen Bankverein die erste Rate von Thyssen für die erfolgreiche Vermittlung ein: 11 Millionen Mark. Am 26. August 1991 rundete sich die Geschichte um Panzer, Politik und Schmiergeld. Für diesen Tag bat Karlheinz Schreiber den CDU-Schatzmeister Walther Leisler Kiep, der sich gerade in seinem Schweizer Ferienhaus in Lenzerheide aufhielt, ihn in St. Margarethen am Bodensee zu treffen. Schon zehn Tage vor dem vereinbarten Zeitpunkt benachrichtigte Kiep den Steuerberater der CDU und Vertrauten des Bundeskanzlers Helmut Kohl, Horst Weyrauch, er möge sich am 26. August im Einkaufszentrum Rheinpark in St. Margarethen einfinden, um mit ihm zusammen Geld von einem Spender entgegenzunehmen.

Weyrauch erklärte später bei der Staatsanwaltschaft, Kiep habe ihm gesagt, er erwarte eine Million Mark in bar. Am 26. August habe er am vereinbarten Ort Kiep getroffen, der in Begleitung eines Mannes war, dessen Namen er aber bei der Vorstellung nicht verstanden habe. Es war Schreiber. »Ich erhielt dann im Stehen auf dem Flur von dem Dritten ein Behältnis überreicht«, erinnerte sich Weyrauch im November 1999. Was in dem Behältnis war, habe er erst nach seiner Rückkehr in Frankfurt überprüft. Es war die von Kiep angekündigte Million, 1 000 Tausend-Mark-Scheine.

1991 war ein gutes Jahr für Karlheinz Schreiber und seine Partner; er selbst hatte zwar mit Giorgio Pelossi im Streit um Geld einen guten Freund verloren, aber für sich und seine Hintermänner glänzend verdient, sowohl über seine Kauferinger BBC als auch mit den ihm zugeschriebenen Firmen I.A.L. und A.T.G. Auf die Firmenkonten in der Schweiz und in Liechtenstein wurden 1991 von den Firmen Airbus und Thyssen 27 Millionen Mark einbezahlt. Selbst Schreibers »Ziehsohn« Max Strauß soll laut Staatsanwaltschaft 500 000 Mark am Saudi-Geschäft verdient haben, obwohl er nur in der Anfangsphase bei einem geplanten Vertrag mit dem saudischen Innenministerium in Erscheinung getreten war. Thyssen-Vorstand Maßmann hatte sich für seine Firma hervorragend geschlagen, den sensationellen Saudi-Auftrag an Land gezogen und mit Hilfe der Freunde über alle politischen Hürden gebracht. 1992 zahlte sich das für ihn aus: Sein Jahresgehalt stieg von 350 000 auf 450 000 Mark. Er legte sich, wie Haastert 1988, eine Ferienwohnung in der Schweiz zu, deren Wert die Staatsanwaltschaft auf 1,36 Millionen Mark taxiert. Offiziell hat der Thyssen-Manager mit einer Firma des Bauträgers einen Mietvertrag für das Luxusetablissement in Zuoz über 1500 Franken monatlich abgeschlossen. Der Bauträger hat aber für die Wohnung zusätzlich ein Darlehen über 1,3 Millionen Mark erhalten – überwiesen vom Konto PO 46.341.1, das Schreiber beim Schweizer Bankverein mit dem Kürzel »Jürglund« führt. Jürgen Maßmann wird später die Firma Investment Sunshine Writer International gründen; die Staatsanwaltschaft glaubt, daß dieser Gesellschaft das Eigentum an der Wohnung in Zuoz übertragen wurde. Maßmann wird das alles entschieden bestreiten, ebenso wie Schreiber und Strauß.

Staatssekretär Holger Pfahls bekam ein Angebot von Daimler-Benz, mit dem er sein Gehalt auf 350000 Mark steigern konnte, und verabschiedete sich im Frühjahr 1992 aus der Politik. Daß in der Öffentlichkeit darüber spekuliert wurde, er habe wegen der merkwürdigen Umstände der Lieferung von NVA-Material an Israel das Ministerium verlassen müssen, focht den Strauß-Schüler nicht an.

Von Costa Rica bis Rußland

Schreibers Geschäftsbeziehung mit Thyssen gestaltete sich weiter erfreulich. Aus einer Zusammenstellung, die der Konzern im Frühjahr 2000 vorlegte, nachdem alles aufgeflogen war, geht hervor, daß sofort im Anschluß an das Panzergeschäft im August 1991 ein neuer Vertrag mit Schreiber geschlossen wurde. Für die Konzerntochter Thyssen Nordseewerke sollte er neue Auslandsmärkte für Spezialschiffe erschließen. Dazu habe die Werft Schreibers Kauferinger Firma Bayerische Bitumen Chemie (BBC) ein zinsloses Darlehen von sechs Millionen Mark gegeben, ermittelte der Vorstandchef von Thyssen-Krupp, Ekkehard Schulz. Getilgt wurde das Darlehen, indem Schreiber 1992, 1993 und 1994 den Thyssen Nordseewerken je zwei Millionen Mark »für erbrachte Leistungen« in Rechnung stellte. Ob es zu Aufträgen kam, ist der Staatsanwaltschaft nicht bekannt.

Laut Steuerfahndung hat Schreiber in dieser Zeit zudem mit Thyssen-Vorstand Winfried Haastert über das Milliardenprojekt »Transrapid« und über ein für einen Waffenhändler eher ungewöhnliches Projekt gesprochen. Er wollte für die Gastronomie einen vollautomatischen Spaghettikochtopf auf den Markt bringen. Einen Namen hatte Schreiber, den Freunde beim Essen als »Gesundheitsapostel« erlebten, für seine Erfindung auch schon: »Spaghettissimo« sollte sein Kochgeschirr heißen.

Weitere vier Rechnungen über insgesamt 4,8 Millionen Mark habe Schreibers BBC »für Marketing-Service zur Erlangung von Wehrtechnikaufträgen in Kuwait« bei Thyssen eingereicht, die auch prompt bezahlt wurden. Rechnet man diese Zahlungen mit Thyssens Aufwendungen für die Projekte Bear Head und Spürpanzer Fuchs zusammen, kommt man auf eine Summe von 24,5 Millionen Mark, die laut Thyssen zwischen 1987 und 1995 an Schreiber geflossen ist. Dabei ist der Betrag von 24,4 Millionen Mark nicht berücksichtigt, den Thyssen beim saudischen Panzergeschäft der panamaischen A.T.G. bezahlt hat, hinter der laut Staatsanwaltschaft und Steuerfahndung ebenfalls Schreiber stehen soll.

Thyssen hat dafür »keine Anhaltspunkte«, aber trotzdem massiven Ärger. Der Verdacht, es gebe eine enge Verbindung zwischen A.T.G. und Schreiber, das nach Panama geflossene Geld habe zum Teil zur Auszahlung von »Kick-backs« an Thyssen-Spitzenkräfte gedient, hat zur Rücknahme der steuerlichen Anerkennung dieser »nützlichen Aufwendungen« in Höhe von 24,4 Millionen Mark beim Finanzamt geführt. Der Fiskus hatte 1991 nach damals gültiger Gesetzeslage die steuerliche Abzugsfähigkeit von Schmiergeldern nur anerkannt, wenn sie an nicht in Deutschland steuerpflichtige Personen bezahlt wurden. Sollte sich tatsächlich beweiskräftig herausstellen, daß A.T.G.-Gelder, wie von der Staatsanwaltschaft behauptet, an »Steuerinländer« wie Holger Pfahls, die langjährigen Thyssen-Manager Winfried Haastert und Jürgen Maßmann oder Max Strauß weitergeleitet wurden und der Thyssen-Konzern davon gewußt hat, wären Weiterungen unausweichlich.

Thyssen-Boß Schulz hat bei der Vorlage seiner Recherchen ein nüchternes Fazit der Geschäftsbeziehung zu Schreiber gezogen: »Im Hinblick auf die heute vorliegenden Erkenntnisse läßt sich gewiß die

Frage stellen, ob die damaligen Projektaufwendungen immer sinnvoll waren. In Aufsichtsrat und Vorstand der Thyssen AG sind die Vorgänge nicht behandelt worden.« Nach Ansicht von Thyssen-Anwälten hätte aber zumindest beim Panzer-Deal mit Saudi-Arabien der Vorstand »über die Struktur des Geschäftes und mögliche Risiken unterrichtet werden müssen«. Allerdings, so Schulz, wäre »nach heutiger Einschätzung bei vollständiger Kenntnis dieser Sachverhalte die Entscheidung im Vorstand der Thyssen AG nicht anders ausgefallen«.

Auch am steckengebliebenen Bear-Head-Projekt arbeitete Schreiber nach dem erfolgreichen Panzer-Deal unverdrossen weiter. Zwar war an den Bau der Thyssen-Panzerfabrik in Kanada nicht mehr zu denken: Spätestens der Rücktritt von Premier Brian Mulroney im Februar 1993 bedeutete das Ende dieses Plans; Jean Chrétien, seit seinem triumphalen Wahlsieg im Oktober 1993 neuer Regierungschef, verfolgte die Angelegenheit nicht weiter. Doch baute Schreiber nach wie vor auf die früheren Zusagen diverser kanadischer Regierungsstellen, 250 leichte Panzer für die kanadische Armee bei Thyssen zu ordern. Da Kanada an den meisten Friedensmissionen der Vereinten Nationen beteiligt war, sollte für solche Einsätze ein gepanzertes Transportfahrzeug unter der Bezeichnung TH 495 entwickelt werden. Für Schreiber und seine Firmen ging es um hohe Provisionszusagen; das Darlehen in Höhe von 1,3 Millionen Mark, das ihm Thyssen 1988 im Zusammenhang mit dem Bear-Head-Projekt gegeben hatte, war auch noch offen.

Schreiber nutzte seinen Kontakt zu Walther Leisler Kiep, dem er im August 1991 eine Million Mark in bar für die CDU hatte zukommen lassen. Als Kiep am 27. April 2000 im Berliner Untersuchungsausschuß vernommen wurde, hielt der SPD-Abgeordnete Peter Danckert dem CDU-Politiker vor, Schreiber habe ihm am 23. April 1993 einen Brief mit einem Memorandum zum Projekt TH 495 geschickt, das an Bundeskanzler Kohl weitergeleitet werden sollte. Schreiber erinnerte in dem Brief unter anderem an das Panzergeschäft mit Saudi-Arabien: »Ohne das Verständnis und die Unterstützung durch Herrn Bundeskanzler Helmut Kohl wäre die Realisierung dieser Projekte nicht möglich gewesen. Ich bitte Sie, den Herrn Bundeskanzler zu informieren und ihm nochmals recht herzlich zu danken.«

Vier Tage später, am 27. April 1993, habe Kiep Schreibers Post an Kohl weitergeleitet: »Lieber Helmut, Du wirst Dich sicher an die Hilfe und Unterstützung in der Angelegenheit ›Fuchs-Systeme‹ erinnern, welches seinerzeit an Saudi-Arabien geliefert wurde ... Die Initiative dazu ging von Herrn Karlheinz Schreiber aus, der für Thyssen in Ottawa tätig ist.« Jetzt habe Schreiber Probleme mit dem Bear-Head-Projekt und gebe in seinem Anschreiben »alle Aspekte dieses Themas vollständig wieder«. Kiep bittet Kohl: »Ich wäre Dir zu großem Dank verbunden, wenn Du Herrn Schreiber helfen und damit ein erhebliches Arbeitsplatzerhaltungsprojekt für uns realisieren könntest.«

Kiep sagte im Ausschuß am 27. April 2000 zunächst, er habe dem Bundeskanzler den Eindruck vermitteln wollen, »daß ich dieses Projekt für interessant und verfolgenswert halte. Das war der Sinn des Schreibens.« Das Bear-Head-Projekt habe aber dann im Kontakt zum Bundeskanzler keine Rolle mehr gespielt, auch nicht bei einem Gespräch am 10. Mai 1993. »Mit der Weitergabe seines Briefes war der Vorgang für mich erledigt«, sagte der Ex-Schatzmeister aus. Dann aber verlas Danckert ein weiteres Schreiben Kieps an Kohl: »Lieber Helmut! Nochmals sehr herzlichen Dank für unser Gespräch am 10. Mai 1993. In der Angelegenheit TH 495 (gepanzertes Transportfahrzeug) hat mir der kanadische Partner laut beiliegender Telefax-Kopie seine Reaktion übermittelt, die offensichtlich in völligem Gegensatz zu den Stellungnahmen steht, die Du mir freundlicherweise vorgelesen hast. Ich gehe davon aus, daß in Kürze eine verbindliche Beurteilung vorliegt, die ich Dir dann sofort übermitteln werde.« Der Abgeordnete Hans-Christian Ströbele (Bündnis 90/Die Grünen) hielt Kiep außerdem vor, daß Schreiber sich bei diesem doch am 18. Mai 1993 beschwert habe, der Bundeskanzler sei »belogen« und mit »falschen oder unvollständigen Informationen« bedient worden. Schreiber habe in diesem Brief auch ein »Zusammentreffen in Freiberg« mit Kiep angesprochen und »als ausgesprochen positives Ereignis« bewertet. Kiep entschuldigte seine Erinnerungslücken mit dem Hinweis:

»Es kann doch kein Mensch von mir erwarten, daß ich nach sieben Jahren einen solchen Vorgang minutiös nachvollziehen kann, wenn ich keine Unterlagen habe.«

Im Herbst 1994, als das Panzergeschäft in Kanada in die entscheidende Phase ging, will Schreiber über das Bear-Head-Projekt mit Wolfgang Schäuble gesprochen haben, ehe er ihm 100 000 Mark als Spende überreichte. Daran hat wiederum Schäuble keinerlei Erinnerung. Am 25. Mai 1995 schließlich drohte Schreiber in einem Brief an Thyssen-Vorstand Haastert, er habe am Bear-Head-Projekt nicht zehn Jahre lang hart gearbeitet, »um lautlos die Szene zu verlassen«. Die Bundesregierung dulde »eklatante Vertragsbrüche« Kanadas.

Thyssen Industrie erließ Schreiber prompt die Rückzahlung des Darlehens in Höhe von 1,3 Millionen Mark und schaltete umgehend Kohl ein. Vorstandschef Eckhard Rohkamm bat den Regierungschef am 14. Juni 1995 darum, bei seiner Reise zum Weltwirtschaftsgipfel nach Halifax (Kanada) für »faires Verhalten« der Kanadier zu sorgen. Kohls Spitzenbeamte Sieghardt Nehring (Wirtschaft) und Joachim Bitterlich (Auswärtige Angelegenheiten) nahmen sich der Sache an; Kohl wurden Vermerke zum Schreiber-Projekt vorgelegt. Der Kanzler entschied, der damalige Wirtschaftsminister Günter Rexrodt (FDP) solle beim Weltwirtschaftsgipfel mit den Kanadiern reden. Schäuble wurde vom Bundeskanzleramt stets auf dem laufenden gehalten, ist den Vermerken zu entnehmen. Den Panzerauftrag hat Thyssen aber nicht bekommen.

Ex-Kanzler Helmut Kohl räumte in seiner Aussage im Ausschuß am 29. Juni 2000 ein, daß im Juni 1995 im Flugzeug nach Halifax »schon über Schreiber und über das Projekt geredet« worden sei. »Von diesem Zeitpunkt an habe ich insofern gewußt, daß es den Herrn Schreiber gibt und daß der Herr Schreiber auch dabei ist, eine Waffenproduktion zusammen, wenn ich es einmal so sagen will, mit Thyssen in Kanada aufzubauen. Mehr wußte ich nicht.«

Enge Kontakte unterhielt Schreiber damals auch zum Baumaschinenhersteller Liebherr und dessen Geschäftsführer Friedrich Bär, der häufig im Kalender des Provisionärs auftaucht. Für den schwäbischen Konzern wollte der Vermittler Straßenbaumaschinen im Wert von

72 Millionen Mark nach Costa Rica verkaufen. Schon 1984 hatte Schreiber, wie Bär der Staatsanwaltschaft erzählte, einen Provisionsvertrag unterschrieben, der ihm fünf Prozent der Auftragssumme sicherte. Schreibers BBC habe dafür zunächst ein Darlehen über 80 000 Mark bekommen. Das Geschäft zog sich hin, die Aussicht darauf bot Schreiber aber Gelegenheit, seiner Hausbank, der Sparkasse Landsberg-Dießen, Hinweise auf zu erwartende Einnahmen zu geben. Abgewickelt wurde das Geschäft schließlich in den neunziger Jahren, das Volumen war auf 14,5 Millionen Mark geschrumpft. Dabei gab es einen neuen Verbündeten für Schreiber: Der costaricanische Ehrenbürger Bundesaußenminister Hans-Dietrich Genscher, schob – ohne Absprache mit Schreiber – das Geschäft mit seinem Patenland offenbar mit an, um ein wenig mehr Stabilität in diese politisch unruhige Zone Mittelamerikas zu bringen.

Schreiber mit seinem costaricanischen Diplomatenpaß trat als »Repräsentant der Regierung von Costa Rica« auf. Sein Freund, der BND-Agent Werner Ströhlein alias »Palme« aus Baldham bei München, der Resident des Dienstes an den deutschen Botschaften in Mexiko und Costa Rica war, sollte nach den Aufzeichnungen der Steuerfahndung den einträglichen Handel vor Ort voranbringen. Finanziert werden sollte das Geschäft mit Mitteln aus der Entwicklungshilfe, für die sich in der Bundesregierung unter Kanzler Kohl stets die CSU zuständig fühlte. Zusammen mit der nach einem früheren bayerischen Ministerpräsidenten benannten Hanns-Seidel-Stiftung war das Bonner Ministerium ein Vehikel für die außenpolitischen und außenwirtschaftlichen Interessen der CSU. Deshalb ist es kein Wunder, daß beim Costa-Rica-Geschäft eine vorübergehend von der CSU-Stiftung engagierte Frau, Rita Santaya (in den Unterlagen auch als »Santalla« geführt), eine Rolle spielte, vor allem als Beraterin von Luis Alberto Monge, der von 1982 bis 1986 als Präsident Costa Ricas amtierte. Zur Hanns-Seidel-Stiftung besaß auch Schreiber gute Kontakte. Die CSU hatte seinen Freund Otto Wiesheu, nachdem er im Oktober 1983 unter Alkoholeinfluß einen Autounfall mit Todesfolge verursacht hatte und von seinem Amt als CSU-Generalsekretär zurücktreten mußte, vorübergehend bei der Stiftung geparkt.

Mit Rita gab es ständig Probleme. »Um größeres Unheil zu verhindern, erhebt sich die Frage, ihr für eine gewisse Zeit weiterhin finanziell unter die Arme zu greifen«, schrieb Ströhlein ratlos am 31. Januar 1989 seinem Freund Schreiber. Dann gab es wieder Ärger mit Bonn. Die Bundesregierung sperrte die Kreditlinie. Schreiber notierte am 11. November 1991 in seinen Kalender: »Santaya Bestätigung Peters/Genscher«, tags darauf »wg. Peters/Genscher Rita«. 1992 lief das von Schreiber angekurbelte Costa-Rica-Geschäft endlich an. Die staatliche Kreditanstalt für Wiederaufbau (KfW) stellte 14,5 Millionen Mark als Darlehen für Costa Rica bereit, 5 Millionen davon gingen an die Firma Liebherr. Die Zahlungen seien zwischen 1992 und 1996 gelaufen, eine Prüfung des Vorgangs habe keine Beanstandungen ergeben, hieß es in der Staatsbank. Das Geschäft ist nicht Gegenstand der inzwischen vorgelegten Anklage der Augsburger Staatsanwaltschaft.

Mit dem Tod von Franz Josef Strauß hatten sich Schreibers Beziehungen zur CSU-Spitze gelockert. Der Nachfolger in der Parteiführung, Theo Waigel, ein akkurater Schwabe, sorgte in seiner Amtszeit dafür, daß die CSU-Finanzen in geordneteren Bahnen verliefen als jene der CDU. 1990 allerdings erreichte die CSU eine merkwürdige Spende der Hessen-CDU. 45 000 Mark wurden aus den in der Schweiz gebunkerten Millionen über die Bayerische Staatsbürgerliche Vereinigung zur CSU geschleust. Im Rechenschaftsbericht für 1990 taucht die Spende aber nicht auf. Dennoch – Waigel war und ist überhaupt nicht der Typ für die Schreibers dieser Welt. Ministerpräsident Max Streibl wiederum, für Zuwendungen an sich nicht unempfänglich, scharte eine andere Sorte von Höflingen um sich; sie durften schon vermögend sein, mußten aber ihre Lebenslust zügeln, um sich beim frommen Oberammergauer und seiner strengen Frau Irmingard halten zu können. Wer aber, wie Schreiber, an Strauß und dessen bacchantische Vorlieben gewöhnt war, ließ bei seinen feuchtfröhlichen Festen in der Kauferinger Villa schon mal die Sau raus. Das war nichts für Max Streibl.

Auf Edmund Stoiber, unter Streibl Innenminister, aber schon Vordenker der CSU-Regierung, setzte der Waffenhändler große Stücke.

Er schätzte dessen wirtschaftsfreundliche Ausrichtung und glaubte damals noch, das Strauß-Erbe sei bei Stoiber in besten Händen. Den direkten Kontakt zum früheren Strauß-Burgvogt in der Staatskanzlei brauchte er zunächst nicht, dazu hatte er Wiesheu, den Streibl 1990 aus der Hanns-Seidel-Stiftung als Staatssekretär ins Kabinett holte. Stoiber machte Wiesheu nach Streibls Sturz 1993 zu seinem Wirtschaftsminister, wo er endgültig seine dunkle Zeit vergessen machen wollte und als gefragter Troubleshooter bei Unternehmenskrisen und Arbeitsplatzproblemen zur Stütze des Regierungschefs wurde. Auch zu Thomas Goppel, der in Schreibers Kauferinger Heimat seinen Landtagswahlkreis hat, unterhielt Schreiber gute Beziehungen. Schreibers Frau half manchmal in Goppels Wahlkreisbüro aus.

Schreiber war und blieb zwar bekennendes und zahlendes CSU-Mitglied, aber in der überörtlichen CSU war Schreiber schon zu Strauß-Zeiten nicht aufgefallen, dazu war er zu »busy«, ständig mit schwierigsten Projekten beschäftigt und unterwegs in aller Herren Länder. Auf der landespolitischen Schiene war bei seinen Top-Unternehmungen mit Airbus oder Thyssen wenig abzusichern, und die CSU war nach dem Tod von Strauß zu einem besseren Regionalverband der Union abgesunken. Die für Schreiber interessanten Leute wirkten in der Bundespolitik, eine Millionenspende zur »politischen Landschaftspflege«, wie er es nannte und wie er sie am 26. August 1991 der CDU überreichte, hat die CSU nie bekommen.

143 000 Mark hat Schreiber der CSU zwischen 1992 und 1996 gegeben, den größten Teil davon an die Parteigliederungen seiner Kontaktleute Wiesheu und Goppel. Aber er zählte bis in die jüngste Zeit hinein wie selbstverständlich auf Rückhalt auch bei Stoiber für seine Art von Auftragsbeschaffung, weil er sich wie Stoiber als Sicherer deutscher Unternehmen und deutscher Arbeitsplätze im weltweiten Handelskrieg mit US-Giganten wie Boeing oder General Motors fühlte.

Über Thomas Goppel, den Sohn des früheren Ministerpräsidenten Alfons Goppel, der als etwas skurriler Volksschullehrer mit berüchtigter Neigung zu kryptischen Reden gilt und heute Stoibers Generalsekretär ist, machte sich der Kauferinger Unternehmer immer ein bißchen lustig. Der »Thomas« sei eben ein Leichtgewicht, sagte er bei einem Recherchetreffen mit der *Süddeutschen* im Frühjahr 1993, und er rede nicht gut über die Journalisten. Aber es sei halt »sein« CSU-Wahlkreisabgeordneter.

Schreiber war damals mit seinem nagelneuen Mercedes-Geländewagen am S-Bahnhof nahe Kaufering vorgefahren. Den Gesprächsfaden von 1986, als es um das mißratene Kanada-Geschäft mit der Strauß-Familie und anderen Prominenten ging, hatten wir wieder aufgenommen, weil wir uns von Schreiber Informationen über einen in den achtziger Jahre geplanten Zusammenschluß bayerischer Firmen (MBB, Diehl, Krauss-Maffei, Burghard Grob) zu einem kompakten weißblauen Rüstungskonzern versprachen. Der Waffenhändler war aufgeräumt, viel ruhiger als in der Hektik der Recherche von 1986. Wesentliche Informationen kamen bei dem Besuch nicht heraus; Schreiber gab sich immerhin als Thyssen-Berater zu erkennen, verlor aber natürlich kein Wort über seine internationalen Geschäfte.

Er hatte sich 1986 bei der Berichterstattung über das Kanada-Desaster nicht unfair behandelt gefühlt und irgendwann einmal gesagt, er werde schon noch einmal eine wirklich tolle Geschichte liefern, nicht etwas so Windiges wie diese Immobiliensache, an deren Mißlingen er im übrigen völlig unschuldig sei. 1993 an das Versprechen erinnert, sagte er mit düsterer Stimme, da gebe es tatsächlich etwas, dem nachzugehen sich lohnen würde. Es sei aber viel zu gefährlich für jemanden, der Familie habe. Wir fuhren über Nebenstraßen, er sprach unentwegt über das »Vaterland«, dem zu dienen vornehmste Aufgabe der Deutschen sei, und darüber, daß in Bonn mit Kohl und Waigel bald alles in die Binsen gehen werde. Max Streibl, dessen Rücktritt damals nur noch eine Frage der Zeit war, hatte der Waffenhändler schon abgeschrieben; nur Edmund Stoiber sei noch in der Lage, die CSU zu stabilisieren und das Unheil vom bürgerlichen Lager und von der Heimat fernzuhalten. Zum Mittagessen bat er in einen idyllisch gelegenen Landgasthof, wo er es sichtlich genoß, von den Wirtsleuten hofiert zu werden. Beim Abschied drängte er dem Besucher noch einen Taschenkalender für die Gemahlin und einen leicht angegammelten Regenschirm mit Europa-Emblemen auf, der dann im Zug zurückblieb. Das gute Stück stammte offensichtlich aus den Beständen seines Bekannten Thomas Goppel, der zu der Zeit Bayerns Europaminister war.

Möglicherweise hat Schreiber damals mit der »viel zu gefährlichen Geschichte« seine Auseinandersetzung mit Giorgio Pelossi gemeint, der sich aber bei einem späteren Kennenlernen als netter, älterer Herr erwies und, auf Journalisten jedenfalls, überhaupt nicht bedrohlich wirkte. Doch es könnte auch sein, daß Schreiber an die Geschäfte dachte, die zwischen der zeitweise von ihm betreuten Firma Liebherr und der in Monaco ansässigen Intercontinental Resources S.A.M. des Geschäftsmanns Herbert Leiduck mit Rußland angebahnt worden waren. Nach Unterlagen der Augsburger Staatsanwaltschaft gab es Pläne, 150 Kilometer westlich von Moskau 10 000 Häuser für aus der ehemaligen DDR heimkehrende Soldaten zu bauen. Die Häuser wollten Leiduck und Schreiber besorgen, Liebherr sollte Mobilkräne zum Bauen liefern und leistete eine Anschubfinanzierung von 2,5 Millionen Mark. Außerdem sollte das russische Verteidigungsministerium dafür interessiert werden, Kräne und 400 Sattelschlepper zum Abtransport des schweren Armeegeräts aus Ostdeutschland zu kaufen. Zur »Förderung der Geneigtheit der russischen Seite« seien 4,5 Millionen Mark zur Verteilung an russische Persönlichkeiten fällig geworden, heißt es in den Akten. Jedenfalls will Leiduck solche Zahlungen aus einem weiteren Vorschuß von 8,5 Millionen Mark geleistet haben, von dem nicht klar ist, ob ihn die Firma Liebherr oder Schreiber bezahlt hat.

Aus den Geschäften wurde nichts, sie endeten im erbitterten Streit zwischen Schreiber und dem zeitweise in Monaco inhaftierten Leiduck, in den auch die Firmen Liebherr und Mercedes-Benz verwickelt waren. Mercedes habe mit Leiduck Autoexporte im großen Stil in ehemalige Ostblockländer anbahnen wollen und ihm ebenfalls hohe Summen vorgeschossen, ist den Akten und Zeugenaussagen zu entnehmen. Nach dem Scheitern habe sich Mercedes-Benz mit der Firma Liebherr zusammengetan, um die Vorausleistungen in Millionenhöhe von Leiduck zurückzubekommen.

Die Staatsanwaltschaft, die an verschiedenen Orten wegen der Rußlandgeschäfte vorübergehend ein Ermittlungsverfahren (Verdacht der Geldwäsche) führte, hat diesen Teil der Schreiberschen Aktivitäten zu den Akten gelegt. Immerhin waren Schreibers Pläne mit dem Rußland-Haus so konkret, daß er sich bei dem SPD-Politiker und -Obmann des Haushaltsausschusses im Bundestag, Helmut Wieczorek, den er seit dem Bear-Head-Projekt gut kannte, nach freien Haushaltsmitteln erkundigte. Es habe aber keinen Topf dafür gegeben, sagte Wieczorek Ende 1997 als Zeuge aus. Schreiber brachte nach Aussage des Liebherr-Geschäftsführers Bär dessen Firma auch bei einem anderen Anlaß mit dem SPD-Politiker zusammen. Dabei sei es um einen Auftrag des Bundeswehrbeschaffungsamts über 459 Kräne gegangen. Es sei aber »keine Mark Provision« an Schreiber oder Wieczorek geflossen.

Die CDU-Schatzmeisterin Brigitte Baumeister, die Schreiber am 15. April 1994 auf einer Tagung des Vereins »Atlantikbrücke« kennengelernt hatte, bat der Geschäftsmann im November 1994 unter Bezugnahme »auf diverse Gespräche in der Angelegenheit Liebherr/ Rußland« zu einer Besprechung nach Kaufering. Es seien Repräsentanten der russischen Regierung und von Liebherr zugegen. »Ich würde es sehr begrüßen, wenn Sie wegen der besonderen Bedeutung des Projektes an den Besprechungen teilnehmen könnten«, schrieb Schreiber. Baumeister konnte aber nicht, eine Sitzung des CDU-Fraktionsvorstands kollidierte mit dem Termin.

Im Herbst 1994 brauchte Schreiber doch einmal Hilfe in Bayern. Er beriet den französischen Rüstungsbetrieb Thomson, der in Österreich an der Ausschreibung über die Ausrüstung des Heeres mit Radarsystemen für 1,3 Milliarden Schilling (rund 200 Millionen Mark) teilnahm. Zunächst besaßen die Franzosen schlechte Karten: Es sah so aus, als sollte die schwedisch-österreichische Bietergemeinschaft Ericson-Schrack zum Zug kommen. Im Vorfeld des Bieterverfahrens hatte es merkwürdige Angebote gegeben. Ein Funktionär der österreichischen Sozialdemokraten unterrichtete Parteiführung und Staatsanwaltschaft, ein Thomson-Repräsentant habe der SPÖ 22 Millionen Schilling (über 3 Millionen Mark) dafür offeriert, daß sie für den Zuschlag an Thomson sorge. Das Geld sollte unauffällig in einem

Samsonite-Koffer übergeben werden, von dem der Sozi das gleiche Modell mitbringen sollte. »Gleichsam im Vorbeigehen« sollten die Koffer dann getauscht werden, sagte der Funktionär später aus.

Die Entscheidung über den Auftrag lag damals im Wiener Wirtschaftsministerium, das vom heutigen Bundeskanzler Wolfgang Schüssel (ÖVP) geleitet wurde. Im August 1994 trat Schreiber auf den Plan und bat Otto Wiesheu, sich vom Schweizer Thomson-Boß Jean-Marie Merk über Benachteiligungen der Franzosen in Österreich informieren zu lassen. Dann sollte der bayerische Wirtschaftsminister seinen österreichischen Kollegen Schüssel, den er von diversen internationalen Terminen kannte, über die Thomson-Probleme aufklären und weitere Gespräche mit höchsten Thomson-Repräsentanten vermitteln.

Wiesheu tat damals nach eigenen Angaben, wie ihm geheißen wurde, aber »völlig neutral und ohne Empfehlung«, weil bayerische Interessen nicht berührt gewesen seien. Geld sei auch nicht geflossen, sagte er empört, und auf die Notiz in Schreibers Kalender »Wiesheu wg. Schüssel S 100 T 30 M 25 K 25« könne er sich keinen Reim machen. Auch Schüssel konnte das nicht. Tatsache ist aber, daß Thomson in Wien nochmals vorstellig wurde, das Angebot nach Beendigung des Bieterverfahrens geringfügig verbessern durfte und schließlich zum Entsetzen der auf der Liste als erste plazierten Bietergemeinschaft Ericson-Schrack den Zuschlag erhielt.

Mehltau über Bayern

Mit dem Tod von Strauß war keineswegs sein System beendet, das sich wie Mehltau über das Land gelegt hatte. Die CSU regiert Bayern ununterbrochen seit 1958, zunächst mit kleineren Koalitionspartnern, seit 1962 mit absoluter Mehrheit. Alle strategischen Positionen im Freistaat wurden besetzt, wie es der alleinherrschenden CSU gefiel; bis auf den heutigen Tag hat sich in Bayern bei keiner einzigen Wahl auch nur die Perspektive für einen politischen Wechsel ergeben.

In den Schoß sind der CSU die Erfolge nicht gefallen. Sie hat den Strukturwandel für Bayern besser in den Griff bekommen als andere Bundesländer, die Leute waren und sind in der Mehrheit zufrieden mit dem CSU-Regiment. Regierung und Partei vermarkten sich ohne falsche Bescheidenheit. Zum Zitatenschatz jedes Sozis, der unter der Zuständigkeit der CSU für alles Gute und Schöne im Bayernland leidet, gehört das Sprüchlein: »Wenn morgens früh die Sonne lacht, dann hat's die CSU gemacht, hat's aber Wind und Eis und Schnee, war's sicherlich die SPD.«

Die CSU hat für Klagen, sie sei machtbesessen und illiberal, einen bezeichnenden Spruch parat, der ihren pragmatischen Machtinstinkt unterstreicht: »Liberal samma schon, aber ned bläd« (Liberal sind wir schon, aber nicht blöd). Damit ist alles über die Haltung der CSU zu Berufsverboten, Friedens- und Frauenbewegung, Asylbewerbern, Demonstranten, Ehen von Schwulen und zu Schülerzeitungen gesagt, die zu Strauß-Zeiten von speziellen bayerischen Staatsanwälten sorgfältig auf zu verfolgende Beleidigungen des Großen Vorsitzenden durchforstet wurden.

Bei Recherchen stoßen Journalisten immer wieder auf Beamte, die sich weniger als Staatsdiener, sondern vielmehr als Parteipaladine verstehen und im ehernen Korpsgeist der CSU-Sympathisanten agieren. Ohnehin ist man von Datenschutz, Dienst-, Steuer-, Bank- und anderen Geheimnissen umzingelt, so daß man sich beim Aufspüren der Skandälchen und Skandale von CSU-Politikern vorkommt, als verfolge man mit dem Mountainbike einen Geländewagen.

Bei einer Recherche zur Affäre um die Mandantenverpachtung des Rechtsanwalts und Umweltministers Peter Gauweiler war es nötig, eine Anfrage zu einem bestimmten Ermittlungsverfahren bei der Staatsanwaltschaft München II zu stellen. Ehe noch die Antwort eingetroffen war, hatte Gauweiler die ihn entlastende Erklärung des befragten Staatsanwalts schon in der Hand und präsentierte sie der Redaktion einer anderen Zeitung, die uns darüber informierte. Unsere verwunderte Nachfrage bei der Staatsanwaltschaft ergab, daß nicht sie Gauweiler informiert hatte. Da Presseanfragen »Berichtssachen« sind, mußte der Staatsanwalt die Antwort zunächst an das Justizministerium schicken. Dort bekam sie Amtschef Wolfgang Held in die Finger, der frühere Strauß-Referent und stellvertretende CSU-Generalsekretär, und informierte sofort Gauweiler. Auf die Frage, warum er das getan habe, gab er eine verblüffende Antwort: »Das ist die Einheit der Verwaltung.« Als Regierungsmitglied habe Gauweiler Anspruch auf Vorabinformation.

Als es für Max Streibl wegen seiner Affären in der CSU eng wurde, redeten ihm seine Beamten ein, daß er an seinem Wohnort Wildsteig (Oberbayern) auch am Wochenende und im Urlaub von Journalisten ausgespäht werde. Meine Frau und ich haben dort seit langer Zeit unseren Zweitwohnsitz, bei Spaziergängen und beim Baden in den Moorseen der Umgebung hatten wir ab und zu die Familie Streibl getroffen, artig miteinander parliert, aber sonst keinerlei Kontakte gepflegt. Eines Tages rief die Bäuerin an, der das Wochenendhaus gehört, und sagte ratlos, der Bürgermeister habe sie aufgefordert, den Logisgästen umgehend zu kündigen, da es sich um Spione handle, die auf den Herrn Ministerpräsidenten angesetzt seien. Da sie unsere Freizeitgewohnheiten ziemlich genau kenne, habe sie widersprochen.

Nach einem Anruf beim Bürgermeister und einem geharnischten Brief an Streibl brach die Vertreibungsaktion in sich zusammen. Der Bürgermeister murmelte etwas von der »geheimen Dorfpolizei«, die das Gerücht von der lückenlosen Überwachung Streibls verbreitet habe, dieser selbst gab die Erklärung, »seine Beamten« hätten ihm unsere Spionagetätigkeit gesteckt. Entschuldigt hat er sich nie, auch nicht, als die Angelegenheit in größerer Runde mit ihm, Stoiber und der Landespressekonferenz erörtert wurde. In der Regel funktionieren solche Attacken auf dem Land, wo Mietverhältnisse mit Handschlag geschlossen werden, immer noch. Wer legt sich schon gern mit dem Bürgermeister und dem Ministerpräsidenten zugleich an? Es könnte sich beim nächsten Bauantrag für einen Heustadel bitter rächen.

Das Wehklagen der Opposition über anhaltenden Machtmißbrauch hilft aber nichts, sie hat es in diesem konservativ geprägten Land den Schwarzen leicht gemacht, Bayern zu überschwemmen wie die japanischen Touristen König Ludwigs Märchenschloß Neuschwanstein. Die Gefahr, daß sich jemand nach einem ersten Besuch einer SPD-Ortsvereinssitzung der bayerischen Sozialdemokratie anschließt, wird vom Münchner Oberbürgermeister Christian Ude, einem begabten Kabarettisten, für gering angesehen. »Du kommst als Freund und gehst als Fremder«, hat der Sozialdemokrat einmal solche Treffen beschrieben.

Das führt natürlich zu personeller Auszehrung und organisatorischer Schwäche. Ganze Landstriche sind in Bayern ohne SPD-Ortsverein, während das Täfelchen mit den CSU-Bekanntmachungen noch im letzten Winkel des Freistaats hängt. Auch die Verankerung der Grünen in der politischen Subkultur läßt zu wünschen übrig; die FDP, die einst in Bayern mit Persönlichkeiten wie Hildegard Hamm-Brücher und Thomas Dehler ein bedeutender politischer Faktor war, ist aus dem öffentlichen Leben nahezu verschwunden.

Während viele Sozialdemokraten und Grüne in Hinterzimmern von Gasthäusern theoretisierten, bis der letzte Werktätige mit frühem Arbeitsbeginn gegangen war, hatte sich die CSU in jahrzehntelanger Kleinarbeit überall im Land in Vereinen und Organisationen so breit gemacht, daß für viele Einheimische wie auch Auswärtige Bayern und die CSU identisch sind. Dabei zeigen kommunalpolitische Erfolge wie jene der Sozialdemokraten Thomas Wimmer, Hans-Jochen Vogel, Georg Kronawitter und Christian Ude in München, daß die Bayern auch sozialdemokratische Persönlichkeiten zu schätzen wissen und wählen. Der Regierungsbezirk Oberfranken ist kommunalpolitisch überwiegend rot, frühere schwarze Hochburgen wie Passau oder Eichstätt haben sozialdemokratische Bürgermeister – »königlich-bayerische« Sozialdemokraten und keine »echten«, wie die CSU selbst in der Niederlage noch spottet. Aber es schmerzt sie sehr.

Immer wieder aufkommenden Rechtsradikalismus wie jenen der Republikaner, an deren Wiege die CSU-Bundestagsabgeordneten Franz Handlos und Ekkehard Voigt sowie der vom Salonlinken zum CSU-Sympathisanten mutierte Franz Schönhuber standen, trocknete die CSU aus. Sie übernahm politisch viele Positionen, etwa im Asyl- und Ausländerrecht, und bekämpfte ansonsten die Entfaltung solcher

Parteien mit allen zu Gebote stehenden Mitteln. Eine Strauß-Maxime hieß: »Rechts von der CSU darf sich keine demokratisch legitimierte Partei entwickeln.« Unterstützung durch die Ultrarechte von Fall zu Fall war akzeptabel, im Notfall mußte man sich halt distanzieren. Da galt in der CSU die alte Kriegsregel: »Mit Hilfstruppen darf man nicht zimperlich sein.« Die CSU-Taktik hat zwar dazu geführt, daß der bayerische Landtag bis auf ein NPD-Zwischenspiel in den sechziger Jahren von Rechtsradikalen verschont blieb, doch deren Anhänger fühlten sich stets auch in der CSU zu Hause. Manchmal wußte man bei der Rechten nicht mehr, was nun die CSU-Kopie und was das Original ist.

Der Münchner Millionär und Verleger Gerhard Frey, der mit der *Nationalzeitung* wohl das unappetitlichste Produkt der Rechtsradikalen sein eigen nennt, hat mehr als einmal Empfehlungen zugunsten der CSU abgegeben und zwei ihrer Spitzenpolitiker – den früheren Kultusminister und Kommentator des Grundgesetzes, Theodor Maunz, sowie den früheren Innenminister und Verteidiger von Rudolf Heß bei den Nürnberger Prozessen, Alfred Seidl – nach deren Tod als seine geheimen Berater enttarnt. Maunz hatte sogar anonym Artikel für die *Nationalzeitung* geschrieben.

Die CSU profitiert davon, daß viele Bayern, auch solche, die mehr zur Opposition neigen, durchaus für ein eigenständiges Auftreten ihrer politischen Repräsentanten gegenüber dem Bund und der Europäischen Union sind. Da ist die krachlederne CSU nicht zu schlagen, vor allem nicht von einer SPD, die in Bayern gleich den Schirm aufspannt, wenn die Bundesgenossen im Regen stehen. Den Roten ist es trotz vielfältiger Versuche bis heute nicht gelungen, bayerische Eigenständigkeit zu entwickeln, ohne gleich eigenbrötlerisch zu wirken.

Angesichts dieser Konstellation sah die Mehrheit der Bayern bei Wahlen über die Selbstbedienungsmentalität mancher CSU-Spitzenkräfte stets gnädig hinweg, nachdem man sich zuvor an den Stammtischen heftig darüber erregt hatte. Die Opposition, durch die Übermacht der CSU perspektivlos, blieb häufig allein, wenn sie versuchte, der CSU in zähem Kleinkampf eine bescheidene Stärkung der Minderheitenrechte für die Arbeit im Parlament, in Untersuchungsausschüssen oder etwa bei der Wahl des für die demokratische Kontrolle wichtigen Rechnungshofpräsidenten abzuringen.

Engagierte außerparlamentarische Gruppen wie die jungen Leute vom Verein »Mehr Demokratie« schafften es wenigstens, Bürgerbegehren auf kommunaler Ebene über einen Volksentscheid durchzusetzen. Dessen Regeln wurden aber bald wieder vom Bayerischen Verfassungsgerichtshof verschärft. Die Richter für diese Oberinstanz darf die CSU bis heute mit ihrer Mehrheit im Landtag bestimmen.

Angenehm zivil

Der unmittelbare Strauß-Nachfolger Max Streibl begann seine Regierungszeit Ende 1988 angenehm zivil, ohne die seinem Vorgänger eigene Militanz. Er ließ das umstrittene Mammutprojekt einer neuen Staatskanzlei mitten in München abspecken und nahm davon Abstand, die Wiederaufbereitungsanlage für abgebrannte atomare Brennelemente in Wackersdorf (Oberpfalz) fertigzubauen, wo es zu bürgerkriegsähnlichen Zusammenstößen gekommen war. Mit Billigung von Strauß hatte sein für die Polizei zuständiger Staatssekretär Peter Gauweiler hochgefährliches CS-Gas gegen gewaltbereite wie auch friedliche Demonstranten an der Baustelle einsetzen lassen, der Einsatz gefährlicher Gummigeschosse war geplant.

Streibl besuchte als erster bayerischer Ministerpräsident die Gedenkstätte für das ehemalige Konzentrationslager Dachau. Strauß war nie dort, obwohl der Bau der Gedenkstätte auch das Werk eines Häftlings war, der nach dem Krieg lange die CSU prägte: Alois Hundhammer, unbeugsamer Katholik, war von den Nazis in Dachau interniert worden. Der sittenstrenge Mann, Mitbegründer der CSU, Landtagspräsident, Kultusminister, Landwirtschaftsminister und stellvertretender bayerischer Ministerpräsident, schätzte Strauß und dessen lockeren Lebenwandel nicht. Vielleicht hat sich der Verschmähte gerächt, indem er niemals einen Fuß in die von Hundhammer geförderte Gedenkstätte setzte.

Die Art, wie die bayerische Regierung sich bei offiziellen Anlässen – zum Beispiel den alljährlichen Feiern zur Befreiung der KZ-Häftlinge durch die US-Truppen – vertreten ließ, konnte häufig nur als Affront verstanden werden. Der Dachau-Termin blieb meist inkompetenten und desinteressierten Staatssekretären vorbehalten und galt als eine Art Strafkommando. Als Strauß im Landtag einmal auf den Redakteur der *Süddeutschen,* Egon Scotland, traf, der gern gestreifte Hosen trug, riß Strauß einen seiner blöderen Witze und sagte: »Ich hab daheim im Keller auch noch so eine KZ-Uniform.« Erst Stoiber hat wirklich mit dieser unseligen Tradition der Ignoranz gegenüber bayerischen Faschismusmahnmalen gebrochen, als er zum fünfzigsten Jahrestag der Befreiung in Dachau eine vielbeachtete Rede hielt.

Streibls erfreulicher Start konnte nicht darüber hinwegtäuschen, daß er als Regierungschef sein eigenes, wenn auch mickriger angelegtes Amigo-System weiterentwickelte, das er schon als Finanzminister gepflegt hatte. Es ging dabei um kleine, aber bezeichnende Peinlichkeiten, Symptome von merkwürdiger Raffsucht: Zum Beispiel gehörte er zu den privaten Gratiskunden der »CSU-Airline« von Messerschmitt-Bölkow-Blohm. Der Luftfahrtkonzern war seit langer Zeit ein Objekt ständiger Begierde der Partei. MBB stellte für CSU-Repräsentanten nicht nur zu dienstlichen Zwecken, sondern auch aus privatem Anlaß Flugzeuge bereit. Hobbyflieger Franz Josef Strauß hatte nach Angaben des früheren MBB-Managers Sepp Hort »Flugrecht auf Lebenszeit« wegen seiner Verdienste um die Firma. Weil Strauß das MBB-Angebot nicht voll ausnutzen konnte, flogen andere CSU-Größen, darunter sein Adlatus Edmund Stoiber und Max Streibl, gern mit der weißblauen Staatslinie.

Streibl ließ sich auch von Autokonzernen Leihwagen und Motorräder »zu Testzwecken« anliefern. Da nahm es nicht Wunder, daß die Führung von BMW das Gespräch mit dem Testfahrer Streibl suchte, als der umweltpolitische Arbeitskreis der CSU auf einem Parteitag ein Tempolimit durchsetzen wollte. Der Antrag wurde abgeschmettert, die Münchner Autobauer, die wie Daimler-Benz zu den Großspendern der CSU zählten, konnten beruhigt ihre Spenden abliefern.

Auch eine kostenlose Satellitenschüssel für die private Villa verschmähte Streibl nicht, Gratisreisen mit privatem Gefolge nach Brasilien auf Kosten von Burkhard Grob, einem Flugzeugbauer und Empfänger öffentlicher Zuschüsse, wurden bekannt. Allzu preiswert überließ die Caritas dem Ministerpräsidenten ein Grundstück für eine Münchner Privatresidenz in der Nähe von Schloß Nymphenburg, das eigentlich für mildtätige Zwecke und nicht für den Verkauf an Streibl vererbt worden war. Unter den besorgten Blicken der CSU rückte Streibl das Areal wieder heraus.

Gravierender waren Hinweise auf die Begünstigung bestimmter Firmen bei öffentlichen Ausschreibungen. Nach der Vernehmung eines Beamten der Bezirksregierung von Oberbayern schrieben die Kriminalbeamten am 13. März 1992 einen Vermerk. Der Regierungszeuge habe ausgesagt, »daß man schon länger vermute, daß seitens der mitbietenden Firmen bei der Auftragserlangung manipuliert wird ... Zur Fa. Siemens merkte Herr Dr. S. noch an, daß wohl letztendlich ein entsprechender Anruf aus der Bayer. Staatskanzlei erfolgt, wenn die Fa. Siemens einen Auftrag erhalten will bzw. bekommen soll.« Der Beamte sagte später, er habe sich nur einen Scherz mit den Polizisten erlaubt.

Günter Bechert, Vorsitzender einer Strafkammer mit Schwerpunkt Wirtschaftskriminalität beim Landgericht München I, schrieb am 10. Juli 1992 der Staatsanwaltschaft zu einem Prozeß gegen Siemens-Mitarbeiter wegen Manipulationen von Ausschreibungen, wobei es um Millionenschäden ging:

Herr Brendel (gemeint ist Hans Brendel, ein in vielen Wirtschaftsermittlungen als besonders effektiv bekannt gewordener Kriminalbeamter, d. A.) hat u. a. ausgesagt, daß er von der Staatsanwaltschaft den Auftrag erhalten hatte, wohl von Herrn Dr. Hödl, daß für die Ermittlungen erforderliche Unterlagen aus dem Bereich der Firma Siemens nur mehr über den Beauftragten der Firma Siemens, Herrn Hammerstein, anzufordern seien. Er hat sich über eine derartige Methode der Ermittlungen mokiert und deutlich gemacht, daß ihm das in seiner langen Dienstzeit noch nie passiert sei und das wohl auch nicht im Sinne einer effektiven Ermittlungstätigkeit sein könne. Seitens der Kammer wurde ihm dabei recht gegeben.

In dem Strafverfahren wurde bekannt, daß sämtliche Verteidiger von Siemens-Angehörigen von der Firma Siemens bezahlt wurden, daß sämtliche Kautionen von der Firma Siemens bereitgestellt wurden und daß die auswärtigen Angeklagten und Verteidiger während der Dauer des Prozesses auf Kosten der Firma Siemens im Hotel Continental in München untergebracht waren. Weiter wurde zur damaligen Zeit bekannt, daß mit dem Komplex vor Beginn des Verfahrens auch die Stabsabteilung der Bayerischen Staatskanzlei befaßt war. Des weiteren soll sich ein hochrangiger Vertreter der Justiz – wie aus Anwaltskreisen bekannt wurde – vor Beginn des Prozesses mit hochrangigen Vertretern der Firma Siemens in den Räumen des Bayerischen Wirtschaftsministeriums getroffen haben. Vor diesem Hintergrund dürfte es eigentlich großes Befremden hervorrufen, wenn einem engagierten Kriminalbeamten wie Herrn Brendel abverlangt wird, sich mit Material zu begnügen, das möglicherweise »gefiltert« war.

Herr Brendel sagte auch aus, daß ihm der Angeklagte M. bei einer Vernehmung mitgeteilt habe, daß ein Beleg aus den Siemens-Unterlagen genommen worden sei, weil man einen Tag vorher erfahren habe, daß die Kriminalpolizei komme. Meiner Erinnerung nach soll auch ein anderer Angeklagter zu Herrn Brendel gesagt haben, daß er bereits in Kenntnis gesetzt gewesen sei, daß die Kriminalpolizei im Anmarsch sei. Meiner Erinnerung nach hat sich auch Herr Brendel verwundert gezeigt, daß er, als er zu einer Durchsuchung nach Erlangen kam, dort bereits Herrn OStA. Dr. Hödl im Gespräch mit Herrn Hammerstein und einem der späteren Angeklagten vorfand. Bechert, Vors. Richter am LG.

Der Staatskanzlei waren damals diese Angaben »unerklärlich«. Sie blieb auch unbeeindruckt, als am 29. Oktober 1992 ein Siemens-Konkurrent aussagte, er sei bei einer anderen Ausschreibung dem Großkonzern in die Quere geraten und habe massiven Ärger bekommen. Ein Siemens-Manager habe ihm mitgeteilt, »daß wir bei Ausschreibungen die Finger weglassen sollen, sonst würde es die Firma Siemens über den Preis oder politisch klären«.

Wenige Monate später war Streibl als bayerischer Regierungschef nicht mehr zu halten. Er stürzte aber nicht wegen solcher Ungereimtheiten bei Auftragsvergaben, sondern wegen seiner Gratisreisen und kostenlosen Leihautos. Skandale müssen Namen haben, und so mündete Streibls Spezi-Wirtschaft in die »Amigo-Affäre«. Es nützte ihm nichts, daß er beim Politischen Aschermittwoch der CSU 1993 in Passau die Besucher tapfer mit »Saludos Amigos« begrüßte. Im Juni 1993 mußte Streibl sein Amt an Edmund Stoiber übergeben.

Ein asketischer Macher

Stoibers Ankündigungen nach Streibls Sturz, als neuer Ministerpräsident werde er mit der Amigo-Wirtschaft aufräumen, waren durchaus ernst gemeint und blieben auch nicht ohne Konsequenzen. Er änderte die Geschäftsordnung seines Kabinetts, damit Regierungsmitglieder bei Abstimmungen in Aufsichtsräten, in denen sie von Staats wegen saßen, nicht mehr in Interessenkonflikte kommen konnten. Er beschnitt Privilegien der Regierungsmitglieder, entzog ihnen die Vergütungen aus Aufsichtsratsmandaten und dämpfte geringfügig die Gehaltsentwicklung der Staatsspitze. Es gab aber auch Rückfälle in die alten Zeiten, deren Ursachen kaum bei Stoiber zu suchen waren, sondern bei einer Verwaltung, in der sich zu viele an den »vorauseilenden Gehorsam« gewöhnt hatten, den sie der CSU zu schulden glaubten.

Mehr machte Stoiber zunächst zu schaffen, daß er immer wieder mit seiner Vergangenheit an der Seite von Strauß konfrontiert wurde. Er hatte ja so gut wie alle Amigos gekannt, weil er seinem Herrn und Meister stets zu Diensten sein mußte. Kaum hatte er 1994 behauptet, er habe Eduard Zwick eigentlich gar nicht richtig kennengelernt, wurden gezielt Hinweise gestreut, daß er natürlich im Gefolge von Strauß Zwick-Feten in Südfrankreich besucht oder bei der Taufe eines der sechs Tandler-Kinder in Altötting an einem Tisch mit dem notorischen Steuerverweigerer Zwick gesessen habe. Überhaupt kein Vergnügen sei das gewesen, sondern pure Pflichterfüllung, sagte Stoiber dann; Strauß habe ihn immer in der Nähe haben wollen. Das wiederum bestreiten alte Strauß-Freunde, die sich erinnern, daß Stoiber für Strauß zwar in der Staatskanzlei unentbehrlich gewesen sei, bei privaten Feiern und im Urlaub aber als asketischer Langweiler gegolten habe, dessen Anwesenheit nicht für erforderlich gehalten wurde.

Mit einer der zentralen Figuren im »System Strauß«, dem Münchner Daimler-Residenten Karl Dersch, waren auch die Stoibers eng befreundet, und gegen einen Benz als Leihgabe für den Urlaub hatte der CSU-Politiker, der privat lange einen Uralt-Opel fuhr, nichts einzuwenden. Bei Dieter Holzer, dem Strauß-Kontaktmann für Nahostfragen, verbrachte das Ehepaar samt Stoiber-Schwester und Gemahl mehrere Sommerurlaube in Südfrankreich, bis es der Holzer-Gattin zuviel geworden sei, wie es diskret hieß. Es habe 1989 Meinungsverschiedenheiten gegeben, räumte Stoiber ein, dann sei der Kontakt abgebrochen. Vorher hatten die Stoibers auf Holzers Rat eine Wohnung in München gekauft – sauber und selbst finanziert, wie Stoiber beteuert.

Auch der Strauß-Leibarzt Valentin Argirov wurde ein Freund der Familie, seine Villa an der Côte d'Azur war ebenfalls Ziel einer sommerlichen Urlaubsfahrt der Stoibers. Es sollte kein Problem sein, sich von Freunden einladen und auch freihalten zu lassen. Heikel wird es nur, wenn sie, wie der Klinikchef Argirov, beim Krankenhausbau in finanziellen Beziehungen zum von Stoiber repräsentierten Staat stehen und Interessenkollisionen drohen. Deshalb legte der Regierungschef auch Wert darauf, die Staatskanzlei melden zu lassen, daß er 1999 in Südfrankreich ursprünglich ein anderes Quartier gebucht hatte und dann von Argirov zum Umzug in seine Villa animiert worden sei. Er habe bei Argirov dafür auch ein paar Tausender hinterlassen. Dumm nur, daß der gastfreundliche Bulgare selbst zunächst das Naheliegende gesagt hatte, nämlich, daß er von Freunden, die bei ihm logieren, natürlich kein Geld nehme.

Weil Stoiber sich ab 1993, als Max Streibl wegen solcher Aufenthalte nicht ohne Zutun seines Nachfolgers gestürzt wurde, gar so asketisch gab, verfolgte die alte Strauß-Clique solche öffentlich abgehandelten Petitessen mit Schadenfreude und schürte zielstrebig das Gerücht, der »Edi« sei halt einer, der plötzlich Wasser predige, selbst aber immer noch Wein saufe. Außerdem wurde unentwegt sein eigener Anteil an der Entmachtung Streibls kolportiert. Tatsächlich ist der

Oberammergauer mehr ein Opfer der CSU als der Medien geworden. Stoiber drängte 1993 vehement an die ganze Macht im Freistaat. Es war für ihn günstig, wenn die Medien das erledigten, was die CSU selbst trotz der Verfehlungen Streibls wegen des alten Prinzips der Kumpanei nicht geschafft hätte.

Stoiber hatte ja nicht nur Strauß ergeben gedient und auf diversen Akten zu zweifelhaften Vorgängen seine Paraphen hinterlassen. Ein paar der Gebräuche aus der Strauß-Ära hatte er beibehalten. Er räumte im Februar 1993 öffentlich ein, daß auch er zu privaten Anlässen die legendäre CSU-Airline und kostenlose Leihwagen für den Urlaub genutzt habe. Das Innenministerium, das Stoiber nach dem Tod von Strauß übernommen hatte, da für ihn zunächst mehr nicht erreichbar war, blieb vom Parteifilz nicht verschont. Der Minister, der zugleich stellvertretender CSU-Vorsitzender war, ließ ihm politisch ergebene Beamte wie seinen Intimus Walter Schön als »Führungshilfen« agieren und 1992 im Ministerium parteipolitische Pläne zur möglichen Ausdehnung der CSU auf ganz Deutschland anfertigen. Ein Exemplar des Positionspapiers blieb in einem Kopierer liegen und wurde der *Süddeutschen Zeitung* zugespielt. Mit zum Teil rückdatierten Nebentätigkeitsgenehmigungen für die betreffenden Beamten wurde die Nutzung des Staatsapparats für Parteizwecke notdürftig kaschiert. In einem Untersuchungsausschuß des bayerischen Landtags traten Stoiber und seine Beamten als unerschütterliche Phalanx auf und sind seitdem unzertrennlich. Walter Schön wurde später Stoibers Chefbeamter in der Staatskanzlei, auch die Führungshilfe Michael Höhenberger durfte mit umziehen.

Im Innenministerium hatte Stoiber seine bisher dunkelste politische Stunde. Er war der zuständige Fachminister für die staatliche Landeswohnungs- und Städtebaugesellschaft (LWS), die den Bestand staatlicher Sozialwohnungen verwaltet und deshalb eigentlich sehr solvent war. In der Euphorie der deutschen Wiedervereinigung wurde dieses Unternehmen, ohne die Voraussetzungen dafür zu besitzen, in riskanteste gewerbliche Projekte in den neuen Bundesländern geschickt. Die treibende Kraft war Stoiber, der damalige Finanzminister Georg von Waldenfels hatte gewarnt und auf die Risiken hingewiesen. Bald erwies sich, daß viele Objekte unverkäuflich waren, 1996 war bereits das Eigenkapital der LWS angenagt, 1999 lag der Fehlbetrag bei einer halben Milliarde Mark.

Als Sündenbock opferte Stoiber seinen langjährigen Vertrauten Alfred Sauter, der als Staatssekretär im Innenministerium bei der LWS für einige Jahre Aufsichtsratschef gewesen war und den Stoiber erst 1998 zum Justizminister gemacht hatte. Sauter wehrte sich so heftig und gleichzeitig geschickt dagegen, zum Alleinschuldigen gestempelt zu werden, daß Stoibers Image als effizienter Vorstandsvorsitzender der Freistaat Bayern AG im Sommer 1999 erheblich angekratzt wurde, seine Kanzlerambitionen einen herben Dämpfer erfuhren und seine Regierung in eine veritable Krise stürzte. Selbst Parteifreunde wie der besonnene CSU-Fraktionschef im Landtag, Alois Glück, forderten Stoiber auf, wieder zu einem verfassungskonformeren, kooperativen Regierungsstil zurückzufinden. Das galt vor allem Stoibers Küchenkabinett, in dem sein Intimus Walter Schön die Fäden zieht und die Entlassung Sauters betrieb. Der Justizminister hat seine Entlassung, die Stoiber formal gar nicht aussprechen, sondern nur beim Landtag beantragen konnte, vom Ministerpräsidenten am Handy mitgeteilt bekommen; vom vertrauten »Du« wechselten beide nach jahrzehntelanger Freundschaft wieder zum »Sie«.

Wieder einmal zeigte sich da eine Eigenschaft Stoibers, die ihm die alte Strauß-Fraktion bis auf den heutigen Tag verübelt und die auch Schreiber unterschätzt hat. Wenn der Kauferinger sich je eingebildet haben sollte, ihm werde in Bayern auch unter den Strauß-Nachfolgern nichts passieren, weil Strauß-Freunde im Freistaat ewig und unbegrenzt Kredit hätten, hat er sich schwer verrechnet. Stoiber trennt sich blitzschnell und mit Eiseskälte von Freunden, Vertrauten, Weggefährten, wenn es politisch opportun ist und er sich frei genug zum Handeln fühlt. Zu den Freunden zählte Schreiber sowieso nie; aber auch als ehemaliger Strauß-Höfling konnte er bei Stoiber, einmal zum Ballast geworden, nicht mit Pardon rechnen.

Auch unter Stoibers politischer Verantwortung gab es Vorfälle, die stark an die Strauß-Zeit erinnerten. 1996 bekam jener Finanzbeamte, der dem früheren CSU-Vize Gerold Tandler die Eröffnung des

Steuerstrafverfahrens wegen der ominösen Zwick-Darlehen mitzuteilen hatte, berufliche Schwierigkeiten wie seinerzeit Wilhelm Schlötterer, der 1977 ganz allein den Straußschen Augiasstall auszumisten begonnen hatte. Dabei war Johann Fischer-Stabauer extra aus Nordrhein-Westfalen nach Bayern gezogen, weil dem Ministerialrat die dortige sozialdemokratische Spezi-Wirtschaft zuwider geworden war. Er hatte, nur um seinen Seelenfrieden wiederzufinden, sogar in Kauf genommen, im bayerischen Staatsdienst auf einem wesentlich niedrigeren Dienstrang neu anfangen zu müssen.

Im ersten Zwick-Prozeß 1995 in Landshut hatte der Beamte den Fiskus vertreten und war maßgeblich daran beteiligt, daß der Staat bei Johannes Zwick über 30 Millionen Mark Steuerschulden seines Vaters, des Strauß-Spezis Eduard Zwick, eintreiben konnte. Nachdem Fischer-Stabauer Ende 1995 kurz vor der Verjährung pflichtgemäß das Tandler-Verfahren eröffnet hatte, indem er den Einleitungsvermerk in Tandlers Wiesbadener Linde-Vorstandsbüro zustellte, wurde er dienstlich so schlecht beurteilt, daß er nicht einmal mehr für die Leitung eines Finanzamts in Frage kam.

Die Staatsanwaltschaft widmete ihre Aufmerksamkeit zu dieser Zeit weniger den vor sich hin dümpelnden Ermittlungen gegen Tandler wegen der Zwick-Darlehen, sondern der Berichterstattung der *Süddeutschen Zeitung* über die Drangsalierung Fischer-Stabauers. Auf Antrag Tandlers leitete sie ein Ermittlungsverfahren wegen des Verdachts der Anstiftung zur Verletzung von Dienstgeheimnissen und wegen angeblicher Wiedergabe von Ermittlungsakten ein. Allein die Tatsache, daß kontinuierlich über vom Steuergeheimnis geschützte Vorgänge berichtet werde, sei ein Angebot an Geheimnisträger, sich unter Verletzung der Dienstpflicht an die Zeitung zu wenden, argumentierte Tandlers Anwalt Uwe von Saalfeld. Das Verfahren mit der abenteuerlichen Begründung mußte bald eingestellt werden.

Fischer-Stabauers Rechtsanwalt Peter Spörlein, auch so ein aufsässiger Querkopf, der dem zählebigen Amigo-System zum Ärger der CSU mit Schriftsätzen und kämpferischen Leserbriefen zuleibe rückt, wies dem Fiskus zahlreiche Fehlleistungen bei der Berechnung der Zwick-Steuern nach, die zu Steuerausfällen in Höhe eines zweistelligen Millionenbetrags geführt hatten. Die CSU-Regierung versuchte lange, den Steuerexperten der Lächerlichkeit preiszugeben, bis ihm ein Gutachten des Präsidenten der Oberfinanzdirektion Nürnberg in zentralen Punkten recht gab.

Der aus Oberaudorf im oberbayerischen Inntal stammende Stoiber, dessen Familie es in den Nachkriegswirren schwer hatte und der als Schüler vor lauter Hunger Wurstsemmeln mopste, ist ein Macher geworden. Lobbyisten wie Schreiber sind ihm eher lästig, Trinkgelage die pure Zeitverschwendung, das Ausbrüten von Geschäften und das Schwelgen in saftigen Gewinnaussichten ist ihm fremd. Die Politik füllte früh sein Leben aus, und er hatte als Sohn eines strengen Vaters in Strauß eine Leitfigur gefunden, der er sich mit Fleiß und Leistung unentwegt beweisen wollte. Private Reichtümer will er aus der Politik nicht beziehen; als die Krise um Streibl das ohnehin angekratzte Image der Politiker noch mehr schädigte, trug er sich mit dem Gedanken, in die Industrie abzuwandern.

Seit er aber als Ministerpräsident über Bayern gebietet – nach dem Rückzug Waigels wurde er 1999 auch CSU-Vorsitzender –, betreibt Stoiber energisch seine Regierungsprojekte. Er hat durch zielstrebige Wirtschaftspolitik die von Strauß eingeleitete Wandlung des Agrarstaats Bayern zum gefragten Industriestandort mit relativ günstigen Arbeitsmarktdaten erfolgreich abgeschlossen und ist nun darauf bedacht, das Erreichte zu stabilisieren. Er liest Akten lieber als Prospekte über die Renditeerwartungen irgendwelcher Geldanlagen. Sein langjähriger Weggefährte, Bayerns Innenminister Günther Beckstein, hat einmal gespöttelt: »Der Edmund mag lieber eine dicke Akte als eine schlanke Nackte.« Größtes Hobby Stoibers ist der Fußball, vor allem der vom FC Bayern München gespielte, wo er im Verwaltungsrat sitzt. Er kann aus dem Stand brillante Spielanalysen von sich geben und versteht es überhaupt nicht, wenn Begleiter beim Fußballspiel, die er mit der Einladung zu beglücken glaubt, sich nicht so recht für das Geschehen auf dem Rasen interessieren. Sein Grundsatzreferent in der Bayerischen Staatskanzlei, Friedrich Wilhelm Rothenpieler, dem Fußball nicht so zugetan, hat einmal Fassungslosigkeit beim Chef hervorgerufen, als er ein spannendes Match vorwiegend dazu nutzte, das Publikum zu betrachten.

Nach dem Tod von Strauß hat Stoiber ab und zu vorsichtig zu erkennen gegeben, wie sehr er unter den gierigen Hechten gelitten habe, die damals den dicken Karpfen in der Staatskanzlei umschwirrten. Er ließ auch durchblicken, daß er manchmal durchaus Schlimmeres verhindert habe, zum Beispiel im Zusammenhang mit einer Beteiligung des Strauß-Sohnes Franz Georg am Münchner Lokalsender TV Weiß-Blau und erhofften staatlichen Hilfen. Ansonsten habe er sich aber um die wirtschaftlichen Interessen seines Vorgesetzten und politischen Vorbilds nicht gekümmert.

Freunde müssen weichen

Fehler und Affären von Strauß-Gefolgsleuten boten Stoiber gleich im ersten Jahr seiner Amtszeit Gelegenheit, sich als der neue Saubermann zu präsentieren. Gerold Tandler und Peter Gauweiler konnten sich nicht mehr halten und hatten sich ihren Absturz selbst zuzuschreiben. Tandler legte Anfang 1994 den stellvertretenden CSU-Vorsitz nieder und fand im Vorstand des Anlagenbauers Linde ein warmes Plätzchen, auf dem es mindestens doppelt soviel zu verdienen gab wie in der Politik, aus der er völlig ausschied. Peter Gauweiler, der 1993 in München die Wahl zum Oberbürgermeister gegen den Sozialdemokraten Ude gleich im ersten Wahlgang verloren hatte, konnte sich wegen seiner Mandantenverpachtung und der anschließenden Streitereien mit Stoiber kurz darauf als Umweltminister nicht mehr im Kabinett behaupten. Anders als sein enger Freund Sauter 1999 machte er es Stoiber leicht, ihn zu verdrängen. Von den Journalisten, die er für seine Hauptfeinde hielt, verabschiedete er sich in einer rauchgeschwängerten Münchner Bierhalle mit dem selbst für Bayern ungewöhnlichen Gruß »Pfüad euch, Arschlöcher!« Er bezeichnet sich inzwischen selbst als Publizist und verdient gutes Geld als Rechtsanwalt und CSU-Landtagsabgeordneter.

Da Tandler und Gauweiler in den Zeiten des Großen Vorsitzenden mit den Strauß-Kindern Freundschaft geschlossen hatten und sich Stoiber kurz darauf auch noch mit der Ablehnung der Baur-Testamentsvollstreckung deutlich von Strauß absetzte, trübte sich das Verhältnis des Strauß-Clans und seines Anhangs zu Stoiber erheblich. Dabei war er schon lange mit der ganzen Sippe befreundet, vor allem mit Monika Hohlmeier. Wie die Trübung ins Verhältnis kam, hat die »Straußin«, wie die äußerlich so resolute Hohlmeier in Bayern manchmal genannt wird, der Autorin und Fotografin Herlinde Koelbl für deren politische Langzeitbeobachtung erklärt. Anfang 1994 schien mit Stoiber noch alles im Lot zu sein. Hohlmeier gab, auf 1993 zurückblickend, über ihn zu Protokoll: »Er ist ja nicht zufällig der Taufpate meines Sohnes Markus. Ich habe ihn nicht aus politischen Gründen darum gebeten, sondern weil wir uns seit vielen Jahren gut verstehen und ich auch seine Frau sehr gerne mag. Ich schätze seine Impulsivität, seine Ehrlichkeit – er kann geradezu ungemütlich ehrlich sein. Ich mag auch die Art, wie er Freundschaften pflegt … Er hat das Amt des bayerischen Ministerpräsidenten angestrebt. Und als er es innehatte, öffnete er sich auf ungewöhnliche Weise. Manche hielten ihn für arrogant. Ich habe ihn ja schon früher gekannt und vehement verteidigt. Deshalb galt ich als sogenannter Stoiber-Fan.«

Im Dezember 1994 sprach Hohlmeier mit ihrer Beobachterin über das vergangene Jahr und sagte auf deren Frage, was sie am meisten getroffen habe: »Die außergewöhnliche Brutalität und Härte, mit der meine Brüder und ich, aber in allererster Linie mein Vater, angegriffen worden sind. Das hatte eine neue Qualität. Polemische Auseinandersetzungen waren wir ja gewöhnt, aber diese ausschließlich persönliche Verleumdung hat mich sehr getroffen. Auch konnte ich die persönlichen Angriffe aus den Reihen der CSU nicht akzeptieren.«

Als Herlinde Koelbl darauf hinwies, dies sei ja losgegangen, als Stoiber im Februar 1994 die Testamentsvollstreckung bei der Baur-Stiftung ablehnte, die Vater Strauß gegen ein Millionenentgelt wahrgenommen hatte, sagte Hohlmeier, damals immerhin schon Stoibers Staatssekretärin im Kultusministerium: »Edmund Stoiber hatte es sich zum Ziel gesetzt, als Ministerpräsident in einer bestimmten Weise gesehen zu werden. Er wollte nicht nur eine Ära beenden, sondern sich selbst als Bote eines neuen Zeitalters präsentieren. Es ist ihm tatsächlich gelungen, das Ruder für die CSU herumzureißen. Ob dazu diese Maßnahmen letztendlich notwendig waren, wird sicher umstritten bleiben. Allerdings haben wir uns intern schon gegen einige Formulierungen gewandt.«

Koelbl: »Waren Sie nicht persönlich enttäuscht von Herrn Stoiber? Er ist doch auch ein Freund der Familie?« Hohlmeier: »Freundschaften müssen was vertragen können. Ich kenne die Politik schon lange, ich weiß, welchem Druck Menschen standhalten müssen, deshalb hält sich meine Enttäuschung in diesen Fragen in Grenzen. Aber sicherlich wäre es zu wesentlich mehr Spannungen gekommen, wenn wir uns nicht nach einem dreiviertel Jahr ausgesprochen hätten. Da ging es dann aber auch um mehr … Meine Freundschaft zu Edmund Stoiber ist nicht gebrochen. Ganz so eng war sie nie. Sie ist nüchterner geworden. Sie hatte im übrigen unter etwas ganz anderem schon vor dem Baur-Testament sehr gelitten. Dabei ging es um den Rücktritt von Gerold Tandler, mit dem ich persönlich sehr gut befreundet bin. Aber die Details bleiben ein Geheimnis von genau drei Personen. Wenn ich graue Haare habe und mit fünfundachtzig meine Memoiren schreibe, verrate ich vielleicht mehr.«

Distanz zu Stoiber ist beim Jahresgespräch 1995 zu spüren. »Haben Sie in diesem Jahr auch Ihre Freundschaft zu Edmund Stoiber überdenken müssen?« fragte Herlinde Koelbl. »Sie stand eine gewisse Zeit unter schwierigen Vorzeichen und hat sich verändert. Das hat mit einem sehr persönlichen Erlebnis zu tun. Er hat jemand aus politischer Opportunität sang- und klanglos im Stich gelassen. Das kann ich nicht akzeptieren.«

Während Monika Hohlmeier in der CSU seit 1990, als sie erstmals ein Landtagsmandat errang, auf einen stabilen Anhang zählen kann und sich ihr Bruder Franz Georg weitgehend im Hintergrund hält, wurde Max Strauß für die CSU nach dem Tod des Vaters zunehmend zum Problem. Stephan Lebert besuchte im Sommer 1995 – Monate vor dem Beginn der Augsburger Ermittlungen – Max Strauß für ein Porträt in der *Süddeutschen Zeitung*, das »Sohn mit Schatten« überschrieben war: »Da sitzt einer, groß und massig, und sagt, er habe erst nach dem Tod seines Vaters dessen ganze Dimension begriffen. Früher sei zum Beispiel selbstverständlich gewesen, daß alle Leute auseinandergegangen seien, wenn ›wir und der Vater‹ irgendwo aufgetaucht seien. Früher. Heute wirkt er ein bißchen so, als sei er mit ein paar Eigenschaften seines Vaters alleingelassen worden: dem Hunger nach Macht, der Wut und der Lust, andere Leute zu provozieren und vor den Kopf zu stoßen. Beim Vater war das die eine Seite, neben seiner Intelligenz und dem politischen Gespür. Beim Sohn scheint das wütende Element deshalb so ins Leere zu greifen, weil vor lauter Poltern die Gedanken durcheinandergeraten.«

Max Strauß wurde nach dem Tod des Vaters Sprecher der Erbengemeinschaft der drei Geschwister und hat den legendären, nie bezifferten Nachlaß zu verwalten. Als junger Rechtsanwalt war er gut im Geschäft, der Name, sagte er, öffne immer noch die Türen. Erstes Befremden herrschte in der CSU, als durch einen Vermerk des Bundeskanzleramts im August 1991 bekannt wurde, daß Max Strauß den ehemaligen Stasi-Oberst und DDR-Geldbeschaffer Alexander Schalck-Golodkowski nach dessen Übersiedlung an den schönen Tegernsee im Bayernland zusammen mit der Rosenheimer Fleischhändler-Familie März betreute. Innenminister Edmund Stoiber hatte Schalck zur »unerwünschten Person in Bayern« erklärt.

Strauß vertrat damals, durchaus realistisch, die Auffassung, daß die Notizen und Aktenvermerke des Devisenbeschaffers über die Usancen im deutsch-deutschen Handel, die für Aufsehen sorgten, authentisch seien. Wer nur von »Stasi-Lügen« spreche, wähle eine komplizierte Taktik: »Sie können nicht sagen, der lichtvolle Strauß hat den lichtvollen Milliardenkredit unter lichtvollen Umständen mit dem größten Verbrecher, Schieber, Dreckschwein aller Zeiten gemacht. Das geht nicht.« Schalck habe »große deutsch-deutsche Verdienste«. Aus dessen Aufzeichnungen ergebe sich nichts Belastendes für seinen Vater.

Was immer auch das Motiv war, daß Max Strauß das Lied vom braven Schalck sang, die CSU hat es gar nicht gern gehört, denn der ständige Gesprächspartner von Vater Strauß über Jahre hinweg mußte nach der Wende als Unperson präsentiert werden. Die Bauern, überwiegend treue CSU-Wähler, hatten ihn und die Fleischbarone Josef und Willi März und Alexander Moksel, die das Geschäft im Interzonenhandel weitgehend unter sich aufgeteilt hatten, nachträglich wegen ruinöser Exporte aus der DDR für den dauernden Preisverfall bei bayerischem Fleisch verantwortlich gemacht.

Ansonsten trat Max Strauß in diesen Jahren auch als Enfant terrible auf, bekam es in Sachsen-Anhalt mit Millionenforderungen des Konkursverwalters der Sangershausener Maschinenwerke zu tun, die er als Anwalt beraten hatte, und umgab sich in München mit Spezis aus der Jungen Union wie Curt Niklas und Joachim Haedke. Mit ihnen rollte er einen ganzen Münchner CSU-Kreisverband auf und vertrieb den langjährigen Vorsitzenden Erich Riedl, den Franz Josef Strauß noch gefördert und zum Staatssekretär im Bonner Wirtschaftsministerium gemacht hatte.

In der Kasse des CSU-Ortsvereins, in dem Strauß und Niklas das Sagen hatten, taten sich plötzlich über 200 000 Mark Schulden auf, ohne daß entsprechende politische Aktivitäten zu verzeichnen gewesen wären, die solche Ausgaben gerechtfertigt hätten. Belege fehlten, 10 000 Mark waren in den Kreisverband der Strauß-Schwester Monika für deren Wahlkampfkosten übertragen worden. Der Ärger über die Zustände reichte bis in die CSU-Spitze, Riedl sagte über den Max irgendwann einmal resigniert: »Der Vater hätte ihm links und rechts eine Watsch'n gegeben.« Strauß verteidigte sich, der Ortsvereins-Computer mit der Finanzbuchhaltung sei abgestürzt; Parteifreunde wollen sich aber auch daran erinnern, daß er geschimpft habe: »Von einem Strauß verlangt man keine Belege.« Irgendwann 1995 gab es dann doch ein CSU-internes Testat, daß alles in Ordnung gewesen sei.

CSU-Parteichef Theo Waigel, dem zu Ohren gekommen war, daß Max Strauß ein Bundestagsmandat anstrebe, ließ diesem einen guten Rat zukommen: Er solle erst gar keinen Versuch unternehmen, sich aufstellen zu lassen, daraus werde mit Sicherheit nichts. Das hatte auch mit einem Eklat um ein Interview zu tun, das Strauß der Hamburger Zeitung *Die Woche* gegeben hatte, in dessen Verlauf wir uns vor den Zivilgerichten trafen. Die Berichte in der *Süddeutschen* über die Zustände in seiner Parteigliederung, über seine Versuche, eine Computerfirma mit dem Kultusministerium ins Geschäft zu bringen, wo seine Schwester Staatssekretärin war, und über die Weigerung der Strauß-Geschwister, des Vaters fragwürdigen Verdienst bei der Baur-Stiftung wenigstens nachträglich wohltätigen Zwecken zuzuführen, verleiteten Max Strauß zu einer Schimpfkanonade. Er bezeichnete den Autor als »Berufsdesinformanten«, »Mitglied der journalistischen Totenkopfdivision Joseph Goebbels« und »ausgemachte Drecksau« und mußte in der Folge Unterlassungserklärungen abgeben. Ein Strafbefehl über 18000 Mark wegen Beleidigung war von der Staatsanwaltschaft Hamburg bereits vorbereitet. Gegen eine Spende von 10000 Mark für ehemalige Dachau-Häftlinge wurde der Strafantrag schließlich zurückgenommen. Unverdrossen verteidigte Monika Hohlmeier ihren Bruder, aus dessen Bann sie sich nie befreit hat. Er sei halt so impulsiv und habe damals Angst gehabt, die Berichte würden »seine Existenz vernichten«.

Zwei merkwürdige Geldtransfers aus der Schweiz nach München, die in diese Zeit fallen, entdeckte die Staatsanwaltschaft im Zug der späteren Ermittlungen. Der frühere Hauselektroniker der Familie Strauß, Dieter Klein, und Strauß-Spezi Curt Niklas bekamen Darlehen, die auf merkwürdige Weise nach München geschleust wurden und deren Rückzahlung auch für die Staatsanwaltschaft ungeklärt ist. An Klein, in dessen Münchner Firma Technologie-, Forschungs- und Realisations-GmbH (TFR) zeitweise Monika Hohlmeiers Ehemann Michael Geschäftsführer und Mitgesellschafter war, wurden 1988 auf Bitten von Max Strauß 100000 Mark überwiesen, und zwar vom Schreiber-Treuhänder Giorgio Pelossi mit Zustimmung Schreibers vom Konto der liechtensteinischen I.A.L. über die Merkur Handels- und Industrie AG, Vaduz. Es sei aufzuklären, für wen das Darlehen bestimmt gewesen sei, an wen es zurückgezahlt worden sei und welche Rolle Max Strauß dabei gespielt habe, hielt das Finanzamt Augsburg in einem Aktenvermerk vom 17. November 1997 fest.

Noch mysteriöser ist der zweite Fall: 1994 und 1995 wurden über die Firma Delta International Establishment des Strauß-Freundes

Dieter Holzer auf Vermittlung von Max Strauß insgesamt 400 000 Mark für Niklas bereitgestellt. Auf Delta-Konten waren jene 50 Millionen Mark gelandet, die der französische Ölmulti Elf Aquitaine im Zusammenhang mit dem Erwerb der Leuna-Raffinerie bezahlt hatte. Die 400 000 Mark wurden aber nicht direkt an Niklas überwiesen, sondern einem arglosen Münchner Mittelständler als Darlehen gegeben, der das Geld zunächst über verschiedene Konten seiner Firmen schleusen und dann Niklas als Darlehen weiterreichen sollte. Den ersten Scheck für die Niklas-Firma über 300 000 Mark nahm Max Strauß am 27. April 1994 persönlich entgegen. Der Mittelständler, von Dieter Klein angesprochen, wollte Strauß einen Gefallen tun und erhoffte sich wohl auch Hilfestellung bei öffentlichen Aufträgen.

Die Schwierigkeiten begannen, als die Durchbuchungen auf den Firmenkonten dem Finanzamt bei einer Buchprüfung auffielen und der Unternehmer unangenehme Fragen beantworten sollte. Das war aber noch nicht alles: Die Firma Delta stellte 1997 dem hilfsbereiten Münchner das Darlehen aus heiterem Himmel fällig, worauf dieser den Niklas gewährten Kredit ebenfalls kündigen mußte. Der zahlte aber nicht, und der Einfädler Max Strauß war auch nicht mehr zu sprechen. Er sei »sehr verärgert« und »genervt« von der Sache, ließ er ausrichten. Erst im Februar 1999 konnte sich der Mittelständler mit einem Vergleich aus der prekären Darlehenskette befreien, als Darlehensgeber für Niklas trat nunmehr die Delta auch offiziell auf. Gegen Holzer und Max Strauß führt die Augsburger Staatsanwaltschaft im Zusammenhang mit der merkwürdigen Transaktion ein Ermittlungsverfahren wegen des Verdachts der Geldwäsche. Sie hat außerdem entdeckt, daß die damaligen Delta-Konten LO 234.986.1 und LO 234.986.2 beim Schweizer Bankverein in St. Gallen sowohl im Leuna-Fall als auch beim Geldtransfer nach München und in Karlheinz Schreibers Aufzeichnungen eine Rolle spielen – und zwar mit einem eindeutigen Hinweis auf »Maxwell«, der Max Strauß aber partout nicht sein will.

Ein nächtlicher Anruf

Im Frühjahr 1995 kamen die Augsburger Ermittlungen gegen Karlheinz Schreiber in Fahrt. Nach seinem verdächtigen Auftritt im Februar bei der Steuerfahndung Augsburg und der Einleitung von Vorermittlungen erschien am 20. März 1995 im *Spiegel* unter dem Titel »Der Tycoon von Alberta« über Schreiber ein Artikel, der erstmals das Aktenzeichen FR 080/95 der Steuerfahndung anführte. Am 27. März stellte Giorgio Pelossi Strafantrag gegen Schreiber, nachdem seine deutschen Anwälte einen letzten, vergeblichen Versuch gemacht hatten, Schreiber zum Einlenken und zur Zahlung der Provisionen zu bewegen. Die Steuerfahnder hatten sich ein allererstes Bild gemacht und sich Schreibers langjährige rechte Hand in der Schweiz und in Liechtenstein als Zeugen gesichert. Der Mann war hochmotiviert auszupacken, er fühlte sich von seinem ehemaligen Freund um Millionen betrogen, und Schreiber hatte Jahre verstreichen lassen, ohne den Streit zu entschärfen.

Am 24. Juli 1995 kam es zu einem ersten Kontakt zwischen Fahnder Winfried Kindler und Pelossi auf »neutralem Boden« in Bregenz (Österreich). Am selben Tag wurde das Steuerstrafverfahren gegen Schreiber eröffnet und am 2. August 1995 von der Steuerfahndung an die Staatsanwaltschaft Augsburg abgegeben. Der frühere bayerische Handelsrichter glaubte um diese Zeit offenbar immer noch, daß ihm mit der Schutzmacht CSU im Freistaat kaum etwas passieren könne. Zum einen hielt und hält er sich für völlig unschuldig, zum anderen bestand seine Hoffnung darin, daß es die bayerische Justiz in einem solch heiklen, hochpolitischen Fall schon nicht zu weit treiben werde. Als Lobbyist denkt er in Beziehungsgeflechten. Da er aus einem anderen in Augsburg geführten Ermittlungsverfahren den Staatsanwalt Hans-Jürgen Kolb kannte, gab Schreiber sich wohl dem Glauben hin, auch das werde ihm schon irgendwie helfen.

Die Ermittlungen führte in der ersten Zeit der erfahrene Staatsanwalt Klaus-Jochen Weigand; zunächst war es ein Steuerfall, nicht mehr und nichts Außergewöhnliches, sieht man einmal von der Höhe der strittigen Beträge ab. Der Abgleich zwischen Schreibers Steuer-

erklärungen und Pelossis Anschuldigungen hatte einen Anfangsverdacht ergeben, der von rund 20 Millionen Mark hinterzogenen Steuern ausging. Als erstes prüft jeder Staatsanwalt die Verjährungsfrage;
Weigand stellte fest, wenn man die Vorgänge ab 1988 zu ermitteln
begänne und rasch eine »verjährungsunterbrechende Maßnahme«,
zum Beispiel einen Durchsuchungsbeschluß, erwirken würde, wäre
man gut in der Zeit. Hinterziehungsdelikte verjähren nach zehn
Jahren.

Irgendwann um diese Zeit erreichte einen Augsburger Journalisten
der nächtliche Anruf eines Mannes, der sich als »Schreiber« ausgab
und düstere Andeutungen über einen sich anbahnenden Finanz- und
Justizskandal machte, hinter dem ein Schweizer Dunkelmann stehe.
Der Journalist konnte wenig mit diesen Andeutungen anfangen und
kam auch nicht dazu, ihnen nachzugehen. Er dachte sich, das sei eher
ein Fall für Conny Neumann, die damals aus der Augsburger Region
für die *Süddeutsche Zeitung* berichtete und über exzellente Kontakte zu
Justiz und Polizei verfügt.

Aus ihren Hintergrundgesprächen, in die auch Giorgio Pelossi, der
mutmaßliche Schweizer »Dunkelmann«, einbezogen war, ergab sich,
daß uns diese Geschichte noch lange beschäftigen würde. Eine freimütige Einschätzung des Leiters der Augsburger Staatsanwaltschaft,
Jörg Hillinger, möglicherweise habe man es »mit einem der größten
Fälle von organisierter Kriminalität in Deutschland« zu tun, steigerte in diesem Stadium das Interesse.

Am 14. August 1995 hatte die Staatsanwaltschaft einen Durchsuchungsbefehl für Schreibers Villa und seine Betriebsräume in Kaufering erwirkt. Klaus-Jochen Weigand schlug am 5. Oktober 1995 zu
und ließ massenhaft Akten abtransportieren. Er fand auch Schreibers
Kalender für die Jahre 1991 und 1994. Wenige Tage später brachte
sich Schreiber in Sicherheit und ließ sich in seiner Ferienwohnung in
der Chesa Curtin, Pontresina (Schweiz), nieder, wo er sich in den
achtziger Jahren vor seiner zweiten Ehe zeitweise mit seiner Freundin Renate R. aufgehalten hatte.

Bei der Trennung von der zwanzig Jahre jüngeren Frau, die auch
als Sekretärin für ihn tätig war, hatte sich ein Wesenszug Schreibers

gezeigt, der unter anderem zu den Problemen mit seinem langjährigen Partner Pelossi führte. Der Waffenhändler kann nicht nur che-
valeresk sein, sondern auch schofel; beim Geld hört die Freundschaft
auf und die Galanterie. Die Sekretärin mußte nach ihrer Kündigung
um eine Abfindung streiten. Renate R. hatte zudem einige Möbel im
gemeinsamen Nest in Pontresina zurückgelassen, für die Schreiber
bezahlen sollte. Lange mußte sie um das Geld betteln: »Da meine
finanzielle Lage alles andere als rosig ist, um nicht zu sagen beschis-
sen, würde ich von Dir gerne umgehend wissen, wann Du mir die
restlichen DM 20 000,– mit oder ohne Zinsen bezahlen wirst oder ob
Du überhaupt nicht mehr gewillt bist, mir diesen Betrag noch zu
bezahlen«, schrieb Renate R. am 23. Juni 1985.

Den beiden Kalendern, die Steuerfahnder Kindler akribisch durch-
gearbeitet und in präzisen Vermerken analysiert hat, entnahmen die
Ermittler, um wen sie sich neben Schreiber sonst noch kümmern sollten. Die Kalender waren eine Fundgrube. In seiner krakeligen Schrift
hatte Schreiber Privates und Berufliches notiert: Was er einzukaufen
hatte, wann Bienengift und Weihnachtskarten besorgt werden mußten und wann er mit Brigitte Baumeister gesprochen hatte. Er schrieb
sich auf, wann er zur Magenspiegelung und Ehefrau Bärbel »zum
Frisör« mußte und wann er bei »Mooser Würste holen« sollte. Er
vermerkte, daß eine gewisse »Kiki« in Murnau im Krankenhaus
liege, wann er mit Staatsanwalt Kolb telefonieren und an welche Leute er sonst noch herantreten wollte: An Wolfgang Schäuble und
Helmut Wieczorek, Walther Leisler Kiep (»Tel. Leisler Kieb«) und
Max Strauß, Erich Riedl und Otto Wiesheu, Siegfried Lengl und
Wolfgang Schüssel, Thomas Goppel und Holger Pfahls. Auch der
Name von Dieter Holzer kommt vor, es wimmelt im Notizbuch von
deutschen Managern, kanadischen Freunden, Firmennamen und Kal-
kulationen.

Besonders interessant waren für die Ermittler die kleinen Tabellen
mit merkwürdigen Namen, hinter denen Zahlen standen, die sich im
Lauf der Zeit zum Teil nach oben veränderten. Eine am 1. September 1991 notierte Liste sah so aus:

Waldherr 1

Holgert 3.8

Jürglund 4.125

Winter 1.2

Maxwell 500

Die Theorie, die Steuerfahndung und Staatsanwaltschaft entwickelten, lautete: Es handelt sich um Codes, variiert aus Vornamen, und um Geldsummen, die Schreiber für die hinter den Namen stehenden Personen vorgesehen hatte. Sie wußten bald, daß Anfang August 1991 Thyssen der Firma A.T.G., hinter der sie Schreiber vermuteten, 11 Millionen Mark für die Vermittlung des saudischen Panzergeschäfts auf ein Liechtensteiner Konto überwiesen hatte. »Waldherr« könnte, so die Ermittler, eine Umschreibung für »Walther« sein. Sie kalkulierten, es könnte sich um den früheren CDU-Schatzmeister Walther Leisler Kiep handeln, der ja auch öfters mit seinem richtigen Namen vorkam. Die 1 hinter »Waldherr« deuteten sie als eine Million Mark.

Nach dieser Systematik könnte sich hinter »Holgert« der Ex-Staatssekretär im Bundesverteidigungsministerium, Holger Pfahls, verbergen, dem 3,8 Millionen Mark zuzuordnen seien. Bei »Jürglund« tippten sie auf den Thyssen-Manager Jürgen Maßmann, für den Schreiber 4,125 Millionen Mark aufgeschrieben habe, bei »Winter« auf den Bear-Head-Kontaktmann Schreibers bei Thyssen, das Vorstandsmitglied Winfried Haastert, von dem ihnen Pelossi bald erzählte, er habe sich 1988 seine Ferienwohnung im Tessin mit Geld gekauft, das Schreiber unmittelbar vorher bar abgehoben habe. »Maxwell« könnte Max Strauß sein. Bei späteren Tabellen kam noch ein E. R. mit der Zahl 500 dazu; das war für die Staatsanwaltschaft erst einmal der Ex-Staatssekretär im Wirtschaftsministerium, Erich Riedl, den sie in ihre Ermittlungen einbezogen, zunächst wegen Vorteilsnahme, dann wegen Steuerhinterziehung.

Riedl bestritt jede Verwicklung mit Verve. Er war in jener Zeit noch CSU-Bundestagsabgeordneter und stand unter Immunität. Um ihn verfolgen und bei ihm durchsuchen zu können, mußte die Staatsanwaltschaft die Genehmigung des Parlaments einholen. Sie bekam sie zunächst; der zuständige Ausschuß widerrief sie allerdings später, weil ihm die Beweise gegen den Politiker nicht ausreichten. Als Riedl 1998 sein Bundestagsmandat und damit die Immunität verlor, nahm die Staatsanwaltschaft die Ermittlungen wieder auf und stellte sie endgültig erst im Frühjahr 2000 ein.

In der Schlußberechnung, nach der Thyssen insgesamt 24,4 Millionen Mark an die A.T.G. überwiesen und damit den Vertrag erfüllt hatte, nahm die Staatsanwaltschaft folgende Aufteilung an: Waldherr eine Million, Holgert 3,8 Millionen, Jürglund 11,025 Millionen, Winter 1,49 Millionen, Maxwell 500 000 Mark. Da sie letzterem Konto auch noch 4,7 Millionen Mark Provision zurechneten, die nach ihrer Berechnung bis Ende 1993 aus Airbus-Verkäufen aufgelaufen waren, notierte Maxwell zuletzt mit 5,2 Millionen Mark. Keine der Personen, denen die Ermittler die Codenamen und den Empfang der Summen zurechneten, hatte entsprechende Einnahmen versteuert. Schreiber selbst wurde Steuerhinterziehung in Höhe von 20 Millionen Mark vorgeworfen. Alle Beschuldigten bestreiten bis heute jede strafbare Handlung. Ein auf Riedl passendes Kürzel kam bei der von den Staatsanwälten errechneten Endausschüttung nicht mehr vor.

Wovon der Staatsanwalt träumt

Weitere Codenamen aus den Kalendern hatten die Augsburger Tüftler kanadischen und thailändischen Partnern Schreibers zugeordnet, mit denen er nach ihrem Dafürhalten die millionenschweren Airbus-Geschäfte abgewickelt hatte: »Frankfurt« stand für Frank Moores, »Stewardess« für den Airbus-Manager Stuart E. Iddles, »Pitak« für Pitak Intrawityanunt, einen Berater des thailändischen Premierministers Chatichai Choonhavan. Die Ausländer waren der Staatsanwaltschaft zunächst nicht so wichtig, da sie ihrer Verfolgung ohnehin entzogen waren. Aber die Augsburger mußten mit Rechtshilfeersuchen aus Kanada rechnen, wo über Schreiber und seinen dortigen Freunden auch schon dunkle Wolken aufzogen.

All die Namen ließen bei Justiz und Finanzbehörden Ahnungen aufkommen, daß es vielleicht nicht bei einem reinen Steuerstrafverfahren bleiben werde. Schon ziemlich früh hatten sie alles, wenn auch noch völlig ungeordnet, auf dem Tisch. Es ging um hohe Summen, zwei Vorstände eines Weltkonzerns, zwei konservative Politiker, einen früheren Bürochef der Bayern-Legende Franz Josef Strauß und auch noch um dessen leibhaftigen Sohn. Das ist genau der Stoff, aus dem die Träume bayerischer Staatsanwälte sind.

Den ersten Dissens mit der Generalstaatsanwaltschaft in München, der die Aufsichts- und Leitungsrechte gegenüber den ihr nachgeordneten Staatsanwaltschaften zustehen, hatte es bald nach Beginn der Ermittlungen gegeben. Daß mit Hermann Froschauer, dem »General« in München, nicht gut Kirschen essen ist, wissen die meisten Staatsanwälte im Oberlandesgerichtsbezirk München. Er gilt als fähiger Jurist, aber als Hierarch mit metternichschem Kanzleistil, der sein Amt ohne allzugroße Distanz zur Landesregierung versieht.

Am 15. November 1995 hatte Weigand in der Oberbehörde angefragt, ob aufgrund der Presseberichterstattung über die Airbus-Geschäfte die Ermittlungen bereits jetzt auf Bestechlichkeit auszuweiten seien und eventuell ein Rechtshilfeersuchen nach Kanada geschickt werden sollte. Froschauers Mitarbeiter, Oberstaatsanwalt Peter Walter, habe nur knapp mit »Nein« geantwortet, notierte sich Weigand in einem handschriftlichen Vermerk.

Im November und Dezember 1995 wurden weitere Durchsuchungen beantragt und vom Amtsgericht Augsburg genehmigt – bis auf eine. Die Maßnahmen gegen die Firma Thyssen, deren Manager Jürgen Maßmann und Winfried Haastert, gegen Kiep und Pfahls, der inzwischen ins Management von Daimler-Benz gewechselt und in der Niederlassung Brüssel tätig war, wurden problemlos bewilligt.

Nur bei Max Strauß versagte Amtsrichterin Brigitta Schiffelholz ihre Zustimmung zur Durchsuchung – mit einer interessanten Begründung. Sie entschied am 13. Dezember 1995, für die Annahme, Strauß habe – nach damaligem Stand – aus dem Panzergeschäft 500 000 Mark und aus den Airbus-Verkäufen 406 000 kanadische Dollar Provision erhalten und nicht versteuert, gebe es keinen »Anfangstatverdacht« (ohne den nicht durchsucht werden darf). Strauß sei laut Akte »als Beauftragter seiner Familie tätig geworden«. Wem die Zahlungen tatsächlich zugestanden hätten und an wen sie letztlich geflossen seien, hätten die Ermittlungen bisher nicht ergeben. Es könne ja auch sein, daß ein anderes Familienmitglied Anspruch auf die Zahlungen gehabt und sie ordnungsgemäß versteuert habe.

Offensichtlich folgte die Richterin der Zeugenaussage von Giorgio Pelossi, Schreiber habe nach eigenen Angaben der Familie Strauß aus Airbus-Provisionen Verluste für das mißratene Immobiliengeschäft in Kanada erstatten wollen. Für die Ermittler war die Entscheidung fatal, weil sie die Durchsuchungen bei Pfahls, Kiep und Strauß, an denen auch Steuerfahndung und Polizei beteiligt sein sollten, mit hohem Aufwand so organisiert hatten, daß sie, damit niemand vorgewarnt würde, am darauffolgenden Tag gleichzeitig hätten stattfinden können. Nach der Niederlage vor dem Amtsgericht mußten sie entweder alles abblasen oder Strauß später filzen, wenn das Landgericht der Beschwerde der Staatsanwaltschaft gegen die Entscheidung der Amtsrichterin stattgeben würde. Da enge Kontakte zwischen Pfahls und Strauß bestanden und auch damit zu rechnen war, daß in den Zeitungen über die Durchsuchungen berichtet würde, war davon auszugehen, daß der Politikersohn vor einer späteren Durchsuchung gewarnt sein würde. Die Staatsanwaltschaft entschied sich jedoch dafür, die genehmigten Durchsuchungen am 14. Dezember 1995 trotzdem durchzuziehen.

Um diese Zeit hatten wir einen unbekannten Helfer, der uns über das Verfahren auf dem laufenden hielt. Für die Staatsanwälte und Steuerfahnder war das eine weitere Katastrophe, weil sie nach den ersten Berichten, die aufgrund von Hinweisen dieser Quelle recherchiert und veröffentlicht wurden, unter Dauerbeschuß von Anwälten der Beschuldigten und unter permanenten Berichtszwang gegenüber dem Generalstaatsanwalt gerieten. Es gab eine Dienstaufsichtsbeschwerde gegen die Finanzbehörde; ein Verfahren gegen Unbekannt wegen Verletzung des Steuergeheimnisses »zum Nachteil Schreiber Karlheinz« wurde eingeleitet. Die Attacken gingen so weit, daß dem Behördenleiter Hillinger von Schreibers Seite private Beziehungen zur Journalistin Conny Neumann angedichtet wurden.

Hillinger mußte dem Generalstaatsanwalt einen umfangreichen Bericht schreiben, in dem er darauf hinwies, daß ein Teil der an die Öffentlichkeit geratenen Details auch aus den Durchsuchungsbeschlüssen stammen könnte, die den Beschuldigten zugänglich waren. Ein Teil der Informationen mußte aber »von Amtsträgern« weitergegeben worden sein. Nach der Rechtslage können nur Amtsträger für die Veröffentlichung von Dienstgeheimnissen bestraft werden. Journalisten sind keine Amtsträger; wenn sie die Herausgabe von Akten nicht angestiftet oder sonstwie Beihilfe geleistet haben, dürfen sie straflos darüber schreiben.

Die Berichterstattung ist in solchen Fällen ohnehin stark eingeschränkt. Die offizielle Pressearbeit der Justiz ist äußerst restriktiv, wörtlich darf in größerem Umfang aus Ermittlungsakten nicht zitiert werden, um die »Unschuldsvermutung« zu wahren, die aus gutem Grund bis zu einem rechtskräftigen Urteil für alle Beschuldigten zu gelten hat. Der Streit um die Medienbegleitung der Augsburger Ermittlungen, die sich schnell zu einem Mammutverfahren entwickelten, hält bis auf den heutigen Tag an. Unvoreingenommene Vertreter der Justiz räumen inzwischen bei allem Ärger über Indiskretionen aber ein, daß das Verfahren ohne öffentliche Begleitung noch wesentlich stärker »von oben« behindert worden wäre, als es ohnehin schon der Fall war.

Die Basis für das spätere Austrocknen des Spendensumpfes haben die Augsburger Staatsanwälte über fünf Jahre hinweg durch zielstrebige Ermittlungsarbeit gelegt. Oft genug war gerade in Bayern zu registrieren, daß Ermittlungen mit politischer Dimension gleich zu Beginn auf Eis gelegt wurden; ein bißchen Öffentlichkeit zur Begleitung dieses Mammutverfahrens konnte da nicht schaden. Außerdem war der Fall hochinteressant, spannend zu recherchieren und »von öffentlichem Interesse«. Von Anfang gab es auf die bekannt werdenden Vorgänge politische Reaktionen, die weitere Berichterstattung auslösten, ob es den Augsburger Staatsanwälten und dem bayerischen Justizministerium nun gefiel oder nicht.

Um der Staatsanwaltschaft nicht allzu sehr ins Handwerk zu pfuschen, versuchten wir so sorgsam wie möglich mit den ersten Akten, die wir auftrieben, und mit den gezielten Informationen unseres anonymen Mitarbeiters umzugehen, der sich uns erst viel später zu erkennen gegeben hat. Bei den Kontrollrecherchen ergab sich stets, daß alles stimmte, was er uns am Telefon sagte. Auch der Tip, daß die Strauß-Durchsuchung nicht genehmigt worden sei und Staatsanwälte, Steuerfahnder und Polizisten vor Zorn kochten, kam aus dieser Quelle. Die Meldung mußten wir natürlich bringen.

Chef-Staatsanwalt Hillinger, ein für den bayerischen Staatsdienst ziemlich unkonventioneller Typ, der in seiner kargen Freizeit unter dem Pseudonym Joe Hill Filmkritiken schrieb, war erzürnt. »Wir müssen wissen, wo der Maulwurf sitzt. Ich lasse mir das Verfahren nicht kaputtmachen«, tobte er und ordnete für den 26. Januar 1996 zum Entsetzen der Beamten eine Hausdurchsuchung bei der Augsburger Steuerfahndung an. Sie verlief unter massivem Protest der Verdächtigten ergebnislos und belastete für lange Zeit das Arbeitsklima zwischen Staatsanwälten und Finanzern.

Die von Hillinger zum Teil am Telefon vorgenommenen Einvernahmen von Journalisten verliefen dagegen eher pragmatisch. Dem Chefermittler war klar, daß wir zwar gern mit ihm plauderten, uns aber, wenn er uns festnageln wollte, auf das Zeugnisverweigerungsrecht berufen würden; wir wußten ja selbst nicht, wer es so gut mit uns meinte. Wir hätten es natürlich auch nicht gesagt, wenn wir es gewußt hätten.

Durchsuchungen

Während die Durchsuchung bei Walther Leisler Kiep am 14. Dezember 1995 ohne besondere Vorkommnisse verlief, regte sich Holger Pfahls furchtbar auf, als Staatsanwalt Hans-Jürgen Kolb und drei Steuerfahnder am gleichen Tag um zehn Uhr fünfundzwanzig in seiner Villa am Tegernsee aufkreuzten. Auffällig war für die Ermittler allerdings, daß sie, obwohl sie Pfahls unbekannt sein mußten, von ihm ins Haus gelassen wurden, ohne gefragt zu werden, was die vier Fremden überhaupt wollten. Für einen ehemaligen Präsidenten des Bundesamtes für Verfassungsschutz sei das ein merkwürdiges Verhalten, hielt Kolb fest. Pfahls hatte den Besuch offenbar erwartet, erst im Haus wiesen sich die Gäste aus.

Der Daimler-Manager berichtete, daß er vor wenigen Wochen einen Schlaganfall erlitten habe und krank geschrieben sei. Zu seiner damaligen Lebensgefährtin und späteren zweiten Frau Birgit Zöller sagte er laut Kolbs Vermerk mit erregter Stimme: »Meine Karriere ist zu Ende«, »Die Vertragsverlängerung steht bevor«, »Und das bei meinen Schulden, bei meiner Ehefrau und den Banken«. Jetzt sei sein Weg in den Daimler-Benz-Vorstand versperrt, er werde auch kein Jahresgehalt von 600 000 Mark erhalten. Zum Vorwurf, von Schreiber 3,8 Millionen Mark Bestechungslohn für den Panzerverkauf nach Saudi-Arabien bekommen zu haben, sagte Pfahls: »Ich habe nie Geld gesehen von diesem Mann.« Sein Blutdruck schnellte auf 190 zu 120 hoch, er wollte aber nicht, daß ein Arzt gerufen wurde.

Um zwölf Uhr vierzig war die Durchsuchung beendet. Neben einschlägigen Unterlagen für das Verfahren fanden die Fahnder auf dem Dachboden der Villa zwei Aktenordner mit Originaldokumenten zu einem Steuerermittlungsverfahren einer Person, deren Namen die Staatsanwaltschaft nicht vermerkte. Die seien ihm 1981 oder 1982 vom Ministerpräsidenten Franz Josef Strauß mit der Bitte übergeben worden, »sich um die Angelegenheit zu kümmern«, sagte der frühere Bürochef von FJS. Das war die Zeit, wo wichtige bayerische Entscheidungen im Franzens-Club fielen und der eine oder andere Amigo beim Allerhöchsten in München Schutz vor unnachsichtigen »Bauernfinanzämtern« suchte. Die Mitnahme der Unterlagen aus der Regierungszentrale hätte Pfahls ein weiteres Verfahren wegen Aktenunterschlagung einbringen können. Der Fall sei aber verjährt, schrieb Staatsanwalt Kolb in seinen Vermerk.

Den vom Amtsgericht abgelehnten Durchsuchungsbeschluß für die Wohnungen und Büros von Max Strauß besorgte sich die Staatsanwaltschaft beim Landgericht Augsburg am 29. Dezember 1995. Am 10. Januar 1996 baten Staatsanwälte und Fahnder gleichzeitig um zehn Uhr dreißig bei drei Objekten in München und einer Berliner Wohnung von Max Strauß um Einlaß. Am Hauptwohnsitz in München traf Staatsanwalt Christoph Wiesner mit seinen Begleitern Strauß zunächst nicht an. Als dieser dann gegen elf Uhr gekommen sei, habe er sich über den Besuch »nicht überrascht« gezeigt und unter Hinweis auf die Presseberichterstattung erklärt, die Staatsanwaltschaft habe ja ihr Kommen »faktisch selbst angekündigt«, vermerkte Wiesner. Strauß habe »bereitwillig« die Räumlichkeiten gezeigt und die Ermittler zum Aktenschrank mit den persönlichen Ordnern und Bankunterlagen geführt, wo sich allerdings keine Bestände aus den Jahren 1989 bis 1993 fanden. Die habe er im Zusammenhang mit seinem juristischen Staatsexamen in seine Kanzlei geschafft, sagte Strauß laut Staatsanwaltschaft.

Es habe sich zudem herausgestellt, daß der Anwalt, der im Dezember 1995 geheiratet hatte, in der Wohnung seiner Frau lebte, ohne sich umgemeldet zu haben. Daraufhin sei die Durchsuchung auch dieser Wohnung angeordnet worden. Nach dem Lesen des Durchsuchungsbeschlusses habe Strauß alle Vorwürfe »energisch bestritten«.

Als »gesuchte Unterlagen« hatte die Staatsanwaltschaft neben Thyssen- und Airbus-Material auch »Unterlagen über Waffen bzw. Rüstungsgeschäfte«, Radarsysteme und ausländische Bankpost beim Schweizer Bankverein und bei den feinen Geldadressen Pictet & Co., Genf, Julius Bär & Co., Zürich und I. Vontobel & Co., Zürich angegeben.

Obwohl ihnen die Zusammenhänge mit der Firma Delta, Vaduz (Liechtenstein) des Strauß-Freundes Dieter Holzer damals noch nicht bekannt waren, galt das Interesse der Ermittler schon Anfang 1996 auch dem Konto LO 234.986.1 beim Schweizer Bankverein in St. Gallen. Es war benutzt worden, als 1994/95 Strauß-Spezi Curt Niklas Kredit bekam und weist auf die Verbindungen von Strauß zu Holzer hin. Bei derselben Bankfiliale unterhielt die Delta das Konto LO 234.986.2, von dem nach Holzer-Unterlagen um diese Zeit 11,25 Millionen Dollar an den mit Holzers Frau verwandten Libanesen Ibrahim Sahyoun auf ein Konto bei der AMRO-Bank in Beirut überwiesen worden waren. Sahyoun zeichnete auch als formeller Eigentümer der Delta, auf deren Konten der französische Ölkonzern Elf Aquitaine 1993 im Zusammenhang mit dem Erwerb der deutschen Leuna-Raffinerie über 50 Millionen Mark überwiesen hatte. Repräsentantin war Holzers Frau Soad, die in Monaco residiert, als Verwaltungsrat in Liechtenstein fungierte Werner Strub.

Neben zahlreichen Unterlagen nahmen die Ermittler ein Notebook mit, mit dem sie aber bald eine Überraschung erlebten. Bei einer ersten Überprüfung stellte der Sachverständige Bernd Wißner fest, daß unmittelbar nach der Durchsuchung bei Kiep und Pfahls ein Virus über die Festplatte hergefallen war. Der gesamte Datenbestand war gelöscht, später waren einzelne zuvor gesicherte Dateien, die aber für die Ermittler unerheblich waren, wieder aufgespielt worden.

Bereits damals muß das Mißtrauen gegenüber den Oberaufsehern in München in der Augsburger Staatsanwaltschaft genistet haben. Intern ordnete Behördenchef Hillinger an, mit Rekonstruktionsversuchen zu beginnen. Dem Generalstaatsanwalt teilte er hingegen am selben Tag mit, an eine Rekonstruktion der Strauß-Festplatte sei wegen der hohen Kosten von voraussichtlich 150 000 Mark und der unsicheren Erfolgsaussichten nicht gedacht. Das fand den Beifall der Generalstaatsanwaltschaft, die nicht wußte, daß die Untersuchung schon angelaufen war.

Gutachter Wißner wandte sich im Auftrag der Staatsanwaltschaft an das Bayerische Landeskriminalamt, wurde dort aber ziemlich rüde abgewiesen. Die Datenspezialisten der bayerischen Polizei konnten, wollten oder durften nicht helfen. Das Landeskriminalamt schrieb der Staatsanwaltschaft am 12. April 1996: »Es ist nicht Aufgabe des Bayer. Landeskriminalamtes, Hilfsarbeiten für private Sachverständige zu leisten. In Anbetracht erheblicher eigener Untersuchungsrückstände und aus Gründen der Gleichbehandlung gegenüber anderen privaten Sachverständigen können solche Arbeiten grundsätzlich nicht geleistet werden.« Der Gutachter wurde »an private Dienstleister« verwiesen. Doch auch den Spezialfirmen gelang es nicht, die gelöschten Daten lesbar zu machen. Die Festplatte blieb beim Gutachter. Als vier Jahre später auf Antrag des Bundestagsuntersuchungsausschusses ein weiterer Rekonstruktionsversuch beim Bonner Bundesamt für Sicherheitstechnik unternommen werden sollte, war die Festplatte verschwunden und ist bis heute nicht wieder aufgetaucht.

Anfang 2000 erreichte uns ein nicht von vornherein abwegiger Hinweis aus der Umgebung der bayerischen Kultusministerin und Strauß-Schwester Monika Hohlmeier, um die Zeit der Durchsuchungen herum seien im Ministerium mehrere Taschen mit Aufklebern von Flugreisen gesichtet worden, die auf Bruder Max hingewiesen hätten. Die Strauß-Kanzlei befindet sich in unmittelbarer Nähe des Ministeriums in der Münchner Innenstadt. Empört wies die Politikerin die Anfrage zurück: Weder betreibe sie eine Gepäckaufbewahrung, noch sei ihr Bruder obdachlos, ließ sie ihre Referentin Dorothee Erpenstein ausrichten.

Nach den Durchsuchungen der Staatsanwaltschaft bei Schreiber, Kiep, Pfahls und Strauß wandte sich der Panzerhändler und Flugzeugmakler in einem empörten Brief an den Leiter der Steuerfahndungsstelle beim Finanzamt Augsburg, Anton Gumpendobler. »Unbestritten ist die Aufgabe Ihrer Dienststelle die Aufdeckung und Ermittlung von Steuerdelikten. Keineswegs erfaßt dieser Aufgabenkreis allerdings eine permanente Information der Presse, da eine solche Handhabung den Verdacht des Verrats von Steuergeheimnissen nahelegt«, schrieb der Unternehmer am 30. Januar 1996.

Schreiber fragte, ob solche Informationen wegen »Nebeneinnahmen« der Beamten oder »auf Wunsch Dritter« erfolgten, »um einen lästigen Mitbewerber auf dem internationalen Exportmarkt auszuschließen«. Gründe könnten auch »Neid, Haß, Revanche, Sensationslust oder blanke Bosheit« sein. Möglicherweise seien die Indiskretionen ja »politisch motiviert, gerichtet gegen jeden, der mit dem verstorbenen bayerischen Ministerpräsidenten Franz Josef Strauß befreundet war«. Es frage sich, ob die Staatsanwaltschaft mit ihren Hausdurchsuchungen einen »ungesetzlichen Fishing trip« unternehme. Weiter heißt es:

In den letzten Wochen und Tagen wurde ich mehrfach von ausländischen Industriekollegen auf die sogenannte Steuer- und Bestechungsaffäre angesprochen, und es wurden Fragen an mich gerichtet, wer denn für diesen Vorgang in Deutschland verantwortlich sei. Wer denn so emsig bemüht sei, deutsche Exportchancen und deutsche Arbeitsplätze zu vernichten. Eine interessante Frage, finden Sie nicht? Eine Frage, die ein paar Millionen Arbeitslose an die

Verantwortlichen richten könnten? Vor dem Hintergrund des Geschehens stellt sich mir als Staatsbürger und Unternehmer in Deutschland allerdings die Frage, ob die Sorgen, die Bundeskanzler Kohl und Bayerns Ministerpräsident Edmund Stoiber um den Schlaf bringen, hier von den Verantwortlichen überhaupt erkannt werden ... Auch möchte ich Sie daran erinnern, daß Mitte der achtziger Jahre die Deutsche Airbus GmbH vor dem Konkurs stand und ein Überleben der Airbus-Industrie ohne Zugang zum nordamerikanischen Markt ausgeschlossen gewesen wäre. Der »Krieg« zwischen Boeing in Seattle und Airbus-Industrie in Europa hatte einen Höhepunkt erreicht, der es notwendig machte, daß Franz Josef Strauß den amerikanischen Präsidenten Ronald Reagan aufsuchen und politische Zugeständnisse machen mußte, um den Flugzeug-Krieg zwischen Europa und der USA nicht vollkommen aus der Kontrolle geraten zu lassen. Nehmen Sie und Ihr Haus zur Kenntnis: Ohne Helmut Kohl, Franz Josef Strauß und Edmund Stoiber, der damals an der Seite von Franz Josef Strauß wie heute für Arbeitsplätze und eine gesunde Wirtschaft in Bayern kämpfte, wäre schon damals das technologische Aus für Deutschland und damit Europa eingeleitet worden – zugunsten der USA ... Wollen Sie und Ihre Mitarbeiter an einer Betriebsversammlung bei Thyssen, Airbus Industrie oder MBB teilnehmen? ... Die Engländer formulieren: »Right or wrong – my country!« Ich liebe dieses Land und insbesondere den Freistaat Bayern. Mit dem Ausdruck größter Besorgnis! Karlheinz Schreiber.

In der Folge richtete er Eingaben ähnlichen Inhalts an Edmund Stoiber, den bayerischen Landtag und an Bundestagspräsidentin Rita Süssmuth. Staatssekretär Alfons Zeller vom Finanzministerium wies Schreibers Beschwerde in einer Stellungnahme für den Landtag am 22. April 1996 zurück. Der Vorwurf gegen die Beamten sei nicht gerechtfertigt. Der Eingabe wurde vom Landtag nicht stattgegeben.

Als hätte man sich abgesprochen, traf wenige Tage, nachdem Gumpendobler Post von Schreiber erhalten hatte, bei Staatsanwalt Weigand ein Schreiben der Firma Thyssen Industrie AG, Essen, mit unverhohlenen Drohungen ein. Wenn sich herausstelle, daß die Ermittlungsbehörden den Medien Informationen zugänglich gemacht hätten, handle es sich um eine »schwerwiegende Amtspflichtverletzung«, die zu Regreßansprüchen des Konzerns führen werde, heißt es im Brief vom 6. Februar 1996. Thyssen forderte Einsicht in die im Konzern beschlagnahmten Akten für die Wirtschaftsprüfer der Beratungsgesellschaft Arthur Andersen, die mit einer »Sonderprüfung« beauftragt worden seien, »um weiteren Schaden von unserem Unternehmen abzuwehren«. Thyssen äußerte die Erwartung, »daß Sie unserer Bitte unverzüglich entsprechen, um den bereits für unser Unternehmen eingetretenen Schaden nicht noch größer werden zu lassen«.

Eckhard Rohkamm, Vorstandsvorsitzender der Thyssen Industrie AG und Vorstandsmitglied bei der Konzernmutter Thyssen AG in Düsseldorf, hatte es sich nicht nehmen lassen, dem bayerischen Ministerpräsidenten Edmund Stoiber am 7. Februar 1996 eine Kopie dieses Schreibens zuzusenden und im Begleitschreiben anzumerken: »Wir haben in Sorge um die möglichen wirtschaftlichen Konsequenzen für unser Unternehmen das anliegende Schreiben vom 6.2.1996 an die Staatsanwaltschaft Augsburg gesandt. Selbstverständlich werden wir alle Ermittlungen auch weiterhin uneingeschränkt unterstützen, erwarten aber, daß die Wahrung von Geschäftsgeheimnissen durch die staatlichen Organe sichergestellt wird. Mit freundlichen Grüßen, Ihr Eckhard Rohkamm.«

Bereits eine Woche später, am 14. Februar 1996, bekamen die Wirtschaftsprüfer Akteneinsicht, auch in die privaten Unterlagen, die bei den beschuldigten Thyssen-Managern Jürgen Maßmann und Winfried Haastert beschlagnahmt worden waren. Wie es dazu kam, ist den staatsanwaltlichen Akten nicht zu entnehmen. Weitere Einsichtstermine am 21., 22. und 29. Februar 1996 folgten. Eine Akteneinsicht zu einem so frühen Zeitpunkt eines Verfahrens ist aus ermittlungstechnischen Gesichtspunkten hoch problematisch: Der Thyssen-Konzern hatte immerhin durch seine obskuren Schmiergeldverträge mit den »Beratungsfirmen« Ovessim, Linsur, Great Aziz und A.T.G. beim Panzerverkauf nach Saudi-Arabien gehörigen Anteil an der Affäre, zwei seiner Vorstände standen im Zentrum der Ermittlungen. Den Beschuldigten wurde die Akteneinsicht erst viel später gewährt.

Zum 1. März 1996 wurde dem ermittelnden Staatsanwalt Weigand endlich ein Kollege zur Seite gestellt, der das Schreiber-Verfahren mit bearbeiten sollte. Von der Staatsanwaltschaft München II kam Winfried Maier, ein zäher Mann Jahrgang 1959 mit glänzenden Beurteilungen. Wie sein neuer Chef Jörg Hillinger stammte er aus einem konservativen, katholisch geprägten Umfeld; beide hatten vorübergehend in der bayerischen Staatskanzlei gearbeitet. Hillinger war bekennender CSU-Mann, aber, wie auch Maier, eigenständig geblieben. Alle später erhobenen Vorwürfe, die Augsburger Ermittlungen seien von politischen Quertreibern geführt worden, gingen ins Leere.

Es ist bezeichnend, daß das bayerische Amigo-System am stärksten von Beamten erschüttert wurde, die sich, prinzipienfest und wertkonservativ, dem Staat und nicht der CSU verpflichtet fühlen, auch wenn sie der Partei womöglich angehören. So hatte es 1977 schon der Ministerialbeamte Wilhelm Schlötterer gehalten. Daß die Wut und Enttäuschung der CSU-Administration über solche »Nestbeschmutzer« stets besonders groß war, versteht sich von selbst. Bekennende Oppositionelle drangen und dringen in Bayern ohnehin kaum noch in wichtige Positionen vor.

Das Ermittlungsdrehbuch

In der Schweiz erlitten Schreiber und seine Frau kurz darauf eine erste prozessuale Niederlage. Das Bundesgericht wies eine Beschwerde der beiden gegen das Rechtshilfeersuchen der kanadischen Regierung ab, die gegen Brian Mulroney, Frank Moores und den Waffenhändler ermittelte. Die Schreibers wollten den schweizerischen Behörden untersagen lassen, Kanada Rechtshilfe zu gewähren. Das Bundesgericht bestätigte jedoch Kanadas Anspruch auf Rechtshilfe. Es stehe bisher nicht fest, daß auf den von den Kanadiern angegebenen Konten keine Bestechungsgelder lägen, hieß es in der Entscheidung vom 1. Mai 1996.

Wenn die Schweizer schon das ziemlich dürftig begründete, zum Teil nur auf Presseberichterstattung gestützte Begehren der Kanadier billigten, konnten die Augsburger Staatsanwälte mit ihren Schriftsätzen, die entsprechend den deutschen Vorschriften wesentlich fundierter und präziser formuliert waren, in Schreibers Fluchtland ebenfalls auf Erfolg hoffen. Tatsächlich trudelten nach und nach wichtigste Bankunterlagen und andere Dokumente aus dem Ausland ein, allerdings mit großen Zeitverzögerungen, die den Ermittlern den Schlaf raubten. Sie wußten, daß die Verjährungsuhr unerbittlich lief; ab 2001 würden die ersten vorgeworfenen Delikte der Strafverfolgung entzogen sein.

In den Ermittlungen bis 2000 wurden zahlreiche Rechtshilfeersuchen, auch an Kanada und Frankreich notwendig, außerdem Anträge auf Unterstützung beim Vollzug von Durchsuchungsbeschlüssen im Ausland. Ferienwohnungen, Banken, Unternehmen wie die Airbus-Zentrale in Toulouse waren das Ziel. Die Formulierungen betrafen schwierigste Rechtsfragen und wollten gut überlegt sein. Die komplizierten Dienstwege, die solche Anträge zu gehen haben, kosteten die Ermittler Monate. Der Generalstaatsanwalt, die Justizministerien des Landes Bayern und des Bundes und das Auswärtige Amt wollten die Vorlagen sehen und prüfen, im Zielland ging die umgekehrte Prozedur von den Oberbehörden nach unten los. War das Ersuchen endlich bewilligt, gab es meistens Beschwerden der Betroffenen bis zur letzten Instanz.

Noch mehr solcher Beschlüsse mußten im Inland vollzogen, die Funde mußten anschließend penibel ausgewertet, die Einwendungen eines guten Dutzends von Verteidigern – darunter schwere Kaliber wie Erich Samson (für Schreiber), Eckhart Müller (für Maßmann) und Günter Kohlmann (für Kiep) – bearbeitet, Dienstaufsichtsbeschwerden und Unterlassungserklärungen behandelt werden. Da auch noch der Generalstaatsanwalt auf die Hierarchie pochte und sein Antlitz in simpelste Ermittlungsvorgänge drücken wollte, breitete sich in Augsburg zeitweise Unmut aus. Die meiste Zeit arbeitete nur ein einziger Staatsanwalt an dem Mammutverfahren, der auch noch andere Fälle auf dem Tisch liegen hatte. Bei der Steuerfahndung sah es nicht anders aus.

Es zeigte sich, daß die Besetzung, die Ausstattung und die Kompetenzen der Staatsanwaltschaften und Finanzbehörden weit hinter der rasanten Entwicklung auf dem Gebiet international vernetzter Kapital- und Steuerdelikte zurückgeblieben sind, deren Hintermänner mit modernster Technologie und den unfaßbaren Möglichkeiten zur Verschleierung arbeiten, die ihnen Länder wie Liechtenstein, die Schweiz oder andere Steuerparadiese bieten. Der bayerische Justizminister Manfred Weiß berichtete im Verlauf des Schreiber-Verfahrens dem Landtag zur allgemeinen Erheiterung stolz, man habe den ermittelnden Staatsanwalt sogar mit einem eigenen Laptop ausgerüstet, was in keiner Dienstvorschrift vorgesehen sei. Dem Staat scheint es egal zu sein, daß ihm so Milliardenbeträge entgehen und die Steuergerechtigkeit gegenüber den im Inland vom Fiskus problemlos geschröpften Lohnsteuerzahlern auf der Strecke bleibt. Dabei finanzieren fähige Steuerfahnder, Betriebsprüfer und Staatsanwälte für Wirtschaftsdelikte sich locker selbst durch die Ergebnisse ihrer Arbeit.

Mit Weigand und Maier unter der Führung Hillingers, der seine Ermittler am langen Zügel arbeiten ließ, und dazu noch dem effizienten Steuerfahnder Winfried Kindler und seinem Kollegen Peter Winkler arbeitete eine Zeitlang ein hochmotiviertes Team an dem spektakulären Fall, das die Ermittlungen zielstrebig vorantrieb. Als Weigand Anfang 1997 zum Vorsitzenden Richter am Augsburger Landgericht befördert wurde, lastete die Verantwortung auf Maier allein, dem jüngsten »Staatsanwalt als Gruppenleiter« in seiner Behörde. Erst 1999 bekam er mit der jungen Staatsanwältin Barbara Pöschl eine Helferin.

Am 18. Juni 1996 erfuhr Staatsanwalt Weigand zu seinem Erstaunen zufällig von seinem Kollegen Reinhard Nemetz, daß am 20. und 21. Juni kanadische Finanzbeamte die Steuerfahndung Augsburg besuchen würden, um Akteneinsicht in das Schreiber-Verfahren zu nehmen. Cheffahnder Gumpendobler und der Sachbearbeiter Kindler beriefen sich auf eine »Weisung«, die Staatsanwaltschaft von dem Besuch nicht zu informieren. Ob das eine Retourkutsche für die Durchsuchung der Steuerfahndung am 26. Januar 1996 oder wirklich eine Anordnung von ganz oben war, blieb ungeklärt.

Vorübergehend hielt sich Schreiber um diese Zeit in Kalifornien auf. Er logiere in einer Wohnung seiner Sekretärin Dietlinde Kaupp, erfuhr Weigand von Peter Walter, Oberstaatsanwalt beim »General«.

Trotz seiner Flucht aus Deutschland und der Höhe der vorgeworfenen Hinterziehung gab es um diese Zeit noch keinen Haftbefehl
gegen den Unternehmer. Für die Schweiz hätte er nichts genützt,
weil dieses Land Steuerhinterzieher immer noch nicht ausliefert; in
den USA wäre dagegen ein Zugriff womöglich erfolgreich gewesen
und hätte zur Verfahrensbeschleunigung beigetragen.

Wegen der eigenwilligen Schweizer Rechtslage wurde Staatsanwalt
Maier im Lauf der Zeit klar, daß er an Schreiber nur herankommen
könne, wenn ihm mehr vorzuwerfen sei als nur Steuerhinterziehung.
Schon aus den ersten Vernehmungen von Beamten des Bundesver-
teidigungsministeriums hatten die Ermittler geschlossen, daß beim
Panzergeschäft mit Saudi-Arabien Bestechung in Frage käme. In die-
sem Fall konnte die Staatsanwaltschaft nicht auf ihren Kronzeugen
Pelossi zurückgreifen, da dieser wegen seines 1991 ausgebrochenen
Streits mit Schreiber in diesem Deal nur wenig Einblick hatte.

Kaum zu beweisen schien den Staatsanwälten, daß Staatssekretär
Pfahls gegen eine Zusage, 3,8 Millionen Mark zu bekommen, die
Zustimmung der Bundesregierung zum Export bewirkt und die Entscheidung im Bundessicherheitsrat in diesem Sinn beeinflußt haben
könnte. Sie setzten mit ihren Überlegungen vielmehr bei der Entscheidung von Pfahls an, der gegen den anfänglichen Widerstand der
Bundeswehr verfügt hatte, daß die 36 Panzer zunächst vom Heer an
Thyssen auszuliefern seien, damit die Saudis schnellstmöglich belie-
fert wurden. Diese interne, in seinen Zuständigkeitsbereich fallende
Entscheidung könnte Pfahls unter dem Einfluß des zugesagten Beste-
chungslohns getroffen haben, kalkulierten sie. Ließe sich dieser Verdacht erhärten, hätten sie einen Bestechungsverdacht gegen Schreiber und damit einen Auslieferungsgrund, dem sich die Schweizer
nicht widersetzen könnten.

Eine Ausweitung der Tatbestände auf Betrugs- und Untreuehandlungen und Beihilfe durch Schreiber dazu zeichnete sich auch nach
der Auswertung der Unterlagen ab, die bei Thyssen und den Managern Maßmann und Haastert beschlagnahmt wurden. Wenn sich die
Saudis, aus welchen Gründen auch immer, im Vertrag mit Thyssen
dagegen abgesichert hatten, daß bei dem Geschäft Schmiergelder

bezahlt würden, die den Kaufpreis in die Höhe treiben, wären sie von Maßmann und Haastert womöglich betrogen worden. Da die Firma Thyssen keinerlei Untreuehandlungen ihrer Spitzenkräfte Haastert und Maßmann wahrhaben wollte, kam es der Staatsanwaltschaft sehr auf den Betrugsvorwurf an. Den dekuvrierenden Vertrag zwischen Thyssen und der Schreiber zugerechneten Schmiergeldempfangsfirma A.T.G. hatte Thyssen-Justitiar Peter Joussen den Ermittlern bei der Durchsuchung am 14. Dezember 1995 ausgehändigt. Von Haastert habe er seinerzeit einen verschlossenen Umschlag mit dem Hinweis erhalten, darin seien die Originalverträge, sagte der Jurist aus. Ohne hineinzuschauen, habe er den Umschlag in seinen Privattresor gelegt. Die Überweisungsaufträge der Firma Thyssen an die A.T.G. hatten den Hinweis enthalten: »Empfänger im Bankauftrag nicht erwähnen.«

Schließlich wären Zahlungen Schreibers an Maßmann und Haastert, wie sie Weigand und Maier nach der Auswertung von Schreibers Kalender und der Enttarnung der Codes »Jürglund« und »Winter« vermuteten, als Beihilfe zur Untreue zu werten, die von den Managern durch die Entgegennahme solcher Kick-back-Gelder gegenüber ihrem Arbeitgeber Thyssen begangen worden sein könnte. Das war das Ermittlungsdrehbuch der Augsburger Staatsanwälte, das im Lauf der Jahre entstand.

Seltsamer Besuch

Um die Frage zu klären, ob der SPD-Politiker Helmut Wieczorek von seinem früheren Arbeitgeber Thyssen irgendwelche Vorteile wegen seiner Kontakte zu Schreiber eingeräumt bekommen habe, wurde am 23. Mai 1996 sein Sohn Peter, ein Architekt, als Zeuge vernommen. Er betreute seit 1990 als Generalplaner Bauprojekte von Thyssen. Es ergaben sich aber keine Hinweise, daß von Thyssen mit der Auftragsvergabe Sonderdienste des Vaters abgegolten wurden. Wieczorek, gegen den nie ermittelt wurde, beklagte sich bitter darüber, daß sein Sohn in die Sache hineingezogen wurde.

Am 19. Juni 1996 kam die Schmiergeldaffäre um die Thyssen-Panzer im Bundestag zur Sprache. Die Abgeordnete Angelika Beer (Bündnis 90/Die Grünen) wollte von Innenminister Manfred Kanther wissen, »ob dieses Problem Thema der Kabinettssitzung von heute war und wie die Bundesregierung gegen diese mafiosen Methoden, die ganz offensichtlich keineswegs eingestellt sind, sondern noch immer – wenn auch sporadisch – auftauchen, präventiv, aber auch rückwirkend vorgehen will«.

Auffällig war, daß sich die CDU-Schatzmeisterin und Bundestagsabgeordnete Brigitte Baumeister mit wütenden Zwischenrufen hervortat. »Unverschämt, was Sie machen! Vorverurteilungen im Vorfeld! Unverschämt!« schleuderte die mit Schreiber und Maßmann gut bekannte Politikerin der Grünen entgegen. »Der Vorwurf ist ja ungeheuerlich«, giftete sie. Kanther, damals noch nicht enttarnte Hauptperson des hessischen CDU-Spendenskandals, pflichtete Baumeister bei, die den Minister mit weiteren Zwischenrufen anfeuerte, und betonte: »Der deutsche öffentliche Dienst zeichnet sich durch seine Rechtstreue aus, nicht durch Korruption. Die Aufgabe der Politik ist es, gelegentlichen Fällen von Mißbrauch der Amtsgewalt entschlossen entgegenzutreten.«

Wohl der skurrilste Vorgang der gesamten Ermittlungen hat wieder mit Max Strauß zu tun und wurde den Ermittlern am 24. Juni 1996 durch eine Vernehmung der Ehefrau des CSU-Bundestagsabgeordneten Erich Riedl bekannt, der damals noch zu den Mitbeschuldigten zählte. Gertrud Riedl berichtete den Ermittlern, Anfang Februar 1996 sei sie abends allein in ihrem Haus im Münchner Südwesten vor dem Fernseher gesessen und habe Näharbeiten verrichten wollen. Plötzlich habe es an der Terrassentür geklopft; wer da Einlaß begehrte, habe sie zunächst wegen der Dunkelheit nicht erkennen können. Nachdem der späte Gast näher an die Tür gekommen sei, habe sie den ihr gut bekannten Max Strauß erkannt, was sie sehr verwundert habe, weil ihrem Mann vom Ministerpräsidentensohn um diese Zeit in der Münchner CSU-Gliederung übel mitgespielt worden sei. Sie habe ihn aber trotzdem hereingelassen.

Strauß habe sie sofort mit dem Satz überfallen: »Ihr habt doch

500 000 Mark von Thyssen bekommen, und morgen früh findet eine Hausdurchsuchung statt, denn bei mir war auch eine Hausdurchsuchung.« Strauß habe gesagt, sie solle alles vernichten, was damit zusammenhänge, Visitenkarten, Telefonnummern etc. Als sie erklärt habe, sie hätten überhaupt nichts von Thyssen erhalten, habe sie Max Strauß angefahren: »Das ist mir wurscht.« Seine Aufregung habe »ständig zugenommen«, berichtete die Zeugin laut Protokoll. Er habe gefordert, sämtliche Schweizer Konten zu »beseitigen«. Auf Gertrud Riedls Einwand, sie hätten keine Schweizer Konten, habe Strauß erneut gesagt: »Das ist doch mir wurscht.« Zum Schluß habe Strauß gesagt: »Dieser Besuch hat nicht stattgefunden.« Dann habe er grußlos das Wohnzimmer durch die Terrassentür wieder verlassen und sei im Dunkel der Nacht verschwunden. Irgendwie habe sie schließlich ihren Mann erreicht und ihm von dem seltsamen Besuch berichtet. Er habe sie beruhigt und gesagt: »So ein Quatsch, die können ruhig kommen und alles untersuchen. Wir haben nichts zu verstecken.«

Natürlich stellt sich anhand solcher massiver Verdunkelungs- und möglicher Strafvereitelungshandlungen die Frage, warum die Staatsanwaltschaft dem Treiben des Strauß-Filius – sie hatte ja schon den begründeten Verdacht, er habe sechs Wochen vor dem Auftritt bei Frau Riedl sein Notebook gelöscht – nicht mit einem Haftantrag begegnete. Auch im Fall Riedl hatte Strauß offenbar Insiderinformationen, wenn sie auch nicht sehr präzise waren. Es stand in diesen Tagen laut Staatsanwaltschaft gar kein Durchsuchungsantrag gegen Riedl zur Debatte, aber immerhin wollten die Ermittler in unmittelbarem zeitlichen Zusammenhang beim Bonner Bundeswirtschaftsministerium Riedls möglichen Tatbeitrag zum Panzergeschäft abklären.

Strauß kam deswegen ungeschoren davon, weil bis auf den heutigen Tag die Verdachtsmomente, von Schreiber Geld bekommen zu haben, nicht zu erhärten waren. Seine Angaben, er habe mit dem Konto »Maxwell« nichts zu tun und habe deshalb auch nicht die ihm vorgeworfene Steuerhinterziehung begehen können, sind bis heute nicht widerlegt. Während die Übergabe der Spende in Höhe von einer Million Mark an Kiep unstrittig ist und die Staatsanwaltschaft in den Fällen Pfahls, Maßmann und Haastert glaubt, beweisen zu können, daß nach Barabhebungen Schreibers von den jeweiligen Rubrikkonten in der Schweiz Geld an die Beschuldigten geflossen sei, sind solche Transfers vom »Maxwell«-Konto bisher nicht ersichtlich.

Nach den aktuelleren, von der Staatsanwaltschaft noch nicht ausgewerteten Kontounterlagen, die der für kanadische und deutsche Medien tätige Journalist John Goetz in der Schweiz einsehen konnte, hatten sich bis Ende 1994 auf dem »Maxwell«-Konto 18.679.7 beim Schweizerischen Bankverein Zürich 4,24 Millionen Dollar angesammelt. Nur für den 2. August 1994 ist eine wesentliche Abbuchung verzeichnet, 176 562 Dollar verließen das Konto. Für wen sie bestimmt waren, ist ungeklärt. Ab Anfang 1995 liegt der Verbleib der auf diesen Rubrikkonten geparkten Gelder im dunkeln. Die Staatsanwaltschaft hat bisher lediglich die Kontobewegungen bis 1993 untersuchen können und erhofft sich von einem neuen Rechtshilfeersuchen an die Schweiz Aufschluß über die weiteren Wege des Geldes. Gegen Strauß wurde bisher keine Anklage erhoben, die Ermittlungen dauern an.

Mit Strauß hatten die Staatsanwälte noch mehr Spaß. Als er am 28. November 1996 zu seinem nächtlichen Auftritt in Riedls Haus als Zeuge befragt werden sollte, wollte er in den Räumen der Staatsanwaltschaft München I zunächst ein mitgebrachtes Tonbandgerät anschließen. Klaus-Jochen Weigand machte ihn darauf aufmerksam, daß er sich der »Stromerschleichung« schuldig mache, und unterband die Aufnahme. Bei allen anschließenden Fragen, etwa zwanzig, verweigerte Strauß, was sein gutes Recht war, die Aussage.

Der BND spielt mit

Am 30. April 1997 erschienen bei Jörg Hillinger zwei Beamte des Bundesnachrichtendienstes (BND) und erkundigten sich nach den Beziehungen Schreibers zum BND-Agenten Werner Ströhlein alias »Palme«, der inzwischen in der Pullacher Zentrale tätig war. Es gebe Unterlagen über mögliche geschäftliche Verbindungen der beiden, sagten die Besucher. Hillinger verweigerte unter Hinweis auf das Steuergeheimnis die Auskunft, wies aber den Weg, wie sowohl dem BND als auch der Staatsanwaltschaft geholfen werden könnte. Er kündigte an, daß er seinerseits ein Auskunftsersuchen an den BND richten und mit dem vorliegenden Material untermauern werde. Die Schlapphüte erklärten ihm, wie er das zu bewerkstelligen habe, denn dem BND kann man nicht einfach an seine Adresse nach Pullach bei München schreiben, sondern man muß sich ihm konspirativ nähern; das gilt auch für einen Leitenden Oberstaatsanwalt. Hillinger wurde bedeutet, er solle sein Gesuch an den BND-Präsidenten Hansjörg Geiger zur Wehrbereichsverwaltung VI, Verbindungsstelle, Rauchstraße 16, 81679 München schicken.

Zunächst war aber wieder der Aktenfuchs Winfried Kindler von der Steuerfahndung gefragt, der am 5. Mai 1997 aus verschiedensten Funden bei Durchsuchungen einen dreiseitigen Vermerk über die Aktivitäten des Gespanns Schreiber/Ströhlein anfertigte. Die beiden hatten nicht nur bei der Anbahnung der Liebherr-Geschäfte in Costa Rica zusammengearbeitet. Der Mittelamerika-Spezialist des BND hatte am 29. Juni 1986 Schreiber, der unter dem Decknamen »Hunne« selbst eine Zeitlang beim BND geführt worden war, Unterstützung beim Verkauf eines Airbus-Flugzeugs in Panama zugesagt: »Ich werde die Beziehung in Deinem Sinn pflegen.« Zehn Wochen später offerierte er laut Kindlers Vermerk eine Preisliste für Reformhäuser und ein »Angebot bezüglich Kaffee«, 5 000 Säcke aus Mexiko. »Hast Du ggf. noch Interesse an Kaffee? Gib mir bitte bald Antwort. Soweit das Geschäftliche«, hatte Ströhlein geschrieben. Er korrespondierte laut Kindler mit seinem Spezi über Röhren, Stahl, Aluminium, Fruchtsäfte, Autobusse, so daß man sich fragt, wann er eigentlich seiner Agententätigkeit nachgegangen ist. Er führte wohl mehr eine Agentur für Güter aller Art.

Hillingers Brief an Geiger samt Kindlers Aktenvermerk und der Bitte um Herausgabe der einschlägigen BND-Unterlagen ging am 26. Mai 1997 hinaus. Die Antwort des BND-Geheimschutzbeauftragten vom 25. Juni 1997 war dürftig. Gegen Ströhlein habe der Dienst eine Untersuchung eingeleitet, dienstliche Bezüge zu Schrei-

ber seien dem BND nicht bekannt, und die von Kindler zusammen-
getragenen Fakten seien »dem privaten Interesse« des Mitarbeiters
zuzuordnen. Die Familien Schreibers und Ströhleins seien eng befreundet. »Sollten seitens Ihrer Ermittlungen Tatsachen bekannt werden, die den Schluß zulassen, daß Ströhlein von Schreiber Geld oder
geldwerte Vorteile erhalten hat, bitte ich um Übermittlung, damit
arbeitsrechtliche Maßnahmen – Herr Ströhlein ist Angestellter – termingerecht eingeleitet werden können«, schrieb der BND.

Es stand also nicht gut um den Staragenten, der seine Finger auch
in der Affäre um den skandalösen Plutoniumtransport von Moskau
nach München hatte, der unter Duldung deutscher Behörden im August 1994 per Lufthansa-Maschine stattfand. Das rief Schreiber auf
den Plan, gegen den die Augsburger Staatsanwaltschaft am 7. Mai
1997 einen Haftbefehl wegen Steuerdelikten erwirkt hatte und der
mit Steckbrief zur nationalen Fahndung ausgeschrieben war. Der
Waffenhändler schickte BND-Präsident Hansjörg Geiger am 2. Dezember 1997 einen Brief direkt nach Pullach, Heilmannstraße 30:

Verfahren Werner Ströhlein.

Sehr geehrter Herr Präsident Geiger,

*ich unterstelle, daß Ihnen der im Betreff genannte Vorgang bekannt ist. In die-
sem Zusammenhang empfehle ich Ihnen dringend, ein klärendes Gespräch
vertraulicher Art mit Herrn Werner Ströhlein zu führen. Der Grund für diese Empfehlung ist darin zu sehen, daß ich davon ausgehe, daß, wenn Sie dieser Empfehlung nicht entsprechen, Sie dem Bundesnachrichtendienst erneut
einen Skandal und unermeßlichen Schaden bescheren, der in seiner internationalen Tragweite aus meiner Sicht jedenfalls nicht abschätzbar ist.*

Herr Werner Ströhlein

*– hat zu keiner Zeit irgendwelche privaten oder geschäftlichen Aktivitäten mit
mir entwickelt.*

*– hat mich benutzt, um seine nachrichtendienstlichen Tätigkeiten optimal
erfüllen zu können.*

*– hat mich dazu benutzt, Kontakte für den BND zu erschließen, zu denen
er allein nicht in der Lage gewesen wäre.*

*– hat aufgrund von Vereinbarungen zwischen Franz Josef Strauß, Henry Kis-
singer und Luis Alberto Monge, Präsident Costa Rica, versucht, auf der Höhe*

der Nicaragua-Krise den Vorstellungen der genannten Herren zu entsprechen. Ich selbst bin Zeuge hierfür.

– hat in gar keiner Weise unter dem Gesichtspunkt des Eigennutzes, wie es Augsburger Ignoranten versuchen darzustellen, versucht, für sich geschäftliche Tätigkeiten zu entwickeln.

Um Schaden vom BND fernzuhalten und Ihnen selbst und insbesondere auch Herrn Staatsminister Bernd Schmidbauer erneute Probleme zu ersparen, empfehle ich Ihnen dringend des weiteren, sich in Ihrem Haus darüber zu informieren, aus welchem Anlaß ich 1983 in Ihrem Haus Besprechungen geführt habe ... Darüber hinaus waren in die Vorgänge involviert: Wolfgang Kallenberger und insbesondere Herr Hermann Sagan, der mich nach diesen Gesprächen als Mitarbeiter meiner Firma getarnt nach Zentralamerika begleitete.

Ich darf Sie darauf hinweisen, daß Herr Werner Ströhlein wegen seiner Verdienste mit dem Bundesverdienstkreuz ausgezeichnet wurde, die sich eben auf diese Zeit des Höhepunkts der Nicaragua-Krise bezogen.

Ich bin gern bereit, wenn Sie es wünschen, mit Ihnen zusammenzutreffen und Ihnen die Details zu erklären.

Involviert in die Gesamtvorgänge waren die Hanns-Seidel-Stiftung, die Bayerische Staatsregierung, die CSU-Parteiführung, das Ministerium für wirtschaftliche Zusammenarbeit und einige andere Personen und Organisationen, die ich im Moment in diesem Schreiben nicht nennen möchte.

Meine Verbindung zu Ihrem Hause geht zurück auf die Zeit, als noch General Reinhard Gehlen an der Spitze Ihrer Institution stand. Um die Anzahl meiner Empfehlungen um eine weitere zu ergänzen, meine ich, daß Sie gut beraten wären, wenn Sie Ihre ganze Aufmerksamkeit darauf lenken würden, die Maulwürfe im BND zu enttarnen, die offenbar mit dem Verfahren gegen Werner Ströhlein zusätzliche Deckung suchen.

Ich will nicht unerwähnt lassen, daß meine Beziehungen zu Werner Ströhlein auch privater Natur sind, insbesondere deswegen, weil ich seine Frau Patrizia früher kannte als er.

Ich kann keine Aussagen darüber machen, von welchen Aktivitäten Werner Ströhlein begleitet sein mag. Jedenfalls was seine Aktivitäten in Zusammenarbeit mit mir betreffen, waren sie von höchsten politischen Stellen der Bundesrepublik Deutschland erwünscht und wurden nach meinen Beobachtungen und nach meinem exakten Wissen den Anweisungen entsprechend durchgeführt.

Irgendwelche geschäftliche Aktivitäten oder materielle Zuwendungen zwischen mir und Werner Ströhlein gibt es nicht.
Mit freundlichen Grüßen Karlheinz Schreiber.

Eine Kopie schickte Schreiber an Helmut Kohls damaligen Staatsminister im Kanzleramt, Bernd Schmidbauer (CDU).

Ob Schreiber wirklich kompromittierendes Material in der Hand hatte oder sich wieder einmal aufblies, um auf die Ungerechtigkeit der Ermittlungen gegen ihn hinzuweisen, blieb unklar. Er ließ seinen Brief zu einer Zeit vom Stapel, da seine Bewunderung für den bayerischen Ministerpräsidenten Edmund Stoiber in Haß umschlug. Niemand half ihm gegen die hartnäckigen Augsburger Staatsanwälte und Steuerfahnder, seine Eingaben blieben unberücksichtigt, das »System Strauß«, wie es Schreiber kennen- und schätzengelernt hatte, funktionierte zumindest in seinem Fall nicht mehr. »Strauß hätte das anders gemacht«, stellte er später fest.

Mit der Nicaragua-Krise meinte Schreiber die Bestrebungen rechtsgerichteter Contra-Rebellen, die Sandinisten, die seit dem Ende der Somoza-Diktatur 1979 unter Präsident Daniel Ortega an der Macht waren, zu stürzen. Die USA, denen die Linken in ihrem »Hühnerhof« im Süden suspekt waren, unterstützten die Rebellen mit offiziellen Kongreßbeschlüssen und zwielichtigen Aktionen. Die Contras wurden großzügig mit Waffen ausgestattet. In der von Schreiber angegebenen Zeit begann die CIA mit der Verminung nicaraguanischer Häfen. Die Regierungen der Nachbarstaaten Honduras und Costa Rica mußten gewogen gehalten werden und ihr Territorium als Operationsbasis gegen die Sandinisten zur Verfügung stellen. Daß an solchen Aktionen Strauß Gefallen gefunden hätte, wann immer er um Hilfe angegangen worden wäre, versteht sich von selbst. Als Ministerpräsident in München träumte er von einer eigenen bayerischen Neben-Außenpolitik mit den Hanns-Seidel-Stiftungsresidenzen als Botschaften und sagte von sich, lieber sei er »ein kalter Krieger, als ein warmer Bruder«. Nie hatte Strauß seine weltumspannenden Kontakte und Freundschaften aufgegeben, stets hatte er dafür gesorgt, daß die CSU exzellente Beziehungen zum BND unterhielt.

Bei den Pullachern gab es einen eigenen »Freundeskreis zur Durchsetzung von CSU-Interessen«, der aus eingeschworenen Strauß-Fans bestand. Einzelheiten sickerten durch, als den Ex-Agenten Hans Langemann, den die CSU als Staatsschutzchef in das bayerische Innenministerium geschleust hatte, die Plaudersucht überfiel und er 1980 bei Manfred Bissinger und Jürgen Saupe vom linken Magazin *Konkret* seine Lebensbeichte ablieferte. An der Spitze der CSU-Seilschaft stand Kurt Weiss alias »Winterstein«; BND-Vize Paul Münstermann versorgte jahrelang die CSU-Spitze einschließlich Stoiber mit Interna des Dienstes.

Auf Schreibers provokatives Drohschreiben vom 2. Dezember reagierte der BND jedenfalls bereits einen Tag später, am 3. Dezember 1997. Der Leiter der Abteilung »Sicherheit/Abwehr«, Volker Foertsch, bestätigte dem mit deutschem Haftbefehl gesuchten Schreiber den Eingang seines Briefs und vereinbarte mit ihm ein Treffen für den 16. Dezember in Bad Ragaz (Schweiz). In einem Schreiben an August Hanning, der damals als Ministerialdirigent im Kanzleramt für den BND zuständig war und heute BND-Chef ist, berichtete Foertsch am 23. Dezember 1997, es sei »ein entspanntes und für mich interessantes Gespräch« gewesen. Schreiber habe ausführlich die Probleme, »die er mit der Staatsanwaltschaft Augsburg und der Steuerfahndung und anderen bayerischen Behörden hat, und die Maßnahmen, die er plant«, beschrieben.

Dann habe er nochmals die in seinem Brief aufgeführten Angaben über seine Zusammenarbeit mit Ströhlein gemacht und gesagt, er fühle sich für diesen jetzt »verantwortlich«, da er »wegen weisungswidrigen Verhaltens beim BND in Schwierigkeiten gekommen sei«. Ströhlein könnte, in die Enge getrieben, seine Rolle in den Zentralamerika-Aktionen preisgeben. »Dann wäre für Mißgünstige ein natürlich unzutreffendes Bild zu zeichnen, in dem CSU, Hanns-Seidel-Stiftung, das BMZ (Bundesministerium für wirtschaftliche Zusammenarbeit, d. A.) und der BND mit Hilfen, Zahlungen, Lieferungen an mittelamerikanische Politiker miteinander verquickt sind«, berichtete Foertsch. »Wir haben vereinbart, daß wir beide versuchen, Ströhlein zu rationalem Verhalten zu bewegen. Schreiber ist auch bereit, Ströhlein an die Hanns-Seidel-Stiftung zu empfehlen, wenn er aus dem BND ausscheiden will.«

Die CDU-Schatzmeisterin Brigitte Baumeister mischte in der Causa Ströhlein ebenfalls mit und wurde von Schreiber auf Staatsminister Schmidbauer angesetzt, um dem Kumpel im BND zu helfen. Gebracht hat es nicht viel, der Dienst trennte sich nach heftigem arbeitsrechtlichem Gezerre um Modalitäten und Abfindung von seinem langjährigen Zentralamerika-Residenten.

Haftbefehle

Am 28. Oktober 1997 holten sich die Ermittler beim Bundeskanzleramt eine Abfuhr. Hillinger hatte um das Sitzungsprotokoll des Bundessicherheitsrats vom 27. Februar 1991 gebeten, damit sich die Staatsanwaltschaft ein Bild von der Abstimmung und möglichen Einflußnahmen machen könne. Kühl antwortete Kanzleramtsminister Friedrich Bohl: »Leider sehe ich mich nicht in der Lage, Ihrer Bitte zu entsprechen.« Es sei »ständige Staatspraxis, daß solchen Ersuchen nicht entsprochen wird«. Als die Augsburger es nach dem Regierungswechsel im Herbst 1998 noch einmal versuchten, erwies sich, daß sich Regierungen doch in manchem stärker gleichen, als sie im Wahlkampf vorgeben. Auch die neuen Herren des Kanzleramts wollten das Schriftstück nicht herausrücken, höchstens prüfen, ob Fragen dazu beantwortet werden könnten.

Zu Beginn des Jahres 1998 gab es Differenzen zwischen der Augsburger Staatsanwaltschaft und dem Generalstaatsanwalt, wann das Bundeskriminalamt mit der Zielfahndung zum Aufspüren Schreibers einzuschalten sei. Die Münchner Oberaufseher wollten erst eine Entscheidung des Oberlandesgerichts München vom 13. Januar 1998 über eine Beschwerde der Schreiber-Anwälte gegen den Haftbefehl abwarten, die Steuerfahndung drängte dagegen auf einen Fahndungsauftrag an das Bundeskriminalamt. Staatsanwalt Maier verwies in mehreren Schriftsätzen darauf, daß Schreiber versuche, auf den Zeugen Pelossi »in unlauterer Weise« einzuwirken. In einem Interview habe er drohend gesagt: »Irgendwann wird irgendwer für all das bezahlen.« Die Beschwerde der Anwälte beim Oberlandesgericht wurde schließlich als unbegründet abgewiesen, die internationale Fahndung konnte beginnen.

Mit Routinearbeit der Polizei wurde sie vorbereitet und begleitet: Checken der Ausweise, der Kreditkarten und der Mobiltelefone, Erkundigung bei den kanadischen Behörden, ob und wann Schreibers kanadischer Paß verlängert wurde. An das Landratsamt Landsberg erging ein Hinweis, unverzüglich Mitteilung zu machen, wenn Schreiber dort die Verlängerung seines Jagdscheins beantragen sollte, seine fünf Wohnsitze wurden überprüft – je einer in Deutschland, Schweiz, Frankreich, Kanada und neuerdings, wie die kanadische Polizei meldete, in Vaduz (Liechtenstein). Um zu eruieren, wo er sich aufhielt, wurde bei Gericht beantragt, die Telefonanschlüsse von in Deutschland lebenden Verwandten zu überwachen. Schreiber lebe in intakten Familienverhältnissen, es sei davon auszugehen, daß er häufig mit seiner Verwandtschaft telefonieren werde, teilten die Fahnder mit.

Die Royal Canadian Mounted Police bekundete über ihr Verbindungsbüro in Bonn Interesse daran, Schreiber nach der Festnahme so schnell wie möglich zu verhören. Interpol Ottawa habe die Benachrichtigung über den Haftbefehl erhalten, heißt es in einem Brief vom 27. März 1998 an das Bundeskriminalamt. Die Kanadier kündigten für den Fall, daß sie zu »sachdienlichen Erkenntnissen« gelangen würden, unverzügliche Nachricht an die deutschen Dienststellen an.

Schreiber selbst unternahm nach den fehlgeschlagenen Eingaben noch einmal einen Versuch, die CSU-Regierung gnädig zu stimmen und sie zu veranlassen, den unerbittlichen Augsburger Staatsanwalt Maier an die Kette zu legen. Er schickte einen Steuerberater zu Wirtschaftsminister Otto Wiesheu, der den Vorschlag unterbreitete, eine Art Sonderstaatsanwalt zu benennen. Dem werde Schreiber in der Schweiz alle Unterlagen zeigen. Wiesheu leitete, statt den Emissär höflich, aber bestimmt hinauszukomplimentieren, den Vorschlag an das bayerische Justizministerium weiter, das ihn verwarf. Solange Schreiber die Schweiz nicht verließ, konnte er sich damals sicher fühlen; noch hatte die Staatsanwaltschaft gegen ihn keinen anderen Vorwurf erhoben als den der Steuerhinterziehung.

Tragische Züge bekam das Ermittlungsverfahren im Frühjahr 1999. Die Staatsanwaltschaft hielt den Zeitpunkt für gekommen, Haftbefehle auch gegen Holger Pfahls, Jürgen Maßmann und Winfried Haastert zu beantragen. Wie schon beim Haftbefehl gegen Schreiber vom 17. Mai 1997 ordnete Maiers Chef Jörg Hillinger an, die Anträge nicht mit dem Generalstaatsanwalt in München abzusprechen, sondern darüber erst zu berichten, wenn sie das Gericht erlassen hatte. Offenbar wollte Hillinger die Gefahr von Indiskretionen so klein wie möglich halten. Diesmal aber gab es Ärger.

Allen drei Beschuldigten wurde im Zusammenhang mit dem Panzergeschäft Steuerhinterziehung vorgeworfen, Pfahls dazu Bestechlichkeit, Maßmann und Haastert jeweils Untreue gegenüber ihrem Arbeitgeber und Betrug zu Lasten Saudi-Arabiens. Beim Betrugsvorwurf hatte Maier »Bauchweh«. Im Berliner Spendenuntersuchungsausschuß sagte er am 24. Februar 2000: »Da haben wir auch daran gedacht, daß es außenpolitisch problematisch sein mag, wenn man so etwas behauptet. Ich habe das mit Hillinger abgesprochen, weil ich mir gedacht habe, für so etwas habe ich gar nicht die richtige Schuhgröße.« Hillinger habe aber gesagt: »Schreiben Sie das hinein, wenn es Betrug ist, ist es Betrug; das teilen wir nach Erlaß des Haftbefehls mit.«

Zwischen Hillinger und Maier bestand offensichtlich ein enges Vertrauensverhältnis. Der Chef litt seit einiger Zeit an einem Hirntumor, von dem lange nicht bekannt war, ob er bösartig sei. Im bayerischen Justizministerium war schon angenommen worden, Hillinger werde seine Dienstgeschäfte nicht fortführen können. Maier schilderte dem Ausschuß den Ablauf dieser Tage so: »Am 22. April wurden die Haftbefehle erlassen. Ich habe an diesem Tag Geburtstag gehabt und war gar nicht im Büro. Ich bin am nächsten Montag (26. April, d. A.) ins Büro gekommen. Am Montag sind die Haftbefehle auf dem Berichtswege nach München geschickt worden. Gleichzeitig wurde die Fahndung nach diesen drei Personen eingeleitet ... Dann ist vom Generalstaatsanwalt in München ... die Anordnung gekommen, daß die

Haftbefehle nicht vollzogen werden dürften, weil der Generalstaatsanwalt erst prüfen wollte, ob wir bei den Haftbefehlen alles richtig gemacht hätten. Ich bin dann von Herrn Hillinger angerufen worden – ich war zu der Zeit bei der Kripo und was weiß ich wo – und habe daraufhin gesagt, daß ich eine schriftliche Anweisung haben möchte, daß die Haftbefehle nicht vollzogen werden. Das ist auch alles schriftlich festgehalten. Es gibt dazu einen Vermerk von Herrn Hillinger. Ich betone dies deshalb, weil es der letzte Vermerk war, den Herr Hillinger überhaupt geschrieben hat.« Dieser Vermerk trägt das Datum vom 28. April 1999.

Wegen Maiers Forderung kam es zu einer Diskussion zwischen dem Generalstaatsanwalt und dem Behördenchef. Über das Gesprächsklima an diesem Tag ist nichts bekannt. Maier bekam seine Weisung, die er sich zur Absicherung ausbedungen hatte. Hillinger machte sich anschließend mit dem Auto auf den Weg zu einer Tagung ins nahe Dillingen. Unterwegs geriet er auf die Gegenfahrbahn und stieß mit einem Lastwagen zusammen. Er war auf der Stelle tot.

Fremdverschulden oder gar Anhaltspunkte für einen Anschlag wurden nicht festgestellt. Ihn habe das »persönlich sehr berührt«, sagte Maier dem Untersuchungsausschuß über den Tod des Chefs. Er fügte hinzu: »Dieses Verfahren trug ja in starkem Maß seine Handschrift.« Einige Tage später sei dann aus München »das Okay gekommen, daß die Haftbefehle vollzogen werden dürften. Die Prüfung hatte offensichtlich ergeben, daß diese Haftbefehle von der Sache her in Ordnung sind«. Faktisch sei »natürlich der Vollzug der Haftbefehle hinausgezögert worden. Aber das war fast von der Staatsanwaltschaft Augsburg provoziert, um es einmal so zu formulieren«, sagte Maier.

Anderseits ist schwer nachzuvollziehen, warum Generalstaatsanwalt Froschauer Haftbefehle, die von einem Richter bereits erlassen waren, in eigener Machtvollkommenheit angehalten hat. Seine Version lautet, er habe am 28. April 1999 einen Hinweis, wahrscheinlich von der Finanzbehörde, auf die Haftbefehle erhalten und auf seine Nachfrage in Augsburg erfahren, daß die Dokumente samt Bericht am 26. April an ihn abgeschickt worden seien. Weil die Sendung noch nicht eingetroffen war, habe er gebeten, den Vollzug auszusetzen, um die Haftbefehle prüfen zu können; am Vormittag des 30. April 1999 habe er sie zum Vollzug freigegeben. Froschauer berief sich auf eindeutige, seit 1960 gültige Vorschriften, die die Berichtspflicht der Staatsanwaltschaften regelten. Auch in anderen Bundesländern gebe es solche Bestimmungen. Staatsanwaltschaften, die gegen diese Verpflichtung verstießen, müßten in Kauf nehmen, daß der Vollzug bereits eingeleiteter Maßnahmen bis zur Überprüfung unterbrochen wird.

Maier hatte dagegen in seiner Verfügung vom 30. April 1999 festgehalten, daß »erlassene Haftbefehle grundsätzlich sofort zu vollziehen seien, um sich nicht dem Vorwurf der Strafvereitelung im Amt auszusetzen«. Die Verantwortung für einen Mißerfolg aufgrund eines Aufschubs der Verhaftung und daraus resultierender Warnungen habe er nicht übernehmen können und deshalb darauf bestanden, die Verantwortlichkeit für die Maßnahme schriftlich niederzulegen.

Mit solch deutlicher Sprache macht sich ein Staatsanwalt bei weniger verständnisvollen Vorgesetzten, als es Hillinger für Maier war, unbeliebt. Die Reibereien mit der Aufsicht in München sollten in den nächsten Monaten noch zunehmen, das Verhältnis zwischen dem Sachbearbeiter und dem neuen Augsburger Chef-Staatsanwalt Reinhard Nemetz war zudem von Anfang an problematisch. Der Neue zog die Zügel straff und bestand auf der Einhaltung aller Dienstwege einschließlich derer nach München. Von Maiers Leistungen im Verfahren war er durchaus angetan: »Klasse Arbeit« mache der Ermittler, sagte er. Diskussionen zwischen den beiden seien aber schnell laut geworden, erinnern sich Kollegen.

Als sich Maier, im Rang des »Staatsanwalts als Gruppenleiter« längst zur Beförderung anstehend, um die Jahreswende 1999/2000 für die neu zu besetzende Stelle als Vertreter des Behördenleiters interessierte, machte ihm Nemetz deutlich, daß er keine Chance habe. Maier fehle es an der »sozialen Kompetenz«, sagte er. Wegen seiner »wissenschaftlichen Arbeitsweise« solle er sich lieber auf ein Richteramt am Oberlandesgericht München bewerben. Maier sagte dazu, er habe angeboten, noch ein, zwei Jahre das Schreiber-Verfahren zu machen und sich dann von der Staatsanwaltschaft Augsburg wegzubewerben. Auch diese Bewerbung werde er nicht unterstützen, habe Nemetz gesagt.

»Dann muß ich offensichtlich etwas verdutzt geschaut haben«, sagte Maier im Untersuchungsausschuß; zwischen Nemetz und ihm habe wohl die Chemie nicht gestimmt. Offensichtlich wollte man ihn möglichst schnell aus dem Verfahren und aus der Staatsanwaltschaft haben, erkannte der Ermittler damals und schrieb seine Bewerbung für das Oberlandesgericht. Zu einem Arrangement, das Verfahren bis zum Ende zu betreuen, wenn ihm daraus keine beruflichen Nachteile erwüchsen, war er weiter bereit.

Im Mai 1999 galt es jedoch erst noch, nach dem problematischen Stoppsignal aus München die drei Haftbefehle zu vollstrecken. Maßmann kam am 3. Mai, Haastert am 4. Mai in Untersuchungshaft. Ihnen wurde in den Haftbefehlen vorgeworfen, ihre Schweizer Ferienwohnungen mit Schreiber-Geld bezahlt und darüber hinaus von den Konten »Jürglund« und »Winter«, die Schreiber für sie treuhänderisch geführt und gefüllt habe, größere Summen in bar entgegengenommen zu haben. Als Lesestoff für die Untersuchungshaft bestellte sich Maßmann das Buch »Anleitung zum Unglücklichsein«.

Der SPD-Bundestagsabgeordnete Manfred Opel, ein Brigadegeneral a. D., beschwerte sich beim bayerischen Justizminister Alfred Sauter über den »unglaublichen Fall« und forderte ihn auf, gegenüber der Staatsanwaltschaft seine Dienstaufsicht wahrzunehmen. Maßmanns Verhaftung sei eine der »unwürdigsten Zumutungen«; der Parlamentarier fühlte sich gar an die *Spiegel*-Affäre erinnert. Gegen Kaution wurde Haastert am 29. Juni 1999, Maßmann am 20. Juli 1999 auf freien Fuß gesetzt.

Pfahls blieb dagegen spurlos verschwunden. Den Staatsanwälten war entgangen, daß er sich um diese Zeit gar nicht mehr in Europa aufhielt, sondern die Mercedes-Niederlassung in Singapur leitete. Dort verschwand er am 7. Mai 1999; in den Tagen davor hatte er Dienstreisen in Asien unternommen, war aber immer wieder nach Singapur zurückgekehrt. Daraus schließt die bayerische Justiz, daß

das am 30. April beendete Eingreifen des Generalstaatsanwalts keinesfalls dazu geführt habe, Pfahls das Untertauchen in Südostasien zu
ermöglichen.

Maier selbst hat solche Vorwürfe nicht erhoben, sein Protest gegen
Froschauers Vorgehensweise war eher grundsätzlicher Art. Die am
3. und 4. Mai vollzogenen Haftbefehle gegen Maßmann und Haastert
dürften sich schnell herumgesprochen haben, am 6. Mai eröffnete
Maier einem Pfahls-Verteidiger, daß auch gegen seinen Mandanten
Haftbefehl bestehe. Daraufhin erst verließ Pfahls Singapur. »Man
kann es sich an fünf Fingern abzählen, daß ein spurloses Untertauchen selbst in Singapur, Taiwan oder Hongkong bis heute – auch die
Zielfahndung ist an der Fahndung beteiligt – ohne weiteres nicht
möglich ist«, sagte Maier am 24. Februar 2000 dem Untersuchungsausschuß. Er gehe »eindeutig davon aus, daß die Flucht geplant war«.
Es seien am Fluchttag »diverse Flugtickets nach überall hin unter
Pfahls-ähnlichen Namen gekauft worden. Das ist durchaus ein bißchen professioneller gemacht worden, das ist sicherlich eindeutig.«
War das ein Wink in Richtung Geheimdienste, den Maier da gab?
Immerhin war Pfahls einmal Präsident des Bundesamtes für Verfassungsschutz gewesen. Ein Zeuge, der sich »Fischer« nannte und mit
dem sich Maier Ende 1999 in einer Augsburger Pizzeria traf, behauptete, Ex-BND-Agent Werner Ströhlein stehe ständig in Kontakt mit
dem Flüchtigen. Gerüchte, der chinesische Geheimdienst halte seine
schützenden Hände über Pfahls, der seinerseits mit seinen guten
Kontakten in Deutschland zu Diensten sei, haben sich bisher nicht
bestätigt.

Vor seiner Flucht im Mai war Pfahls in Singapur noch auf die deutsche Botschaft gegangen, um seinen Töchtern Heike und Silke eine
Generalvollmacht zum Verkauf seiner Villa am Tegernsee ausstellen
zu lassen. Einen für den 9. Mai gebuchten Flug nach München trat
er nicht an. Einige Tage später kam eine Nachricht aus einem Krankenhaus in Taipei (Taiwan), Pfahls sei ernsthaft erkrankt, habe womöglich einen Schlaganfall erlitten und sei natürlich reiseunfähig. Am
17. Mai 1999 erhielt das Bundeskriminalamt den Hinweis vom Auswärtigen Amt, eine Quelle habe berichtet, daß Pfahls »soeben das

Krankenhaus verlassen habe und sich in der Wohnung eines Geschäfts-freundes, Herrn Sun-Chung Wei, 53 Nankang Road, Section 3, Taipei, Taiwan, aufhalte«. Zwischen Taiwan und Deutschland besteht kein Auslieferungsabkommen.

Pfahls-Tochter Silke sagte der Staatsanwaltschaft, am 6. Juli 1999 habe ihr Vater nach Europa reisen wollen. Wieder habe er es nicht getan, sie sei »sehr enttäuscht«. Staatsanwältin Barbara Pöschl, die Maier Mitte 1999 zugeordnet worden war, traf am 15. September 1999 bei der Durchsuchung einer Wohnung des Mercedes-Managers und Ex-Staatssekretärs in Beckenried (Schweiz) Pfahls' zweite Frau Birgit. Die junge Staatsanwältin hat die Begegnung in einem Vermerk festgehalten. Ohne daß ihr eine Frage gestellt worden sei, habe Frau Pfahls erzählt, sie habe ihren Mann Anfang Juli das letzte Mal gese-hen. Weil er starke Depressionen gehabt, nur noch geweint und zur Decke gestarrt habe, habe sie ihn aus dem Krankenhaus in Taipei geholt. Sie hätten gemeinsam nach Deutschland fliegen wollen, damit sich Pfahls den Behörden stelle. So hatten es auch seine Anwälte angekündigt.

Frau Pfahls habe dann nochmals nach Singapur fliegen müssen. Als sie am 4. Juli wieder im vorher gemeinsam bezogenen Hotel in Tai-pei eingetroffen sei, sei ihr Mann nicht mehr dagewesen. »Seitdem habe ich nichts mehr von ihm gehört. Ich weiß nicht, wo er ist. Er war in einer so schlechten Verfassung, daß ich nicht denke, daß er es allein geschafft hat. Ich habe keinen Kontakt mehr, ich weiß nicht ein-mal mehr, ob er noch lebt«, hat Birgit Pfahls damals laut Vermerk der Staatsanwaltschaft gesagt.

Im März 2000 sprach Birgit Pfahls mit Jürgen Schreiber vom Ber-liner *Tagesspiegel*. Aus Verzweiflung war Verbitterung geworden. Die Frau hatte wohl registriert, daß Pfahls sich ohne sie aus dem Staub gemacht hat. Sie sei fertig mit dem »Abgängigen«, sagte sie dem Reporter. Es belastete sie, daß sie der Fluchthilfe verdächtigt wurde, wie zunächst alle Verwandten in solchen Fällen. Natürlich über-wachte die Polizei alle ihr bekannten Telefonanschlüsse der Pfahls-Familie und registrierte, wohin die Mitglieder reisten. Daimler-Benz hat Pfahls im Herbst 1999 den Arbeitsvertrag gekündigt – mit einer Anzeige im Tegernseer Lokalblatt, weil sein Aufenthalt unbekannt ist.

Bankrotterklärung der Justiz

Am 27. Mai 1999 wurde Winfried Maier in die Generalstaatsanwaltschaft nach München zitiert und bekam vom Vertreter Froschauers, Veit Sauter, nach seiner Erinnerung die »zwingende Anregung«, die Verfahren gegen eine Reihe von Beschuldigten abzugeben. Die Ermittlungen gegen Strauß und Riedl solle nach dem Wohnortprinzip die Staatsanwaltschaft München I übernehmen, für Holger Pfahls solle die Staatsanwaltschaft München II zuständig sein und für Walther Leisler Kiep die Staatsanwaltschaft Frankfurt. Sauter und sein Chef Nemetz hätten von ihm gefordert, er selbst solle in einem Bericht an den Generalstaatsanwalt die Verteilung vorschlagen, berichtete Maier einige Tage später den Augsburger Steuerfahndern, die einen Vermerk anfertigten. Maier teilte ihnen mit, er habe die Abgabe als unzweckmäßig bezeichnet und vor Verzögerungen gewarnt. Außerdem sei er aufgefordert worden, das Verfahren gegen Schreiber vorläufig einzustellen, weil dieser nicht greifbar sei.

Der Chef der Fahnder, Anton Gumpendobler, kündigte laut Maier »erbitterten Widerstand« an und sprach von einer »Bankrotterklärung der Justiz«, seine Kollegen schlossen sich an. Von Maier kam kein Antrag, der den Forderungen von Sauter und Nemetz entsprochen hätte. Der Plan, das Verfahren zu zerschlagen, wurde schließlich fallengelassen, in dem Moment erhielt Nemetz zur Verstärkung die Staatsanwältin Pöschl zugeteilt. Aber Maier mußte einmal mehr feststellen, daß er offensichtlich das Vertrauen seiner Vorgesetzten nicht mehr hatte. Es sei ihm um diese Zeit nicht gutgegangen, war aus seinem Umfeld zu hören. Er wußte nicht aus und ein vor lauter Arbeit, er mußte langsam einen Abschluß des Verfahrens ins Auge fassen, obwohl Schreiber und Pfahls nicht greifbar waren, und er durfte keinen Fehler machen, weil er sonst »der Katz gehört« hätte, wie man in Bayern sagt.

Mit dem Erlaß der Haftbefehle gegen Pfahls, Maßmann und Haastert registrierten Staatsanwaltschaft und Polizei, daß Schreiber unruhig wurde. Der Haftbefehl gegen Pfahls wegen Vorteilsannahme hatte seine Wirkung getan. Wenn nun ein Haftbefehl gegen ihn wegen Bestechung erginge, würde er auch in der Schweiz nicht mehr sicher sein, kalkulierte der Waffenhändler. Am 17. Juni 1999 teilte das Bundeskriminalamt der Staatsanwaltschaft mit, seit Mitte Mai sei »eine Änderung im Telefonverhalten Schreibers festzustellen. Die bislang bekannten Anschlüsse in der Schweiz werden nicht mehr angerufen. Die nach diesem Zeitpunkt geführten Telefonate geben z. Zt. keine eindeutigen Hinweise auf den aktuellen Aufenthaltsort des Gesuchten.« In Augsburg hielt man es für wahrscheinlich, daß Schreiber wegen seiner kanadischen Staatsangehörigkeit nach Übersee fliehen könnte.

Ein Rechtsanwalt, der sich »Peters« nannte und erklärte, Schreiber zu vertreten, wollte in einem Gespräch am 22. Juni 1999 die »Schmerzgrenze« von Behördenleiter Reinhard Nemetz bezüglich der Strafe testen, die Schreiber bei einer Verurteilung zu erwarten habe. Irgendwann werde die Flucht zu Ende sein, sagte der Advokat, er kalkulierte laut einem Vermerk mit sechs bis acht Jahren Freiheitsstrafe, Nemetz habe nicht widersprochen. Eine solche Strafe oder die andauernde Flucht seien keine Perspektive für Schreiber, meinte der Anwalt. Die Illusion, ein Geständnis Schreibers und Aussagen, daß ein Großteil der Gelder an bisher noch nicht bekannte Personen geflossen sei, könne eine Bewährungsstrafe rechtfertigen, mußte Nemetz allerdings zerstören. »Peters« verabschiedete sich mit dem Hinweis, er werde sich mit Schreiber beraten.

Ein umfangreicher internationaler Haftbefehl wurde vorbereitet, der nicht mehr nur auf Steuerhinterziehung, sondern auf Bestechung und Beihilfe zu Betrug und Untreue der Thyssen-Manager Maßmann und Haastert lautete. Die kanadischen Behörden bekamen frühzeitig einen Antrag auf »vorsorgliche Inhaftnahme«.

Am 31. August, in Toronto war es sechs Uhr abends, betraten Beamte der Royal Canadian Mounted Police das Hotel »Prince«. Sie gingen zu einem Tisch, an dem Schreiber mit einem Journalisten der

National Post saß, der unverhofft zum Zeugen einer spektakulären Aktion wurde. Sie setzten sich dazu, und einer sagte zu Schreiber: »Sie sind verhaftet.« Schreiber wurde über seine Rechte belehrt und durfte sein Handy für zwei Anrufe benutzen. Zunächst verständigte er Ehefrau Barbara, die auch in der Stadt war; er mußte sie offensichtlich beruhigen: »Nein, Bärbel, ich mache keinen Scherz«, sagte er zu ihr; sie solle jetzt nicht weinen, irgendwie sei das ja zu erwarten gewesen. Anschließend rief Schreiber seinen Rechtsanwalt Robert Hladun in Edmonton an.

Dann galt seine Sorge einer Einkaufstüte mit Spaghetti und Tomatensauce, die er bei sich hatte. Er hatte nämlich in Kanada sofort damit begonnen, seinen Kochtopf »Spaghettissimo« serienreif zu machen, und war vor dem Termin mit dem Journalisten für dieses Projekt unterwegs gewesen. Der Reporter machte sich erbötig, Frau Schreiber die Tüte zu bringen. Erst auf der Straße wurden Schreiber Handschellen angelegt, dann brachte ihn ein Zivilfahrzeug weg. Ausfindig gemacht wurde Schreiber über ein Mobiltelefon, das er sich geliehen hatte. Schreibers Sohn hatte dessen Nummer angewählt, die Überprüfung führte zum kanadischen Eigentümer. Als ein Polizist die Nummer anrief, antwortete aber ein Mann mit deutschem Akzent. Daraufhin konnte die Polizei Schreiber einkreisen.

Die Augsburger Staatsanwaltschaft schob unverzüglich ihren umfänglichen Haftbefehl nach, der nach einer Woche von einem Gericht in Ontario außer Vollzug gesetzt wurde. Prominente Kanadier trugen zur Kaution von 1,6 Millionen Mark bei, die Schreiber hinterlegen mußte. Der frühere Generalstaatsanwalt Elmer Mackay, ein Vertrauter des Ex-Premiers Brian Mulroney, stellte 100 000 Dollar zur Verfügung, Ex-Justizminister Marc Lalonde ebenfalls. Schreiber war gezwungen, seinen kanadischen Paß zu hinterlegen, und muß sich regelmäßig bei der Polizei melden. Sein deutscher Paß wurde eingezogen.

Um die Auslieferung zu erreichen, mußte ein weiterer Antrag der deutschen Justiz mit Anlagen nach Kanada geschickt werden. Stichtag war der 15. Oktober 1999, und Staatsanwältin Pöschl brachte die Akten termingerecht zum Bundesjustizministerium nach Bonn. Weil das Konvolut zu schwer für ein Wertpaket war, wurden Antrag und Anlagen getrennt versandt, statt das gesamte Auslieferungsersuchen von einem Beamten in Kanada abliefern zu lassen. Der Antrag traf rechtzeitig ein, doch die Spur der Dokumentation verlor sich bei der »Air Canada«. Sie tauchte erst einige Tage nach dem Stichtag mit beschädigter Verpackung in einem Frachtraum auf.

Als die Originaldokumentation verschollen gemeldet wurde, schickte das Ministerium eilends ein Doppel nach, das allerdings nicht mehr fristgerecht eintraf. Der Richter sah jedoch über die Panne hinweg. Ob die Schlamperei im Verlauf des Auslieferungsverfahrens noch als Revisionsgrund eine Rolle spielen wird, muß sich zeigen. Schreiber hat mit Edward Greenspan einen der besten Anwälte Kanadas engagiert, um die Auslieferung zu verhindern. Da für einige der Delikte die Verjährung bereits 2001 beginnt, wird es ein Spiel auf Zeit. Eine Panne wie die vom Bundesjustizministerium zu vertretende kann da fatale Folgen haben. Staatsanwalt Maier war außer sich und fand den Vorgang »unverständlich«, der Staatssekretär im Bundesjustizministerium, der frühere BND-Chef Hansjörg Geiger, beklagte die mangelnde Sensibilität in seinem Haus.

Auch in Deutschland sorgte der Schreiber-Haftbefehl für Wirbel. Erstmals tauchte in einem vom Gericht abgesegneten Dokument die Zeugenaussage des früheren Schreiber-Freundes Giorgio Pelossi auf, er wisse von seinem Ex-Partner, daß er der »Familie Strauß« – die Gänsefüßchen hatte der Staatsanwalt gemacht – mit Airbus-Provisionen die Verluste aus dem mißglückten Immobiliengeschäft in Kanada ersetzen wollte. Die Berichterstattung über diesen Aspekt brachte die Strauß-Geschwister in Wallung. Wenn das stimmte und das Geld der Erbengemeinschaft zustünde, dann wären auch alle drei steuerpflichtig. Die Staatsanwaltschaft, die sich allein an Max Strauß als von ihr vermuteten Empfänger zu halten gedachte, mußte dem nicht weiter nachgehen. Max Strauß bestritt vehement, daß die im Haftbefehl ihm zugeschriebenen 5,2 Millionen Mark ihm oder gar allen Geschwistern gemeinsam gehörten. Daß Maier die Pelossi-Aussage in den Haftbefehl aufgenommen hatte, führte zu neuen Spannungen in seiner Behörde. Er mußte fortan nahezu alle Ermittlungsschritte vorher mit dem Behördenleiter Nemetz absprechen. Justizminister Weiß machte kein Hehl daraus, daß ihm eine Beschwerde von seiten der Strauß-Erben zugegangen sei. Daraufhin gab Nemetz Monika Hohlmeier und ihrem Bruder Franz Georg eine Erklärung an die Hand, daß gegen sie kein Verdacht bestehe und keine Ermittlungen liefen. Daß gegen die Kultusministerin und Franz Georg Strauß ermittelt werde, war allerdings von niemandem behauptet worden. Pelossi seinerseits legte nochmals nach: »Max Strauß muß selbst wissen, ob er alles auf sich nimmt oder seine Familie mit hineinzieht.«

In einem internen Bericht an den Generalstaatsanwalt hatte Nemetz am 14. Juni 1999 festgehalten, es gebe Anhaltspunkte, »daß der Beschuldigte Strauß über erhebliches Wertpapiervermögen verfügt, das zur Ermittlung der zutreffenden Besteuerungsgrundlagen aufzuklären wäre«. Ob die Finanzbehörden den Hinweis aufgegriffen haben, blieb wegen des Steuergeheimnisses unbekannt.

Im Mai 2000 bekam Max Strauß auch noch an einer anderen Front Ärger. Die Staatsanwaltschaft München I durchsuchte bei ihm zweimal wegen einer Affäre um die Anlagefirma WABAG (Wirtschaftsanalyse und Beratung AG) mit Sitz in Oberhaching bei München, die umweltfreundliche Recyclinganlagen und Kraftwerke errichten wollte – ein Projekt, bei dem Investoren einen dreistelligen Millionenbetrag verloren haben sollen. Sechs beschuldigte Manager kamen in Haft. Strauß sei bei der WABAG Rechtsberater gewesen, erklärten die Ermittler; zunächst führten sie ihn als Zeugen, inzwischen wird auch gegen ihn wegen des Verdachts der Beihilfe zum Betrug ermittelt. Sein Schwager Michael Hohlmeier, Ehemann von Monika Hohlmeier, war bei WABAG-Tochtergesellschaften tätig, ist aber nach Auskunft der Staatsanwaltschaft von den Ermittlungen nicht betroffen.

Ende offen

Als ob Maier nicht schon genug auf dem Tisch gehabt hätte, zog er im Oktober 1999 durch einen Zufallsfund an der deutsch-schweizerischen Grenze vorübergehend das Verfahren um die angeblichen Bestechungen beim Erwerb der Leuna-Raffinerie durch den französischen Konzern Elf Aquitaine an Land. Auf die Firma Delta des internationalen Vermittlers Dieter Holzer war Maier ja schon durch die merkwürdigen verschleierten Überweisungen 1994 und 1995 zum Strauß-Freund Curt Niklas nach München gestoßen. Kontoauszüge von den Elf-Überweisungen – insgesamt über 50 Millionen Mark – an die Liechtensteiner Firma Nobleplac, die dann an weitere Firmen überwiesen hatte, waren ihm anonym zugegangen.

Bei einer Durchsuchung der Firma Daimler-Benz in Stuttgart wegen Pfahls hatte er in dessen Personalakte auch den Namen Holzers entdeckt, dessen Sohn ein Praktikum in der Mercedes-Niederlassung Singapur gemacht hatte. Holzer junior wurde am 7. Mai 1999 beim Grenzübertritt kontrolliert. Er hatte Geschäftspapiere der Delta bei sich, die den Zöllnern so brisant erschienen, daß sie sie fotokopierten und wegen Geldwäscheverdachts der Staatsanwaltschaft Saarbrücken schickten, weil Holzer senior zuletzt im Saarland gemeldet war. Dorthin hatte sich auch Maier gewandt, um die Connection Holzers zum soeben in Südostasien verschwundenen Pfahls weiter abzuklären. So kam er an die bei Holzer junior gefundenen Dokumente, denen er entnahm, daß das Nobleplac-Geld bei der Delta gelandet war.

Wie das alles zusammenhing, wußte er nicht; um mehr zu erfahren, richtete er ein Rechtshilfeersuchen an Frankreich, damit die Vorgänge bei Elf Aquitaine abgeklärt werden können. »Wie die Jungfrau zum Kind« sei er zu dieser Sache gekommen, er habe »keinen Tatort, keinen Reifenabdruck« gehabt, aber merkwürdige Vorgänge und einen Geldwäscheverdacht. »Welche Staatsanwaltschaft macht so etwas? Sie können sich vorstellen, da schreit jede ›hier‹ in der ganzen Bundesrepublik«, schilderte er im Untersuchungsausschuß die verzwickte Lage. Bis jetzt hat keine »hier« gerufen, ein Ermittlungsverfahren gibt es immer noch nicht, der Fall wurde zwischen den Staatsanwaltschaften Augsburg, Berlin, Bonn und Saarbrücken hin- und hergeschoben, die Verjährung droht. Die Lage wurde auch nicht einfacher, als Generalstaatsanwalt Bernard Bertossa aus Genf am 3. Dezember 1999 den Augsburgern ein Rechtshilfeersuchen in Sachen Leuna schickte. Er ermittelte nach einer Anzeige von Elf Aquitaine gegen frühere Manager der Firma und gegen Dieter Holzer wegen des Verdachts, sie hätten sich auf Kosten des Unternehmens bereichert, und erbat aus Deutschland Angaben über mögliche Bestechung deutscher Unionspolitiker, die mit Holzer bekannt seien. Bertossa nannte die Namen Walther Leisler Kiep, Holger Pfahls, Günther Krause (Ex-Bundesverkehrsminister), Werner Münch (Ex-Ministerpräsident von Sachsen-Anhalt), Friedrich Bohl (Kohls ehemaliger Kanzleramtsminister) und die früheren Staatssekretäre in der Bundesregierung Agnes Hürland-Büning und Manfred Carstens. Da bisher keine deutsche Staatsanwaltschaft in Leuna-Ermittlungen eingetreten ist, wird die Auskunft für Bertrand Bertossa unbefriedigend geblieben sein. Der Schweizer zeigte sich über die Zurückhaltung der Deutschen sehr verwundert.

Ende Oktober gab es Anzeichen, daß die Staatsanwaltschaft Augsburg nunmehr auch an einem Haftbefehl gegen den früheren CDU-Schatzmeister Walther Leisler Kiep arbeitete. Conny Neumann, inzwischen in die Zentrale der *Süddeutschen Zeitung* gewechselt, erhielt schließlich einen präzisen Hinweis, den sie im bayerischen Justizministerium absichern wollte. Dort wurde zunächst dementiert; ein Hinweis auf eine bevorstehende Reise Kieps in die USA wirkte auf ihren Gesprächspartner aber so alarmierend, daß er sich, ohne es zu wollen, verriet. Kurz darauf, am 3. November 1999, erließ das Amtsgericht Augsburg tatsächlich den umstrittenen Haftbefehl, der mit Beschluß des Amtsgerichts Königstein/Taunus am 5. November 1999 außer Vollzug gesetzt wurde. Die CDU-Spendenaffäre nahm ihren Lauf.

Am 2. Dezember 1999 setzte der Deutsche Bundestag auf Antrag von SPD und Bündnis 90/Die Grünen einen parlamentarischen Untersuchungsausschuß ein, um Antworten auf die Frage zu finden, ob

Politik unter Helmut Kohl käuflich war: Der Ausschuß soll klären, »inwieweit Spenden, Provisionen, andere finanzielle Zuwendungen oder Vorteile direkt oder indirekt an 1. Mitglieder und Amtsträger der ehemaligen von CDU/CSU und FDP getragenen Bundesregierungen ... 2. die die damaligen Bundesregierungen tragenden Parteien und/ oder Fraktionen und deren Funktionsträger oder deren Beauftragte ... geflossen sind bzw. gewährt wurden«, um politische Entscheidungsprozesse zu beeinflussen. Insbesondere geht es dabei um die Untersuchung im Zusammenhang mit vier Komplexen:

1. dem Verkauf von 36 deutschen Panzerfahrzeugen vom Typ Fuchs an Saudi-Arabien und der Lieferung aus dem Bestand der Bundeswehr im Jahre 1991,

2. der Privatisierung bzw. dem Neubau der Erdölraffinerie in Leuna und mit der Veräußerung des Minol-Tankstellennetzes,

3. der Lieferung von Flugzeugen durch die Deutsche Airbus GmbH an kanadische und thailändische Fluggesellschaften Ende der achtziger/Anfang der neunziger Jahre,

4. der Lieferung von MBB-Hubschraubern an die kanadische Küstenwache in der zweiten Hälfte der achtziger Jahre.

Weiterhin soll der Untersuchungsausschuß klären, ob dadurch gegen Bestimmungen wie das Parteiengesetz, Amts- und Dienstpflichten oder internationale Verträge verstoßen wurde und inwieweit das die öffentliche Hand finanziell belastet hat. Erst mit Antrag vom 15. Februar 2000 wurde zusätzlich die CDU-Spendenaffäre im engeren Sinne Gegenstand des Untersuchungsausschusses:

Sofern tatsächliche Anhaltspunkte bestehen, soll der Ausschuß auch klären, inwieweit Parteien die nach dem Grundgesetz und dem Parteiengesetz bestehende Verpflichtung zur öffentlichen Rechenschaftslegung über die Herkunft und Verwendung ihrer Mittel und über ihr Vermögen verletzt haben, wer diese Pflichtverletzung begangen oder daran mitgewirkt hat bzw. davon Kenntnis hatte, woher die in den Rechenschaftsberichten nicht oder nur lückenhaft ausgewiesenen Einnahmen und Vermögenswerte stammen und welchen Zwecken sie dienten bzw. wo diese verblieben.

Die Spannungen zwischen Maier und der Generalstaatsanwaltschaft verschärften sich derweil. Nach den Einvernahmen der Zeugen Horst

Weyrauch und Uwe Lüthje und einer Hausdurchsuchung in Weyrauchs Frankfurter Steuerkanzlei hatte sich der Verdacht auf erhebliche Unregelmäßigkeiten bei der CDU konkretisiert. Maier sah Anlaß, die Bundesgeschäftstelle der CDU zu durchsuchen und Bundeskanzler a. D. Helmut Kohl als Zeugen zu vernehmen. Er setzte einen Antrag auf, drang aber beim Generalstaatsanwalt nicht durch. »Der bringt noch das ganze Land in Unordnung«, hieß es im Justizministerium über Maier. In den Akten sind die Passagen, die den Durchsuchungsantrag betreffen, jedenfalls durchgestrichen worden. Statt die Unterlagen selbst zu sichten, sollten die Augsburger die CDU bitten, die gesuchten Unterlagen freiwillig herauszugeben.

Die Spendenpraxis der CDU erregte zudem in Maier einen Betrugsverdacht gegen die Verantwortlichen, auch gegen den langjährigen Vorsitzenden Helmut Kohl. Maier vertrat die Auffassung, daß Verstöße gegen das Parteienfinanzierungsgesetz durchaus strafrechtlich geahndet werden könnten. Der Betrug könnte durch die falschen Angaben gegenüber dem Bundestagspräsidenten begangen worden sein, mit denen die Zahlung unberechtigter staatlicher Zuschüsse bewirkt wurde.

Maier wurde bedeutet, daß er nicht zuständig sei, sondern die Staatsanwaltschaft Bonn, die bereits wegen des Verdachts der Untreue gegen Kohl ermittelte. In einem grundsätzlichen Beitrag in einer juristischen Fachzeitschrift breitete Maier seine Überlegungen zum Betrugsverdacht aus; die Bonner Kollegen zeigten wenig Neigung, darauf einzugehen.

Behördenleiter Nemetz bekam auch selbst die Arroganz der Münchner Aufseher zu spüren. Am 30. November 1999 wies Generalstaatsanwalt Froschauer einen Bericht von Nemetz zum Verfahren gegen Kiep zurück und diktierte eine ihm genehme Fassung gleich selbst. Als Nemetz am 19. Januar 2000 dem Generalstaatsanwalt mitteilte, er werde das Verfahren gegen Kiep wegen Steuerhinterziehung einstellen, teilte ihm Oberstaatsanwalt Peter Walter zwei Tage später mit, es handle sich um einen Absichtsbericht, einstellen dürfe er erst, »wenn er grünes Licht gebe«.

In Schrecken versetzte die Augsburger Staatsanwaltschaft die Nachricht vom 22. Januar 2000, daß ihr Kronzeuge Giorgio Pelossi in Chicago unter dem Verdacht verhaftet wurde, er sei am Waschen von 27 Millionen Schweizer Franken aus Drogengeschäften beteiligt gewesen. Pelossi wurde nach Italien ausgeliefert, von wo der Haftbefehl kam, war aber bald wieder auf freiem Fuß und durfte in die Schweiz zurückkehren. Der Verdacht, basierend auf alten, von Pelossi unterschätzten Ermittlungen in Italien, hatte sich nicht erhärtet. Ein Hauptzeuge, der aus dem italienischen Knast vorgeführt werden muß, hätte den Ermittlern gerade noch gefehlt, auch wenn sie das meiste von ihm schriftlich haben.

In der angespannten Atmosphäre, die in seiner Behörde herrschte, wurde Maier klar, daß er die Staatsanwaltschaft verlassen mußte. Die Bewerbung auf eine Stelle am Oberlandesgericht München, Außenstelle Augsburg, lief. Er machte seine umfangreiche Aussage im Untersuchungsausschuß, in der die Höhen und Tiefen dieses spektakulären Verfahrens und vor allem die Spannungen mit der Generalstaatsanwaltschaft deutlich wurden. Politische Einflußnahme verneinte Maier.

Im bayerischen Justizministerium war man erzürnt über den eigenständigen, freimütigen Beamten, dem man nicht die geringste Dienstpflichtverletzung nachsagen konnte. Justizminister Manfred Weiß gab bekannt, daß Maier eine Richterstelle bekommen werde. Ein Spitzenbeamter des Ministeriums meinte dagegen im Anschluß an die Pressekonferenz über Maier: »Den müßte man eigentlich in die Wüste schicken.« Maier schlug nach eigenen Angaben im Ermittlungsverfahren gegen Max Strauß noch »Pflöcke« mit einem weiteren Rechtshilfeersuchen an die Schweiz ein. Zur Anklage reichte es nicht, der gesamte Airbus-Komplex wurde vom Verfahren abgetrennt und muß noch weiter ermittelt werden.

Die Teilanklage gegen Schreiber, Maßmann und Haastert war Maiers letzte Amtshandlung als Staatsanwalt. Des Waffenhändlers Weltanschauung machte Maier in einem Schreiber-Zitat deutlich, das er in die Anklage aufnahm: »Wenn ein laufendes Eine-Hand-wäscht-die-andere-System auseinanderfliegt, soll dann der schuld sein, der immer gut geschmiert hat, oder nicht vielmehr der, der mit staubtrockenen Fingern darin herumfuhrwerkt?« Kiep wurde auch angeklagt, allerdings nur wegen Beihilfe zur Steuerhinterziehung Schreibers, weil er am 26. August 1991 die Million im Wissen angenommen habe, daß das Geld nicht versteuert sei. Aus den Akten geht hervor, daß sich die Staatsanwälte darüber klar sind, mit diesem Vorwurf auf schwankendem Grund zu stehen. Deshalb ist es fraglich, ob die Anklage gegen Kiep Bestand hat. Außerdem hat die Steuerfahndung eine Ungereimtheit bei Zinserträgen Kieps in der Schweiz entdeckt, die zur Verkürzung von 46 000 Mark Steuern geführt habe. Inzwischen ist aber auch dieser Vorwurf auf ganze 3 600 Mark zusammengeschmolzen.

Die Anklage wurde am 9. März 2000 dem Landgericht Augsburg zugeleitet, das noch über die Zulassung entscheiden muß. Nach dem Bericht von Sonderermittler Hirsch zu den verschwundenen Akten aus dem Kanzleramt hat der Vorsitzende Richter der zuständigen Strafkammer in Augsburg, Maximilian Hofmeister, Vorsorge getroffen, daß im Gericht nicht ähnlich Fatales passiert. Die wichtigsten Originale der Prozeßakten befänden sich in einem geheimen Versteck, der Richter arbeite nur mit Kopien, berichtete die Deutsche Presse-Agentur. Die Verteidiger dürften nur unter den Augen eines Wachtmeisters in den Ordnern lesen, den Schlüssel für die einbruchssichere Tür zu seinem Zimmer verwahre Hofmeister selbst.

Der flüchtige Pfahls kann nicht angeklagt werden, da man ihm die Anklage nicht zustellen kann. Maiers Abschied vom Augsburger Amtschef Reinhard Nemetz fiel frostig aus. Inzwischen bearbeitet Maier als Richter wieder Familiensachen, wie er es schon vor seiner Zeit als Staatsanwalt getan hat. Staatsanwalt Christoph Wiesner, Jahrgang 1963, der im Januar 1996 schon die Hausdurchsuchung bei Max Strauß geleitet hatte, wird mit Barbara Pöschl weiter an dem Fall arbeiten.

All die Jahre in der Schweiz hatte sich Schreiber ziemlich ruhig verhalten, kaum Interviews gegeben und abgewartet. In Kanada war er wie ausgewechselt. Je stärker die CDU-Affäre in Deutschland Kreise zog, desto mehr Interviews mit unverhohlenen Drohungen gab er. An Gesprächspartnern war kein Mangel, Journalisten rissen sich um Termine bei ihm in Kanada. Sein kanadischer Anwalt Edward Greenspan hat über den früheren CDU-Steuerberater Horst Weyrauch noch Anfang November 1999 Post an Helmut Kohl weiterleiten lassen. Kleine Zeichen anhaltender Freundschaft hat für Schreiber aber nur noch CSU-Generalsekretär Thomas Goppel übrig. »Warum soll ich dem die Freundschaft aufkündigen?« fragte er im Januar 2000 und meinte auch, es sei Schreibers gutes Recht, »sich der Verfolgung durch die Augsburger Staatsanwälte zu entziehen«.

Am schärfsten griff Schreiber Wolfgang Schäuble und Edmund Stoiber an. Im *Stern* sagte er zur 100 000-Mark-Spende an den CDU-Politiker: »Wenn Schäuble im Untersuchungsausschuß den gleichen Quatsch wie zur Zeit erzählt, lasse ich den in ein so tiefes Loch fallen, daß man den Aufprall nicht mehr hört.« Er fügte hinzu: »Ich fühle mich wie die Katze auf der Kiste mit Mäusen und überlege mir, welche ich als erste fresse.« Während eines Interviews mit dem *Stern* rief ihn Max Strauß an. Schreiber feuerte den jungen Strauß zum Kampf an; er solle die Boxhandschuhe anziehen.

Die Attacken kosteten Schäuble sein Amt, Stoiber blieb unbeeindruckt. Schreiber wurde erst wieder ruhiger, als Ende Mai in Toronto die Gerichtsverhandlung um das deutsche Auslieferungsbegehren begann. Im ersten Termin ging es um Verfahrensfragen, dann wurde vertagt, eine Entscheidung ist nicht in Sicht. Schreiber sagte den Journalisten, die Sache werde für ihn so gut ausgehen, daß er vor seinem Anwalt Greenspan einen Tango tanzen werde. Den Einwand, daß er nur noch fern der Heimat tanzen werde, wischte er weg: »Das ist mir doch alles wurscht.«

Heribert Prantl

Herrschaft und Barschaft

Von der Veralltäglichung des Ungesetzlichen
Ein Skandal und seine Folgen

Provinz und Politik: Der Herrschaftsstil des Helmut Kohl

Helmut Kohl sitzt auf der kleinen Bühne an der Hammondorgel. Nein, er spielt das Instrument nicht selbst; er ist nicht Bill Clinton, der US-Präsident, der ab und an in fröhlicher Runde zum Saxophon greift, und er ist auch schon älter. Kohl läßt spielen, und er läßt tanzen. Er selbst sitzt beim Delegiertenabend des CDU-Parteitags stumm und strahlend neben dem Orgelspieler, bewegt allenfalls die Finger ein wenig verschämt im Takt, und ab und zu zeigt er auf ein Lied, das gespielt werden soll. La Paloma oder so. Er ist mit sich und der Welt im reinen, stolz und glücklich und auf entrückte Weise leutselig – wie ein wohlhabender Vater bei der Hochzeit der ältesten Tochter. Um ihn herum dreht und drängt sich alles: Delegierte, Ministergattinnen und Kreisvorsitzende. Er kennt sie fast alle, er weiß alles über sie, fast alles, alles jedenfalls, was er wissen muß, um die Fäden zu ziehen.

Die CDU: Eine schunkelnde Partei, eine dahindudelnde Musik, ein lächelnder, gewichtiger älterer Herr, dem man nicht ansieht, wieviel Macht er hat – der es aber genießt, daß alle es wissen und sich devot an der Macht vorbeidrehen. Kein Gegner darunter, keiner jedenfalls, der sich seine Gegnerschaft offen zu zeigen traute. So hätte das auch weitergehen können, das war die Rolle, die Helmut Kohl am Ende einer langen und erfolgreichen politischen Laufbahn für die seine hielt: die des Parteipräsidenten auf Lebenszeit, die des Übervaters, dem es gleich war, wer unter ihm den Vorsitzenden macht – einfach die Fortsetzung alter Herrlichkeit in der Partei, seiner Partei: Agonie auf jovialem Niveau. Parteipräsident: Helmut Kohl hatte diese Rolle auf dem letzten CDU-Parteitag seiner Kanzlerschaft schon wunderbar eingeübt. Und als er dann nicht mehr Kanzler und nicht mehr Vorsitzender war, auf dem Parteitag von Erfurt im April 1999, war es noch immer so. Umgeben von seinem Gefolge schien er beim Parteiabend auf wie die Sonne, die die Nacht vertreibt – Kohl als Verheißung in der Finsternis. Genauso hätte das für Kohl und die Seinen ewig weitergehen können. Aufbruchstimmung à la CDU: Helmut Kohl rührt den kleinen Finger, und die Partei spielt das Lied, das er hören will. Hatte er darauf nicht, so mochte er sich insgeheim sagen, einen Anspruch?

Untreue? Ausgerechnet er? Hatte er es nicht immer gut gemeint mit seiner Partei? War seine ganze Vita nicht eine einzige Widerlegung eines so unsinnigen Vorwurfs? Landtagsmitglied mit neunundzwanzig Jahren, Vorsitzender der Landtagsfraktion mit dreiunddreißig, Ministerpräsident mit neununddreißig, Bundesvorsitzender der CDU mit dreiundvierzig. Damals schon beschrieb ihn das *Time Magazine* als eine der politischen »Führungskräfte, die das Jahrhundert verändern können«. Oppositionsführer in Bonn mit sechsundvierzig, deutscher Bundeskanzler mit zweiundfünfzig, Kanzler der Einheit mit sechzig Jahren. Eine solche Vita, so mag Kohl denken, wirkt wie ein Bad im Drachenblut. Und deshalb war seine Empörung nicht gespielt, als er sich am 24. November 1999 im Deutschen Bundestag und am 16. Dezember und 4. Februar im Fernsehen gegen die Vorwürfe auflehnte. Und dann der 29. Juni 2000: Helmut Kohl, kameraumlagert wie in seinen besten Zeiten, in der Katholischen Akademie zu Berlin, wo im großen Vortragssaal der Untersuchungsausschuß zur CDU-Spendenaffäre tagt. Der Altkanzler Kohl herrscht die Journalisten und Fotografen an (»Schluß mit der zoologischen Veranstaltung«), er spuckt Gift und Galle und bezichtigt alle, die nicht für ihn sind, der Verschwörung wider den Staatenlenker Kohl. Viele Kommentare und Analysen, die an diesem und am nächsten Tag erscheinen, reden von Kohl wie von einem Kranken.

Der Weg des Dr. Helmut Kohl bis in diesen Untersuchungsausschuß war lang, zielstrebig, zum Teil verschlungen, oft gefährlich nahe am Abgrund, dann triumphal, schließlich behäbig und selbstgerecht. Am Anfang führte dieser Weg über die Dächer von Mainz: Der junge Ministerpräsident Kohl, in Schlips und Kragen, stieg durch das Fenster seines Büros, balancierte über ein Flachdach, kletterte durch das Fenster ins Büro des Landtagsdirektors und gelangte von dort direkt in den Plenarsaal des Landtages von Rheinland-Pfalz. Kohl hatte des öfteren keine Zeit, den üblichen Weg von seiner Staatskanzlei über den Hof des alten Zeughauses ins Parlament zu gehen; er nahm gern die Direttissima über Fenster und Dach. Die Abgeordneten, die dem Ministerpräsidenten eben noch in der Staatskanzlei begegnet waren, fanden ihn auf seinem Platz in der Regierungsbank,

wenn sie nach dem üblichen Weg über den Hof ins Parlament zu-
rückkehrten. Kohl war schon da. Wer mag, kann darin ein Exempel
für Kohls Regierungsstil sehen. Klaus Dreher, der frühere Büroleiter
der *Süddeutschen Zeitung* in Bonn, schildert die Klettertouren amüsiert
in seiner Kohl-Biographie als Beispiel für die Omnipräsenz des jungen Regierungschefs – der damals in Mainz ein junger Wilder war.

Es war dies tatsächlich Helmut Kohl, vor dreißig Jahren. In der eigenen Partei sahen ihn manche als Bohemien, weil er im Rollkragen-
pullover zum Gottesdienst ging, weil er während der Dienstzeit
durch das Schwimmbecken der Universität kraulte, sich eine Stereo-
anlage im Dienstzimmer installieren ließ und mit seinen Sekretärin-
nen durch die Mainzer Fußgängerzone flanierte. Der Mann galt als
Reformer, als Hoffnungsträger. Schon 1967, zwei Jahre bevor Kohl
Ministerpräsident wurde, hatte der Journalist Günter Gaus in *Christ
und Welt* geschrieben, Kohl erscheine »wie kein zweiter seiner Partei
schon jetzt wie geschaffen, den Generationenwechsel in der Union
personell zu markieren«. In den USA gibt es Tellerwäscherkarrieren,
in Deutschland gibt es Helmut Kohl. Seine Vita ist ein politisches
Märchen.

Das Märchen heißt: Von einem, der auszog, das Fürchten zu lernen. Es handelt von einem Burschen, der vermeintlich nur zu weni-
gem taugt, aber schließlich doch König, Königstochter und Königreich für sich gewinnt. Der Bursche ist groß gewachsen, aber kein
junger Herkules, und er ist auch keiner, den man, wie man das bei
klugen Kindern kleiner Leute gern tut, blitzgescheit nennen könnte.
Manche sagen sogar abfällig, er habe ein Brett vor dem Kopf. Aber:
Er ist furchtlos wie kein anderer, und seine herzhafte Ungeniertheit
sucht weit und breit ihresgleichen. Andere, nicht ganz so couragiert
wie er, werden Leiter des örtlichen Fanfarenzuges. Er aber zieht hinaus in die Welt. Viel lieber läßt er sich mit Tod und Teufel ein als mit
dem Alltag – und geht mit ihnen um wie mit Requisiten aus Holz
und Pappmaché. Mit einer Tatkraft, die fast schon etwas Stumpfes hat,
übersteht er jede Gefahr. Später, der Furchtlose ist älter geworden,
nennt man seine stoische Unerschütterlichkeit »Aussitzen«.

Es ist nämlich so: Dort, wo das alte Märchen von dem, der das Fürchten lernen wollte, mit dem Gewinn des Königreiches endet, genau dort geht die Geschichte des Helmut Kohl erst richtig los – weil er mehr kann als der Held des Märchens, dem nie einer hilft, der immer mutterseelenallein ist: Helmut Kohl, aus kleinen Verhältnissen stammend, kann sich politische Freunde machen. Die Gescheiten, die Wohlhabenden, die Arrivierten, die alle, die mit dem Silberlöffel im Mund geboren sind – er sticht sie nicht nur aus, er zieht sie auch in seinen Bann. Sie mögen und sie fürchten ihn. Kohl hat nämlich ein entwaffnendes Talent, stärker als Gelehrsamkeit, weltläufiges Auftreten und geschliffene Rede: Er kann für sich begeistern, und er hat Erfolg. Er hat aber auch die furchtbare Gabe, seine Freunde zu opfern, wenn sie sich seinem totalen Zugriff entziehen; der letzte, der das spüren mußte, war Wolfgang Schäuble.

Schäuble war lange Jahre der Hausmeier Kohls gewesen, hatte ihm treu gedient – als Geschäftsführer der Fraktion, als Bundesinnenminister, als Chefvorstand der deutschen Einheit, als loyaler Weggefährte, als Kronprinz, der von Kohl nach Gusto präsentiert und wieder weggesteckt wurde, als Getreuester der Getreuen. Als er ihm vermeintlich gefährlich wurde, nutzte Kohl seine letzten Kräfte, um ihn politisch kaputtzumachen.

Von einem, der auszog, das Fürchten zu lernen: Die Altvorderen in seiner Heimat lehrten es ihn nicht; er lehrte es sie. Damals, als Jungstar in Mainz, war er einer der wenigen Politiker seiner Partei, der sich etwas traute, der willens und in der Lage war, in den Universitäten mit den protestierenden Studenten zu streiten. Er war, auch wenn er im Landtag durchaus zu den gespreizten und autoritären Allüren seines Ministerpräsidentenvorgängers Peter Altmeier neigte, kein Mitglied der in Mainz besonders starken Traditionskompanien der CDU. Er war der Schrecken der alten Garde, ein Neuerer, der mit wohlüberlegten Attacken die alten Herren mürbe machte.

Und auch später gelang es keinem, ihm das Gruseln beizubringen: seinem CDU-Konkurrenten Rainer Barzel nicht, dem Männerfreund Franz Josef Strauß nicht, nicht seinem klugen und gerissenen Generalsekretär Heiner Geißler, nicht den Journalisten und nicht dem

Medium Fernsehen – auch wenn es für Kohl immer eine feindselige Macht blieb. Vom aufgeklärten und alternativen Zeitgeist der siebziger und achtziger Jahre ließ Kohl sich nicht erschrecken, und er bestrafte diesen Zeitgeist schlicht dadurch, daß er ihn überlebte. Von Gesetz und Verfassung ließ er sich schon gar nicht einschüchtern: Entweder er achtete, wie bei seinem Finanzgebaren, gar nicht darauf, oder er rief, wenn es wie in der Asyldebatte eng wurde, den »Staatsnotstand« aus.

Kohl, der Furchtlose: Als ihm dann in den Jahren 1989/90 die Weltgeschichte begegnete, begrüßte er sie so jovial und ausgekocht wie der Brandner-Kasper den Tod; in diesem Volksstück, das auf allen bayerischen Bühnen gern gespielt wird, macht der Brandner-Kasper den Gevatter Tod betrunken und luchst ihm so das Weiterleben ab. Der Pfälzer Kohl hat besser als der Bayer Strauß verstanden, wie man das macht. Und so ähnlich wie in diesem Theaterspiel »Der Brandner-Kasper schaut ins Paradies« war es denn auch, als Helmut Kohl den Staatsmännern der Welt die Zustimmung zur deutschen Einheit abtrotzte. Wie heißt es so schön im alten Bauernsprichwort über einen wie Kohl: Wem das Glück wohl will, dem kälbert der Ochs.

Provinziell muß die Welt werden, dann wird sie menschlich: Der Schriftsteller Oskar Maria Graf hat das geschrieben, und der Politiker Helmut Kohl hat das gelebt. Provinz: Wem dazu nichts anderes als der Saumagen einfällt, Kohls Lieblingsspeise, der hat keine Ahnung. Und wer nur abschätzig an die Feste und Trinkgelage denkt, die der Ministerpräsident Kohl zu Mainz gegeben hat, der weiß nicht, daß diese Weinabende eine pfälzische Form des Assessment centers waren: Kohl gab den Ton an, diktierte seinen Gästen und Mitzechern ihre Rollen im weinseligen Spiel, ließ sie schon einmal auf dem Tisch tanzen (»Mach de Aff«, wie er es dem Bernhard Vogel befahl) – und die ließen sich das von ihrem Impresario auch gefallen, weil er sie dann zu Ministern oder ähnlichem kürte.

Das war seine weinselige Auslegung von Gaudium et spes, das waren die kleinen, fast sadistischen Höhepunkte für einen Mann, der begeistern konnte, der ansteckenden Enthusiasmus besaß, der ein Menschenfänger war. Ständig hielt er Ausschau nach politischen

Talenten, warb sie, förderte sie, mißgönnte ihnen ihre Erfolge nicht. Er machte Heiner Geißler zum ersten Sozialminister seines Landes. Er entdeckte Richard von Weizsäcker auf dem Evangelischen Kirchentag, überredete ihn nach anfänglichem Widerstand, sich für den Bundestag aufstellen zu lassen. Er gewann Roman Herzog, sein Statthalter in der rheinland-pfälzischen Vertretung in Bonn zu werden. Kohl begann, sich innerhalb der Partei ein weit verzweigtes Netzwerk von Freunden, Kontakten und Informanten aufzubauen.

Kein Zweifel: Kohl ist provinziell. Wer freilich Provinz gleichsetzt mit Dummsdorf, ist selbst provinzlerisch. Provinz ist ein gutes Wort: Provinz ist, wo Zusammenhänge überschaubar sind. Die Pfalz, das ist die Provinz Kohls und die Provinz in ihm. Rheinland-Pfalz: In einem Land, das nach dem Krieg aus ganz verschiedenen historischen Provinzen zusammengestückelt worden war, setzte er eine Verwaltungs- und Gebietsreform durch, es war die bundesweit erste ihrer Art. In einem tief katholischen Land setzte er eine Schulreform durch, die dem Übergewicht der Konfessionsschulen ein Ende machte. Er war einer, der gesellschaftliche Randgruppen bewußt in seine politische Arbeit einbezog – er setzte sich für die Humanisierung des Strafvollzuges ein und begnadigte in seinem ersten Amtsjahr als Ministerpräsident acht zu lebenslanger Haft verurteilte Strafgefangene. Er ließ die Fahne des Hambacher Festes, der ersten demokratischen Massenversammlung im Jahr 1832, in den Plenarsaal des Landtags hängen.

Provinz ist der Raum der übersichtlichen Lebenseinheiten, der Raum, in dem die Menschen sich kennen. Provinz ist auch die Überschaubarkeit der Machtverhältnisse. In einer Zeit der Globalisierung, in der sich der Eindruck verfestigt, daß die Macht immer weniger greifbar, also heimatlos ist, wahrte Kohl den schönen Schein der alten Machtordnung. Kirchturmpolitik – wer das abschätzig sagt, meint, daß der Politiker, der sie macht, einen begrenzten und beschränkten Horizont hat. Kirchturmpolitik ist etwas ganz anderes: Man steigt auf den höchsten Punkt seiner Heimat und trifft Entscheidungen, deren Auswirkungen man übersehen kann. Deshalb sagt Kohl so gerne, wenn er seine Politik erklärt: »Sehen Sie, die Sache ist doch ganz einfach.« Wo immer er den Fuß aufsetzt, er spürt die Sicherheit heimatlichen Bodens. Das war zwar bisweilen eine Täuschung, aber Kohl hat es dann gar nicht gemerkt. Mit dieser Sicherheit ist es ihm jedenfalls gelungen, aus seiner Vision von Europa ein Fundament für die Europäische Union zu machen. Es war, ist und bleibt seine größte Leistung.

Helmut Kohl hat seine Mitstreiter und die Staatsmänner der Welt so kennengelernt, wie man in der Provinz Menschen eben kennenlernt: Man fragt sie aus. Man fragt sie nach Herkommen, Elternhaus, man sucht nach Gemeinsamkeiten. So hat Kohl es mit Mitterrand gemacht, mit Gorbatschow, Reagan, Bush und Clinton. »Und dann haben wir geredet«, sagt Kohl, »wie halt normale Leute miteinander reden.« Es war, sagt er, »der Beginn von Freundschaften«. Es gibt schlechtere Arten, Politik zu machen. Und deshalb fragt er auch den Journalisten, mit dem er sich länger als eine halbe Stunde unterhalten will, erst einmal: »Sagen Sie, wo kommen Sie eigentlich her?« Kohl sucht und findet, das gehört zu seinen politischen Erfolgsrezepten, die Provinz des Menschen.

Worüber hat er mit dem SED-Chef Erich Honecker geredet, als der ihm zum ersten Mal in Moskau begegnet ist? »Er war ja praktisch Nachbar von der Pfalz, wir haben einen Haufen gemeinsamer Bekannter.« Nachbar? Honecker war vor 1935 führender Funktionär des Kommunistischen Jugendverbandes in Südwestdeutschland. Also hat Kohl mit ihm über die Leute geredet, die Honecker noch von damals kannte und die dann später in der Pfalz Pfarrer geworden sind. Und dann hat Kohl dem seinerzeitigen SED-Chef vorgeschlagen: »Wenn wir miteinander mal pfälzisch reden würden, könnten die beim Abhören uns nicht verstehen.« Provinz schafft halt Verbindungen – auch dort, wo man es nicht für möglich hält. Papst Johannes Paul II. küßt die Erde der Länder, in die er reist. Helmut Kohl hat sozusagen die pfälzische Erde in alle Länder mitgenommen, in die er gereist ist.

Provinz ist Geborgenheit in vertrauten Formen und vertrauten Regeln. Die Bauern entnehmen die Regeln dem Bauernkalender. Und der Landarzt tröstet seine Patienten mit dem Satz: »Hab ich auch schon gehabt!« – was bedeutet, daß die Krankheit so schlimm nicht sein kann. Von dieser Art sind auch die politischen Lebensweisheiten des Helmut Kohl. Provinz bewahrt Geschichte nicht im Museum, sondern in Geschichten. Aus diesen Geschichten hat Kohl Geschichte gemacht, aus Geschichten wie dieser: »Ich habe einmal eine Rede in Metz gehalten. Da sagte mir der dortige Oberbürgermeister, wie ich Jahrgang 1930, daß er in Erinnerung hat, wie man in Metz vom Gehsteig runtergehen mußte, wenn ein deutscher Offizier kam. Das war im Jahr 1943. Und dann hatte ich ihm gesagt, ich habe eine Erinnerung an 1945 in meiner Heimatstadt, wo es dann umgekehrt war. Wir mußten vom Gehsteig runter, wenn ein französischer Offizier kam. Die beiden Städte liegen gerade 200 Kilometer auseinander.«

Das sind die Erlebnisse, die Helmut Kohls Europapolitik geformt haben. Diese Politik war so lebendig, wie es auch Kohls Erinnerungen sind: »Ich habe den Krieg mit all seinen Schrecken und seinem Grauen erlebt und dann als Fünfzehnjähriger das Kriegsende. Alle Erfahrungen dieser Zeit haben mein weiteres Leben tief geprägt.« Es sind dies Sätze, die wie Formeln und Phrasen klingen, es aber nicht sind: »Mir wurde vor allem klar, daß die Zeit der Kriege in Europa beendet werden muß, daß wir eine politische Ordnung schaffen müssen, die das friedliche Zusammenleben dauerhaft sichert.« Konrad Adenauer hat auch so holzgeschnitzt formuliert. Aber in dieser Simplizität steckt die Kraft zu einer furiosen und grandiosen Europapolitik.

Die kleine Welt wird zum Muster und zur Vorlage für die große: Wenn er als Ministerpräsident in Rheinland-Pfalz eine Gebiets- und Verwaltungsreform durchsetzen konnte – dann klappt das, davon ist Kohl überzeugt, auch mit Europa. Damals hat er es fertigbekommen, mit aufgebrachten Bürgerinnen und Bürgern so lange zu diskutieren, bis sie sich der höheren Einsicht oder seiner Überredungskunst beugten. Und genau so muß man, sagt er, für Europa werben. Wer, so fragt er, erinnert sich heute noch daran, wie in den sechziger Jahren in Südtirol Strommasten gesprengt und Seilbahnen angesägt wurden? Die wunderbare Befriedung Südtirols ist ihm Beispiel dafür, wie man ein friedliches Europa schaffen kann.

»Hildegard, stell dir vor, der Helmut geht nach Bonn. Der spinnt doch.« Kohls Vater, Finanzbeamter a. D., Oberleutnant bei der be-

rittenen Artillerie im Ersten Weltkrieg und aus bäuerlichen Verhältnissen stammend, war gar nicht einverstanden, als sein Sohn, der
Ministerpräsident von Rheinland-Pfalz, sich entschloß, in die Bundespolitik zu wechseln; und Kohls Schwester Hildegard hatte auch
ihre großen Zweifel: Er hatte es doch so schön in Mainz! Daß Helmut Kohl das kurfürstliche Amtieren zu Mainz mit einem Büro im
Bonner Bundeshaus vertauschte, war die mutigste Entscheidung seiner politischen Karriere.

Diese Courage hat sein Männerfreund Franz Josef Strauß, der hinter einer abwechselnd intellektuell-hochgestochenen und dann wieder polternden Kraftmeierei seine eher zaudernde Natur versteckte,
immer unterschätzt. Der berühmteste Beleg dafür ist die Rede, die
Strauß vor dem Landesausschuß der Jungen Union Bayern in der
Münchner »Wienerwald«-Zentrale gehalten hat: »Kohl wird nie
Kanzler werden. Er ist total unfähig, ihm fehlen die charakterlichen
und geistigen Voraussetzungen. Ihm fehlt alles dafür.« Da verkannte
einer, der so gern die Kraft der Provinz spielte, was die Kraft der Provinz wirklich ist. Friedrich Zimmermann, damals Vorsitzender der
CSU-Landesgruppe im Bundestag, schreibt in seinen Memoiren:
Diesen Mann hat Strauß ... gewaltig unterschätzt ... Kohl wußte sehr genau,
was Strauß von ihm wollte, aber er hat die Gabe, das an sich ablaufen zu las-
sen, was er nicht behalten will. Was hat Strauß sich über Kohl aufregen kön-
nen, weil dieser seine strategischen Konzeptionen, seine ›grand designs‹
scheinbar nicht begriff. Wohl hat Kohl in Bonn vieles dazulernen müssen, aber
Strauß irrte in der Grundannahme, daß Kohl der geringere Geist und daß es
eine Ungerechtigkeit des Schicksals sei, ihn zum Kanzler zu machen und
Strauß scheitern zu lassen. Zum Kanzler gehört nun einmal die Härte, das
Durchstehenkönnen ... Zum Kanzler gehört auch der Wille, sich nichts vor-
schreiben zu lassen – Strauß begriff einfach nicht, daß Kohl keineswegs nur
›nichts begriff‹. Kohl dachte gar nicht daran, unter Strauß Kanzler zu sein
und sich die Politik diktieren zu lassen. Zum Kanzler gehört vor allem eines:
die unbeirrbare Entschlossenheit, es zu werden und zu bleiben. Kohl besaß
und besitzt sie.«
Und das hat Helmut Kohl bis zuletzt gezeigt. Am 13. Oktober 1982
trat er, nachdem er Helmut Schmidt durch ein konstruktives Miß-

trauensvotum gestürzt hatte, zu seiner Regierungserklärung ans Mikrofon des Bundestages. Es war, wie damals die *Süddeutsche Zeitung* schrieb, nicht die schlechteste seiner Antrittsreden. Gleichwohl – Kohl wurde mit Hohn und Spott überschüttet. Er wurde der belächelte und bespöttelte Kanzler. Wirtschaftlicher Aufschwung war da, der Haushalt war wieder einigermaßen in Ordnung, die Arbeitslosenzahl war wieder gesunken; er hatte die Debatten um die Raketenstationierung durchgestanden – aber einen Kanzlerbonus als Anerkennungsfaktor für seine Politik bekam er nicht. In der *Wirtschaftswoche* hieß es: »Fragt man Lieschen Müller ganz abstrakt, wie der ideale Kanzler aussehe, würde sie antworten, er müsse aufrichtig und verläßlich sein, er solle führen und sich durchsetzen können, er solle volkstümlich und verständlich sein. Gar kein schlechtes Porträt von Helmut Kohl. Fragt man Lieschen Müller oder Fritzchen Maier dann konkret, was sie von unserem Kanzler halten, dann werden sie wahrscheinlich Mißfallen zum Ausdruck bringen.«

Helmut Kohl hatte die äußerste Form von Mut, die einer braucht, der auf einem hohen Turm stehen und zehntausend Menschen erklären will, daß zwei mal zwei vier ist. Er wurde dafür mit Hohn und Spott überschüttet und von den besseren Kreisen als Kleinbürger denunziert. Man machte sich lustig über die Spießigkeit dieses Helmut Kohl – und bemerkte nicht, wie dieser die Spießigkeit kultivierte, wie er seine stoische Selbstgefälligkeit mit seinem Machtinstinkt verband. Für das geistige Deutschland war er die Verkörperung der Geistlosigkeit. Man wollte ihm nicht verzeihen, daß »so einer« Kanzler geworden war, einer, der auch nicht im entferntesten so aussah wie Helmut Schmidt und dem die Kritische Theorie so fremd war wie der Andromedanebel. Man betrachtete Kohl als bloßen Profiteur der Regierungsunfähigkeit der SPD, als kleinbürgerlichen Usurpator, durch ein Versehen der Geschichte an die Macht gekommen. Fritz J. Raddatz beschrieb ihn als einen, »der selbstgewiß ist, aber nicht reflektiert, der sich seiner sicher dünkt, aber unsicher denkt«.

Provinz – mit diesem Wort setzte man sich ab von ihm, in dieses Wort legte man den eigenen Dünkel, zeigte seine Überlegenheit. Kohl ließ die Leute Witze über »die Birne« erzählen und festigte seine Macht. Der belächelte Kanzler blamierte sie alle durch seinen Erfolg. Wo Helmut Schmidt sich mit »Krisenmanagement« gebrüstet hatte, weigerte er sich, überhaupt von Krisen zu reden; und so überstand er sie auch. Kohl tat nicht wichtig, es fehlte ihm die Aura der Macht – und deswegen gewann er sie letztendlich. Vielleicht hat er deshalb die ersten Affären seiner Regierung durchgestanden: die unehrenhafte Entlassung des Generals Günter Kießling aufgrund von falschen Denunziationen, die ersten Parteispendenaffären; den peinlichen Auftritt mit US-Präsident Ronald Reagan auf dem Soldatenfriedhof von Bitburg zum vierzigsten Jahrestag des Kriegsendes, obwohl bekannt war, daß sich dort auch die Gräber von Angehörigen der Waffen-SS befanden.

Kohl hatte einigen Erfolg, aber das Publikum wollte diesen nicht als Kohls Erfolg würdigen. Kohls Sympathiewerte blieben hinter denen für seine Partei weit zurück, und das war während der ganzen ersten Hälfte seiner Kanzlerschaft so. Das Publikum fand zunächst das, was man an Kohl vermißte, bei Richard von Weizsäcker, dem Bundespräsidenten: Er war, vom Herkommen und vom Habitus, von Attitüde und Artikulation, der Gegentyp zu Helmut Kohl, nicht Provinz, sondern Weltmann und Weltgeist. Als Weizsäcker der »Politikerschicht« insgesamt vorwarf, sie erliege einer »Machtversessenheit in bezug auf Wahlkampferfolge«, und seine Politikerkollegen attackierte als Generalisten mit dem Spezialwissen, den politischen Gegner fertigzumachen – da wußte jeder, daß er damit vor allem Helmut Kohl meinte.

Weizsäckers Glanz begann freilich zu verblassen, als Helmut Kohl bei der deutschen Einheit für alle sichtbar, von allen anerkannt, auch von denen, die ihn früher verspottet hatten, in die Rolle des Weltpolitikers hineinwuchs. Als Kohl von der Geschichte zum Präsidentenkanzler geadelt wurde, waren Amtszeit und historische Mission Weizsäckers zu Ende. Nicht der Weltgeist machte Weltgeschichte, sondern der Provinzler – auch deshalb, weil die Welt vor ihm keine Angst hatte. Mit seiner Gabe, die Macht harmlos erscheinen zu lassen, konnte Helmut Kohl wuchern, als es darauf ankam: als die DDR zusammenbrach, sich die Ereignisse überschlugen, als die Fata Morgana der deutschen Wiedervereinigung sich materialisierte – da hat er der Welt die Furcht davor genommen, daß Deutschland größenwahnsinnig werde. Ein Helmut Schmidt hätte den Nachbarn womöglich in den Wendejahren Angst eingejagt. Das neue Deutschland präsentierte keinen glatten Staatsmanager, keinen, der sich als Geschichtslenker gerierte, sondern einen Mann von leutseligem Aussehen, keinen Eiferer, sondern einen bodenständigen Pfälzer.

Gerade die Biederkeit Kohls, welche die deutsche Öffentlichkeit oft zur Verzweiflung gebracht hatte, nahm der Welt die Angst vor einer neuen Großmacht. Das ist die große, die historische Leistung des Helmut Kohl. Mit einem einzigen Auftritt, mit einer Rede, die eine ganz große war, hat Kohl aus historischer Sicht all die vielen peinlichen, kümmerlichen, danebengegangenen Auftritte seiner politischen Laufbahn aufgewogen – es war die Rede am 19. Dezember 1989 vor der Ruine der Frauenkirche in Dresden.

Kohl stand jetzt auf einem hohen Sockel, von dem aus aber, wie sich zeigte und wie schon der Schriftsteller Robert Musil wußte, sich Alltagspolitik schwer machen läßt: »Auch Denkmäler sollten sich, wie wir alle es tun müssen, etwas mehr anstrengen. Ruhig am Wege stehen und sich Blicke schenken lassen, das kann jeder; wir dürfen aber von einem Monument mehr erwarten.« Kohl hatte nicht mehr viel Verständnis und kaum noch Gefühl für die sozialen Sorgen der Menschen. Er vergaß die Provinz, er vergaß, daß zu ihr die Anteilnahme, das Sich-Kümmern, gehört. Klagen waren für ihn nur noch Genörgel und Gejammer einer zu satten Bevölkerung, die nicht mehr merkt, daß sie in einem Paradies lebt.

Helmut Kohl, schon in der Ruhmeshalle Walhalla, nahm nicht länger zur Kenntnis, daß es hierzulande immer mehr Menschen gibt, denen es gar nicht paradiesisch geht. Am Ende seiner fünften Amtszeit stand Kohl daher innenpolitisch schlechter da als jemals zuvor: Das Bündnis für Arbeit war gescheitert. Der Kanzler hatte die Rolle des Moderators zwischen Arbeitgebern und Arbeitnehmern übernehmen wollen – doch die Moderation mündete in Eskalation. Aus Partnern wurden Feinde. Der Kanzler der deutschen Einheit war so zugleich der Kanzler der deutschen Spaltung geworden: in Arbeitsplatzbesitzer und Arbeitslose.

Mit fast der gleichen Ruhe, die Helmut Kohl ausstrahlt, haben das die Deutschen zunächst hingenommen. Doch dann wurden die Fragen lauter: Wo ist die geistig-moralische Wende, die Kohl bei seinem Amtsantritt versprochen hat, geblieben? Damals, 1997 und 1998, in der Endphase Kohl, wußte noch keiner von den schwarzen Kassen, von seltsamen finanziellen Transaktionen, von der Mißachtung geschriebenen Rechts zugunsten von Freunderlwirtschaft – man sah einfach die inneren politischen Defizite nach langen Jahren der Herrschaft Kohls. Zwar war die europäische Integration vorangekommen, aber die Probleme der gesellschaftlichen Integration in Deutschland waren ungelöst, die Einwanderer in Deutschland Fremde in der neuen Heimat. Kohl redete zwar von Wachstum, aber es wuchs nur noch die Zahl der Arbeitslosen, auf mehr als fünf Millionen, es wuchs das Unbehagen in der Bevölkerung und das Gefühl, von einem entrückten Kanzler regiert zu werden.

Regiert? Der Kanzler ließ die Dinge treiben. Seine CDU war ausgebrannt, der Vorsitzende Kohl selbst hatte ihr Feuer erstickt. Nach wie vor war er furchtlos. Doch diese Gabe beruhigte die CDU nicht mehr, sondern machte ihr angst: Erschüttert sah sie Kohls Unerschütterlichkeit. »Der Bundeskanzler bestimmt die Richtlinien der Politik.« So steht es im Grundgesetz, aber so war das nicht mehr, es gab keine Innenpolitik mehr, sondern nur Untätigkeit. Die Auftritte Kohls im Bundestag wurden zum Introitus einer Tragödie mit dem Titel: Wie ein großer Kanzler, den Blick in den europäischen Himmel gerichtet, in den Abgrund stürzt.

Wenn ein neu gewählter Papst den Petersdom betritt, verbrennt der Zeremonienmeister dreimal ein Büschel Werg, das an einem Stab befestigt ist, und ruft dazu aus: »Pater sancte, sic transit gloria mundi – Heiliger Vater, so vergeht der Ruhm der Welt.« Es ist eine Mahnung, die nicht nur für den Papst gilt. Für den Bundeskanzler Kohl hätten auf dem Weg zur Regierungserklärung jeder neuen Amtszeit nicht drei, sondern neun Büschel Werg verbrannt werden müssen.

So vergeht der Ruhm der Welt: Der Einheitskanzler, der Vater der Europäischen Währungsunion, versuchte ein Jahr nach seiner Abwahl, wenigstens mit einem Zipfel vom Mantel der Geschichte seine

Blöße zu bedecken. Man hörte die Ausflüchte, man hörte seine Not-
lügen. Kohl, Kanther & Co. hatten Recht und Ordnung gepredigt,
aber selbst Bilanzen gefälscht. Hier zeigte sich die andere Seite der Provinz: die kumpelhaften Mauscheleien, die Usancen des Eine-Hand-
wäscht-die-Andere.

Als im Spätherbst 1999 die neue Parteiführung, der anrüchigen
Finanzgeschäfte Kohls wegen, mehr und mehr auf Distanz zu ihm
ging – die damalige Generalsekretärin Angela Merkel schneller und
entschlossener als der damalige Vorsitzende Schäuble –, als die Partei
sich seiner zu schämen begann, war das für ihn erst einmal nichts
Neues: Es hatte in Kohls früher Zeit Parteitage gegeben, auf denen
Delegierte unter Protest den Saal verlassen hatten, wenn Kohl redete. Später erschien die bloße Erinnerung daran als Sakrileg. Beides,
Verhöhnung und Verehrung, gehören zur Lebenserfahrung dieses
Mannes. Die meisten, die ihm früher schaden wollten, hat er später
scharwenzeln sehen. Zu den Lebensweisheiten des Helmut Kohl
gehört es deshalb, daß am besten lacht, wer zuletzt lacht – und das
war bislang immer er. Und warum, so fragt er sich, soll das diesmal
anders sein? Da freilich gibt es eine andere, ebenso einfache Lebens-
weisheit: Einmal ist immer das erste Mal.

Die öffentliche Besichtigung seiner Schwächen in den Monaten des
Finanzskandals holte Helmut Kohl, der dem Alltag entrückt war, wieder dorthin zurück. Die Aufdeckung und Aufklärung dieses Skandals
war auch so eine Art zeitliche Sündenstrafe für die Selbstüberhebung
eines Mächtigen bei der Ausübung der Macht. Und die Aufdeckung
und Aufklärung des Skandals war und ist auch ein Volksfest der
Demokratie. Kohl hat zu seinem siebzigsten Geburtstag der deutschen Demokratie einen Skandal geschenkt, an dem sie ihre Kräfte –
volkstümlich und erfolgreich – erproben konnte.

Als Helmut Kohl nach sechzehn Kanzlerjahren abgewählt wurde,
blieb er gelassen. Er nahm wieder auf seinem einfachen Abgeordnetenstuhl Platz, und er tat das, so schien es, ohne die Bitterkeit, die
man von Konrad Adenauer kannte, der auf diesem Stuhl saß wie
Napoleon auf Sankt Helena – von Ludwig Erhard und der FDP in die
Verbannung geschickt. Auch die große Wahlniederlage, so schien es,

konnte Helmut Kohl nicht erschrecken. Man erinnert sich an das Ende des Märchens von dem, der auszog, das Gruseln zu lernen: Am Schluß, als alle Gefahren bestanden waren, ruhte der Held sich aus. Da schüttete man ihm dann einen Eimer mit Gründlingen und Elritzen, mit kleinen, glitschigen Fischen also, ins Bett. Da schnapperte der Furchtlose, und er bekam eine Gänsehaut: »Endlich nun«, so sprach er zu seiner Frau, »kann ich das Gruseln auch.«

Es ist dies ein merkwürdiger Schluß eines merkwürdigen Märchens. Das Gruseln dort ist nämlich kein richtiges Gruseln, es bleibt ein Reiz an der Oberfläche. So ähnlich ist es mit der Schuldeinsicht Kohls im CDU-Finanzskandal: Er läßt die Kritik an sich ablaufen. Er, der im Strom der Geschichte stand, hält das, was man ihm vorwirft, tatsächlich für kleine Fische. Das gehört zur stoischen Hybris des Mannes, der auszog, das Fürchten zu lernen. Er hat zuviel Erfolg gehabt, um noch zu erkennen, was er zerstört hat.

Die Veralltäglichung des Ungesetzlichen:
Der Beschuldigte Kohl und die Gesetze

Das wird den studierten Historiker Helmut Kohl interessieren: Schon die alten Römer haben »es« getan. Dort hieß das, was man dem Altbundeskanzler vorwirft und was Franz Josef Strauß praktizierte, »Ambitus«. Das kommt vom lateinischen Wort ambire/umgehen, und es meinte die diversen Methoden der Politiker, sich auf dubiosen Wegen und Umwegen im Kampf um die Macht mit finanziellen Mitteln Vorteile zu verschaffen. Vielleicht findet Kohl es tröstlich, daß sich die Gelehrten noch zweitausend Jahre später darüber streiten, wie sie diesen Ambitus bewerten sollen.

Nicht alle sind so hart wie der Historiker Theodor Mommsen, der darin schlicht einen Straftatbestand und ein Symptom für den Verfall der Republik sah. Andere, und das mag Helmut Kohl besser gefallen, bewerten das Verteilen von Geldern aus schwarzen Kassen als exzessive Variante der Wohltätigkeit.

Schon in der Antike wird das Problem stets im Umfeld von Patronage, Bestechung und Korruption erörtert. Das mag Kohl weniger gefallen; und mißfallen dürften ihm auch die Strafen, die seinerzeit auf solche Verstöße standen: Ausschluß von der Politik, später sogar Exil und die Einziehung des Vermögens.

Zumindest die erste dieser drei Sanktionen dürfte Kohls Nachfolgern in der CDU als angemessen erscheinen. Die Partei mußte und muß sich aus dem Sumpf von Vorwürfen, Beschuldigungen und Rechtsbrüchen befreien, in dem sie dank ihres Ex-Vorsitzenden steckt. Angesichts der homöopathischen Dosierung der Geständnisse Kohls und angesichts der im Bundeskanzleramt verschwundenen Akten erschienen selbst aufrechten Christdemokraten Vorwürfe, die sie kurz zuvor noch als Hirngespinste des politischen Gegners abgetan hätten, als höchst reale Besorgnis. Das System Kohl erwies sich als Hydra – immer wenn man einem Verdacht nachging, wuchsen zwei noch schlimmere Befürchtungen nach.

Warum wurden in Kohls Bundeskanzleramt Akten en gros vernichtet? Warum wurden dort Akten versteckt, warum wurden dort nach der verlorenen Bundestagswahl gigantische Datenmengen gelöscht? Quod non est in actis, non est in mundo. Bei Franz Josef Strauß, der bekanntlich gern Latein sprach (und sich im Freundeskreis gern an die Stirn tippte: »Hier sind meine Akten!«), gehörte dieser Satz zu den häufig zitierten Weisheiten. Helmut Kohl kannte und kennt diese Wahrheit auch, und zwar auf Deutsch und auch in der Praxis: Was nicht in den Akten ist, ist nicht in der Welt. Bei heiklen und möglicherweise anrüchigen Vorgängen ist es also probat, wenn man von vornherein keine Akten oder allenfalls private Handakten führt, die nicht in die offizielle Registratur gelangen. Es gehört quasi zur höheren Regierungskunst, bei gegebenem Anlaß aktenlos zu arbeiten. Das ist ein Verstoß gegen die Gemeinsame Geschäftsordnung der Ministerien, dort steht nämlich in Paragraph 32: »Über die aus den Akten nicht ohne weiteres ersichtlichen Besprechungen oder Ferngespräche und über andere Ereignisse oder Gesichtspunkte, die die Bearbeitung beeinflussen könnten, sind Aktenvermerke aufzunehmen.« Und auch: »Der Stand einer Sache muß aus den Akten vollständig ersichtlich sein.« Solche Verstöße sind freilich weder Straftaten noch Ordnungswidrigkeiten. Beim Beamten sind sie eine Disziplinarverletzung. Beim Minister oder Regierungschef gelten sie, wie gesagt, als Ausdruck höherer Regierungskunst.

Helmut Kohl war ein Kanzler, der sich auf höhere Regierungskunst durchaus verstand. Um so erstaunlicher ist es, daß es am Ende der Ära Kohl in dessen Kanzleramt eine so gewaltige Menge von heiklen Akten und gespeicherten Daten gab, die partout vernichtet werden mußten. In den letzten Tagen des Kanzlers Kohl, »Bundeslöschtage« nannte sie der Sonderermittler Burkhard Hirsch, muß es nach dessen Recherchen zugegangen sein wie vor zehn Jahren in der Berliner Normannenstraße, als im Stasi-Ministerium die Aktenschredder heißliefen. Das klingt nicht nach Regierungskunst, sondern nach strafbarem Handeln, nämlich nach Urkundenunterdrückung und Verwahrungsbruch durch Amtsträger (Höchststrafe fünf Jahre).

Es gibt zwei mögliche Erklärungen für die Schredderei und Löscherei. Erstens: Im Kanzleramt herrschte Schlamperei sondergleichen. Da lagen, weil das Amt geführt wurde wie eine Außenstelle der Parteizentrale und Kohls Adlaten von Aktenführung wenig Ahnung hatten, CDU-Akten und Regierungsakten wild durcheinander. Am Schluß standen also Kohls Leute vor dem Wust wie der ungetreue Postbote vor den Bergen von Briefen, die er nicht ausgetragen hat – und gerieten in Panik. Die zweite Antwort: Die anrüchigen Vorgänge waren so zahlreich, daß sie aktenlos nicht zu bewältigen waren und im Lauf der Jahre die Scheu vor der Registrierung verschwand – und sich erst am Schluß wieder aktualisierte. Beide Male handelt es sich um Handlungen, die einen gefährlichen juristischen Namen tragen: Verdunkelung. Nach dem Bundesarchivgesetz vom 6. Januar 1988 durfte im Bundeskanzleramt nicht ein Blatt Papier, nicht eine elektronische Datei ohne die Zustimmung des Bundesarchivs vernichtet werden. Die Demokratie, eine Herrschaftsform, die den Wechsel der Regierungseliten will, ist in besonderem Maß angewiesen auf die Dokumentation ihrer Bürokratie. Das gewährleistet Kontinuität, das sichert Transparenz, das ist vorbeugender Schutz gegen unlautere Machenschaften.

Vielleicht hat sich Helmut Kohl für den Eigentümer des Bundeskanzleramts gehalten, samt allem, was dort liegt und steht. Der Eigentümer einer Sache kann nämlich, so steht es im Bürgerlichen Gesetzbuch, mit ihr »nach Belieben verfahren«. Es gibt in der Tat allerlei Indizien dafür, daß Helmut Kohl sein Amt wie einen Privatbetrieb geführt hat; das ist zwar ein ziemlich merkwürdiges Verhalten für einen Kanzler, der fünf Mal geschworen hat, Gesetz und Verfassung zu achten. Doch selbst in einem Privatbetrieb hätte das nicht passieren dürfen: Wenn nämlich in dessen Chefbüro in großem Stil Steuerakten vernichtet werden, dann ist das nicht die Privatsache des Inhabers, sondern ein Fall für Steuerfahndung und Staatsanwalt. Der Untersuchungsausschuß des Bundestags und die Öffentlichkeit stehen vor einem Abgrund, niemand weiß genau, wie tief er ist, aber es schwindelt einen, wenn man nach unten blickt. Man muß befürchten, daß dort unten in breiten Bächen das Schmiergeld fließt.

Es gibt Politiker, die sind wie Kolonialwarenverkäufer; sie verkaufen das, was gerade kommt. Und ihre Prinzipien sind wie die Mode; kurz oder lang, so wie man sie im Augenblick trägt. So einer war Burkhard Hirsch nie. Er gehört zu den liebenswürdigen Kämpfern in der Politik, zu denen, die hartnäckig und kompetent zu ihrer Überzeugung stehen. Über so unerschrockene Politiker wie ihn hat Karl-Günter von Hase, der Pressesprecher Adenauers, einmal gesagt: »Was meinen Sie wohl, was geschähe, wenn wir uns alle hier den Luxus der eigenen Meinung erlauben würden?« Dann hätte es zum Beispiel das politische Duckmäusertum nicht gegeben, auf dem das System Kohl gewachsen ist. Und dann hätte es vielleicht des Sonderermittlers Hirsch nicht bedurft, der im Rahmen eines beamtenrechtlichen Ermittlungsverfahrens gegen Unbekannt im Auftrag der Regierung Schröder zu ermitteln versucht hat, wohin und warum in Kohls Kanzleramt 1,2 Millionen Blatt Papier verschwunden sind, warum drei Gigabyte Daten gelöscht wurden. Seine Hartnäckigkeit und seine Souveränität dabei würden so manchem Staatsanwalt zur Ehre gereichen.

Hirsch hat die Schlucht, in deren Grund vielleicht das Schmiergeld fließt, nicht vermessen können, er hat nur damit angefangen, und er hat Gesteinsproben entnommen – aber die Erkenntnisse, die sich schon daraus ergeben, sind abenteuerlich. Man steht vor einem Abgrund an Verschleierungsstraftaten. In Paragraph 133 des Strafgesetzbuchs (»Verwahrungsbruch«) heißt es: »Wer Schriftstücke …, die sich in dienstlicher Verwahrung befinden oder ihm oder einem anderen dienstlich in Verwahrung gegeben worden sind, zerstört, beschädigt, unbrauchbar macht oder der dienstlichen Verfügung entzieht, wird mit Freiheitsstrafe bis zu zwei Jahren oder mit Geldstrafe bestraft.« Wer die Tat an einer Sache begeht, »die ihm als Amtsträger oder für den öffentlichen Dienst besonders Verpflichteten anvertraut oder sonst zugänglich geworden ist«, muß mit Strafe bis zu fünf Jahren rechnen. Wer also Akten in großem Umfang vernichtet, der muß mit etwas noch viel Schlimmerem als mit einer Bestrafung wegen Verwahrungsbruchs rechnen. Warum gibt es keinerlei Unterlagen gerade zu den allerheikelsten Vorgängen? Kein Blatt Papier mehr zum Beispiel über die Lieferung der Fuchs-Panzer nach Saudi-Arabien und keine elektronische Notiz für die betreffenden Zeiträume zwischen dem 14. September 1989 und dem 25. September 1990, zwischen dem 20. Oktober 1990 und dem 29. Januar 1993? Es riecht nach Korruption. Es sieht so aus, als ob man alles getan hat, dies zu verbergen. Juristisch gesagt: Es liegen zureichende tatsächliche Anhaltspunkte zur Einleitung eines Verfahrens wegen Bestechlichkeit vor. Das bedeutet einen Anfangsverdacht. Mehr nicht.

Auch zu Zeiten der Römischen Republik war der Nachweis einschlägiger Straftaten schwierig. Immerhin: Im Jahr 66 v. Chr. wurden die zu Konsuln gewählten Herren Autronius Paetus und Cornelius Sulla wegen dubioser Manipulationen verurteilt, so daß ihre zuvor bei der Wahl unterlegenen Konkurrenten ins Amt einrückten. So etwas konnte Helmut Kohl nicht mehr passieren. Er war nicht mehr Regierungschef. Wäre er es noch gewesen, die Rücktrittsforderungen gegen ihn wären laut, vehement und berechtigt gewesen. Kohl verteidigte und verteidigt sich gleichwohl so, als wäre er noch Kanzler. Und in gewisser Weise war er es ja bis zum Beginn des CDU-Finanzskandals gewesen.

Da gab es zwar einen Kanzler namens Schröder in Berlin, der es aber nach allgemeinem Urteil nicht richtig konnte. Und daneben gab es den Kanzler Kohl, der zwar nicht mehr richtiger Kanzler war, aber dieses Geschäft nach allgemeinem Urteil richtig gut konnte. Dieses seltsame einjährige Schisma war im Herbst 1999 zu Ende – Kohl selbst hatte dem ein Ende bereitet, seine Vergangenheit hatte ihn eingeholt, er hatte sich im eigenen Netzwerk, das die versteckte Grundlage seiner Macht war und das er auch mit Geld gepflegt hat, verfangen.

24. November 1999, Deutscher Bundestag: Den Ex-Bundeskanzler hält es nicht mehr ruhig auf seinem Abgeordnetenstuhl. Er stellt sich ans Mikrofon. Wer das Bild dieses Helmut Kohl im Bundestag vor Augen hat, dieses Bild der Auflehnung gegen die ersten Vorwürfe, die ihm in der CDU-Spendenaffäre gemacht wurden, der spürt: Diese Entrüstung war nicht gespielt. Kohl war schon immer ein Meister der Autosuggestion – mit dieser Gabe hat er seine Partei immer wieder erfrischt und Wahlkämpfe entschieden, zum Beispiel im Februar 1994 in Hamburg, als es ihm gelang, mit einer eineinhalbstündigen Rede dem CDU-Parteitag den Glauben an sich selbst, seinen Glauben also, einzupflanzen. Er gab keine Handlungsanweisungen, präsentierte keinen einzigen neuen Gedanken, entfaltete keine Programmatik – und schaffte es trotzdem, mit der Kraft seiner Einbildung. Die CDU stand damals so schlecht da wie kaum jemals zuvor. Und gerade deshalb vertraute sie ihrem Vorsitzenden mehr als jemals zuvor. Die CDU lieferte sich Kohl aus auf Gedeih und Verderb, weil sie eine andere Chance nicht sah. Bemerkenswert aber war, wie Kohl diese Chance anpackte und wie er seine Partei zwang, mit anzupacken, wie er die Defensive in Offensive verwandelte, mit nichts anderem als der puren Einbildungskraft.

Damals konnte Kohl so herzerweichend über die deutschen Malaisen klagen, daß man vergaß, daß der Redner selbst es war, der seit vielen Jahren regierte und für die Malaisen verantwortlich war. Diesmal aber, im Spätherbst 1999, gelang es Helmut Kohl mit solchen Mitteln nicht mehr, das Schicksal zu wenden. Der Altbundeskanzler sah sich in der Rolle der verfolgten Unschuld. Seine Parteifreunde ahnten zunächst und wußten später, daß er das nicht ist, sie forderten ein Bekenntnis – aber Kohl wußte wohl gar nicht, was er bekennen soll. Sollte er bekennen, daß er Geld aus Kassen, die nur ihm zur Verfügung standen, zum Wohl der Partei, so wie er dieses Wohl verstand, verwendet hat?

Untreue soll das sein? Helmut Kohl versteht solche Vorwürfe nicht. Untreue? Er, Helmut Kohl, der Treueste der Treuen? Für ihn war und ist die Sache so: Er, Kohl, war die Partei – und er ist sich selbst immer treu geblieben. Er war es schließlich, der die Mitgliederzahlen verdoppelt hat. 350 000 waren es unter Adenauer, knapp 750 000 waren es in den besten Zeiten Kohls. War diese Partei nicht also sein Werk? Der Vorwurf der Untreue erscheint ihm folglich abenteuerlich grotesk, etwa so unsinnig wie der Vorwurf der Blasphemie gegenüber dem Heiligen Vater in Rom. Untreue ist in einem solchen Denksystem subjektiv unmöglich: Alles, was Kohl guttat, war in seinen Augen auch gut für die Partei. Die genannten 750 000 CDU-Mitglieder liegen freilich schon länger zurück. Der erste große Einbruch bei den Mitgliedschaften hat etwas mit Vorwürfen zu tun, wie sie Kohl am Ende seiner Laufbahn wieder gemacht werden: Zu Zehntausenden gab es Austritte, als Kohl & Co. sich in Zusammenhang mit der Flick-Parteispendenaffäre per Gesetz selbst amnestieren wollten; und auch in den letzten Kanzlerjahren Kohls hat es ziemlich gebröckelt.

1986, im Zusammenhang mit der juristischen Aufklärung der ersten Parteispendenaffäre, hatte Kohl die Rolle des Beschuldigten schon einmal gespielt, wenig ruhmreich allerdings. Er hat also Erfahrung in dieser Rolle. Ist Kohl rückfällig geworden? Nicht im juristischen Sinn, denn damals, 1986, wurden die Verfahren eingestellt. Rückfällig ist er aber auch sonst nicht. Rückfall ist das erneute Auftreten einer Krankheit, die bereits als überwunden galt, oder die Rückkehr zu einem früheren Verhalten. Kohl aber war immer so, er war immer die Spinne im Netz. Nur ist dieses Netz immer größer und dichter geworden, und die Mittel, mit denen er es gesponnen hat, haben sich geändert. In der gesamten Zeit, in der Helmut Kohl CDU-Vorsitzender war, wurden verbotene Finanzpraktiken ungeniert fortgesetzt. Es wurde ein schwarzes Konto in der Schweiz unterhalten und mit Kohls Einverständnis ein Tresor in der Schweiz installiert, von dessen anrüchigem Inhalt der Altkanzler nichts gewußt haben will. Es wurden, um schwarze Gelder zu tarnen und zu verwalten,

Stiftungen in Liechtenstein gegründet. Mit einer Energie und einer Phantasie, die einer besseren Sache würdig gewesen wären, wurden Gelder versteckt, verschoben, vermehrt.

Als der Bundestag, unter Federführung der Unionsparteien, in den frühen achtziger Jahren die einschlägigen Gesetze verschärft hatte, reagierte das System Kohl auf seine Weise: nicht mit Gesetzestreue, sondern mit verfeinerten Methoden der Spendenwäsche und mit anhaltender Skrupellosigkeit. In den ersten großen Parteispendenaffären entging Kohl, wie gesagt, mit knapper Not dem Schicksal seines Wirtschaftsministers, des Grafen Lambsdorff: Der mußte 1984 zurücktreten und wurde 1987 wegen Steuerhinterziehung verurteilt. Kohl konnte damals nichts nachgewiesen werden. Auch als ihm 1986 im Zusammenhang mit den Spendenaffären uneidliche Falschaussagen vorgeworfen wurden, sprang er der Strafjustiz von der Schaufel. Er entging knapp der Anklage, weil er sich an nichts erinnern wollte und weil seine Vertrauten Lüthje und Weyrauch entlastend für ihn aussagten. Im Februar 2000 erklärte Lüthje, er und Weyrauch hätten damals bei ihrer Aussage vor der Staatsanwaltschaft gelogen, damit Kohl weiterregieren konnte. Wäre Kohl angeklagt worden, die jüngere deutsche Geschichte sähe anders aus. Kohl hätte als Kanzler abtreten müssen – vielleicht wäre dann Ernst Albrecht, seinerzeit CDU-Ministerpräsident in Niedersachsen, deutscher Kanzler geworden.

Wer nicht für mich ist, ist wider mich. So hat Kohl stets auf Vorwürfe reagiert, so war Kohl als Parteivorsitzender, und so meinte er, als Ehrenvorsitzender weiterregieren zu können; und so hat er es gehalten, als er nicht mehr Ehrenvorsitzender war. Zu den Sanftmütigen, den Barmherzigen oder den Friedfertigen, wie sie in der Bergpredigt gepriesen werden, hat Helmut Kohl nie gehört – schon gar nicht am 29. Juni 2000, als er zum ersten Mal im Untersuchungsausschuß Rede und Antwort stand. Er gehörte auch nie zu den Armen im Geiste, wie das die Spötter in den ersten Jahren seiner Amtszeit gemeint hatten, bevor ihnen das Spotten verging. Und man konnte ihn gewiß auch nicht zu jenen rechnen, die reinen Herzens sind. Doch der Bundeskanzler a. D. schrieb an diesem Tag seiner Zeugenvernehmung im Untersuchungsausschuß die Bergpredigt auf die ihm

eigene Weise fort. Nach den sechs Stunden, in denen der Ex-Kanzler in den Räumen der Katholischen Akademie gehört wurde, konnte man zu den bekannten Seligpreisungen eine neue hinzufügen:
»Selig sind die, die so selbstgerecht sind wie Helmut Kohl, denn sie
haben kein Unrechtsbewußtsein.«

Helmut Kohl gab an diesem Tag sechs Stunden lang eine Vorstellung davon, wohin es führt, wenn einer sechzehn Jahre lang Kanzler
und fünfundzwanzig Jahre lang Parteivorsitzender ist: zum Realitäts-
verlust. Kohl verstand gar nicht, was man ihm vorwarf, und er wollte es auch gar nicht verstehen. Seine eigenen Machenschaften hielt er
für Machinationen seiner Gegner. Er beschwor seine Erfolge, die ihm
weder die Staatsanwaltschaft noch der Untersuchungsausschuß streitig machten; er referierte von seinen Rendezvous mit dem Weltgeist
und davon, wie er sich bisher in seinem Leben noch immer habe
durchsetzen können. Er redete, als sei er auf einer ganz anderen Veranstaltung. Ein Überzeugungstäter im strafrechtlichen Sinn? Nein,
denn er ist davon überzeugt, daß er überhaupt nichts Böses, nichts
Rechts- und Verfassungswidriges getan hat. Wenn es der Sinn seines
Auftritts war, dies zu demonstrieren, dann war es ein höchst erfolgreicher Auftritt.

Das Bewußtsein, Unrecht zu tun, hat ein Täter nur dann, wenn er
sich des Widerspruchs seines Handelns zum Wohl der Allgemeinheit
bewußt ist. Dieses Bewußtsein fehlt dem Ex-Kanzler komplett. Er
sieht alles, was er tut und getan hat, im Einklang mit dem Gemeinwohl, noch mehr: Gemeinwohl ist bei ihm ein anderes Wort für Helmut Kohl.

All das, was in den Wochen und Monaten zuvor aufgedeckt worden ist, all die Kritik, die sich damit verbindet – er hält das für eine
Verschwörung wider seine Person. Statt von Verdunkelungshandlun-
gen durch Aktenvernichtung in seinem Kanzleramt zu reden, spricht
er davon, daß man seine historische Leistung verdunkeln wolle. Statt
die erbärmliche Lage zu sehen, in die er seine Partei gestürzt hat,
schwadroniert er von der Erbärmlichkeit seiner Gegner. Nicht das,
was er selbst angerichtet hat, hält er für den Skandal, sondern das, was
man ihm antut. Helmut Kohl macht es sich auf furchtbare Weise ein-

fach: Er tut so, als seien seine gesammelten politischen Gegner am Ende seiner Laufbahn noch einmal gegen ihn angetreten, um sich an ihm zu rächen. Er will nicht sehen, daß die meisten seiner alten politischen Freunde nicht mehr auf seiner Seite stehen, er meint (wie immer, wenn sie nicht das taten, was er wollte), er sei auf sie nicht mehr angewiesen. Indes: Wer glaubt, auf andere nicht mehr angewiesen zu sein, wird unerträglich. Helmut Kohls Selbstgerechtigkeit ist unerträglich. Vor allem aber übersieht Helmut Kohl bei seinen langen Monologen im Untersuchungsausschuß eines: Ihm gegenüber steht nicht ein politischer Gegner, nicht allein ein Untersuchungsausschuß des Parlaments, vor dem man sich aufblasen kann. Ihm gegenüber stehen Recht und Verfassung. Es ist nicht so, daß er das nicht wissen könnte – es interessiert ihn nur nicht, weil er sich selbst zum Maßstab nimmt. Er glaubt, er könne Paragraphen und Verfassungsvorschriften, er könne den ganzen Skandal Kohl auf ähnliche Weise plattsitzen, wie er politische Probleme ausgesessen hat. Und er glaubt, es genüge sein Wort, nicht käuflich zu sein, um den Glauben an die Lauterkeit der Politik wiederherzustellen.

Doch genau der Anschein der Käuflichkeit besteht, Helmut Kohl hat ihn befördert: Allein die Tatsache, daß im zeitlichen Zusammenhang mit nicht deklariertem Spendengeld umstrittene Panzerlieferungen genehmigt wurden, ist Skandal genug. Kohl betont auch vor dem Untersuchungsausschuß unverdrossen, daß er seine Entscheidungen stets sachgerecht und pflichtgemäß getroffen habe. Von Geld habe er sich nicht beeinflussen lassen. Das klingt, als sei Bestechung nur dann schlimm, wenn sie zu falschen oder rechtswidrigen Entscheidungen führt. So ist es aber nicht. Wenn Geld nicht für eine pflichtwidrige, sondern für eine pflichtgemäße Entscheidung kassiert wird, dann heißt das nur anders: Man nennt das statt Bestechlichkeit Vorteilsannahme. Strafbar ist beides. Unrechtskern beider Tatbestände ist die generelle Gefährdung des Staatsapparates, die sich aus Do-ut-des-Beziehungen ergibt. Es mag dies zwar ein beliebter Spruch sein: Eine Hand wäscht die andere. Die Praxis dieses Spruchs, so sie zwischen einem Amtsträger und einem Industrie- oder Wirtschaftsunternehmen stattfindet, ist strafbar. Daran ändert auch der Glaube nichts, auf diese Weise dem Gemeinwohl zu dienen.

Die CDU hat ihn einst als Patriarch gefeiert, sie hat Helmut Kohl beweihräuchert, in den Himmel gehoben. Und Kohl hat sich auch in Gelddingen dementsprechend verhalten; er hat mit seinen Sondermitteln für seine Partei gesorgt – so wie dies ein Patriarch tut. Deshalb fehlt ihm das Bewußtsein für das Zwielichtige von schwarzen Kassen. Er handelte, wie das die Strafrechtler sagen würden, im Verbotsirrtum: Fehlt bei der Begehung einer Tat die Einsicht, Unrecht zu tun, so ist man ohne Schuld, wenn dieser Irrtum nicht vermeidbar war – so heißt es in Paragraph 17 des Strafgesetzbuchs. Vermeidbar jedoch war Kohls Irrtum durchaus, Kohl hat eindeutige Regeln mißachtet. Aber seine Partei hat Mitschuld: Sie hat ihm das Gefühl gegeben, daß diese Regeln für ihn nicht gelten. Auch sie, die CDU, hatte kein Unrechtsbewußtsein. So schließt sich ein fataler Zirkel. Dazu ein fataler Vergleich: Sexueller Mißbrauch zwischen Vater und Tochter funktioniert nach einem ähnlichen Muster. Das Kind meint, es sei Liebe – und der Vater redet sich das auch ein.

Die exakte Formulierung eines strafrechtlichen Untreue-Vorwurfs ist diffizil, die Verletzung von Vorschriften des Parteiengesetzes dagegen ist eklatant. Das Parteiengesetz verlangt Transparenz, es verlangt die exakte Deklaration der Großspenden. Wäre das so geschehen, dann hätte die CDU zum Beispiel nicht lange recherchieren müssen, ob bei ihr 1991 eine Millionenspende des Waffenhändlers Schreiber eingegangen war. Sprachlos macht die Chuzpe, mit der Kohl, Kiep und Co. die Reueschwüre nach der Flick-Spendenaffäre, die strafrechtlich noch nicht einmal ganz abgewickelt war, mißachtet haben. Es fehlt das Unrechtsbewußtsein: Die Veralltäglichung des Ungesetzlichen wurde augenscheinlich zum politischen Strukturprinzip. Die Beteiligten erklären noch heute, daß es halt »Spender« (wie Schreiber) gebe, die anonym bleiben wollten. Genau diese Anonymität großer Geldzuflüsse aber verbietet das Parteiengesetz, um der Lauterkeit der Politik willen. Der Kanzler der Bundesrepublik hat horrende Geldbeträge – zwei Millionen Mark gibt er allein für den Zeitraum seit 1993 selbst zu – in bar (!) entgegengenommen, ohne bis heute die Spender zu nennen. Wie heikel und potentiell anrüchig ein solcher Vorgang ist, zeigt ein Blick ins Geldwäsche-Gesetz von 1993, das also in der Amtszeit Kohls erlassen wurde: Dort werden alle Kredit- und Finanzinstitute verpflichtet, bei Annahme von Bargeld ab 20 000 Mark die Identität des Kunden festzustellen und bei Verdacht (muß man nicht Verdacht schöpfen, wenn ein »Spender« partout anonym bleiben will?) die Strafverfolgungsbehörden zu informieren.

Lauterkeit – das Wort wurde im CDU-Finanzskandal zum Witz. Wie eng war der Zusammenhang zwischen den Geldern des Waffenhändlers an die CDU und der Lieferung von Panzern nach Saudi-Arabien im Jahr 1991? Kohl leugnet jegliche Kausalität. Der Ruch, der solchem Geld anhaftet, verpestet die Politik. Das hat die CDU Helmut Kohls angerichtet. Wenn der CDU die alten Rechenschaftsberichte um die Ohren fliegen – sei's drum. Wenn die Entlastungen, die vom Parteitag erteilt wurden, die Verantwortlichen daher nicht entlasten konnten – das muß die Partei regeln. Wenn die CDU staatliche Gelder in Millionenhöhe zurückzahlen muß – das ist nur gerecht. Wenn den Wählerinnen und Wählern Politik jetzt aber als käuflich erscheint – das ist eine Katastrophe. Wenn christlich-demokratische Politik nur noch scheinbar christlich-demokratische Politik ist, dann können Wähler stolz Rechtsradikale wählen, und die, die das nicht tun, tun das nicht mehr stolz. Der Stolz auf und die Identifikation mit dem demokratischen System gehen kaputt.

Helmut Kohl und die Untreue: Wie der Altbundeskanzler Strafrechtsvorlesungen befruchtet hat

Verdient Helmut Kohl einen strafrechtlichen Kanzlerbonus? Schlag nach bei Machiavelli, »Gedanken über Politik«. Dort heißt es im 24. Kapitel des ersten Buches, daß ein »wohlgeordneter Staat« nie die Vergehen seiner Bürger mit deren Verdiensten ausgleicht: »Im Gegenteil, er setzt Belohnungen für gute Taten und Strafen für schlechte fest. Hat er einen Bürger wegen eines besonderen Verdienstes belohnt, so soll er ihn, wenn dieser sich nachher eine schlechte Handlung zuschulden kommen läßt, bestrafen, und zwar ohne Rücksicht auf dessen Verdienste.«

Strafrechtliche Vorlesungen an den juristischen Fakultäten der Universitäten waren schon lange nicht mehr so spannend wie im Wintersemester 1999/2000. Wenn Juraprofessoren sonst ihren Vortrag mit dem Satz beginnen: »Schon das Reichsgericht hat entschieden …«, ernten sie üblicherweise geballte Langeweile. Das war nun anders: Die Professoren wedelten mit der Zeitung und sagten dann, so eine Parteispendenaffäre sei nicht nur ein politisches, sondern auch ein strafrechtliches Problem. Als noch nicht einmal Zeitungskommentatoren sich so richtig vorstellen konnten, daß es zu einem Ermittlungsverfahren gegen den Ex-Bundeskanzler kommen würde, wurde das im geschützten Raum des Seminars bereits lebhaft diskutiert. Schon das Reichsgericht habe nämlich entschieden, daß »die Bildung schwarzer Kassen, aus denen öffentliche Ausgaben außerhalb des Haushaltsplans nach eigenem Befinden bestritten werden sollen, im allgemeinen als schädigende Vermögensgefährdung und deshalb als untreueerheblicher Nachteil angesehen wird«. So nachzulesen im Leipziger Großkommentar zum Untreue-Paragraphen 266 Strafgesetzbuch. Ist der Umgang mit Parteikassen dem Umgang mit öffentlichen Geldern vergleichbar? Läßt sich das auf den Fall Kiep & Kohl anwenden? Bei solchen Fragen wurde und wird es lebhaft im Hörsaal, dann wird Juristerei aufregend.

Untreue ist nämlich nicht das kleinste der Offizialdelikte: Sie wird mit Geldstrafe und mit Freiheitsstrafe bis zu fünf Jahren bestraft – und der Tatbestand ist so quallig, daß er es (rechtsstaatlich durchaus bedenklich) erlaubt, alle möglichen unsauberen Praktiken darunter zu packen: »Wer die ihm eingeräumte Befugnis, über fremdes Vermögen zu verfügen, mißbraucht oder die ihm obliegende Pflicht, fremde Vermögensinteressen wahrzunehmen, verletzt und dadurch dem, dessen Vermögensinteressen er zu betreuen hat, Nachteil zufügt, wird … bestraft«, heißt es da. Und dann stellte sich – »ganz hypothetisch«, wie am Beginn der Affäre noch vorsichtshalber der Ordinarius sagte – die Frage, wann ein Parteivorsitzender, der aus schwarzen Kassen nach Gutdünken den Geldsegen verteilt, eine Straftat begeht.

Wo ist der Schaden, fragte der Student? Bei einem Vermögensdelikt genügt nämlich ein bloß politischer Schaden nicht, er muß finanzieller Art sein. Und der Professor erklärte, daß schon die bloße Vermögensgefährdung ausreicht. Daraufhin der Student: Ob denn die schwarze Kasse des Parteivorsitzenden nicht so ähnlich zu beurteilen sei wie ehedem der Reptilienfonds des Reichskanzlers Bismarck – also als finanzielles Refugium zu besonderer Verfügung? Der Professor nennt den Unterschied. Die Existenz eines Reptilienfonds kannte das Parlament. Von der Existenz schwarzer Konten wußte die CDU nichts.

Ein Helmut Kohl macht solche Unterscheidungen nicht. Für ihn ist es so: Die Zwecke, für die er das Schwarzkassengeld verwendet hat, entsprachen automatisch dem Zweck der Partei. Nur – so ein Satz findet sich in der CDU-Parteisatzung nicht. Und selbst wenn er sich dort fände: Kohl hätte sich immer noch über die Dispositionsbefugnis der Parteigremien hinweggesetzt.

Und deshalb kam es so: Am Ende einer großen politischen Karriere stand ein Ermittlungsverfahren. Aus dem Vater des Vaterlandes wurde ein Beschuldigter. Eine große Karriere war am Ende eingeschlagen in rote Aktendeckel, darauf geschrieben steht: »Gegen Dr. Helmut Kohl wg. Untreue«, Aktenzeichen 50 Js 1/00.

Es verwundert, warum nur wegen Untreue, nicht auch wegen Betruges ermittelt worden ist. Der Tatbestand des Betruges ist weit griffiger als der der Untreue. Und die Prüfformel, die von der Rechtswissenschaft und der Rechtspraxis entwickelt wurde – Täuschungshandlung, Irrtumserregung, Vermögensverfügung, Vermögensschaden, Bereicherungsabsicht –, paßt verblüffend gut zur Causa Kohl. Die Abgabe unvollständiger und falscher Rechenschaftsberichte, also der eklatante Verstoß gegen das Parteiengesetz, führt zu einem Betrug zu Lasten der Bundesrepublik Deutschland. Dies ergibt sich wie folgt. Erstens die Täuschungshandlung: Durch Vorlage eines unvollständigen Rechenschaftsberichts täuscht die CDU den Präsidenten des Bundestages über die tatsächlichen Einnahmen der Partei; juristisch handelt es sich um die »Unterdrückung wahrer Tatsachen«, nämlich das Verschweigen von Einnahmen, die in die schwarzen Kassen gelegt wurden. Zweitens die Irrtumserregung: Der Bundestagspräsident geht, zumal der vorgelegte Rechenschaftsbericht der CDU von einem Wirtschaftsprüfer abgezeichnet wurde, von einem ordnungsgemäßen Bericht aus. Drittens, er trifft deshalb eine Vermögensverfügung: Er läßt aufgrund des vermeintlich ordentlichen Berichts die staatlichen Zuschüsse an die CDU anweisen. Hätte er gewußt, daß der Bericht unvollständig ist, hätte er dies nicht gemacht und auch nicht machen dürfen. Dies ergibt sich eindeutig aus dem Parteiengesetz: »Der Präsident des Deutschen Bundestages«, so heißt es dort in Paragraph 23 Absatz 4 Satz 1, »darf staatliche Mittel für eine Partei ... nicht festsetzen, solange ein den Vorschriften ... entsprechender Rechenschaftsbericht nicht eingereicht wird.« Diese Vorschrift beschreibt keine bloße Formalität: Sie ist die Konkretion des Verfassungssatzes, wonach Parteien über die Herkunft ihrer Mittel öffentlich Rechenschaft ablegen müssen. Viertens: Der Vermögensschaden für die Bundesrepublik liegt darin, daß aufgrund des Zuwendungsbescheides Millionengelder ausbezahlt wurden. Spätere Strafgeldforderungen gegen die CDU machen den schon eingetretenen Schaden nicht mehr ungeschehen. Fünftens: Das alles muß, so steht es im Tatbestand des Betruges nach Paragraph 263 des Strafgesetzbuches, in der Absicht geschehen, »sich oder einem Dritten einen rechtswidrigen Vermögensvorteil zu verschaffen«. Daran kann es kaum Zweifel geben. Der unvollständige Rechenschaftsbericht ist schließlich exakt zu diesem Zweck vorgelegt worden. Das heißt: Es liegt auf der Hand, die Causa Kohl auch unter dem Gesichtspunkt des Betruges zu prüfen – was bei der zuständigen Staatsanwaltschaft Bonn nicht geschehen ist. Das hat den Augsburger Staatsanwalt Winfried Maier (er war der zuständige Ermittler gegen Kiep, Schreiber und andere) so verwundert, daß er in der *Neuen Juristischen Wochenschrift* einen kleinen Aufsatz veröffentlichte, der auf den »Betrug zu Lasten der Bundesrepublik Deutschland« hinwies.

Das Wort Untreue im landläufigen Sinn paßt auf den ersten Blick zu Kohl so wenig wie ein Brioni-Mantel. Untreue, das ist ein Wort außerhalb der Denkwelt des Helmut Kohl. Treue – das vielmehr ist ein Wort wie von Kohl gepflanzt und gewachsen in der Pfalz, im

Land der Reben, Rüben und Retorten. Kohl freilich hat Treue verstanden wie ein Lehnsherr des Mittelalters: Er besaß die Macht – und er verteilte die Pfründen und Posten, er kümmerte sich. Die, um im alten Sprachgebrauch zu bleiben, Vasallen waren dafür zu Dienst und Gehorsam verpflichtet. Das System Kohl war also in gewisser Weise eine sehr altdeutsche Angelegenheit, so etwas wie eine parteipolitische Form des Feudalismus. Und bis heute hält der Altbundeskanzler an diesem gegenseitigen Treueverhältnis fest: Das Stillschweigen über die Parteispender hält er für seine Treuepflicht. Doch gerade Kohls feudalistische Amtsführung, sein altfränkisch-personales Verständnis von Macht macht ihn strafrechtlich angreifbar: Er hat zwischen dem Vorsitzenden Kohl und der Partei, der er vorsaß, nicht unterschieden; alles, was für ihn gut war, war in seinem Denk- und Wertesystem auch gut für die Partei. Wenn es also für ihn gut war, schwarze Kassen zu bilden und daraus zu schöpfen, um seine Macht zu erhalten, dann hat er nach seinem Verständnis zum Wohl der CDU gehandelt. Solche subjektiven Vorstellungen spielen aber allenfalls dann eine Rolle, wenn es darum geht, wie vorsätzlich Kohl gehandelt hat.

Kohl hat den Vermögensinteressen der CDU (und so hat das auch alsbald Angela Merkel noch als Generalsekretärin der CDU eingeräumt) tatsächlich massiv und berechenbar geschadet – nicht nur, weil er Geld nach Gutsherrenart eingenommen und verteilt hat, sondern weil die CDU wegen der Verstöße gegen das Parteiengesetz, also wegen unvollständiger und damit falscher Rechnungslegung, staatlichen Rückzahlungsansprüchen in Millionenhöhe ausgesetzt ist. Bereicherungsabsicht ist bei Untreue nicht erforderlich, der bestimmungswidrige Gebrauch des Geldes gilt als Untreue genug.

Es gibt andere Meinungen: Helmut Kohl sei nicht strafbar, sagt Harro Otto. Und Harro Otto ist ein ehrenwerter Mann – ein geachteter Strafrechtsprofessor zu Bayreuth. Er hat, im Auftrag der Anwälte Kohls, ein Gutachten geschrieben, wonach Kohl zwar rechtswidrig, aber nicht strafbar gehandelt habe. Der Professor begründet lang und breit, daß ein Vermögensdelikt, nämlich eine Untreue Kohls, nicht vorliege. Doch an vielen Stellen des Gutachtens wird dem Kenner deutlich, wo es für Kohl heikel wird – und wo sich ein anderer Gutachter durchaus anders entscheiden kann. Treuherzig wird dargelegt, was mit Einnahmen geschah, bevor sie in das »offizielle Rechenwerk« der CDU eingebracht wurden. Daraus folgt aber zwangsläufig, daß es ein inoffizielles Rechenwerk gegeben hat. Und schließlich wird nicht geleugnet, daß Kohl aus schwarzen Kassen »ohne Beschluß der satzungsmäßig zuständigen Parteiorgane« Geld ausgegeben hat. Dies ist der kitzligste Punkt: Kohl hat die Bestimmungs- und Verwendungskompetenz der Parteigremien ausgeschaltet und sich selbst an ihre Stelle gesetzt. Dies begründet aber einen strafrechtlich relevanten Schaden.

Mit nachträglichen Geldsammelaktionen, wie sie Helmut Kohl im März 2000 veranstaltet hat, lassen sich der materielle und der immaterielle Schaden nicht beheben. Kohls Geldsammelei mag bei den wohlwollenden Betrachtern als Versuch des Beschuldigten erscheinen, seiner Schadensminderungspflicht zu genügen – eine Auslegung, mit der man sich schwertut, weil und solange Kohl gleichzeitig die Namen seiner damaligen anonymen Spender verschweigt. Die Geldsammelaktion war und ist vielmehr ein weiteres Exempel für das merkantile Politikverständnis Kohls: Alles ist käuflich – auch die Sündenvergebung. Vor bald fünfhundert Jahren zog ein Mönch namens Johannes Tetzel durch Deutschland und verkaufte für teueres Geld Ablaßbriefe: Ohne Reue und Beichte, allein durch Geldzahlung, so predigte der Ablaßkrämer, könne man seine Sünden loswerden. Sein Werbespruch war eingängig: »Wenn das Geld im Kasten klingt, die Seele in den Himmel springt.« Tetzels Devise hat, wie sich im März 2000 zeigte, noch immer ihre Anhänger. Ein Teil der CDU war geneigt, dem Ex-Kanzler Kohl einen vollständigen oder wenigstens teilweisen Ablaß zu gewähren, weil er wieder Spenden für die Partei sammelte: Wenn das Geld im Kasten klingt, Kohl wieder in den Himmel springt. Des Altkanzlers geistlicher Berater Basilius Streithofen ist übrigens, wie damals Tetzel, Dominikanermönch. Das erklärt vielleicht den naiven Glauben Kohls, daß man den angerichteten Schaden mit Geld ausgleichen könne.

Kohls Geldsammelei vermochte auch Strafjuristen zu beeindrukken: Man bewertete die Sammelaktion als durchaus ordentlichen Versuch der Schadenswiedergutmachung und plädierte deshalb für die Einstellung des Ermittlungsverfahrens gegen Geldbuße nach Paragraph 153a Strafprozeßordnung. Es ist dies eine gut fünfundzwanzig Jahre alte Rechtsvorschrift, die Opportunitätsgesichtspunkte in ein vom Legalitätsprinzip beherrschtes Gesetz einführt.

Es gibt bekanntlich diverse Darstellungen der Justitia – die mit verbundenen und die mit offenen Augen, die mit dem Schwert und die mit der Waage. Eine Darstellung, auf der die Justitia mit einem großen Geldbeutel zu sehen ist, gibt es nicht. Ein solches Attribut gehört aber zu einer ehrlichen Darstellung, seitdem im Jahr 1974 der genannte Paragraph 153a eingeführt worden ist, der Paragraph also, der den Altbundeskanzler vor einer Anklage oder einem Strafbefehl retten soll. Gemäß Paragraph 153a kann der Staatsanwalt »von der Erhebung der öffentlichen Klage absehen«, wenn der Beschuldigte bestimmte Auflagen oder Weisungen erfüllt – wenn er zum Beispiel eine Geldbuße an die Staatskasse oder eine gemeinnützige Einrichtung zahlt. Ins Deutsche übersetzt: Zahlt ein Täter genug Geld, ist die Sache aus der Welt.

Der Vorteil einer Einstellung des Verfahrens gegen Geldbuße sieht für den Beschuldigten Kohl so aus: Die Sache ist vom Tisch, der Altkanzler bleibt juristisch unbescholten, kommt ohne Eintrag im Bundeszentralregister davon, ist nicht vorbestraft. Und er bleibt verschont von einem öffentlichen Gerichtsverfahren, in dem wochenlang Zeugen aufmarschieren und seine Verfehlungen erneut im Mittelpunkt des öffentlichen Interesses stehen. Der Vorteil für die Staatsanwaltschaft: Sie erspart sich weitere Arbeit. Und sie geht das Risiko nicht ein, mit großem Trara einen Strafbefehl zu beantragen, den das Gericht dann nicht unterschreiben will – was zwar wenig wahrscheinlich, aber doch nicht ganz ausgeschlossen ist, weil der Straftatbestand der Untreue, der Kohl vorgeworfen wird, zu den schwierigsten im Strafgesetzbuch gehört. Und schließlich mag sich die Staatsanwaltschaft sagen, daß es ihr auch nicht zur Ehre gereicht, wenn es zur öffentlichen Verhandlung kommt und der Beschuldigte dann möglicherweise freigesprochen wird.

Man sieht: Die Einstellung des Verfahrens gegen Geldzahlung hat ihre Vorteile für die Beteiligten – nicht unbedingt aber für die Gerechtigkeit. Als die Vorschrift eingeführt wurde, sahen ihre Kritiker das Ende des Legalitätsprinzips, also der Verfolgungs- und Anklagepflicht der Staatsanwaltschaft, eingeleitet: Vom »Freikauf-Paragraphen« für Wohlhabende war die Rede. Doch entgegen ersten Befürchtungen entwickelte sich die Vorschrift nicht zur Oase für kapitalkräftige Wirtschaftskriminelle. Sie bewährte sich als vernünftiger Beitrag gegen Abstraferei bei Bagatellen und gegen die Kriminalisierung von Ersttätern. »Bei geringer Schuld« des Täters, so hieß es deshalb in der Urfassung, könne das Verfahren gegen ein Bußgeld eingestellt werden. Später wurde der Anwendungsbereich dann enorm (und bedenklich) erweitert. Heute kann das Verfahren nicht nur bei »geringer Schuld«, sondern immer dann eingestellt werden, wenn »die Schwere der Schuld nicht entgegensteht«. Damit ist nun der gesamte Bereich der mittleren Kriminalität einbezogen. Die einzige Bedingung für die Einstellung ist kaugummiartig. Die Geldbuße muß geeignet sein, »das öffentliche Interesse an der Strafverfolgung zu beseitigen«, heißt es.

Einige hunderttausend Ermittlungsverfahren wegen Betrugs, Diebstahls, Untreue, Unterhaltspflichtverletzung oder Straßenverkehrsgefährdung werden alljährlich nach dieser Vorschrift – also gegen Geldbuße oder Auflage – eingestellt, obwohl hinreichender Tatverdacht gegen den Beschuldigten besteht. Warum sollte nicht auch der Altkanzler von dieser schönen Vorschrift profitieren? Hat er nicht sogar Geld gesammelt, um den angerichteten Schaden wiedergutzumachen? Hat er also nicht durch sein Verhalten nach der Tat gezeigt, daß er die Milde des Gesetzes verdient? Eben nicht. Das Verhalten Kohls schließt die Einstellung des Verfahrens strikt aus; Kohl verdient die Milde des Gesetzes nicht, solange er seine anonymen Geldgeber nicht benennt, also im Rechtsbruch verharrt. Kohl stellt sein angebliches Ehrenwort über das Gesetz. Solange er nicht sagt, wer ihn rechtswidrig finanziert hat, kann und darf nicht eingestellt werden, weil »das öffentliche Interesse an der Strafverfolgung« dann durch keine Geldbuße der Welt ausgeglichen werden kann. Solange Kohl schweigt, ist der Schaden für die Rechtsordnung so erheblich und das Vertrauen in die Lauterkeit des Regierungshandelns so beeinträchtigt, daß die

Schwere der Schuld einer Einstellung entgegensteht. Kein Staatsanwalt kann das Verfahren gegen einen Täter einstellen, der seine Mittäter nicht nennt. Es gibt also eine Conditio sine qua non für eine Einstellung des Verfahrens: die Nennung der Finanziers. Wenn die Staatsanwaltschaft Bonn auf diese Bedingung verzichtet, dann ist das nicht ihre juristische Freiheit, sondern juristische Feigheit vor der Politik.

Es gibt in der Juristerei ein Rechtsinstitut, dem die CDU bei der Frage, wer in Kohls schwarze Kasse gespendet hat und wie sie das herausfinden kann, Beachtung hätte schenken sollen: das Aufgebot. Aufgebot nennt man in der Rechtssprache die Aufforderung an unbekannte Beteiligte, sich zu melden. Die bekannteste Form des Aufgebots war jene, die bis 1997 vor einer Eheschließung allgemein geläufig war. Mittels Aufgebot, das vor dem Standesamt ausgehängt wurde, sollte festgestellt werden, ob irgendwelche Umstände einer Ehe entgegenstehen. Aufgebote gibt es bis heute in vielen anderen Bereichen: Verlorengegangene Urkunden zum Beispiel können nach einem Aufgebot außer Kraft gesetzt werden. Und das Verschollenheitsgesetz sieht vor, daß Personen, deren Existenz seit längerer Zeit unbekannt ist, nach einem Aufgebot für juristisch tot erklärt werden können. Aufgebot bedeutet also immer: Wenn sich trotz gerichtlicher oder öffentlicher Aufforderung niemand meldet, dann spielt das, was er zu sagen hätte, keine Rolle mehr.

Das Parteiengesetz kennt leider kein Aufgebot. Und es hülfe der CDU auch wenig, wenn sie den Altbundeskanzler und seine unbekannten Spender als verschollen betrachten würde. In der juristischen Konstruktion des Aufgebots steckt gleichwohl eine Weisheit, die sich die CDU im politischen Umgang mit ihrem Ex-Vorsitzenden zu eigen hätte machen können: Wenn nach nun wochen- und monatelangen eindringlichen Aufforderungen weder Kohl sich erklärt noch sich die Spender melden, auf die er sich beruft, dann verfällt erstens das angebliche Ehrenwort, auf das sich Kohl beruft, und braucht zweitens die CDU auf das, was Kohl und Co. möglicherweise zu sagen hätten, keine Rücksicht mehr zu nehmen – das heißt, die CDU hätte Auskunftsklage gegenüber Kohl erheben müssen.

Auskunftsklage: Die CDU hätte Kohl zwingen können und müssen, die Spendernamen zu nennen. Wolfgang Schäuble, Kohls Nachfolger, hat es nicht getan, aus Rücksichtnahme dem Vorgänger gegenüber – der ihm das schlecht gedankt hat. Die Zwangsmittel finden sich nicht im Strafrecht, sondern im Bürgerlichen Gesetzbuch (BGB) und in der Zivilprozeßordnung (ZPO). Und diese Vorschriften laufen darauf hinaus, daß Kohl, wenn er sich weigert, Rechenschaft abzulegen, mit Zwangsgeld oder mit Zwangshaft belegt wird – gemäß Paragraph 888 ZPO. Die Bestimmung erfaßt, so ist es im Münchner Kommentar zur ZPO nachzulesen, »insbesondere die Verpflichtung zur Auskunftserteilung und Rechnungslegung«. Wenn der »Schuldner« dies nicht tut, kann er auf Antrag mit Zwangsgeld bis zu 50 000 Mark oder mit Zwangshaft belegt werden, die bei einem Tag beginnt und bis zu sechs Monate dauern kann. Beide Zwangsmittel können, wenn der Schuldner sich weiterhin weigert, mehrfach angeordnet werden. Die CDU hat sie nicht beantragt – sie hat die rechtlichen Instrumentarien zur Aufklärung nicht genutzt.

Die Paragraphenkette, mit der Kohl zur Auskunft gezwungen werden kann, beginnt ganz vorne im BGB, in den Vorschriften des Vereinsrechts, die auch für die Parteien gelten. Zivilrechtlich ist eine Partei zu behandeln wie ein Verein und der Parteivorsitzende wie ein ganz normaler Vereinsvorsitzender. Dort heißt es also in Paragraph 27 Absatz 3 BGB: »Auf die Geschäfte des Vorstands finden die für den Auftrag geltenden Vorschriften … Anwendung.« Und in diesen Vorschriften über den Auftrag wiederum findet sich die Verweisung auf den Paragraph 666 des Bürgerlichen Gesetzbuchs: »Der Beauftragte (in diesem Fall der Ex-Parteivorsitzende Kohl) ist verpflichtet, dem Auftraggeber (in diesem Fall der CDU) … nach der Ausführung des Auftrags Rechenschaft abzulegen.«

Zur Rechenschaftslegung gehört die Nennung der Namen der Spender – und weil sie in den von Kohl und seinen Schatzmeistern auf den Parteitagen vorgelegten Rechenschaftsberichten nicht genannt wurden, hatte die ihnen dort erteilte Entlastung keine entlastende Wirkung; die Delegierten sind getäuscht worden. Der Umfang der Auskunftspflicht richtet sich nach dem »Grundsatz der Zumutbarkeit«; ein angeblich den Spendern gegebenes Ehrenwort macht die Auskunftspflicht nicht unzumutbar. Ein Verweigerungsrecht Kohls gäbe es möglicherweise dann, wenn schwere Nachteile für die CDU zu befürchten wären. Das Gegenteil ist der Fall: Mit der Auskunft Kohls hätten finanzielle Nachteile abgewendet werden können. Ein Schweigerecht Kohls ergibt sich daraus also nicht. Als Beschuldigter in einem Ermittlungsverfahren hat Kohl das Recht zu schweigen. Dieses Schweigen, im Strafverfahren heißt es »Zeugnisverweigerungsrecht«, erstreckt sich jedoch nicht auf das Zivilverfahren. Und wenn Kohl nach den genannten Paragraphen zum Reden verurteilt wird und es trotzdem nicht tut? Dann greifen die Zwangsmittel der Zivilprozeßordnung, dort beschrieben im schon genannten Paragraph 888. Danach kann gegen Kohl Zwangsgeld oder Zwangshaft verhängt werden.

Das heißt: Der frühere Parteivorsitzende kann gezwungen werden, die Namen zu nennen. Die neue Parteiführung der CDU hat das nicht versucht. Möglicherweise hat sie sich damit selbst strafbar gemacht, weil sie nicht alles getan hat, um die Sache aufzuklären. Die Intensität der Aufklärung spielt nämlich für den Umfang der staatlichen Rückzahlungsansprüche gegen die CDU eine Rolle. Um die Vermögensinteressen der Partei zu wahren, hätte die CDU alles tun müssen, um die Rückzahlungen möglichst gering zu halten – dazu hätte auch die Zivilklage gegen Kohl gehört, um endlich Auskunft zu erhalten.

Wenn seine Partei ihn nicht mit juristischen Mitteln zum Reden zwingt, wenn auch das Ermittlungsverfahren gegen Kohl an das, was zu ermitteln wäre, nicht herankommt, wenn schließlich der Untersuchungsausschuß zum Kern der Dinge nicht vorstößt – dann bleibt der Fall Kohl ein Mysterium, ein Fall für die Heiligsprechung vielleicht. Das dafür notwendige Wunder gibt es zu besichtigen. Innerhalb nur weniger Jahre ist die CDU, deren Vorsitzender Kohl war, von Grund auf saniert worden. 1989 hatte die Bundespartei 75,9 Millionen Mark Schulden, und wenige Jahre später, Ende 1992, waren die Konten gesund. Auch wenn man die Segnungen, die die deutsche Einheit mit sich brachte, berücksichtigt, handelt es sich um eines der großen Mysterien der bundesdeutschen Parteiengeschichte.

Die Lage war noch nie so ernst: Die CDU in der Kohl-Krise

Achterbahnen heißen die Fahrgeschäfte auf den Rummelplätzen, wo man sich in kleinen Gefährten erst nach oben ziehen läßt und dann halsbrecherisch zu Tale stürzt. Die größten dieser Berg- und Talbahnen findet man auf dem Münchner Oktoberfest oder dem Cannstatter Wasen: Dort dauert der Nervenkitzel an die fünf Minuten. In der deutschen Politik dauerte er das ganze Jahr 1999 und die erste Hälfte des Jahres 2000. Die Steigungen, Gefälle und Kurvenradien, die SPD und CDU dabei genommen haben, wären vom TÜV nie genehmigt worden. Das bestätigt nur drastisch, was jeder weiß: Politik ist kein Vergnügen.

Das Jahr 1999 hat Gerhard Schröder, den Wahlsieger von 1998, erst düpiert und dann wieder hofiert. Es hat Helmut Kohl, den Wahlverlierer von 1998, erst erhöht und dann furchtbar gestürzt. Es hat die CDU von Wahlerfolg zu Wahlerfolg geführt und sie so glauben lassen, sie habe die Krise von 1998 schon überwunden – und die Partei dann, im Spätherbst 1999, erst richtig hineingestürzt. Die letzten Monate 1999 und die ersten des Jahres 2000 waren für die CDU wohl die bittersten ihrer Geschichte.

Bisweilen mochte es so aussehen, als handele es sich bei den Vorgängen nur um einen Ehekrieg zwischen Kohl und seinem Nachfolger Schäuble, einem Krieg der Art, wie er in dem tragikomischen Film »Rosenkrieg« des Regisseurs Danny De Vito gezeigt wird. Diese Reminiszenz wäre freilich viel zu harmlos für das, was in der CDU geschah: Es ging nicht nur um eine exzessive Beziehungskrise zwischen den zwei Menschen Kohl und Schäuble. Sicher: Auch bei der CDU lagen die Nerven blank, auch in der CDU fraß, wie in einem Ehekrieg, Haß die Seele auf. Im Film werden Haus und Möbel lieber zerstört und zerschlagen als dem anderen überlassen. Genauso verhielt sich Kohl zuletzt gegenüber der Partei und seinem Nachfolger Schäuble, so agierte er bei seinen Auftritten. Aber es ging um sehr viel mehr: um ein grundverschiedenes Verständnis von Politik und Demokratie – und darum, ob Verharmlosung und Verdunkelung von Gesetzes- und Verfassungsbruch zu den Mitteln des politischen Geschäfts gehören. Kohl stellte sein angebliches Ehrenwort über Recht und Gesetz. Er war der Ansicht, daß man als Politiker Paragraphen plattsitzen darf. Nach seiner Ansicht hatte Schäuble nur nicht das Gewicht, es ihm gleichzutun.

Der Ex-Vorsitzende Helmut Kohl und die CDU in der Kohl-Krise: Ganz hinten im Strafgesetzbuch gibt es eine Vorschrift, die noch kein Staatsanwalt und auch kein politischer Kritiker dem Altbundeskanzler vorgehalten hat. Sie lautet: Parteiverrat. Wer die Formulierung des Paragraphen 356 Strafgesetzbuch liest, der merkt freilich sogleich, daß sie den Ehrenvorsitzenden der CDU strafrechtlich nicht trifft, weil es sich um eine Vorschrift gegen ungetreue Rechtsanwälte handelt, nicht aber gegen ungetreue Parteivorsitzende, und weil diese Strafvorschrift nur das Vertrauen in die Integrität der Rechtspflege, nicht aber das Vertrauen in die Integrität eines Ex-Bundeskanzlers schützt. Doch es ist exakt dieses Wort, das das Verhalten von Helmut Kohl besser kennzeichnet als jedes andere: Parteiverrat.

Mit jedem Tag, den Kohl über seine anonymen Geldspender schwieg, vergrößerte sich dieser Verrat. Die CDU stürzte in einen Abgrund, und Helmut Kohl war schuld daran. Die Spekulationen wurden mit jedem Tag gewaltiger: Im deutschen und französischen Fernsehen gab es Mitte Januar 2000 Meldungen über Millionenzahlungen des französischen Elf-Konzerns an Kohl – angeblich auf Weisung von Mitterand. Die Protesterklärungen dagegen, die Kohl durch seinen Sprecher verbreiten ließ, halfen nichts. Er, er allein hatte die Lawine ausgelöst, und er allein hätte den Sturz mildern können, indem er endlich sein Wissen aufgedeckt hätte.

Doch die Solidarität mit seinen Geldgebern war ihm wichtiger als die Solidarität mit der CDU, von der er früher, am Beginn seiner bundespolitischen Karriere, einmal gesagt hat, sie sei doch nicht »die Partei des Rainer Barzel oder des Helmut Kohl, sondern die Partei, in die ich als Pennäler eingetreten bin und die meine politische Heimat ist«. Nun tat er so, als sei diese Heimat nicht von einem neuen Vorstand geführt, sondern von Feinden besetzt, die es zu vernichten gelte – und wenn die alte Heimat dabei zugrunde geht. Helmut Kohl ließ es zu, daß über Zwangsmaßnahmen gegen ihn diskutiert werden mußte, weil er sich weigerte, das zu tun, was selbstverständlich sein müßte: nach einem schweren Schaden, den man angerichtet hat, diesen wenigstens zu mildern versuchen. Seiner Schadensminderungspflicht genügt Kohl aber nicht, im Gegenteil. Das starrsinnige Schweigen Kohls war kein eigener Rechtsverstoß mehr – Kohl hatte schließlich als Beschuldigter das Recht zu schweigen. Aber dieses Schweigen war ein Verbrechen an der Partei. Weil Kohl versucht hat, dies mit einem »Ehrenwort« zu rechtfertigen, das er potentiellen Steuerhinterziehern gegeben habe, konnte er kein Ehrenvorsitzender mehr sein. In der CDU gab es Uneinigkeit über den weiteren Umgang mit Kohl: Ein hartes Vorgehen forderten die einen und redeten von parteidisziplinarischen Maßnahmen und Zivilklagen; die anderen warnten davor, weil das die Partei spalten könnte. Die Politiker hatten Angst davor, daß die Partei entweder in zwei Teile zerrissen oder von den Vorwürfen komplett erschlagen würde.

Aufklärung, Aufklärung, Aufklärung: Wolfgang Schäuble versprach sie unermüdlich, er betete das Versprechen herunter, als könnte er schon damit die Krise der CDU bannen. Er ließ Papiere verteilen, in denen das stand, was er von den schwarzen Kassen wußte. Das aber war nicht viel, weil Helmut Kohl das verschwieg, was Schäuble wissen wollte. Solange sich Schäuble jedes Wort der Kritik nur bei gleichzeitigem Schwingen des Rauchfasses für seinen Vorgänger erlaubte, und das war in den ersten Wochen der Krise so, blieb die CDU umnebelt und fand keinen Ausgang aus dem labyrinthischen System Kohl. Aufklärung: Schäuble dachte dabei in zu engen kriminalistischen Kategorien: Wer hat wann wo wem wieviel und zu welchem Zweck Gelder gespendet, und welche Rolle spielte dabei Helmut Kohl? Mit dem Versuch einer solchen Art von Aufklärung konnte die CDU nichts gewinnen. Aufklärung verlangt viel mehr.

Der Philosoph Immanuel Kant hat das trefflich vorausschauend formuliert, gerade so, als hätte er schon die CDU nach Helmut Kohl vor Augen gehabt: »Aufklärung ist der Ausgang des Menschen aus seiner selbstverschuldeten Unmündigkeit.« Genau das war es: Die CDU hat sich von ihrem Vorsitzenden Kohl entmündigen, sie hat sich ihren eigenen Willen nehmen, sie hat sich in ein Mündel, in ein unmündiges Kind Kohls verwandeln lassen. Kohl hatte nicht einmal mehr einen relevanten Kritiker. Er hatte die kritischen Geister an den Rand gedrängt und so die Grundlagen für die Modernisierung der Partei, die er in den siebziger Jahren selbst gelegt hatte, wieder demontiert. Heiner Geißler war in der Partei marginalisiert, hatte nichts mehr zu sagen. Kurt Biedenkopf war auf Außenstation in Dresden. Wolfgang Schäuble, der Fraktionschef, faszinierte durch Loyalität und unterdrückte seinen ohnmächtigen Zorn über die Art und Weise, wie Kohl ihn, durch frühe Ausrufung als Nachfolger, zu seinem Machterhalt zu instrumentalisieren versuchte. Mit dem Tod von Franz Josef Strauß war die letzte Kohl-kritische Stimme erloschen. Die CSU war seitdem kein innerfraktioneller Widerpart mehr. Theo Waigel spielte seine Rolle als CSU-Chef brav und integer – ihm fehlte freilich die politische Phantasie und Gerissenheit seines Vorgängers. Helmut Kohl, der Mann, der Ende der sechziger Jahre als energischer Reformer angetreten war, der dadurch Statur gewann, daß er eigenwillige Mitarbeiter um sich scharte, war im Lauf von zweieinhalb Jahrzehnten selbst eigenwillig geworden. Er hatte zuletzt nur noch willige Mitarbeiter um sich.

Eine erkennbare Programmatik hatte die CDU unter Kohl nicht mehr. Kohl ließ zwar ein neues Parteiprogramm schreiben, doch dieser Partei war ihr Kanzler Programm genug. In unübertrefflicher Weise hat dies der Kreisverband Hannover schon 1991 beschrieben. In seinem Antrag zur Formulierung eines Dresdner Manifests heißt es: »Die Union ist die Europapartei Helmut Kohls.« Im Wortlaut fand sich dieser Satz im CDU-Manifest, das beim Parteitag in Dresden beraten und beschlossen wurde, nicht mehr. Aber er widerspiegelte trefflich den Zustand der Partei: Die CDU betrieb die Apotheose ihres Kanzlers. Die Zelebration dieses Ereignisses ersetzte das Nachdenken über die Zukunft der Partei.

»Unmündigkeit«, so hat Immanuel Kant weiter gesagt, »ist das Unvermögen, sich seines Verstandes ohne Leitung eines anderen zu bedienen.« So war es. Und Schäuble fiel ein solches Geständnis auch deswegen so schwer, weil er an diesem Vorgang beteiligt war, weil er diese Entmündigung der Partei durch Kohl billigend in Kauf genommen oder sich jedenfalls mit ihr abgefunden hatte. Angela Merkel war weniger belastet und weniger befangen: Sie war die erste aus der Führungsriege, die die Partei losreißen wollte von Helmut Kohl; sie wollte eine von Kohl emanzipierte, selbständige CDU präsentieren, und sie wußte, daß das glaubhaft erst dann gelingen kann, wenn Kohl sich aus der Politik zurückgezogen hat.

Helmut Kohl, der Mann, der seiner Partei viel gegeben hat, hat ihr wohl noch viel mehr genommen. Damit sind nicht nur die Millionen gemeint, die er in schwarze Kassen gesteckt hat. Genommen hat er ihr die innerparteiliche Demokratie und die Selbstachtung. Sein Kanzlerregime hatte auszehrende Kraft. Falsche Konventionen entwickelten sich – auf finanziellem wie auf politischem Sektor: Widerspruch galt als Rebellion, das Jasagen als konstruktiv. Die meisten der Parteifunktionäre, die in den Wochen der Kohl-Krise tagtäglich konsterniert Neues über die Quellen, Bäche und Ströme des Kohlschen Finanzsystems erfuhren, hatten gekuscht vor Kohl, hatten fein geschwiegen, beflissen getan und allenfalls im kleinen Kreis gelästert. Fast alle, deren Namen in der Krise als Retter aus der Not gehandelt wurden, hatten zugelassen, daß die CDU so wurde, wie sie jetzt war.

In den zwei letzten Jahren seiner Amtszeit war Kohl durch die politische Landschaft gegangen, wie ein Gutsherr über die Äcker geht, wenn er weiß, daß es eigentlich schon längst Zeit wäre, den Hof dem Erben zu übergeben. Er geht über die Felder und ist angerührt von dem, was er sieht: Er kennt die Fruchtfolge, er weiß, wo es blüht und wo es Unkraut gibt; überall hat er schon geackert, gesät, gedüngt und gemäht. Und nun will er noch einmal ernten, nur noch ernten, nicht mehr aussäen. »Was jemand leisten kann, erkennt man daran, was er geleistet hat« – so sagte Kohl beim letzten CDU-Parteitag vor der Bundestagswahl 1998. Sein designierter Erbe Schäuble erwiderte: »Wir werden nicht gewählt wegen unserer Leistungen in der Vergangenheit.« Schäuble wollte neu pflügen und neu säen, doch Kohl wollte ernten. Das war das große Dilemma am Ende der Ära Kohl – das war nämlich keine Arbeitsteilung, sondern ein Widerspruch. Schäuble fügte sich damals in eine Rolle, die er selbst nicht genau kannte, weil sie abhängig war von Helmut Kohl. Was eine klare Sache hätte sein können, wurde zu einer furchtbaren Sache. Schäuble, einer der ganz wenigen in der Union, die das Wort »Zukunft« mit Verve buchstabieren konnten, zeigte dabei die Haltung, die er von den Deutschen forderte: Er strengte sich an, er quälte sich – nicht nur mit seiner körperlichen Behinderung, sondern auch mit seinem Verhältnis zu Kohl. Es war umsonst.

»Die Lage war noch nie so ernst«: Konrad Adenauer hat mit seinem berühmt gewordenen Satz gern kokettiert, wenn er eine schwierige Lage schon wieder im Griff hatte. Sechsunddreißig Jahre nach dem Rücktritt Adenauers als Bundeskanzler stimmte seine Analyse wie nie zuvor in der Geschichte der CDU. In diesem Satz steckte aber keine Spur von Spott und Selbstironie mehr, er war die bittere und blanke Wahrheit über die CDU. Die CDU stand in der tiefsten Krise ihrer Geschichte. Kohl hatte die Bundestagswahl von 1998 verloren, ohne daß die Wählerinnen und Wähler schon von den schwarzen Kassen wußten. Jetzt wußten sie es – und weil die neue CDU-Parteiführung nicht, wie der alte Kanzler es immer gewohnt war, sich seine verharmlosende Sicht der Dinge rückhaltlos zu eigen machte, wurde Kohl rücksichtslos. Er, der Macher der Einheit, wurde am Ende seiner politischen Laufbahn zum Kaputtmacher seiner Partei. Mit seiner Weigerung, die Namen seiner Geldspender zu nennen, nahm er es, einem Nero gleich, hin, daß die Partei lichterloh brannte – und er sah dabei zu. Die CDU erlebte jetzt, was die anderen christlichen Parteien Westeuropas schon erlebt hatten: eine potentiell tödliche Identitäts- und Existenzkrise. Die Partei, die die Bundesrepublik Deutschland gestaltet und geprägt hat, war in verzweifelter Lage – so verzweifelt, daß es nicht mehr ganz abwegig war, an das Schicksal der Democrazia Cristiana zu denken.

Diese Partei, Urmutter des Nachkriegs-Italiens, hatte fast fünfzig Jahre lang die Geschicke dieses Landes bestimmt. Sie brach 1992/93 unter der Last der Korruptionsskandale zusammen, schämte sich schließlich ihres Namens und löste sich selbst auf. Nicht nur die DC, eine ganze Politikklasse wurde vom Wirbelsturm der Ermittlungen weggefegt, mehr als sechshundert Gerichtsverfahren liefen gegen die ehrenwerten Abgeordneten, die Nomenklatura wurde gestürzt, die politische Landschaft von Grund auf verändert.

So weit konnte es in Deutschland nicht kommen; die Dimension der Skandale war und ist kaum vergleichbar, und: Die CDU bestand auch nach Kohl aus mehr als nur einer Clique von Politikern. In Italien war, als die Revolution der Staatsanwälte begann, das gesamte staatliche System auf Korruption gebaut. Auch in Deutschland gibt es Korruption, aber nicht als Regel, sondern immer noch als Ausnahme. In Italien hatte die gesamte politische Klasse den Staat vereinnahmt; in Deutschland hatten Kohl & Co. die CDU vereinnahmt. Doch schon ein nur partieller Verfall der CDU wäre für Deutschland gefährlicher gewesen als für Italien der Untergang der DC.

Warum? In Italien haben nach dem Zweiten Weltkrieg rund zweihundert Politiker regiert; in Deutschland dagegen haben die Parteien regiert, und die wichtigste war die CDU: Soziale Marktwirtschaft, Westbindung, Aussöhnung mit Frankreich, Vereinigtes Europa – das ist dieser CDU zu danken. Und noch sehr viel mehr: Diese CDU hat einen großen Teil des Bürgertums zur Demokratie geführt und dort gehalten. Die CDU hat nach rechts integriert, freilich verschiedentlich um den Preis von Selbstvergiftung. Rechtsextreme Parteien hatten deswegen nie eine wirkliche Chance in Deutschland, weil die Union einigermaßen stabil blieb. Zum erstenmal in der deutschen Parteiengeschichte gab es eine politische Bewegung, die konservativ-nationale, christlich-soziale und bürgerlich-liberale Elemente in einer großen Volkspartei zusammenführte. Es aktualisierte sich in der Kohl-Krise die Gefahr, die Heiner Geißler schon Jahre zuvor als seinen Alptraum beschrieben hatte: daß die Partei wieder in diese Teile zerfällt. Die Spaltprodukte wären anfällig für neue Nationalismen und autoritäre Versuchungen. In dem Maß jedenfalls, in dem die CDU an Bindungskraft verlöre, würde das politische System instabil, wüchse die Radikalisierungsgefahr. Noch gibt es keinen deutschen Haider, aber er kann sich schnell finden – möglicherweise auch durch Metamorphose eines bereits etablierten Politikers. Zunächst aber gewann, im Gefolge des Kohl-Skandals, die ohnehin schon größte politische Gruppierung stark an Zulauf: die Nichtwähler.

Der CDU in den Monaten der Aufklärung erging es wie Blaise Pascal, dem Physiker und Religionsphilosophen, der an der Schwelle zum modernen Zeitalter in den Weltraum blickte – und furchtbar erschrak angesichts der gähnend leeren Räume: Da gibt es keine vorgezeichnete Bahn, da gibt es nichts, an das man sich halten kann außer an den eigenen Mut und die Zuversicht.

In dieser haltlosen Situation bestand durchaus die Gefahr, daß Nostalgie ausbrach in der CDU und die alten Zeiten des Helmut Kohl beschworen würden, so lange, bis es keine neuen Zeiten mehr gäbe. Dieser Gefahr hat die CDU zunächst widerstanden. Es war die dramatischste Sitzung in ihrer Geschichte, als das Präsidium der CDU am 18. Januar 2000 dem Ehrenvorsitzenden der Partei die Ehrenrechte entzog. Das Präsidium einigte sich auf die Formel, Helmut Kohls Ehrenvorsitz ruhen zu lassen. »Ruhen« – das klang eher zaghaft, das klang wie ein verhaltener Trommelwirbel, wo doch alle Welt auf den Paukenschlag oder gar eine politische Exekution gewartet hatte. Indes: Für viele in der Partei war die Verurteilung Kohls noch immer ein Sakrileg, ein politischer Vatermord. Wenn es so war, dann war es Notwehr. Das Präsidium der Partei spürte, daß die Kraft, die Kohl immer noch hatte, keine konstruktive, sondern eine destruktive Kraft war.

Die Spitzengremien der Partei wußten, daß zwar die Zukunft der Partei mit Wolfgang Schäuble nicht unbedingt gesichert, mit Helmut Kohl aber sicher verloren wäre. Deshalb haben sie Kohl verurteilt – um sich dann, im Glauben, nun sei es genug mit der Buße, um so lauter gegen Rückzahlungsforderungen des Bundestagspräsidenten zu empören; diese Empörung folgte dem Motto: Angriff ist die beste Verteidigung. Das jedoch ist eine Strategie, die nicht immer gilt: Vor Gericht zum Beispiel macht es sich nicht gut, wenn der Angeklagte das Opfer beschimpft und den Richter beleidigt. Es macht sich auch nicht gut, wenn er von der Verfassungswidrigkeit der Gesetze schwadroniert, deren Verletzung er sich schuldig gemacht hat. Und wenn er nicht die Folgen seiner Tat, sondern statt dessen die Strafe beklagt, die ihn für diese Tat trifft, dann zeigt dies nur, daß das einzige Mitleid, zu dem er fähig ist, das Selbstmitleid ist.

Die CDU war und ist nicht angeklagt. Sie ist aber Adressatin von Rückzahlungsforderungen des Bundestagspräsidenten: Wolfgang Thierse verlangt, wie das Gesetz es ihm vorschreibt, öffentliches Geld zurück, das die CDU zu Unrecht erhalten hat. Doch die CDU führte sich auf wie der oben beschriebene Angeklagte. Die Pressekonferenz, bei der die Partei unter Beteiligung ihrer Rechtsanwälte am 15. Februar 2000 zu den Rückzahlungsforderungen Stellung nahm, geriet deshalb zu einer gespenstischen Veranstaltung. Das war nicht die Schuld von Angela Merkel, sondern der Anwälte: Die CDU war an Advokaten geraten, die die politische Dimension des Skandals nicht zu erfassen vermochten, die offensichtlich glaubten, mit juristischen Tricks und sophistischer Gesetzesauslegung Punkte für die CDU zu machen. Ein mißlicher Irrtum.

Ein Rechtsbrecher, der die Schuld an seinem Tun mehr dem Gesetz gibt als sich selbst (im Fall der CDU dem angeblich sowohl unklaren als auch verfassungswidrigen Parteiengesetz), der läßt die Einsicht vermissen, an die sich die Hoffnung knüpfen könnte, daß er sich künftig gesetzestreu verhalten werde. Wenn die CDU eines Tages wieder politische Verantwortung im Bund übernehmen will, muß sie erst einmal Verantwortung für das übernehmen, was sie selbst angerichtet hat. Die Wähler können erwarten, daß sich die CDU zu dem bekennt, was sie getan hat, und daß sie bereit ist, für die Folgen geradezustehen. Strafe muß sein – das gehört schließlich seit jeher zu den Kernforderungen der CDU. Niemand hat etwas dagegen, wenn der Staat bei der Vollstreckung der Rückzahlungsforderungen großzügig ist, die Schulden können gestundet und gestreckt werden; erst einmal aber muß die CDU die Strafe dem Grunde nach akzeptieren. Zum Selbstbewußtsein gehört manchmal auch Schuldbewußtsein. Und nur damit kommt die CDU aus dem Fiasko heraus.

Jeder spürt es, jeder weiß es: »Weiter so« geht es nicht. Weiter so – das ist der Weg ins Chaos. Die große Volkspartei bietet ein Bild des Jammers, sie geht verloren im Dunst von Häme und Mitleid, sie wird als Oppositionspartei kaum noch wahrgenommen. Ihre Kompetenz besteht vor allem im täglichen Nachweis ihrer Inkompetenz. Die Partei braucht einen Moses, der sie aus der Erniedrigung und durch die

Wüste führt. Und sie ahnt, daß ihr Vorsitzender es nicht mehr ist. Es herrscht ein ungeheueres Bedürfnis nach neuer Sinnstiftung, nach Führung, nach Leidenschaft ...

Diese Sätze stammen aus einem anderen Kontext: Geschrieben wurden sie in Kommentaren deutscher Zeitungen nicht über die CDU, sondern – im Oktober und November 1995 – über die SPD vor dem berühmten Parteitag von Mannheim. Sie beschreiben aber sehr anschaulich die Situation der CDU auf dem Höhepunkt des Kohl-Skandals. Und so träumten nicht wenige Christdemokraten davon, daß sich das SPD-Wunder von Mannheim bei ihrem CDU-Parteitag in Essen wiederholen könnte: Daß da einer oder eine mit einer glänzenden Rede eine verzweifelte Versammlung überwältigt, sich schier heiser redet, innerparteiliche Identität stiftet und daß dann, nach dreiundvierzig Minuten, die Delegierten mit Jubelschreien aufspringen, wie damals bei Lafontaine. Fast so ähnlich kam es dann auch – Angela Merkel, die Generalsekretärin, die der Parteitag schließlich zur neuen Vorsitzenden kürte, wurde einige Wochen lang gefeiert wie eine Jeanne d'Arc der CDU. Es war das der Versuch, die alte Unmündigkeit abzuschütteln.

Ein Mann erfährt die Wahrheit:
Aufstieg und Fall des Wolfgang Schäuble

Der Philosoph Arthur Schopenhauer hat sich einmal in einem Brief an Goethe als ganz eigenartiger Aufklärer beschrieben. Schopenhauer verglich sich nämlich mit Ödipus: »Ich will«, so schrieb er, »die Wahrheit herausbekommen, koste es, was es wolle. Ich will Aufklärung über das dunkle Geschick, das mich, wie Ödipus, bestimmt. Ich will Aufklärung haben, selbst wenn sich etwas ganz Entsetzliches herausstellen sollte.«

Bei Ödipus, das wissen wir aus der griechischen Sage, war die Wahrheit entsetzlich: Ödipus hatte seinen Vater erschlagen und seine Mutter geheiratet – und als er dies erfahren hatte, zerbrach er an dieser Wahrheit. Das zeigt: Aufklärung bringt nicht immer unmittelbar

Erleichterung. Sie kann den, der sie betreibt, auch zusammenbrechen lassen, weil er seine Irrtümer, seine eigenen Fehler, seine eigene Schuld nicht aushält. So erging es Wolfgang Schäuble: Er hatte dem illegalen Finanzgebaren von Kiep und Kohl auf den Grund gehen wollen; er stellte seine Fähigkeiten als gelernter Jurist und erprobter Politmanager in den Dienst der Aufklärung, des Neuanfangs für seine Partei. Und vielleicht war er der Meinung gewesen, Aufklärung bringe auch ihm nach all der Anstrengung Erleichterung. Das stimmte auch, aber in einem anderen Sinn, als er es erwartet hatte: Die Wahlniederlage der CDU bei der ersten Wahl nach der CDU-Parteispendenaffäre, nämlich bei der Landtagswahl von Schleswig-Holstein am 27. Februar 2000, war nicht mehr seine Niederlage. Ihn, den Partei- und Fraktionsvorsitzenden der CDU, hatte die Aufklärung schon zuvor die politische Existenz gekostet. Schäuble wollte Aufklärung, und er hat sie bekommen – auf tragische Weise.

Was war das Schreckliche, das Wolfgang Schäuble erfahren hatte? Da gab es die von Schäuble zunächst geleugneten Begegnungen mit dem Waffenhändler Schreiber, die er dann, in der Kohl-Krise, nicht mehr wahrhaben wollte, da gab es die Wirrnisse über Schreibers dubiose 100 000-Mark-Spende an die CDU. Da waren die merkwürdigen Scharmützel Schäubles mit der Ex-CDU-Schatzmeisterin Baumeister über die Details dieser Schreiber-Spende. Das alles war Schäuble höchst unangenehm. Aber die für Schäuble entsetzliche Wahrheit war dies: Er mußte erkennen, daß er viele Jahre einem Kanzler Helmut Kohl gedient hatte, der die Loyalität, die er ihm erwies, nicht wert war. Schäuble mußte erkennen, daß Helmut Kohl der Partei die Stärke, die er ihr gegeben hatte, wieder genommen hat – und noch mehr. Schäuble mußte erkennen, daß er nicht nur der Kanzleramtschef, nicht nur der Innenminister Kohls, nicht nur der Formulierer des Einigungsvertrages, nicht nur das intellektuelle Pendant zu Kohl auf den CDU-Parteitagen gewesen war, sondern in all diesen Funktionen auch dessen nützlicher Idiot, der Narr eines Kanzlers nämlich, der sich einen Hofstaat hielt. Schäuble hat durch Aufklärung seine eigene Schwäche erfahren. Und er erlebte, daß es zu spät war, als er dies am Schluß zu ändern versuchte.

Helmut Kohl beobachtete mit mehr als klammheimlicher Freude, wie Wolfgang Schäuble scheiterte, es war eine sadistische Freude. Vermittels einer naiven Frau Baumeister und dem geltungssüchtigen Waffenhändler Schreiber gelang es ihm, seinen Nachfolger politisch zu erwürgen. Bei der Betrachtung von Kohl und Schäuble kommen einem griechische Tragödien und Mythen in den Sinn. Schäubles Kampf mit der Wahrheit – Laokoon kämpft mit den Würgeschlangen – lenkte die Öffentlichkeit eine Zeitlang vom eigentlichen Drama ab. Sie verfolgte bestürzt und fassungslos die hilflosen Verrenkungen des seinerzeitigen CDU-Vorsitzenden. Sie registrierte, wie die Angst seiner Anhänger wuchs und seine Gefolgschaft schwand, die CSU wendete sich ab. Im griechischen Mythos freilich ist das Ende des Laokoon nur der Vorbote des Untergangs von Troja.

Im deutschen Troja des Jahres 2000 stürzte das System Kohl zusammen, und Monate später ist noch nicht klar, was, wieviel und wie viele es unter sich begraben wird. Der Schaden beschränkt sich nicht auf die CDU, er trifft die Parteiendemokratie insgesamt. Doch nicht einmal der Schaden für die CDU schien Helmut Kohl besonders zu beschäftigen, wenn nur sein Ruf, sein Ansehen vor der Geschichte, die Katastrophe einigermaßen überstünde. Kohl mochte glauben, daß zur Sicherung seines Nachruhms der politische Exitus des Nachfolgers dienlich sei, weil man Schäuble dann einen gut Teil an der Katastrophe aufladen könne.

Warum ließ Kohl es zu, wie aus einer Katastrophe ein GAU für die CDU wurde? Die Niederlage der CDU im September 1998 war die Niederlage des Helmut Kohl gewesen. Der damalige Kanzler war mit seinem Latein am Ende, und seine Partei sah nach sechzehn Regierungsjahren älter aus als die katholische Kirche nach zweitausend. Die Niederlage war noch unbeeinflußt von Finanzskandalen; nicht die Redlichkeit Kohls stand in Frage, sondern seine Fähigkeit. Damals, 1998, konnte niemand Kohls Wahldesaster auf Schäuble abladen. Jeder wußte, wie übel Kohl seinem Hausmeier mitgespielt, wie er ihn als Nachfolger präsentiert und wieder weggesteckt hatte – und jeder ahnte, daß die Niederlage bei der Bundestagswahl nicht so furchtbar ausgefallen wäre, wenn Kohl das Feld für Schäuble rechtzeitig bestellt hätte. An Kohls Schuld für die Niederlage von 1998 gibt es also nichts zu deuteln.

Im Kontext des CDU-Finanzskandals im Winter 1999/2000 ging es um die Deutungshoheit für das viel größere Desaster. Wer war schuld an der akuten Existenzkrise der CDU? Verglichen mit der Katastrophe von 1999/2000 war die Wahlniederlage von 1998 ein kleiner Unfall. Wenn es Helmut Kohl gelungen wäre, diese Katastrophe Wolfgang Schäuble anzulasten, sie also als bloße Folge eines völlig unzureichenden Managements durch Schäuble darzustellen, dann wäre Kohl dagestanden wie der Gutsherr, dem es zwar die letzte Ernte verhagelt hatte, der aber seinen Erben dennoch eine nach wie vor stattliche Domäne hinterließ, die diese dann durch ihre eigene Unfähigkeit heruntergewirtschaftet haben.

Es gab eigentlich keinen vernünftigen Grund, warum es Kohl hätte gelingen sollen, diese Legende zu etablieren. Die Wahrheit war nämlich die: Kohls Umgang mit den Parteifinanzen hat den Boden vergiftet. Kohls Schuld an der Katastrophe der CDU ist noch viel eindeutiger als seine Schuld an der Wahlniederlage von 1998: Er hat das Schwarzkassensystem in der CDU eingeführt, er ist für die falschen Rechenschaftsberichte verantwortlich. Seine Machenschaften sind schuld daran, daß die CDU sich monatelang mit nichts anderem mehr beschäftigen mußte als mit Aufklärung. Und er war es, der sein angebliches Ehrenwort, seine anonymen Spender nicht zu offenbaren, wie ein Schutzschild über sich hielt, das verbergen sollte, was er auf dem Kerbholz hat. Kohl ist der Täter im Finanzskandal, die Partei ist sein Opfer. Und Wolfgang Schäuble war ein Mann, der bei der Behandlung des Opfers schwere Fehler beging. An der Kausalität der Kohlschen Taten ändert das nichts – sein Pochen auf sein Ehrenwort, das die Aufklärung so erschwert und der Partei so geschadet hat, war der untaugliche Versuch, mit untauglichen Mitteln um seine Ehre zu kämpfen. Bei all dem darf man sich an eine Anekdote aus dem Jahr 1805 erinnern. Der englische Admiral Nelson und sein französischer Kontrahent, der Vizeadmiral Villeneuve, waren sich vor der Seeschlacht bei Trafalgar begegnet. Dabei hatte Villeneuve Nelson vorgeworfen, daß die Engländer nur um des Geldes willen kämpften, die

Franzosen hingegen um die Ehre. Darauf Nelson: »Jeder kämpft um das, was er nicht hat.«

1994 erschien ein Buch Wolfgang Schäubles mit dem Titel »Und der Zukunft zugewandt«. Als er dann nach der vernichtenden Wahlniederlage von 1998 nicht nur wieder zum Fraktionschef der CDU/CSU, sondern auch zum neuen CDU-Vorsitzenden gewählt wurde, da fragten sich die Beobachter, in welche politische Zukunft er die Union führen werde, für welche Politik er selbst stehe. Schäuble gab seit jeher Rätsel auf. Anfang der neunziger Jahre galt er als Hardliner, als Deutschnationaler beinah. Er war einer, der die Bundeswehr als Notpolizei bei »Gefährdung der inneren Sicherheit« einsetzen wollte, einer, der gar nicht genug von »nationaler Identität« reden konnte. Derselbe Schäuble aber hat wenig später gegen den Widerstand der SPD die Grüne Antje Vollmer zur Bundestagsvizepräsidentin gemacht und schwarzgrüne Optionen im Herzen bewegt. 1997, beim CDU-Parteitag, hat er eine Rede gehalten, bei der teilweise sogar die Grünen applaudiert hätten. Damals war es Schäuble gelungen, Trübsal und Tristesse in seiner Partei wegzublasen. Als er 1998 sein Amt als CDU-Chef antrat, rätselte das Publikum, ob er sich als Erbe, als Testamentsvollstrecker oder als Nachlaßrichter verstand. Schäuble wußte es wohl zunächst selbst nicht. Er hatte indes kaum Zeit, darüber nachzudenken. Er mußte erst einmal den Absturz der CDU in die Hölle von Zwietracht und Personalstreitereien verhindern. Und es gelang: Er führte seine Partei in geschlossener Formation ins Fegefeuer der Opposition. Strategen wissen: Ein geordneter Rückzug nach einer so verheerenden Niederlage ist eine geniale Leistung.

Schäuble wurde ausgelacht, als er im November 1998 ankündigte, 1999 alle Wahlen gewinnen zu wollen. Er und die CDU haben es dann, unterstützt von den Anfängerfehlern der Regierung Schröder, tatsächlich geschafft – der Siegeszug der Schäuble-CDU begann mit dem Sturz der rotgrünen Regierung in Hessen, setzte sich fort mit einem grandiosen Sieg bei den Europawahlen im Juni 1999 und hielt an bis zum Kohl-Skandal. Das Zwischenhoch war freilich weniger eigener Verdienst, sondern vor allem Ergebnis von Unbeholfenheiten der neuen rotgrünen Bundesregierung. Immerhin: Nach einem Jahr

Opposition war die CDU in einem durchaus prächtigen Zustand. Die Partei wand sich nicht in Qualen, und das war den Wählerinnen und Wählern zu verdanken. Die Deutschen hatten die CDU zwar in die Opposition geschickt, aber danach in allen Wahlen, ein Jahr lang, dafür gesorgt, daß die Konservativen im bundespolitischen Purgatorium nicht verzweifelten, sondern den Zustand der Regierungsseligkeit schon fast wieder greifbar wähnten.

Das Fegefeuer ist, das muß man einer christlichen Partei nicht lang erklären, der Ort und Zustand schmerzhafter Läuterung. Nach der katholischen Glaubenslehre büßen die aus dem Diesseits Abberufenen dort für ihre läßlichen Sünden; die Lebenden aber können durch gute Werke die Qualen der armen Seelen lindern und verkürzen. Das Fegefeuer in der Demokratie heißt Opposition. Und es war eigentlich zu erwarten, daß die Buße nach sechzehnjährigem Regieren scharf ausfallen würde. Zunächst war es, wie gesagt, überhaupt nicht so. Schäuble und seine Generalsekretärin Merkel wußten zwar, daß die Euphorie der Unionsanhänger nach dem ersten Jahr Opposition unangebracht war. Aber sie konnten die voreilige Euphorie gut gebrauchen: Sie anästhesierte die Partei. Sie hatte zur Folge, daß die notwendigen chirurgischen Eingriffe in die Programmatik einigermaßen schmerzfrei unternommen werden konnten. Es kam, zum Vorteil von Schäuble und Merkel, hinzu, daß Edmund Stoiber und seine CSU vom hohen Roß heruntersteigen mußten: zum einen einiger Affären im Lande Bayern wegen, zum anderen deshalb, weil die CDU bei Wahlen in den Ländern (Kommunalwahl in Nordrhein-Westfalen, Landtagswahl in Sachsen und Thüringen) auf ähnlich hochprozentige Erfolge verweisen konnte wie bisher nur die CSU.

Augenscheinliches Ergebnis der neuen Stärke von Schäuble und Merkel war die Kurskorrektur gegenüber der PDS, die man bisher im Sinn des Wortes links liegengelassen hatte. Als eineinhalb Jahre zuvor Richard von Weizsäcker das Ende der Tabuisierung der PDS vorgeschlagen hatte, war seine Partei pikiert gewesen. Und als Heiner Geißler, bald nach der verlorenen Bundestagswahl von 1998, eine »Normalisierung« des Verhältnisses zur PDS angemahnt hatte, war seine Partei wütend über ihn hergefallen. Das war eine Angstreaktion angesichts ungewisser Zukunft gewesen. Nun aber, im Oktober 1999, war die Parteiführung exakt auf dem Kurs, den sie Monate vorher noch verdammt hatte: Er hatte mit Annäherung an die PDS nichts zu tun, sondern mit Einhaltung normaler demokratischer Gepflogenheiten.

Für die Partei noch wichtiger war die Kursänderung in der Familienpolitik: Es handelte sich um eine christdemokratische Kulturrevolution. Das im Oktober 1999 neu skizzierte Programm bekannte sich klar zur Berufstätigkeit der Frau. Die CDU nahm Abschied vom Idealbild der Hausfrauenehe. Der klassischen Familie nahm die CDU zwar nicht den Heiligenschein, sie akzeptierte aber, daß zwei Menschen auch ohne Ehe selig werden und daß Kinder auch in einer Familie, in der die Eltern nicht verheiratet sind, glücklich sein können. CDU-Mandatsträger, die zu neunzig Prozent in einer klassischen Familie leben, konnten solche Aussagen schnell als Angriff auf sich selbst empfinden. Um so bemerkenswerter war das Heranrücken der CDU an die Lebenswirklichkeit. Die Schäuble/Merkel-CDU war dabei, einen aufgeklärten Konservativismus zu entwickeln.

Anfang November 1999 versuchte Schäuble bei einer großen Rede in Potsdam die Grundlinien einer neuen Politik der CDU zu zeichnen: Der »neuen Mitte« der Schröder-SPD hielt er die »neue soziale Marktwirtschaft« entgegen. Sie sollte die Globalisierung domestizieren und den Schröder-verschreckten Menschen eine neue Heimat geben. Den starken Staat beschrieb Schäuble neu, nicht mehr als den General Dr. von Staat, als den ihn Kanther und seine politischen Freunde in preußischer Tradition verstanden hatten, sondern als den Staat »starker Bürger«. CDU-Politik sollte den Menschen »Brücken bauen« – mit fast pastoraler Eindringlichkeit variierte Schäuble dieses Brückenthema. Als oberster Brückenbauer, als Pontifex Maximus, hatte sich bislang nur der Papst in Rom bezeichnet.

Über dieses Hochgefühl, über dieses neue Leben der Partei brach der Kohl-Skandal herein wie ein furchtbares Erdbeben. Und es begann die große Tragödie des Wolfgang Schäuble. Er konnte sich in der Spenden- und Schwarzkassenaffäre lange nicht zwischen Offensive und Defensive entscheiden. Er versuchte beides auf einmal. Die

Offensive entsprach der von ihm richtig erkannten Notwendigkeit, eine neue CDU zu präsentieren; die Defensive resultierte aus der Pietät gegenüber dem Vorgänger Kohl. Solche Pietät aber war nicht Liebe, sondern Unterwerfung, also eine furchtbare Tugend.

Der CDU-Vorsitzende Schäuble agierte auf einem Terrain, das unterirdisch von Stollen und Flözen durchzogen war wie das Revier bei Bochum: Jederzeit konnte sich ein neuer Krater öffnen. Im Revier wären die Leute, deren Häuser einstürzen, nicht erbaut, wenn sich der zuständige Leitende Bergdirektor in seinen Erklärungen auch noch ständig bei dem Kumpel bedanken würde, der einst den verbotenen Stollen eingezogen und soviel Kohle gefördert hat. Exakt das aber machte Schäuble in den ersten zwei Monaten des Kohl-Skandals mit seinen Hinundherbewertungen der Spenden- und Kassenaffäre und der Situation der CDU. Schäuble verband jede Kritik erst einmal mit einer Laudatio auf seinen Vorgänger. Wie hätte Kohl reagiert, wenn er Schäuble gewesen wäre? Er hätte sich – in dem Machtbewußtsein, das ihn immer ausgezeichnet hat – ganz entschieden und öffentlich von sich selbst getrennt.

Schäubles Tragödie im Winter 1999/2000 war wie eine Buße: Weil er selbst so lange zu den Auswüchsen des Systems Kohl geschwiegen hatte, mußte Schäuble es jetzt aushalten, daß Kohl in der von ihm angerichteten schwersten Krise der Union schwieg, daß er keine Spendernamen nannte. In diesen Monaten an der Spitze der CDU zu stehen war die bitterste Aufgabe, die es in der deutschen Politik gab.

Als Schäuble am 2. Dezember 1999 im Bundestag über seine Kontakte zum Waffenhändler und CDU-Spender Schreiber die Unwahrheit sagte, schaufelte er sich sein eigenes politisches Grab. Schäuble – ein kleiner Kohl: Das war das Bild, das sich die Öffentlichkeit daraufhin vom CDU-Vorsitzenden machte. Das war zwar falsch, aber Schäubles Verhalten hatte zu einem solchen Eindruck beigetragen. Zur Korrektur: Schäuble hatte keine schwarzen Kassen geführt, kein schwarzes Geld gehortet, keine Rechenschaftsberichte frisiert. Er hatte nicht über Jahre hin ein unzulässiges Kassensystem aufgebaut und betrieben, er hatte auch nicht gegen das Parteiengesetz verstoßen: Zwar hatte er eine saftige Barspende entgegengenommen und an die

Partei weitergegeben und war dabei so bedenkenlos, wie man es als seriöser Politiker nicht sein darf. Er hatte sich offensichtlich das Gebaren Kohls beim Spendensammeln zu eigen gemacht. Er hatte aber dann das Geld, im Gegensatz zu Kohl, ordentlich bei der Parteikasse abgeliefert. Seine Dummheit bestand darin, daß er diesen zwar anrüchigen, aber legalen Vorgang wochenlang verschwieg.

Dieses Schweigen war nicht strafbar, es war nicht kriminell, aber es nahm Schäuble den Nimbus des Aufklärers. Die Offensive der Aufklärung, die er angekündigt hatte, kam schon bei ihm selbst ins Stokken. Einigermaßen selbstgefällig beharrte er bis Mitte Januar 2000 darauf, er habe alles richtig gemacht und sich nichts vorzuwerfen. Schäuble – ein lebendes Beispiel für den Satz, daß Gott der Verzweiflung die Selbstgefälligkeit beigegeben hat wie der Krankheit das Heilmittel. Nur: Heilen konnte Schäuble auf diese Weise gar nichts. Rechtzeitig hätte er sagen müssen: »Ich habe einen schweren Fehler gemacht, ich hätte von der Spende Schreibers Parteigremien und Öffentlichkeit unverblümt unterrichten müssen.«

Er hat es zu spät getan. Seine Demonstration der Bußfertigkeit vor dem Deutschen Bundestag – ein Nostra culpa im Namen der CDU am 20. Januar 2000 – brachte weder Trost noch Vergebung. Wolfgang Schäuble hatte die Beichte der CDU, der Lage angemessen, schlicht und einfach angelegt; und hätte er nach zehn leisen Minuten geendet, der Respekt des Hauses wäre ihm sicher gewesen. Aber dann franste ihm die Rede aus, das Bekenntnis zerfaserte, wurde unkonzentriert, schwankte zwischen Zerknirschung und halbherzigem Angriff auf den politischen Gegner. Und so hinterließ die Rede im eigenen Lager weder Stolz auf den Bekennermut des Vorsitzenden noch Erleichterung darüber, daß nun öffentlich gesagt war, was gesagt werden mußte. Die Partei fand keinen Trost, sondern spürte die beklemmende Trostlosigkeit der Situation. Es war Schäubles Schwäche an diesem Tag, daß es ihm nicht gelang, den Seinen ein Licht am Ende des Tunnels zu zeigen. Das war wiederum nicht unbedingt seine Schuld. Der Schuldige, Helmut Kohl, mag feixend vor dem Fernseher gesessen haben, schimpfend über die »Unfähigkeit« und »Weichheit« seines Nachfolgers, dessen Fähigkeiten er hochgepriesen hat, so lange die ihm nützlich waren. Kohl verhielt sich wie der Verbrecher, dem es gar nicht einfällt, seine Tat und deren Opfer zu bedauern, sondern sich statt dessen nur über die angebliche Stümperhaftigkeit seines Verteidigers erregt, weil der die Sache schlimmer mache als sie sei.

Es gab und gibt einen entscheidenden Unterschied zwischen der Affäre Kohl und der sogenannten Affäre Schäuble: Untreue, wie sie Helmut Kohl vorgeworfen wird, ist ein kriminelles Delikt – Unwahrhaftigkeit, wie sie bei Wolfgang Schäuble erwiesen ist, eine politische Dummheit. Diese Dummheit war nicht strafbar, aber ihre Folgen waren bitter. Wolfgang Schäuble verlor das, was er und seine Partei am meisten brauchen: Glaubwürdigkeit. Er mußte sich gefallen lassen, daß ausgerechnet eine so dubiose Figur wie der mit Haftbefehl gesuchte Waffenhändler Schreiber ihm »dringend« empfahl, bei der Wahrheit zu bleiben; und Schäuble mußte erfahren, daß ein so anrüchiger Kronzeuge eher Glauben fand als ein Vorsitzender der CDU. Man konnte mit Schäuble Mitleid haben, aber Mitleid ist keine politische Kategorie.

10. April 2000, CDU-Parteitag in Essen: Auf der fünften von neunzehn penibel vorgetragenen Manuskriptseiten waren die Rede und die Ära Schäuble zu Ende. Der scheidende Vorsitzende hatte noch einmal das Fazit der Krisenmonate gezogen, er hatte seine Melancholie verscheucht, und er kam dann zu dem schlichten Satz, in dessen Bescheidenheit sich der Trotz und der Stolz des Wolfgang Schäuble verbargen: »Ich habe versucht, meinen Beitrag zu leisten.« Der Parteitag empfand diesen Satz zu Recht wie den vorweggenommenen Schluß der letzten Rede des Vorsitzenden Schäuble. Und alle wußten, wieviel in diesem kleinen Wort »Beitrag« steckt: die Tragödie eines Mannes, der lange nicht hatte akzeptieren wollen, daß es ihm nicht gelingen würde, die Partei aus der Krise zu führen – der es aber trotzdem mit all seiner Kraft versucht hat. Auch weil Schäuble sich sicher war, alles getan zu haben, was er vermochte, wirkte er am Tag seines Abtretens erleichtert, gelöst, fast aufgekratzt. Der saarländische Ministerpräsident Peter Müller sprach in seiner Dankesrede davon, daß Schäuble »mehr Unglück ertragen mußte als andere«, und davon, daß

die Partei von ihm »viel, zuviel vielleicht verlangt hat«. Und das empfanden wohl bei Schäubles Rede auch die Delegierten so. Kohl erwähnte er mit keinem Wort mehr.

Schäuble rechnete nicht ab, sondern legte Rechenschaft ab über seine sechzehn Monate, in denen er etwas machen sollte, was (jedenfalls vom Beginn des Parteispendenskandals an) objektiv unmöglich war: als ehemals engster Mitarbeiter Kohls die CDU aus der Ära Kohl herauszuführen. An einer solchen Aufgabe mußte er scheitern; Schäuble wollte in seiner letzten Vorsitzendenrede zeigen, daß es ein ehrenvolles Scheitern war. Und so lag im Beifall zwar keine Begeisterung, sehr wohl aber Dankbarkeit und wohl auch schlechtes Gewissen. Wolfgang Schäuble also widerstand der Versuchung, seine Bitterkeit über Kohl dem Parteitag vor die Füße zu werfen. Es war erst Friedbert Pflüger, der den Namen Kohl nach dreieinhalb Parteitagsstunden in den Mund nahm. Und es war ein Kreisvorsitzender, der forderte, die Schuldigen an der Krise zur Rechenschaft zu ziehen.

Schäuble aber fand zurück zu der protestantischen Disziplin, die ihn schon als Hausmeier Helmut Kohls ausgezeichnet hatte – jetzt stellte er sie in den Dienst der neuen Parteivorsitzenden. Angela Merkel interessierte sich zwar nicht besonders dafür, was Schäuble nach seinem Fünf-Seiten-Fazit der Krise noch zu sagen hatte; der aber tat das so, wie es seinem Verständnis von Loyalität entspricht: Vierzehn Seiten Programmatik trug er ohne Feuer vor. Natürlich hätte er eine mitreißende Rede halten können, natürlich hätte er Visionen entwickeln können; oft genug hat er es zu Kohls Zeiten gemacht, immer dann, wenn es notwendig war, um die Defizite des Alten auszugleichen, und dieser das nicht als Illoyalität empfinden konnte. Hätte Schäuble diesmal die große Rede gehalten – man hätte ihm vorgeworfen, daß er nicht aufhören kann. Und so machte Schäuble das, was er früher mit Helmut Kohl gemacht hat: Er lobte Angela Merkel über den Schellenkönig.

Als Angela Merkel eines Morgens erwachte: Die CDU nach Kohl

Der Kohl-&-Kiep-Skandal hat funktioniert wie eine Zeitmaschine: Ende November 1999 ist die CDU torkelnd und mit unbekanntem Ziel eingestiegen, sie ist geschüttelt und gerüttelt worden, sie hat Todesängste ausgestanden, sie wurde lädiert und ramponiert – und nicht alle Insassen haben die Tortur überlebt. Aber nach vier Monaten hatte die Partei zehn Jahre übersprungen. Ohne den Skandal hätte sich die CDU noch lange damit geplagt, sich aus dem Patriarchat herauszuarbeiten. Ohne den Skandal hätte sie noch wesentlich länger im Schatten Kohls gedämmert. Ohne den Skandal wäre aus der Erneuerung der Partei ein Langzeitprogramm geworden, verteilt auf viele Parteitage.

Der Skandal hat die Partei also zu einer Revolution gegen sich selbst gezwungen. Möglicherweise wird sich gar noch herausstellen, daß der Kohl-Schock der Partei mehr genutzt als geschadet hat. Ohne den Skandal säßen weiterhin nur die alten Kämpen in der ersten Reihe; so aber sind neue, jüngere Leute nach vorn gekommen – auch wenn Friedrich Merz, der neue Fraktionsvorsitzende, bisher wenig reüssieren konnte und eher durch Naseweisheit auffiel als durch politische Stilsicherheit. Jedenfalls: Aus der CDU wurde – optisch – eine junge Partei. Schneller, radikaler, umfassender als jede andere Partei absolvierte sie einen kompletten Generationswechsel. Ohne den Skandal hätte es eine weibliche CDU-Vorsitzende, wenn überhaupt, in zehn oder fünfzehn Jahren gegeben. Der Skandal hat die Partei gezwungen, ihre Vorurteile gegen Frauen in der Politik hintanzustellen.

Noch vor wenigen Jahren war es in dieser Partei so: Auf den »Zukunftsparteitagen« (etwa auf dem von Karlsruhe im Jahr 1995) lachte man über alle, die Angst vor der Zukunft haben – selbst aber hatte man Angst vor Frauen in der Politik (und lehnte die ohnehin bescheidene Frauenquote in der Partei ab). In der großen Krise, da die CDU Angst vor der Zukunft hatte, legt sie nolens volens ihre Angst vor den Frauen ab. Und es trat nun wirklich ein, was Angela Merkel im Dezember 1991, beim Parteitag in Dresden, gefordert hatte: Die CDU wurde »weiblicher« – neben Merkel spielen Frauen wie Annette Schavan, die Kultusministerin von Baden-Württemberg, und Hildegard Müller als Bundesvorsitzende der Jungen Union eine herausragende Rolle.

Damit bricht in der CDU noch lange nicht das Matriarchat aus. Aber die »drei wilden Weiber«, wie sie sich selbst bei der Aufklärung des Kohl-Skandals titulierten, haben die Chance, einen der großen Widersprüche konservativer Politik zu beenden. Diese Politik wollte beides haben: die schöne neue Welt und die gute alte Zeit, in der die Männer unter sich waren. Die CDU war eine Männerpartei; und alle Debatten und Beschlüsse hatten daran nichts geändert. Eine Frau an der Spitze verändert nun das Binnenklima, sofern es ihr gelingt, sich an der Spitze zu halten. Die Entscheidung für Merkel war ein Signal dafür, daß in der Partei neue Zeiten anbrechen. Wie diese Zeiten aussehen, weiß noch keiner so genau. Die Zeitmaschine transportiert nur, sie verändert aber die Transportierten nicht.

Es gibt ja bekanntlich kein Übel, in dem nicht auch etwas Gutes steckt – und sei es die Chance zur Läuterung. Deshalb war es nicht nur billiger Trost, wenn sich die damalige CDU-Generalsekretärin Merkel nach dem GAU der Christdemokraten in Hessen an diese Weisheit erinnerte: Im Januar 2000 war aufgeflogen, daß die hessische CDU dubioses Geld ins Ausland transferiert und dort angelegt hatte. Sie hatte die Gelder dann (unter anderem zur Wahlkampffinanzierung) als angebliche Vermächtnisse jüdischer Bürger im Ausland getarnt wieder zurückgeholt. Im Gespräch mit der *Süddeutschen Zeitung* formulierte Merkel es am 16. Januar, also drei Monate vor ihrer Wahl zur neuen Vorsitzenden, so: »Die Partei hat jetzt die Chance, das, was unter einem aufgeklärten Konservativismus zu verstehen ist, strukturell in der Partei zu verankern.« Im Klartext hieß das: Die CDU nach diesem Skandal wird eine andere sein als vorher – programmatisch, politisch, personell.

Der politische GAU in Hessen desavouierte einen ganz bestimmten Teil der CDU – die rechts- und nationalkonservative Richtung nämlich, wie sie von Manfred Kanther, Walter Wallmann, Alfred Dregger verkörpert und wie sie vom derzeitigen hessischen CDU-Ministerpräsidenten Roland Koch durchaus bewahrt wird. Kanther,

Ex-Bundesinnenminister, Wallmann, Ex-Ministerpräsident, Dregger, Ex-Fraktionschef der CDU/CSU im Bundestag – sie alle kommen aus Hessen, sie alle sind in den hessischen Finanzskandal verwickelt, sie alle sind Verfechter des feudalen Staats, und sie redeten gerne, trotzig und mit großbürgerlicher Attitüde vom Patriotismus. Sie alle repräsentieren ein Staatsverständnis, in dem der Staat mit Pickelhaube daherkommt. Und es war deshalb schon beinahe burlesk, daß im Mittelpunkt des Finanzskandals der hessischen CDU ein alter Herr aus dem deutschen Uradel stand: Casimir Johannes Prinz zu Sayn-Wittgenstein-Berleburg, der in der entscheidenden Zeit Schatzmeister der CDU war. Er verkörpert ein untergegangenes Deutschland; Kanther, Dregger und Wallmann verkörpern eine untergehende CDU. Der Pfälzer Helmut Kohl ist eigentlich der Anti-Typ zu Kanther und Sayn-Wittgenstein; von seiner Attitüde her ist der Altkanzler eher Großbauer als Gutsherr – aber im Umgang mit dem Geld und in der Art, dabei Gesetze für nicht so wichtig zu halten, berühren sich die Kreise. Nicht zufällig hat der Finanzjongleur Horst Weyrauch sowohl für die Kohl-CDU als auch für den hessischen CDU-Landesverband gearbeitet. Und Kohl hat sich im Zuge seines Aufstiegs vom erfolgreichen Provinzpolitiker zum Staatsmann persönlich und politisch gewandelt: vom liberal-konservativen Aufklärer zu einer autoritären Notabilität.

Selbstsucht kennzeichnet die Kreise, die von Kanther und die von Kohl: Wer den Staat verkörpert, braucht es mit den Gesetzen nicht so genau zu nehmen. Sowohl Kohl als auch Kanther haben aus dem Flick-Skandal und den Parteispendenaffären, aus den Mahnungen des Verfassungsgerichts, den Sanktionen der Strafjustiz und den dann neu verabschiedeten Gesetzen nichts gelernt und nichts lernen wollen. Die hessischen Alt-Funktionäre ebenso wie Helmut Kohl befinden sich auf dem Bewußtseinsstand der späten siebziger und beginnenden achtziger Jahre, als Unrecht zum Recht werden sollte – und Helmut Kohl daher ein Gesetz präsentierte, das für die Steuerhinterzieher in den Reihen der Parteien und in der Industrie Straffreiheit gewähren wollte. Damals hat Kohl auf dem CDU-Parteitag von Stuttgart neunundsechzig Prozent Zustimmung für den Amnestieplan bekommen – nach der Devise, daß es kein Unrecht gibt, wenn es die Partei begeht. Als nach gewaltiger öffentlicher Empörung das Amnestiegesetz im Jahr 1984 scheiterte, veranstaltete das System Kohl einfach eine Privatamnestie, indem es beschloß, die neuen Regeln für sich nicht gelten zu lassen. Dieser absolutistische Teil des Systems Kohl ist der wohl gefährlichste. Wenn Angela Merkel in diesem Zusammenhang von Aufklärung sprach, meinte sie daher mehr als nur das Aufspüren von Geldern, Konten und Spendern. Sie meinte, daß für die Partei eine neue Zeit beginnen muß, in der Tradition zwar eine Rolle spielt – nicht aber das alte, von Überheblichkeit geprägte Rechts- und Staatsverständnis.

Es muß sich alles ändern, daß es so bleibt, wie es ist: Lampedusa läßt das den Tankredi in seinem Sizilienroman »Der Leopard« sagen. Und das war zuletzt auch die Erkenntnis von Wolfgang Schäuble: Wenn die CDU weiterhin ihre große Rolle in der deutschen und europäischen Politik spielen will, dann braucht sie die Erneuerung an Haupt und Gliedern. Mit dem Haupt hat der CDU-Parteitag in Essen im April 2000 angefangen.

Es war beinah wie in einer Erzählung Franz Kafkas: Als Angela Merkel eines Morgens erwachte, war sie in eine Vorsitzende verwandelt. Und sie merkte mit Erstaunen, daß sie reden konnte wie einst Helmut Kohl und daß sie bei den Delegierten auch so gut ankam wie einst Helmut Kohl. Sie verstand es wie er, ja noch viel besser als er, alle zufriedenzustellen: den schnarrenden Ex-General Jörg Schönbohm und sogar den listigen Heiner Geißler, den alten, nationalkonservativen Hans Filbinger ebenso wie die junge Hildegard Müller. Es war wie ein Pfingstwunder: Jeder hörte sie in seiner Sprache, jeder verstand sie so, wie er sie gern verstehen wollte. Die Sprechblasen der Angela Merkel also stiegen auf in der Essener Grugahalle und platzten nicht. Sie schwebten wie bunte Luftballons, und die Zuschauer sagten immer wieder Ah und Oh und freuten sich sehr. So verflog die Trübsal der vergangenen Monate, und an die Stelle von Verzweiflung über Kiep & Kohl trat Begeisterung nicht nur über Angela Merkel, nein: Fast jeder im Saal war ebenso begeistert von sich selbst. Denn jeder fühlte sich selbst als Reformator, als habe er persönlich neue

Thesen an die Tür des Konrad-Adenauer-Hauses genagelt: eine Frau an der Spitze der alten Männerpartei CDU; und auch in allen Führungsgremien Frauen mit Spitzenergebnissen. Kaum einer von der alten Garde war mehr da: kein Kohl, kein Kanther. Und als der Bundestagsabgeordnete Arnold Vaatz aus Sachsen versuchte, sich werbend auf den alten Kanzler zu berufen, fiel er bei den Präsidiumswahlen durch. Die Karte Kohl war kein Trumpf mehr auf den Tischen der CDU: Der König ist tot, es lebe die Königin. Für sie gab es nun die Ovationen, die früher Helmut Kohl vorbehalten waren.

Das war noch nicht der Rückfall in alte Zeiten, eher Ausdruck der Erleichterung der Delegierten darüber, daß auch die Neue etwas konnte, von dem der Alte glaubte, daß nur er es könne: In schwierigster Lage der Partei wieder den Glauben an sich selbst zu geben. Warum also hätte der Parteitag noch lang vom alten Kanzler reden, ihm seine Fehler vorhalten und so die Qualen verlängern sollen, die er der Partei bereitet hat? Der Parteitag hatte ersichtlich nicht das Bedürfnis, die Causa Kohl noch einmal zu verhandeln; er akzeptierte das schon gefällte Urteil der Parteiführung. Das war der Erfolg Wolfgang Schäubles. Er hat die alte Partei abgewickelt und sich nicht anmerken lassen, wie es ihm selbst dabei erging. In der Mythologie heißt der Mann, der das Himmelsgewölbe tragen muß, auf daß es nicht herabfällt und alles erschlägt, Atlas. Der Atlas in der CDU des Kohl-Skandals hieß Wolfgang Schäuble. Dieser Atlas war kein Held, sein Name bedeutet »der Dulder«. In der Sage muß er den Himmel zur Strafe dafür tragen, daß er gegen Zeus revoltiert hatte. Bei Schäuble war es umgekehrt: Ihm war die Strafaufgabe, die CDU im Zustand des Kohl-Skandals zu tragen, auferlegt, weil er nicht rechtzeitig revoltiert hatte – weil auch er, Schäuble, bis fast zuletzt vor dem Zeus der CDU gekuscht hat. Als er aufbegehrte, war es zu spät.

Angela Merkel dagegen hat Statur gewonnen, weil sie, so früh und klar wie sonst niemand in der Parteispitze, ihre Emanzipation von Kohl öffentlich vollzogen hat; politisches Profil aber hat sie, anders als ihr Vorgänger Schäuble, noch nicht. Auch Monate nach ihrer Wahl kann keiner sagen, für welche Politik sie steht: Den einen gilt sie als konservativ, den anderen als liberal, den dritten als unbeschriebenes

Blatt. Auch in ihrer Unbestimmbarkeit ist sie ein Symbol für die neue CDU. Der Elefant ist weg, das Gras beginnt zu sprießen. Was genau wächst, kann man allenfalls ahnen. Gleichwohl: Merkel muß leisten, wofür Schäuble die Zeit nicht hatte – die programmatische Aufrüstung der Partei. Die CDU leidet nicht nur unter einem finanziellen Vakuum, sondern auch unter geistiger Leere. Die Partei redet vom »christlichen Menschenbild«, ohne eine Vorstellung davon zu haben, was das sein könnte, sie redet von einer »Wertegemeinschaft«, ohne die Werte beschreiben zu können.

Der Triumphzug der Angela Merkel: Viele von denen, die ihr im Frühjahr 2000 zugejubelt haben, wird sie enttäuschen müssen. Darin, wie sie mit diesen Enttäuschten umgeht, werden sich ihre Qualitäten zeigen. Die CSU zum Beispiel hält es sicherlich nicht mit Martin Luther, der über die (Ehe-)Frau gesagt hat: Da wir sie nun haben, wollen wir sie auch lieben. Und die männlichen Konkurrenten, die sich zunächst dem Gang der Dinge gefügt haben, warten auf ihre nächste Chance. Angela Merkel muß also rasch Autorität erwerben, weil ihre Macht begrenzt ist: Sie ist Parteivorsitzende und nichts sonst; sie ist nicht Fraktionschef, nicht Ministerpräsident, nicht Bundeskanzler. Jeder ihrer Vorgänger hatte eine solche zweite Machtbasis. Die Hausmacht der Angela Merkel dagegen ist bescheiden: Ihr Landesverband Mecklenburg-Vorpommern zählt eher zu den Geringen im Lande. Wenn Angela Merkel als Jeanne d'Arc der CDU gilt, dann ist dies nicht nur ein Kompliment, sondern auch eine Warnung. Jene nämlich wurde, noch bevor die Engländer besiegt waren, auf dem Scheiterhaufen verbrannt.

Knapp drei Monate nach dem Wahlparteitag von Essen, mit dem die neuen Zeiten der CDU anbrechen sollten, meldete sich die alte Kohl-CDU, meldete sich das System Kohl zurück. Ende Juni 2000 stellte sich nämlich heraus, daß Andreas Schmidt, der CDU-Obmann im Kohl-Untersuchungsausschuß, sich gemein gemacht hatte mit Helmut Kohl: Er hatte sich mehrfach mit ihm besprochen. Und die neue Führungsriege der CDU protestierte gegen dieses kollusive Verhalten nicht, sondern fand das in Ordnung – fast so, als wolle sie vergessen, wer ihr die ganze Misere eingebrockt hat. Kohl verharrte weiterhin im Rechts- und Verfassungsbruch, nannte nach wie vor die Namen der Spender nicht, die seine schwarzen Kassen finanziert hatten, weswegen ihm die CDU den Ehrenvorsitz entzogen hatte. Er brüstete sich mit seinem Schweigen – und niemand in der neuen Parteiführung rügte das. Auch Angela Merkel blieb zunächst auffallend zurückhaltend.

Am 6. Juli 2000 sah und hörte man dann Helmut Kohl im Untersuchungsausschuß, bei seinem zweiten Auftritt dort, in zwei verschiedenen Ausgaben. Einmal erlebte man den leibhaftigen und echten Kohl, dem Verfolgungswahn nahe. Und dann erlebte man Kohl auch noch in einer Kleinausgabe. Die Kleinausgabe hieß Andreas Schmidt, der vom Ausschuß als Zeuge gehört wurde über seine Absprachen mit Kohl. Systematisch, jeweils vor den Vernehmungen wichtiger Zeugen wie Weyrauch, May, Terlinden, Geißler, Rühe oder von Brauchitsch, hatte Andreas Schmidt, zum Teil zusammen mit anderen Ausschußmitgliedern der CDU, den bevorstehenden Termin ausführlich mit Kohl erörtert. Genauso war es nach dem Auftritt und der Anhörung der Augsburger Staatsanwaltschaft im Untersuchungsausschuß – Kohl bekam sofort persönlich Bericht von Andreas Schmidt. Darüber also im Untersuchungsausschuß befragt, zeigte der Zeuge Schmidt, was er von Kohl gelernt hat: Er war fast so uneinsichtig und unbelehrbar wie dieser. Statt die berechtigten Mahnungen zur Zurückhaltung anzunehmen, kündigte er an, er werde sich auch weiterhin mit Kohl treffen. Das war mehr als eine frivole Mißachtung der Grundpflichten eines Abgeordneten im Untersuchungsausschuß. Das war ein Fehler. Der Fraktionsvorsitzende Friedrich Merz und die CDU-Chefin Angela Merkel hätten ihn korrigieren müssen, wenn ihnen an Aufklärung gelegen ist.

In der Union weiß man nämlich sehr gut, wie sich ein Ausschußmitglied korrekt verhält. So nämlich: Der frühere CSU-Wirtschaftsstaatssekretär Erich Riedl (in seiner Amtszeit wurden die Panzer nach Saudi-Arabien geliefert) versuchte wochenlang, zu Hans-Peter Friedrich, dem CSU-Mann im Spendenuntersuchungsausschuß, vorzudringen, um im Ausschuß als Zeuge gehört zu werden. Schließlich wurde ihm von Friedrichs Sekretärin bedeutet, ihr Chef sehe sich als

Mitglied des Untersuchungsausschusses nicht in der Lage, mit Riedl zu reden ... So gehört es sich, und so ist es Recht. Aber dieses Recht gilt offensichtlich nach wie vor dann nicht, wenn sich am Telefon nicht ein Erich Riedl, sondern Helmut Kohl meldet.

In seiner letzten Rede als Vorsitzender hatte Wolfgang Schäuble nicht umsonst vor dem »Rückfall in die alten Zeiten« gewarnt. Die Ablösung von Kohl hat die Partei noch lange nicht vollzogen; die alte CDU ist mit dem Ende des Ehrenvorsitzes von Helmut Kohl noch nicht abgewickelt und die neue CDU mit der Wahl von Angela Merkel noch lange nicht etabliert. Schäuble ist sachverständiger Zeuge für die Kraft und die Zähigkeit des Systems Kohl. Damals, auf dem Essener Parteitag, schien seine Mahnung überflüssig: Niemand sprach von Helmut Kohl, alle priesen Angela Merkel, alle dachten, die bitteren Stunden seien vorbei. Doch der Alltag hat die CDU längst wieder, und in diesem Alltag bestätigen sich die Ahnungen und Befürchtungen des Wolfgang Schäuble: Das System Kohl schlägt zwar nicht zurück, aber es zeigt, daß es noch am Leben ist. Wenn Angela Merkel das hinnimmt, wenn sie dazu schweigt, dann schweigt sie sich um Kopf und Kragen.

Ein Erdbeben kommt selten allein; man muß mit Nachbeben rechnen. Das gilt für die Tektonik der Erde, das gilt auch für die Fundamente der CDU. Nachbeben können, wenn nicht erdbebensicher gebaut worden ist, all das zum Wanken oder gar zum Einsturz bringen, was zwischenzeitlich neu aufgebaut wurde. Ein erstes großes Nachbeben des Kohl-Bebens hat die Christdemokraten am 14. Juli 2000 erschüttert. Sie hatten versucht, im Bundesrat die Steuerreform der Regierung Schröder zu blockieren. Angeführt vom neuen, forsch und etwas blasiert agierenden Fraktionsvorsitzenden Friedrich Merz, angetrieben und bestärkt vom bayerischen Ministerpräsidenten und CSU-Vorsitzenden Edmund Stoiber, wollte die Union dem Kanzler seine Grenzen aufzeigen – und bekam die eigenen Grenzen aufgezeigt.

Merz, Fachmann seiner Partei in Steuerfragen, hielt bei der Steuerreform seine große Stunde für gekommen, er warf mit Fachwörtern um sich, fühlte sich sicher, prüfte aber nicht ausreichend, ob das Eis, auf das er sich begab, dick genug war. Es war nicht dick genug. Es gelang Merz, Merkel und der Union nicht, treffliche Argumente für die Ablehnung der Reform unters Volk zu bringen. Es gelang der CDU auch nicht, die Ablehnungsfront der von ihr regierten und mitregierten Länder zu organisieren. Rein rechnerisch hätte der CDU die Ablehnung der Steuerreform gelingen müssen, wenn die Bundesländer, die von einer großen Koalition aus SPD und CDU regiert werden, sich (wie das in solchen Fällen üblich ist) der Stimme enthalten hätten. Genau das taten sie nicht. Dem Bundeskanzler Gerhard Schröder und seinem Finanzminister Hans Eichel gelang es, das SPD/FDP-regierte Rheinland-Pfalz und die Christdemokraten Jörg Schönbohm, Eberhard Diepgen und Hartmut Perschau auf ihre Seite zu ziehen und damit die Zustimmung der schwarzrot regierten Länder Brandenburg, Berlin und Bremen für sich zu gewinnen.

Sicher: Es war Geld im Spiel. Berlin braucht Geld, Brandenburg ist ein armes Land und Bremen schon lange pleite. Also hatten Schröder und Eichel neben letzten Nachbesserungen der Steuerreform erfolgreich mit Millionenzuschüssen, mit üppigen Beihilfen und Kostenübernahmen gewunken. Die Empörung der CDU über solche Praktiken war nachvollziehbar; es war aber auch blauäugig gewesen, diese nicht in Betracht zu ziehen. Die CDU/CSU hatte mit großem Trara zur Schlacht geblasen – sie endete unter kläglichem Winseln ihrer Protagonisten. In solchen Fällen pflegt man gelegentlich zu sagen: Hoch gepokert, hoch verloren. Nicht einmal das läßt sich zur Ehrenrettung der Unionsführung sagen; sie hat nämlich nicht einmal ordentlich gepokert, sondern sich nur kraftmeierisch gebärdet. Mit dieser demütigenden Niederlage verlor sie in den Augen des Publikums die Reste ihrer Wirtschaftskompetenz.

In der CDU gab es freilich einen stillen Genießer: Helmut Kohl. Das Fiasko der neuen Partei- und Fraktionsführung bei der Abstimmung war nicht nur ein Triumph für Schröder, sondern auch für den Altbundeskanzler – Wasser auf die Mühlen seiner Selbstgerechtigkeit. Er mochte nun die für bestraft halten, die ihn abgestraft haben, und die erniedrigt sehen, die ihn erniedrigt haben. »Der kann es nicht«, hatte Kohl ein halbes Jahr zuvor über Wolfgang Schäuble gesagt. Jetzt mag er an diesen Satz mit Schadenfreude einen zweiten angehängt haben, diesmal über Merz und Merkel: »Die können es auch nicht.« Mit solchen Destruktivitäten ist der Union freilich nicht gedient. Selbst die Nostalgiker wissen: Kohl kann es erst recht nicht mehr. Einem erfahrenen Taktiker wie Schäuble wäre das Desaster im Bundesrat wohl kaum passiert. Aber Kohl hatte ihn ja schon weggemobbt. Und so versuchte die Parteichefin Angela Merkel das beste aus dem Desaster zu machen: »Je früher wir Fehler machen, desto schneller können wir lernen.«

Merkel hat gelernt, daß man Macht und Stärke nicht demonstrieren kann, wenn man sie nicht hat. Sie war von Anfang an skeptisch gegen die Hau-Drauf-Politik des Fraktionsvorsitzenden Merz und des CSU-Chefs Stoiber, hatte für eine flexiblere Oppositionsstrategie plädiert, wurde deshalb als »Weichei« tituliert, konnte sich nicht durchsetzen. Jetzt kann sie auf die schlechten Erfahrungen mit einer Hardliner-Strategie verweisen und darauf vertrauen, daß Merz, der die Bundesratsabstimmung zur persönlichen Prestigesache gemacht hat, schwächer geworden ist. Sie muß aber auch damit rechnen, daß ein Stoiber dann, wenn eine harte Linie gescheitert ist, eine noch härtere vorschlägt. Das bedeutet: anhaltender Streit um die oppositionelle Strategie.

Evelyn Roll hat für einen Artikel über die ersten hundert Tage der Angela Merkel als CDU-Vorsitzende folgenden Text gefunden: »Der neue Vorsitzende, noch nicht einmal ein halbes Jahr im Amt, hat eine Niederlage erlitten, ehe er Gelegenheit bekam, die Bewährungsprobe zu bestehen. Er beherrscht weder die Meinungsbildung, noch zeigt er entschiedenen Führungswillen. Er ist eher zu ängstlich als zu forsch, er geht vorzeitig Kompromisse ein, und er läßt Durchsetzungsvermögen vermissen. Das ist nicht, was diejenigen von ihm erwartet haben, die ihn zum Vorsitzenden gewählt haben.« Das schrieb Klaus Dreher im Jahr 1973 in der *Süddeutschen Zeitung*. Sein Leitartikel trug den Titel »CDU im Gegenwind«; er handelte natürlich nicht von Angela Merkel, sondern vom neuen, jungen und damals so ganz glücklosen CDU-Vorsitzenden Helmut Kohl. Der blieb dann bekanntlich fünfundzwanzig Jahre im Amt.

Die Lehren aus dem Skandal

Die CDU-Krise war und ist nicht nur die Krise der CDU. Sie ist deshalb auch dann noch lang nicht zu Ende, wenn die CDU in den Umfragen wieder einigermaßen gut dasteht oder wieder manierliche Wahlergebnisse erzielt. Diese Krise ist nämlich eine fressende Krise: Sie zerfrißt die Glaubwürdigkeit der Parteiendemokratie. Kohl, Kanther, Koch & Co. – die Krisenmonate sehen aus wie eine Panoramakarte der Alpen: Gipfel an Gipfel, freilich in tristem Grau. Immer dann, wenn sich Überdruß einzustellen begann, wenn man die Wörter »schwarze Kassen«, »Ehrenwort« und »rückhaltlose Aufklärung« schier nicht mehr hören konnte, immer dann gelangte die Krise zu einem neuen Höhepunkt, strauchelte die hessische Regierung, stürzte die CDU in den Beinahebankrott, weil Bundestagspräsident Wolfgang Thierse (SPD) der CDU einen Zig-Millionen-Rückzahlungsbescheid zustellte.

Die Repräsentanten von Staat und Gesellschaft beschwichtigten; und ihre Beschwichtigungen klangen beinah so wie die nach der Reaktorkatastrophe von Tschernobyl. Alles im Griff, hieß es auch diesmal. Alle Institutionen arbeiten, so hieß es, normal und wie immer. Gerade das aber war das Beunruhigende. Die Regierung regierte, als ob nichts wäre. Das Parlament tagte, wie es immer tagt. Und der Justiz wurde aufgeladen, was sie nicht leisten kann: Mit den Ermittlungen im Dunstkreis von Geld und Politik ist sie völlig überfordert.

Der Bundestag hatte Sitzungswoche. Auf der Tagesordnung standen »die Optimierung des Notfallkonzeptes für die Nord- und Ostsee«, die »Schaffung einer Deutschen Küstenwache«, das »Hilfsprogramm für die Sturmschäden durch den Orkan Lothar«. Wo blieb das Notfallprogramm für die Parteiendemokratie? Wo die »Schaffung einer Deutschen Parteienwache«, also einer wirklich effektiven Kontrolle der Parteienfinanzen? Wo das Hilfsprogramm für die Sturmschäden in der Politik? In der Union wurde über einen Gesetzentwurf für »Schmierereien« debattiert. Der beschäftigte sich indes nicht mit Korruption, nicht mit schmierenden Rüstungslobbyisten und geschmierten Politikern, sondern mit der Einführung einer Strafnorm gegen Graffiti-Sprayer.

SPD und Grüne begnügten sich damit, mit heimlicher Freude Nutznießer des CDU-Fiaskos zu sein. Das war eine billige und falsche Freude. Vom Ex-SPD-Schatzmeister Halstenberg wird der treffliche Satz kolportiert: »Wenn rauskommt, wie was reinkommt, komme ich wo rein, wo ich nicht mehr rauskomme.« Der gute Mann mag vordergründig an Justiz, Gefängnis und sonstige strafrechtliche Sanktionen gedacht haben. Es geht aber um sehr viel mehr: darum, daß die Politik aus ihrer Glaubwürdigkeitskrise nicht mehr herauskommt.

Als das Parlament sich endlich mit dem CDU-Finanzskandal beschäftigte, zeigte es, wie man garantiert nicht aus der Krise kommt. Es führte, eine Aktuelle Stunde lang, alle Fehler und Unarten vor, um alle Vorurteile über Politik zu bestätigen: Die Redner der CDU waren impertinent uneinsichtig und die Redner der Regierungsparteien impertinent selbstgerecht. Der Bundestag demonstrierte unfreiwillig, von welcher Politik man sich verabschieden muß, wenn die Parteiendemokratie in diesem Land eine gute Zukunft haben soll. Diese Demonstration war ausreichend abschreckend. Die Aktuelle Stunde über die Schäden für die Demokratie, die aus der CDU-Spendenaffäre folgen, geriet zu einem politischen Panoptikum, zum schlechten Varieté exakt des Politikstils, den die Menschen so satt haben.

Es geht längst nicht mehr nur darum, sich über Rechtsbrüche und Lügenmärchen von CDU-Spitzenpolitikern zu echauffieren. Es geht um Therapie – für die Demokratie. Es geht darum, die Selbstüberhebung der Parteien zu beenden: Sie »wirken bei der politischen Willensbildung des Volkes mit«, heißt es im Grundgesetz. Doch der einschlägige Artikel 21 ist die am meisten mißbrauchte Vorschrift der deutschen Verfassung. Gemeint ist nämlich die Mitwirkung der Parteien in den Organen, die dazu berufen sind – nicht ihre »Mitwirkung« in Verwaltung und Justiz, Universitäten, Schulen, Sparkassen, Krankenhäusern, Rundfunk- und Fernsehanstalten. Die zu bewältigende Aufgabe ähnelt der eines Gärtners in einem verwilderten Obstgarten: Er muß die Bäume stutzen, damit sie wieder blühen und Frucht tragen.

Die sogenannte Verfassungsreform nach der deutschen Einigung vor zehn Jahren hat bei der Beschränkung von Parteienmacht kläglich versagt: Von einer nur mit Parteipolitikern besetzten Verfassungskommission war keine Abhilfe zu erwarten. Sie hätten sich selbst unter Kuratel stellen müssen. Sie wollten aber ihre eigene Rolle im Staat nicht in Frage stellen. Die Omnipräsenz der Parteien in allen Staatsgewalten empfinden Parteipolitiker ja nicht als Übel, sondern als Wohltat. Nirgends funktionieren Kartelle so gut wie in der Politik. Jenseits des politischen Tageskampfes gibt es ein übergreifend-zugreifendes Interesse der politischen Parteien an Posten und Geld, das sie – im großen und ganzen einvernehmlich, umfassend und in der Regel erfolgreich – befriedigen: durch Aufteilung der Posten in Verwaltung und Justiz, Wissenschaft und Rundfunk; bei der Parteienfinanzierung; bei Diäten- und Ruhestandsregelungen. In der Wirtschaft werden solche Kartelle durch Beherrschungs- und Gewinnabführungsverträge geschlossen; in der Politik funktionieren sie stillschweigend.

Die Parteien haben die Regel des Augsburger Religionsfriedens von 1555 auf ihre Weise fortgeschrieben: Cuius regio, eius religio. Damals war den Reichsländern das Recht gewährt worden, die Konfession der Untertanen zu bestimmen. Heute nehmen sich die Parteien das Recht, in den von ihnen regierten Territorien die attraktiven Positionen mit ihren Leuten zu besetzen. Es ist dieses Hase- und Igelspiel, das den Bürger so entsetzlich nervt: Überall, wo er hinkommt, sind die Parteien schon da. Wann endlich ist der Druck groß genug, dies zu ändern, wann, wenn nicht jetzt, nach dem Kohl-Skandal? Zu prüfen ist also, ob neue verfassungsrechtliche Markierungen aufgestellt werden müssen. Vielleicht kommt man dann auch zu einer Forderung, wie sie Rainer Wahl, Freiburger Professor für Öffentliches Recht, vertritt: Das Zudrehen des Geldhahns staatlicher Parteienfinanzierung »um die Hälfte oder mehr« ist erfolgversprechender, als es Änderungen am Artikel 21 des Grundgesetzes sind. Die Reduzierung der staatlichen Finanzierung, so meint der Professor ganz pragmatisch, »ist ein Mittel mit großer Breiten- und Tiefenwirkung. Man erreicht damit Veränderungen in Bereichen, an die man direkt nicht herankommen würde.«

a) Das Parteiengesetz: Die zehn Gebote der künftigen Parteienfinanzierung

Es gibt ein berühmtes Plakat von John Heartfield aus dem Jahr 1930. Es heißt »Der Sinn des Hitlergrußes« und zeigt den Diktator mit erhobener und nach hinten geöffneter Hand, in die eine mächtige Figur, von der man nur Körper und Hand sieht, Geldscheine legt. Der Text dazu lautet: »Millionen stehen hinter mir.« Es war die historische Erfahrung der heimlichen Unterstützung der NSDAP durch Schwerindustrie und Hochfinanz, die die Mütter und Väter des Grundgesetzes sensibel für das Thema Parteifinanzen gemacht hat. Der Abgeordnete Brockmann vom Zentrum regte deshalb 1948 im Parlamentarischen Rat zunächst folgende Formulierung im Grundgesetz an: Die Parteien müßten »durch Offenlegung der Finanzquellen gegen undemokratische Einflüsse gesichert sein«. Letztendlich wurde daraus der vom SPD-Abgeordneten Georg August Zinn vorgeschlagene Satz im Artikel 21 Absatz 1 Satz 4 des Grundgesetzes: »Sie müssen über die Herkunft ihrer Mittel öffentlich Rechenschaft geben.«

Die Rechenschaftspflicht ist die notwendige Ergänzung zur Rollenbeschreibung der Parteien in Artikel 21 Absatz 1 Satz 1 Grundgesetz: Sie »wirken bei der politischen Willensbildung des Volkes mit«. Diese Mitwirkungsbefugnis haben die Parteien de facto zu einer umfassenden Gestaltungsbefugnis ausgebaut; die Parteien sind ihrer Rolle nach zu Staatsparteien geworden. Bei ihrer Rechenschaftspflicht dagegen haben die Parteien geschludert. Die Achtung dieses Gebots steht ganz offensichtlich im umgekehrten Verhältnis zu der Bedeutung, die ihm seine Schöpfer im Jahr 1949 gegeben haben.

Ex-Bundeskanzler Helmut Kohl hat das in arglos dreister Deutlichkeit kundgetan: Er tat nach der Aufdeckung des CDU-Spendenskandals so, als handele es sich bei dieser Verfassungsvorschrift über die Offenlegung der Finanzmittel der Parteien um eine bloße Empfehlung. Die Katze läßt das Mausen nicht, sagt das Sprichwort. Auf die CDU-Parteispendenaffäre übertragen bedeutet das: Der Drang, das Parteiengesetz zu umgehen und zu brechen, ist offenbar übermächtig. Spenden wurden kassiert, versteckt, verschwiegen, verheimlicht. Die geltenden Sanktionsmechanismen reichen nicht aus. Das geltende Gesetz hatte ganz augenscheinlich nicht die Kraft, das Verhalten von Kiep und Kohl ausreichend zu steuern. Die Parteispendenprozesse der achtziger und der frühen neunziger Jahre haben Walther Leisler Kiep nicht davon abgehalten, die illegalen Praktiken der Politikfinanzierung fortzusetzen.

Helmut Kohl selbst sagte in seiner Mea-culpa-Erklärung im Fernsehen, was er von den Vorschriften des Parteiengesetzes hält: wenig. Er tat sie als »rein formale Überprüfungen« ab. Diese angeblichen Formalitäten freilich hat das Bundesverfassungsgericht angeordnet, der Gesetzgeber hat sie beschlossen, und zwar nicht aus Jux und Tollerei, sondern um durch Transparenz und Offenheit zu verhindern, daß Politik käuflich wird. Noch kein Verfassungsrechtler, so Helmut Kohl dazu, habe ihm erklären können, warum es sich bei seinen schwarzen Kassen und bei seinem Schweigen über die Spender um einen Verfassungsverstoß handeln solle. Nun, dazu braucht man auch keinen Verfassungsrechtler: Kohl hat geschworen, »das Grundgesetz und die Gesetze des Bundes wahren und verteidigen« zu wollen. Und im genannten Artikel 21 Grundgesetz heißt es, wie zitiert, deutlich genug, daß die Parteien »über die Herkunft ihrer Mittel öffentlich Rechenschaft geben« müssen. Diese Vorschrift von 1949 ist zudem 1983, also während der Amtszeit Kohls, als Reaktion auf die erste Parteispendenaffäre mit Zweidrittelmehrheit des Bundestages ergänzt und präzisiert worden. Seitdem müssen die Parteien nicht nur über die Herkunft, sondern auch über die Verwendung ihrer Mittel sowie über ihr Vermögen öffentlich Rechenschaft geben. Kohl meinte, da stehe ja nichts darüber, wie diese Pflicht zu erfüllen sei. Diese Bemerkung war entweder bauernschlau, dumm oder dummdreist. Ganz sicher erfüllt man nämlich die Pflicht zu öffentlicher Rechnungslegung nicht dadurch, daß man Spenden und Spender vor der Öffentlichkeit versteckt. Um zu dieser Erkenntnis zu kommen, muß Kohl auch nicht erst ins Parteiengesetz schauen, das er selbst mitgeschrieben, aber ständig gebrochen hat. Bundeskanzler a. D. Kohl hat seinen Amtseid zwar mehrfach abgelegt; jedesmal muß er aber dabei etwas falsch verstanden haben: Er hat nämlich nicht versprochen,

»jederzeit Selbstgerechtigkeit« zu üben, wie er sie im Lauf des CDU-Finanzskandals in seinen öffentlichen Erklärungen praktizierte, sondern »Gerechtigkeit gegenüber jedermann«.

Zugegeben: Die Rechtsprechung des Bundesverfassungsgerichts zur Parteienfinanzierung war ein jahrzehntelanges Hü und Hott, ein Hin und Her, das allerdings 1992 mit einem glasklaren Spruch sein Ende fand. Wer es vorher vielleicht noch mit der Ausrede versuchen konnte, er habe bei dem Zickzackkurs in Karlsruhe den Überblick verloren – diese Ausrede gilt seit 1992 nicht mehr.

Das Bundesverfassungsgericht und die Parteienfinanzierung: Das ist eine lange Geschichte, sie gehört, wie der Karlsruher *SZ*-Korrespondent Helmut Kerscher schreibt, zu den dortigen Evergreens, wie das Rundfunkrecht oder das Familienrecht. Karlsruhe mußte bei seinen sechs Entscheidungen zwischen 1958 und 1992 mit äußerst bescheidenen Hinweisen des Grundgesetzes auskommen: Über die Finanzierung der Parteien steht dort nichts; man ging damals davon aus, daß die Parteien sich selbst finanzieren. Diese normative Enthaltsamkeit führte zu einer lange sehr verwirrenden Rechtsprechung mit viel Licht und viel Schatten.

Unvergessen bleibt Beobachtern des Gerichts jener heiße Sommertag des Jahres 1986, als – wie sich Helmut Kerscher erinnert – die aus ganz Deutschland angereisten Journalisten im Presseraum des Verfassungsgerichts verzweifelt in einem frischen Urteil blätterten. Parteispenden bis zu 100 000 Mark dürfe künftig jedermann von seiner Steuer absetzen, hatte einer gelesen. Aber wo? Und vor allem: Warum gerade 100 000 Mark? Das »Wo« war schnell gefunden, wenn auch nicht in den Leitsätzen der Entscheidung. Nach dem »Warum« wird heute noch gesucht. Aber es stimmte: Bis zu 100 000 Mark durfte nach der freien Rechtsschöpfung des Zweiten Senats jedermann, ob arm oder reich, den politischen Parteien zukommen lassen und steuerlich als Ausgaben geltend machen. Das war im Umfeld der vom *Spiegel* aufgedeckten, von Otto Schily (damals Grüne) politisch und von der Justiz strafrechtlich verfolgten Parteispendenaffäre eine erstaunliche Zahl.

Diese und manch andere grandiose Wirrung korrigierte Karlsruhe

1992. Helmut Kerscher erläuterte das anschaulich: Das Gericht stellte in einem wegweisenden und klugen Urteil, das sowohl dem Gebot der Staatsfreiheit als auch der Chancengleichheit der Parteien gerecht zu werden versuchte, die drei Säulen der Parteienfinanzierung neu auf und bezog sie aufeinander – staatliche Subventionen, private Spenden und Mitgliedsbeiträge. Das Gericht stellte zwei markante Begrenzungsregeln für die Parteienfinanzierung auf: Das »Gesamtvolumen staatlicher Zuwendungen« dürfe einerseits die Summe der selbsterwirtschafteten Einnahmen der Parteien nicht überschreiten (»relative Obergrenze«) und müsse andererseits in etwa beim Durchschnittsbetrag der letzten Jahre bleiben (»absolute Obergrenze«). Das waren, wie das am 1. Januar 1994 in Kraft getretene neue Parteiengesetz daraufhin festlegte, 230 Millionen Mark. Zum wichtigsten Maßstab der Verteilung bestimmte Karlsruhe den Erfolg einer Partei bei den Wahlen. Eine erfolgsunabhängige staatliche Basisfinanzierung verletze das Gebot der Staatsfreiheit, erlaubt sei nur eine Teilfinanzierung der allgemeinen Tätigkeit der Parteien, sagten die Richter. Die indirekte Staatsfinanzierung durch steuerliche Begünstigung von Beiträgen und Spenden erklärte Karlsruhe nur insoweit für zulässig, wie sie »von der Mehrzahl der Steuerpflichtigen in gleicher Weise genutzt werden kann«.

Durchaus lebensnah haben die Richter in ihrem Urteil von 1992 Umgehungspraktiken angesprochen und davor gewarnt. Das hat diese nicht verhindern können. Der Verwaltungsrechtler Hans Herbert von Arnim, schärfster Kritiker der Parteienfinanzierung, nennt das deutsche System ein »parteiübergreifendes Kartell« zur Selbstbedienung und verweist darauf, daß sich die Parteien noch ganz andere Quellen für ihre Finanzierung aus der Staatskasse erschlossen haben: Zahlungen an die parteinahen Stiftungen von jährlich 626 Millionen Mark sowie an Fraktionen, Abgeordnete und deren Mitarbeiter von mehr als 100 Millionen Mark. Verteidiger des umfänglichen staatlichen Finanzierungssystems argumentieren, daß ansonsten die Politik zur Magd der Wirtschaft verkomme. Die Praxis der Finanzierung zeigt freilich, daß »die Politik« beides zugleich ist: Zahlungsempfänger beim Staat und Magd der Wirtschaft.

Wie funktioniert nun die »Selbstreinigung« des Systems, von der nach dem CDU-Parteispendenskandal allenthalben die Rede war? Wer sich eine Waschmaschine kauft, der kennt aus der Gebrauchsanweisung den Hinweis, daß es von der Verschmutzung der Wäsche abhängt, welches Waschprogramm einzustellen ist – Schonwaschgang, Normalwaschgang oder Doppelwaschgang. Nach dem CDU-Finanzskandal empfiehlt sich letzterer. Die zwei großen Parteien haben sich zu möglichen gesetzgeberischen Konsequenzen nicht erklärt: Die CDU ist nach wie vor mit sich selbst beschäftigt, und die SPD will offensichtlich erst einmal die Erkenntnisse des Untersuchungsausschusses abwarten.

Eine von Wolfgang Schäuble eingesetzte Kommission formulierte freilich »Leitlinien für ein modernes Partei- und Finanzmanagement«, die sich aber nicht an den Gesetzgeber, sondern an die CDU richteten. Altbundespräsident Roman Herzog, der frühere Bundesbankpräsident Hans Tietmeyer sowie der ehemalige Bundesverfassungsrichter Paul Kirchhof gehörten der Kommission an, die eine grundlegende Neuregelung der Haushaltsabläufe sowie eine strenge Kontrolle des gesamten Spendenwesens vorschlug: Unter anderem sollen Spenden von Unternehmen der öffentlichen Hand oder von solchen, die überwiegend der öffentlichen Hand gehören, nicht mehr entgegengenommen werden. Bei Geldspenden über 3 000 Mark verlangt die Kommission, daß sie grundsätzlich überwiesen werden müssen. Spendenbescheinigungen sollen auch dann ausgestellt werden, wenn der Spender darauf verzichtet. Schließlich wird der CDU nahegelegt, nur noch Inlandskonten zu führen. Für erwägenswert hält die Kommission auch eine gesetzliche Neuregelung, um Spenden von Firmen, Verbänden und Gewerkschaften für unzulässig zu erklären.

Ansonsten gibt es eine Fülle von Äußerungen von Politikern, Politikwissenschaftlern und Juristen; die Grünen etwa, die PDS, die saarländische CDU-Regierung und die Anti-Korruptionsinitiative »Transparency International« haben Gesetzentwürfe und -vorschläge vorgelegt, die einen gemeinsamen Nenner ergeben: Erste Stufe der notwendigen Reformen ist die grundlegende Überarbeitung des Parteiengesetzes. Zehn Gebote der künftigen Parteienfinanzierung kristallisieren sich heraus.

Erstes Gebot: Radikale Beendigung des anonymen Spendens, Offenlegung aller Gelder, die an Parteien fließen. Bisher mußten Spenden nur von einem Beitrag von 20 000 Mark an mit dem Namen des Spenders öffentlich gemacht werden. Deshalb wurden Großspenden oft so gestückelt, daß sie unterhalb dieser Grenze lagen. Die CDU hält dies für erlaubt – gegen den Geist des Parteiengesetzes (dort steht, daß bei der Führung der Bücher »unter Berücksichtigung des Gesetzeszweckes zu verfahren ist«). Die Rechtswidrigkeit von Stückelpraktiken sollte ausdrücklich festgestellt werden.

Der Gesetzentwurf, den der Grünen-Politiker Hartmut Bäumer zusammen mit dem Frankfurter Rechtsprofessor Günter Frankenberg vorgelegt hat, will die Öffentlichkeitsgrenze auf 3 000 Mark senken. Die Grünen im Bundestag setzen die Grenze bei 6 000 Mark fest, wollen aber, daß die Spender ab 3 000 Mark dem Bundestagspräsidenten genannt werden; Direktspenden an Abgeordnete wollen sie verbieten. Transparency International unterscheidet: Spenden sollen offengelegt werden, wenn sie im Lauf eines Jahres zusammengenommen 10 000 Mark auf Bundesebene, 5 000 Mark auf Landesebene und 1 000 Mark auf kommunaler Ebene übersteigen. Die Parteien sollen verpflichtet werden, Großspenden spätestens vierzehn Tage nach dem Eingang im Internet zu veröffentlichen.

Zweites Gebot: Begrenzung der Spendensumme pro Jahr. Der Bäumer/Frankenberg-Entwurf läßt maximal Spenden von 40 000 Mark pro Jahr zu: Darüber hinaus sollen »Spenden von öffentlichen und privaten Körperschaften, Stiftungen, Betrieben und juristischen Personen, deren Kapital sich überwiegend in staatlichem oder kommunalem Besitz befindet«, für unzulässig erklärt werden. Dies würde dann für Stadtwerke ebenso gelten wie zum Beispiel für die Landesbanken. Die PDS schlägt vor, daß juristische Personen überhaupt nicht mehr spenden dürfen; eine solche Regel gilt zum Beispiel in Frankreich. Gregor Gysi begründet das damit, daß nur natürliche Personen, also nicht etwa Institutionen oder Aktiengesellschaften, wählen dürfen. Transparency International limitiert den Spendengesamtbetrag pro

Jahr auf 50 000 Mark; Spenden einer juristischen Person an einzelne Abgeordnete sollen nicht erlaubt sein. Von Vorschlägen freilich, überhaupt und generell Parteispenden zu verbieten, ist wenig zu halten: Wenn jegliches Spenden verboten würde, entstünde via Stiftungen und Umwegfinanzierung eine Grauzone, die nicht mehr aufzuhellen wäre. Das heißt: Spenden an Parteien – ja! Aber penibel registriert, offen dargelegt und mit Strafdrohungen für jeden Verstoß versehen.

Drittes Gebot: Vertrauen genügt nicht mehr, Kontrolle ist alles. Der frühere SPD-Parteivorsitzende und Ex-Bundesjustizminister Hans-Jochen Vogel schlägt vor, daß Spenden künftig nur noch an eine neutrale Stelle eingezahlt werden dürfen, die die Spenden dokumentiert und sie erst dann an die Parteien weiterleitet. Der Gesetzentwurf von Bäumer/Frankenberg sieht vor, daß das Präsidium des Bundestages und der Bundesrechnungshof jeglichen Zugang zu den Bank- und Kontounterlagen der Parteien erhalten sollen, daß also diesen Kontrollorganen gegenüber das Bankgeheimnis nicht gilt.

Viertes Gebot: Beschränkung der Wahlwerbeausgaben – wie sie etwa der damalige hessische Ministerpräsident Georg August Zinn schon im Jahr 1959 bei Beratungen zu einem Parteiengesetz vergeblich vorgeschlagen hat. Einem damaligen Gesetzentwurf der Bundesregierung zu einem Parteiengesetz – das dann erst 1967 verabschiedet wurde – warf Zinn vor, »alle Hintertüren« offenzulassen. Es handele sich um »eine Farce, wenn man ihn mit dem vergleicht, was das Grundgesetz von den Parteien verlangt«. Der Gesetzentwurf zeige »den minder phantasiebegabten Parteivorständen sogar noch neue Möglichkeiten, das ohnehin mäßige Gesetz zu umgehen«. Wer, so Zinn, künftig überhaupt noch Gelder für Werbung im Rechenschaftsbericht ausweise, sei »sein Geld als Kassierer nicht wert«.

Fünftes Gebot: Wer sich nicht an die Regeln hält, verliert (wie das schon vor zweitausend Jahren das römische Recht vorgesehen hat) das passive Wahlrecht und die Fähigkeit, öffentliche Ämter zu bekleiden, für eine bestimmte Dauer – zumeist werden fünf Jahre vorgeschlagen. In Frankreich sehen die Regeln vor, daß ein Wahlrichter einem Abgeordneten bei Verstößen das Mandat aberkennen kann; er ist dann für ein Jahr vom Tag des Urteils an unwählbar (die schöne

Regel hat freilich die blühende Korruption in Frankreich auch nicht verhindern können). Des weiteren ist zu erwägen, ob mit einem solchen Spruch auch die Kürzung von Versorgungsbezügen verbunden ist.

Sechstes Gebot: Verstöße gegen das Parteiengesetz werden künftig strafrechtlich verfolgt – und zwar unmittelbar, nicht erst auf dem Umweg über Untreue oder Betrug. Schatzmeister, Parteivorsitzende und Vorstandsmitglieder werden für falsche Rechenschaftsberichte und finanzielle Manipulationen mit Geldstrafen oder Haft bedroht. Die Richtigkeit und Vollständigkeit des Rechenschaftsberichts muß künftig eidesstattlich versichert, Paragraph 24 Parteiengesetz, der exakte Regeln für den Einnahmen- und Ausgabenbericht aufstellt, deshalb wie folgt ergänzt werden: »Der Parteivorsitzende, der Schatzmeister und der Generalsekretär haben die Richtigkeit und die Vollständigkeit des abgegebenen Berichts an Eides statt zu erklären.« Das bedeutet: Werden künftig schwarze Kassen entdeckt, werden Spenden gar nicht, unzureichend oder falsch deklariert, dann ist dies jedenfalls eine Straftat nach Paragraph 156 des Strafgesetzbuchs: Falsche Versicherung an Eides statt wird mit Freiheitsstrafe bis zu drei Jahren oder mit Geldstrafe bestraft.

Um im Bild der Katze zu bleiben, die das Mausen nicht lassen kann: Auf diese Weise wird ihr eine Schelle umgehängt; die Gefahr künftiger Mausereien, also künftiger Mißachtung des Parteiengesetzes, ist deutlich gemindert, weil das Risiko für die Täter deutlich steigt. Kein Parteivorsitzender kann mehr von bloßen Formalitäten reden und so tun, als hätten sein Verstoß gegen das Gesetz und die Verwendung der Gelder nach persönlichem Gutdünken die höheren Weihen selbstdefinierter Gemeinnützigkeit.

Siebtes Gebot: Die Parteien werden verpflichtet, ihre Wirtschaftsprüfer in gewissen Intervallen zu wechseln, des weiteren müssen Rechnungen, Bücher und Bilanzen länger als bisher aufbewahrt werden.

Achtes Gebot: Das Geld, das der Bundestagspräsident wegen falscher Berichte zurückfordert (wie die 41 Millionen Mark bei der CDU), wird nicht an die anderen Parteien verteilt, sondern fließt zurück in den Bundeshaushalt.

Neuntes Gebot: Radikale Reduzierung der staatlichen Geldzuflüsse an Parteien, Fraktionen und parteinahe Stiftungen – auf die Hälfte. Die Frage, ob und wie der Staat Parteien finanzieren darf, um deren Abhängigkeit von Spendern zu vermeiden, hatte der Parlamentarische Rat offengelassen; im Grundgesetz steht nichts darüber. Gesetzgeber und Verfassungsgericht haben das in einer jahrzehntelangen Prozedur geklärt. Mit der Transparenz und der öffentlichen Kontrolle der Finanzen klappt es aber, wie sich zeigt, immer noch nicht. Mit dem Geld für Parteien scheint es so zu sein wie mit dem Wasser: Es findet immer seinen Weg.

Die Fließmengen und -geschwindigkeiten von Geldern an die Parteien sind in den Staaten der EU höchst verschieden. Die Unterschiede hängen auch damit zusammen, daß die Parteien im öffentlichen Leben jeweils sehr unterschiedliche Rollen spielen. Auf der nach oben offenen staatlichen Politikfinanzierungsskala liegt jedenfalls Großbritannien ganz unten und Deutschland ganz oben. Hier wird es zu einem Angleichungsprozeß kommen müssen. Im Maastrichter Vertrag über die Gründung der Europäischen Union ist die Rolle der politischen Parteien nämlich ausdrücklich hervorgehoben. Mit der Ratifizierung haben nicht wenige EU-Staaten politische Parteien zum ersten Mal formell als Gestaltungskräfte anerkannt.

Bisher ist es so: In Großbritannien repräsentieren die Parteien die gesellschaftlichen Kräfte; besondere Aufgaben im staatlichen Leben haben sie nicht, ein Parteiengesetz gibt es nicht. Es gibt keine staatliche Parteienfinanzierung, zurückhaltend subventioniert werden die Fraktionen im Unterhaus. Die Parteien sind fast ständig in finanziellen Schwierigkeiten. Mitglieder haben sie, verglichen mit Deutschland, wenige, und diese tragen nur zu einem kleinen Teil zur Finanzierung bei. Deshalb sind die Parteien darauf angewiesen, private Geldquellen – Unternehmen, Gewerkschaften – aufzutun.

In Frankreich beschränkt sich die Aufgabe der Parteien gemäß Artikel 4 der Verfassung (der unter deutschem Einfluß entstanden ist) darauf, bei den Wahlentscheidungen mitzuwirken; die Parteien sind sozusagen Wahlvereine für die Kandidaten; die staatlichen Zuschüsse an die Parteien sind dementsprechend gering. Dafür aber darf jedes

Mitglied der Nationalversammlung auf Staatskosten zwei Mitarbeiter anstellen. Der wichtigste staatliche Beitrag zur Politikfinanzierung ist die Wahlkampfkostenerstattung – an die Kandidaten, nicht an die Parteien. Jeder Kandidat (ob für die Präsidentschaft oder für ein Kommunalparlament) muß durch seinen Finanzbeauftragten Buch führen, das Zahlenwerk von einem Buchhalter oder Wirtschaftsprüfer kontrollieren lassen und dann einer unabhängigen Verwaltungsbehörde vorlegen, die mit hohen Richtern besetzt ist. Bei Verstößen, bei falschen Rechnungen oder zu hohen Ausgaben (es gibt Ausgabenbeschränkungen) kann ein Wahlrichter Geldstrafen verhängen und sogar das passive Wahlrecht aberkennen: Der Politiker verliert sein Mandat und ist für ein Jahr vom Tag des Urteils an nicht wählbar (siehe oben fünftes Gebot). Im französischen Dickicht aus Politik, Finanzen und Industrie konnte freilich damit kaum etwas ausgerichtet werden.

Auch in Spanien gibt es Regelungen zur Parteienfinanzierung. Diese konnten aber kriminelle Ausschweifungen und korrupte Praktiken ebenfalls nicht verhindern. Gerichtsbekannte Methoden direkter illegaler Parteienfinanzierung sehen so aus: Eigens zu diesem Zweck gegründete Gesellschaften erstellten Gutachten für Banken und Finanzierungsgesellschaften, die die Adressaten nicht brauchten und auch nicht benutzten, aber teuer bezahlten. Als indirekte Parteienfinanzierung wurden der Ankauf eines Presseorgans oder eines Rundfunksenders durch eine Bank oder Finanzierungsgesellschaft bekannt; die fraglichen Medien berichteten dann parteifreundlich.

Zehntes Gebot: Einbeziehung der Fraktionen und parteinahen Stiftungen in die Kontrolle – und in die Transparenzvorschriften des Parteiengesetzes. Das Bundesverfassungsgericht hat zwar versucht, der staatlichen Parteienfinanzierung Grenzen zu ziehen, dabei aber die wichtigsten Hilfsorganisationen der Parteien, also die Fraktionen und Stiftungen, außer acht gelassen. Die Folge war ein explosionsartiges Wachstum der Staatszuwendungen an diese Adressen.

Das gegenwärtige System sieht so aus: Die politischen Parteien löffeln aus drei großen Töpfen. Auf dem ersten steht »staatliche Parteienfinanzierung«, auf dem zweiten »staatliche Fraktionszuschüsse« und auf dem dritten »Staatszuschüsse an parteinahe Stiftungen«. Auf den ersten Topf hat das Verfassungsgericht einen Deckel gelegt, und die Öffentlichkeit achtet sehr darauf, wieviel Geld sich die Parteien herausschöpfen. Die Parteien bedienen sich deshalb lieber aus den Töpfen zwei und drei, wo die Regelungen und Kontrollen nicht so detailliert sind; nicht zuletzt deshalb ist das Volumen der staatlichen Fraktions- und Stiftungsfinanzierung so gewaltig gestiegen.

Weil den Parteien, den Fraktionen und den Stiftungen im staatlichen System verschiedene, strikt zu trennende Aufgaben zugewiesen sind, ist ein beliebiges Hin- und Herschöpfen nicht statthaft. Im Wust der CDU-Finanzaffären gehörte der Transfer von 1,146 Millionen Mark von der Fraktion an die Partei zum Jahreswechsel 1996/97, der drei Jahre später, im Zug der Recherchen zur Kohl-Spendenaffäre, bekannt wurde, zu den vergleichsweise kleineren Kalamitäten. Die schwarzen Kassen Helmut Kohls, über die allein seit 1993 von anonymen Spendern mindestens zwei Millionen Mark in bar geflossen sind, die falschen Rechenschaftsberichte der CDU Hessen oder die exorbitanten Beraterhonorare der früheren CDU-Staatssekretärin Agnes Hürland-Büning in Höhe von acht Millionen Mark – all das ist von ganz anderem Kaliber. Und trotzdem: Gerade dieser Geldtransfer von Fraktion zu Partei ist ein Indiz für ein gestörtes Verhältnis der Parteien zum Parteiengesetz, für die Nonchalance, mit der das Gebot der Transparenz nach eigenem Gusto interpretiert wird. Der damalige CDU-Fraktionschef Wolfgang Schäuble und Joachim Hörster, Parlamentarischer Geschäftsführer der Unionsfraktion, wußten zwar nach eigenem Bekunden nicht genau, woher das transferierte Geld stammt, vorwiegend seien es wohl Parteigeld und angefallene Zinsen. Aber sie meinten, dem Gesetz sei Genüge getan, wenn das Geld nicht aus öffentlichen Zuschüssen herrühre – und daß dem so sei, das wußten sie ganz genau, obwohl sie keinen Nachweis über die Herkunft des Geldes führen konnten. Auffälligerweise ließen sich auch die anderen Parteien auf diese Unterscheidung ein: »Transfer in Ordnung, wenn das Geld nicht aus öffentlichen Kassen stammt.«

Wenn man dieser Argumentation folgen wollte, hätte man ermitteln müssen, woher genau die von der Fraktion an die Bundes-CDU übertragene Summe von 1,146 Millionen Mark stammt. Eben diese komplizierte Suche wollte der Gesetzgeber aber vermeiden. Das Verbot von Geldzuflüssen aus Fraktionen an Parteien hat einen einleuchtenden Grund: Weil die Fraktionen in ihren Finanzgebaren bisher viel weniger reglementiert werden als die Parteien (zum Beispiel sind sie nicht verpflichtet, Spenden über 20 000 Mark mit Nennung des Gebers zu veröffentlichen), könnten sie als Spendenwaschanlage für die Parteien mißbraucht werden. Nach vernünftiger Auslegung verbietet das Parteiengesetz schon heute jedwede Spende einer Fraktion an eine Partei, und es verbietet auch den Transfer von Mitteln unklarer Herkunft. Dieses Verbot muß gesetzlich so festgenagelt werden, daß keine abweichende Auslegung mehr möglich ist.

Der Teufel steckt bei den fälligen Änderungen des Parteiengesetzes im Detail. Und man muß kein Prophet sein, um vorherzusagen, daß es auch nach radikalen Änderungen Versuche der systematischen Umgehung geben wird. Aber die Risiken dabei würden ganz erheblich steigen.

b) Die verfassungsändernde Kraft der CDU-Krise: Plädoyer für Plebiszite

Größer noch als die Freude über neunundneunzig Gerechte ist im Himmel die Freude über einen, der umkehrt und Buße tut, so sagt es die Bibel. Da Jürgen Rüttgers der Christlich Demokratischen Union angehört, kann er wenig dagegen haben, wenn man diesen Spruch auf ihn anwendet. Es ist nämlich so: Als Jürgen Rüttgers, der heutige Chef der CDU in Nordrhein-Westfalen, noch parlamentarischer Geschäftsführer der CDU/CSU-Bundestagsfraktion war, hielt er es für seine Pflicht, bei der Verfassungsreform nach der deutschen Einigung, in den Jahren 1990 bis 1993, möglichst allen Vorschlägen zur Reform des Grundgesetzes rasch und gründlich den Garaus zu machen. Am unnachgiebigsten gebärdete sich Rüttgers (hier freilich im Einvernehmen mit der großen Mehrheit seiner Partei) gegen die Einführung von sogenannten »plebiszitären Elementen« – also von Volksinitiative, Volksbegehren und Volksentscheid im Grundgesetz, wie das in 266 319 Eingaben von Bürgerinnen und Bürgern an die gemeinsame Verfassungskommission von Bundestag und Bundesrat beantragt worden war und wie das die Grünen und die SPD unter ihrem Verfassungsobmann Hans-Jochen Vogel erfolglos betrieben. »Plebiszitäre Elemente schaden der Stabilität der Politik«, hieß es bei Rüttgers und seiner Partei.

Unter dem Eindruck der Krise seiner Partei hat sich Jürgen Rüttgers bekehrt. Er ist jetzt überzeugt davon, daß das Vertrauen der Bürger in die Politik allein mit Änderungen des Parteiengesetzes nicht wiederhergestellt werden könne. Er glaubt, daß mit mehr Volksbeteiligung auch auf Bundesebene das radikal-repräsentative politische System in Deutschland korrigiert werden müsse und so dessen Schwächen zu beseitigen seien. Da hat er recht. Die Leute wollen mitreden, aber sie wollen es nicht unbedingt in den etablierten Parteien und in den dort vorgeschriebenen Ritualen. Natürlich ist klar, daß man ein modernes Gemeinwesen nicht mit dauernden Volksabstimmungen regieren kann. Es geht darum, daß auf diese Weise ab und an ein Anstoß von außen gegeben werden kann – so wie das der damalige Bundesverfassungsrichter Dieter Grimm schon vor zehn Jahren gesagt hat: Das Plebiszit erhöhe »den Druck auf die politischen Parteien, Themen nicht auszuweichen, die die Gesellschaft zutiefst bewegen und eine Antwort verlangen«. Dafür würde es schon genügen, wenn per Plebiszit die Staatsorgane gezwungen werden könnten, sich mit einem bestimmten Gesetzentwurf zu befassen.

Wenn die Umkehr des Jürgen Rüttgers mehr gewesen wäre als ein Bonbon für den Landtagswahlkampf in Nordrhein-Westfalen im Frühjahr 2000, wenn Rüttgers sich gar in seiner Partei durchsetzen könnte – dann hätte die CDU-Krise verfassungsändernde Kraft gehabt: Dann gäbe es nämlich jetzt die Zweidrittelmehrheit, die es braucht, um Volksabstimmungen ins Grundgesetz einzufügen, so wie dies auch im Koalitionsvertrag der Regierung Schröder vorgesehen ist. Und dann gäbe es die Verfassungsreform, die 1990/93 nicht durchgeführt wurde. Damals sollten sich die gesetzgebenden Körperschaften, so stand es im Einigungsvertrag, mit »den im Zusammenhang mit der Einigung aufgeworfenen Fragen zur Änderung oder Ergänzung des Grundgesetzes befassen«. Heute stellen sich die Fragen, die damals vom Tisch gewischt wurden, noch einmal – jetzt unter der Prämisse, sich mit den im Zusammenhang mit der Parteienkrise aufgeworfenen Problemen zu beschäftigen.

Neu im Angebot: Die Forderung nach Amtszeitbegrenzung für Bundeskanzler, Parteivorsitz und sonstige Partei- und Regierungsämter. Altbundespräsident Richard von Weizsäcker hat solche Vorschläge gemacht, desgleichen der FDP-Generalsekretär Guido Westerwelle. Sie klingen bestechend einfach. Genau besehen sind solche Vorschläge aber eine Art Unmündigkeitserklärung – man will die Wählerinnen und Wähler vor sich selbst schützen, weil man ihnen nicht zutraut, den notwendigen Wechsel selbst herbeizuführen. Dieser gedankliche Ansatz widerspricht dem, der für die Einführung des Plebiszits spricht: Dabei geht man nämlich vom sehr mündig gewordenen Bürger aus. Im übrigen ist Vorsitzender nicht gleich Vorsitzender, fünfundzwanzig Jahre Parteivorsitz können gut oder schlecht, können ein Fluch oder ein Segen sein: Kohl war fünfundzwanzig Jahre Parteivorsitzender und hat der CDU das Diskutieren abgewöhnt. Willy Brandt war auch fünfundzwanzig Jahre Parteivorsitzender und hat die Diskussion in der SPD gefördert, er hat sie als lebendige Partei gestärkt. Für die SPD wäre es also eher eine Strafe gewesen, wenn Brandt nach zehn Jahren hätte gehen müssen.

Zum fünfzigsten Geburtstag hätte man dem Grundgesetz eine bürgerfreundliche Reform schenken können: Am 23. Mai 1949 war es verkündet worden. Im Mai 1999 wurde schön gefeiert aus diesem Anlaß. Und es war, wie man so sagt, eine würdige Feier. Auftakt im Berliner Dom. Altar und Lüster der Kirche glänzten frisch vergoldet: Wir sind ein reiches Land. Der Chor sang Johann Sebastian Bachs »Gloria«: Wir sind ein Land mit Kultur. Es roch nach Bohnerwachs und Bodenpflege: Wir sind ein sauberes Land. Der katholische und der protestantische Zelebrant redeten in ihren Ansprachen – es war ja eine Feier zum Geburtstag des Grundgesetzes – fast wie Lehrer des Staatsrechts: Wir sind in einem Land, in dem Staat und Kirche in Harmonie leben. Der evangelische Präses Manfred Kock wünschte der versammelten Festgemeinde »offene Ohren und offene Herzen«. Die Türen des Domes blieben freilich für normale Menschen geschlossen. Ein paar eigens angereiste ältere Herrschaften schimpften drau-ßen auf der Straße mit der Polizei, weil ihnen niemand gesagt hatte, daß der »ökumenische Gottesdienst zum 50. Gründungstag der Bun-desrepublik Deutschland« ein geschlossener Gottesdienst war: nur für geladene Gäste. Und das war wohl bezeichnend und beispielhaft für die Beziehung zwischen Grundgesetz und Volk: Das Grundgesetz hat Angst vor dem Volk.

Die Mütter und Väter des Grundgesetzes trauten den Menschen nicht, für die sie das Grundgesetz schrieben. Sie konnten und woll-ten ihnen nicht verzeihen, daß sie einst Adolf Hitler gewählt und ihm bis zum Ende die Treue gehalten hatten. Deshalb beschränkten sie die Möglichkeiten des Volkes, seinen Willen wirksam zur Geltung zu bringen, auf das absolute Minimum – auf die alle vier oder fünf Jah-re fällige Neuwahl von Bundestag und Landtagen. Abgrundtief war die Angst vor neuen Demagogen, vor der Anfälligkeit des Volks und davor, daß die Volksabstimmung als Hebel gegen die junge Demo-kratie mißbraucht werden könnte. Deshalb gab man dem Plebiszit keinen Millimeter Raum. Anlaß zum Nachdenken darüber, ob dies ein Dauerzustand bleiben dürfe, hatte man nicht: Das Grundgesetz war ja schließlich nur als vorläufige Ordnung geschaffen.

23. Mai 1999: Es war also, wie gesagt, ein würdiger, wenn auch ex-klusiver Gottesdienst zum fünfzigjährigen Jubiläum. Würdig und kühl war es auch im Reichstag beim Staatsakt – fast zu kühl an einem schönen Berliner Frühsommertag. Mädchenchor, Knabenchor, deut-sches Liedgut, Kammerorchester, Nationalhymne. Bundespräsident Roman Herzog hielt seine letzte große Rede. Sie war eine Synthese dessen, was ihn in den fünf höchst respektablen Jahren seiner Amts-periode bewegt, ein Resümee dessen, was er angestoßen hat. Und wie schon wiederholt plädierte der Präsident, nicht von allen beklatscht, für »mehr direkten Einfluß der Bürger« im Staat, für die Verstärkung von Bürgerbegehren und Bürgerentscheiden. Das seien aber auch keine Allheilmittel, setzte er hinzu. Natürlich nicht. Aber sie sind ein Rezept gegen das Austrocknen der Demokratie. Man kann nicht andauernd von der Zivilgesellschaft reden und Aufgaben an sie über-tragen wollen, ohne ihr ein ordentliches Werkzeug in die Hand zu

geben. Bürgerbegehren und Bürgerentscheide sind ordentliche Werkzeuge. Die Risiken von Plebisziten lassen sich durch klug eingebaute Sicherungen deutlich vermindern. Und die Risiken, die bleiben, sind mit Sicherheit viel kleiner als die Gefahr, daß die Demokratie sonst verdorrt.

c) Vom richtigen Gebrauch der Rute: Der Untersuchungsausschuß und was sich dort ändern muß

Im Kreuzworträtsel würde die Frage wie folgt lauten: »Gremium zur Selbstreinigung des politischen Systems – 21 Buchstaben.« Kaum jemand käme auf die richtige Antwort. Stellen wir also die Frage anders: »Parlamentsausschuß, der Skandale aufklären soll, dabei aber oft zur Wahlkampfarena wird.« Jetzt wird die Sache klarer. Gemeint sind parlamentarische Untersuchungsausschüsse.

Angespielt wird auf die Tatsache, daß jeder parlamentarische Untersuchungsausschuß eine Arena ist für politische Kämpfe im Justizgewand. Die Parteien sehen im Untersuchungsausschuß die Fortsetzung des politischen Kampfes mit anderen Mitteln. Und diese Mittel sind durchaus schneidig; der Untersuchungsausschuß hat nämlich Rechte, wie sie nicht einmal dem Parlament im Ganzen zustehen. Er kann Zeugen vorladen und vorführen lassen, er kann Zeugen, die nicht aussagen wollen, mit Geldbußen und Beugehaft belegen, er kann sich Akten vorlegen lassen, die ein normaler Parlamentsausschuß nie zu sehen bekäme. Kurz gesagt: Im Untersuchungsausschuß kann man dem politischen Gegner schmerzhaft und öffentlich auf die Finger klopfen – und dafür die Zwangsmittel des Strafprozesses einsetzen. Leider widerstehen die Parteien weder im Bund noch in den Ländern der Versuchung, dies vor allem zu Propagandazwecken oder gleich in Wahlkampfzeiten zu tun.

Angesichts dessen ist es durchaus nachvollziehbar, wenn ein kritisches Publikum so manchen Untersuchungsausschuß mittlerweile verdächtiger findet als die Sachverhalte, die dort aufgeklärt werden sollen. Eine solche Kritik schüttet freilich das Kind mit dem Bade

aus. Gerade dann, wenn man um die Schwächen der Untersuchungsausschüsse weiß, muß man ihre Stärken sehen. Nirgendwo anders
können Mißstände, die im Verantwortungsbereich der Regierung
liegen, so effektiv angeprangert und aufgeklärt werden. Der Untersuchungsausschuß versetzt nämlich eine Parlamentsminderheit in die
Lage, aufklärerisch zu arbeiten. Und das ist notwendig, weil die
Parlamentsmehrheit (sie stellt ja die Regierung) in der Regel kein
Interesse daran hat, die Regierung bloßzustellen. Also muß die Parlamentsminderheit zu diesem Zweck mit besonderen Rechten ausgestattet werden. Dies ist der gute Sinn von Untersuchungsausschüssen.
Selbst dann, wenn ein Ausschuß nach ein paar Monaten aus dem
Blickfeld der Öffentlichkeit verschwindet und erst wieder nach zwei
Jahren mit einem voluminösen Abschlußbericht auftaucht: Er hat zur
Skandalisierung eines Mißstandes beigetragen. Im besten Fall münden
seine Untersuchungen in ein neues Gesetz wie bei der Flick-Spendenaffäre (1983–1986).

Untersuchungsausschüsse werden in der Regel von der Opposition
beantragt, um Mißstände in der Regierung aufzudecken. Allerdings
können die Regierungsfraktionen mit ihrer Mehrheit im Untersuchungsausschuß das Verfahren nach ihrem Gusto lenken und beeinflussen, also bestimmen, wann und unter welchen Bedingungen
Zeugen vernommen werden sollen. Diese Möglichkeiten haben er-
heblichen Einfluß auf die Aufklärung, Sitzungen ziehen sich in die
Länge, es dauert oft ewig, bis etwas ans Licht kommt. Und so kommt
es, daß die Untersuchungsausschüsse die großangelegte Rolle nicht
spielen, die sie spielen könnten.

In der Regel schaut es deshalb so aus: Was für die Kinder Knecht
Ruprecht, ist für die Politik der Untersuchungsausschuß. Eltern drohen mit dem Knecht Ruprecht, mit dem Krampus, wie er im Süden
Deutschlands heißt, wenn sie sich nicht mehr anders zu helfen wissen. Wenn er dann wirklich kommt, ist alles halb so schlimm: Er
schaut wilder aus, als er ist. Er brummt martialisch, und er freut sich,
wenn er fotografiert wird. Die Rute, die er dabeihat, ist zur Züchti-
gung wenig geeignet; sie taugt nur dafür, eindrucksvoll damit her-
umzufuchteln. Max Weber hat sich das wahrscheinlich anders vor-

gestellt, als er den Untersuchungsausschuß als die »Rute des Parlaments« bezeichnet hat. Aber klare Regeln für den Einsatz und Gebrauch dieser Rute gibt es nach mehr als fünfzig Jahren parlamentarischem Betrieb in der Bundesrepublik noch immer nicht.

Der SPD-Abgeordnete Hermann Bachmaier, vormaliger Obmann der SPD im Plutonium-Untersuchungsausschuß, hat in einem Aufsatz für *Die Zeit* vom 17. Februar 2000 ein Lied davon gesungen, was es heißt, in einem Kontrollgremium zu sitzen, dem entscheidende Rechtsgrundlagen fehlen:

> *Damals ging es darum, herauszufinden, wie es unter den Augen des Bundesnachrichtendienstes zur illegalen Einfuhr von 363 Gramm hochgefährlichen Plutoniums an Bord einer Lufthansa-Maschine kommen konnte. Zentrale Zeugen waren Geheimdienstkoordinator Schmidbauer und Bundeskanzler Kohl. Doch wir mußten buchstäblich Jahre warten, um sie zu vernehmen. Denn die Mehrheit aus CDU, CSU und FDP hielt die zügige Vorladung der Zeugen Schmidbauer und Kohl nicht für opportun und hat es deshalb über anderthalb Jahre lang verhindert, daß sie im Untersuchungsausschuß vernommen werden konnten. Der nicht gerade unwichtige Zeuge Helmut Kohl konnte gar erst nach einem Rechtsstreit vor dem Bundesverfassungsgericht – fast zwei Jahre nach Einsetzung des Untersuchungsausschusses – erstmals als Zeuge gehört werden. Ein solches Verfahren führt dazu, daß die Untersuchungen den Ereignissen völlig hinterherhinken und die Öffentlichkeit kaum noch Aufklärung erwartet. Die Arbeit des Untersuchungsausschusses kommt zu langsam voran. Unsägliche Scharmützel haben wir uns in fast allen Ausschüssen, an denen ich teilgenommen habe, geliefert. Zum Beispiel, wenn es um die Ausübung des Fragerechts ging. Bislang kann die einfache Mehrheit im Untersuchungsausschuß beschließen, daß die mißliebigen Fragen eines Oppositionsabgeordneten – also eines Abgeordneten der Minderheit im Ausschuß – aus irgendeinem Grund für unzulässig erklärt werden. Was der Mehrheit nicht gefällt, findet nicht statt ...*

Wenn die Mehrheit das Verfahren im Ausschuß diktieren kann, verkommen Untersuchungsausschüsse – eigentlich die schärfste Waffe des Parlaments – zur unwürdigen Posse. Die »Rute des Parlaments« ist also in der Hand von gefesselten Parlamentariern.

Dutzende von Untersuchungsausschüssen haben im Bund und in

den Ländern getagt – schon der erste, 1946 in Hamburg, beschäftigte sich mit Korruption. Aber noch im Jahr 2000 leidet der Untersuchungsausschuß zur Aufklärung der CDU-Spendenaffäre daran, daß es keine exakten Vorschriften für den Ausschußbetrieb gibt. Was ein Ausschuß in etwa darf, hat sich mühsam in der Praxis, unter Hilfestellung der Gerichte und unter Bezug auf Artikel 44 Grundgesetz herauskristallisiert. Dort steht der Satz: Auf Beweiserhebungen im Untersuchungsausschuß »finden die Vorschriften über den Strafprozeß sinngemäß Anwendung«. Das ist alles. Schon vor sechsunddreißig Jahren hat der Deutsche Juristentag deshalb versucht, klare gesetzliche Regelungen zu finden. Schon vor dreiundzwanzig Jahren wurde der erste Gesetzentwurf im Bundestag eingebracht – bis heute ohne Ergebnis. Es ist offensichtlich schwierig, wenn die Bundestagsmehrheit ein Gesetz verabschieden soll, das der Minderheit besondere Rechte gibt. Alle bisherigen Versuche scheiterten daran, daß sich entweder die Mehrheit ihre Vorteile nicht nehmen lassen wollte oder die jeweilige Opposition weitergehende Rechte für die Minderheit wünschte.

Derzeit gibt es wieder parlamentarische Anläufe für ein solches Gesetz. Dem Parlament liegen zwei Entwürfe vor: einer von SPD und Grünen und einer der FDP. Beide beruhen auf früheren Vorlagen, verfolgen die gleiche Absicht und unterscheiden sich nur in Nuancen. Auch die Vorschläge zum Auskunftsverweigerungsrecht sind ähnlich. Übereinstimmend gestehen sie jedem Zeugen das Recht zu, »die Auskunft auf Fragen zu verweigern«, durch die er sich in einem Gerichtsverfahren belasten würde. So steht es auch in der Strafprozeßordnung. Der SPD/Grünen-Entwurf hebt die Höchstgrenze des Ordnungsgeldes für »grundlose Zeugnisverweigerung« von derzeit 1 000 auf 100 000 Mark an. Die FDP ist milder. Sie will auf 10 000 Mark gehen.

Die Erfahrungen im Kohl-Untersuchungsausschuß zeigen, daß die Regelungen eines Untersuchungsausschuß-Gesetzes sehr penibel und sehr detailliert sein müssen. Als sich bei der ersten Vernehmung Kohls im Ausschuß herausstellte, daß der CDU-Obmann im Untersuchungsausschuß, Andreas Schmidt, sowie andere CDU-Mitglieder des Ausschusses sich vor den Sitzungen jeweils mit Kohl getroffen hatten, kam es deswegen zum Eklat, die Sitzung des Untersuchungsausschusses mit der Anhörung Kohls wurde unterbrochen, die Empörung war allgemein – ausgenommen in der Unionsfraktion. SPD-Obmann Frank Hofmann warf Kohl vor, er versuche mit diesen Treffen »wie in früheren Zeiten die Fäden in der Hand zu halten«. Grünen-Chefin Renate Künast bezeichnete das Verhalten der CDU-Obleute als »verwerflich«. Die grünen Fraktionschefs Rezzo Schlauch und Kerstin Müller sagten, die CDU-Spitze solle sich von diesem »unparlamentarischen Verhalten« distanzieren. Der frühere Bundestagsvizepräsident Burkhard Hirsch (FDP) forderte die CDU-Vertreter auf, sie sollten überlegen, ob sie noch in dem Ausschuß bleiben könnten. Der FDP-Obmann Max Stadler äußerte die Befürchtung, wenn der Ausschuß so weiterarbeite, gehe das Vertrauen der Bürger in parlamentarische Untersuchungsgremien verloren; er plädierte für klare Verhaltensregeln für die Ausschußmitglieder.

Ein weit hergeholter, aber nicht von der Hand zu weisender Vergleich: Nehmen wir an, ein durchaus verdienter Vorstandsvorsitzender eines großen Industrieunternehmens ist in peinlichen Verdacht geraten und muß sich vor Gericht wegen Bestechung verteidigen. Vor den jeweiligen Verhandlungstagen zitiert er einen oder mehrere seiner Richter zu sich, um mit ihnen über den weiteren Verlauf der Verhandlung zu reden, und auch darüber, wie er sich auf bestimmte Vorhaltungen des Gerichts einlassen soll. Nehmen wir weiter an, die Richter haben diese »Einladung« mehrfach befolgt – und dann, nachdem dies in öffentlicher Sitzung bekannt wurde, erklärt, sich nichts weiter dabei gedacht zu haben. Man könne sie doch nicht daran hindern, mit einem Geschäftsfreund zu reden … Die Öffentlichkeit würde mit Recht nicht nur an der Berufsauffassung, sondern auch am Geisteszustand solcher Richter zweifeln.

Sicherlich: Der Untersuchungsausschuß ist kein echtes Gericht; er hat nur bestimmte Rechte, wie sie auch ein Gericht hat. Die Mitglieder des Ausschusses haben nicht die Pflicht zur Unabhängigkeit, wie sie Richter haben. Würde man an sie die Maßstäbe anlegen, wie man sie bei Richtern anlegt, müßten sie allesamt als befangen abgelehnt werden. Gleichwohl: Die Mitglieder des Untersuchungsausschusses haben die Pflicht, sich lauter und ehrenhaft zu verhalten. Zu dieser Lauterkeit gehört das Verbot der Kollaboration mit den Personen, deren Verhalten Gegenstand der Untersuchungen ist. Gegen diese Pflicht haben CDU-Parlamentarier verstoßen und damit den Untersuchungsausschuß in Mißkredit gebracht. Der Ausschuß ist, weil er über Zwangsmittel verfügen kann, ein Träger öffentlicher Gewalt; seine Mitglieder dürfen sich daher nicht zu Wasserträgern machen lassen.

Der Untersuchungsausschuß zur Aufklärung des CDU-Spendenskandals entspricht nicht der typischen Situation. Denn hier klärt die Mehrheit von heute die Mißstände der Mehrheit von gestern auf. Die CDU-Opposition ist im Ausschuß in der Minderheit und kann Zeugenvernehmungen und Beweisanträge nicht mehr verschleppen. Bei diesem Ausschuß zeigt sich freilich ein anderes Problem: Die Hauptzeugen schweigen, berufen sich auf ein »umfassendes« Auskunftsverweigerungsrecht – lehnen also nicht nur die Antwort auf eine einzelne Frage ab, mit der sie sich belasten müßten, sondern lehnen es in Bausch und Bogen ab, überhaupt zu reden. Gegen den ehemaligen CDU-Vermögensberater Horst Weyrauch und den früheren CDU-Finanzchef Hans Terlinden wurden Zwangsgelder von 1000 Mark verhängt, Terlinden wurde außerdem Beugehaft für den Fall angedroht, daß er weiterhin nicht aussagt. SPD, Grüne und PDS bestreiten, daß Weyrauch und Terlinden ein »umfassendes« Aussageverweigerungsrecht haben, wie sie es für sich geltend machen. Die Unionsparteien gestehen ihnen das Recht zu, die FDP hat Zweifel. Nun müssen Gerichte die Streitfrage klären. In erster Instanz hat das Amtsgericht Berlin Tiergarten am 11. Juli 2000 den Antrag des Untersuchungsausschusses auf Beugehaft gegen Hans Terlinden abgelehnt. Weil wegen des Verdachts der Beihilfe zur Untreue staatsanwaltlich gegen ihn ermittelt werde, stehe ihm ein umfassendes Zeugnisverweigerungsrecht zu. Ein Prozeß über mehrere Instanzen, der mehrere Jahre dauern kann, ist absehbar. So lange nicht rechtskräftig entschieden ist, müssen die zwei langjährigen Gehilfen des damaligen CDU-Vorsitzenden Helmut Kohl jedenfalls nicht aussagen.

Allein die Rechtswege sind nach derzeitiger Rechtslage verwirrend bis chaotisch. Die Ordnungs*geld*beschlüsse sollen laut Rechtsprechung durch Klage zum Verwaltungsgericht überprüfbar sein, während Ordnungs*haft*beschlüsse auf Antrag des parlamentarischen Untersuchungsausschusses durch den Ermittlungsrichter des Amtsgerichts erlassen werden müssen (im Fall des in Berlin tagenden Ausschusses ist das der Ermittlungsrichter des Amtsgerichtes Tiergarten), die ihrerseits mit der Beschwerde zur Strafkammer des Landgerichts angefochten werden können. Will ein Untersuchungsausschuß Unterlagen beschlagnahmen, muß er sich an den Ermittlungsrichter wenden, dort einen entsprechenden Beschluß beantragen, der dann von der allgemeinen Polizei in Amtshilfe vollstreckt wird; für die Beschwerde gegen diesen Beschluß ist das Landgericht zuständig. Verlangt dagegen der Untersuchungsausschuß von einem Privaten ein Dokument heraus und bestreitet dieser die Pflicht zur Herausgabe, so kann sich der Private im Klageweg an das zuständige Verwaltungsgericht wenden. In diesem Gewirr der Rechtswege sind die Zuständigkeiten der Verfassungsgerichte vom Bund und Ländern bei den sogenannten Organstreitigkeiten über die Einsetzung eines parlamentarischen Untersuchungsausschusses, den Minderheitenschutz und die Durchsetzung von Beweisanträgen noch gar nicht berücksichtigt.

Das heißt, es ist an der Zeit, daß das Parlament in eigener Sache Klarheit schafft. Dazu gehört auch, das Verhältnis zwischen parlamentarischen Untersuchungen und staatsanwaltschaftlichen Ermittlungen zu klären: Bei den Mißstands- und Skandalenqueten wie beim Ausschuß zur Untersuchung der CDU-Spendenaffäre kommt es zwangsläufig zu Kollisionen. Wenn die wichtigsten Zeugen allesamt unter Hinweis auf laufende Ermittlungen nicht aussagen wollen, dann wird der Untersuchungsausschuß zu einer toten Veranstaltung. Angesichts des hartnäckigen Schweigens der Kohl-Gehilfen Weyrauch und Terlinden gibt es Vorschläge – vor allem des Grünen-Abgeordneten und Rechtsanwalts Hans-Christian Ströbele –, das Aussageverweigerungsrecht von Zeugen vor dem parlamentarischen Untersuchungsausschuß einzuschränken: Wenn es bei den strafrechtlichen Ermittlungen gegen den Zeugen um ein Verbrechen geht, solle ein Zeuge, so Ströbele, auch im

Untersuchungsausschuß die Aussage verweigern dürfen; wenn es im Ermittlungsverfahren nur um ein Vergehen geht, solle der Untersuchungsausschuß abwägen dürfen, »ob das Interesse an der Aufklärung des Untersuchungsauftrages unter Berücksichtigung des zu erwartenden Aufklärungsbeitrages der Aussage gegenüber den berechtigten Interessen des Zeugen überwiegt«. Wie die Abwägung in der Regel ausgehen wird, kann man sich ausmalen – der Untersuchungsausschuß wird regelmäßig der Ansicht sein, daß sein Aufklärungsinteresse überwiegt. Der Vorschlag ist also nicht praktikabel und nicht akzeptabel – der Grundsatz, daß niemand sich selbst einer Straftat bezichtigen muß, gehört zum Tafelsilber des Rechtsstaats und darf auch nicht einem Abwägungsprinzip preisgegeben werden.

Um so wichtiger ist die effektive und virtuose Handhabung des rechtlichen Instrumentariums durch den Vorsitzenden des Untersuchungsausschusses. Der Kölner Rechtsanwalt Christian Richter II hat auf dem Deutschen Anwaltstag im Juni 2000 in Berlin den schon gelegentlich erörterten, aber immer wieder verblüffenden Vorschlag gemacht, künftig einen Vorsitzenden »von anderer Qualität« an die Spitze von Untersuchungsausschüssen zu setzen – das heißt, der Vorsitzende soll kein Parlamentsmitglied sein, nicht vom Parlament bestimmt werden und auch kein Stimmrecht haben. Er soll überhaupt kein Politiker sein, sondern Richter oder ehemaliger Richter – und durch den Gemeinsamen Senat der Obersten Gerichtshöfe des Bundes bestimmt werden. Das ist überlegenswert, sofern man dabei auf Richter zugreift, die Erfahrung mit komplizierten, turbulenten und heiklen Hauptverhandlungen haben. Auf diese Weise würde auch nach außen deutlich demonstriert, daß der Untersuchungsausschuß mehr ist als ein politisches Kampfinstrument.

d) Dubiose Beweismittel: Warum wegen Kohls Stasiakten
die Strafprozeßordnung geändert werden muß

Erklärung des Bundeskanzlers a. D. Dr. Helmut Kohl: »Ich bin damit einverstanden, daß der Untersuchungsausschuß des Deutschen Bundestages und die Justizbehörden Einsicht nehmen in die Protokolle, die der Staatssicherheitsdienst der DDR über Abhöraktionen angefertigt hat. Es handelt sich zwar um Papiere, mit denen das verbrecherische Regime der früheren DDR illegale Praktiken dokumentiert, und ich bin deshalb grundsätzlich der Meinung, daß diese Zeugnisse eines Unrechtsstaates als Beweismittel in rechtsstaatlichen Verfahren nicht herangezogen werden sollen. Gleichwohl akzeptiere ich, daß dieses Material von den genannten Stellen zur Kenntnis genommen wird. Ich habe mehrfach erklärt, daß meine Politik von Spenden oder sonstigen Zuwendungen nie beeinflußt war. Ich war und bin nicht käuflich, und ich habe meine politischen Entscheidungen stets unbestechlich und nach bestem Wissen und Gewissen zum Wohl unseres Vaterlandes getroffen. Die Stasipapiere können nichts anderes beweisen, es sei denn, es handelt sich um Fälschungen. Ich habe aber keinen Zweifel daran, daß Fälschungen von den zuständigen Organen als solche erkannt werden.«

Eine solche Erklärung des Ex-Bundeskanzlers gibt es leider nicht. Man hätte sie sich gewünscht – unabhängig von allen juristischen Justamentstandpunkten und losgelöst vom Streit über die Auslegung der Paragraphen des Stasi-Unterlagengesetzes. Mit einer solchen Erklärung hätte Kohl dazu beitragen können, das Vertrauen der Öffentlichkeit in die Lauterkeit der Politik wieder zu festigen. Kohl hat dieses Vertrauen beschädigt. Er hätte deswegen die Pflicht gehabt, einen solchen mutigen Schritt zu machen, der (vorausgesetzt, daß man nicht fürchten muß, daß sich aus den Stasiakten peinliche oder gar kriminelle Dinge ergeben) das Vertrauen in die Ehrlichkeit des politischen Systems wiederherstellt.

Am Rande des Untersuchungsausschusses zur Aufklärung der CDU-Spendenaffäre war es im April 2000 zu einem heftigen Streit über das Stasi-Unterlagengesetz gekommen: Es ging darum, ob Protokolle, die der Staatssicherheitsdienst der DDR über seine Abhöraktionen gegen westdeutsche Politiker – unter anderem gegen Kohl – angefertigt hatte, beigezogen und gegebenenfalls verwertet werden dürfen. Stasiakten: Zuvor hatte es keine großen Bedenken gegeben, sie in juristischen Verfahren beizuziehen und zu Beweiszwecken zu verwerten.

Ohne die Stasiakten wären zum Beispiel weder der Anschlag auf das Maison de France noch auf die Diskothek La Belle in Berlin aufgeklärt worden. Ohne die Stasiakten hätte der Untersuchungsausschuß des Bundestags Schalck-Golodkowskis weitverzweigtes Westfirmennetz nicht durchleuchten können. Ohne die Stasiakten hätte der Staat die Überprüfungen für den öffentlichen Dienst nicht durchführen können: 1,6 Millionen Anfragen hat die Gauck-Behörde für den Öffentlichen Dienst bearbeitet, um Stasi-Verstrickungen von Mitarbeitern oder Bewerbern festzustellen. Die öffentlichen Personalbehörden ließen sich einen Prüfbericht kommen, der das vorhandene Aktenmaterial zusammenfaßt, aber nicht bewertet. Die Personalverantwortlichen suchten jedoch darin lediglich nach dem Wort »informeller Mitarbeiter« – um den Betroffenen dann ohne genauere Prüfung der Belastung hinauszuwerfen.

Die Gauck-Behörde mußte wegen dieser Rigorosität der Aktenverwerter in den ersten Jahren herbe Kritik einstecken, die sie nicht immer verdient hatte. Im Westen gab es freilich kaum Kritik, auch dann nicht, als prominente Politiker ins Visier gerieten. Es waren nämlich durchweg Ost-Politiker – de Maizière, Gysi, Stolpe. Bei der Diskussion über die Verwendung und Verwertbarkeit der Kohl-Akten muß man also den »national-kulturellen Hintergrund« sehen: Solange es nur den Osten juckte, kratzte sich der Westen nicht. Jetzt zum erstenmal hatten die Stasiakten und das Stasi-Unterlagengesetz mit dem Fall Kohl einen aufsehenerregenden Westbezug.

Helmut Kohl kündigte sofort erbitterten Widerstand gegen jegliche Verwendung der Akten, ja gegen die bloße Einsichtnahme in die Akten an. Joachim Gauck, der Verwalter der Stasiakten, wurde von Kohl und der Union verbal geprügelt für seine Ankündigung, dem Untersuchungsausschuß auf Anforderung die Akten zu übergeben. Kohl drohte daraufhin mit Klage, rief gar das Bundesverfassungsgericht um Hilfe an. Die Forderungen aus den politischen Parteien nach einer Einschränkung des Stasi-Unterlagengesetzes, sogar nach einer Schließung der Gauck-Behörde wurden immer lauter. Der Streit beruhigte sich erst dann wieder, als die Ausschußmehrheit (auch die

SPD hatte wohl aus den Stasiakten für sie unangenehme Erkenntnisse zu befürchten) beschloß, ohne diese Akten zu arbeiten.

Der Streit war ein error in objecto, er entzündete sich am falschen Objekt – richtigerweise hätte sich die Kritik nicht am Stasi-Unterlagengesetz, sondern an den viel zu lockeren Beweisverwertungsregeln der Strafprozeßordnung entzünden müssen. Das Stasi-Unterlagengesetz ist nämlich an der Rechtslage, die eine juristische Verwertung illegaler Beweismittel erlaubt, völlig unschuldig. Schuld an dieser Rechtslage sind allein die Regeln des Strafprozeßrechts, die vom Untersuchungsausschuß ja entsprechend anzuwenden sind. Diese viel zu weiten Regeln zu kritisieren hätte aber der repressiven Linie bei der Verfolgung von Straftaten widersprochen, die bei der CDU/CSU wie bei der SPD gilt.

Nach dieser herrschenden rechtspolitischen Linie ist beim Nachweis von Vergehen und Verbrechen sehr großzügig zu verfahren, es wird also auch auf dubiose Beweismittel gern zurückgegriffen. Sowohl die deutsche Rechtspolitik als auch die deutsche Rechtspraxis ist dabei ohne große Skrupel. Die Rechtspolitik: Einerseits wurde die Palette der Mittel zur Beweiserhebung in den vergangenen Jahren ständig erweitert; es gibt immer mehr Telefonüberwachungen, immer mehr Lauschangriffe aller Art – und der Kritik an den Eingriffen in die Grundrechte, die damit verbunden sind, werden die strengen Anforderungen an die Genehmigung solcher Eingriffe entgegengehalten. Es ist in der Tat richtig, daß der große Lauschangriff und die damit verbundene Einschränkung des Grundrechts auf Unverletzlichkeit der Wohnung mit strikten richterlichen Genehmigungsauflagen verbunden worden sind. Die Rechtspraxis freilich sieht so aus: Wenn dann die bei solchen Beweiserhebungen vorgesehenen Regeln nicht eingehalten werden, folgt daraus nicht die völlige Unverwertbarkeit des illegal gewonnenen Beweises.

Nicht jedes illegal erhobene Beweismittel ist also automatisch von der Verwertung vor Gericht ausgeschlossen. Selbst ein Geständnis, das ein erregter Angehöriger eines Verbrechensopfers aus dem mutmaßlichen Gegner herausprügelt, soll bei der Überzeugungsbildung des Gerichts ausgewertet werden dürfen. Auch bei der Verwertung von rechtswidrigen Telefonüberwachungen oder Lauschangriffen ist die deutsche Justiz in ständiger Praxis nicht besonders zurückhaltend: Das Verbot des US-amerikanischen Rechts, die »Früchte des verbotenen Baums« zu pflücken, gilt hierzulande nicht. Die Tonbänder werden zwar nicht zu Beweiszwecken vorgespielt, sie dürfen aber auf andere Weise verwertet werden – indem Hinweisen nachgegangen wird, die sich daraus ergeben.

Es gibt allerdings Verstöße, die so brachial sind, daß sie ein Tabu zur Folge haben: Ein Geständnis unter Folter oder psychischer Quälerei ist als Beweismittel nicht existent. So liegt der Fall bei den Gesprächen von Kohl mit seinen Finanzberatern aber ersichtlich nicht. Unverwertbar wären die Kohl-Akten nach geltendem Recht auch dann, wenn das, was die Stasi im konkreten Fall getan hat, jenseits des Ordre public läge. Ordre public, das sind die international üblichen Gebräuche; und da ist es so, daß fast alle Staaten andere belauschen. Von einer ganz besonderen Verwerflichkeit beim Abhören Kohls kann man nicht reden. Also: Selbst dann, wenn es kein Stasi-Unterlagengesetz und keine Stasiakten-Behörde gäbe, dementsprechend auch keinen Behördenleiter Joachim Gauck, der mit dem Altbundeskanzler Helmut Kohl im Streit liegen könnte, keine Paragraphen, die Gauck verpflichten, seine Stasiakten an bestimmte Personen und Behörden herauszugeben. Selbst dann, wenn es also auch die vielen Vergleiche nicht gäbe, die das Wesen der Stasiakten-Behörde ergründen sollen, wenn es nicht das bittere Wort von der »Büchse der Pandora« gäbe und auch nicht das schöne Wort von der »Apotheke gegen die Diktatur«, wenn es also das Stasi-Unterlagengesetz aus dem Jahr 1992 nicht gäbe, die Protokolle der Stasi über Lauschaktionen gegen West-Politiker würden trotzdem existieren – und würden nach den geschilderten großzügigen allgemeinen Strafprozeßregeln zur Beweisverwertung herangezogen.

Die derzeit leider geltende Rechtslage hat Bedeutung für den Fall Kohl. Erstens: Die von der Stasi illegal erlangten Beweismittel sind im Untersuchungsausschuß und vor Gericht so zu behandeln wie andere illegal erlangte Beweismittel nach derzeitiger Rechtslage auch – sie können beigezogen und nach Prüfung in mehr oder minder eingeschränktem Umfang verwertet werden. Das heißt, man schaut sich die Akten an und wägt dann ab, ob und wie man sie verwenden kann. Zweitens: Da dieser geltende Rechtszustand nicht tolerabel ist, muß er geändert werden. Es muß ein klares System von Beweisverwertungsregeln aufgestellt werden. Und Richtern muß zugetraut werden, daß sie Beweismittel prüfen und dann entscheiden, sie nicht zu verwerten.

Erstmals im Zusammenhang mit der drohenden Verwertung der Stasiprotokolle über Kohl hat die CDU den richtigen und wichtigen Satz zitiert, den sonst die Rechtsstaats-Liberalen in die rechtspolitische Debatte werfen: Die Wahrheit darf nicht um jeden Preis erforscht werden. Das ist in der Tat ein eherner Grundsatz des Strafrechts. Die Polizei darf nicht alles tun, um alles zu erreichen. Und die Justiz darf nicht alles verwerten, nur deshalb, weil es nun einmal da ist. Wenn die CDU das aus dem Kapitel »Kohl und die Stasiakten« lernt und rechtspolitische Konsequenzen zieht, wenn also das Beweiserhebungs- und Verwertungsrecht endlich rechtsstaatlich domestiziert wird, dann hätte die Kohl-Krise hier zu einem sehr schönen Ergebnis geführt.

Die Stasiakten bleiben eine Büchse der Pandora. Die DDR-Bürgerrechtlerin Bärbel Bohley hat schon 1992 über die Stasiakten, das Stasi-Unterlagengesetz und die Politiker in Ost und West gesagt: »Durch die Akteneinsicht kann der Filz der Mächtigen etwas gelüftet und durchschaut werden ... Die dadurch erworbenen Kenntnisse über Zusammenhänge und Zusammenarbeit von politischer und ökonomischer Macht jenseits aller Ideologien werden mehr Spuren in der Politik hinterlassen, als wir heute glauben.« Erkenntnisse über Zusammenhänge und Zusammenarbeit von politischer Macht jenseits aller Ideologien: Geht es Helmut Kohl darum, diese Erkenntnisse zu verhindern? Geht es ihm um Spurenverwischung? Schon 1993 hatte Kohl die Stasiakten törichte Notizen genannt, hatte er den üblen Geruch der Akten beklagt, hatte er sie zuklappen und endlagern wollen. Ausgerechnet vor der Enquete-Kommission des Bundestages, die die »Geschichte und Folgen der SED-Diktatur« aufzuarbeiten versuchte, schlug er vor, die Stasiakten zu schließen – was diese zu Recht als Beleidigung ihrer Arbeit empfand. Warum Manfred Stolpe, der brandenburgische SPD-Ministerpräsident, die Akten vom Tisch wischte, lag auf der Hand; aus den Akten ergab sich der Verdacht, daß er zu DDR-Zeiten als Makler zwischen Kirche und dem SED-Regime so ehrlich nicht war, wie er dies selbst gern darstellte. Warum machte sich Kohl bei den Stasiakten zu Stolpes Bruder im Geiste? Spurenverwischung? Diesem Eindruck sollte er vehement entgegentreten – und zwar nicht dadurch, daß er sich abwehrend auf die Akten hockt, sondern indem er sie den Untersuchungsbehörden zugänglich macht und öffnet. Aber vielleicht muß er furchtbare Erkenntnisse befürchten – Erkenntnisse, von denen er glaubte, daß sie mit den Akten in Kohls Kanzleramt erfolgreich vernichtet worden sind: Erkenntnisse darüber, wie Geld die Politik befördert hat.

e) Im Käfig der Politik: Warum die Staatsanwaltschaft unabhängig werden muß

CDU-Spendenaffäre, dubiose Geldübergaben, Schmiergeldvorwürfe im Zusammenhang mit dem Leuna-Geschäft: Je mehr der Untersuchungsausschuß des Bundestags an ungenügenden rechtlichen Grundlagen, am Unvermögen seiner Verhandlungsführer und an der Obstruktion der Unionsabgeordneten leidet, um so mehr Hoffnungen richten sich wieder auf die Justiz. Staatsanwälte beherrschen die Strafprozeßordnung, von der die meisten Parlamentarier nur wissen, daß sie diese im Untersuchungsausschuß eigentlich anwenden sollten. Und Strafrichter sind, besser als der Untersuchungsausschuß jedenfalls, in der Lage, den Ablauf eines großen Verfahrens zu planen und Vernehmungen nach einem vernünftigen Konzept zu terminieren. Erfahrene Richter und Staatsanwälte verstehen sich auch auf die Kunst, präzise zu fragen – eine Kunst, die den meisten Mitgliedern des Untersuchungsausschusses nicht geläufig zu sein scheint. Und Richter und Staatsanwälte haben üblicherweise auch kein gesteigertes Interesse, mit einer Stellungnahme in den Abendnachrichten präsent zu sein; ihr Bedarf an Öffentlichkeit ist zumeist mit der öffentlichen Hauptverhandlung gedeckt. Das sind an sich gute Voraussetzungen für ein objektives Ermittlungsverfahren und für konzentrierte Aufklärungsarbeit.

So sollte es grundsätzlich sein. Aber so ist es in der Praxis dann auch wieder nicht. Die deutsche Justiz ist nämlich für den Aufwand, den es braucht, um zum Beispiel den Komplex Leuna aufzuklären, nicht gerüstet. Schon ein Verfahren wie das gegen den ehemaligen CDU-Schatzmeister Kiep packt sie mit sehr spitzen Fingern an, weil es auf Jahre Kräfte bindet. Nehmen wir den Verdacht, daß bei der Privatisierung der deutschen Leuna-Minol an den ehemaligen französischen Staatsbetrieb Elf Aquitaine gigantische Schmiergelder geflossen sind: Es handelt sich mitnichten um wüste Spekulation; es waren ja nicht zuletzt Staatsanwälte, die den Verdacht zutage gefördert haben – freilich nicht die deutschen, sondern die in der Schweiz. Doch der Genfer Generalstaatsanwalt Bernard Bertossa wartet bisher vergeblich auf Unterstützung aus Deutschland.

Burkhard Hirsch (FDP), Bundestagsvizepräsident a. D. und von der Bundesregierung als »Sonderermittler« engagiert, suchte mit nur einem kleinen Stab von Mitarbeitern (darunter zwei vom Bundeskriminalamt) im Rahmen eines beamtenrechtlichen Disziplinarverfahrens unter anderem nach den mit dem Ende der Regierung Kohl verschwundenen Leuna-Akten des Kanzleramtes. Die Recherchen von Burkhard Hirsch geben eine Ahnung davon, was eine resolute Staatsanwaltschaft hier ausrichten könnte oder ausrichten hätte können: Im Keller des Kanzleramts fand seine Ermittlungsgruppe neunundneunzig vergessene Bänder mit Sicherungskopien von Computerdaten, die gelöscht worden waren. Dort aufgeführte Aktenzeichen, die zu den untersuchten Vorgängen absolut nicht paßten, waren der Schlüssel zum Erfolg: Im Zusammenhang mit den Panzerlieferungen nach Saudi-Arabien, der Privatisierung von Leuna-Minol oder dem Verkauf von Eisenbahnerwohnungen stieß Hirsch auf kuriose Anrüchigkeiten. So war ein Teil der Korrespondenz des Kanzleramts mit dem Waffenhändler Schreiber, dessen Spenden zum Kern der Kohl-Affäre gehören, in einem Vorgang über Standortfragen der Weinbrennerei Asbach-Uralt in Rüdesheim versteckt. Hirsch hat also der Staatsanwaltschaft vorgemacht, wie es geht. Wo ein Wille ist, ist auch ein Weg.

Indes: Die Staatsanwaltschaft, die mit dem Instrumentarium der Strafprozeßordnung über die starken Scheinwerfer verfügt, um die Nebel zu durchdringen, packt sie wegen Überlastung und aus Angst vor der Politik nicht aus. Wenn es um Ermittlungen zur Käuflichkeit der Politik geht, stellt sich die Staatsanwaltschaft noch ärmer dar, als sie ist. Und jede Staatsanwaltschaft, die für Ermittlungen in Betracht kommt, zeigt allenfalls auf die nächste; jede sucht nach Gründen für die eigene Unzuständigkeit. Jede Staatsanwaltschaft reagiert so, wie das früher der bayerische Bauer tat, wenn er in seinem Gebet den heiligen Florian um Hilfe anflehte: Heiliger Sankt Florian, schütz unser Haus, zünd andre an. Bei der Ermittlungsverweigerung, die aus solcher Sankt-Florians-Haltung resultiert, handelt es sich freilich um einen Verstoß gegen das Legalitätsprinzip, wie es im Paragraphen 152 der Strafprozeßordnung formuliert ist: Die Staatsanwaltschaft »ist verpflichtet, wegen aller verfolgbaren Straftaten einzuschreiten, sofern zureichende tatsächliche Anhaltspunkte vorliegen«. Man spricht vom Anfangsverdacht, wie er sich wohl im Fall Leuna/Minol nicht leugnen läßt. Aber: Übernähme eine Staatsanwaltschaft wie die in Bonn oder in Augsburg ein Verfahren von dieser Dimension, dann bräche der staatsanwaltschaftliche Normalbetrieb völlig zusammen; personelle Reserven, »fliegende« Staatsanwälte sozusagen, gibt es nicht. Um von anderen Staatsanwaltschaften Verstärkung zu bekommen, ist die ermittelnde Behörde auf Hilfe von der Justizverwaltung angewiesen. Das heißt: Das Justizministerium, also letztendlich die Politik, entscheidet darüber, ob eine Ermittlungsbehörde verstärkt, ob sie also in die Lage versetzt wird, sach- und fachgerecht und mit Aussicht auf Erfolg zu ermitteln.

Wirtschaftskriminalität und Politik: Es geht dabei um die brisanteste Mischung, die es für deutsche Staatsanwaltschaften gibt. Normale Wirtschaftsstraftaten werden oft, wenn sie recht komplex und schwierig sind, mit einer Vereinbarung zwischen Anklägern und Verteidigern, also mit einem sogenannten Deal, erledigt, um Zeit und Aufwand zu sparen. Das geht wie folgt: Der Beschuldigte liefert ein Teilgeständnis ab, und dafür erhält er folgende Gegenleistungen der Justiz: Der Fall wird nicht an die große Glocke gehängt, es kommt nicht zu einer mündlichen Verhandlung, sondern die Sache wird im schriftlichen Verfahren, per Strafbefehl, erledigt. Die Strafe bleibt demzufolge auch im Rahmen dessen, was per Strafbefehl verhängt werden kann – maximal ein Jahr Gefängnis auf Bewährung. Die vom Beschuldigten nicht eingestandenen Vorwürfe fallen dann unter den Tisch. Jeder ist zufrieden: der Angeklagte, weil er gut wegkommt; der Richter und der Staatsanwalt, weil sie sich viel Arbeit ersparen. Man arrangiert sich.

Solche Absprachen zwischen Verteidigung, Staatsanwaltschaft und Gericht sind schon lange üblich, auch in großen Prozessen – um eine schier endlose Beweisaufnahme und Hauptverhandlung abzukürzen; die Strafe für den Angeklagten fällt dann geringer aus, als sie normalerweise ausfallen würde. Es ist dies ein Handel mit der Gerechtigkeit, der dem Geist und dem Buchstaben der Strafprozeßordnung widerspricht, der sich aber – nach US-amerikanischem Vorbild – anfangs der achtziger Jahre einzubürgern begann. In Fällen wie dem Fall Leuna-Minol läßt sich der Deal deswegen kaum praktizieren, weil das Hauptziel von Wirtschaftskriminellen, nicht im Licht der Öffentlichkeit zu stehen, sich nicht mehr erreichen läßt: Der Fall hängt bereits deswegen an der großen Glocke, weil die Staatsanwaltschaft sich schon so lange den Ermittlungen verweigert. Sie murmelt dafür Begründungen und Entschuldigungen: »Wohl ohnehin verjährt«, sagt der Bonner Oberstaatsanwalt Bernd König. Dies exakt festzustellen erfordert freilich exakte Ermittlungen. Wer über Verjährung redet, zeigt damit, daß er die Einleitung von Ermittlungen eigentlich für notwendig hält. Was ist zu tun? Entweder wird in den Ländern eine »staatsanwaltschaftliche Entlastungsreserve« geschaffen, die nicht von der Politik dirigiert wird. Oder aber die Bundesanwaltschaft in Karlsruhe muß Fälle von der Dimension Leuna an sich ziehen. Man muß freilich befürchten, daß weder das eine noch das andere passiert: Die Staatsanwaltschaft ist nämlich durchaus nicht so souverän, wie sie das gerne wäre – und die Politik ist nicht geneigt, das zu ändern.

Die deutsche Staatsanwaltschaft sagt gern von sich, sie sei die unabhängigste Behörde der Welt. Die Wahrheit ist das nicht. Bei diesem

beliebten Sprüchlein handelt es sich um Autosuggestion. Die Staatsanwälte sind Zwitter: Sie selbst halten sich, weil sie bei und in den Gerich-
ten arbeiten, für einen Teil der Judikative – das Gesetz aber schlägt sie
der Exekutive zu. Das heißt: Mit den unabhängigen Richtern haben
sie nur ihr Gewand gemein, sie tragen die gleiche Robe, darunter aber
steckt ein normaler Beamter, abhängig und weisungsgebunden.

Das ist die Crux der deutschen Staatsanwaltschaft: In allen Verfahren, in denen Politik eine Rolle spielt, ist sie gefesselt und gegängelt.
Ihr oberster Chef ist nämlich ein Politiker, der Landesjustizminister.
Und der sitzt in einer Landesregierung, und die wiederum wird von
bestimmten Parteien gestellt, und diese Parteien haben Interessen –
und wer glaubt, daß sie diese nicht geltend machen, lebt auf dem
Mond. Den Richtern hat der Justizminister de jure nichts zu sagen,
den Staatsanwälten sehr wohl. Das ist der Grund, warum die sonst so
souveränen Staatsanwälte in den Verfahren, die mit Politik zu tun haben, von eigenartigen Lähmungen befallen werden. Der Staatsanwalt
muß, bevor er auch nur einen juristischen Huster macht, seitenlange
Berichte an seine vorgesetzte Behörde, die Generalstaatsanwaltschaft,
schreiben. Diese kontrolliert und schickt die Berichte weiter an das
Justizministerium, und das gibt dann die Anweisungen, was zu tun
oder nicht zu tun ist. So kommt es, daß eine CSU-Regierung in München darüber entscheiden kann, ob die Staatsanwaltschaft Augsburg
bei Unionspolitikern durchsuchen darf oder nicht. Es ist daher nicht
die reine Boshaftigkeit, wenn einem in den Sinn kommt, daß in Augsburg nicht nur eine mit heiklen Ermittlungen befaßte Staatsanwaltschaft, sondern auch die Augsburger Puppenkiste, eine berühmte Ma-
rionettenbühne, zu Hause ist.

Der Staatsanwalt: Die berühmte Denkschrift des preußischen Staats-
ministers Savigny vom 23. März 1846 beschreibt seine Rolle damit,
»daß der Staatsanwalt als Wächter des Gesetzes befugt sein solle, bei
dem Verfahren … von Anfang an dahin zu wirken, daß überall dem
Gesetz ein Genüge geschehe«, und daß er »bei diesen Grundlagen
eine Stellung erhalte, welche ihn ebenso sehr zum Schutze des Angeklagten als zu einem Auftreten wider ihn verpflichtet«. Das ist sozusagen die Gründungsurkunde: Die Staatsanwaltschaft als Aufpasser

der Polizei, als Untersuchungsführer, der zugleich das »rechtsförmige Gewissen« der Polizei darstellt. Doch das ist die schöne Theorie, die Praxis sieht anders aus: In der Masse der Verfahren ist die Staatsanwaltschaft nicht mehr die Herrin des Verfahrens, sondern allenfalls eine Art Justitiariat der Polizei zur Schlußbehandlung der Akten, bevor sie in die Ablage oder zum Gericht gehen. Und bei dem kleinen Teil der Verfahren, den die Polizei von sich aus nicht anrührt (und dazu gehören die heiklen Verfahren, bei denen Mittel und Maßnahmen gegen die herrschende Politik notwendig sind), leidet die Staatsanwaltschaft an ihrer fehlenden Unabhängigkeit.

Der Satz, der die markante Stellung der Staatsanwaltschaft gegenüber der Polizei beschreibt, ist Gesetz, er steht, seit 123 Jahren, im Gerichtsverfassungsgesetz: »Die Polizeibeamten sind die Hilfsbeamten der Staatsanwaltschaft.« So kraftvoll hat das Gesetz die Staatsanwaltschaft angelegt: Sie ist die Herrin der Verfahren. Die Praxis hat daraus einen Witz gemacht. In Wahrheit ist es nämlich mittlerweile eher umgekehrt: Die Staatsanwaltschaft hat Macht und Mittel an die Polizei verloren. Nicht die Polizisten sind die Hilfsbeamten der Staatsanwaltschaft, sondern die Staatsanwälte sind Hilfsbeamte der Polizei. Nicht die Staatsanwaltschaft, sondern die Polizei führt die allermeisten Ermittlungen. Und wenn sie damit fertig ist, bringt sie die Akten bei der Staatsanwaltschaft vorbei, die dann die Abschlußverfügung fabrizieren darf: Einstellung, Strafbefehl oder Anklage.

Eigentliche Aufgabe der Polizei ist aber nicht die Repression, nicht die Verfolgung von Straftaten also, sondern die Prävention, also die Verhütung von Straftaten. Nur im Rahmen eines staatsanwaltschaftlichen Auftrages, so die gesetzliche Konstruktion, wird die Polizei auch zur Verfolgung eingesetzt. Der Dominanz ihrer Mittel wegen und von der Polizei massiv gefordert, ist es ihr aber schon lang gelungen, in den Kernbereich staatsanwaltschaftlicher Tätigkeit einzudringen. Die gesamte Kriminaltechnik ist bei der Polizei konzentriert, sie führt und kontrolliert alle relevanten Datensammlungen – und sie hat die vorbeugende Verbrechensbekämpfung für sich requiriert, betrachtet sie als ihre alleinige Aufgabe, ohne jegliche Beteiligung der Staatsanwaltschaft. Der Einsatz von V-Leuten und von verdeckten Ermittlern ist so zur polizeilichen Domäne geworden; die Staatsanwaltschaft, de jure Leiterin des Ermittlungsverfahrens, kennt nur im Ausnahmefall deren Identität.

Die Gründe für die galoppierende Entmachtung der Staatsanwaltschaft liegen auf der Hand: Die Exekutive wehrt sich gegen die Kontrolle ihrer Ermittlungsarbeit, der Einfluß der Politik auf die Polizei ist noch leichter und unmittelbarer möglich als auf die Staatsanwaltschaft. Die Exekutive entzieht sich der Rechtsförmigkeit des staatsanwaltschaftlichen Verfahrens, tummelt sich lieber in den Ermessensspielräumen des Polizeirechts; deshalb hat die Politik die Staatsanwaltschaft in ihrer kärglichen Ausstattung sitzen lassen – dafür aber die Mittel und Möglichkeiten der Polizei ständig erweitert.

Das Gros der Ermittlungsverfahren hat also die Polizei in der Hand. Und in den Verfahren, in denen das nicht so ist, hat die Politik immer noch ihre Möglichkeiten, Einfluß zu nehmen. Zu diesem Zweck gibt es sowohl plumpe als auch feine Mechanismen. Zuerst die plumpen: In sechs Bundesländern sind die Generalstaatsanwälte Beamte von ganz besonderer Art: politische Beamte. Das Gesetz verpflichtet sie, sich bei der Amtsführung »in fortdauernder Übereinstimmung mit den grundsätzlichen politischen Ansichten und Zielen der Regierung zu halten«. Ein solcher Status, der dem von Regierungssprechern und Staatssekretären entspricht, ist zwar gefährlicher Unfug, aber er ist Gesetz – in Berlin, Brandenburg, Thüringen, Mecklenburg-Vorpommern, Nordrhein-Westfalen und Schleswig-Holstein. Dieses Gesetz macht aus dem Generalstaatsanwalt, der, wie jeder Staatsanwalt, ohne Ansehen der Person und ohne Rücksicht auf die Wünsche der Regierung ermitteln soll, eine Art Handlanger der Regierung. Langt er nicht richtig hin, dann kann er schon mal in den Ruhestand geschickt werden. Mit der Gewaltenteilung ist das kaum zu vereinbaren. Aber das stört die Parteien nur dann, wenn sie gerade nicht in der Regierung sitzen. Die sechs Landesgesetze, die aus den Generalstaatsanwälten politische Beamte machen, sind nicht nur rechtlich dubios, sie sind auch eine Dummheit – weil sie die Weisungsgebundenheit des Staatsanwalts in besonders plumper Form demonstrieren.

In anderen Bundesländern gibt es diese Weisungsgebundenheit auch, man setzt sie nur auf subtilere Weise durch: Da gibt es die unendlich weiten Möglichkeiten der Personalpolitik, da gibt es ein hierarchisches Beförderungssystem mit vielen Ködern und Verlokkungen. Das Spiel auf dieser Klaviatur beherrschen alle Parteien. Man muß den CDU/CSU-Regierungen freilich zugestehen, daß sie es virtuoser können. Das Kunststück besteht darin, nach außen keine Angriffsflächen zu liefern (wie sie der Rechtsstatus des politischen Beamten für den Generalstaatsanwalt darstellt), nach innen aber gleichwohl, wenn es darauf ankommt, seinen Einfluß auszuüben – und zielgerichtet in einzelne Ermittlungsverfahren einzugreifen, so wie das die bayerische Staatsregierung via Generalstaatsanwaltschaft München bei den Ermittlungen gegen Kiep & Co. durch die Staatsanwaltschaft Augsburg getan hat.

Wenn Staatsanwälte von ihrem »General« reden, dann meinen sie nicht den Chef des Wehrbereichskommandos, sondern ihren Generalstaatsanwalt. Er ist der Chef aller Staatsanwälte in seinem Bezirk. Er hat Weisungsbefugnis gegen alle, er kann jede Diensthandlung jederzeit selbst vornehmen oder durch einen anderen als den eigentlich zuständigen Staatsanwalt vornehmen lassen. Von seiner Rechtsstellung her ist er der große Herr des Ermittlungsverfahrens. Der Gott des Strafrechts ist er aber nicht. Er hat nämlich einen noch Höheren über sich, einen, der ihm Anweisungen geben kann. Diese Oberbefehlshaber sind Politiker, nämlich Justizminister und Ministerpräsidenten. Der Generalstaatsanwalt ist also ein General unter Kuratel.

Der Generalstaatsanwalt in München, genau nennt er sich Generalstaatsanwalt beim Oberlandesgericht München, heißt Hermann Froschauer; er steht gerade, nach siebzehn Dienstjahren, am Ende seiner Amtszeit. Und wenn man wissen will, warum der Generalstaatsanwalt Generalstaatsanwalt heißt, dann mag man das an diesem Herrn studieren: Er ist energisch, selbstbewußt, autoritär und hierarchiebewußt, so wie man sich einen General halt vorstellt. Nicht den General von der Heilsarmee natürlich, auch nicht den asketisch-preußischen Typus, sondern den jovialen und leutseligen, der es freilich, wenn es drauf ankommt, auch krachen lassen kann. Bei den Ermittlungen der Staatsanwaltschaft Augsburg gegen den CSU-Amigo und Waffenhändler Schreiber, gegen Max Josef Strauß, gegen den Ex-CDU-Schatzmeister Kiep und den Ex-CSU-Rüstungsstaatssekretär Pfahls hat Froschauer hingegen dafür gesorgt, daß es nicht so laut kracht. Andere Generalstaatsanwaltskollegen sagen jedenfalls, daß sie es nicht gewagt hätten, vom Richter schon ausgestellte Haftbefehle anzuhalten, wie Froschauer das (im Fall von Holger Pfahls und der Thyssen-Manager Jürgen Maßmann und Winfried Haastert) getan hat. Er ordnete an, diese Haftbefehle »vorerst« nicht zu vollstrecken. Bei solchem Verhalten steht der Vorwurf der Straf- und Vollstreckungs-vereitelung im Raum (zumal Pfahls sich damals von Singapur nach Tai-wan absetzte).

Die Kollegen aus den anderen Gerichtsbezirken wissen freilich auch nicht, wie zerrüttet das Verhältnis zwischen dem General in München und seinem Oberst, dem mutigen Leitenden Oberstaats-anwalt in Augsburg, schon war – so zerrüttet, daß Jörg Hillinger, der damals unter merkwürdigen Umständen tödlich verunglückte, sei-nem General von heiklen Haftbefehlsanträgen nicht mehr berichte-te, weil er Indiskretionen befürchtete. Hillinger, der die politische Einflußnahme und den politischen Druck von oben zu Recht fürch-tete, informierte nach oben nicht mehr. Er umging also die Wei-sungskompetenz des Generalstaatsanwalts, die dann dazu geführt hät-te, den Haftbefehl nicht zu beantragen. Daraus leitete der General dann das Recht ab, den vom Richter schon erlassenen Haftbefehl, von dessen Beantragung er nichts gewußt hatte, anzuhalten: Wenn die Sache schon nicht rechtzeitig zu stoppen war, dann wenigstens nach-träglich durch Prüfung zu bremsen. Die Handakten (das sind die internen Aufzeichnungen der Staatsanwaltschaft, die nicht in die offi-ziellen Prozeßakten gelangen) lesen sich jedenfalls wie eine Chronik der Justizbehinderungen.

Kohl, Kiep, Strauß & Co. In solchen Fällen ist der Staatsanwalt also nicht der »Herr des Verfahrens«, sondern ein armer Hund. Die deut-sche Staatsanwaltschaft ist kaum in der Lage, einen Konflikt mit der Politik durchzustehen, weil sie von der Politik abhängig ist. Sie ist doppelt weisungsgebunden: Intern kann der Behördenchef den Staatsanwalt jederzeit ersetzen, ihm also den Fall wegnehmen. Extern hat der Justizminister den Staatsanwalt an der Kandare. Gemessen an der Gesamtzahl der Ermittlungsverfahren mag das selten der Fall sein – aber gerade auf diese Fälle kommt es an. Und so kommt es, daß die Staatsanwaltschaften zur Aufklärung der politischen Skandale der Republik wenig beigetragen haben. Im Gegenteil: Nur zu oft haben Staatsanwälte und Richter ihren Part in der Nachhut gespielt und es dubiosen Machtzirkeln erleichtert, sich demokratischer Kontrolle und strafrechtlicher Verantwortung zu entziehen. Es ist, als hätten bundesdeutsche Politiker auf dem Weg zur Macht wie weiland der Siegfried in der deutschen Heldensage im Drachenblut gebadet – sie waren und sind juristisch wenig verwundbar.

Welcher der großen politischen Skandale ist strafrechtlich aufgearbeitet worden? Die Instrumente des Strafrechts kratzten, wenn überhaupt, nur an der Oberfläche. Ein kursorischer Streifzug: Bei der sogenannten *Spiegel*-Affäre im Jahr 1962 versuchte der damalige Verteidigungsminister Franz Josef Strauß, das Nachrichtenmagazin *Der Spiegel* mit fadenscheinigen Vorwürfen, aber auf rücksichtslose Weise auszuschalten – ein gefährlicher Anschlag auf die Rechtsstaatlichkeit im Bereich der inneren Sicherheit. Die Justiz mochte diesen Verstoß nicht ahnden. Strauß habe, so hieß es statt dessen, die Tatbestände der Amtsanmaßung und Freiheitsberaubung (er hatte Verhaftungen veranlaßt) zwar objektiv, nicht aber subjektiv verwirklicht. Ins Deutsche übersetzt: Er hatte es zwar getan, aber es war ihm nicht nachzuweisen, daß es böse gemeint war. Wenn sich aber die böse Absicht des Politikers ausnahmsweise wegen Offenkundigkeit nicht leugnen läßt, dann, ja dann muß es wohl so gewesen sein: Der Politiker litt in den milden Augen der Justiz just zum fraglichen Zeitpunkt, wegen der außergewöhnlichen Belastungen, die sein Beruf so mit sich bringt, an einem vorübergehenden Zustand der Verwirrung, war also schuldunfähig. So erging es dem damaligen CSU-Generalsekretär und nachmaligen Bundesinnenminister Friedrich Zimmermann, der im bayerischen Spielbankenprozeß 1959 einen Falscheid geschworen hatte.

Ein Sprung in die siebziger Jahre: 1978 sprengte der niedersächsische Geheimdienst nach Absprache mit dem Ministerpräsidenten ein

Loch in die Mauer des Gefängnisses von Celle und schob die fingierte Straftat anderen in die Schuhe – um sich beim Wähler als effektiven Terroristenverfolger ins rechte Licht zu rücken. Keiner der Akteure, der Planer und mitwissenden Profiteure wurde dafür je zur Verantwortung gezogen. Ein Sprung in die achtziger Jahre: Welche strafrechtlichen Konsequenzen wurden eigentlich aus dem Fall Barschel gezogen? Es gab ein Verfahren gegen den Journalisten, der ins Genfer Hotelzimmer eingedrungen war, in dem der tote Ministerpräsident in der Badewanne lag; wegen Hausfriedensbruch wurde der Journalist bestraft. Und was ist mit denen passiert, die im schleswig-holsteinischen Gemeinwesen, im Haus der Verfassung gehaust haben? Wenig, nichts.

Nur ein einziges Mal, bei der Parteispendenaffäre Nummer eins, wurden prominente Politiker mit den Instrumenten des Strafrechts etwas gepiekst. Mit kraftstrotzendem Selbstbewußtsein hatten Staatsanwälte einst diese Verfahren angepackt. Als 1981 ein erster Anlauf zu einem Gesetz gescheitert war, mit dem sich Politiker wegen der kriminellen Parteispendenaffären selbst hatten amnestieren wollen, glaubte man schon, die Staatsanwälte hätten den Wettlauf mit der Politik gewonnen; sie haben ihn letzlich doch verloren. Aus den Verfahren wurde eine müde Sache. Die Staatsanwälte gaben auf: Zermürbt von Polemik und Diffamierung aus den Reihen der Politik und mit ihrem ziemlich kläglichen Apparat überfordert vom Ausmaß der erforderlichen Ermittlungen, begannen die deutschen Staatsanwaltschaften der Recherchen in den trüben Kanälen überdrüssig zu werden. Die Verfahren wurden in die Verjährung getrieben, und man war schließlich froh, daß man die Geschichten durch Verschleppung und Verzögerung wieder losbekam.

Wer deutsche Verhältnisse kennt und nach Italien schaut, kommt aus dem Staunen nicht mehr heraus. Vor zehn oder fünfzehn Jahren mag man dort auch noch über Korruptionskalauer folgender Art gelacht haben: »Ein Politiker, der seinen Nutzen nicht mehren kann, der ist auch nicht imstande, den der Allgemeinheit zu mehren.« Als dann der Staatsanwalt Antonio di Pietro Mitte 1992 einen sozialistischen Kommunalpolitiker dabei erwischte, als er gerade ein Bündel

Banknoten kassierte, als dann die Ermittlungen des Mailänder Staatsanwalts in Sachen Schmiergeld die Karrieren von Spitzenpolitikern beendeten, da verging vielen das Lachen: Im ganzen Land, so recherchierten die Staatsanwälte, haben Politiker bei Unternehmen Parteispenden wie Schutzgelder eingetrieben und Staatsaufträge nur gegen Schmiergeld verteilt. Die italienischen Staatsanwälte ermittelten gegen Politik und Hochfinanz wegen Bandenbildung mit der Mafia, sie ließen Industriemanager und Parteibosse in Handschellen abführen. Eine kleine Schar unerschrockener Juristen hob das Gefüge des Parteibonzentums aus den Angeln. Die Hoffnung der Italiener auf die wunderbare Erneuerung von Staat und Gesellschaft aus der Kraft der Staatsanwälte erfüllte sich freilich nicht; aber das ist wieder ein anderes Kapitel.

Was ist in Italien so anders, woher kommt die starke Stellung der dortigen Justiz, der dortigen Staatsanwälte und Untersuchungsrichter vor allem? Staatsanwälte wie Untersuchungsrichter sind in Italien unabhängig von Weisungen, der Justizminister hat ihnen nichts zu sagen. Italienische Staatsanwälte gehören, anders als die in Deutschland, nicht zur Exekutive. Weder sie noch die Richter sind dem Minister verantwortlich. Der Parteipolitik bleibt es auch weitgehend versagt, sich über Personalpolitik Einfluß auf die Justiz zu verschaffen: Die Judikative verwaltet sich nämlich weitgehend selbst. Ein oberster Richterrat, der Consiglio Superiore della Magistratura, hat die Personalpolitik in der Hand. Zwanzig der dreißig Mitglieder des obersten Richterrats wählen die Richter und Staatsanwälte aus ihren Reihen, zehn Mitglieder werden vom Parlament unter den Rechtswissenschaftlern und Anwälten ausgesucht. Es wäre daher blauäugig zu behaupten, parteipolitischer Einfluß fände im obersten Richterrat überhaupt nicht statt. Aber immerhin: Die Justiz ist so zu einer wirklichen Kontrollinstanz geworden, die vor Politik und Parteien weder Devotion noch übertriebenen Respekt kennt. Auch die wirtschaftliche Unabhängigkeit spielt dabei eine wichtige Rolle. Sämtliche Richter, Ermittlungsrichter und Staatsanwälte werden automatisch aufgrund ihres Alters finanziell befördert: Sie erreichen nach achtundzwanzig Jahren Dienst die letzte Gehaltsstufe, und zwar auch

dann, wenn sie nicht, im deutschen Sinn, »Karriere« an den Oberge-
richten oder den obersten Gerichtshöfen gemacht haben, sondern in
der Provinz geblieben sind. Ein solches System stünde auch der deutschen Justiz gut an. Es geht gewiß nicht darum, die Macht im Staat
an die Staatsanwälte zu übergeben. Aber es geht darum, sie aus dem
Käfig der Politik zu befreien.

Die Staatsanwaltschaften müssen unabhängig werden. Es war nicht
im Sinn der Erfinder, Staatsanwälte an die kurze Leine der Politik zu
legen; sie sollten möglichst unabhängig agieren und wurden im neun-
zehnten Jahrhundert nur aus dem Grund nicht der dritten Gewalt,
sondern der Exekutive zugeschlagen, damit es auch im Vorverfahren,
im Ermittlungsverfahren, fair zugeht und der Staat diesen Rechtswil-
len gegen übereifrige Polizeibeamte durchsetzen kann. Diese Historie ist längst vergessen worden – und das alte Gesetz, das die Staatsanwaltschaft nach wie vor in einer machtvoll kontrollierenden Rolle
sieht, kann sich gegen die Macht des Faktischen nicht durchsetzen.

Schon vor über siebzig Jahren, zur Zeit der Weimarer Republik,
schrieb die Deutsche Juristenzeitung bissig, die Staatsanwaltschaft
verdanke ihr Leben »dem Bedürfnis der Regierung, sich einen Einfluß auf die Strafrechtspflege zu sichern«. Dieser Eindruck besteht
noch immer, mehr denn je. Es ist ein fataler Eindruck. Es gilt also,
eine Fehlentwicklung zu korrigieren. Die Staatsanwaltschaft muß in
ihre rechtsstaatlich gebotene Rolle eingesetzt werden. Dies wäre die
wichtigste Aufgabe im Zuge der von Bundesjustizministerin Herta
Däubler-Gmelin geplanten Justizreform: Stufe zwei dieser Reform
sieht eine Überarbeitung des Strafprozeßrechts vor. Hier muß die
rechtsstaatliche Renaissance der Staatsanwaltschaften stattfinden.

Wenn man sich an diese historische Aufgabe noch nicht herantraut,
dann sollte man die Leitung der Ermittlungen in politisch heiklen Dingen einem unabhängigen, erfahrenen, gut besoldeten Richter übertragen – einem Untersuchungsrichter, so wie dies zu Recht Martin
Klingst in der *Zeit* gefordert hat. Die Figur des Untersuchungsrich-
ters wurde vor vielen Jahrzehnten abgeschafft, seitdem gibt es ihn nur
noch in der Schrumpfausgabe des Ermittlungsrichters, der aber nichts
ermittelt, sondern nur seinen richterlichen Stempel auf die Durchsu-

chungs- und Haftbefehlsanträge der Staatsanwaltschaft haut. Niemand weiß heute mehr gute Gründe dafür, warum man den unabhängigen Untersuchungsrichter abgeschafft hat. Es gibt gute Gründe, ihn wieder einzusetzen.

Strauß, Kohl und der Notstand der Republik

Warum blieb alles so lange unentdeckt? Vielleicht haben wir nicht genug nachgefragt, hat Wolfgang Schäuble gesagt. Er hat also, so wie andere auch, etwas geahnt, aber es nicht genauer wissen wollen. Warum hat in den Vorstandssitzungen der CDU keiner nachgefragt, wenn Kohl leichthin sagte, die vorgeschlagene Maßnahme koste zwar Geld, davon würde aber der Schatzmeister nicht belastet? War damit nicht schon klar, daß schwarze Kassen existierten? Durch den Spendenskandal hat die Öffentlichkeit erfahren, daß für Helmut Kohl die Macht viel wichtiger war als das Recht. Ist das aber wirklich eine Erkenntnis, die man erst im Jahr 1999 gewinnen konnte? Nicht nur die CDU, sondern auch die Öffentlichkeit, auch die Medien haben sich von Kohl paralysieren lassen. Der *Zeit*-Redakteur Gunter Hofmann, ein kluger Analytiker der politischen Szene, sagt das so: »Die Endlos-Kanzlerschaft hat dazu geführt, daß einzig Erfolg oder Mißerfolg als Kriterien verblieben, nach denen man Politik bemaß. Sieger oder Verlierer. Held oder Schurke. Es waren die Maßstäbe, die der ewige Kanzler selbst setzte – aber zupaß kamen sie vielen Medien.« Erst der Mißerfolg Kohls hat den Blick wieder geschärft.

Die Medien haben auch Kohls Programm übernommen, das da lautet: Es war Wahlkampf, es ist Wahlkampf, es wird immer Wahlkampf sein. Bei der Betrachtung und Bewertung von Politik wird mehr und mehr in den Kategorien des Public-Relations-Gewerbes gedacht. Besonders anschaulich war das zuletzt im Bundestagswahlkampf von 1998. Landauf, landab wurde über die Inhaltsleere dieses Wahlkampfes lamentiert. Dabei hatte er ganz inhaltsstark begonnen – mit den Aussagen der Grünen über die Benzinpreise nach einer ökologischen Steuerreform, dem berühmt-berüchtigten 5-Mark-Benzin-Beschluß. Das war zweifellos inhaltsstark. Diese Inhaltsstärke stieß aber vor allem deswegen auf Kopfschütteln und empörte Kritik in den Medien, weil man »so etwas« (diese Bemerkung hätte von Helmut Kohl kommen können) doch nicht im Wahlkampf sagen könne. Es geht hier nicht um die inhaltliche Bewertung des Benzinbeschlusses, sondern darum, daß eine inhaltsleere Kritik daran den Wahlkampf verändert und ihn tatsächlich inhaltsleerer gemacht hat. Das heißt: Nach den geltenden medialen Bewertungskriterien darf man die Wählerinnen und Wähler eher mit vermeintlichen Steuergeschenken belügen als mit hohen Benzinpreisen erschrecken. Man klagt über die Inhaltslosigkeit des Wahlkampfes, wenn aber Inhalte geboten werden, dann wird gesagt, es sei dafür nicht der richtige Zeitpunkt. Man sinniert darüber, ob bestimmte Forderungen taktisch klug sind, statt sich mit der Sache zu beschäftigen. Der inhaltsleere Wahlkampf ist ein Medienprodukt; man beklagt Malaisen, an denen man selbst beteiligt war. Wer über Inhaltsleere klagt, ist möglicherweise auch nur zu faul, sich mit den Inhalten zu befassen – weil es einfacher ist, zum x-ten mal zu sagen oder zu schreiben, daß man einen Pudding nicht an die Wand nageln könne.

Kohls wunderbarer Aufstieg ins Dominat hat auch etwas zu tun mit seinem bayerischen Antipoden: Strauß war die große Attraktion, der Kraftprotz, Zupacker, Ärmelaufkrempler, Strauß zog zu seiner Zeit alle Aufmerksamkeit auf sich, so daß Kohl eher im Schatten stand. Aber Kohl hatte seine Strategie, mit Strauß umzugehen: Auf den Spaziergängen vom Forsthaus Valepp zur Erzherzog-Johann-Klause kultivierte er die Feindseligkeiten zur Männerfreundschaft. Er ließ Strauß die Show auf der Bühne und blieb selbst der Regisseur. Im Licht der Machtlüsternheit des Bayern wurden die vermeintlich matten Eigenschaften des Pfälzers sympathisch.

»Man traute ihm alles zu, dem hochintelligenten, willensstarken Mann. Aber das eine erwartete man von ihm nicht: den Respekt vor den rechtsstaatlichen Schranken.« Der große Politologe Theodor Eschenburg hat das über Franz Josef Strauß gesagt. Indes: Was man 1980 von einem potentiellen Bundeskanzler Strauß befürchtete, das hat Bundeskanzler Helmut Kohl, dem man das nicht zugetraut hatte, verwirklicht. Er hat den Rechtsstaat beschädigt, er hat das Vertrauen in die Lauterkeit des demokratischen Systems untergraben.

Eschenburg hatte seinerzeit über einen Mann gesprochen, der viele Begabungen hatte – außer der, mit der Macht maßvoll umzugehen. Genau diese Begabung freilich war diejenige, die man Kohl allgemein zubilligte, als er sein Amt antrat und dann auf eine vermeintlich biedere Weise versah. Macht in den Händen von Kohl hatte etwas scheinbar Beruhigendes, Kohl trug sie unter dem Revers, Strauß dagegen trug sie im Knopfloch und zeigte sie den Kleinen und den Großen. Der Verteidigungsminister Strauß ließ einst einen Bonner Verkehrsschutzmann namens Hahlbohm auf obskure Weise verfolgen, weil der es gewagt hatte, das Auto des Politikers auf der Kreuzung zu stoppen. Und er ließ in einem staatsstreichähnlichen Unternehmen die Redaktion des *Spiegel* besetzen. Solche Aktionen machten Strauß zum Schrecken eines liberal gesinnten und aufgeklärten Bürgertums: In der Hamburgischen Staatsoper erhoben sich bei dem Bühnensatz »Es ging um die Pressefreiheit« die Herrschaften im Parkett, sie klatschten donnernd Beifall, die Aufführung mußte unterbrochen werden. Wegen Kohl haben sie sich nie erhoben, seine Maßlosigkeit hat keiner erkannt; über Kohl haben sie allenfalls geschmunzelt. Kohl galt als nur unbeholfen, Strauß dagegen als ungeniert: So verhalf er seinem abgebrannten Nennonkel Aloys Brandenstein, einem alten Bekannten der Familie seiner Frau, zu Millionensummen aus dem Rüstungsbereich. So etwas hat, bis zur Spendenaffäre, dem Helmut Kohl niemand zugetraut.

Kohl berechenbar, Strauß unberechenbar. Kohl vertrauenswürdig, Strauß suspekt. Kohl farblos, Strauß ein bunter Hund. Weder in sich noch in dieser Gegenüberstellung hat das so gestimmt. Strauß war nicht der monolithische Block bayrischer Urwüchsigkeit, als der er im öffentlichen Bewußtsein lebte. »Unstimmiges tritt stark hervor, Statisches und Dynamisches, Massiges und Graziles, Großspuriges und Kleinmütiges liegen nebeneinander«: So hat Jürgen Leinemann 1980, in dem Jahr, in dem Strauß Kanzler werden wollte, den bayerischen Wahlkämpfer beschrieben. Die Unterschiede im Habitus von Kohl und Strauß hat er genau gesehen: »Strauß marschiert ja auch nicht, wie das Klischee weismachen will, walzt oder schiebt sich schon gar nicht vorwärts. Vielmehr hastet er in weicher Eile, verfällt fast ständig in einen unprägnanten Trippeltrab. Sein Gang hat kein Gewicht.«

Kanzler ist der geworden, dessen Gang Gewicht, der, der die Massigkeit hatte, die Strauß nur vortäuschte. Strauß blieb der Verbalradikale im öffentlichen Dienst, zügelloser oft im Reden als im Tun: Er warnte vor einer unter dem Stichwort »Demokratisierung der Gesellschaft« eingeleiteten Zerstörung des Systems. Strauß erschien seinen Freunden immer noch besser, noch größer, noch genialer und seinen Feinden immer noch schlimmer, noch unberechenbarer und noch gefährlicher, als er tatsächlich war. Aber weil sein politischer Handlungsrahmen auf Bayern beschränkt blieb und weil das übrige Deutschland das als passend empfand, galt Strauß als domestiziert. Über die Zähmung von Helmut Kohl meinte sich nie jemand Gedanken machen zu müssen. Das politische Programm der beiden freilich hatte große Ähnlichkeiten: Es gab eigentlich gar keines, es bestand vor allem aus der konsequenten Beförderung der eigenen Karriere. Der Unterschied lag darin, daß Kohl das nach Außen viel unauffälliger betrieb, ohne die Polterei und Kraftmeierei des Bayern. Die Generalstabsgenialität, mit der Strauß Skizzen der Weltlage entwarf, besaß Kohl auch, aber auf anderem Felde. Während Strauß damit beschäftigt war, die Welt nach seinem Bild zu malen (die CSU dirigierte er mit dem kleinen linken Finger), machte Kohl aus der CDU eine Partei nach seinem Bilde und nahm die deutsche Politik in den Griff. Kohl hat sich dabei, anders als Strauß, nicht persönlich bereichert – aber auch er hat genommen. Helmut Kohl erging es schließlich mit der Macht so wie dem phrygischen König Midas mit dem Geld. Was dieser auch anfaßte, verwandelte sich in Gold. Beiden wurde das zum Verhängnis.

Unter Kohls Herrschaft hat der Staat seinen Charakter verändert. Kaum jemand hat es bemerkt, denn Kohl fehlte im Gegensatz zu Strauß die Aura der Gefährlichkeit. Um so gefährlichere Dinge sind passiert: In der Ära Kohl zerkleinerte der Staat die Grund- und Individualrechte, immer im angeblich höheren Interesse. Der Staat setzte nicht mehr auf demokratische Courage, sondern auf Repression. Kronzeugenregelung, Lauschangriff, geheimdienstliche Ermittlungsmethoden – alles repressive Errungenschaften der Regierungszeit Kohl – tragen die Tendenz zur Ausdehnung in sich. Das ist um so gefährlicher, als sich gleichzeitig das Verhältnis von Polizei, Staatsanwaltschaft und Geheimdienst stark verändert hat: Die Polizei koppelt sich mehr und mehr von der Staatsanwaltschaft ab, die Geheimdienste haben begonnen, sich politische Kompetenzen anzueignen, die Politik in Gestalt der Exekutive versucht, sich der Kontrolle der Justiz mehr und mehr zu entziehen. Demokratische Kontrolle wird als hinderliche Bevormundung betrachtet.

Eine Episode, die sich nicht sehr eingeprägt hat, ist bezeichnend für den rechts- und verfassungspolitischen Geist der Ära Kohl. Sie stammt aus dem Herbst 1992, aus der Zeit, als die Wogen der unseligen Asyldebatte besonders hoch schlugen. Plötzlich war es da, dieses Wort aus der Weimarer Zeit, das Wort, das sagen soll: Wenn nichts geht, dann geht alles! Bundeskanzler Kohl warnte vor einem »Staatsnotstand«, die Änderung des Asylgrundrechts war für ihn ein Akt der Staatsnotwehr gegen die Flüchtlinge aus Osteuropa. Das sollte heißen: Wenn die SPD bei der Grundgesetzänderung nicht mitmacht, dann müsse die Regierungskoalition eben das Grundgesetz alleine ändern, ohne die vorgeschriebene Zweidrittelmehrheit. Der angebliche Notstand bestand also schlicht darin, daß es die erforderliche Mehrheit für die Änderung des Asylgrundrechts (noch) nicht gab. Das Reden vom Staatsnotstand sollte also Scheinlegitimation für eine verfassungswidrige Verfassungsänderung sein. Als dann in der SPD die Bereitschaft zur Änderung des Asylgrundrechts wuchs, hat Kohl das Wort vom Staatsnotstand schnell wieder verscharrt. Er tat so, als könne er die Aufregung, die er mit seinem Wort angerichtet hatte, nicht verstehen.

Es ist dies ein Exempel für den leichtfertigen Umgang mit den Grundvorschriften des Staates. Ähnliche Leichtfertigkeit hat Kohl auch bei der rechtswidrigen Annahme schwarzer Gelder gezeigt. Er tat so, als sei die Einhaltung der gesetzlichen Verfahren, als sei die vorgeschriebene Offenlegung der Gelder und Spender bloßer Formalismus, den man beiseite schieben könne. Die Spendenaffäre steht deshalb pars pro toto für eine Geringschätzung rechtsstaatlicher Prinzipien, die auf anderen Gebieten (innere Sicherheit, Asyl- und Ausländerrecht) nur viel weniger erkannt wurde. Im Bereich des Parteiengesetzes hat Kohl sich auf eigene Faust die kontrollfreien Spielräume geschaffen, von denen die Politik gerne träumt.

Kohl, Strauß & Co. – es geht um den Verdacht der Käuflichkeit der Politik. Dieser Verdacht, der Demokratie und Rechtsstaat in ihrem Kern trifft, hat eine einzige positive Seite: Solange ein Interesse besteht, Politiker zu kaufen, hat Politik offensichtlich noch Gestaltungs- und Geltungskraft – ansonsten könnte sich die Wirtschaft die Geldausgabe sparen. Die Ironie hat einen ernsten Hintergrund: In den Zeiten der Globalisierung gelingt es dem Staat immer weniger, den Kräften des Marktes den Rahmen für ihr Handeln zuzuweisen, sie entziehen sich dem politischen Zugriff. Aus der Macht des Staates droht staatliche Ohnmacht zu werden. Das heißt, ein Kernsatz der repräsentativen Demokratie stimmt nicht mehr: »Alle Staatsgewalt geht vom Volke aus. Sie wird ... durch besondere Organe der Gesetzgebung, der vollziehenden Gewalt und der Rechtsprechung ausgeübt.« Der Bürger also liest jeden zweiten Tag von neuen Megafusionen und stellt fest, daß er nicht mehr der Souverän ist und daß die Macht nicht mehr unbedingt dort sitzt, wo die Regierung ist. Sie ist vielleicht ab und an anderswo zu finden – bei der Deutschen, Bank oder bei mächtigen Versicherungskonzernen. Aber die Macht wird immer weniger greifbar, sie ist überall und nirgends, es ist schwierig, sie zu stellen, sie zur Rechenschaft zu ziehen.

Bisher, so war man es in einer Demokratie gewohnt, gab es einen Verantwortlichen, wenn etwas schieflief: Man konnte die Regierung deswegen abwählen. Im nationalstaatlichen Raum, in Zeiten vor der Globalisierung, bestand politische Kongruenz zwischen den Entscheidungsträgern und den Betroffenen, die (zum Beispiel bei Wahlen) gewisse Kontrollrechte hatten. Demokratie funktionierte als System der »checks and balances«, als Regelwerk für die sozialverträgliche Lösung von Konflikten. Das ist immer weniger der Fall. Die Globalisierung wirft also ganz neue demokratische Fragen auf, weil sich unverfaßte, nicht gewählte Kräfte zu Gestaltungsmächten aufschwingen, die ihre Entscheidungen abseits der verfaßten staatlichen Ordnung fällen. Im Endstadium dieser Entwicklung wird es überflüssig, nationale Politiker zu kaufen, weil nationale Politik keine Macht mehr hat. Korruption wandert dann, so es der EU-Politik gelingt, Marktmacht zu domestizieren, nach Brüssel. Ansonsten wird man Korruption nur noch in den unteren und mittleren staatlichen Bereichen finden, dort, wo Staat noch stattfindet – als Garant von innerer und sozialer Sicherheit oder als Ordnungsfaktor, zum Beispiel bei Bau- und Anlagengenehmigungen. Bei solchen Aussichten plagt man sich lieber mit Politikern wie Kohl und Strauß.

Eine Schulstunde mitten im der Kohl-Krise, März 2000: Man hat eine »Geheime Testwahl« angesetzt im Raum 325 einer großen kaufmännischen Berufsschule in Köln, es sind noch einige Wochen bis zur Landtagswahl in Nordrhein-Westfalen. Für zwei der sechsundzwanzig jungen Auszubildenden wird es die erste Wahl sein, an der sie teilnehmen können. Zwei Schülerinnen werten an der Tafel das Ergebnis der Testwahl aus: Vierzehn leere Zettel. Nur zwölf Auszubildende haben eine Partei angekreuzt. Die Lehrerin sammelt Meinungen und Urteile: SPD wähle ich nicht, weil die Schule so alt und schäbig aussieht. Die Grünen sind schuld, daß ich ein Viertel meiner Ausbildungsvergütung für Sprit ausgeben muß. Mein Vater sagt, die PDS soll ich nicht wählen. Möllemann ist ein Windei, aber er kann Fallschirmspringen ... Da meldet sich eine Schülerin und berichtet, daß sie am Wochenende ihre fünfundsiebzigjährige Großmutter besucht hat. Die Oma hat ihr erzählt von Hitler und vom Krieg und wie das damals war in Köln. Von Konrad Adenauer hat sie erzählt und gesagt, daß sie immer für eine christliche Politik gestimmt hat. Nie war die Oma in einer Partei, aber in der Kolpingfamilie, und sie hat sich in der Frauenhilfe der Kirchengemeinde engagiert. Nun will sie das erste Mal nicht CDU wählen, obwohl sie findet, daß der Rüttgers ein sympathischer Mensch ist und die Frau Merkel auch. Sie versteht nicht, daß der Kohl nicht diese anonymen Spender schon längst angerufen hat und die sich dann an einen Tisch setzen und sagen: Ja, es ist so, wir haben Mist gebaut. Die Oma sagt, daß sie zum ersten Mal nicht richtig stolz ist auf ihr Wahlrecht, sondern den ganzen Politik-schlamassel nicht mehr hören kann. Sie hat doch so lange an den Kohl geglaubt … Die Politiklehrerin steht also vor dem Problem, daß sie die Zustimmung zu demokratischer Politik fördern soll und will und gleichzeitig aufzeigen muß, daß Mißtrauen angesagt ist.

Nicht die Krise ist wirklich gefährlich, gefährlich ist das Scheitern ihrer Bewältigung. Die Krise ist immerhin Beleg dafür, daß Schweinereien der Mächtigen nicht unter den Teppich gekehrt werden können. Gefährlich wird es aber, wenn man aus der Krise so herausgeht, wie man hineingegangen ist – wenn also wieder, wie schon nach der Flick-Affäre, viel versprochen und nichts gehalten wird. Die *Spiegel*-Affäre von 1962, die in Wahrheit eine Strauß-Affäre war, fand ein befriedigendes Ende: Die publizistische Öffentlichkeit festigte ihre Position, das Bundesverfassungsgericht stärkte die Pressefreiheit. Der Skandal wurde zum Segen. Dergleichen ist nach dem Kohl-Skandal noch nicht zu sehen.

Die SPD und die anderen Parteien glauben, daß das alles sie nichts angeht. Doch die CDU-Krise ist ansteckend. Die Wählerinnen und Wähler sind durchaus geneigt zu sagen, man müsse die Hand zwischen den Parteien nicht umdrehen, da habe jede Dreck am Stecken: Sie haben die Bereicherungen des niedersächsischen SPD-Ministerpräsidenten Glogowski vor Augen, der sich Hochzeitsfeier und Urlaub von der Wirtschaft hatte finanzieren lassen und zurücktreten mußte. Sie haben die Flugaffäre in Nordrhein-Westfalen vor Augen: Der SPD-Finanzminister Schleußer war mit Freundin auf Kosten der Landesbank in den Urlaub geflogen und mußte zurücktreten. Und der Bundespräsident, Inhaber des höchsten Staatsamtes, der sich nicht auf große politische Macht, sondern nur auf Autorität stützen kann und dessen Autorität gefragt gewesen wäre in den Monaten der Spendenkrise, konnte sich nicht darauf stützen, weil seine Autorität gerade aus dem Grund brüchig war, weswegen man sie gebraucht hätte: Johannes Rau (SPD) selbst wurden Vorwürfe gemacht, die er bei anderen bewerten und zu denen er etwas sagen sollte. Ihm selbst wurde vorgeworfen, in seiner Zeit als Ministerpräsident Privat- und

Dienstreisen vermischt zu haben. Natürlich war die Flugaffäre in Nordrhein-Westfalen von viel kleinerem Gewicht als der CDU-Finanzskandal. Natürlich hat die CDU versucht, damit von ihrem Skandal abzulenken. Aber so wuchs wieder einmal die Neigung des Publikums, Politik zum schmutzigen Geschäft zu erklären, das man einer Kaste von Windbeuteln und Beutelschneidern überläßt. Diese neueste Entwicklung beginnt mit der CDU-Spendenaffäre. Und das ist das Schlimmste, was Kohl dem Land antun konnte.

Im Osten der Republik forciert die Kohl-Affäre den Trend zur Distanzierung vom westlichen »System«: Der Fall Kohl gießt Öl ins Feuer, er schürt eine aggressiv antikapitalistische Stimmung, die das ganze demokratische System als ebenso schwächlich wie korrupt ablehnt. Bundesinnenminister Otto Schily etwa klagt schon länger darüber, daß die Demokratie in den neuen Ländern noch nicht »gelernt« sei. Die Klagen der Westpolitiker sind Teil diffusen Unbehagens und diffuser Erkenntnis: Man hat unendlich viel in die Wirtschaft, aber fast nichts in die Demokratie investiert. Man hat nach der Devise gehandelt: Wenn die Wirtschaft brummt, ist der Staat gesund. Man hat geglaubt, wenn man den Boden mit freiem Wettbewerb düngt, dann wächst darauf Demokratie. Man hat sich getäuscht. Die deutsche Einheit im Jahr zehn besteht im wesentlichen aus einer ordentlich funktionierenden Wirtschafts- und Währungsunion. Wer im Osten die Bundesrepublik als politischen Ort sucht, der findet sie nicht. Das völkische Bewußtsein ist um ein Vielfaches stärker als das demokratische. Die Landtage im Osten sind nicht Teil demokratischer Grundstrukturen, die Kommunalparlamente nicht Ausdruck lebendiger Demokratie – sie schwimmen wie Schnittlauch auf einer anderen Suppe. Ostdeutschland ist, wie die anderen Staaten des ehemaligen Ostblocks auch, eine postkommunistische Gesellschaft, in der demokratische Alltagskultur noch wachsen muß. Demokratie im Osten ist, wenn überhaupt, Parteiendemokratie – und diese besteht im wesentlichen aus kleinen Parteibüros mit einem Geschäftsführer und einem Faxgerät, nicht aber aus Mitgliedern, und nur bei der PDS ist das anders. Über diese zarten Ansätze demokratischer Strukturen kam die CDU-Finanzaffäre wie ein Hagelsturm.

Die bisherige Geschichte der deutschen Einheit ist ein Lehrstück: Sie zeigt, wohin es führt, wenn das politische Bewußtsein einer Regierung ganz und gar von Wirtschaftsfragen absorbiert ist. Die herrschende Doktrin der deutschen Politik ist falsch: Eine intakte Wirtschaft und eine intakte Demokratie sind nicht wesensverwandt, das eine ergibt sich nicht aus dem anderen. Wohin es führt, wenn nur in die ökonomische Infrastruktur, nicht aber in die demokratische Infrastruktur investiert wird, das läßt sich im deutschen Osten besichtigen. Der Schaden, den die CDU-Spendenaffäre, den der Verdacht der Käuflichkeit der Politik anrichtet, ist deshalb im Osten noch größer als im Westen. Es ist wohl nicht im Sinn der Erfinder, was viele Menschen im Osten vom Westen meinen gelernt zu haben: daß ihnen einst die DDR-Machthaber über das Wesen des Kapitalismus so viel Falsches gar nicht gesagt haben.

Konrad Adenauer, Willy Brandt, die großen Alten, jeder auf seine Weise, hatten ihre Fehler und Schwächen, die durchaus bekannt waren – beeindruckend war aber die Gradlinigkeit, mit der sie durch wirre Zeiten gegangen waren; sie waren Vorbild kraft Vita. Zu den Politikern dieses Schlages gehören Persönlichkeiten wie Carlo Schmid und Gustav Heinemann – und viele dachten, Helmut Kohl sei auch so ein Alter. Doch sein Gesamtverhalten in der Affäre, sein Vertuschen und Verdunkeln, seine Uneinsichtigkeit und Rechthaberei, hat dazu geführt, daß auch ihm wohlgesonnene ausländische Zeitungen über Kohl den Satz Talleyrands zitieren, den er nach einem Wutausbruch Napoleons gesagt hat: »Schade, daß ein so großer Mann so schlecht erzogen ist.«

Kohl war für viele seiner Wählerinnen und Wähler ein Mann von ehrlichem Biedersinn; man mußte ihm nicht in allem folgen, aber er war glaubwürdig. So wie auch Manfred Kanther, der Ex-Bundesinnenminister, nicht nur für Christdemokraten glaubwürdig war; auch die, die seine Politik nicht mochten, hielten ihn für integer, für einen Mann, der das auch selbst lebt, was er predigt – er galt als die Personifizierung von Akkuratesse, Gesetzestreue, Recht und Ordnung. Dann stellte sich aber heraus, daß er selbst Recht und Gesetz gebrochen hatte: Der Mann, der Schwarzfahrer am liebsten ausgewiesen hätte, hatte schwarze Gelder im Ausland gehortet und Lügenmärchen erfunden, um das zu verbergen. Warum? Weil er die Partei mit dem Staat gleichsetzte und er seine Pflicht, sie zu verteidigen, höher stellte als die Gesetze.

Summa summarum: Spitzenvertreter der Partei, die seit Jahrzehnten mit dem Motto »Recht sichert Freiheit« in die Wahlkämpfe gezogen war, hatten sich die Freiheit genommen, das Recht nach Gutdünken zu biegen und zu brechen. Und etliche derjenigen in der CDU, die versprochen hatten, alles rückhaltlos aufzuklären, haben – siehe Schäuble, siehe Koch – demonstriert, daß sie die Wahrheit auch gern so lange zurückhalten, bis es nicht mehr anders geht. Sicherlich: Der Altbundespräsident Roman Herzog hat schon recht, wenn er meint, in einer Demokratie sei es ein bißchen viel verlangt, daß das Volk ausgerechnet Leute wählen soll, die ihm moralisch haushoch überlegen sind. Trotzdem ist es so, daß der Bürger hinlänglich Sicherheit haben muß, daß es in seinem Staat korrekt zugeht. Diese Sicherheit ist weg. Das Vertrauen in die Politik, das in den Monaten des Skandals verlorenging, die Glaubwürdigkeit, die sie in diesen Monaten verloren hat, wird nur sehr schwer zurückzugewinnen sein. Demokratie ist aber auf das Vertrauen der Wählerinnen und Wähler in ihre eigenen Vertreter angewiesen. Vielleicht geht mit dem Vertrauensverlust ja nur eine Entidealisierung der Demokratie einher, vielleicht werden sich die Menschen nur nicht mehr so naiv regieren lassen. Vielleicht geht aber auch die Wertschätzung für die Demokratie komplett verloren. Dann ertrinkt, um im Bild der nachfolgenden Fabel zu bleiben, nicht nur die eine oder andere Partei.

Nach dem Skandal ergeht es den Parteien und ihren führenden Politikern so wie den Fröschen in den Fabeln des griechischen Dichters Äsop: Die waren in die Schüssel mit Milch gehüpft und ließen es sich schmecken. Als sie wieder heraus wollten, schafften sie es nicht, weil die glatte Wand nicht zu bezwingen war. Die Frösche strampelten also um ihr Leben. Der eine gab auf und ertrank. Der andere kämpfte weiter, bis er die ersten festen Butterbrocken spürte. Er stieß sich mit letzter Kraft ab und war im Freien. Das ist ein warnendes, aber auch ein ermutigendes Beispiel.

Auswahlbibliographie

Ackermann, Eduard, *Mit feinem Gehör: Vierzig Jahre in der Bonner Politik,* Bergisch Gladbach 1994

Adenauer: »... um den Frieden zu gewinnen«. Die Protokolle des CDU-Bundesvorstands 1957–1961, Düsseldorf 1994

Adenauer: »Stetigkeit in der Politik«. Die Protokolle des CDU-Bundesvorstands 1961–1965, Düsseldorf 1998

Bickerich, Wolfram, *Franz Josef Strauß. Die Biographie,* Düsseldorf 1996

Bösch, Frank, *»Zu katholisch«: Die Durchsetzung der CDU und das schwierige Zusammengehen der Konfessionen in der Bundesrepublik Deutschland,* Festschrift zum 60. Geburtstag von Peter Lösche, Opladen 1999

Brauchitsch, Eberhard von, *Der Preis des Schweigens,* Berlin 1999

Busche, Jürgen, *Helmut Kohl. Anatomie eines Erfolgs,* Berlin 1998

Clough, Patricia, *Helmut Kohl. Ein Porträt der Macht,* München 1998

Dettling, Warnfried, *Das Erbe Kohls. Bilanz einer Ära,* Frankfurt 1994

Dreher, Klaus, *Helmut Kohl. Leben mit Macht,* Stuttgart 1998

Filmer, Werner/Schwan, Heribert, *Helmut Kohl,* Düsseldorf 1985

Geißler, Heiner, *Gefährlicher Sieg. Die Bundestagswahl 1994 und ihre Folgen,* Köln 1995

Geißler, Heiner, *Zeit, das Visier zu öffnen,* Köln 1998

Genscher, Hans-Dietrich, *Erinnerungen,* Berlin 1995

Greiner, Ulrich (Hrsg.), *Meine Jahre mit Helmut Kohl,* Mannheim 1994

Großkopff, Rudolf, *Der Zorn des Kanzlers. Gefühle in der Politik,* Bonn 1994

Hofmann, Klaus, *50 Jahre CDU Ludwigshafen,* Kreisverband CDU, Ludwigshafen 1996

Kempski, Hans Ulrich, *Um die Macht, Sternstunden und sonstige Abenteuer mit den Bonner Bundeskanzlern 1949 bis 1999,* Berlin 1999

Kiep, Walther Leisler, *Was bleibt, ist große Zuversicht,* Berlin-Wien 1999

Kilz, Hans Werner/ Preuss, Joachim, *Flick. Die gekaufte Republik,* Hamburg 1983

Kock, Peter Jakob (Hrsg.), *Der Bayerische Landtag. Eine Chronik*, Würzburg 1996

Koelbl, Herlinde, *Spuren der Macht. Die Verwandlung des Menschen durch das Amt*, München 1999

Kohl, Helmut, *Ich wollte Deutschlands Einheit.* Dargestellt von Kai Diekmann und Ralf Georg Reuth, Berlin 1996

Kohl, Helmut, *Die politische Entwicklung in der Pfalz und das Wiedererstehen der Parteien nach 1945,* Inaugural-Dissertation zur Erlangung der Doktorwürde der Philosophischen Fakultät, Heidelberg 1958

Korte, Karl-Rudolf, *Deutschlandpolitik in Helmut Kohls Kanzlerschaft,* Stuttgart 1998

Leinemann, Jürgen, *Gespaltene Gefühle. Politische Porträts aus dem doppelten Deutschland,* Konstanz 1995

Leinemann, Jürgen, *Helmut Kohl. Die Inszenierung einer Karriere,* Berlin 1998

Mainzer, Lothar, *Ludwigshafen am Rhein und die Pfalz in den ersten Jahren des Dritten Reiches,* Stadtarchiv Ludwigshafen 1991

Martin, Anne, *Die Entstehung der CDU in Rheinland-Pfalz,* Mainz 1995

Maser, Werner, *Helmut Kohl. Der deutsche Kanzler,* Berlin 1993

Morstein, Manfred, *Der Pate des Terrors: Die mörderische Verbindung von Terrorismus, Rauschgift und Waffenhandel,* München 1989

Pörtner, Rudolf, *Mein Elternhaus. Ein deutsches Familienalbum,* Düsseldorf-Wien 1993

Prantl, Heribert, *Deutschland – leicht entflammbar. Ermittlungen gegen die Bonner Politik,* München 1994

Prantl, Heribert, *Sind wir noch zu retten? Anstiftung zum Widerstand gegen eine gefährliche Politik,* München 1998

Pruys, Karl Hugo, *Helmut Kohl. Die Biographie,* Berlin 1995

Schell, Manfred, *Die Kanzlermacher,* Mainz 1986

Schily, Otto, *Politik in bar,* München 1986

Schöll, Walter (Hrsg.)/Scharnagl, Wilfried (Text)/Strauß, Max (Bildredaktion), *Franz Josef Strauß. Der Mensch und der Staatsmann,* Percha 1984

Silber-Bonz, Christoph, *Pferdmenges und Adenauer. Der politische Einfluß des Kölner Bankiers,* Bonn 1997

Sternburg, Wilhelm von, *Die deutschen Kanzler*, Königstein 1985

Strauß, Franz Josef, *Die Erinnerungen*, Berlin 1989

Vogel, Bernhard (Hrsg.), *Das Phänomen. Helmut Kohl im Urteil der Presse*, Stuttgart 1990

Voss, Friedrich, *Den Kanzler im Visier. 20 Jahre mit Franz Josef Strauß*, Mainz/München 2000

Wagner, Joachim, *Tatort Finanzministerium. Die staatlichen Helfer beim Spendenbetrug*, Hamburg 1986

Wiedemeyer, Wolfgang, *Helmut Kohl. Porträt eines deutschen Politikers*, Bonn 1975

Zimmermann, Friedrich, *Kabinettstücke. Politik mit Strauß und Kohl*, Berlin 1994

Personenregister

Für das mittlere Buch, »Strauß, Schreiber & Co. – Das weißblaue Amigo-System«, haben wir auf den Nachweis von Franz Josef Strauß und Karlheinz Schreiber verzichtet.

Schlötterer, Wilhelm 277–279, 302, 305, 330, 416, 440
Schmalz, Peter 360
Schmid, Carlo 594
Schmid, Horst 292, 352
Schmidbauer, Bernd 450 f., 453, 561
Schmidhuber, Peter 363
Schmidt, Alfred 362
Schmidt, Andreas 536 f., 562
Schmidt, Helmut 16, 84, 91 f., 94, 102–104, 168, 260, 272, 359, 483–486
Schmidt, Ralph 302
Schmitz, Walter 117
Schmücker, Kurt 69, 72
Schnarr, Adolf 125–127
Schneider, Oscar 280–282
Schneider, Romy 36
Schnur, Peter Josef 24
Schnur, Wolfgang 211
Schöfberger, Rudi 283
Schöll, Walter 267, 285–288, 304, 311–314, 331
Scholl-Latour, Peter 46, 68
Scholz, Rupert 370
Schön, Walter 414 f.
Schönbohm, Jörg 534, 539
Schönbohm, Wulf 137
Schönhuber, Franz 264–266, 406
Schopenhauer, Arthur 520
Schörghuber, Josef 155
Schornack, Jürgen 158
Schreckenberger, Waldemar 65, 107
Schreiber, Barbara 249, 355, 399, 427, 440
Schreiber, Hermann 89
Schreiber, Jürgen 460
Schreiber, Karlheinz 14, 17–20, 190–193, 195, 204, 217 f., 230–232, 499, 503, 521 f., 527–529, 573, 580
Schreiner, Hanns 37 f., 88 f.
Schröder, Gerhard 45, 59
Schröder, Gerhard 185, 188 f., 191, 222, 492 f., 511, 524, 526, 538 f., 556
Schüler, Manfred 95, 168 f.
Schulz, Ekkehard 392–394
Schumacher, Karl 142 f., 166
Schumacher, Kurt 26
Schumann, Erich 233
Schüssel, Wolfgang 403, 427

Schwan, Heribert 23, 25
Schwan, Robert 277
Schwarzkopf, Norman 381
Scotland, Egon 409
Seeber, Eckhard 38, 88, 90, 164, 178
Seebohm, Hans-Christoph 32, 69, 72
Seeliger, Hans 129 f.
Seidel, Hanns 397
Seidl, Alfred 407
Seiters, Rudolf 146
Seitz, Siegbert 201 f., 215
Simonis, Heide 208
Simrock, Karl 207
Sirven, Alfred 182
Skoniezny, Paul 82
Soldati, Fabio 307
Somoza Debayle, Anastasio 451
Späth, Lothar 116, 141–144
Spennrath, Friedrich 53
Spilker, Karl-Heinz 135, 279–282
Spivak, Sidney 354
Spörlein, Peter 416 f.
Springer, Axel 115, 118
Stadler, Max 563
Stamfort, Otto 26
Stärker, Hubert 299
Stauffenberg, Franz Graf von 295
Stech, Hermann 83 f., 130
Stein, Gustav 49, 55, 58, 77, 97
Steinhoff, Fritz 54
Steinmeier, Frank-Walter 236
Sternberger, Dolf 39, 147
Stoiber, Edmund 18, 231, 250, 253, 258, 260, 265, 278 f., 281 f., 284, 303, 305 f., 314, 328, 330–332, 334, 336, 340, 398–400, 405, 409, 412–415, 417–421, 438 f., 451 f., 472, 525, 538, 540
Stolpe, Manfred 568, 571 f.
Stoltenberg, Gerhard 358, 370, 372–374, 385
Strauß, Franz Georg 252, 255, 307–309, 313 f., 327, 330, 346, 349, 418–421, 423, 464 f.
Strauß, Franz Josef 13, 68, 76, 84–87, 93, 97–99, 103–105, 108, 129, 137, 142, 167–169, 180, 190, 231, 478 f., 483, 489 f., 514, 581, 586–588, 591 f.
Strauß, Marianne 252, 263, 268, 278, 290, 297 f., 307 f., 317, 322